CANTARES COMPLETOS
TOMO I

LETRAS UNIVERSALES

EZRA POUND

Cantares completos
TOMO I
(Cantares I-LI)

Edición bilingüe de Javier Coy

Traducción de José Vázquez Amaral

Apéndice bibliográfico de Archie Henderson

OCTAVA EDICIÓN

CÁTEDRA
LETRAS UNIVERSALES

Título original de la obra:
The Cantos

1.ª edición, 1994
8.ª edición, 2024

Diseño de cubierta: Diego Lara
Ilustración de cubierta: Dionisio Simón

Reservados todos los derechos. El contenido de esta obra está protegido por la Ley, que establece penas de prisión y/o multas, además de las correspondientes indemnizaciones por daños y perjuicios, para quienes reprodujeren, plagiaren, distribuyeren o comunicaren públicamente, en todo o en parte, una obra literaria, artística o científica, o su transformación, interpretación o ejecución artística fijada en cualquier tipo de soporte o comunicada a través de cualquier medio, sin la preceptiva autorización.

PAPEL DE FIBRA
CERTIFICADA

© 1934, 1937, 1940, 1948, 1950, 1956, 1959, 1962, 1963, 1965,
1966, 1968, 1970, 1971, by Ezra Pound
© 1969, 1972, by the Estate of Ezra Pound
© De la traducción: José Vázquez Amaral
© Ediciones Cátedra (Grupo Anaya, S. A.), 1994, 2024
Valentín Beato, 21. 28037 Madrid
Depósito legal: M. 1.973-2010
I.S.B.N.: 978-84-376-1255-3
Printed in Spain

INTRODUCCION

*El trabajo y el esfuerzo de esta empresa
se dedican por sí solos a Curri, siempre presente;
y a nuestros hijos, Juancho, Marieta y Tato,
permanentemente alrededor,
a pesar de las distancias físicas ocasionales.
Me conmueven y me estimulan.*

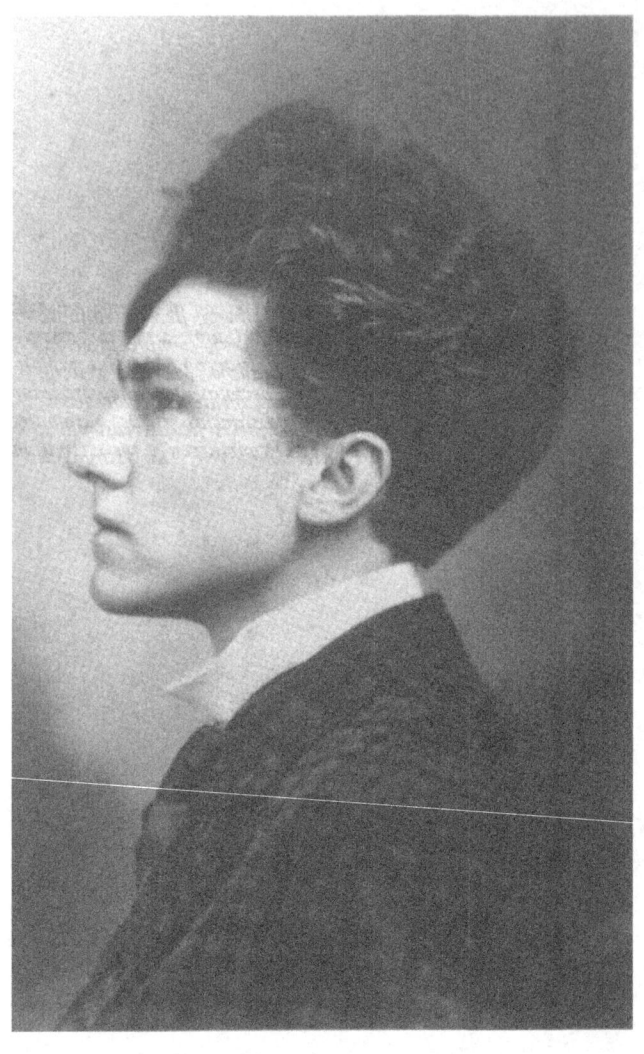

Ezra Pound a los veinticuatro años. Foto publicada en *Bookman* en julio de 1909.

1. Notas para una descripción
   de la poética modernista

Se suele considerar en general que el nacimiento de la poesía norteamericana moderna, parte del fenómeno llamado «modernismo», tiene lugar, por fijar una fecha convencional aproximada, hacia el año 1912, con la fundación en Chicago de la revista *Poetry*. Sus páginas darán a conocer a todos los grandes autores de aquella poesía, desde Pound a Stevens y desde Eliot a Williams. Los dos primeros libros de Robert Frost, aunque incrustados en esta época (*A Boy's Will*, 1913, y *North of Boston*, 1914, ambos publicados originalmente en Inglaterra), se van a quedar al margen de la corriente iniciada y nutrida por, sobre todo, Pound y Eliot, que son dos poetas cultos, incluso cultistas, intelectuales, conscientemente renovadores, de los que el Frost de New England queda, a primera vista por lo menos, muy lejano por gustos, por espíritu, por técnica y por temas (y conviene subrayar ese «a primera vista», pues en el fondo no faltan sutiles pero significativas coincidencias).

Para algunos historiadores de la poesía norteamericana ese comienzo habría que establecerlo antes. Como dice uno de ellos, «It is not a serious distortion to date the beginnings of the modern movement in American poetry from the arrival of Ezra Pound in London in 1908» («No es distorsión importante fechar el comienzo del movimiento moderno en la poesía norteamericana a partir de la llegada de Ezra Pound a Londres en 1908»)[1]. De todas

---

[1] Donald B. Stauffer, *A Short History of American Poetry*, Nueva York,

formas, incluso para éstos, 1912 sigue siendo una fecha clave. Otros críticos menos literales, o menos inclinados a la fijación cronológica, hablan de ese comienzo en términos que, si bien parecen más imprecisos, sin embargo, se dirigen más a lo inefable literario y resultan paradójicamente más convincentes. Así, el también importante poeta John Berryman considera que el movimiento modernista nace con una metáfora brillante: la que emplea T. S. Eliot cuando al comienzo de su «The Love Song of J. Alfred Prufrock» (en *Poetry*, junio, 1915) escribe:

> Let us go then, you and I,
> When the evening is spread out against the sky
> Like a patient etherised upon a table.
>
> (Vayamos pues, tú y yo,
> Cuando el anochecer se desparrama contra el cielo
> Como un paciente anestesiado sobre la mesa.)

Las andanzas de Pound durante estos primeros años en Inglaterra, su amistad con Yeats, Lawrence, Wyndham Lewis, Ford Madox Ford, etc. y su papel central en el movimiento Imagista o Imaginista («Imagism»), constituyen la historia de una revolución poética que cambiaría la dirección de la literatura inglesa y americana. Porque aunque el poeta de New England, Frost, no es nostálgico, sino amargo, sombrío y con frecuencia trágico, formalmente se quedaría con el grupo de poetas que, enraizados en el siglo XIX, constituyen el lazo de unión entre ese siglo y el siguiente: los ingleses llamados «georgianos» y sus temas: la nostalgia, el estoicismo, su sentido de unidad con las estaciones y con las cosas del campo. Pero Frost no se identifica del todo con los «georgianos»: coincide con ellos en su afición a las escenas y costumbres rurales y en su gusto por el pasado, pero para él el pasado y lo rural se convierten en un medio de analizar al hombre en el pre-

---

Dutton, 1974, págs. 256 y 221. Las traducciones de los textos, poéticos o no, que cito aquí son mías, salvo mención expresa en contra.

sente, nunca en un fin en sí mismos. Y desde sus primeros tiempos empieza a vislumbrarse en él su fusión típica del aforismo con la descripción, como recurso para conseguir ese objetivo.

Pero quizás conviene recapitular un poco antes de entrar en materia y revisar, aunque sea brevemente, cuál era la situación antes del advenimiento de Pound, Eliot y sus seguidores y coetáneos.

La poesía norteamericana de la segunda parte del siglo XIX, exceptuando a Walt Whitman (ya que Emily Dickinson no publicó casi nada durante su vida y pasaría inadvertida para la crítica y, desde luego, para el público lector hasta ya entrado el siglo XX)[2] intentaba continuar una tradición que habían explorado y establecido los Trascendentalistas, con Ralph Waldo Emerson como figura más destacada en el terreno del ensayo y de la poesía. Pero, como todo movimiento o grupo derivativo e imitativo, los poetas de la generación que George Santayana caracterizaría como la «Genteel Tradition» (la «tradición gentil»), lo que producen es un debilitamiento, por degeneración, de sus modelos, de aquello que imitan. Y así, al describírseles, como es habitual en las historias de la literatura, como «the fireside poets» (o «poetas de junto al fuego del hogar»), se están poniendo de relieve todas sus limitaciones con una concisión y una expresividad que resultan atinadas y pertinentes.

Bajo el nombre de Emerson (aunque la selección, dado el estado de salud del anciano trascendentalista, la decidieron algunos miembros de su familia) se les reúne a todos ellos en una antología que se publicó en 1875, sólo siete años antes de su muerte ocurrida en 1882, a los 79 años de edad. La obra, titulada *Parnassus*[3], es un intento de captar y poner de relieve lo que se consideraba que constituía la esencia literaria de los tiempos. Entre los favori-

---
[2] Emily Dickinson (1830-1886) sólo publicó en vida 7 de sus 1775 poemas, e incluso esos pocos aparecieron anónimamente. Su primer libro, *Poems,* fue publicado en Boston en 1890.
[3] Ralph Waldo Emerson, ed., *Parnassus,* Boston, 1875.

tos de la época están representados en esa antología, aparte de Henry David Thoreau y William Ellery Channing (los únicos del grupo que habían tenido en distinta medida una importancia real en el movimiento trascendentalista), los propiamente «genteel»: William Cullen Bryant, Oliver Wendell Holmes, Henry Wadsworth Longfellow, John Greenleaf Whittier, James Russell Lowell, etc. La antología omitía (en lo que constituye un grave error de juicio crítico por parte de los antólogos) a Walt Whitman y, en un curioso ejercicio de modestia por delegación, también al propio Emerson ; pero no se puede negar que ayudó a tender un puente entre los trascendentalistas y estos otros llamados «fireside poets».

Sin embargo, fracasó como intento de insinuar qué dirección o qué naturaleza asumiría la poesía norteamericana moderna y lo que dio fue una especie de «estado de la cuestión» que en cierto modo se mantendría estático hasta la irrupción de Pound en la escena literaria de lengua inglesa y que es, en cierta medida, el paralelo norteamericano de lo que era la poesía inglesa de finales de siglo, los poetas a los que suele agruparse bajo la etiqueta de «Georgian poets».

Los «fireside poets», miembros todos ellos de esa llamada «Genteel Tradition», se caracterizan por su convencionalismo formal, por su blanduería amable y conservadora en su elección de temas y por su lenguaje pulido, pretencioso y casi cursi, con abuso del léxico latino, que prefieren al anglosajón («herb» en lugar de «grass», «terrene» por «earth»; clichés como «lyre» en lugar de «poetry», etc). Es decir, de alguna manera son poetas «familiares», como también se les ha llamado, por dos razones: una, entrecomillando el término y con un cierto tono peyorativo, alude a su defensa de las virtudes burguesas más neutras, a su elección de los aspectos amables de la existencia como fuente de materiales poéticos; y en segundo lugar, y muy relacionado con esa actitud creadora, porque consideran explícita o implícitamente que la poesía debe ser un ejercicio literario susceptible de ser desarrollado por medio de la lectura pública ante toda la fa-

Casa en que nació Ezra Pound en Hailey, Idaho.

milia reunida junto al fuego del hogar, de la cual, por lo tanto, debe quedar excluido todo aquello, en temas, en situaciones y en lenguaje, que no resulte eminentemente adecuado para ese tipo de reuniones. El poeta se manifiesta así ante sus lectores en sus vertientes más inocuas de pensamiento o expresión, y se convierte en un medio «gentil» de entretener ocios de inocentes e ingenuos adolescentes, del que están ausentes las inquietudes intelectuales, emocionales o de cualquier género que puedan considerarse hirientes o inadecuadas para esas sensibilidades.

Los nuevos poetas están a punto de llegar: los que van a transformar el panorama poético y artístico de los Estados Unidos de comienzos del siglo XX nacen a lo largo de los años que van del 1875 al 1890: Amy Lowell en el 74, Robert Frost en el 75, Carl Sandburg en el 78, Vachel Lindsay y Wallace Stevens en el 79, William Carlos Williams en el 83, Ezra Pound en el 85; en el 86 Hilda Doolittle (más conocida por sus iniciales, H. D.) y John Gould Fletcher; en el 87 Robinson Jeffers y Marianne Moore; y en el 88 y 89 T. S. Eliot y Conrad Aiken, respectivamente.

En 1912, como ya ha quedado dicho, la revista *Poetry* inicia su vida. Pound, Eliot, Stevens, Williams, Aiken, se beneficiaron rápidamente del esfuerzo de su creadora, Harriet Monroe, que de ser una mediocridad como crítico literario (en el *Tribune*, de Chicago) y una pobre poetisa, a través de su labor como directora de esa revista se convirtió en una decisiva influencia en la renovación de la poesía norteamericana contemporánea. Por medio de sus páginas se difundiría la obra de estos jóvenes poetas y un nuevo concepto de lo que la poesía debería ser, que inicialmente se define por medio de las ideas de Pound.

Desde sus primeros esfuerzos, éste se dirige a la búsqueda de una nueva tensión expresiva, la frase compacta y concisa, en la que cualquier palabra que no cumpliese una función específica en la frase, cualquier término superfluo o impreciso, debían ser eliminados. Consideraba necesaria una dureza y una brevedad (que ya postulara en su tiempo, con matices distintos, el romántico Edgar Allan Poe) que se habían perdido, tales como las que poseían los clásicos, «ancient and modern» («antiguos y modernos»)[4], intentando alcanzar la precisión absoluta. La que encuentra también en algunos trovadores como Arnaut Daniel o en el renacentista Guido Cavalcanti: «In the art of Daniel and Cavalcanti, I have seen that precision which I miss in the Victorians, that explicit rendering, be it of external nature, or of emotion. Their testimony is of the eyewitness, their symptons are first hand» («En el arte de Daniel y Cavalcanti he visto esa precisión que echo de menos en los Victorianos, esa versión explícita, sea de naturaleza externa o relativa a la emoción. Sus testimonios son los del testigo presencial, sus síntomas, de primera mano»)[5]. Postula la eliminación de palabras librescas, la desaparición de las perífrasis y de las inversiones de la frase, persiguiendo sobre todo la sencillez y la objetividad, la palabra exacta, sin rehuir la mención explícita a la prosa de Flaubert y sin que considere necesario limitarse a una lengua: el término adecuado puede ser inglés o latino o griego o chino o de cualquier procedencia.

Por eso, cuando entra en contacto con H. D., Amy Lowell y John Gould Fletcher, cuyo código poético se está empezando a formular, les adjudica el rótulo de «Imagistes» e inmediatamente se apodera de la dirección del grupo y expresa ese código con absoluta concreción: así, nos dice que «The first use of the word "Imagiste" was in my note to T. E. Hulmes' five poems, printed at the end of my *Ripostes* in the autumn of 1912» («El primer uso de la palabra "Imaginista" se produjo en mi nota a cinco poe-

---

[4] Citado por Michael Reck, *Ezra Pound: A Close-Up*, Nueva York, McGraw-Hill, 1973, pág. 171.

[5] Todos estos puntos, entre otros, los formula Pound en su ensayo de 1918 «A Retrospect», incluido en Ezra Pound, *Literary Essays,* edited with an Introduction by T. S. Eliot, Londres, Faber, 1954, páginas 3-14. Ahí se recogen textos procedentes de artículos publicados ya en 1913.

mas de T. E. Hulme, impresos al final de mi *Ripostes* en el otoño de 1912»)[6]. Y a continuación nos explica qué entiende por «image» y qué por «imagism»:

> 1. An «Image» is that which presents an intellectual and emotional complex in an instant of time.
> 2. Use no superfluous word, no adjective which does not reveal something.
> 3. It is not necessary that a poem should rely on its music but if it does rely on its music that music must be such that will delight the expert.

> (1. Una «Imagen» es aquello que presenta un mundo complejo intelectual y emocional en un instante de tiempo.
> 2. No usar ninguna palabra superflua, ningún adjetivo que no revele algo.
> 3. No es preciso que un poema se base en su música, pero si se basa en su música esa música debe ser de la que deleite al experto)[7].

A esta descripción le añadiría alguna matización, intentando precisar esos principios básicos:

> 1. Direct treatment of the «thing» whether objective or subjective.
> 2. To use absolutely no word that does not contribute to the presentation.
> 3. As regarding rythm: to compose in the sequence of the musical phrase, not in sequence of a metronome».

> (1. Tratamiento directo de la «cosa», sea objetiva o subjetiva.
> 2. No usar en absoluto ninguna palabra que no contribuya a la presentación.
> 3. Por lo que se refiere al ritmo: componer en la secuencia de la frase musical, no en la secuencia del metrónomo)[8].

---

[6] *Ibidem*, pág. 4.
[7] *Ibidem*, págs. 4 y 5.
[8] *Ibidem*, pág. 3.

Si a esto añadimos una precisión que sobre la naturaleza de la poesía realiza Eliot, el panorama va empezando a verse completo: «Poetry», dice Eliot, «is not the turning loose of emotion, but an escape from emotion; it is not the expression of personality, but an escape from personality ... The emotion of art is impersonal» («Poesía no es una liberación de la emoción, sino una huida de la emoción; no es la expresión de la personalidad, sino una huida de la personalidad ... La emoción del arte es impersonal»)[9]. La coincidencia con otras manifestaciones de sus contemporáneos y de algunos antecesores es bien notable y vale la pena resaltarla: para Keats, «A poet is the most unpoetical thing in existence because he has no identity [Eliot substituiría «identity» por «personality»]; he is continually in, for, and filling some other body» («Un poeta es lo más antipoético que existe porque no tiene identidad; está continuamente en otro cuerpo, continuamente vive por otro cuerpo y continuamente llena otro cuerpo»)[10]. Y Walt Whitman añadiría una matización: «The great poet absorbs the identity of others, and the experience of others, and they are definite in or for him» («El gran poeta absorbe la identidad de otros y la experiencia de otros, que se definen por él o en él»)[11]. Y después de Eliot, otro creador, novelista esta vez, coincidirá en análoga idea: «There never was a good biography of a good novelist. There couldn't be. He is too many people if he is any good» («Nunca hubo una buena biografía de un buen novelista. Es imposible. Es demasiadas personas a la vez si es bueno en absoluto»)[12]. Prescindiendo de la generalización que supone esa afirmación tan tajante de F. Scott Fitzgerald, por supuesto, muy fácil de contradecir,

---

[9] T. S. Eliot, *The Sacred Wood*, Londres y Nueva York, Methuen-Barnes & Noble, 1966, págs. 58-59.
[10] Citado por Gay Wilson Allen, *The Solitary Singer: A Critical Biography of Walt Whitman*, Nueva York, New York University Press, 1967, pág. 131.
[11] *Ibidem*, pág. 131.
[12] Citado por K. G. W. Cross, *Scott Fitzgerald*, Edimburgo, Oliver and Boyd, 1964, pág. 2.

la idea, en el fondo, viene a ser la misma que expresara Eliot y que matiza la que alude al control riguroso y estricto predicado por Ezra Pound.

Sin embargo, lo que hay que entender en su justa dimensión y en su auténtico alcance es el adjetivo «impersonal», tal y como lo maneja Eliot[13]. Lo que a mi juicio hay que entender es que la emoción producida por el arte es «muchas veces» personal: tantas veces como lectores existan o como observadores del arte se enfrenten con él. Lo que no puede ser es personal, en el sentido de unipersonal, de individual, pues entonces sería «confesión» o «autobiografía». Su impersonalidad radica en el hecho de que, en principio, todos nos podemos reconocer en esa emoción.

Lo cual está en estrechísima relación con la verdadera naturaleza del lenguaje poético, que constituye una de las claves básicas de este arte: el poeta crea, en cada momento, su propio lenguaje. En su atinar o no en esa dirección puede encontrarse uno de los pilares básicos de su acierto, del valor de su obra. El lenguaje poético tiene su propia gramática, a diferencia del novelesco, en general, claro está, y dejando aparte, desde luego, la circunstancia de que en el lenguaje poético predomina lo connotativo, lo ambiguo, lo polisémico, o polivalente, frente a la característica denotativa del lenguaje novelesco, aunque también en esto hay muy notables excepciones. Ilustraciones procedentes del propio Pound y de algunos de sus con-

---

[13] Baste recordar su *The Waste Land*, escrito, como es sabido, durante una época de depresión nerviosa que llevó a Pound a organizar una colecta entre los colegas y amigos de ambos para pagarle su estancia en un sanatorio de Suiza. Así, *The Waste Land* es un poema intensamente personal, casi catártico; ahora bien, donde la experiencia individual está sublimada por el arte, que logra convertirla en una emoción de valor auténticamente universal. A eso se llega en función de un laborioso proceso de poda, de eliminación: la emoción personal, que se utiliza como punto de partida, irá siendo paulatinamente despojada de lo accesorio, de lo accidental, de lo «personal», para verse simultáneamente reducida y ampliada, hasta alcanzar lo que es esencial, de modo que, sin convertir al sujeto en un «tipo», sin que pierda su individualidad, lo transforma en portador de lo universal.

Ezra Pound hacia 1942.

temporáneos son fáciles de citar: así Dylan Thomas, el poeta galés muerto en 1953, puede hablar de «a grief ago» («Hace una pena», dando al sustantivo un valor temporal nuevo)[14]. Y Archibald McLeish, en su «Ars Poetica» podrá, para ilustrar su afirmación en la misma obra en el sentido de que «A poem should not mean/ But be» («Un poema no debe significar algo/Sino serlo»), crear esa espléndida imagen del dolor:

> For all the history of grief
> An empty doorway and a maple leaf
>
> (Para resumir la historia del dolor
> Un zaguán vacío y una hoja de arce)[15].

Mientras que e. e. cummings, en un ejercicio de creación de lenguaje incluso aún más atrevido y explícito, nos ofrecerá una imagen muy similar:

```
l (a              [s (una
le                ho
af                ja
fa                ca
lls)              e)
one               ole
li                dad
ness              de uno][16].
```

Lo que descubrimos en esta insistencia de Pound y sus contemporáneos por la búsqueda del adecuado lenguaje poético, de la concisión y de la economía expresiva, es una idea que no es nueva, y así lo reconocía Pound al hablar de que había que recuperar a los clásicos. El Dr. Sa-

---

[14] Dylan Thomas, *Collected Poems: 1934-1952,* Londres, Dent, 1972, pág. 49.
[15] Archibald MacLeish, *Collected Poems,* Boston, Houghton Mifflin, 1962, pág.51.
[16] E. E. Cumning, *Complete Poems, 1904-1962,* George J. Firmage (ed.), Nueva York, Liveright, pág. 683.

muel Johnson, en sus estudios sobre Shakespeare, se refería a la misma cuestión: «Imitations produce pain or pleasure, not because they are mistaken for realities; but because they bring realities to mind» («Las imitaciones producen dolor o placer, no porque se confundan con realidades; sino porque traen las realidades a la mente»)[17]. Es decir, la capacidad del arte (descrita con el término propio de los neoclásicos como «imitations», «imitaciones») para producir emoción, radica en su poder evocador, en su capacidad sugeridora. Veamos un famoso poema de Pound, inspirado en la técnica del haikú japonés, la quintaesencia, en su opinión, de todas esas virtudes que defiende: «In a Station of the Metro» (1916):

> The apparition of these faces in the crowd;
> Petals on a wet black bough
>
> (La aparición de estos rostros entre la multitud;
> Pétalos sobre una rama húmeda y negra)[18].

Capacidad sugeridora que Robert Frost también precisaba cuando afirmaba que la poesía es profunda y universal, en la medida en que es «the one permissible way of saying one thing and meaning another» («el único medio permisible de decir una cosa cuando se quiere decir otra»)[19], con lo que un creador tan distinto en muchos sentidos de Pound, se manifiesta más coincidente con él de lo que a primera vista pudiese parecer: a esto me refería cuando subrayaba ese «a primera vista» en mi párrafo inicial.

---

[17] Samuel Johnson, *Preface to Shakespeare's Plays*, Menston, The Scolar Press, 1969, pág. XXIX.
[18] Ezra Pound, *Selected Poems*, edited with an Introduction by T. S. Eliot, Londres, Faber, 1964, pág. 113.
[19] Citado por James Scully, editor, *Modern Poets on Modern Poetry*, Londres, Collins: Fontana, 1970, pág. 48.

2. Bio-biliografía y primera época lírica

En 1908, como ya se indicó, Ezra Loomis Pound abandona su país y se establece en Europa, publicando en Venecia su primer libro *(A Lume Spento)*[20] aun cuando su residencia la tiene fijada en Londres. Tenía entonces veintitrés años y había nacido en Hailey, Idaho. En sus años de formación universitaria en la Universidad de Pennsylvania primero y luego en el Hamilton College, en Clinton, Nueva York, había estudiado Lenguas Clásicas, Literaturas Románicas e Inglesa, y después había dedicado su atención a la cultura china, a la que caracteriza y considera como una nueva Grecia.

Cuando en los años 20 abandona Londres por Francia e Italia, su personalidad se ha convertido ya en una de las más influyentes del mundo cultural europeo, especialmente en el ámbito anglosajón. Ha colaborado, y seguirá colaborando con otros, como con H. D. y Richard Aldington en la formulación de los principios del «Imagism» (que abandonaría poco después, pero que dejaría profunda huella en su propia obra y en la de algunos poetas americanos de esta generación, como Wallace Stevens, William Carlos Williams, e. e. cummings, etc.); se ha auto-nombrado corresponsal extranjero de la revista de Chicago *Poetry*, tan pronto como Harriet Monroe la funda en 1912. Ha influido decisivamente en la aparición en las páginas de esa publicación de los primeros poemas publicados por T. S. Eliot («The Love Song of J. Alfred Prufrock», 1915) y otros poetas más jóvenes; al propio Eliot le ayudaría, más tarde, a pulir y editar su manuscrito de *The Waste Land* (1922)[21] en lo que constituye uno de

---

[20] Ezra Pound, *A Lume Spento*, apareció en Venecia, en junio de 1908, en una edición de cien ejemplares sufragada por el autor, impresa en A. Antonini. Hay una edición de New Directions, Nueva York, 1965.
[21] T. S. Eliot, *The Waste Land* (A Facsimile and Transcript of the Original Drafts, Including the Annotations of Ezra Pound, with an Introduction by Valerie Eliot), Nueva York, Hartcourt, Brace, Jovanovich, 1971.

Dorothy Shakespear.

los ejemplos más serios de colaboración en la literatura contemporánea: el reconocimiento agradecido de Eliot queda expresado en su dedicatoria, «For Ezra Pound: "il miglior fabbro"»; ha participado con los escultores Jacob Epstein y Gaudier-Brzeska, con el pintor y poeta Wyndham Lewis y otros, en la fundación del movimiento «vorticista»; ha ayudado decisivamente a James Joyce en la publicación de su *A Portrait of the Artist as a Young Man* (*Retrato del artista adolescente*, 1916); y ha seguido profundizando durante esos años en el estudio de la cultura y de las lenguas orientales, especialmente las de Japón y China; y también, finalmente, ha empezado ya la composición de su monumental obra *The Cantos*, que se extendería desde sus primeros años (el primer bloque autónomo, *A Draft of XVI Cantos*, se publicó en París en 1925, aunque a uno de sus últimos entrevistadores le diría que comenzó a trabajar en ellos hacia 1904-1905) hasta 1969, a lo largo de 117 secciones y más de cincuenta años de trabajo.

En Europa anda buscando una sociedad, que cree ha existido en la Roma y la Grecia clásicas, y también en China, en la que la cultura y el arte no se encuentran sometidos a las leyes del mercado, en la que no se encuentran divorciados de los mundos político, social y económico. En Mussolini, al que en virtud de un superficial conocimiento de su personalidad consideraba poeta y artista tanto como hombre de estado, creyó ver una reencarnación de los antiguos mecenas del Renacimiento, considerándole incluso heredero de Thomas Jefferson y de John Adams, y de otras figuras insignes, por diversos conceptos, en la historia de su propio país. Al establecerse definitivamente en Italia con su esposa, Dorothy Shakespear (Rapallo, 1924), cree estar, por fin, conectando con los ideales artísticos y culturales no mercantilistas del mundo mediterráneo, desengañado de los sistemas de explotación comercial del arte en Inglaterra y en Francia.

Sus charlas en Radio Roma durante la Segunda Guerra Mundial, años más tarde, se dirigen en buena medida a

Jaulas del Disciplinary Training Centre, cerca de Pisa, en una de las cuales estuvo detenido Ezra Pound en 1945.

poner de relieve su convicción de que es un error histórico de magnitud sin igual el que los Estados Unidos estén luchando contra Italia. Su ambiguo antisemitismo (que es más bien un ataque a los centros del poder financiero, que personifica en ocasiones en la familia de los Rothschild, que una cuestión de raza) y sus peculiares concepciones de la economía, le conectan con determinados aspectos del fascismo italiano, del que no fue capaz de percibir sus restantes facetas. Como consecuencia de todo esto, en 1943 se le acusa formalmente en su país de traición ante un Gran Jurado del Distrito de Columbia, que encuentra suficientes indicios de criminalidad para procesarle. Al enterarse, Pound escribe al Fiscal General, el 4 de agosto de ese mismo año, una carta en que rechaza las acusaciones de que se le ha hecho objeto y que constituye un preciso y racional alegato en favor del derecho a la libertad de expresión, tal y como queda protegido en la Primera Enmienda a la Constitución de los Estados Unidos[22].

En 1945 es arrestado por partisanos italianos, que lo entregan a las tropas americanas. Cerca de Pisa, en una prisión militar de su país (Disciplinary Training Centre), pasará semanas de humillación y penalidades, encerrado en una de las jaulas al aire libre reservadas para los muy peligrosos, a sus 60 años de edad. Sus *Pisan Cantos* (1948) conmueven en sus referencias a esos sufrimientos físicos y morales y, de alguna manera, contradicen su racismo en sus observaciones respecto a algunos de sus compañeros de cautiverio de raza negra. Contra esas acusaciones de racismo se revuelve en muchas ocasiones. Quizá la más explícita y precisa se produce en una de las últimas entrevistas que se le hicieron, a la que he aludido antes, que firma Donald Hall en 1963: «... if any man, any individual man, can say he has had a bad deal from me because of race, creed or colour, let him come out and state it

---

[22] Carta a Francis Biddle, Fiscal General de los Estados Unidos, 4 de agosto de 1943. Citada en Hugh Kenner, *The Pound Era,* Berkeley y Los Angeles, University of California Press, 1973, pág. 467.

with particulars. The *Guide to Kulchur* was dedicated to Basil Bunting and Louis Zukofsky, a Quaker and a Jew» («... si alguien, cualquier individuo, puede decir que ha sido maltratado por mí a causa de su raza, credo o color, que se adelante y lo diga con detalles. Mi *Guide to Kulchur* está dedicada a Basil Bunting y Louis Zukofsky, un cuáquero y un judío»)[23]. El propio Zukofsky, por su parte, confirmaría esto inequívocamente (véase el resumen introductorio al Cantar I).

Declarado mentalmente irresponsable por un grupo de psiquiatras, en 1946 es internado en el St. Elizabeth's Hospital, de Washington, D. C., donde permanecería hasta 1958: doce largos y amargos años, endulzados, en parte, por las frecuentes visitas de amigos y poetas (entre ellos, los judíos Louis Zukofsky y Allen Ginsberg) que le respetaban y admiraban como creador, y por su continua y febril producción poética. Gracias a los esfuerzos de esos fieles amigos, entre los que se encontraban no solamente poetas sino también abogados y políticos, se inicia una especie de cruzada en su favor, orquestada en primer lugar por Archibald McLeish, que tuvo como consecuencia la revisión de su caso, la retirada de las acusaciones de traición y su consiguiente puesta en libertad.

Antes, en 1949, se le había concedido, precisamente por sus *Pisan Cantos,* el recién instituido Premio Bollingen de Poesía, que otorgó ese año la Biblioteca del Congreso de Washington. Esta concesión provocó una airada reacción en ciertos medios conservadores y patrioteros de su país (y también por la razón opuesta, entre algunos escritores liberales o izquierdistas, como Irving Howe) que desató una violenta polémica, cuyos ecos sólo ahora empiezan a desaparecer y no del todo[24]. De hecho, el escán-

---

[23] *Writers at Work. The Paris Review Interviews,* Second Series, introduced by Van Wyck Brooks, Londres, Secker & Warburg, 1963, página 49.

[24] Por aquellas fechas, Irving Howe, un reputado miembro de la izquierda intelectual norteamericana y muy solvente crítico literario, escribía: «by virtue of his public record and utterances (Pound) is beyond the bounds of our intellectual life» («a consecuencia de su actividad pú-

dalo, en parte conscientemente buscado por los escritores que formaban el jurado, entre ellos Auden, McLeish, etc., no carecía de una cierta intención denunciadora. El premio se había creado ese año, como he dicho, por la Bollingen Foundation, una entidad financiada por uno de los hombres más poderosos de los Estados Unidos, Paul Mellon. El jurado seleccionador estuvo formado por los Fellows in American Letters of the Library of Congress y la controversia que su decisión desató llevó a las autoridades de la Biblioteca a retirar su nombre de la comisión seleccionadora. A partir de entonces, el Premio lo administra y lo concede la Biblioteca de la Universidad de Yale.

Cuando a los diez años de recibir ese Premio, es decir, en 1958, se le puso en libertad, su único camino fue otra vez Europa, donde (principalmente en Italia) viviría hasta su muerte, ocurrida en 1972.

Ahora, casi medio siglo después de los polémicos sucesos que rodearon su vida, y a más de dos décadas de su muerte, el estudio de su obra empieza a poder separarse del escándalo y la ira y, sobre todo, de sus confusas, erróneas y a veces hasta pervertidas ideas políticas y económicas. Por encima de todo ello, como poeta y crítico, su influencia en la poesía y en la crítica de lengua inglesa ha sido de tal magnitud y trascendencia, que tardará mucho en poder ser valorada y medida en todo su inmenso alcance. Pero un acercamiento a ella, provisional y descriptivo, no desprovisto lamentablemente de cierta superficialidad, podemos intentar aquí, como inicio de ese camino complejo y difícil, que aún habrá de tardar en ser recorrido de modo completo y global. Pound decía que la crítica debe ser lo que él mismo llamaba «autocombustible» («self-consuming»): debe cumplir su misión: facilitar al lector su labor de lectura, y desaparecer, para que el mencionado lector pueda quedar frente a

---

blica y de sus manifestaciones, [Pound] está más allá de los límites de nuestra vida intelectual»). Citado por Denis Donohue, «Pound's Book of Beasts», *New York Review of Books,* June 2, 1988, pág. 14.

Foto que se tomó a Pound al ser admitido en el Hospital de St. Elizabeth, Washington D.C., el 21 de diciembre de 1945.

frente con la obra de arte[25]. El trabajo crítico nunca, evidentemente, podrá suplir a la experiencia directa de cada lector.

La obra de Pound es muy voluminosa y muy variada y compleja: por tanto, muy difícil de sintetizar con la necesaria brevedad. Y, desde luego, lo que constituye su obra cumbre, su poema *The Cantos*, 117 secciones escritas a lo largo de, literalmente, medio siglo de continuo trabajo, es imposible de describir en pocas palabras. Desde su primer libro, *A Lume Spento,* ya citado (Venecia, 1908), hasta la aparición en 1925 de las dieciséis primeras secciones de sus *Cantos*, Pound escribe poesía lírica (como la delicada muestra constituida por su famoso «The River-Merchant's Wife: A Letter», incluido en su libro de 1915 *Cathay*) a veces traducida o adaptada del anglosajón, del italiano, del provenzal, del francés, del español, del latín, del griego, del chino y del japonés. Para estos últimos encontró la ayuda inestimable de los papeles del diplomático, viajero y escritor Ernest Fenollosa (1853-1908), quien tras una larga estancia en Japón regresó a su país y se convirtió en el auténtico pionero de los estudios orientales en los Estados Unidos. Ezra Pound fue su albacea testamentario por decisión de la viuda de Fenollosa y editó algunas de sus obras, además de utilizar las traducciones del propio Fenollosa para componer sus poemas contenidos en *Cathay*, procedentes de la literatura china, o sus escritos sobre el teatro Noh de Japón; o sus versiones de la poesía japonesa, especialmente los haikús, cuya estructura peculiar aplica en parte a sus teorías sobre el «Imagism».

Hasta qué punto ese interés enciclopédico real de Pound por las culturas de toda época y de todo país se corresponde con un conocimiento igualmente auténtico de las lenguas que traduce es una cuestión que ha sido muy

---

[25] O como también afirma, «the function of criticism is to efface itself when it has established its dissociations» («la función de la crítica es disolverse cuando ha establecido sus disociaciones»). Ezra Pound, *Literary Essays,* ed. cit., pág. 80.

debatida por los críticos. En cualquier caso, el propio Pound, en una carta de mayo de 1936, confesaba a su amigo, el poeta japonés Katue Kitasono: «you must not run away with the idea that I really know enough to read Japanese or that I can do more than spell out ideograms *very* slowly with a dictionary» («no debe quedarse con la idea de que realmente sé suficiente para leer japonés o que soy capaz de algo más que descifrar ideogramas *muy* lentamente con ayuda de un diccionario»)[26]. Y Eliot comentaría en una ocasión, con una frase paradójica muy citada, que Pound había conseguido crear la mejor poesía latina que existía en inglés.

Sus traducciones, en definitiva, son adaptaciones poéticas, cuyo valor no radica tanto en la mayor o menor fidelidad al original, sino en su intrínseca calidad poética. Pound mismo es perfectamente claro en este sentido: «As to the atrocities of my translations», dice a propósito de su «Cavalcanti», «all that can be said in excuse is that they are, I hope, for the most part intentional, and committed with the aim of driving the reader's perception further into the original than it would without them have penetrated» («Por lo que respecta a las atrocidades de mis traducciones, todo lo que puedo decir como excusa es que son, en su mayor parte, espero, intencionales y cometidas con el objetivo de arrastrar la percepción del lector más profundamente hacia el original de lo que sin ellas hubiese penetrado»)[27].

Las licencias que, en este sentido, se toma con el original se ponen claramente de manifiesto en su manejo de la traducción que Ernest Fenollosa hace de «The River-Merchant's Wife: A Letter», donde suprime lo que le estorba y condensa líneas enteras en breves frases llenas de valor sugeridor. Por ejemplo, la tercera estrofa en la versión de Fenollosa dice así:

---

[26] Ezra Pound, *Selected Letters of Ezra Pound, 1907-1941*, edited by D. D. Paige, Londres, Faber & Faber, 1971, pág. 281.

[27] Ezra Pound, *Literary Essays*, ed. cit., pág. 172.

> At fifteen I first open my brows
> And so I desired to live and die with you - even after death
> I wished to be with you, even as dust and even as ashes together.
> I always had in me the faith of holding to pillars
> And why should I think of climbing the husband looking out terrace?[28].

Esta farragosa exposición se concentra en las cuatro breves líneas de Pound, consiguiendo, junto a su musicalidad y a su tono de ingenua ternura, sugerir mucho más de lo que Fenollosa meramente enuncia:

> At fifteen I stopped scowling,
> I desired my dust to be mingled with yours
> Forever and forever and forever.
> Why should I climb the look out?[29].

La primera línea de la segunda estrofa es igualmente rica en sugerencias. El prosaico original de Fenollosa, «At fourteen I became your wife», se convierte en «At fourteen I married My Lord you», donde aparte otras consideraciones, ese «My Lord you» consigue realmente resumir todo el espíritu de un sistema social, de una organización familiar, muy alejados de los propios del mundo del poeta, bien determinados y precisos.

En esta primera época, con *The Cantos* ya iniciados, publica su «Homage to Sextus Propertius» (1917), que es el poema al que básicamente Eliot dirigía la frase citada anteriormente, y a continuación una de sus más influyentes obras de esta primera etapa, «Hugh Selwyn Mauberley» (1920), de la que Pound diría que era una versión «prosificada» del «Sextus Propertius» y cuya influencia sobre el propio Eliot en su *The Waste Land* (1922) y en algunos conceptos desarrollados en *Four Quartets* (1943) (la idea

---

[28] Los fragmentos de las traducciones de Fenollosa proceden de Michael Reck, *op. cit.*, pág. 179.
[29] Ezra Pound, *Selected Poems,* ed. cit., págs. 129-130.

Ezra Pound según un dibujo de Gaudier-Brzeska.

de la presencia simultánea del pasado y el futuro en el presente, de la unidad del tiempo, dicho con otras palabras) es innegable.

«Mauberley» es un conjunto de 18 poemas breves relacionados por el tema, por el tono y por la voz poética. Inicialmente, en un tono de suave ironía, la voz es la del propio poeta, que va expresando la falta de adecuación entre la auténtica personalidad poética y la vulgaridad de los tiempos:

> For three years, out of key with his time,
> He strove to resuscitate the dead art
> Of poetry; to maintain «the sublime»
> In the old sense.
>
> (Tres años, desentonando con su época,
> luchó por resucitar el arte muerto
> de la poesía; por mantener «lo sublime»
> en su sentido antiguo)[30].

El tono irá cambiando: la amargura prevalece y la ironía se vuelve ácida y desesperanzada; la historia no sirve al hombre de lección:

> There died a myriad,
> And of the best, among them,
> For an old bitch gone in the teeth,
> For a botched civilization.
>
> (Allí murió una multitud,
> y entre ellos los mejores,
> por una puta vieja y sin dientes,
> por una civilización mal parcheada)
> (292-293).

---

[30] «Hugh Selwyn Mauberley», en Manuel Almagro y Antonio Rivero, *Ezra Pound, Antología Poética*, edición bilingüe con introducción y notas, Sevilla, Publicaciones de la Universidad de Sevilla, 1991, págs. 284-285. En adelante, los textos citados los identifico indicando entre paréntesis el número de página correspondiente a esta edición.

Ezra Pound según una escultura de Gaudier-Brzeska.

Mientras tanto, lo que prevalece es la pianola, sobre la auténtica musicalidad de Sapho, «Caliban casts out Ariel» («Calibán expulsa a Ariel», el genio del mal y de la fealdad triunfa sobre el espíritu del aire y de la belleza, al contrario de lo que ocurre en *The Tempest*) y el poeta introduce un nuevo toque personal, recordando las deterioradas viviendas rurales en que residen por esa época él mismo y su amigo W. B. Yeats, al que sirvió como secretario en sus primeros años de Londres:

> Beneath the sagging roof
> The Stylist has taken shelter,
> Unpaid, uncelebrated,
> At last from the world's welter
>
> Nature receives him
>
> (Bajo el techo que se hunde
> el estilista ha hallado refugio;
> mal pagado, desconocido,
> por fin lejos del mundanal ruido
>
> Naturaleza le recibe)
>
> (300-301).

No así el mundo literario de Londres, que le rechaza sin ambigüedades:

> I await the Lady Valentine's commands,
>
> Knowing my coat has never been
> Of precisely the fashion
> To stimulate, in her,
> A durable passion
>
> (aguardo las órdenes de Lady Valentine,
>
> sabedor de que mi chaqueta nunca ha sido
> precisamente del estilo
> capaz de provocar en ella
> una pasión duradera)
>
> (302-303).

En la última sección de esta primera parte, el poeta «dedica» su libro a la mujer que aún le puede apreciar, en versos (el «Envoi») que captan la frescura y la gracia de la poesía amorosa inglesa del Renacimiento:

> Go, dumb-born book,
> Tell her that sang me once that song of Lawes:
> Hadst thou but song
> As thou hast subjects known,
> Then there were cause in thee that should condone
> Even my faults that heavy upon me lie,
> And build her glories their longevity.
>
> (Ve, libro mudo de nacimiento,
> recita a aquella que una vez me cantó el canto de Lawes:
> si no tuvieras más que canto
> como has conocido materias,
> entonces habría en ti un motivo para condonar
> incluso las pesadas faltas que me abruman
> y la longevidad de éstas edificaría la gloria de ella)
> (306-307).

Una vez finalizada esta especie de autobiografía espiritual, Mauberley reaparece para ocupar el primer plano en una serie de cinco nuevos poemas, que significan otros tantos contrastes con relación a los anteriores y a través de los cuales somos testigos del fracaso de este poeta frustrado:

> Colourless
> Pier Francesca,
> Pisanello lacking the skill
> To forge Achaia.
>
> (incoloro
> Pier Francesca,
> Pisanello sin la maestría
> de forjar Acaya) (308-309).

Un poeta que no sabe sino especular sobre una vida apasionada, que, sin embargo, es incapaz de vivir:

> Mouths biting empty air,
> The still stone dogs,
> Caught in metamorphosis, were
> Left him as epilogues.
>
> (Fauces que muerden el aire vacío,
> los silenciosos perros de piedra,
> captados en metamorfosis,
> le quedaron como epílogos.) (312-313).

Su carrera no ha sido sino un estéril espejismo:

> I was
> And I no more exist;
> Here drifted
> An hedonist.
>
> (Fui
> y ya no existo;
> aquí llegó a la deriva
> un hedonista) (320-321).

Una afirmación que viene a ser como una especie de adecuado epitafio de futilidad y de fracaso frente a la actitud de permanente búsqueda, de investigación y de conquista expresada por Pound en la primera sección. Es, en cierto modo, un adiós irónico por parte del poeta a una postura puramente estética hacia la poesía: «His farewell is to the idea that one can make a cult of "beauty", and in a minor degree of "love" and of "pleasure", in indifference to, or in quiet defiance of, a greedily competitive and in the end violently self-destructive society» («Su adiós se dirige a la idea de que se puede crear un culto a la "belleza", y en menor grado al "amor" y al "placer", manteniéndose indiferente o desafiante ante una sociedad avaramente competitiva y en definitiva violentamente autodestructiva»)[31].

---

[31] G. S. Fraser, *Ezra Pound,* Londres y Edimburgo, Oliver and Boyd, 1966, pág. 53.

Así pues, frente a la abulia de Mauberley, la actitud de permanente búsqueda del «estilista». Esta técnica de contraposición, de contrapunto, marca este poema y preludia la que Pound utilizará intensamente en *The Cantos*. Es el equivalente a lo que el propio poeta llama «ideogrammatic method» («método ideogramático»). Los ideogramas de la poesía china tradicional se aponen unos a otros para componer ideogramas distintos: al entendérseles como un todo, crean un ideograma nuevo, con un sentido radicalmente nuevo también (véase debajo la ilustración, procedente de *ABC of Reading*).

In tables showing primitive Chinese characters in one column and the present 'conventionalized' signs in another, anyone can see how the ideogram for man or tree or sunrise developed, or 'was simplified from', or was reduced to the essentials of the first picture of man, tree or sunrise.

Thus

人   man

木   tree

日   sun

東   sun tangled in the tree's branches, as at sunrise, meaning now the East.

El propio Eliot usaría este método ideogramático, parecido a la técnica del contrapunto musical, en su *The Waste Land*, con el fin de que, en virtud de su ordenación en el poema, las distintas secciones que lo componen actúen como comentario unas de otras, consiguiendo, así, que el total sea mayor que la suma de sus partes.

«Mauberley» es en esto, como digo, un preludio a *The Cantos*, pero también lo es en otro sentido. Es un poema muy literario, en el que abundan las referencias a los mitos clásicos griegos y latinos, las alusiones eruditas a poetas y escritores de toda Europa, pasados y recientes: el poeta latino Nemesiano, el francés Ronsard, Mallarmé, Esquilo y Homero, Flaubert, François Villon, Shakespeare, Píndaro, Gautier, Henry James, Lionel Johnson y otros muchos, están presentes de un modo u otro en el poema de Pound. Que tantas alusiones mitológicas y literarias dificultan la comprensión en una primera lectura, es indudable. Pero como señala Eliot, «poetry can communicate before it is understood» («la poesía puede comunicar antes de ser entendida»)[32]. También otros críticos lo han visto así al referirse a «Hugh Selwyn Mauberley»: «One does not have to admire its arcana, its sometimes impenetrable obscurity to admire the poem» («No hace falta admirar sus hermetismos, su a veces impenetrable obscuridad, para admirar el poema»)[33]. Y el ya citado Michael Reck observa algo que, aunque dirigido a los *Cantos*, se puede perfectamente aplicar a «Mauberley»: «The best way of approaching *The Cantos* is simply to stride through the poem, letting the words fall on your ear, keeping calm and self-possessed even when arrantly obscure names and quotations appear on the way» («El mejor modo de acercarse a los *Cantos* es simplemente deslizarse a través del poema, dejando que las palabras nos caigan en el oído, manteniendo la calma y la serenidad incluso cuando aparezcan nombres y citas de la mayor obscuridad en nuestro camino»)[34].

---

[32] Citado por William H. Pritchard, *Lives of the Modern English Poets*, Nueva York, Oxford University Press, 1980, pág. 185.
[33] William van O'Connor, «Pound: Hugh Selwyn Mauberley», en Oscar Williams, editor, *Master Poems of the English Language*, Nueva York, Washington Square Press, 1968, pág. 972.
[34] Michael Reck, *op. cit.*, pág. 198.

3. The Cantos/Los Cantares

Tal acercamiento es necesario para apreciar ese «Great bulk, huge mass, thesaurus» («Gran bulto, enorme masa, tesaurus», como dice el autor en la primera línea del Canto V) que describe con precisión lo que este poema es en su inmenso conjunto. Pound quiere, con esta obra ingente, contar «the tale of the tribe» («el cuento de la tribu»)[35], construir un poema épico que no es sino «a poem containing history» («un poema que contiene historia»)[36]. Esta es la función que los grandes poemas épicos de la literatura universal han realizado a lo largo de los siglos.

Pero Pound no se quiere limitar a un solo pueblo y a su lengua, sino que es, efectivamente, la «tribu», la humanidad en su conjunto, lo que le interesa. Por eso evita lo que, en su opinión, sería provinciano: reducirse exclusivamente al ámbito de las culturas en lengua inglesa, y recurre muy a menudo al uso de términos y frases procedentes de numerosas lenguas, incluyendo los ideogramas chinos, las alusiones, las referencias intertextuales, que aunque dificultan la lectura, deben entenderse en esa dimensión de contextualización cultural. Y en todo caso, si el lector tiene presentes las advertencias ya mencionadas de algunos críticos sobre cómo leerle, esas dificultades desaparecen en gran medida. También Pound lo señala en numerosas ocasiones en sus cartas a sus lectores, en sus ensayos e incluso en el propio texto de sus *Cantos*. Por ejemplo, en una carta de 1939 que escribe a Hubert Creekmore, señala: «I believe that when finished, *all* foreign words in the *Cantos,* Gk., etc., will be underlinings, not necessary to the sense, in one way. I mean a complete sense will exist without them; it will be there in the American text, but the Greek, ideograms, etc., will indicate a

---
[35] Ezra Pound, *Guide to Kulchur,* pág. 194.
[36] *Writers at Work: The Paris Review Interviews* (Second Series), ed. cit., pág. 51.

duration from whence or since when» («Creo que cuando esté terminado *todas* las palabras extranjeras en los *Cantos*, griego, etc., serán como subrayados, innecesarios para el sentido, en cierto modo. Quiero decir que sin ellos existirá un sentido completo; estará allí en el texto americano, pero el griego, los ideogramas, etc., indicarán *duración* desde dónde o desde cuándo»)[37]. Más preciso es, incluso, en su introducción al Canto LII, en la que dice de los términos extranjeros o de los ideogramas, que refuerzan «the text but seldom if ever add anything not stated in the english» («el texto, pero raramente, si es que se da en algún caso, añaden algo no formulado en el inglés»).

Siendo la Historia el objeto de su poema épico, el protagonista también es múltiple: no un héroe solo, como en la *Odisea* o en la *Divina Comedia* o en *El paraíso perdido*. Su visión es naturalmente selectiva y sus héroes son innovadores, fundadores de religiones nuevas o de nuevos imperios, creadores, en algún sentido, de códigos de conducta inéditos. En «A Draft of XXX Cantos» es en donde más abundan las adaptaciones de Ovidio y Homero y en donde se contienen sus más bellas respuestas al mundo mediterráneo, a su luz y a su color, tanto como a su civilización y cultura; el Renacimiento italiano y su historia y su arte, ocupan una gran parte de este bloque, además de cierta presencia del mundo chino y de Confucio (el Canto XIII).

Aunque en estos primeros Cantos se contiene un descenso a los infiernos (Canto I y Cantos XIV y XV) y a partir del XC el propio Pound admite que *The Cantos* «move into their third and final phase: "the domination of benevolence"» («entran en su tercera y última fase: "el dominio de la benevolencia"»)[38], que podría equivaler a la sección sobre el Paraíso de la *Divina Comedia*, también él mismo nos pone en guardia contra la simplificación que sería equiparar la estructura de su obra a la del poema de Dante: «I was not following the three divisions of the *Di-*

---

[37] Ezra Pound, *Selected Letters*, ed. cit., pág. 322.
[38] Citado por Michael Reck, *op. cit.*, pág. 201.

Haciendo el saludo fascista a su regreso a Italia (9 de julio de 1958), tras ser liberado.

vine Comedy exactly. One can't follow the Dantesquan cosmos in an age of experiment. But I have made the division between people dominated by emotion, people struggling upwards, and those who have some part of the divine vision. The thrones in Dante's *Paradiso* are for the spirits of the people who have been responsible for good government. The thrones in the *Cantos* are an attempt to move out from egoism and to establish some definition of an order possible or at any rate conceivable on earth» («No seguía las tres divisiones de la *Divina Comedia* exactamente. No se puede seguir el cosmos dantesco en una época de experimentación. Pero he establecido una división entre gente dominada por la emoción, gente que se eleva, y aquellos que han recibido alguna parte de la visión divina. Los tronos en el «Paraíso» de Dante son para los espíritus de las gentes que han sido responsables del buen gobierno. Los tronos en los *Cantos* son un intento de salir del egoísmo y establecer alguna definición de un orden posible, o en todo caso, concebible en la tierra»)[39]. De todas formas, el paralelo se ha trazado y algunos críticos lo señalan con mayor o menor relieve. Otros, por el contrario, prescinden de toda referencia a ese paralelismo y ni lo mencionan[40].

No es una cuestión, sin embargo, que deba preocuparnos, pues más que una estructura tripartita (que se puede, con matizaciones, descubrir) lo que sirve de base técnica a la obra es la ya mencionada organización «ideogramática» y, si lo ponemos en términos musicales, el contrapunto y, en conjunto, el poema sinfónico, en el que los temas resueltos en un movimiento vuelven a retomarse con variaciones más adelante. Confucio, por ejemplo, como hé-

---

[39] *Writers at Work: The Paris Review Interviews* (Second Series), ed. cit., pág. 52.
[40] Entre los que sí lo toman en consideración, puede verse a G. S. Fraser, *op. cit.*, pág. 70; Michael Reck, *op. cit.*, pág. 201; y Donald Davie, *Ezra Pound: Poet as Sculptor,* Londres, Routledge and Kegan Paul, 1965, pág. 134.
Una obra muy importante y significativa sobre Pound que ni menciona esa cuestión es la de Hugh Kenner, *The Pound Era,* ed. cit.

roe creador de una religión, y la cultura china, que aparecen, como queda dicho, en el Canto XIII, reaparecen como temas centrales en los Cantos LIII al LXI, especialmente dedicados a ellos; junto a esto, uno de los creadores de la República americana, John Adams, considerado como fundador de lo que constituye casi una dinastía de políticos de su país, es el protagonista casi exclusivo de diez Cantos, del LXII al LXXI (primero, en la sección que llama «A Draft of Cantos XXXI-XLI: Jefferson: Nuevo Mundo», se había ocupado de él y de Thomas Jefferson). Y éste, Jefferson, es la otra gran figura de entre los «Founding Fathers» que ocupa su atención y cuyas ideas se manejan como expresión del ideal de una democracia agraria frente a la corrupción de la oligarquía financiera de las grandes ciudades, mientras que Adams es el ejemplo de lo que debería ser el buen político. El entusiasmo de Pound por estas grandes figuras y todo lo que representan y la admiración que siente hacia sus ideales políticos y económicos (aunque bien es verdad que, a veces, parezca tergiversar alguno de ellos) ofrecen un triste, amargo y duro contraste con el hecho de que años más tarde (estos Cantos proceden de hacia 1940) tuviese que hacer frente a la acusación de traidor a su patria, que le valió esa reclusión de doce años en un hospital para enfermos mentales, tras su inicial cruel encarcelamiento en Pisa, como ya se ha mencionado antes. Pero no deja de ser todo esto, una muestra más, por más que violenta, de las grandes contradicciones que rodean y definen la personalidad de este hombre.

La sección que el poeta titula «The Pisan Cantos», que surge de esa experiencia dolorosa y humillante, es, para muchos de sus críticos, además de la parte más conmovedora, la más compacta y la más unitaria. Sus primeros apuntes para esos once Cantos (LXXIV al LXXXIV) los tomó durante su detención en Pisa en 1945, los completó durante sus dos años iniciales en el hospital y se publicaron en 1948, como volumen independiente, recibiendo inmediatamente, como ya he dicho antes, el Premio Bollingen en su primera edición.

Ahora es él el héroe, un Ulises sufriente, cuyo mundo se ha derrumbado a su alrededor, aunque no por ello renuncia a sus peculiares ideas económicas y políticas. Aquí se expresa a menudo en un tono casi de humildad, de sinceridad profunda: «Pull down thy vanity/ Tou art a beaten dog beneath the hail» («Humilla tu vanidad/Eres can golpeado bajo el granizo», Canto LXXXI), que es algo nuevo en Pound y es, por lo mismo, tanto más conmovedor y convincente, como lo son sus emocionados recuerdos a sus amigos lejanos, a Eliot, a Joyce, a Yeats, a Lewis, a Williams, etc., a través de los cuales descubrirá que «nothing matters but the quality/of the affection -/in the end -» («nada importa sino la calidad/del cariño -/al fin -», Canto LXXVI).

Pero esto ha sido un paréntesis: en los Cantos anteriores y sucesivos, Pound adopta otro tono menos personal e intimista, más descriptivo o narrativo. La figura del condottiero Segismundo Malatesta que ha aparecido detalladamente en el primer gran bloque, «A Draft of XXX Cantos», como hombre de estado, guerrero, a veces mercenario al servicio de Florencia y otras ciudades-estado italianas en sus luchas entre sí o contra el Papado, se convierte en el paradigma del héroe renacentista, a través de una larga serie de textos históricos sobre la Italia renacentista que se parafrasean con poca elaboración. Y este procedimiento abunda a lo largo de las diversas secciones que componen la obra, cayendo con frecuencia en el prosaísmo más evidente.

La sección que Pound llama «The Fifth Decad of Cantos» contiene sus más sistemáticas diatribas contra la usura (o su concepción personal de la misma), como raíz de todo mal y de toda corrupción, pecado contra natura, destructora de toda prosperidad y de toda posibilidad de convivencia, y se convierte casi en una serie de poemas didácticos. Entre ellos se suele citar como especialmente significativo el XLV, del que se han hecho los mayores elogios, aunque también algún crítico matiza: «It would be a magnificent, perhaps unflawed piece of work, were it not for the uncomfortable fact that it is a hymn to an

Ezra Pound en 1971.

obsession» («Sería una magnífica obra, quizá sin tacha, si no fuese por el hecho perturbador de que es un himno a una obsesión»)[41]. En efecto, de obsesión se puede calificar la actitud de Pound con respecto al préstamo con interés, al que dedica largos pasajes en los *Cantos* y en numerosos ensayos y cartas, contraponiéndole sus teorías económicas o de economía política, basadas en una concepción altruista que, desde luego, no tiene nada que ver con los mecanismos y los objetivos que operan en el mundo de las altas finanzas.

Al final, y considerando la obra globalmente, lo que sobresale es el amor de Pound por la humanidad, por toda la humanidad, por más que sus ataques a los aliados vencedores en la Segunda Guerra Mundial y su compasión por Mussolini, por ejemplo, al que llama «the twice crucified» («el dos veces crucificado», aludiendo en el Canto LXXIV al hecho de que tras ser fusilado por los partisanos, fue colgado su cadáver), produzcan un profundo sentimiento de rechazo, e incluso de repugnancia. Su preocupación estética inicial, sobre todo manifiesta en sus treinta primeros Cantos, dará paso, a continuación, a su intensa implicación en cuestiones de índole ideológica, política y económica.

Pero también es cierto que siempre con el triunfo de la gran poesía sobre lo discursivo, sobre lo meramente histórico que le sirve de apoyatura temática, de modo que incluso su relativo tono didáctico queda en un segundo término ante la fuerza, el vigor y la belleza de su voz poética, de su inmenso aliento imaginativo, de su auténtico arte. *The Cantos,* como expresión de ese genio creador, a pesar de sus ocasionales caídas en el prosaísmo y en la obscuridad, permanecerá como un espléndido monumento de la poesía de todos los tiempos. Y eso, al menos en parte, como consecuencia de la convicción de Pound de que las motivaciones del poeta son un factor de segunda importancia: «It does not matter», dice parafraseando

---

[41] Humphrey Carpenter, *A Serious Character: The Life of Ezra Pound,* Londres, Faber & Faber, 1988, pág. 547.

3 de noviembre de 1972. El ataúd con el cadáver de Ezra Pound en Venecia, camino del cementerio de San Michele.

a Confucio, «whether the author desires the good of the race or acts merely from personal vanity. The thing is mechanical in action. In proportion as his work is exact, i.e., true to human consciousness and to the nature of man, as it is exact in the formulation of desire, so is it durable and so is it "useful"; I mean, it maintains the precision and clarity of thought, not merely for the benefit of a few dilettantes and "lovers of literature", but maintains the health of thought outside literary circles and in non-literary existence, in general individual and communal life» («No importa que el autor desee el bien de la especie o que actúe simplemente por vanidad personal. La cuestión es de naturaleza mecánica. En la misma proporción en que su obra es exacta, es decir, fiel a la consciencia humana y a la naturaleza del hombre, en que es exacta en la formulación del deseo, así es duradera y así es "útil"; quiero decir, mantiene la precisión y la claridad de pensamiento, no solo para beneficio de unos pocos aficionados y "amantes de la literatura", sino que mantiene la salud de pensamiento fuera de los círculos literarios y en la existencia no-literaria en la vida general individual y comunal»)[42].

Quizá Pound todavía no ha tenido demasiada suerte: quizá los críticos se han apoderado de él, ahuyentando a los lectores que se mantienen al margen de los círculos literarios, con sus admoniciones sobre la dificultad de su lectura, su peculiar visión de la historia antigua o contemporánea y sus ideas políticas desviadas. Pero lo que no se puede negar, en mi opinión, es que en su obra está presente (aunque sea *además* de otras cosas) ese vigor, esa saludable reflexión, esa firme y humana riqueza de ideas, emociones y sentimientos, que permite poder afirmar que lo que prevalece en ella es su fidelidad a la verdadera naturaleza del hombre: eso es lo que le hace válido para ser leído en la vida individual y comunal en general, como él mismo ardientemente deseaba.

---

[42] Ezra Pound, *Literary Essays*, ed. cit., pág. 22.

Esta edición

El texto inglés que se ha utilizado aquí es el primero completo publicado por New Directions, Nueva York, 1970, y con reimpresiones casi anuales a partir de entonces (aquí la de 1989). Incluye los dos Cantos en italiano, el LXXII y el LXXIII, que la edición de Faber & Faber, Londres, 1975, excluye. Alguna leve corrección, basada en el texto de la edición bilingüe inglés-italiano de la hija de Pound, Mary de Rachewiltz, Mondadori, Milán, 1985, se indica en las notas y tiene que ver fundamentalmente con nombres de personas que inicialmente aparecieron bajo seudónimos. Bajo el título de «Addenda» en la misma edición inglés-italiano aparecen dos fragmentos tras el Canto LXXI: estos fragmentos se incluyen al final, con el título de «Fragments of Cantos: Addendum for C», en las ediciones de New Directions y en la de Faber & Faber. José Vázquez Amaral los deja en este mismo orden, que también aquí se ha respetado.

La cuestión del título castellano se discute en la introducción del traductor de un modo que parece convincente. Así, aun con cierto riesgo sobre el que no creo necesario elaborar, se ha respetado la voluntad de Pound: de todas formas, ese riesgo se obvia, en parte al menos, al aparecer casi sistemáticamente el doble título, *The Cantos / Los Cantares*. En mis notas o en mis referencias en la introducción, vacilo al referirme a ellos en castellano y unas veces los llamo «Cantares» y otras «Cantos». La vacilación es consciente y se apoya en las reflexiones Pound-Amaral.

Por lo que se refiere a la traducción misma, que en mi opinión es un ejemplo de fidelidad, seriedad y calidad, la he respetado rigurosamente. Si discrepo en algunos casos (y puede que sobren dedos de una mano para contarlos, lo que resulta pasmoso teniendo en cuenta la naturaleza de la obra en cuestión), lo indico en la nota correspondiente, con la justificación adecuada.

Por lo que respecta a las notas, su objetivo es dar al lector la información necesaria para contextualizar la anécdota o el personaje a que alude Pound, es decir, resolver en la medida de lo posible el valor denotativo de la frase. No he entrado en lo connotativo, pues eso es tarea específica y exclusiva de cada lector. Al menos, eso creo por lo que a una edición de esta naturaleza se refiere. Quizá en muchos casos me habré pasado en la información que proporciono y en otros muchos no haya llegado. De cualquier forma, la intención ha sido ésa.

Desde luego que tales notas no hubieran sido posibles sin muchas obras precedentes, pero tengo que reconocer mi deuda de modo especial con tres libros clave: el pionero, en el que se apoyan en gran medida los siguientes, es el de John Hamilton Edwards y William V. Vasse, with the assistance of John J. Espey and Frederick Peachy, *Annotated Index to the CANTOS of Ezra Pound (Cantos I-LXXXIV)*, Berkeley, Los Ángeles, Londres, University of California Press, 1957 (hay una reimpresión de 1971, que es la que se ha manejado aquí). El segundo, ya publicado con la obra de Pound terminada, es el de Carroll F. Terrell, *A Companion to the Cantos of Ezra Pound,* Berkeley, Los Ángeles, Londres, University of California Press, 2 volúmenes, 1980, 1984. Y finalmente, un tercero y más modesto en sus intenciones, pero sumamente útil también, es el de William Cookson, *A Guide to the Cantos of Ezra Pound,* Nueva York, Persea Books, 1985.

No son los únicos, claro está, pero sí los que más intensamente he utilizado. El resto se identifica en la bibliografía y en las notas, pero quizá sea útil mencionar aquí otros tres especialmente significativos en tres distintas direcciones: la magnífica biografía de Humphrey Carpenter, *A Serious Character: The Life of Ezra Pound*, Londres y Boston, Faber & Faber, 1988; el excelente análisis de Hugh Kenner, *The Pound Era*, Berkeley y Los Ángeles, University of California Press 1971; y finalmente, entre las numerosas antologías de ensayos críticos, la de Eva Hesse, editor, *New Approaches to Ezra Pound*, Berkeley y Los Ángeles, University of California Press, 1969.

He encontrado otras muchas ayudas, de muy distinta índole, al margen de las específicamente bibliográficas, que también me gustaría reconocer y agradecer. En primer lugar, la de la Comisión Fulbright, que tan útil labor realiza en el apoyo a la cultura de los Estados Unidos, y que me ha proporcionado en diversas ocasiones a lo largo de los últimos años, los medios necesarios para visitar algunas bibliotecas en aquel país, permitiéndome pesquisas que de otro modo no me hubiesen sido posibles.

En segundo lugar, la de mis compañeros de la Universidad de Salamanca, María Eugenia Díaz, Viorica Patea y Juan José Coy: con ejemplar paciencia y cordialidad han respondido prontamente a mis peticiones de ayuda, especialmente por lo que se refiere a los escritos de John Adams, Thomas Jefferson, John Quincy Adams, Martin Van Buren, James Madison y, en general, los textos políticos e históricos que se encuentran en la colección de microficha del Departamento de Inglés de aquella Universidad. Sin esos fondos, mi trabajo hubiese sido literalmente imposible desde aquí.

Compañeros y amigos de la Universidad de Valencia me han ayudado también, sin regatear tiempo ni esfuerzo. Juan López Gavilán ha leído gran parte de las páginas de mi trabajo y me ha hecho sugerencias muy valiosas. Carmen Manuel y Paul S. Derrick, también amigos y colegas en Literatura Norteamericana en Valencia, han apoyado mi trabajo y entre los tres me han proporcionado una ayuda de la que probablemente no son del todo conscientes.

También en la Universidad de Valencia, Isabel Burdiel, de Historia Contemporánea, me ha sacado de varios atolladeros relacionados con su campo de estudio, de los que difícilmente podría haber salido sin su competente ayuda, y sin su amistad y comprensión inagotables.

Y tampoco puedo dejar de mencionar a los editores de «Letras Universales» en Ediciones Cátedra, Gustavo Domínguez y la encantadora Josune García, que tuvieron la atrevida imaginación que dio el primer impulso a este proyecto. A lo largo de todo el proceso han demostrado una profesionalidad ejemplar y una paciencia con mis baches y dilaciones, auténticamente franciscana.

Mención especial y gratitud conmovida me merece la ayuda desde Nueva York de mi hijo Juancho, que ha encontrado siempre tiempo para localizarme textos que me hubieran resultado inalcanzables sin su paciente diligencia y sin su espíritu de iniciativa para sugerir soluciones en búsquedas especialmente complejas. A él y a los anteriores, gracias de todo corazón.

BIBLIOGRAFÍA

Obras de Ezra Pound

a) Poesía

A Lume Spento, 1908.
Personae, 1909.
Exultations, 1909.
The Sonnets and Ballate of Guido Cavalcanti, 1912.
Ripostes, 1912.
Cathay, 1915.
Lustra, 1916.
Homage to Sextus Propertius, 1919.
Hugh Selwyn Mauberley, 1920.
The Cantos:

    A Draft of XVI Cantos, 1925.
    A Draft of Cantos XVII to XXVII, 1928.
    A Draft of XXX Cantos, 1930.
    Eleven New Cantos, XXXI - XLI, 1934.
    The Fifth Decad of Cantos, 1937.
    Cantos LII - LXXI, 1940.
    Cantos LXXII-LXXIII, (en italiano, 1973).
    The Pisan Cantos (LXXIV-LXXXIV), 1948.
    Section: Rock-Drill, 85-95 de los Cantares, 1955.
    Thrones: 96-109 de los Cantares, 1959.
    Drafts and Fragments of Cantos CX-CXVII, 1969.

The Cantos (1-109), 1964.
The Cantos of Ezra Pound, Nueva York, New Directions, 1970; Londres, Faber & Faber, 1975.
Selected Poems, edited with an Introduction by T. S. Eliot, Londres, Faber & Faber, 1928.
The Translations, with an Introduction by Hugh Kenner, Londres, Faber & Faber, 1953.
I Cantos, a cura di Mary de Rachewiltz, Milán, Mondadori, 1985.
Les Cantos, trad. J. Darras, Y. di Manno, P. Mikriammos, D. Roche et F. Sauzey, París, Flammarion, 1986.

b) Prosa

The Spirit of Romance, 1910.
Gaudier-Brzeska, a memoir, 1916.
Pavannes and Divisions, 1918.
Instigations of Ezra Pound together with an Essay on the Chinese Written Character by Ernest Fenollosa, 1920.
The Natural Philosophy of Love (by Remy de Gourmont), 1922.
How to Read, 1931.
ABC of Economics, 1933.
ABC of Reading, 1934.
Make It New, 1934.
Social Credit: an Impact, 1935.
Jefferson and/or Mussolini, 1935.
The Chinese Written Character as a Medium for Poetry, 1936.
Polite Essays, 1937.
Confucius Digest of the Analects, 1937.
Guide to Kulchur, 1938.
Confucio. Studio Integrale, 1942.
L'America, Roosevelt e le cause della guerra presente, 1944.
Introduzione alla natura economica degli S.U.A., 1944.
Confucian Analects, 1951.
The Classic Anthology Defined by Confucius, 1954.
The Selected Letters of Ezra Pound, edited by D. D. Paige, 1950.
Literary Essays, edited with an Introduction by T. S. Eliot, 1954.
Pound /Joyce: The Letters of Ezra Pound to James Joyce with Pound's Es-

says on Joyce, edited and with Commentary by Forrest Read, 1967.

Selected Prose, 1909-1965, edited with an Introduction by William Cookson, 1973.

Obras sobre Ezra Pound

a) Estudios bibliográficos

BRYER, Jackson R. (ed.), *Sixteen Modern American Authors,* Durham, North Carolina, Duke University Press, 1974.

GALLUP, Donald, *Ezra Pound: A Bibliography,* Charlottesville, Va., y Londres, The University Press of Virginia, 1983.

HENDERSON, Archie, *Ezra Pound: A Bibliographical Supplement,* Orono, Me., The National Poetry Foundation, de próxima aparición.

— «Pound Centennial Events: A Checklist», *Paideuma,* 19, números 1-2, págs. 181-196.

— «Pound's Manuscripts and Letters in the United Kingdom and Ireland: Addenda to the *Location Register*», *Paideuma,* 19, núms. 1-2, págs. 197-200.

b) Estudios críticos y biográficos

ACKROYD, Peter, *Ezra Pound and His World,* Nueva York, Scribner's, 1980.

BELL, Ian F. A., *Critic as Scientist: the Modernistic Poetics of Ezra Pound,* Londres y Nueva York, Methuen, 1981.

CARPENTER, Humphrey, *A Serious Character: The Life of Ezra Pound,* Londres y Boston, Faber & Faber, 1988.

COOKSON, William, *A Guide to the Cantos of Ezra Pound,* Nueva York, Persea Books, 1985.

CORNELL, Julien, *The Trial of Ezra Pound* (A Documented Account of the Treason Case by the Defendant's Lawyer), Nueva York, The John Day Company, 1966.

COWLEY, Malcolm, *Exile's Return,* Nueva York, Viking Press, 1951.

DAVIE, Donald, *Ezra Pound: Poet as Sculptor,* Nueva York, Oxford University Press, 1964.
— *Ezra Pound,* Chicago y Londres, The University of Chicago Press, 1975.
DEKKER, George, *Sailing after Knowledge: The Cantos of Ezra Pound,* Londres, Routledge and Kegan Paul, 1963.
DILLIGAN, Robert J.; PARINS, James W. y BENDER, Todd K., *A Concordance to Ezra Pound's Cantos,* Nueva York y Londres, Garland, 1981.
DOOB, Leonard W., *Ezra Pound Speaking: Radio Speeches of World War II,* Westport, Connecticut, Greenwood Press, 1978.
DOOLITTLE, Hilda, *End to Torment: a Memoir of Ezra Pound,* Nueva York, New Directions, 1979.
EDWARDS, John Hamilton, y VASSE, William W., with the assistance of John J. Espey y Frederick Peachy, *Annotated Index to the Cantos of Ezra Pound (I-LXXXIV),* Berkeley, Los Ángeles, Londres, University of California Press, 1957.
ESPEY, John J., *Ezra Pound's Mauberley: A Study in Composition,* Berkeley, University of California Press, 1974.
FRASER, G. S., *Ezra Pound,* Edimburgo y Londres, Oliver & Boyd, 1966.
HESSE, Eva (ed.), *New Approaches to Ezra Pound,* Berkeley y Los Ángeles, University of California Press, 1969.
HOMBERGER, Eric (ed.), *Ezra Pound,* Londres y Boston, «The Critical Heritage» Series, Routledge and Kegan Paul, 1972.
KAZIN, Alfred, *An American Procession,* Nueva York, Knopf, 1984.
KENNER, Hugh, *The Pound Era,* Berkeley y Los Ángeles, University of California Press, 1973.
LEAVIS, F. R., *New Bearings in English Poetry,* Londres, Chatto & Windus, 1932.
— *How to Teach Reading. A Primer for Ezra Pound,* Cambridge, The Minority Press, 1932.
McDOUGAL, Stuart Y., *Ezra Pound and the Troubadour Tradition,* Princeton, New Jersey, Princeton University Press, 1972.
McLEISH, Archibald, *Poetry and Opinion: The Pisan Cantos of Ezra Pound,* Urbana, Illinois, The University of Illinois Press, 1950.

O'Connor, William van, *Ezra Pound*, Minneapolis, University of Minnesota Press, 1963.
— y Stone, Edward (eds.), *A Casebook on Ezra Pound*, Nueva York, Thomas Y. Crowell, 1959.
Perloff, Marjorie, *The Poetics of Indeterminacy: Rimbaud to Cage*, Princeton, New Jersey, Princeton University Press, 1981.
— *The Dance of the Intellect: Studies in the Poetry of the Pound Tradition*, Cambridge, Cambridge University Press, 1985.
Plimpton, George (ed.), *Writers at Work* (2nd. series), Londres, Secker and Warburg, 1963.
Pritchard, William H., *Lives of the Modern English Poets*, Nueva York, Oxford University Press, 1980.
Reck, Michael, *Ezra Pound: A Close-Up*, Nueva York y Londres, McGraw-Hill, 1973.
Slatin, Myles, «A History of Pound's *Cantos I-XVI*, 1915-1925», *American Literature*, 35 (mayo 1963), págs. 183-195.
Stock, Noel, *The Life of Ezra Pound*, Londres y Nueva York, Routledge and Kegan Paul/Pantheon Books, 1970.
Terrell, Carroll F., *A Companion to the Cantos of Ezra Pound*, Berkeley y Los Ángeles, University of California Press (Published in Cooperation with The National Poetry Foundation, University of Maine at Orono, Orono, Me.), 2 volúmenes, 1980, 1984.
Tytell, John, *Ezra Pound: The Solitary Volcano*, Nueva York, Doubleday, 1987.
Wai-lim Yip, *Ezra Pound's Cathay*, Princeton, New Jersey, Princeton University Press, 1969.
Woodward, Anthony, *Ezra Pound and the Pisan Cantos*, Londres y Boston, Routledge and Kegan Paul, 1980.
Yeats, William Butler, *A Packet for Ezra Pound*, Dublin, The Cuala Press, 1929.
Zhaoming Qian, «Translation or Invention: Three *Cathay* Poems Reconsidered», *Paideuma*, 19, núms. 1-2, págs. 51-75.

APÉNDICE BIBLIOGRÁFICO*

TRADUCCIONES AL ESPAÑOL DE LAS OBRAS DE EZRA POUND
1920-1991

por Archie Henderson

---

* Esta bibliografía incorpora todas las traducciones españolas mencionadas en Donald Gallup, *Ezra Pound: A Bibliography,* Charlottesville, Virginia, The University Press of Virginia, 1983, así como todas las traducciones incluidas en Archie Henderson, *Ezra Pound: A Bibliographical Supplement,* Orono, Maine, The National Poetry Foundation, de próxima aparición.

SPANISH

BOOKS:

D218 CINCO POESÍAS ... Miami [Fla.], Pandanus Press [1952]. 2 blank leaves, [i], 16, [1] pp., 2 blank leaves. 29.8 cm. 225 copies. Translations, by Margaret Bates and Violeta Gaudry Bancayan, of «Exile's Letter» and «Song of the Bowmen of Shu», and, by E. L. Revol and A. J. Weiss, of Cantos I, XIII, and XLV.

D219 ... LOS CANTARES DE PISA ... México, Imprenta Universitaria, 1956. 1 blank leaf, 147 pp., 1 leaf. 20.6. cm. 1.000 copies. A translation, by José Vázquez Amaral, of *The Pisan Cantos.*

D219 0 *... POESÍAS. Traducción de Alfredo J. Weiss y Enrique Revol. Buenos Aires, Cármina, 1958. 51 pp.

D219a PERSONAE ... Versiones y paráfrasis de Guillermo Rousset Banda. [México] El Unicornio [1959]. 1 blank leaf, 19 leaves. 25 cm. 300 copies (20 *h.c.*). Translations and «paraphrases», by Rousset Banda, of «Prayer for His Lady's Life», «Marvoil», «Francesca», «The Altar», «Au jardin», «Quies», «The Needle», «Albâtre», «April», «To χαλόν», «Arides», «The Bath Tub», «The Temperaments», «Ladies», «Phyllidula», «The Patterns», «The Seeing Eye», «Alba», «The Encounter», «Tame Cat», «The Three Poets», «The Game of Chess», «Monumentum aere, etc.», «Post mortem conspectu», «Fratres minores», «Moeurs contemporaines, I: Mr. Styrax; II: Clara», «Cantico del sole», *Homage to Sextus Propertius,* XII, and from Canto LXXXI; with an appendix of translations from letters to Harriet Monroe, 1912-1913, 1915, and Margaret Anderson, 1917.

D220 ... LOS CANTOS PISANOS ... Madrid, Ediciones Rialp, 1960. 1 blank leaf, 4 leaves, 11-227 pp., 8 leaves 14.9 cm. (Adonais, 178/179). 1.000 copies, plus 120 on special paper. Translations, by Jesús Pardo, from Cantos II, III, V, VII, XIII, XVI, XIX, XX, XXIX, XXX, XXXIX, Canto XLV, from Cantos XLIX, LXXIV, LXXVI, LXXVIII, LXXXIV, and Canto XC.

D220a ... ANTOLOGÍA POÉTICA: selección, traducción y prólogo de Carlos Viola Soto. Buenos Aires, Compañía General Fabril Editora [1963]. 1 blank leaf, 3 leaves, 9-165 pp. 1 leaf. front. (port). 18.9 cm. $230. (Los poetas, Colección dirigida por Aldo Pellegrini). Translations, by Viola Soto, of «The Tree,» «Praise of Ysolt», «De Aegypto», «Marvoil», «Night Litany», «Sestina: Altaforte», «On His Own Face in a Glass», «Francesca», «Ballatetta», «Motif», «Erat hora», «The Tomb at Akr Çaar», «Portrait d'une femme», «N.Y.», «A Girl», «The Cloak», «Δώρια», «Apparuit», «The Return», «The Alchemist», «Tenzone», «The Condolence», «The Garret», «The Garden», «Salutation», «Albâtre», «Commission», «A Pact», «Dance Figure», «April», «Further Instructions», «Ité», «The Temperaments», «Phyllidula», «The Coming of War: Actaeon», «Ts'ai Chi'h», «In a Station of the Metro», «Alba», «The Faun», «Coitus», «The Encounter», «Society», «'Ione, Dead the Long Year,'» «Ἱμέρρω», «Shop Girl», «The Lake Isle», «Epitaphs, I-II», «Provincia deserta», «Song of the Bowmen of Shu», «The Beautiful Toilet», «The River Merchant's Wife: A Letter», «Lament of the Frontier Guard», «Taking Leave of a Friend», from «Near Perigord», «Dans un omnibus de Londres», «Fish and the Shadow», *Hugh Selwyn Mauberley,* Part I [I-VII, «Envoi, 1919»], Part II [I, III, V], Cantos I, II, XVII, XLV, XLIX, and from Canto LXXIV.

D220b ... LXXV CANTO PISANO. Málaga, Rafael León, 1964. 4 leaves. 24.1 cm. Not for sale. Printed on one side of a single sheet folded twice. English and Spanish on opposite pages, with music below. A translation, by León, of Canto LXXV.

D220c El ABC de la lectura ... [Buenos Aires] Ediciones de La Flor [1968]. 1 blank leaf, 3 leaves, 9-202 pp., 3 leaves

20.1 cm. A translation, by Patricio Canto, of *ABC of Reading*.

D220ca *... El arte de la poesía. Versión directa de José Vázquez Amaral. México, Editorial Joaquín Mortiz, S. A., 1970. 132 pp. 18 cm. (Serie del Volador). A translation, by Vázquez Amaral, of the first section of *Literary Essays*.

D220d Sobre Joyce. Edición y comentarios de Forrest Read... [Barcelona] Barral Editores, 1971. 1 blank leaf, 3 leaves, 9-438 pp., 1 leaf. 19.5 cm. (Breve Biblioteca de Balance). A translation, by Mirko Lauer, of *Pound/Joyce*.

D220e... Ensayos literarios, selección y prólogo de T. S. Eliot. [Caracas] Monte Ávila Editores [1971]. 1 blank leaf, 3 leaves, 9-419 pp., 2 leaves. 19.5 cm. (Colección Prisma). A translation, by Julia J. de Natino, of *Literary Essays* (the second and third parts only).

D220f *Patria mía... Barcelona, Tusquets, 1971, 75 pp. (Cuadernos marginales, 23). Translated by Mirko Lauer.

D220g [*Entry deleted.* See D220ha.]

D220h... CATHAY. [Barcelona] Tusquets [1972]. 42 pp., 3 leaves. 18.5 cm. (Cuadernos marginales, 25). Translated by Ricardo Silva-Santisteban.

D220ha *HUGH SELWYN MAUBERLEY (VIDA Y CONTACTOS)... Lima, Ediciones de la Clepsidra, 1973. 45 pp. 300 numbered copies. Translated by Mercedes Ibáñez Rosazza.

D220i Introducción a Ezra Pound, antología general de textos... Barcelona, Barral Editores, 1973. 200 pp., 4 leaves. 18.5 cm. (Ediciones de Bolsillo, 242). Ptas. 150. English and Spanish on opposite pages (for poems). Translations, by Carmen R. de Velasco and Jaime Ferrán, of «Threnos», «La Fraisne», «Francesca», «N.Y.», «A Girl», «The Garret», «Ortus», «Albâtre», «Causa», «April», Cantos I, II, XLV, XC, and CXIV; *How to Read*, «T. S. Eliot», from *What Is Money For?;* and a section of «Testimonios, homenajes, críticas», pp. [139]-183, including «Motif», translated by Jorge Guillén, p. 168, and Grazia Livi's interview with Ezra Pound, pp. 177-183.

D220j... CANTARES COMPLETOS (I-CXX): introducción, anecdotario, cronología y versión directa de José Vázquez Amaral. [México] J[oaquín] M[ortiz, 1975]. 1 blank leaf, xxiv, 731, [1] pp., incl. front. (port.). 20 cm. in box 21 cm. (Los

Nuevos Clásicos). Translations, by Vázquez Amaral, of Cantos I-CXX.

D220k Ezra Pound. Confucio. Las analectas. El gran compendio. El eje firme... Barcelona, Las Ediciones Liberales, Editorial Labor [1975]. 207 pp. 19 cm. (Colección Maldoror, 31). Translations, by E. Hegewicz, of *The Analects, The Great Digest,* and *The Unwobbling Pivot.*

D220l Guía de la Kultura ... [Madrid, Ediciones Felmar, 1976]. 1 blank leaf, 5 leaves, 1 blank leaf, incl. front., facsims. (music). 21.8 cm. (La Fontana Mayor, 7). A translation, by José González Vallarino, of *Guide to Kulchur.*

D220m ... BREVE ANTOLOGÍA: selección, traducción y notas de Rafael Vargas. [México] Universidad Nacional Autónoma de México, Dirección General de Difusión Cultural, Departamento de Humanidades [1977?]. 34 pp., 1 leaf, incl. 1 illus. (port.). 21.2 cm. (Material de Lectura, Serie Poesía Moderna, 8). Translations, by Vargas, of «On His Own Face in a Glass», «Women before a Shop», «Society», «The Picture», «Night Litany», «In exitum cuiusdam», «Δώρια», «An Object», «De Aegypto», «A Girl», «The Cloak», «Satiemus», «And Thus in Nineveh», «Impressions of François-Marie Arouet (de Voltaire), III: To Madame Lullin», «Silet», «The Garret», «N.Y.», «Famam librosque cano», «Cino», «Coitus», «Ancient Wisdom, Rather Cosmic», «In a Station of the Metro», «Cantico del sole», and «Portrait d'une femme.»

D220ma *Ernest Fenollosa y Ezra Pound. El carácter de la escritura china como medio poético. [Introduction and translation by Mariano Antolín Rato.] Madrid, Visor, 1977. 75 pp. 22 cm. (Colección Visor literario, 2). A translation, by Antolín Rato, of *The Chinese Written Character as a Medium for Poetry.*

D220n EZRA POUND: Prólogo, selección y notas de Gerardo César Hurtado. [San José, Costa Rica] M[inisterio de] C[ultura,] J[uventud y] D[eportes,] 1978. 494 pp., 25 leaves, incl. illus. (incl. facsims.). 18.4 cm. (Serie: Pensamiento de América, No. 12). Translations, by César Hurtado, of Cantos CXIV, XC, CXVII, and CXX, from *Homage to Sextus Propertius,* «Epitaphs» («Fu I», «Li Po»), «Meditatio», «April», «In a Station of the Metro», «Alba», «The Beautiful Toilet», «A Girl», and *Hugh Selwyn Mauberley,* Part I [I-V]; by Jesús Pardo, of «Threnos», «La Fraisne», «Francesca», «N.Y.», «The Garret», «Ortus», «Albâtre», «Causa», and «April»; by José Vázquez Amaral, of Cantos I, II, XLV, XC, and CXIV; by Ricardo Silva-Santisteban, of «Song of the Bowmen of Shu», «The Beautiful Toilet», «The River Song», «The River-Merchant's Wife: A Letter», «Poem by the Bridge at Ten-Shin», «The Jewel Stairs' Grievance», «Lament of the Frontier Guard», «Exile's Letter», «Four Poems of Departure» [with epigraph beginning «Light rain is on the light dust»] («Separation on the River Kiang», «Taking Leave of a Friend», «Leave-Taking near Shoku», «The City of Choan»), «South-Folk in Cold Country», «Sennin Poem by Kakuhaku», «A Ballad of the Mulberry Road», «Old Idea of Choan by Rosoriu», and «To-Em-Mei's 'The Unmoving Cloud.' By T'ao Yuan Ming»; by Vázquez Amaral, of «The Teacher's Mission», «The Serious Artist», «The Constant Preaching to the Mob», «Date Line», and «How to Read»; by Julia J. de Natino, of «The Tradition», «Troubadours: Their Sorts and Conditions», «The Renaissance», «The Prose Tradition in Verse», «T. S. Eliot» (1917), «Wyndham Lewis» (1918), «Joyce», *«Ulysses», «Dubliners* and Mr. James Joyce», «Brancusi», «Dr. Williams' Position», «Robert Frost (Two Reviews)», and «D. H. Lawrence»; brief critical essays on Pound; Grazia Livi's interview with Pound; a bibliography; a chronology; and 25 plates, including photographs and a reproduction in facsimile of a letter to Hugh Walpole, 30 July 1920. (A revised entry.)

D220na . . . ANTOLOGÍA. Traducción de José Coronel Urtecho y Ernesto Cardenal. Prólogo de E[rnesto]. Cardenal. Epílogo de L[awrence]. Ferli[n]ghetti. Madrid, Visor, 1979. 1 blank leaf, [3]-238 pp., 1 blank leaf. 19.5 cm. (Colección Visor de Poesía, XCIII). Translations, by Coronel Urtecho and Cardenal, of «A Pact», «Further Instructions», «The Return», «Francesca», «Ortus», «Piccadilly», «A Girl», «In a Station of the Metro», «Δώρια», «The Garret», «Tempora», «Dance Figure», «The Alchemist», «The Tomb at Akr Çaar», «New York», «Cantico del sole», «Papyrus», «The Lake Isle», «Prayer for His Lady's Life», «το καλὸν», «Provincia deserta», «The Study in Aesthetics», «Ritratto», «Pagani's, November 8», «Epigrams», «Lesbia illa», «Arides», «Clara», «The Temperaments», «The Bath Tub», «The Social Order», «Black Slippers: Bellotti», «Tame Cat», «Meditatio», «The Tea Shop», «The Cloak», «The Encounter», «Society», «The Three Poets», «Albâtre», «Causa», «Ts'ai Chi'h», «Ancient Wisdom, Rather Cosmic», «Epitaphs», «Alba», «A Ballad of the Mulberry Road», «The River-Merchant's Wife: A Letter», «The Jewel Stairs' Grievance», «Exile's Letter», Cantos III, XIII, XVII, XXV, XXXII, XLV, LII, LVII, and LXXXIV, extracts from *The Cantos*, *Analects* (Confucius), «A retrospect», and *A Visiting Card*.

D220o ... Memoria de Gaudier-Brzeska ... [Barcelona] Antoni Bosch, Editor [1980]. 1 blank leaf, 4 leaves, [xi]-xvii, 181 pp., 1 leaf, 1 blank leaf. 9 illus. on 4 plates. 18.4 cm. (Savón, 5). A translation, by Jesús Imirizaldu, of *Gaudier-Brzeska* ([1970])—A10f.

D220p ... PERSONAE. [México, Editorial Domés, 1981]. 4 leaves, xxiii, 329-[350], [xxv]-xxxvi, 351-359 pp., 2 leaves, incl. illus. (incl. ports.). 22.2 cm. 3.000 copies (plus 250 on Kimberley Clark Clásico, numbered 1-250, and 50 *h.c.* on Ingres, numbered I-L). Translations, by Guillermo Rousset Banda, of «Threnos», «La Fraisne», and «Cino»; by Isabel Fraire, of «Praise of Ysolt»; by Rousset Banda, of «De Aegypto», «Marvoil», «And Thus in Nineveh», «Guido Invites You Thus», «Night Litany», «Piere Vidal Old», «Paracelsus in excelsis», «On His Own Face in a Glass», «The Eyes», «Francesca», «Ballatetta», «Prayer for His Lady's Life», «Speech for Psyche in the Golden Book of Apuleius», «'Blandula, tenulla, vagula'», «Erat hora», «Rome», «Satiemus», «Mr. Housman's Message», «Translations and Adaptations from Heine», «The House of Splendour», «Horae beatae inscriptio», «The Altar», «Au salon», «Au jardin», «In exitum cuiusdam», «The Tomb at Akr Çaar», «Portrait d'une femme», «N.Y.», «A Girl», «An Object», «Quies», «The Cloak», «Δώρια», «Apparuit», «The Needle», «Sub mare», «The Plunge», «A Virginal», «The Picture», «Of Jacopo del Sellaio», «The Return», «The Alchemist», «And the days are not full enough», «Tenzone», «The Condolence», «The Garret», «The Garden», «Ortus», «Salutation», «Salutation the Second», «The Spring», «Albâtre», «Causa», «Commission», «A Pact», «Surgit fama», «Dance Figure», «April», «Gentildonna», «The Rest», «Les Millwin», «Further Instructions», «A Song of the Degrees», «Ité», «Dum capitolium scandet», and «τὸ χαλὸν»; by Fraire, of «The Study in Aesthetics»; by Rousset Banda, of «The New Cake of Soap», «Salvationists», «Epitaph», «Arides», «The Bath Tub», «The Temperaments», «Amitiés», «Meditatio», «To Dives», «Ladies», «Phyllidula», «The Patterns», «Coda», «The Seeing Eye», «Ancora», «'Dompna pois de me no'us cal,'» «The Coming of War: Actaeon», and «after Ch'u Yuan»; by H. A. Giles, of «Liu Ch'e»; and, by Rousset Banda, of «Fan-Piece, for Her Imperial Lord», «Ts'ai Chi'h», «In a Station of the Metro», «Alba», «Heather», «The Faun», «Coitus», «The Encounter», «Tempora», «Black Slippers: Bellotti», «Society», «Papyrus», «'Ione, Dead the Long Year,'» «'Ιμέρρω,'» «Shop Girl», «To Formianus' Young Lady Friend», «Tame Cat», «L'art, 1910», «Simulacra», «Women before a Shop», «Epilogue», «The Social Order», «The Tea Shop», «The Lake Isle», «Epitaphs», «Our Contemporaries», «Ancient Wisdom, Rather Cosmic», «The Three Poets», «The Game of Chess», «Ancient Music», «The Beautiful Toilet», «Poem by the Bridge at Ten-Shin», «The Jewel Stairs' Grievance», «Lament of the Frontier Guard», «Exile's Letter», «Four Poems of Departure», «A Ballad of the Mulberry Road», «To-Em-Mei's 'The Unmoving Cloud,'» «Salutation the Third», «Monumentum aere, etc.», «Come My Cantilations», «Before Sleep», «Post mortem conspectu», «Fratres minores», «Near Perigord, III», «Villanelle: The Psychological Hour», «Dans un omnibus de Londres», «Pagani's, November 8», «Homage to Quintus Septimius Florentis Christianus», «Fish and the Shadow», «Impressions of François-Marie Arouet (de Voltaire)», «Phanopoeia», «Langue d'Oc», «Moeurs contemporaines», «Cantico del sole», *Hugh Selwyn Mauberley, Homage to Sextus Propertius,* «Cantus planus», «The Complete Poetical Works of T. E. Hulme», «Alf's Second Bit», «M. Pom-Pom», «Revolt against the Crepuscular Spirit in Modern Poetry», and «An Immorality.»

D220q ... Escrito en Rapallo. Traducción de René Palacios More. [Madrid] Editorial Swan [1982]. 1 blank leaf, 1 leaf, 102 pp., 2 leaves, 1 blank leaf. 21.3 cm. 400 pts. (Colección

«Literaturas Anglogermánicas»). Translations, by Palacios More, of the following items, all previously published in *Il Mare:* «Vorticismo» [I-IV]—D115, 116, 118, 119; «Poeti francesi» (essays on Gourmont, Régnier, Jammes, Corbière, Moréas, Tailhade, and Rimbaud); «La violinista Olga Rudge»—C972, 985; «'Invierno Musicale' ...»—C988; «Calda accoglienza ai musicisti Tigullini a Genova»—C993; «Olga Rudge e Gerhart Münch a Firenze e Chiavari»—C1195; «Musica Tigulliana progettata ...»—C1101; «Prossimi concerti»—C1007; «Importanza e significato della musica di William Young»—C1029; «La cantante Lonny Mayer»—C1066; «Appunti» (I-III); «Ave Roma»—C909; «Libri»—C900; and interviews with Francesco Monotti—C813a, and with Gino Saviotti—C1089a.

D220r ... Aquí la voz de Europa: Alocuciones desde Radio Roma. [Barcelona, Ediciones de Nuevo Arte Thor, 1984]. 1 blank leaf, [3]-124 pp., 2 leaves. 16.5 cm. 390 ptas. (Colección el laberinto, 7). Translations, by Joaquín Bochaca, of 13 Rome Radio broadcasts: «Those Parentheses», «The Pattern», «Question of Motive», «Universality», «To Be Late», «With Phantoms», «As a Beginning», «The Fallen Glentleman», «Continuity», «Darkness», «To the Memory», «Materialism», and «Civilization.» (For the dates of these broadcasts, see A96.)

D220s *... ANTOLOGÍA POÉTICA ... Edición, introducción y notas [de] Manuel Almagro Jiménez. Traducción [de] Antonio Rivero Taravillo. [Sevilla, Ediciones Universidad de Sevilla, 1991]. 323 pp. (Colección de Bolsillo). A translation, by Taravillo, of *Personae* (1909), *Ripostes, Lustra, Cathay, Homage to Sextus Propertius,* and *Hugh Selwyn Mauberley.*

ANTHOLOGIES:

D220w *LA POESÍA NORTE-AMERICANA MODERNA. Traducción, selección y notas de Salvador Novo ... [México] «El Universal Ilustrado», 1924. 31 pp. 16 cm. Contains a translation, by Novo, of «New York», p. 27. The translation was reprinted in Novo, *Poesía 1915-1955* (México, Talleres Impresiones Modernas, 1955), p. [37].

D220x *Los escritores ingleses se pronuncian sobre la guerra española. [Barcelona] Comissariat de Propaganda de la Generalitat de Catalunya [1938?]. 62 pp. 19 cm. An anonymus translation of *Authors Take Sides on the Spanish War* ([1937])—B41, containing Pound's response on p. 58.

D220y ... POETAS NORTEAMERICANOS ... Prólogo de Gastón Figueira. Río de Janeiro, BIPA [Bureau de Informaciones Panamericano], 1943. 188 pp. 19 cm. Contains a translation, by Figueira, of «New York», pp. 63-64.

D220z ... POESÍA ESTADOUNIDENSE. Selección y prólogo de Alfredo Weiss. Buenos Aires, Ediciones Continental, 1944. 175 pp. Contains translations, by Weiss, of «The Tomb at Akr Çaar» and «Apparuit», pp. 112-15.

D220za E. L. Revol. PANORAMA DE LA LITERATURA NORTEAMERICANA ACTUAL... Córdoba [Argentina], Editorial Assandri, 1945. 164 pp., 1 leaf, 2 blank leaves. 17.8 cm. Contains translations, by Revol, of «In a Station of the Metro», p. 82, and «The Return», pp. 84-85, both printed as footnotes to the English originals.

D220zb Ludwig Lewisohn. HISTORIA DE LA LITERATURA NORTEAMERICANA. Buenos Aires, Editora Inter-Americana ... [1945]. 1 blanck lealf, 3 leaves, [9]-452 pp., 2 leaves. 23.5 cm. Contains translations, by Ernesto Alberto Palacio, of «Δώρια,» p. 299, and from «The Rest», «Dum capitolium scandet», and «The Social Order», p. 301.

D221 LA POESÍA INGLESA. LOS CONTEMPORÁNEOS. Selección, traducción y prólogo de M. Manent. [Barcelona] Ediciones Lauro, 1948. 502 pp., 1 leaf. 20.3 cm. Ptas. 75. English and Spanish on opposite pages. Contains translations, by Manent, of «A Virginal», «Dance Figure», and «Δώρια,» pp. 110-13.

D221a ANTOLOGÍA DE LA POESÍA OCCIDENTAL EN LOS SIGLOS XIX Y XX. Selección y prólogo de Emilio Sosa López. Córdoba, Argentina, Editorial Assandri [1949]. 1 blank leaf, 2 leaves, 7-404 pp., 7 leaves, 1 blank leaf. 22.7 cm. Contains tranaslations, by J[uan]. R[odolfo]. Wilcock, of «Apparuit», and, by E[nrique]. L. Revol, of «A Girl», «A Pact», and «The Return», pp. 296-98.

D221b PANORAMA Y ANTOLOGÍA DE LA POESÍA

NORTEAMERICANA. Introducción y traducciones de José Coronel Urtecho. [Madrid] Seminario de Problemas Hispanoamericanos, 1949, 1 blank leaf, 3 leaves, [9]-333 pp., 1 leaf. 18.9 cm. 40 ptas. (Colección «La Encina y el Mar»). Contains translations, by Coronel Urtecho, of «Piccadilly», «The Garret», «Δώρια,» «Further Instructions», «The Return», «In a Station of the Metro», «Dance Figure», and «A Girl», pp. [211]-16.

D221c *[Entry deleted.]*

D221d Agustí Bartra. ANTOLOGÍA DE LA POESÍA NORTEAMERICANA. México, D.F., Colección Letras, 1952. 504 pp. 20 cm. Contains translations, by Bartra, of «Revolt against the Crepuscular Spirit in Modern Poetry», «The Return», «Dance Figure», «The River-Merchant's Wife: A Letter», «N.Y.», «A Girl», «Apparuit», «The Coming of War: Actaeon», «A Pact», «Salutation», «Ité», «In a Station of the Metro», and from Canto XVII, pp. 211-21.

D221e ANTOLOGÍA UNIVERSAL DE LA POESÍA. Selección y notas de Miguel Brascó. Sante Fé [Argentina], Librería y Editorial Castellví S. A. [1953]. 2 blank leaves, 2 leaves, 7-439 pp., 1 leaf, 1 blank leaf. 23 cm. Contains translations, by Brascó, of «Mr. Styrax», «Clara», «Sketch 48b.11», and «'Nodier raconte...'» (from «Moeurs contemporaines»), and, by Agustín O. Larrauri, of «Portrait d'une femme», páginas 105-107.

D221f José Coronel Urtecho. RÁPIDO TRÁNSITO. Managua, Nicaragua, Talleres Gráficos «San Antonio», 1953. 204 pp. 23 cm. Contains a translation, by Coronel Urtecho, of Canto XLV, pp. 158-9.

D221x Louise Bogan. POESÍA NORTEAMERICANA 1900-1950 . . . Barcelona, Editorial Juventud, S.A. [1955]. 160 pp. 20.7 cm. 50 ptas. English and Spanish on opposite pages (for the «Selección de poemas»). Contains translations, by Juan Ferraté, of «To Whistler, American», p. 37 (with the translation following the English text), and, in a «Selección de poemas», of «Come by Cantilations», «Liu Ch'e», and *Hugh Selwyn Mauberley,* Part I [I, II], pp. 112-17.

D222 . . . ANTOLOGÍA DE LA POESÍA NORTEAMERICANA CONTEMPORÁNEA. Selección, traducción y estudio preliminar de Eugenio Florit. Washington, D. C., Unión Pan-americana [1955]. 1 blank leaf, 2 leaves, viii, 145, 145, 147-164 pp., 2 leaves, 1 blank leaf. 22.5 cm. (Pensamiento de América). English and Spanish on opposite pages (paged in separate sequences). Contains translations, by Florit, of «The Return», «Liu Ch'e», «Come My Cantilations», and Canto XVII, pp. 35-42.

D222 0 VERSIONES. Segunda edición. Guillermo de Greiff. Medellín, Colombia, 1955. 1 blank leaf, 3 leaves, 9-135, [1] pp., 1 blank leaf. 19.7 cm. Contains a translation, by Greiff, of «The River-Merchant's Wife: A Letter», pp. 111-12.

D222 1 *[Entry deleted.]*

D222 2 HISTORIA DE LA LITERATURA NORTEAMERICANA por Concha Zardoya con la colaboración de Carmen Iglesias... Barcelona, Editorial Labor, S. A., 1956. xii, plate, 396 pp., 2 leaves. 22.2 cm. Contains translations, by Zardoya, of «In a Station of the Metro» and «A Girl», p. 345.

D222 3 William Shand y Alberti Girri. POESÍA NORTEAMERICANA CONTEMPORÁNEA. Buenos Aires, Editorial Raigal, 1956. 254 pp. 20 cm. English and Spanish on opposite pages. Contains a translation, by Shand and Girri, of «What Thou Lovest Well Remains» (from Canto LXXXI), pp. 56-59.

D222 4 Marcus Cunliffe. LA LITERATURA DE LOS ESTADOS UNIDOS. [Traducción de Victorino Pérez.] México, Editorial Guarania [1956]. 1 blank leaf, [3]-308 pp., 2 leaves. 21 cm. (Colección Demos). Contains a translation, by Pérez of «In a Station of the Metro», p. 232, printed as a footnote to the English original.

D222 5 John Brown. PANORAMA DE LA LITERATURA NORTEAMERICANA CONTEMPORÁNEA. Madrid, Ediciones Guadarrama, S. L. [1956]. 1 blank leaf, [3]-563 pp., 6 leaves. 21.8 cm. (Colección «Panoramas», 1). English and Spanish on opposite pages (for poems). Contains translations, by Eduardo Caballero Calderón, of «L'art, 1910», «In a Station of the Metro», «Portrait d'une femme», and Canto XLV, pp. [441], 443, 445; and «Date Line» [sections I and II, omitting the last four paragraphs], pp. [505]-508.

D222a Hugo Friedrich. LA ESTRUCTURA DE LA LÍRICA MODERNA. De Baudelaire hasta nuestros días. [Traducción de Joan Petit.] Barcelona, Seix Barral [1959]. 1 blank leaf, [3]-398 pp., 1 leaf. 19.5 cm. (Serie mayor, 24). Contains a translation, by Petit, of «In a Station of the Metro», p. 206.

D222aa *Michel Butor. SOBRE LITERATURA. Estudios y conferencias 1948-1959. Traducción de Joan Petit. Barcelona, Seix Barral, 1960. 397 pp. (Biblioteca breve, 154). Contains a translation of Butor's essay «La tentative poétique d'Ezra Pound»—translated from D15a—pp. 340-63.

D222ab ANTOLOGÍA DE LA POESÍA NORTEAMERICANA. Traducción de José Coronel Urtecho y Ernesto Cardenal. Madrid, Aguilar [1963]. 1 blank leaf, 3 leaves, 11-[505] pp., 2 blank leaves. 20.3 cm. (Colección literaria novelistas, dramaturgos, ensayistas, poetas). Contains translations, by Coronel Urtecho and Cardenal, of «Further Instructions», «Δώρια,» «In a Station of the Metro», «Tempora», «The Garret», «το καλὸν,» «Causa», «The Lake Isle», «Cantico del sole», «N.Y.», «Ritratto», «Provincia deserta», «Ancient Wisdom, Rather Cosmic», «Ts'ai Chi'h», «Alba», «A Ballad of the Mulberry Road», «Lesbia illa», «Epigram», «Pagani's, November 8», «The Three Poets», and Cantos III, XIII, XLV, LII, and LXXXIV, pp. 225-[47].

D222ac *Manuel Beltroy. FLORILEGIO OCCIDENTAL. TRADUCCIONES DE POEMAS EUROPEOS Y AMERICANOS (SIGLOS XII AL XX). Lima, Imprenta de la Universidad de San Marcos, 1963. xvi, 267 pp., incl. illus. (ports.) Contains a translation, by Beltroy, of «The Return», pp. 201-2.

D222b Armando Uribe Arce. Pound. [Santiago de Chile, Editorial Universitaria, 1963]. 1 blank leaf, 2 leaves, 7-143, [2] pp., 1 blank leaf. front. (port.) 19 cm. (El Espejo de Papel: Cuadernos del Centro de Investigaciones de Literatura Comparada, Universidad de Chile). Contains «Antología de sus poemas», pp. [101]-135, translations, by Uribe Arce, of «On His Own Face in a Glass», «Translations and Adaptations from Heine, IV», «The Altar», «The Picture», «Of Jacopo del Sellaio», «Meditation», «Coda», «In a Station of the Metro», «Alba», «'Ione, Dead the Long Year,'» «Ἱμέρρω,» «To Formianus' Young Lady Friend», «Separation on the River Kiang», «Taking Leave of a Friend», «Come My Cantilations», «Langue d'Oc: Alba», *Hugh Selwyn Mauberley*, Part I [IV], «Above the Dock» and «Autumn», by T. E. Hulme, Canto XLV, *Homage to Sextus Propertius*, and «Cantus planus.»

D222ba CIEN AÑOS DE POESÍA NORTEAMERICANA. Introducción, traducciones y notas de Jaime Tello. Prefacio de Hugh Fox, Ph.D. Caracas, Zodíaco, 1965. 1 blank leaf, 6 leaves, [xv]-xxii, 312 pp., 1 leaf. 22.2 cm. Contains translations, by Tello, of «A Girl», «The Return», «Dance Figure», and Canto XVII, pp. 71-75.

D222baa *TRES ESCRITORES NORTEAMERICANOS, VII: JOHN CROWE RANSOM [BY JOHN L. STEWART], EZRA POUND [BY WILLIAM VAN O'CONNOR], WILLIAM CARLOS WILLIAMS [BY MALCOLM BRINNIN] ... Madrid, Editorial Gredos, S. A. [1965]. Contains translations, by Ángela Figuera, of an excerpt from the Rome Radio broadcast of 7 Dec. 1941, pp. [61]-62; from *Patria Mia*, pp. 72-75; and «In a Station of the Metro», p. 85, quoted in the course of Figuera's translation of O'Connor's essay «Ezra Pound», pp. [61]-122.

D222bb *T.S. Eliot. Criticar al crítico y otros escritos. Madrid, El Libro de Bolsillo, Alianza Editorial [1967]. 1 blank leaf, 2 leaves, 7-255 pp., 4 leaves. 18 cm. A translation, by Manuel Rivas Corral, of Eliot's *To Criticize the Critic and Other Writings* ([1965]), which contains the text of *Ezra Pound His Metric and Poetry* (1917 [*i.e.*, 1918])—B17.

D222c *Edward Stresino. EZRA POUND, WILLIAM CARLOS WILLIAMS AND T. S. ELIOT: tres poetas de habla inglesa. Bogotá, Editora A.B.C., 1968, 127 pp. Contains poems of Pound, selected and traslated by Stresino.

D222ca *Los intelectuales ante el Vietnam. Dos preguntas sobre la guerra en el Vietnam ... Recogidas por Cecil Woolf y John Bagguley. Madrid, Alfaguara, 1968. 305 pp. 21 cm. (Hombres, hechos e ideas, 17). A translation of *Authors Take Sides on Vietnam* ([1967])—B41 *n*.

D222caa Jorge Guillén. AIRE NUESTRO. Cántico, Clamor, Homenaje ... Milano, All'Insegna del Pesce d'Oro, 1968. 2 blank leaves, [5]-1697, [1] pp., 1 leaf, 2 blank leaves. 21.8

cm. Contains a translation, by Guillén, of «Motif», p. 1517.

D222caaa *El oficio de escritor. Entrevistas con E. M. Forster, François Mauriac, Ezra Pound y otros. Traducción y presentación de José Luis González. México, D. F., Ediciones Era, S. A., 1968. 327 pp., incl. illus. 19 cm. (Biblioteca Era, 28). Contains, pp. 33-52, a translation of Donald Hall's *Paris Review* interview with Pound, translated from *Writers at Work* ([1963])—B75.

D222caab ... POESÍA NORTEAMERICANA DEL SIGLO XX. Selección y prólogo por Sergio Mondragón ... México, D. F. [Secretaría de Educación Pública, Subsecretaría de Asuntos Culturales] 1969. 61 pp., 1 leaf. 16.8 cm. (Serie: La honda del espíritu) (Cuadernos de lectura popular, 183). Contains translations, by Agustí Bartra, of «Revolt against the Crepuscular Spirit in Modern Poetry» and «Salutation»; by José Coronel Urecho and Ernesto Cardenal, of «In a Station of the Metro», «The Garret», «The Temperaments», «The Three Poets», «The Social Order», «Arides», «Ritratto», «The Encounter», «A Ballad of the Mulberry Road», and «Causa»; and, by Bartra, of «Dance Figure», «A Pact», and «Ité», pp. 35-43.

D222cab *NUEVA POESÍA USA: De Ezra Pound a Bob Dylan. Selección, traducción y prólogo: Marcelo Covián. [Buenos Aires] Ediciones de la Flor [1970]. 197 pp., 4 leaves. 19.2 cm. Contains translations, by Covián, of «The Tomb at Akr Çaar», «Meditation», «A Pact», «In a Station of the Metro», and «Portrait d'une femme», pp. 33-[39].

D222cb *Serge Fauchereau. LECTURA DE LA POESÍA AMERICANA. [Translated by Enrique Murillo.] Barcelona, Editorial Seix Barral, 1970, 348 pp. 20 cm. (Biblioteca breve, 301). Contains translations, by Murillo?, of «In a Station of the Metro» and «The New Cake of Soap.»

D222cc *El oficio de escritor. Entrevistas con E. M. Forster, François Mauriac, Ezra Pound y otros. Traducción y presentación de José Luis González. México, D. F., Ediciones Era, S. A., segunda edición, 1970. 327 pp., incl. illus. 19 cm. (Biblioteca Era, 28). Contains, pp. 33-53, a translation of Donald Hall's *Paris Review* interview with Pound, translated from *Writers at Work* ([1963])—B75.

D222cca Carlo Izzo . . . LA LITERATURA NORTEAMERI-CANA. Traducción de Attilio Dabini. Buenos Aires, Editorial Losada S. A. [1971]. (Las literaturas del mundo). 1 blank leaf, 3 leaves, [9]-584 pp., 1 blank leaf, 1 leaf, 2 blank leaves. 22 cm. Contains a translation, by Dabini?, of «The Coming of War: Actaeon», p. 464.

D222cd Octavio Paz. EL SIGNO Y EL GARABATO. [México] J[oaquín] M[ortiz Editor] [1973]. 1 blank leaf, [3]-213 pp., 1 leaf. 21.2 cm. (Confrontaciones: los críticos). Contains a translation, by Paz, of Canto CXVI, pp. 96-98, printed in the course of Paz's essay «Ezra: Galimatías y esplendor», pp. 94-98. The translation was reprinted in Paz, *Versiones y diversiones* ([México] Joaquín Mortiz [1974], pp. 44-46.

D222ce EL SURCO Y LA BRASA. Traductores Mexicanos. Selección y prólogo de Marco Antonio Montes de Oca. México, D. F., Fondo de Cultura Económica, 1974. 446 pp., 1 leaf. 21.4 cm. (Letras mexicanas). Contains translations, by Octavio Paz, of Canto CXVI, pp. 142-44; by José Vázquez Amaral, of Canto LXXIX (an extract), pp. 164-68; by Isabel Fraire, of Cantos VII and XII, pp. 362-69; and, by José Emilio Pacheco, of «Alba» and «In a Station of the Metro», p. 408.

D222cf *POESÍA INGLESA CONTEMPORÁNEA. Estudio preliminar, selección, traducción y notas [de] E. L. Revol. Buenos Aires, Ediciones Librerías Fausto, 1974. Contains translations, by Revol, of «Night Litany», «The Garret», «Praise of Ysolt», «Commission», «In a Station of the Metro», «A Girl», «An Immorality», «E. P. Ode pour l'élection de son sépulchre» (from *Hugh Selwyn Mauberley*), and «Phyllidula», with the English texts printed as footnotes to the translations, pp. 307-26.

D222cfa Enrique Uribe White. HORAS DE TOTA II. Nuevas versiones. Bogotá, Tercer Mundo, 1975. 124 pp., 1 leaf. 20 cm. Contains translations, by Uribe White, of «Δώρια», «The Return», «The Rest», «Further Instructions», *Hugh Selwyn Mauberley*, Part I [III, IV], and from Canto LXXXI, pp. 73-79.

D222d [*Entry deleted. See* D222ba.]

D222da LA FLORA EN LA POESIA: mil y más poemas sobre

las plantas. Selección, normas, prólogos, notas y traducciones de Víctor Manuel Patiño ... Tomo I.—Poetas ibéricos y panamericanos. Cali, Colombia, Imprenta Departamental, 1976. 1 blank leaf, 2 leaves, 7-929 pp., 2 leaves, 1 blank leaf. 24 cm. Contains a translation, by Patiño (printed as footnote to the English text), of «The Tree»,, p. 148.

D222db *POETAS NORTE-AMERICANOS CONTEMPORÁNEOS. Estudio preliminar, selección, traducción y notas [de] E. L. Revol. [Buenos Aires] Ediciones Librerías Fausto [1976]. (Col. Bibl. de poesía universal). Contains translations, by Revol, of Canto I, «The Tea Shop», «Mr. Nixon» (from *Hugh Selwyn Mauberley*), Canto XXXI, «N.Y.», «A Pact», «Causa», «Albâtre», «Portrait d'une femme», and «An Object», pp. 295-315.

D222dc EZRA POUND EN PRIMER PLANO. Michael Reck. Traducido del inglés por María José Sánchez Carrasco. [Barcelona, Ediciones Picazo, 1976]. 1 blank leaf, 4 leaves, 11-232 pp., 2 leaves, 2 blank leaves. 19.4 cm. (Colección Refugio). Contains translations, by Sánchez Carrasco, of a letter to Francis Biddle, 4 Aug. 1943, pp. 81-83; «For T. S. E[liot].»—C1907—p.165; «Canto CXX», p. 181; and «Histrion», pp. 221-22.

D222e SEIS POETAS DE LENGUA INGLESA ... Presentados y traducidos por Isabel Fraire. [México] SepSetentas 244 [1976]. 206 pp., 1 leaf. 17.5 cm. $10.MN. Contains translations, by Fraire, of «Erat hora», «Francesca», «Ballatetta», «The Garret», «In a Station of the Metro», «Albâtre», «Salutation», «A Virginal», «The Plunge», «N.Y.», «Horae beatae inscriptio», «A Pact», «Meditatio», «The Bath Tub», «Fratres minores», «A Study in Aesthetics», «το καλὸν», «Impressions of François-Marie Arouet (de Voltaire), I-III», «Commission», *Hugh Selwyn Mauberley,* Part I [I-V], «Cantico del sole», «Salutation the Second», «Portrait d'une femme», and Cantos I-II; and, by Salvador Elizondo, of «Tame Cat» and Canto XLV, pp. 20-46.

D222f Roberto Guzmán Leal. NUEVA LITERATURA UNIVERSAL ... México, Editorial Porrúa, S. A., 1977. 1 blank leaf, 5 leaves, 13-464 pp., 1 leaf, 1 blank leaf. 19.4 cm. Contains a translation of an extract from Canto XLVI, p. 407.

D222g José Miguel Ibáñez Langlois. RILKE, POUND, NERUDA: Tres claves de la poesía contemporánea. Madrid, Ediciones Rialp, S. A. [1978]. 202 pp., 1 leaf, 2 blank leaves. 19.1 cm. (Libros de Bolsillo Rialp, 91). Contains translations of Canto XLV, pp. 91-92, «Lesbia illa», p. 101, «Meditatio», p. 115, and «Alba», p. 124.

D222h *Henry Miller. Cartas a Anaïs Nin. Barcelona, Bruguera, 1979. 508 pp. A translation, by Ana Goldar, of Miller's *Letters to Anaïs Nin* ([1965])—B78a.

D222ha *Jaime García Terrés. CORRE LA VOZ. México, Joaquín Mortiz [1980]. 4 leaves, 11-131 pp., 3 leaves. 21.9 cm. 1.500 copies. (Las dos orillas). Contains a translation, by García Terrés, of «Religio, or The Child's Guide to Knowledge», pp. 120-22. The translation was reprinted in García Terrés, *Las manchas del sol* ([Madrid] Alianza Editorial [1988]), pp. 247-49.

D222i Ignacio Iribarren Borges. UNA REVOLUCIÓN LITERARIA Y SUS AUTORES: YEATS, JOYCE, POUND, ELIOT. [Caracas] Monte Ávila Editores, C. A. [1980]. 1 blank leaf, 4 leaves, 11-138 pp., 2 leaves, 1 blank leaf. 17.2 cm. (Colección Estudios). Contains translations of «In a Station of the Metro», p. 81; by Jaime Tello, of «The Return», pp. 83-84; of «A Girl», pp. 84-85, and «N.Y.», p. 85; and of extracts from *Hugh Selwyn Mauberley*, pp. 87-90.

D222j *Hablan los escritores. Barcelona, Editorial Kairós, 1981. Contains a translation of Donald Hall's *Paris Review* interview with Ezra Pound—C1889.

D222k *... LOS CANTARES Y OTROS POEMAS. [Translated by Esteban Moore and Jorge Santiago Perednik.] Buenos Aires, Centro Editor, 1983. 144 pp. (Biblioteca básica universal, 269).

D222l *Allen Ginsberg y Neal Cassady. Cartas de amor ambiguo. Barcelona, Laertes, 1984. 300 pp. (Colección Rey de Bastos). A translation of *As Ever: The Collected Correspondence of Allen Ginsberg & Neal Cassady* ([1977])—B121b(?).

D222m *DES IMAGISTES: UNA ANTOLOGÍA. [Edited by Kevin Power.] Madrid, Trieste, 1985. 21 cm. 1890 ptas. (Biblioteca de autores extranjeros). Contains translations, by Javier de la Iglesia, of Pound's contributions to *Blast* 1 and 2, pp. 134-57; and, by M. Brito, of «A Few Don'ts by an Imagiste», an excerpt from «A Retrospect», and a letter to Harriet Monroe, Jan. 1915, pp. 174-81.

D222ma Vicente Gaos. TRADUCCIONES POÉTICAS COMPLETAS ... Valencia, Institución Alfonso el Magnánimo ... 1986. 2 vols. Bilingual edition. 1 blank leaf, [3]-463 pp., 3 leaves, 1 blank leaf, incl. illus (front.). (Vol. 2). 19.6 cm. Contains translations, by Gaos, of «A Pact», «An Immorality», «Sestina: Altaforte», and Canto XLV, II, 241-57.

D222n José Emilio Pacheco. MIRO LA TIERRA [POEMAS 1983-1986]. [México] Ediciones Era [1986]. 78 pp., 1 leaf. 19.4 cm. (Biblioteca Era, 159). Contains translations, by Pacheco, of Canto XLV and «Lament of the Frontier Guard», pp. 68-72.

D222na *Jaime García Terrés. BAILE DE MÁSCARAS. México, Ediciones del Equilibrista, 1989. Contains translations, by García Terrés, of «Dum capitolium scandet», «Francesca», «The Lake Isle», «Song of the Bowmen of Shu», «Religio, or The Child's Guide to Knowledge», Canto XLV, Canto CXX, and 13 lines from Canto XVII, pp. 99-107.

D222nb Noel Stock. EZRA POUND. Valencia, Alfons el magnànim [1989]. 1 blank leaf, [3]-579 pp., 2 leaves. 21.5 cm. (Colección Debates/Biografía, 8). A translation, by Ana Sánchez, of Stock's *The Life of Ezra Pound* ([1970])—B99. Contains translations, by Sánchez, of prose, and, by Antoni Torregrossa (except where noted), of poetry, chiefly the following (the poems or excerpts of poems are printed as footnotes to the English originals): an untitled poem (1898), p. 30; «το χαλὸν», p. 41; «The Mourn of Life», pp. 51-52; a letter to the *New York Herald,* París, 21 June 1908—C8—p. 75; an inscription to his father in *Exultations,* p. 109; by Ernesto Cardenal and José Coronel Urtecho, of «In a Station of the Metro», p. 182; by Guillermo Rousset Banda, of «Fan-Piece, for Her Imperial Lord», p. 195; «Homage to Wilfrid Blunt»—C131—pp. 199-200; by Cardenal and Coronel Urtecho, of «Pagani's, November 8», p. 253; a long extract from an interview in the *New York Herald,* París, 10 Jan. 1921—C613a— p. 302; a letter to W. B. Yeats, 19 June 1924, p. 326; «Modern Thought»—C693a—p. 344; a letter to Louis Untermeyer, 2 Jan. 1930, p. 364; «Credo»—C792—p. 374; a statement in *Omaggio a Modigliani* (1930)—B22—p. 380; letters to the *Chicago Tribune,* París, 25 June 1932—C863—p. 382, and 13 Mar. 1933—C928—p. 388; *Volitionist Economics*—E2m—pp. 403-4; «Manifesto» (1936), p. 424; *Introductory Text Book*—E2r—p. 447; a note in Dorothy Pound's copy of *Cantos LII-LXXI,* p. 466; a letter to E. E. Cummings, 18 Jan. 1941, p. 478; an advertising leaflet for Square $ Series, p. 530; a blurb on the back of the dustjacket of *Guide to Kulchur*—A45c—pp. 532-33; and a message to the *Chinese World,* San Francisco—C1738a—p. 533. (There are numerous other passages of prose and poetry, chiefly excerpts. For a more detailed description, see B99.)

D222o Ricardo Silva-Santisteban. ESCRITO EN EL AGUA. [Lima] Editorial Colmillo Blanco [1989]. 1 blank leaf, 6 leaves, 15-411 pp., 3 leaves, 1 blank leaf. 20.8 cm. (Colección de Arena). Contains translations, by Silva-Santisteban, of poems 21, 44, 99, 118, 153, 167, and 265 from *The Classic Anthology Defined by Confucius;* six choruses from *Women of Trachis;* Canto CXVI; and notes for Canto XVII *et seq.,* páginas 175-191.

D222p Ricardo Silva-Santisteban. EL CIERVO EN LA FUENTE (VERSIONES POÉTICAS) ... [Lima] Ediciones Pedernal [1990]. 1 blank leaf, [3]-398, [2] pp. 20.4 cm. (Las musas inquietantes, 3). Contains translations, by Silva-Santisteban, of «Sestina: Altaforte», «Apparuit», «Dance Figure», «Poem by the Bridge at Ten-Shin», «Lament of the Frontier Guard», and «Near Perigord», pp. 346-58.

Periodicals:

D223 La isla de París. *Hermes,* Bilbao, IV, 65 (Nov. 1920) 663-675. An anonymous translation of «The Island of Paris: A Letter», from the *Dial,* New York, for Oct. 1920—C599.

D224 N.Y. *La Falange,* México, 7 (Oct. 1923) 384. Translated by S[alvador]. N[ovo]. Reprinted in *Pan-American Union Bulletin,* Washington, D. C., LX.4 (Apr. 1926) 374. (*Note:* The alleged reprint in *El Universal Ilustrado,* México, mentioned in

Pan-American Union Bulletin, must be D220w. «N.Y.» is not listed in John Francis Marshall, Jr., «An Index to the Literary Content of *El Universal* and *El Universal Ilustrado,* 1916-1931» (M. A., University of Texas, 1953).)
(A revised entry.)

D224a Energética literaria, I. Poesía. *La Revista de Avance,* Havana, Cuba, IV.39 (15 Oct. 1929) 307-9. An anonymous translation of excerpts from «How to Read, or Why»—C735-737.

D224a Energética literaria, II. La prosa. *La Revisa de Avance,* Havana, Cuba, IV.40 (15 Nov. 1929) 337-40, 348. An anonymous translation of excerpts from «How to Read, or Why»—C735-737.

D224c UNA NIÑA. *Cuaderno del Taller San Lucas,* Granada, Nicaragua, 3 (1943) 44. A translation, by José Coronel Urtecho, of «A Girl», printed in an anthology in translation of 24 American poets, «Poesía norteamericana», pp. [29]-53. Reprinted in *Repertorio Americano,* San José, Costa Rica, XLI.16 (26 Feb. 1945) 253.

D224d NEW YORK. *América,* Havana, Cuba, XVII.3 (Mar. 1943) 25. Translated by Gastón Figueira.

D224e UNA MUCHACHA. *Rueca,* México, IV.15 (Summer 1945) 54. A translation, by José Attolini, of «A Girl», printed in an anthology following his article «La poesía norteamericana contemporánea», pp. 45-51.

D225 [TWO POEMS]. *Disco,* Buenos Aires, 9 (mar. 1947) 18-23. Translations, by J. R. Wilcock?, of «The Tomb at Akr Çaar» and «Apparuit.» English and Spanish on opposite pages.

D226 *[POEMS]. *Reunión,* Buenos Aires, I.3 (Autumn 1949) 35-66. Translations, by E. L. Revol and Alfredo J. Weiss?, of «E. P. Ode pour l'élection de son sépulchre» (from *Hugh Selwyn Mauberley*), «A Pact», «A Girl», «Dance Figure», «An Immorality», «Portrait d'une femme», «N.Y.», «The Garret», «Ballad for Gloom», «Δώρια,» from Perigord», «The Tomb at Akr Çaar», «Night Litany», «The Return», «Praise of Ysolt», «The Tree», «Commission», and Cantos I, XIII, and XLV.
(A revised entry.)

D226a *[Entry deleted.]*

D226aa POESÍAS DE EZRA POUND. *Idea,* Lima, 11 (Feb./

Mar. 1952) 5. Translations, by Carlos E. Zavaleta, of «The Tomb at Akr Çaar», «Lament of the Frontier Guard», and «The River-Merchant's Wife: A Letter.»

D226ab [THE TOMB AT AKR ÇAAR]. *Letras Peruanas: Revista de Humanidades,* Lima, II.5 (Feb. 1952) 13. Translated by Manuel Moreno Jimeno in the course of his article, «Los poetas imaginistas», pp. 13-14.

D226b [Letters]. *Cuadernos Hispanoamericanos,* Madrid, 32 (Aug. 1952) 215-31. This first part of a translation, by José Luis L. Aranguren, «Ezra Pound y el humanismo poético americano», of Luciano Anceschi's «Palinsesti del protoumanesimo poetico americano»—D141 and 142b— incorporates translations into Spanish of Pound's letters to Iris Barry, pp. 217-18, 221-24, and the letter to Harriet Monroe, pp. 229-30. (The second part, printed in *Cuadernos Hispanoamericanos,* 35 ([Nov.?] 1952) 65-71, omits the letter from Pound to Eliot. Offprints of each part were prepared for Anceschi.)

D227 EL CORO DE LOS LINCES. *Universidad de México,* México, VIII.11 (July 1954) 5-6. A translation, by José Vázquez Amaral, of the lynx chorus from Canto LXXIX. Printed also in *Pound Newsletter,* 3 (July 1954) 3.

D227a La calidad de Lope de Vega. *Cuadernos Hispanoamericanos,* XXI.59 (Nov. 1954) 141-64. An anonymous translation of the chapter «The Quality of Lope de Vega», from *The Spirit of Romance.*

D228 EN PERIGORD. *Sur,* Buenos Aires, 242 (Sept./Oct. 1956) 24-30. A translation, by M. Teresa Maiorana and M. Clothilde Rezzano de Martini, of «Near Perigord.»

D228 0 CANTO XLV. *Universidad de México,* México, XI.6 (Feb. 1957) [5]. Translated by Martin Palma [*i.e.,* Jaime García Terrés].

D228a [POEMS]. *Índice de Artes y Letras,* Madrid, XII.119 (Nov. 1958) 11. Translations, by Vicente Gaos, of «Sestina: Altaforte», «An Immorality», and Canto XLV.
(A revised entry.)

D228b [CANTOS XLV, XXVII, XXXI AND LXXXI]. *Versión de la Gente de Cuyo,* Mendoza, Argentina, 2 (1959) 71-94. Translated in the course of an article by Marta Bertilini, «Introducción a Ezra Pound.»

D229 CUATRO POEMAS ... *Excelsior,* México (29 Mar. 1959) [3]. Translations, by Jaime García Terrés, of «Song of the Bowmen of Shu», «Francesca», «Dum capitolium scandet», and «The Lake Isle.»

D229a UN PACTO. *Cultura Peruana,* Lima, XIX.134 (Aug. 1959) [37]. A translation, by Carlos Germán Belli, of «A Pact», printed in a selection entitled «Poesía contemporánea de los Estados Unidos.»

D229b [COITUS]. *Estaciones,* México, X. 19 (Fall 1960) 15. Translated by Salvador Elizondo in note 1 of his article «Il Miglior Fabbro: La poesía de Ezra Pound anterior a los Cantos», pp. 3-16.

D230 FIGURA DE DANZA ... *Caracola,* Málaga, 95 (Sept. 1960) 13. A translation, by José Ruiz Sánchez, of «Dance Figure.»

D230a ✉ ... Carta a C. J. C[ela]. *Los Papeles de Son Armadans,* Madrid, Palma de Mallorca, XIX.57 *bis* (Dec. 1960) 70-72. In English, with translation by A. K. following, pp. 71-72. (Offprints were prepared.)

D230b ... Varios «No.» *El Pez y la Serpiente,* Managua, Nicaragua, 1 (Jan./Feb./Mar. 1961) 129-34. A translation, by José Coronel Urtecho and Ernesto Cardenal, of «A Retrospect.»

D230c POEMAS ... *Cultura,* San Salvador, El Salvador, 21 (July/Sept. 1961) 13-21. Translations, by José Coronel Urtecho and Ernesto Cardenal, of «Francesca», «Albâtre», «Tame Cat», «Black Slippers: Bellotti», «Society», «Epitaphs, I-II», and Cantos XXXII and LVII.

D230ca [POEMS]. *Universidad de México,* XVI.5 (Jan. 1962) 4-6. Translations, by Ernesto Cardenal and José Coronel Urtecho, of «Francesca», «Song of the Bowmen of Shu», «Epitaphs», «The Three Poets», «Causa», «Moeurs contemporaines» [II], «το καλὸν», «N.Y.», «Ortus», and «The Temperaments.»

D230d THE TOMB AT AKR ÇAAR [&] DANCE FIGURE. *Sur,* 274 (Jan./Feb. 1962) [26]-33. Spanish and English on opposite pages. Translated by Carlos Viola Soto.

D230da POEMAS DE EZRA POUND. *Cuadernos del Viento,* México, 35/36 (June/July 1963) 568. Translations, by Francisco Valle, of «Alba», «Epitaphs», «The Encounter», and «Taking Leave of a Friend.»

D230db Infierno. *Revista de Bellas Artes,* México, 2 (Mar./Apr. 1965) 43-50. A translation, by José Vázquez Amaral, of «Hell»—C1046.

D230e ... MOTIVO. *Les Cahiers de l'Herne,* Paris, 6 ([Nov. 1965]) 240. A translation, by Jorge Guillén, of «Motif.»

D230ea [AN IMMORALITY]. *Opium,* Buenos Aires, 3 1/2 (Nov. 1965) [1]. An excerpt, translated anonymously.

D230eaa [POEMS]. *Correspondencias,* México, 3 (1966) 3-14. Translations, by Salvador Elizondo, of Canto XLV, «Society», «Tame Cat», «Shop Girl», «Coitus», «In a Station of the Metro», and «An Object»; and, by Isabel Frayre *[sic],* of «Erat hora», «Francesca», «Praise of Ysolt», «La Fraisne», «And Thus in Nineveh», «Ballatetta», «De Aegypto», and «The Garret.»

D230eb POESÍA. *Revista de Bellas Artes,* 7 (Jan./Feb. 1966) 65-79. Translations, by José Vázquez Amaral, of Cantos I, II, LXXIX, XC, and CVI.

D230ec [POEMS]. *El Corno Emplumado,* México, 24 (Oct. 1967) 7-25. Translations, by José Coronel Urtecho and Ernesto Cardenal, of «The Garret», «The Jewel Stairs' Grievance», «The Temperaments», «Clara», «The Bath Tub», «The Three Poets», «The Social Order», «A Girl», «In a Station of the Metro», «Dance Figure», «Arides», «Ritratto», «Piccadilly», «Causa», «The Encounter», «Lesbia illa», «A Ballad of the Mulberry Road», «The Alchemist», and Cantos III, XIII, and XXXII.

D230eca [POEMS]. *Lengua y Literatura Inglesas y Lingüísticos,* Barquisimeto, I.4 (1968) 9-10, 12-13. Translations, by Manuel Moreno Jimeno, of «The Return» and «The Tomb at Akr Çaar», printed in the course of his article «El imaginismo y los poetas imaginistas norteamericanos», pp. [4]-22.

D230ecb *CARTA DEL EXILADO. *Revista de Bellas Artes,* 19 (Jan./Feb. 1968) 54-[55]. A translation, by Isabel Fraire, of «Exile's Letter.»

D230ed LOS DOS PRIMEROS CANTOS. *La Cultura en México,* México, 364 (5 Feb. 1969) VIII-X. Translations, by Isabel Fraire, of Cantos I and II. (*La Cultura en México,* 364 is a supplement to *Siempre!,* México, 815.)

D230ee Ulises. *Revista Nacional de Cultura,* Caracas, XXX.192

(Mar.-Apr. 1970) 2-8. An anonymous translation of «Paris Letter. May, 1922. *Ulysses*»—C642.

D230ef 12 CANTOS DE EZRA POUND. *El Rehilete*, México, 32 (July 1970) 5-70. Translations, by Isabel Fraire, of Cantos I-XII.

D230eg POEMAS DE POUND. *El Rehilete*, 32 (July 1970) 83. Translations, by Mariano Flores Castro, of «Erat hora», «April», «A Pact», and «In a Station of the Metro.»

D230eh *Carta de Paris. Ulysses. *Taller*, León, Nicaragua, 6 (Feb. 1971) 57-63. An anonymous translation of «Paris Letter. May, 1922. *Ulysses*»—C642. Reprinted from D230ee?

D230eha *VERSIONES DE EZRA POUND. *El Comercio. Suplemento Dominical*, Lima (16 Jan. 1972) 24. Translations, by Ricardo Silva-Santisteban, of «Song of the Bowmen of Shu», «The City of Choan», «Poem by the Bridge at Ten-Shin», and «Sennin Poem by Kakyhaku.»

D230ei TOQUES: BREVES FRAGMENTOS ENTRESACADOS DE LOS CANTOS DE EZRA POUND. *Universidad de México*, XXVI.9 (May 1972) [between 424 and 425]. Translations, by José Coronel Urtecho, of short extracts from *The Cantos*, chosen by the translator.

D230eia NUEVE POEMAS DE EZRA POUND. *Trece de Nieve*, Madrid, 4 (Autumn 1972) 3-6. Translations, by Carmen García del Potro and Mario Hernández, of «April», «Gentildonna», «The Bath Tub», «Fan-Piece, for Her Imperial Lord», «Ts'ai Chi'h», «Alba», «The Encounter», «L'art, 1910», and «Image from D'Orleans», with the English text printed at the bottom of each page.

D230ej CERCA DE PERIGORD. *Eco*, Bogotá, XXV.6 [no. 150] (Oct. 1972) 611-29. English and Spanish on opposite pages. A translation, by Pedro Gómez Valderrama, of «Near Perigord.» The translation and notes were reprinted in *La Gaceta del Fondo de Cultura Económica*, México, 179 (Nov. 1985) VII-XII.

D230eja [CANTO CXVI]. *Plural*, México, II.2 [no. 14] (Nov. 1972) 40. Translated by Octavio Paz at the end of his essay «Ezra: Galimatías y esplendor.»

D230ejb [A PACT]. *Imagen*, Caracas, 72/73 (7/14 Nov. 1972)

15. Translated by Rafael Lozano? in the course of his essay «Ezra Pound.»

D230ejc POEMAS DE EZRA POUND. *El Comercio. Suplemento Dominical,* Lima (12 Nov. 1972) 37. Translations, by Ricardo Silva-Santisteban, of Canto CXVI and notes for Canto CXVII et seq. (omitting «Canto CXX»). Reprinted in *Poesía,* Valencia, Venezuela, 12 (May/June 1973) 16-19.

D230ek ESQUEMAS Y FRAGMENTOS PARA LOS CANTARES CX Y CXI. *La Cultura en México,* 563 (22 Nov. 1972) VII. Translated by José Vázquez Amaral following his article «Los Cantares de Ezra Pound», pp. III-VI. (*La Cultura en México,* 563 is a supplement to *Siempre!,* 1013.)

D230el DEL HOMENAJE A SEXTO PROPERCIO. *La Cultura en México,* 563 (22 Nov. 1972) VIII. A translation, by Paloma Villegas and David Huerta, of an extract from *Homage to Sextus Propertius.* (*La Cultura en México,* 563 is a supplement to *Siempre!,* 1013.)

D230ela *[POEMS]. *Caretas,* Lima, 469 (12-22 Dec. 1972) 66. Translations, by César Lévano, of «In a Station of the Metro» and «Ité», printed with an article by Ciro Alegría. Reprinted from *Alerta,* Havana?, XXIII.288 (9 Dec. 1957) 26.

D230em [CANTOS CXIII, CXIV, ADDENDUM FOR CANTO C, NOTES FOR CANTO CXVII ET SEQ.]. *La Palabra y el Hombre,* Xalapa, Veracruz, México, NS 5 (Jan./Mar. 1973) 14-15, 17-23. Translated by José Vázquez Amaral.

D230ema Cartas. *Poesía,* Valencia, Venezuela, 12 (May/June 1973) 26.30. Translations, by Malena Coelho, of a letter to Harriet Monroe, 18 Aug. 1912, and a letter to W. C. Williams, 18 Mar. 1922.

D230en [POEMS]. *Revista de Occidente,* Madrid, 132 (Mar. 1974) 314-15. Translations, by Ángel Capellán Gonzalo?, of «In a Station of the Metro» and «Alba», printed in the course of Capellán Gonzalo's article «Ezra Pound (1885-1972): Estudio biográfico», págs. [308]-42.

D230eo Los caracteres de la escritura china como medio poético *Plural,* México, III.8 [no. 32] (15 May 1974) 47-56. A translation, by Salvador Elizondo, of *The Chinese Written Character as a Medium for Poetry.*

D230eoa 'ΙΜΕΡΡΩ. *Universidad de México,* XXVIII.10 (June

1974) [inside back cover]. English and Spanish. Translated by Carlos Montemayor.

D230ep CANTO 116. *Eco*, XXVIII.1 [no. 169] (Nov. 1974) 35-36. Translated by Alberto Girri, with a note by the translator on pp. 32-34.

D230eq [POEMS]. *Universidad de México*, XXIX, 9 (May 1975) 4, 5, 8-11. Translations, by Carlos Montemayor, of «April», «A Pact», «Ts'ai Chi'h», «Alba», «In a Station of the Metro», «Epitaphs», «To Dives», «Epitaph», «Society», «Separation on The River Kiang», and «The Jewel Stairs' Grievance», printed in the course of Montemayor's article «Ezra Pound», pp. 1-12.

D230f TRADUCCIONES. *El Zaguán*, México, [1] (28 Oct. 1975) 21-33. Original texts and Spanish translations on opposite pages. Translations, by Alberto Blanco, of «A Song of the Degrees», «Meditatio», and «Ité»; and, by Alfonso René Gutiérrez, of «Ortus», «The Altar», and «Dans un omnibus de Londres.»

D230g TRADUCCIONES. *El Zaguán*, 2 (28 Jan. 1976) 30-43. English and Spanish on opposite pages. Translations, by Manuel Ulacia, of «The Tea Shop» and «April»; by Alberto Blanco, of «Religio», «The Coming of War: Actaeon», and «The Garret»; by María Gertrudis Martínez de Hoyos and Luis Roberto Vera, of «Dance Figure», «Alba», «In a Station of the Metro», and «Albâtre»; and, by Alfonso René Gutiérrez, of «The Lake Isle» and «Sub mare.»

D230ga A LIGURINA. [By Horace and Ezra Pound.] *Pez Soluble*, Lima, 2 (Aug. 1976) [6]. «Versión castellana realizada por V. H. Velásquez a partir de la trad. inglesa de Ezra Pound.»

D230gb Tsunemasa. *Garcilaso*, Lima, 44 (26 Jan. 1977) 14. A translation, by Ricardo Silva-Santisteban, of «Tsunemasa», by Zeami Motokiyo and Ezra Pound.

D230h 17 *[sic]* POEMAS DE EZRA POUND. *Plural*, VI.5 [no. 65] (Feb. 1977) 17-19. Translations, by Guillermo Rousset Banda, of «Piere Vidal Old», «Post mortem conspectu», «Phyllidula», «Impressions of François-Marie Arouet (de Voltaire)» [I-VI], «Homage to Quintus Septimius Florentis Christianus» [I-III], «The Tomb at Akr Çaar», «Papyrus», «A

Virginal», «The Bath Tub», and «Dans un omnibus de Londres.»

D230i CÁNTICO AL SOL. *Universidad de México,* XXXI.6 (Feb. 1977) 34. A translation, by Rafael Vargas, of «Cantico del sole.» Reprinted under the title «Cántico del Sole» in *La Gaceta del Fondo de Cultura Económica,* 179 (Nov. 1985) XVIII.

D230ia *Algunas notas sobre Francisco de Quevedo. *Trece de Nieve,* NS 3 (May 1977) 9-26. A translation, by Francisco Javier de la Iglesia, of «Some Notes on Francisco de Quevedo [y] Villegas»—C618.

D230j Cartas a Benito Mussolini. *Vuelta,* México, I.9 (Aug. 1977) 4-11. Introduction and notes by C. David Heymann. Translated by Tomás Segovia from an English translation.

D230ja LIBRO DE LAS CANCIONES. *La Prensa. La Imagen Cultural,* Lima, 137 (13 Nov. 1977) IV-V. Translations, by Ricardo Silva-Santisteban, of poems 21, 44, 99, 118, 153, 167, and 265 from *The Classic Anthology Defined by Confucius.*

D230jaa *[Interview]. *Poesía,* Madrid, 5/6 (1978-79).

D230jb [POEMS]. *Litoral,* Torremolinos, Málaga, VII.82/84 ([1978]) 166-67. Anonymus translations of «N.Y.», «A Pact», and «Causa.»

D230k MAUBERLEY. *Plural,* VI.77 (Feb. 1978) 6-11. A translation, by Guillermo Rousset Banda, of *Hugh Selwyn Mauberley,* followed by Rousset Banda's notes and commentary, pp. 11-14.

D230ka RELIGIO O GUÍA DEL NIÑO HACIA EL CONOCIMIENTO. *La Gaceta del Fondo de Cultura Económica,* México, NS 89 (May 1978) 12. A translation, by Jaime García Terrés, of «Religio, or The Child's Guide to Knowledge.»

D230kaa *Camoes. *Casa del Tiempo,* México, I.4 (Dec. 1980), Suplemento, ii.viii. A translation, by Nelly Keoseyan, of «Camoens», Chapter X of *The Spirit of Romance.*

D230kab *HOMENAJE A SEXTO PROPERCIO. *Casa del Tiempo,* II.13 (Sept. 1981), Suplemento, [i]-xx. A translation, by Ricardo Silva-Santisteban, of *Homage to Sextus Propertius.* Reprinted in *Lienzo,* Lima, 5 (1983) 73-100.

D230kb [Essays]. *Quimera,* Barcelona, 25 (Nov. 1982) 43-46. Translations, by Mario Lucarda, of excerpts from «Terra Italica», «The Iconoclasts» (from *A Visiting Card*), excerpts from

«Immediate Need of Confucius», and the whole of «Affirmations: As for Imagisme» and «'Probari ratio,'» all translated from *Selected Prose 1909-1965* ([1973])—A93.

D230kbb HUGH SELWYN MAUBERLEY (vida y contactos). *Poesía*, Madrid, 17 (Primavera, 1983) 81-106. Translated with an introduction by Raúl Deustua.

D230l CANTO I. *Universidad de México*, XXXIX, 26 (June 1983) 6. Translated by Manuel Ulacia.

D230m [POEMS]. *Poesía libre*, Managua, III.9 (Oct. 1983) 1-25. Translations, by José Coronel Urtecho and Ernesto Cardenal, of «The Garret», «Dance Figure», «Tempora», «The Tomb at Akr Çaar», «N.Y.», «Cantico del sole», «Papyrus», «The Lake Isle», «Epigrams», «Prayer for His Lady's Life», «Pagani's, November 8», «Provincia deserta», «Lesbia illa», «The Study in Aesthetics», «Ritratto», «Arides», «Clara», «The Temperaments», «The Bath Tub», «The Social Order», «Black Slippers: Bellotti», «Meditatio», «The Tea Shop», «The Cloak», «The Encounter», «Society», «The Three Poets», «Causa», «Ts'ai Chi'h», «Ancient Wisdom, Rather Cosmic», «Epitaphs», «Alba», «A Ballad of the Mulberry Road», «The River-Merchant's Wife: A Letter», «The Jewel Stairs' Grievance», and «Exile's Letter.»

D230ma [«Canto CXX»]. *La Gaceta del Fondo de Cultura Económica*, NS 159 (Mar. 1984) 18-19. Translated by Rafael Vargas? in the course of his essay «Controversia en torno a Pound».

D230mb MUCHACHA. *Pasajes*, Pamplona, 2 (1985) 16. A translation, by Javier de la Iglesia, of «A Girl», printed as a footnote in his translation of T. S. Eliot's «Introducción» to Pound's *Selected Poems* ([1928])—A30—pp. 9-22.

D230mc HOMENAJE A SEXTO PROPERCIO. *Pasajes*, 2 (1985) 87-114. A translation, by Javier de la Iglesia, of *Homage to Sextus Propertius*.

D230md CANTUS PLANUS. *Pasajes*, 2 (1985) 115. Translated anonymously.

D230n [CANTOS]. *Hora de Poesia*, Barcelona, 39 (May/June 1985) 28-67. Translations, by P[edro]. L[uis]. Ugalde, of Cantos II, IV, XX, XXIX, XXXVI, and XLV, with the English text following the translation of each Canto.

D230o [POEMS AND A PROSE EXTRACT]. *Quimera*, 49

([May] 1985) 36, 38, 41, 44-45, 49. Translations, by Juanjo Fernández, of an extract from the Rome Radio broadcast of 15 May 1943, lines from Canto LXXIV, «Salutation the Third», and «The Cloak», printed in the course of Fernández's translation of a radio play by Fritz J. Raddatz, «El proceso de Ezra Pound», pp. 36-49. The translation of «Salutation the Third» was reprinted on p. 15 of an abridged version of Raddatz's radio play, «Proceso de escándalo», *La República,* Lima (10 July 1988) 14-15.

D230oa [Excerpts from the Rome Radio broadcast of 28 May 1942]. *El País,* Madrid, VII. 315 (31 Oct. 1985), Libros, p. 2. Quoted in the course of an anonymous translation of an essay by Humphrey Carpenter, «Ezra Pound, el poeta enjaulado», pp. 1-3 (originally published as «Poet in a Cage», *Observer,* London (12 May 1985)).

D230p EZRA POUND: SEIS POEMAS. *La Gaceta del Fondo de Cultura Económica,* XV.179 (Nov. 1985) II.VI. Translations, by Jaime García Terrés, of «Song of the Bowmen of Shu», Canto CLV, «Religio, or The Child's Guide to Knowledge», «Dum capitolium scandet», «Francesca», and «The Lake Isle», all reprinted from other publications.

D230q ANTIGUA CANCIÓN DE AMOR EGIPCIA Y OTROS POEMAS. *La Gaceta del Fondo de Cultura Económica,* XV.179 (Nov. 1985) XIII-XVII. Translations, by José Luis Rivas, of a poem from *Love Poems of Ancient Egypt, Hugh Selwyn Mauberley,* Part I [V], «Francesca», «Threnos», «Motif», «April», «N.Y.», «A Girl», and «The Tree.»

D230r Fragmento de una carta a William Carlos Williams. *La Gaceta del Fondo de Cultura Económica,* XV.179 (Nov. 1985) 45. A translation, by Pura López Colomé, of a long extract from a letter of 21 Oct. 1908.

D230ra LA ISLA EN EL LAGO. *La República,* Lima (8 Dec. 1985), Artes y Letras, p. 51. A translation, by A[ntonio]. C[isneros]., of «The Lake Isle», printed in connection with Cisnero's article «Ezra Pound: Extravíos y desvaríos de un poeta genial», pp. 50-51.

D230rb *Credo. *La Gaceta del Fondo de Cultura Económica,* 185 (May 1986) 8. Translated by José Luis Rivas.

D230s [CANTO LI]. *Cuadernos Políticos,* México, 47 (July/Sept.

1986) [16], [24], [40], [74]. Translated by José Emilio Pacheco.

D230sa CANTO CXX. *La Gaceta del Fondo de Cultura Económica,* 190 (Oct. 1986) 6. Translated by Jaime García Terrés.

D230t [An excerpt from the Rome broadcast of 15 May 1943]. *Universidad de México,* XLI. 429 (Oct. 1986) 5-6. Translated by Irma Alcalá de Lira in the course of her translation of Fritz J. Raddatz's radio play, «El proceso de Ezra Pound», pp. 5-21. (Italian translations of lines from Canto LXXIV, «Salutation the Third», and «The Cloak» are reprinted on pp. 9, 11, 14-15, and 21 from the Italian translation of the radio play—D167qa.)

D230u [A PACT]. *Vuelta,* XI.126 (May 1987) 54. An anonymous translation, printed in the course of a translation of an essay by Affonso Romano de Sant'Ana, «¿Es Pound un poeta moderno?» The translation of the poem was made from a Portuguese translation by Marcus Vinícius de Faria in *Dimensão: Revista de Poesia,* Uberaba, Brazil, VI.12/13 (1986) 57.

D230v Tsunemasa. *Poesía,* Valencia, Venezuela, 71/72 (1988) 17-19. A translation, by Ricardo Silva-Santisteban, of «Tsunemasa», by Zeami Motokiyo and Ezra Pound, revised from D230gb.

D230va El indiscutible mérito de Mr. Eliot. *La Gaceta del Fondo de Cultura Económica,* 213 (Sept. 1988) 53. A translation, by Julio Hubard, of «Mr. Eliot's Solid Merit.».

D230w PORTRAIT D'UNE FEMME. *La Gaceta del Fondo de Cultura Económica,* 215 (Nov. 1988) 14. Translated by Julio Hubard.

D230wa CANTO LXXIV. *La Página,* La Laguna, Tenerife, 1 (1989) 73-114. Translated and with notes by Javier de la Iglesia.

D230wb Hacer una revista: cartas entre T. S. Eliot y Ezra Pound. *Casa del Tiempo,* X.97 (Sept./Oct. 1990) 91-97. Translations, by Juan José Utrilla, of letters of 14 Mar. [1922] and 4 Nov. 1922 to T. S. Eliot.

D230wc [POEMS]. *Semana 7* [Revista semanal de *Expreso*], Lima, I.40 (19 Jan. 1991) 14. Translations, by Ricardo Silva-Santisteban, of «Alba», «The Cloak», and «The Social Order.»

INTRODUCCIÓN, CRONOLOGÍA Y ANECDOTARIO SOBRE EZRA POUND,

por José Vázquez Amaral

INTRODUCCIÓN

Alguna vez dijo el traductor y crítico norteamericano, Dudley Fitts, que James Joyce y Ezra Pound eran los dos escritores de habla inglesa que registraban los mayores fracasos en los tiempos modernos. Pero, seguía diciendo Fitts, tales fracasos se habían realizado bajo las condiciones establecidas por los autores mismos. James Joyce llevó el arte de novelar, feliz o infeliz sólo el tiempo dirá, a un nuevo punto de partida o a un callejón sin salida. Cervantes hizo lo mismo para el género en el siglo XVII. El maestro español tomó la varia y, a veces, como en la novela caballeresca, agarrotada arcilla de la narrativa y plasmó dioramas vitales para todos los tipos del género que habrían de practicarse en el mundo occidental hasta fines del XIX. Cervantes aglutinó los cuadros episódicos a la manera de *El lazarillo de Tormes* y los volvió fluidos como la vida misma. Estuvo el genio español a punto de alcanzar —lo atisbó— la técnica del fluir de la conciencia del maestro irlandés. Poeta fracasado, dramaturgo fuera del concurso áureo, Cervantes logró el ceugma hasta entonces no alcanzado, entre la acción y su visibilidad en la escritura fonética. Entiéndase que hablamos de «la modalidad ineluctable de lo visible» y de «la imagen en movimiento» de los imaginistas del siglo XX. Joyce, ya se sabe, alcanzó eso y más. En *Ulises* funde, también, las técnicas y requisitos de las unidades clásicas del teatro griego con el monólogo interior que también barruntó Fernando de Rojas en su tragicomedia y que, a veces, usó Cervantes también.

Hay algo más que importa subrayar en el paralelo obligado entre los dos grandes amos de las letras en inglés. Así como Ezra Pound en verdad no reconoce barrera alguna de carácter esencial entre prosa y verso, Joyce valida el mismo parecer en la parte más conocida y más hermosa de *Finnegan's Wake,* obra de encrucijada o callejón sin salida de la novela contemporánea. Nos referimos, ya se sabe, a *Anna Livia Plurabella.* No es muy aventurado vaticinar que este trozo de la máxima novela en lo que va del siglo XX, perdurará como fehaciente testimonio de lo artificial que es la separación entre los dos tipos de articulación literaria que se dicen prosa y verso. Otra vez, esto mismo había entendido Cervantes al escribir sus obras de poesía implícita, *El Quijote* o *Persiles.* Joyce, como para cerrar el ciclo aglutinante de géneros con trébol y esmeralda, narra la historia entera de Erín por boca de las comadres lavanderas que comentan la azarosa y pecaminosa vida de la puta de Anna Livia, personificación del país. Imbricación de material poético semejante, nos atrevemos a afirmar, no se da en ningún otro novelista contemporáneo.

Las dos cumbres de la literatura moderna en inglés se pusieron de acuerdo sobre lo artificial, o pasado de moda, de la separación entre verso y prosa. Diferenciación formal, sí; esencial, no. Mas en la realización de hecho, el prosista siempre corre con mayor fortuna que el poeta. Cuando se dice que una prosa es poética, la intención es generalmente elogiosa; acontece todo lo contrario cuando se califica a lo formalmente poético como prosa. La obra de Ezra Pound emplea como vehículo la forma poética, pero desbastada.

Cuantas veces el lector empieza a adormecerse con una dulce tirada de lírica belleza, el poeta le hace volver de su hipnotismo mediante, por ejemplo, la prosa dialectal y ríspida de un mílite, tal vez negro norteamericano:

> Hey Snag wots in the bibl'?
> wot are the books ov the bible?
> Name 'em, don't bullshit ME

Y es que, como lo aprendió a costa de la propia vida el más sincero de los dadaístas, Jacques Vaché, la poesía no existe; como la felicidad, sólo existen momentos poéticos o felices. Hemos dicho que Joyce, en bien de la articulación cuasi simbólica que debe ser el verso, incursiona felizmente en el terreno de la poesía; diremos también que Pound lo hace con mayor frecuencia en el de la prosa cuando se trata del hecho escueto de carácter histórico. En Ezra Pound el poetizar siempre está subordinado al propósito esencial, es decir, a la temática. En Pound nunca se encuentra el afán beletrístico, artepurista que caracteriza a tanta poesía contemporánea. El esteticismo nunca es su norma. La nota estética aparece a guisa de respiración eufónica, de aliento tomado para poder seguir en la brega con el mundo («I lost my center/fighting the world»). Todo lo anterior nos lleva a extendernos un poco sobre los *temas* de *Los Cantares*.

LOS TEMAS

Primer tema: sobre la haz de la tierra sólo hay una sola tribu, la Tribu del Hombre. Glorias y miserias son las mismas en el hombre de Oriente que en el de Occidente. Uno e indiviso es el hombre Hiuen-tsong, Malatesta, Adams, Bismarck, Ruy Díaz, Mozart. En cada cultura, en cada pueblo, se han dado ciertos hombres que han realizado hechos transformadores de los siempre anquilosados módulos del existir y debido a ellos el hombre salió de las cavernas y levantó su visión frontal a las estrellas. Mas he aquí que cierta estirpe de hombre sólo se interesa en el provecho personal a costa del trabajo y hasta la vida de sus hermanos. Desde la flota en Salamina hasta la más moderna máquina de guerra, esa laya de hombre ha lucrado con préstamos usureros a los que realizan empresas superiores a su capacidad económica. Para Ezra Pound, la plusvalía, la creación de dinero por el dinero, es el mayor pecado, podre, cáncer destructor de los mejores valores del hombre. El cantar sobre la usura es uno de los más lapidarios en la literatura occidental y el tema no deja de recurrir a lo largo de los cantares. Dice: *«helandros kai heleptolis kai helarxe* (usura) destruye a los hombres y destruye las ciudades y destruye al gobierno». Aquí conviene aclarar algo que a lo largo de los años ha constituido motivo de condenación para Ezra Pound. Se trata de su supuesta actitud o prejuicio antisemita. Carece por completo de base seria. Lo que hay es que mucho judío mal informado y quizás con la conciencia personal intranquila, se ha puesto el saco sabiendo que le convenía. Pero el maestro aclara en el suplemento al cantar C:

> El mal es usura, *neschek*
> la serpiente
> *neschek* de nombre conocido, la maculadora,
> más allá de la raza y contra la raza
> la maculadora
> Τόχος hic mali medium est...

Allá por 1953 corría muy fuerte la versión de que habían sido los intereses judíos los que eran responsables del encarcelamiento de Pound en Santa Isabel. No lo podía creer, pero quise saber cuál era la íntima actitud del maestro en cuanto a su rumoreado antisemitismo. Su contestación al respecto fue categórica: ¿Puede alguien señalarme parte alguna de mi obra en la cual haya la menor muestra de antisemitismo? ¿Acaso alguien podría señalar cuándo o en qué ocasión hubiera dicho algo en público o en privado que pudiera interpretarse en tal sentido?

De íntimo ligamen con la condenación de la usura es su también constante posición enemiga de las prácticas hacendarias de los gobiernos. La sencilla argumentación de Pound establece que ningún gobierno tiene derecho a la emisión de papel moneda en exceso de las reservas metálicas que represente. Toda emisión superior a tales reservas es fraudulenta. A esto llama Pound el *gran latrocinio*. Sostiene que desde John Adams hasta la fecha, los Estados Unidos y casi todos los gobiernos del mundo han estado realizando manejos monetarios fraudulentos. Y he aquí el porqué de su tan cacareada asociación con el fascismo italiano.

Ezra Pound, con un simplismo conmovedor, creía que la única manera de lograr la destrucción tanto de la usura como de la práctica fraudulenta de las emisiones bancarias de los gobiernos la ofrecía la institución del llamado «certificado de trabajo», que había puesto en operación el alcalde de Wörgl —mencionado en los *Cantares de Pisa*— ante la estupefacción de sus gobernados. Esa transformación radical acabaría con el comercio a base de la plusvalía y toda operación monetaria o bancaria de los gobiernos y los bancos, es decir, con toda la estructura económica tal como la conocemos. Ezra Pound creyó que esto se lograría en la Italia de Benito Mussolini. Así se lo había prometido il Duce en conversaciones privadas. Precisamente debido a tal promesa se debió la angustia de Pound cuando vio que su país entraba en la guerra para combatir al fascismo italiano. Para Pound esto significaba el fin de sus caras esperanzas de que un jefe de estado moderno llegara a poner en práctica la medida que acabara con todo el aparato fraudulento que, según él, venía minando la sociedad, la inteligencia y el espíritu del hombre, especialmente en el mundo occidental. Así fue como, según me lo dijo en Santa Isabel, llegó a tomar parte en las transmisiones por Radio Roma que habrían de servir como base del cargo de alta traición que el gobierno de los Estados Unidos entabló en contra del poeta y que motivó su prisión en Santa Isabel. Es de sumo interés saber la base técnica y legal sobre la cual se basó el gobierno estadounidense para encarcelar a Pound y para tenerle preso en Pisa, antes de encarcelarle en Washington.

—Cada vez que se hacía la transmisión del ruego a mi país y al ejército en el sentido de que no siguieran peleando contra Italia, primero se ponía un disco en el cual se puntualizaba que yo era ciudadano norteamericano y que Italia me concedía el derecho de hacer uso de la palabra con tal calidad, es decir, de ciudadano de los Estados Unidos. Pero llegó a aburrirme el dichoso disco y dije a los operadores que dejaran de pasarlo porque, además, era de sobra conocido su contenido. Desde ese momento yo hacía mi transmisión sin más ni más. Precisamente sobre este hecho se basó la acusación en mi contra acusándome de haber obrado como portavoz y agente de una potencia enemiga de los Estados Unidos.

El segundo tema es el del ya mencionado Chêng o Ch'ing Ming. Es decir, La correcta definición de los Términos o su rectificación, lo cual equivale a una verdadera definición. En la traducción que Pound ha hecho de las Odas de Confucio, se explica el Ch'ing Ming con mayor amplitud. Se dice que para gobernar bien a la nación, al pueblo, es necesario, primero, saber gobernar bien a la propia familia; para gobernar bien a la propia familia es necesario saber gobernarse a sí mismo primero y, para saber gobernarse a sí mismo, es necesario escuchar las notas profundas del propio corazón. Concretamente, toda verdadera definición, todo estatuto, ley o reglamentación debe emanar de la propia conciencia clara de uno mismo. *Chêng* quiere decir honradez, claridad, la perfección de la palabra, la definición precisa de la palabra, el ideograma chino representa una lanza solar que descansa en el preciso punto verbal. Tal actitud no puede menos que producir la serenidad generadora del equilibrio mental y emotivo que es el pivote firme de Confucio, el *chung*

中 que debe interpretarse como el fin de toda norma moral, ética o filosófica. Corolario obligado de lo anterior es el *Ming,* o sea, la claridad cenital de la inteligencia, la comprensión. Esto se representa por el ideograma que une a la luna y el sol, irradiación solar y reflejo lunar, es decir, lo fúlgido, brillante, la inteligencia, para decirlo a la manera occidental, lo apolíneo.

明

El tema tercero es el de la Renovación (Make it New) *hsin,* el ideograma equivale a nuevo + día + nuevo: renovar, hacer nuevo diariamente: «así como el sol lo hace nuevo / día con día 新 hacerlo de nuevo / Y todavía hacerlo nuevo otra vez más», Confucio. En el Cantar 96 de la división *Tronos,* Pound dice con respecto a la renovación literaria que, a menudo, parece esoterismo puro a los ojos del «vulgo municipal y espeso» de Darío:

> Si nunca escribiéramos sino lo que ya se ha comprendido, el campo de la comprensión nunca se ampliaría. Uno exige el derecho, una y otra vez, de escribir para unas cuantas gentes con intereses especiales y cuya curiosidad penetra en mayor detalle.

Es esta actitud libérrima la que ha granjeado a Pound, entre otras cosas, la admiración de los Beat y de toda la caterva de rebeldes de ayer y hoy.

Poiein es lo que hace el *poiētēs,* el poeta, excluido de la bien ordenada república de Platón. Es el inspirado intuitivo que lo ve todo como un fluir, un continuo siempre nuevo, siempre en transformación. Ver a las cosas del mismo modo siempre equivale a verlas en uno solo de sus estados transitorios; lo que se ve es cierto pero sólo por un instante en el tiempo y espacio. *Semina motuum* dicen *Los Cantares;* la verdad de la semilla es que está cargada de fuerza expansiva que producirá una planta o un hombre. Si lo más ensencial y maravilloso de la Naturaleza es su eterna creación, Pound no podría entender a un Palma o Montalvo que malgastan su tiempo y el de sus lectores tratando de recrear el habla de la colonia española en América o los capítulos que se supone olvidó Cervantes. Estas repeticiones no tienen ninguna importancia, constituyen mero *shadow boxing* del púgil que no sabe de la verdad traumática de su contrincante sino hasta que cruza puñetazos con él sobre el cuadrilátero iluminado.

El tema cuarto es el que quizás proporcione una clave más para el lector en general y para el ocasional en particular. Una pregunta frecuente es la que se refiere al porqué de estar *Los Cantares* constelados de toda clase de signos verbales y hasta visuales que tienden a apartar al lector superficial. La abundancia de griegos y latines, de griego clásico y dialectal, chino mandarín, alemán, español, italiano, pone a todos los que no sean de «aquellas cuantas personas con intereses especiales» en actitud dubitativa en cuanto a la empresa que significa la lectura de Pound. Ciertamente, *Los Cantares* nunca alcanzarán las listas de los «best sellers». Al superficial bien puede parecerle excesivo alarde de conocimientos lingüísticos y otros la abundancia de citas de los griegos, romanos, chinos, etcétera. Es cierto que el maestro a veces no se priva de minucias que al fino oído del poeta parecen suficiente razón para preferir determinada forma adjetival a otra menos conocida. Tal el caso de su uso de la forma eolia βροδοδάυτυχος Ἡώς (quizás en honor a Safo) en vez de la homérica ῥοδοδόκτυχος Ἡώς. No cabe duda de que la eliminación de la áspera forma de Homero en favor de la labial eolia es mucho más aconsejable para fines eufónicos, como también lo es que el sentido queda igual en ambos casos. Mas, salvo algunas excepciones como la citada, el uso de los idiomas occidentales de importancia y del chino obedece a una muy poderosa razón que constituye uno de los puntales críticos de *Los Cantares*. Pound sostiene que en cada idioma se han expresado ideas, versos, máximas en forma tan definitiva que no es posible mejorarla y que sólo puede repetirse tal como se articuló en el idioma original. Así se hace en *Los Cantares*. En este sentido la obra de Pound es antológica de todo lo que en Oriente y Occidente ha sido gaya doctrina. No por eso vaya a creerse que Pound es un simple recopilador que abdica ante los que han sido los mayores en el bien decir; simplemente reconoce y anota. Pero cuando hay algo que decir que sólo Pound puede debidamente articular, él lo hace sin titubear y en forma tal que quedará dicho mucho tiempo o quizás para siempre.

Íntimamente relacionada con lo anterior está la teoría del poeta acerca de los grandes trozos musicales que se han inventado a través del tiempo. Sostiene que hay melodías que, una vez expresadas, siguen trasmitiéndose sin cambio de generación en generación. De esa categoría es el coro de las aves de Clemente Jannequin, que a su vez procede del laúd de Francesco di Milano y desde una remota antigüedad. Pound, melómano, siempre incluye a Mozart en la tríada: Mozart, Agassiz, Linneo. En esta manera Pound parece indicar que la labor del músico, poeta, filósofo, estadista, etcétera, sólo puede dedicarse a la búsqueda de las máximas realizaciones ya existentes en todo el saber y conocer del Hombre. Reiterando: la labor prima del artista y de todo hombre verdadero es inventar (del latín *invenio*, que significa, simplemente, encontrar) la realidad. Parecería que lo anterior no se compadece con la doctrina del maestro que pide la incesante renovación. Es evidente que el poeta quiere decir que el hombre de tiempos y épocas anteriores ha logrado un acervo de conocimientos que debe aprovecharse sin incurrir en la inútil tarea de repetir lo que ya se hizo bien. Por ejemplo, la raza humana se hubiera ahorrado dos o más siglos de tiempo en la investigación matemática y, por ende, en el avance científico, si el mundo transatlántico hubiera tenido conocimiento del descubrimiento del concepto del cero en la América Media. El lema poundeano sería: no podemos crear *ex nihilo*, todo se levanta sobre cimientos.

El quinto tema es el de la Belleza, el Amor y la Muerte. La mayor parte del Cantar XXXVI está dedicada a la traducción del *Donna mi prega*, de Guido Cavalcanti. Pound rinde cumplido homenaje al amigo de Alighieri repitiendo los conceptos sobre el amor del autor de *Canzone d'amore*. A lo largo de los cantares el poeta se referirá a la Diosa del Amor en varias formas que corresponden a sus numerosos atributos. Es Cythera potens cuando «Anquises coge sus ancas aéreas / y se le acerca»: es la Madre Tierra, Gea, cuando «las formas del hombre nacen de ella»; es la Belleza Espantable que el hombre teme, o que la vida breve no le da tiempo para realizar: «Les hommes ont je ne sais quel peur étrange de la beauté»; «La beauté, "La Belleza es difícil, Yeats", dijo Aubrey Beardsley / cuando

Yeats preguntó por qué dibujaba horrores... y Beardsley que se estaba muriendo y que tenía que / dar su golpe rápidamente»; o es la Tierra Primera y eterna y amantísima madre-esposa del Hombre, «¡Cuán atraído, OH GEA TIERRA, / nada atrae como tú / hasta que nos hundimos en ti a una brazada de penetración / abrazándote. Atraes / verdaderamente atraes. / La sabiduría está cerca de ti / sencillamente, más allá de la metáfora». Pound se asemeja, en su consagración del amor de mujer como el móvil supremo del hombre y la historia, al panerotismo de Rubén Darío. «¡Oh, Reina Citera / che'l terzo ciel movete.» *Los Cantares,* predominantemente apolíneos, explotan en exceso dionisíaco en el espléndido *Coro de los linces* en el Cantar LXXIX. En orgiástico tropel hacen su aparición obligada Fauno, Príapo, leopardos, pumas, centauros, silenos y, finalmente, las tres Gracias escoltando a la Diosa del Amor que llega en un carro tirado por diez leopardos... y manitú. Lo digno de subrayarse aquí es la incorporación por Pound de la demonología americana a la clásica de Grecia. El susodicho *Coro de los linces,* no titubeamos en decirlo, es el mayor poema en su género en todas las literaturas modernas.

En conclusión, *Los Cantares* no son un *divertissement* más en el orden estético. Ezra Pound se impuso la imposible tarea de ofrecer una síntesis poética del pensamiento y la cultura del Hombre. En esta época nuestra en que tanto se insiste sobre la escisión entre las llamadas dos culturas, la técnica-científica y el arte y las letras humanas, la realización de Ezra Pound es única y señera. No sólo porque se atreve a intentar la sicoterapia del esquizofrénico occidental, el auto-Hamlet, sino porque reintegra, en el intento mismo, al artista-poeta al sitial de primera categoría que le es propio como vate, vaticinador del futuro de la sociedad en que hoy se le considera superfluo. España, la nación grande y poderosa del siglo XVI, produce al primer hombre moderno en la literatura europea y le deja vivir en la miseria hasta que se muere; los Estados Unidos parecen reproducir esta ironía de los pueblos poderosos: no pueden darse el lujo de tener a su Tiresias vidente en su suelo. Pound vivió y murió expatriado en Italia.

CRONOLOGÍA DE EZRA LOOMIS POUND

Nace en Hailey, Estado de Idaho, Estados Unidos de Norteamérica, en 30 de octubre de 1885. Recibe el grado universitario de Bachiller en Letras de Hamilton College en 1905, y el de Maestro, en la misma carrerra, de la Universidad de Pennsylvania en 1906. Abandona su país en 1907 para viajar por Europa y finalmente se establece en Inglaterra. En ese país publica una serie de pequeños volúmenes de poesía, entre los cuales hay que anotar los siguientes títulos: *Personae* (1909), *Exultations* (1909), *Canzoni* (1911) y *Ripostes* (1912). Estas obras atrajeron gran atención debido a su originalidad y erudición. Ésta es una época de estrecha asociación con los grupos dedicados a la experimentación y a la bohemia literaria. Muy en breve domina el vanguardismo de aquella época: el *imaginismo* primero y el *vorticismo* después. Estos movimientos son, hasta cierto punto, paralelos al modernismo hispanoamericano en cuanto ambos trataron de liberar a la poesía de lo convencional y anquilosado.

Al empezar los 20, Pound se establece en París donde se asocia con Gertrude Stein y otros expatriados ingleses y norteamericanos entre los que se encontraban figuras tan significadas como Ernest Hemingway, John Dos Passos, Ford Madox Ford, Marianne Moore, William Carlos Williams. El año 1925 el poeta se encuentra definitivamente establecido en Italia. Es en este país en donde sus ideas literarias empiezan a asumir coloración política y económica. Las fallas de la democracia estadounidense hacen que Pound apoye teorías económicas que le hacen muy impopular en su país de origen. Como consecuencia de sus pláticas por la radio italiana, favorables al régimen fascista de Benito Mussolini, se le apresa cuando los ejércitos de los Estados Unidos ocupan Italia y se le lleva a los Estados Unidos para enjuiciarlo. Después de ser declarado mentalmente incapaz de ser sometido a juicio se le recluye en el hospital de Santa Isabel en Washington. Tras casi tres lustros de prisión se le permite salir en libertad para dirigirse a Italia nuevamente en abril de 1958. Desde entonces Pound vive, y esporádicamente trabaja, en Venecia, Rapallo o Schlöss Brunnenberg, cerca del Tirol.

Los cantares de Pisa se escriben durante la reclusión del maestro en Santa Isabel. Los cantares 85-95, que constituyen la sección de *Los Cantares* titulada *Rock-Drill* (Taladro de Piedra), se publican en 1956. *Tronos*, la sección que incluye los cantares 96-109, se publica tres años más tarde. Lo último que se ha publicado y que se incluye en esta traducción total es del año 1968 y se titula *Esquemas y Fragmentos para los Cantares CX-CXX*. Pound fallece, el 2 de noviembre de 1972, en Venecia.

ANECDOTARIO

Conversando con la hija de Ezra Pound, la princesa Mary de Rachewiltz, traductora de la poesía de su padre al italiano, me dijo que Eva Hesse, traductora al alemán de la obra de Pound, le había preguntado si era verdad que yo había realizado la hazaña de verter al castellano todos *Los Cantares*. La princesa le aseguró que ella sabía de buena fuente que tal era el caso. De ser así, me siguió diciendo Mary de Rachewiltz, tanto Eva Hesse como ella querían salir de la duda de si se trataba de un genio o de un monstruo. Con ápice de falsa modestia yo le aseguré que no se trataba ni de lo uno ni de lo otro, sino, simplemente, de un hombre temerario. Pero mi temeridad no fue espontánea; como en la mayoría de los casos, el acto temerario se gesta en la voluntad de otro. Es decir, yo no dije cierto día ya hace veintidós años: Voy a traducir los *Cantares de Pisa* (primeros que traduje) de Ezra Pound. Lo que aconteció fue menos consciente.

Era embajador de Honduras en Washington don Rafael Heliodoro Valle. En aquel año de 1952 yo montaba sendas conferencias estudiantiles sobre la educación y la cultura iberoamericanas en Rutgers University con la colaboración del cuerpo diplomático correspondiente. Frecuentemente acudía a don Rafael en busca de consejo y ayuda cerca de sus colegas diplomáticos. En una de tantas veces que me asesoré del generoso amigo, surgió de repente la invitación para visitar a Ezra Pound, recluido en el Hospital de Santa Isabel de Washington. Confieso que acepté la invitación llevado de mezquino propósito: pergeñar uno de esos articulejos que todos hemos escrito sobre alguna gran figura. Desde entonces muchas veces me he preguntado si hubiera ido a aquella entrevista de haber sabido que gran parte de mis vigilias en los siguientes veintidós años se dedicarían a la traducción de Ezra Pound. En aquella ocasión, ya tan lejana en todos sentidos, me impresionó a tal grado el gigante de las letras contemporáneas en inglés que, deseoso de enmendar mi propósito, indigno del personaje que tenía enfrente, le prometí traducir *Los Cantares de Pisa*. Éstos eran, a la sazón, motivo de acalorada discusión en los medios políticos y literarios del país debido a que un jurado integrado, entre otros, por W. H. Auden y Archibald MacLeish, le había adjudicado el premio Bollingen establecido por el Congreso de los Estados Unidos. Con la infalible lógica de los tontos, muchos críticos y editores opinaban que era indebido conceder un premio oficial a un hombre que era reo de alta traición a su patria. Pound me tomó la palabra sobre la traducción que le prometía e inmediatamente quiso saber cuándo le llevaría el primer borrador de la obra. Fijé un plazo de tres meses, sin saber lo que decía. Sólo importa decir que después de tres años y otros tantos borradores, que Pound cubría de enmiendas y correcciones, el vate me dijo, entre cruel y amable: «Leave it alone, Amaral, you're losing spontaneity.» Mucho después y en carta a un antólogo ucraniano, Pound llegó a decir que entre todas las traducciones que conocía, la mía (y de él) era la mejor. Ha llovido desde entonces. El maestro recibió, del país que le tuvo encarcelado durante casi tres lustros, la gruñona dádiva de su libertad en el destierro. Ya no parece importarle su poesía, ni el arte ni nada. Mas, todavía, en dos de los últimos fragmentos que de *Los Cantares* tenemos:

> M'amour, m'amour
> ¿qué es lo que amo y
>   dónde estás?
> Que perdí mi centro
>   peleando con el mundo.
> Los sueños entrechocan

> y se trizan —
> y yo que quise hacer un paradiso terrestre.
>
> Haber oído el estertor de la farfalla
>   como hacía un puente sobre los mundos.
> Que los reyes se reúnan en su isla,
>   donde no hay alimento después de la
>   huida del polo.
> Asclepias por sustento
>   como para penetrar en arcano.
> Y ser hombres y no destructores.

Pero nos hemos adelantado a las anécdotas abundantes que nos ha tocado en suerte compartir con el poeta y que importan para la historia de las letras de América. Después de que yo creí saldado mi compromiso con Old Ez, como a él le gustaba que sus amigos le llamaran, el poeta emprendió una ingente campaña para que yo tradujera su obra entera. Me dice en alguna carta de las muchas que me escribió: «Amaral, save me from incompetents, from hack translators!» Pero ya para entonces yo me había dado cabal cuenta de lo que significaba comprometerse a tal empresa. Yo me resistía a entrar en el mundo casi hermético de la obra entera antes de alcanzar la propia integración emotiva e intelectual. No era para menos. Pensaba en el caso de tantos poetas, escritores, pintores, que Ezra Pound había marcado para siempre con su hierro personal; pensaba en el caso de casi todos los grandes y pequeños que deben algo o casi todo a la intervención de Pound. Ninguno de la llamada «Generación Perdida» y nadie de los que algo han significado en las letras en inglés en nuestra época ha podido escapar a su influencia omnipresente. Entre sus discípulos, el más famoso, T. S. Eliot; el más joven y consagrado, Allen Ginsberg, gran gurú y teórico de la Generación Beat, único núcleo contemporáneo que en los Estados Unidos es digno de tomarse en cuenta. Cuando menos mientras Eliot estuvo vivo, Pound nunca quiso aceptar el homenaje que le rindió llamándole *il miglior fabbro;* tampoco entendió por qué Ginsberg le reverenciaba. En lo que sí siempre ha estado de acuerdo es en la absoluta necesidad de promover la libertad de expresión y experimentación que considera esencial para las letras, el arte y la sociedad misma... A dos décadas de distancia, mi resolución de no penetrar entonces en el laberinto de Pound me parece justificada. Nunca he dejado de estar vinculado a la obra de Pound. La voluntaria abstracción que guardé durante aquellos años me permitió alcanzar una mejor perspectiva del universo poético del maestro. Ese universo es, paradójicamente, tan simple como complicado. Sucede lo de siempre cuando se trata de la obra suprema del arte y la literatura: la apariencia engaña. En este aspecto Ezra Pound se parece a Miguel de Cervantes, genio paradójico por excelencia, con la importante diferencia de que el primero se da cuenta de la sustancia anfibológica de su expresión y siempre aclara el sentido estricto, mientras que Cervantes se complace en dejarnos en trance cejijunto. Mas, fuerza es confesarlo, veces hay en que la paradoja se impone a pesar de todos los esfuerzos tras la claridad cenital del

Ch'ing Ming 正名

A nosotros nos tocó esclarecer quizás la mayor de ellas hace dos años en la revista universitaria de la Universidad del Estado de New Jersey, *Rutgers Review*.

Con ocasión de dar a conocer algunos *clips* tomados de mi correspondencia con Pound, creí oportuno explicar la razón por la cual tanto la parte de *Los Cantares* denominada *Rock-Drill* y también la última llamada *Thorones* llevan el subtítulo en castellano *De los Cantares*. Nunca sospeché que el resultado de tan inocente empeño fuera a proporcionar la clave de que venimos hablando. Con ella todo se aclara, todo es *Ch'ing Ming*

Cuando traduje *Los Cantares de Pisa,* como todo el que ingenuamente se haya acercado a *The Cantos* de Ezra Pound, creí enteramente justificada la traducción que de la palabra había hecho vertiéndola al castellano mediante el simple expediente de dejarla en el mismo estado, es decir, *cantos*. Creí, lógicamente, que se trataba de la misma designación que Alighieri había dado a las divisiones de la *Divina Comedia*. Al concluir la traducción de *Los Cantares de Pisa* empezó una acción de guerrillas entre el maestro y su traductor. Él me sostenía —sin adecuado conocimiento de causa creía yo— que la traducción al castellano debía ser *cantar* y no *canto*; yo le expliqué muy extensamente por qué no debía ser así. Esgrimía yo las razones del necio que cree tenerlas todas consigo cuando exegetiza para una persona ajena a la lengua y tradición literaria en que se sabe connatural. Pound pacientemente escuchó todas mis razones, pero no logré que cambiara de parecer. En busca de apoyo acudí a mis colegas de la Imprenta Universitaria de la Universidad Nacional Autónoma de México, seguro de que ellos tomarían mi partido, puesto que ellos iban a publicar la traducción y seguramente no querrían que ésta fuese afeada por un título que inmediatamente revelara incompetencia traductoril. La respuesta de México fue la que yo esperaba: la traducción no podía ser otra que *canto*.

Testarudez inaudita me pareció la del maestro cuando no quiso ceder ante tanto parecer combinado. Old Ez se mantenía firme. Yo decidí atacar de frente, mi paciencia casi agotada.

—Maestro —le dije—, la palabra cantar pertenece casi a la prehistoria del idioma. Se dice, por ejemplo, *Cantar* o *Poema de Mío Cid*.

—Pues de eso mismo se trata.

—Sus *Cantos*, entonces, ¿son a la manera de las *Chansons de geste*, como la de Roldán?

—¡Exactamente!

—¡¡¡

—Sí, se trata de los cantares de la tribu.

—¿De cuál tribu, maestro?

—¡De la tribu de la raza humana, Amaral!

Sólo hasta entonces me di cuenta del hábil juego mayéutico de que Pound me había hecho inocente víctima. Para que no se me olvidara y para que nadie osara, ni en castellano ni en ningún otro idioma, llamar *cantos* a sus cantares, Ezra Pound desde entonces subtituló, en español, a las sucesivas divisiones, *Rock-Drill* y *Thrones: De los Cantares**.

Al escribir la introducción para los *clips* antes mencionados para *Rutgers Review*, seguía creyendo que yo era el único que, hasta el momento de la aclaración de Pound, ignoraba que se trataba de la gesta del Hombre, la tribu de la raza humana. Grande fue mi sorpresa al saber que no era tal el caso y que lo que yo había averiguado hacía tantos años era la clave de todos los cantares que sólo el maestro y yo conocíamos en forma explícita.

Así entendidos, *Los Cantares* adquieren una perfecta cohesión. Pues dentro de tal marco, tan historia integral son las acciones y el pensamiento de Thomas Jefferson de los Estados Unidos, como la trágica suerte del emperador Hiuen-Tsong, que renunció al imperio después de querer conservarlo accediendo a la demanda de los mílites rebeldes que exigieron la estrangulación de su favorito, Yang-koue-feï, cuyo cadáver fue después mostrado a los exigentes. Lo mismo importa saber lo que aconteció a los griegos de la *Odisea* o la cuasi histórica gesta de Mio Cid. Pero no sólo estos grandes ejemplos del hacer y del imaginar del Hombre caben dentro de la gesta de la tribu; caben, también, los más triviales. Cabe la imagen de un buey blanco en el camino hacia Pisa o el caer de los copos de nieve en Chalais, en Aubeterre. Ésta es la dualidad de Narciso y de Argos: ver y verse. Esto es hacer la verdadera poesía, que no excluye ni se avergüenza de nada, que hace la crónica esencial y la trivial, todo, toda. La vida es así: un electrocardiograma que sólo con el exceso de amor o agonía da saltos dignos de tomarse en cuenta. Ezra Pound es un creador como aquel personaje que escribe la novela en *Los monederos falsos* de Gide que lucha denodadamente por excluir todo lo que puede de la balumba de hechos, cosas, personas, paisajes que quieren ser incluidos en la obra que se está pariendo. Poema, novela, cuadro, todo es formalmente problemático, dilemá-

---

* Véase la introducción a la Antología de E. P. que reunió Jaime Ferrán, testigo de la discusión entre E. P. y yo.

tico, y el artista, como todo hombre verdadero, siempre está ante una terrible disyuntiva. Ser o no ser, dar vida o no. La historia de la Tribu de Ezra Pound es el testimonio (sí, de *testes*) de un hombre que quiso hacer el *paradiso terrestre,* que *perdió su centro peleando con el mundo.*

THE CANTOS

CANTARES COMPLETOS

A DRAFT OF XXX CANTOS

ESQUEMA DE XXX CANTARES

Cantar I

Pound funde aquí material de los cantos X y XI de la *Odisea*, con los que ofrece similitudes hasta en sentido literal: Odiseo, por consejo de Circe, la reina-hechicera hija de Helios, se hace a la mar en busca de los Infiernos (los Hades) para consultar al adivino ciego Tiresias, que le garantizará un regreso seguro a su patria. También se aprecian ciertas analogías con la *Divina Comedia*, en el canto del «Infierno», apoyadas además en el hecho de que el Canto XI del poema homérico se titula precisamente así: «Descensus ad Inferos».

También hay quien considera (Cookson, pág. 3), según Bibliografía, este Cantar como profético de la vida de Pound, en cuanto que perdería «a todos sus compañeros» años más tarde. La idea parece un poco «cogida por los pelos» y además tampoco es cierto que Pound perdiera a todos sus amigos, tras su implicación con el fascismo antes de la Segunda Guerra Mundial y durante los años del conflicto: muchos, algunos excelentes poetas, se mantuvieron fieles hasta el final, como Archibald McLeish o William Carlos Williams (que le dedica comentarios conmovedores en su *Autobiography,* Nueva York, New Directions, 1967, especialmente en las páginas 335-344), incluidos varios judíos, como Allen Ginsberg que le admiraba y le conoció en 1967. Más relevante es el caso del también judío Louis Zukofsky, que le trató desde el final de la década de los años 30 y que afirmaría en una ocasión, años más tarde, que nunca sintió «the least trace of anti-semitism in his presence. Nothing he ever said to me made me feel the embarrassment I always have for the "Goy" in whom a residue of antagonism to "Jews" remains. If we had occasion to use the words "Jew" and "Goy" they were no more or less ethnological in their sense than "Chinese" or "Italian"» ([nunca percibí] «la menor sombra de antisemitismo en su presencia. Nunca nada de lo que me dijo me hizo sentir la incomodidad que siempre me invade en presencia del "Goy" en el que permanece un cierto antagonismo frente a los "judíos". Si alguna vez se presentó la ocasión de usar las palabras "judío" y "Goy", no tenían ni más ni menos carga etnológica en su sentido que "chino" o "italiano"», citado por Humphrey Carpenter, *A Serious Character: the Life of Ezra Pound,* pág. 561, según Bibliografía).

Es otro dato para componer o complicar aún más el confuso y contradictorio panorama del «antisemitismo» de Pound, realmente imposible de definir de un modo unívoco y coherente.

«Goy» es un término del yiddish (procedente del hebreo «goy», «nación») que significa «gentil», toda persona que no es judía. El plural es «goyim» y su forma adjetival «goyish». Véase Leo Rosten, *The Joys of Yiddish,* Harmondsworth, Penguin Books, 1972, pág. 143. La edición original norteamericana es de 1968.

I

And then went down to the ship,
Set keel to breakers, forth on the godly sea, and
We set up mast and sail on that swart ship,
Bore sheep aboard her, and our bodies also
Heavy with weeping, and winds from sternward
Bore us out onward with bellying canvas,
Circe's this craft, the trim-coifed goddess.
Then sat we amidships, wind jamming the tiller,
Thus with stretched sail, we went over sea till day's end.
Sun to his slumber, shadows o'er all the ocean,
Came we then to the bounds of deepest water,
To the Kimmerian lands, and peopled cities
Covered with close-webbed mist, unpierced ever
With glitter of sun-rays
Nor with stars stretched, nor looking back from heaven
Swartest night stretched over wretched men there.
The ocean flowing backward, came we then to the place
Aforesaid by Circe.
Here did they rites, Perimedes and Eurylochus,
And drawing sword from my hip
I dug the ell-square pitkin;

I

Y bajamos a la nave,
Enfilamos quilla a los cachones, nos deslizamos en el mar divino, e
Izamos mástil y vela sobre aquella nave oscura,
Ovejas llevábamos a bordo, y también nuestros cuerpos
Deshechos en llanto, y los vientos soplaban de popa
Impulsándonos con hinchadas velas,
De Circe esta nave, la diosa bien peinada.
Nos sentamos luego en medio de la nave, mientras el viento hacía saltar la caña del timón,
Así con velas reventando, navegamos hasta el fin del día.
El sol a su descanso, las sombras en el océano todo.
Llegamos entonces al confín del mar más hondo,
A las cimerias tierras, y ciudades pobladas
Cubiertas por la niebla de tejido espeso, jamás penetrado
Por luz de los solares rayos
Sin toldo estrellado, ni por los ojos desde el cielo vueltos
La noche más negra envolvía a los infelices deste suelo.
Y en el reflujo del océano, llegamos después al sitio
Predicho por Circe.
Aquí los ritos de Perimedes y Euríloco[1],
Y de mi cadera retirando espada
Cavé la fosa midiendo un ana en cuadro;

---

[1] Euríloco es el fiel compañero y lugarteniente de Odiseo; Perimedes es otro miembro de su tripulación.

Circe, diosa hechicera, hija del Sol y de Perseis. En la *Odisea* y en las leyendas de los Argonautas. Habitaba en la isla de Ea, hoy, según algunas versiones, la península de Circeo, cerca de Gaeta.

Poured we libations unto each the dead,
First mead and then sweet wine, water mixed with white
    flour.
Then prayed I many a prayer to the sickly death's-
    heads;
As set in Ithaca, sterile bulls of the best
For sacrifice, heaping the pyre with goods,
A sheep to Tiresias only, black and a bell-sheep.
Dark blood flowed in the fosse,
Souls out of Erebus, cadaverous dead, of brides
Of youths and of the old who had borne much;
Souls stained with recent tears, girls tender,
Men many, mauled with bronze lance heads,
Battle spoil, bearing yet dreory arms,
These many crowded about me; with shouting,
Pallor upon me, cried to my men for more beasts;
Slaughtered the herds, sheep slain of bronze;
Poured ointment, cried to the gods,
To Pluto the strong, and praised Proserpine;
Unsheathed the narrow sword,
I sat to keep off the impetuous impotent dead,
Till I should hear Tiresias.
But first Elpenor came, our friend Elpenor,
Unburied, cast on the wide earth,
Limbs that we left in the house of Circe,
Unwept, unwrapped in sepulchre, since toils urged other.

E hicimos libaciones sobre cada muerto,
Primero alojas y luego dulce vino, agua mezclada con harina alba.
Dije entonces muchas oraciones a las pálidas cabezas muertas;
Como es costumbre en Ítaca, toros estériles de los mejores
Para el sacrificio, levantando una pira con efectos,
Una oveja para Tiresias sólo, negra y con cencerro.
Sangre negra se derramó en la fosa,
Fantasmas del Érebo, cadavéricos muertos, de novias[2]
De mancebos y ancianos que mucho habían sufrido;
Ánimas manchadas por recientes lágrimas, muchachas tiernas,
Muchos hombres, desgarrados por las broncíneas puntas de las lanzas,
Despojos de batalla, con armas manchadas de sangre todavía,
Esta muchedumbre me cercaba; gritando,
Palideciendo, requerí más bestias de mis hombres;
Degollamos los rebaños, ovejas muertas por el bronce;
Escanciando aceite, clamé a los dioses,
A Plutón el fuerte, y elogios a Proserpina;
Desenvainé la espada angosta,
Me senté para esquivar los impetuosos muertos impotentes,
Hasta que oyera a Tiresias.
Mas el primero en llegar fue Elpénor, Elpénor nuestro amigo[3],
Insepulto, lanzado sobre la tierra vasta,
Extremidades que abandonamos donde Circe,
Sin derramar lágrimas por él, sin amortajar su cuerpo, porque cosas urgentes nos llamaban.

---

[2] El Erebo, nacido del Caos, es un espacio de tinieblas a través del cual deben pasar las almas en su camino a los Hades.

[3] Elpénor es el miembro más joven de la tripulación de Odiseo. Su muerte accidental, mientras se hallaba bebido, le convierte en un símbolo de la mala suerte (*Odisea,* XI).

Pitiful spirit. And I cried in hurried speech:
«Elpenor, how art thou come to this dark coast?
»Cam'st thou afoot, outstripping seamen?»

    And he in heavy speech:
«Ill fate and abundant wine. I slept in Circe's ingle.
»Going down the long ladder unguarded,
»I fell against the buttress,
»Shattered the nape-nerve, the soul sought Avernus.
»But thou, O King, I bid remember me, unwept, unburied,
»Heap up mine arms, be tomb by sea-bord, and inscribed:
»*A man of no fortune, and with a name to come.*
»And set my oar up, that I swung mid fellows.»

And Anticlea came, whom I beat off, and then Tiresias Theban,
Holding his golden wand, knew me, and spoke first:
«A second time? why? man of ill star,
»Facing the sunless dead and this joyless region?
»Stand from the fosse, leave me my bloody bever
»For soothsay.»

    And I stepped back,
And he strong with the blood, said then: «Odysseus
»Shalt return through spiteful Neptune, over dark seas,
»Lose all companions.» And then Anticlea came.
Lie quiet Divus. I mean, that is Andreas Divus,

[124]

Lastimoso espíritu. Y grité con palabra apresurada:
«Elpénor, ¿cómo llegaste a esta costa oscura?
»¿Viniste a pie, acaso, más veloz que los marinos?»
　　Y entonces, él, con palabras graves:
«El adverso hado y el abundoso vino. En el hogar de Circe pernocté.
»Bajando descuidado las altas escaleras,
»Caí de golpe sobre el contrafuerte,
»Rompiéndome la nuca, el alma voló en busca del Averno.
»Mas a ti, ¡Oh Rey!, te pido recuerdes, a mí, el no llorado, el insepulto,
»Amontona mis armas y sea mi tumba la orilla del mar y mi epitafio:
»*Un hombre desgraciado, con su fama en el futuro.*
»Y caval vertical el remo que blandía entre mis compañeros.»

Y Anticlea, de quien me defendí, vino, y luego Tiresias tebano[4],
Levantando su vara dorada, me reconoció, y habló el primero:
«¿Por segunda vez? ¿por qué? ¿hombre de mala estrella,
»Ante los muertos en la sombra y en esta región triste?
»Sal de la fosa, déjame la bebida sangrienta
»Para mis vaticinios.»
　　Y di un paso atrás,
Y él, fortalecido con la sangre, dijo entonces: «Odiseo
»Regresará a través del rencoroso Neptuno, por oscuros mares,
»Perdiendo todos sus hombres.» Y entonces vino Anticlea.
Cepos quedos, Divus. Quiero decir, es decir, Andrés Divus[5],

---

[4] Anticlea, seducida por Sísifo, dio a luz a Odiseo, según algunas versiones del mito. Otra versión considera a éste hijo legítimo de Anticlea y su esposo Laertes.

[5] Andreas Divus, de Justinopolis, es el autor de la traducción latina

In officina Wecheli, 1538, out of Homer.
And he sailed, by Sirens and thence outward and away
And unto Circe.
    Venerandam,
In the Cretan's phrase, with the golden crown, Aphrodite,
Cypri munimenta sortita est, mirthful, orichalchi, with golden
Girdles and breast bands, thou with dark eyelids
Bearing the golden bough of Argicida. So that:

In officina Wecheli, 1538, tomado de Homero
Y navegó desoyendo Sirenas y de allí lejos y hacia adentro
Y hasta Circe.
　　Venerandam[6],
En frase del cretense, con dorada corona, Afrodita,
Cypri munimenta sortita est, alegre, oricalchi, con doradas[7]
Fajas y cintas en los pechos, tú, la de párpados oscuros
La de la rama dorada de argicida. Para que[8]:

---

en la que se basa Pound: «In 1906 he had bought Andreas Divus's translation of Homer» («En 1906 había comprado la traducción de Homero por Andreas Divus». Forrest Read, en Eva Hesse, editor, *New Approaches to Ezra Pound,* Berkeley y Los Ángeles, University of California Press, 1969, pág. 126). Fue publicada en la imprenta de Wechelus, París, 1538.

[6] Venerandam: digna de ser venerada.

[7] Cypry ...: que domina todo Chipre, la isla que se considera centro del culto a Afrodita, diosa del amor, de la belleza y de la fertilidad.
oricalchi: de cobre.

[8] argicida: el matador de Argo. Se dice de Hermes, que le mató de una pedrada por orden de Zeus. Sus características son la juventud, la astucia, la elocuencia. Es el inventor de la lira y de la flauta. Los humanos le consideran un verdadero amigo divino.

Cantar II

Se entremezclan aquí diversos mitos, como el de Tiro, violada por Poseidón, que adopta para ello la forma de Enipeo, un río del que Tiro se había enamorado; o como el de Dioniso, raptado por unos marineros para venderlo como esclavo, sin saber que se trata de un dios: éste les pide que le conduzcan a Naxos y al desobedecerle cambiando el rumbo de la nave les convierte a todos en peces, según relata Ovidio en las *Metamorfosis*. Y tal, el de la metamorfosis, es el tema central de este cantar. La historia se narra también en *Odisea,* canto XI: los marineros, cegados por su avaricia, no se dan cuenta de que han capturado a un dios, a pesar de la advertencia de la «voz narrativa», la del piloto del barco, Acoetes, que se enfrenta a sus compañeros, «enloquecidos por la miseria de plata esclavista». Por primera vez aparece el tema de la avaricia, de la obtención de la ganancia sin producción previa, es decir, del préstamo con interés, que para Pound se iguala casi sistemáticamente con la avaricia y con la usura: éste es uno de los conceptos centrales en los *Cantares* y uno de los demonios abominables para el poeta, pecado contra natura y raíz de todo el mal y el sufrimiento que el hombre es capaz de infligir al hombre.

II

Hang it all, Robert Browning,
there can be but the one «Sordello.»
But Sordello, and my Sordello?
Lo Sordels si fo di Mantovana.
So-shu churned in the sea.
Seal sports in the spray-whited circles of cliff-wash,
Sleek head, daughter of Lir,
    eyes of Picasso
Under black fur-hood, lithe daughter of Ocean;
And the wave runs in the beach-groove:
«Eleanor, ἑλέναυς and ἑλέπτολις!»

II

¡Caramba! Robert Browning,
sólo puede haber un *Sordello*[9].
Pero Sordello, y, ¿mi Sordello?
Lo Sordels si fo di Mantovana[10].
So-shu agitóse en el mar[11].
La foca juega entre círculos albados por la espuma del
  agua que lava los cantiles,
Cabeza lisa, hija de Lir[12],
  ojos de Picasso[13]
Bajo negra capucha de pelambre, ágil hija del Océano;
Y las olas corren por el repliegue de la playa:
«Eleanor, ἐλέναυς y ἐλέπτολις!»[14]

---

[9] Robert Browning (1812-89) está considerado como uno de los mejores cultivadores del monólogo dramático en poesía, si no su creador. Su poema épico *Sordello* (1840) narra la historia del trovador de ese nombre, cuya personalidad adopta Pound en una de sus propias y peculiares metamorfosis. Dante también alude a él en la *Divina Comedia* («Purgatorio», VI, 58 y ss., edición de Giorgio Petrocchi y Luis Martínez de Merlo, Madrid, Cátedra, pág. 326 y nota 60). Sobre la relación Browning-Pound, véase N. Christoph de Nagy, «Pound and Browning», en Eva Hesse, editor, *New Approaches to Ezra Pound*, págs. 86-124.
[10] Sordel, en realidad, nació en el castillo de Goito, a unos quince kilómetros de Mantua, pero se le suele considerar natural de esta ciudad, que es lo que literalmente dice esta línea.
[11] So-shu: según Terrell, se trata de una corrupción de Shiba Shojo, nombre japonés del poeta chino Suma Hiang-ju, del cual toma Pound esta línea a través de la versión de Ernest Fenollosa.
[12] Lir: en la mitología celta, la diosa del mar. Pound considera a la foca como su hija.
[13] La facultad proteica de dar apariencias diferentes a las cosas observadas.
[14] Helena de Troya, Tiro (hija de Salmoneo) y quizá Leonor de Aquitania, símbolos de los poderes destructores de la mujer.
  Elenaus y Heleptolis: «destructora de barcos» y «destructora de ciudades», respectivamente.

And poor old Homer blind, blind, as a bat,
Ear, ear for the sea-surge, murmur of old men's voices:
«Let her go back to the ships,
Back among Grecian faces, lest evil come on our own,
Evil and further evil, and a curse cursed on our children,
Moves, yes she moves like a goddess
And has the face of a god
    and the voice of Schoeney's daughters,
And doom goes with her in walking,
Let her go back to the ships,
    back among Grecian voices.»
And by the beach-run, Tyro,
    Twisted arms of the sea-god,
Lithe sinews of water, gripping her, cross-hold,
And the blue-gray glass of the wave tents them,
Glare azure of water, cold-welter, close cover.
Quiet sun-tawny sand-stretch,
The gulls broad out their wings,
    nipping between the splay feathers;
Snipe come for their bath,
    bend out their wing-joints,
Spread wet wings to the sun-film,
And by Scios,
    to left of the Naxos passage,
Naviform rock overgrown,
    algae cling to its edge,
There is a wine-red glow in the shallows,
    a tin flash in the sun-dazzle.

The ship landed in Scios,
    men wanting spring-water,

Y el pobre viejo Homero ciego, ciego, como topo,
Oído, oído para el oleaje, murmullo de las voces de los
　　viejos:
«Que vuelva ella a las naves,
Otra vez entre rostros griegos, no sea que nos vaya mal,
Mal y más mal, y una maldición dicha contra nuestros
　　hijos,
Se mueve, sí, se mueve como diosa
Y tiene el rostro de los dioses
　　　y la voz de las hijas de Schoeney[15],
Y la desgracia la acompaña cuando anda,
Que vuelva a las naves,
　　　otra vez entre voces griegas.»
Y a lo largo de la playa, Tiro,
　　　Torcidos brazos del dios del mar,
Ágiles músculos del agua, asiéndola, cruzando los brazos,
Y el cristal azul gris de la ola les sirve de tienda,
Rebrillo azur del agua, agitación fría, cubierta cerrada.
Sereno pedazo de playa leonada.
Las gaviotas abren sus alas,
　　　picotean entre las plumas esponjadas;
Las agachadizas vienen a bañarse,
　　　estiran las coyunturas de sus alas,
Tienden alas húmedas a la cinta del sol,
Y cerca de Quío[16],
　　　a la izquierda del paso de Naxos,
Roca naviforme cubierta,
　　　las algas aprietan sus bordes,
Hay un fulgor rojo vino en sus bajos,
　　　un rebrillo de lata en el deslumbre solar.

En Quío la nave atracó
　　Y los hombres buscaron el agua de los manan-
　　　tiales,

---

[15] Schoeney: Esqueneo, padre de Atalanta, cuya belleza es también causa de perdición de muchos hombres que la pretenden en matrimonio.
[16] Quío: Quíos, isla del Egeo, que se supuso residencia de Homero durante gran parte de su vida.

And by the rock-pool a young boy loggy with vine-must,
    «To Naxos? Yes, we'll take you to Naxos,
Cum' along lad.» «Not that way!»
«Aye, that way is Naxos.»
        And I said: «It's a straight ship.»
And an ex-convict out of Italy
    knocked me into the fore-stays,
(He was wanted for manslaughter in Tuscany)
    And the whole twenty against me,
Mad for a little slave money.
        And they took her out of Scios
And off her course...
    And the boy came to, again, with the racket,
And looked out over the bows,
    and to eastward, and to the Naxos passage.
God-sleight then, god-sleight:
    Ship stock fast in sea-swirl,
Ivy upon the oars, King Pentheus,
    grapes with no seed but sea-foam,
Ivy in scupper-hole.
Aye, I, Acoetes, stood there,
    and the god stood by me,
Water cutting under the keel,
Sea-break from stern forrards,
    wake running off from the bow,
And where was gunwale, there now was vine-trunk,
And tenthril where cordage had been,
    grape-leaves on the rowlocks,
Heavy vine on the oarshafts,
And, out of nothing, a breathing,
    hot breath on my ankles,
Beasts like shadows in glass,
    a furred tail upon nothingness.

Y en la charca rocosa un mozuelo ebrio de mosto,
 «¿A Naxos? Sí, te llevamos a Naxos.
Ven con nosotros, muchacho.» «No, ¡no es ése el camino!»
«Sí, es la ruta de Naxos.»
 Y yo dije: «Éste es barco legal.»
Y un ex presidiario de Italia
 me lanzó al estay del trinquete,
(Éste debía una muerte en Toscana)
 Y con la veintena de hombres en contra,
Enloquecidos por la miseria de plata esclavista.
 Y sacaron la nave de Quío
Y desviaron su ruta...
 Y el mozuelo, con el ruido, recobró sus sentidos,
Y se asomó a la proa,
 hacia el oriente y el paso de Naxos.
Ardid de dioses entonces, ardid de dioses:
 Cepo firme en el marino torbellino,
Yedra en los remos, Penteo rey[17],
 uvas sin semilla cubiertas de espuma,
Yedra en el embornal.
Sí, yo, Acoetes, estuve ahí,
 y el dios estuvo a mi lado,
El agua sajando la quilla,
Rompeolas la proa,
 estela naciendo de proa,
Y do antes la borda, ahora la parra,
Y zarcillo donde antes cordaje,
 en las escalameras hojas de vid,
Enredadera pesada en las astas del remo,
Y un resoplar de la nada,
 en los tobillos un aliento caliente,
Como sombras en cristal, unas bestias,
 rabo peludo en la nada.

---

[17] Penteo: nieto de Cadmo, simboliza la figura del impío castigado por los dioses. Al tratar a Dioniso de modo despectivo fue capturado por las Bacantes, que destrozaron su cuerpo, tomándolo por un animal salvaje en su delirio.

Lynx-purr, and heathery smell of beasts,
    where tar smell had been,
Sniff and pad-foot of beasts,
    eye-glitter out of black air.
The sky overshot, dry, with no tempest,
Sniff and pad-foot of beasts,
    fur brushing my knee-skin,
Rustle of airy sheaths,
    dry forms in the *æther*.
And the ship like a keel in ship-yard,
    slung like an ox in smith's sling,
Ribs stuck fast in the ways,
    grape-cluster over pin-rack,
    void air taking pelt.
Lifeless air become sinewed,
    feline leisure of panthers,
Leopards sniffing the grape shoots by scupper-hole,
Crouched panthers by fore-hatch,
And the sea blue-deep about us,
    green-ruddy in shadows,
And Lyæus: «From now, Acœtes, my altars,
Fearing no bondage,
    fearing no cat of the wood,
Safe with my lynxes,
    feeding grapes to my leopards,
Olibanum is my incense,
    the vines grow in my homage.»

The back-swell now smooth in the rudder-chains,
Black snout of a porpoise
    where Lycabs had been,
Fish-scales on the oarsmen.

Ronroneo de lince, y olor a brezo animal,
   donde antes el olor de la brea,
Husmeo y paso afelpado de bestias,
   brillo de ojos en la oscuridad.
El cielo encapotado, seco, sin tormenta,
Husmeo y paso afelpado de bestias,
   pelambre que roza la piel de las rodillas,
Frufrú de vainas aéreas,
   formas secas en el *éter*.
Y la nave como quilla en astillero,
   embragada semejante al buey en cabestrillo del herrero,
Las costillas bien atascadas en las anguilas,
   racimos de uva en la cremallera de cabillas,
   el aire llenándose de pelos.
Aire inánime nervándose,
   felina lasitud de panteras,
Leopardos husmeando los pámpanos en el embornal,
Panteras agazapadas en la escotilla de proa,
Y el mar azul profundo cercándonos,
   verdirrojo en las sombras,
Y Lieo: «Desde ahora, Acoetes, mis altares[18],
Sin temer vasallaje alguno,
   sin temor a ningún felino del bosque,
Con mis linces seguro,
   apacentando a mis leopardos con uvas,
Mi incienso es el olíbano,
   la vid crece en homenaje mío.»

Manso ahora en las cadenas del timón el reflujo turbulento,
Hocico negro de marsopa
   donde Licas estaba[19],
Escamas de pez en los remeros.

---

[18] Lieo: otro nombre de Dioniso.
[19] Licas: otro miembro de la tripulación de Odiseo, al igual que Medón, citado unas líneas más adelante. Este Licas puede ser el que, según Ovidio, fue convertido por Heracles en las islas Lícades.

    And I worship.
I have seen what I have seen.
    When they brought the boy I said:
«He has a god in him,
    though I do not know which god.»
And they kicked me into the fore-stays.
I have seen what I have seen:
    Medon's face like the face of a dory,
Arms shrunk into fins. And you, Pentheus,
Had as well listen to Tiresias, and to Cadmus,
    or your luck will go out of you.
Fish-scales over groin muscles,
    lynx-purr amid sea...
And of a later year,
    pale in the wine-red algæ,
If you will lean over the rock,
    the coral face under wave-tinge,
Rose-paleness under water-shift,
    Ileuthyeria, fair Dafne of sea-bords,
The swimmer's arms turned to branches,
Who will say in what year,
    fleeing what band of tritons,
The smooth brows, seen, and half seen,
    now ivory stillness.

And So-shu churned in the sea, So-shu also,
    using the long moon for a churn-stick...
Lithe turning of water,

Y yo, adoro.
Lo que vi lo vi
    Cuando trajeron al muchacho dije:
«En su cuerpo lleva un dios,
    pero no sé a cuál de todos.»
Y de un puntapié lanzáronme sobre el estay del trinquete.
Lo que vi lo vi:
    la cara de Medón como un pez de San Pedro,
Brazos encogidos volviéndose aletas. Y tú, Penteo,
Más valdría que escucharas a Tiresias y a Cadmo[20],
    o te abandonará la suerte.
Escamas de pez en los músculos de las ingles,
    ronroneo de linces en medio del mar...
Y, un año más tarde,
    pálido en las algas rojo vino,
Si os asomáis sobre la roca,
    el rostro coral bajo tinte de ola,
Palidez de rosa bajo el cambio del agua,
    Eleuteria, hermosa Dafne de las playas marinas[21],
Vueltos ramas los brazos del que nada,
¿Quién dirá en qué año,
    huyendo de cuál banda de tritones,
Las cejas lisas, vistas y entrevistas,
    ahora quietud marfilina?

Y So-shu agitóse en el mar, So-shu también,
    haciendo de la luna palo meneador...
Ágil tumbo del agua,

---

[20] Cadmo: hijo del rey fenicio Agenor. Salió en busca de su hermana Europa, raptada por Júpiter que había adoptado la figura del toro y llegó hasta Delfos: allí el oráculo le dio instrucciones que culminaron en la fundación de Tebas (véase también nota 359).

[21] Eleuteria: según Cookson (pág. 7), se trata de un nombre acuñado por Pound y probablemente relacionado con «libertad»: eleuthería. Para Terrell (pág. 7), podría ser una fusión de esta voz con el nombre de la diosa de los alumbramientos, Ilitía. Edwards y Vasse coinciden con Cookson en señalar que es acuñación de Pound para designar a una ninfa marina.

Dafne es una ninfa a la que su padre metamorfoseó en laurel, para hurtarla a las intenciones amorosas de Apolo.

                sinews of Poseidon,
Black azure and hyaline,
        glass wave over Tyro,
Close cover, unstillness,
        bright welter of wave-cords,
Then quiet water,
        quiet in the buff sands,
Sea-fowl stretching wing-joints,
        splashing in rock-hollows and sand-hollows
In the wave-runs by the half-dune;
Glass-glint of wave in the tide-rips against sunlight,
        pallor of Hesperus,
Grey peak of the wave,
        wave, colour of grape's pulp,

Olive grey in the near,
        far, smoke grey of the rock-slide,
Salmon-pink wings of the fish-hawk
        cast grey shadows in water,
The tower like a one-eyed great goose
        cranes up out of the olive-grove,

And we have heard the fauns chiding Proteus
        in the smell of hay under the olive-trees,
And the frogs singing against the fauns
        in the half-light.
And...

tendones de Poseidón,
Negro azur y hialino,
    ola de cristal sobre Tiro,
Apretado abrigo, inquietud,
    fúlgido hervor de cordaje de olas,
Luego agua serena,
    quieta en las arenas color de ante,
Aves marinas estirando conyunturas de alas,
    chapoteando en las hoyas rocosas y en las hoyas de arena
En los deslizaderos próximos a las dunas incipientes;
Rebrillo cristalino de la ola cuando rompe la marea a contraluz del sol,
    palidez de Héspero,
Gris cumbre de la ola,
    ola color de pulpa de uva,

Gris olivo de cerca,
    lejano humo gris de roca lisa,
Alas salmón rosado del halieto
    lanzando sombras grises en el agua,
La torre, enorme ganso con sólo un ojo,
    iza la testa sobre el olivar,

Y escuchamos a los faunos que reñían a Proteo
    entre el olor a heno en los olivares,
Y a las ranas croando a los faunos
    en la media luz.
Y...

Cantar III

Primera aparición de la ciudad de Venecia, tan presente en los *Cantares,* aquí a través de los recuerdos de la primera visita de Pound en 1908. Allí publicó ese mismo año en edición privada su primer libro, *A Lume Spento* (en la edición de Almagro-Rivero, pág. 14, *Con las velas apagadas,* según Apéndice bibliográfico). Otra vez está presente Robert Browning (que ya apareció en el Cantar anterior, nota 9) con su *Sordello:* el poeta se había sentado «on a ruined palace-step / At Venice» («en el deteriorado escalón de un palacio de Venecia») contemplando los rostros de «those girls» («esas jóvenes») y preguntándose si parecen demasiado felices o, por el contrario, engañadas (*Sordello,* en *The Poetical Works,* Londres, Oxford University Press, 1962, páginas 127 y 128). Introduce nuevas fuentes, como *El Poema del Mio Cid* y *Os Lusiadas* de Camões. El Cantar acaba con una nota desesperanzada, que coincide con el tono de su «Hugh Selwyn Mauberley» (1920) y con el de los poemas de T. S. Eliot «The Love Song of J. Alfred Prufrock» y más especialmente *The Waste Land* (el primero publicado por primera vez en la revista de Chicago *Poetry* en 1915, por la insistencia de Pound ante la directora de esa publicación Harrier Monroe, y el segundo en Londres en 1922).

III

I sat on the Dogana's steps
For the gondolas cost too much, that year,
And there were not «those girls», there was one face,
And the Buccentoro twenty yards off, howling «Stretti»,
And the lit cross-beams, that year, in the Morosini,
And peacocks in Koré's house, or there may have been.
    Gods float in the azure air,
Bright gods and Tuscan, back before dew was shed.
Light: and the first light, before ever dew was fallen.
Panisks, and from the oak, dryas,
And from the apple, mælid,
Through all the wood, and the leaves are full of voices,

III

Estaba sentado en las gradas de la Dogana
Porque las góndolas costaban demasiado, ese año,
Y no estaban «esas muchachas», había una sola cara,
Y el Bucentauro a veinte varas de distancia, gritando «Stretti»[22]
Y las vigas laterales iluminadas, ese año, en el Morosini[23],
Y pavos reales en casa de Koré, o pudieron haber estado[24].
    Flotan dioses en el aire azur,
Dioses brillantes y toscanos, antes de que cayera el rocío.
Luz: y la luz primera, antes de que jamás cayera el rocío.
Paniscos, y del roble, dríade,
Y del manzano melíade,
A través de todo el bosque, y las hojas están llenas de voces,

---

[22] El Bucentauro es un club marítimo cerca de la Dogana, o Aduana, de Venecia. El nombre tiene su origen en el de la gran galera dorada y tallada en la que el dogo de Venecia se embarcaba cada año el día de la Ascensión para renovar los esponsales de Venecia con el Adriático. Esta fiesta se celebró hasta el siglo XVIII.
«Stretti», según Terrell (pág. 8), procede de una canción napolitana, *La spagnuola*, cantada por Vicenzo de Chiara, que se hizo muy popular en la primera parte de nuestro siglo. Significa «estrechamente abrazados».
[23] Morosini: el palacio de una familia aristocrática de Venecia, de ese nombre.
[24] Koré: se identifica esta línea con un poema de D'Annunzio en el que se habla de «La casa di Coré è abitata dai pavoni bianchi» (de nuevo Terrell, pág. 8). Pound expresa así la idea de un palacio en decadencia por abandono, en cuyos jardines descuidados anidan los pavos reales. Coré («doncella») es también el nombre de la hija de Zeus y Deméter antes de ser raptada por Hades, que es cuando cambia su nombre por el de Perséfone.

A-whisper, and the clouds bowe over the lake,
And there are gods upon them,
And in the water, the almond-white swimmers,
The silvery water glazes the upturned nipple,
   As Poggio has remarked.
Green veins in the turquoise,
Or, the gray steps lead up under the cedars.

My Cid rode up to Burgos,
Up to the studded gate between two towers,
Beat with his lance butt, and the child came out,
Una niña de nueve años,
To the little gallery over the gate, between the towers,
Reading the writ, voce tinnula:
That no man speak to, feed, help Ruy Diaz,
On pain to have his heart out, set on a pike spike
And both his eyes torn out, and all his goods sequestered,
«And here, Myo Cid, are the seals,
The big seal and the writing.»
And he came down from Bivar, Myo Cid,
With no hawks left there on their perches,
And no clothes there in the presses,
And left his trunk with Raquel and Vidas,
That big box of sand, with the pawn-brokers,
To get pay for his menie;
Breaking his way to Valencia.
Ignez da Castro murdered, and a wall
Here stripped, here made to stand.
Drear waste, the pigment flakes from the stone,

Secreteando, y las nubes se comban sobre la laguna,
Y hay dioses sobre aquéllas,
Y en el agua, los nadadores blancos como almendras,
El agua argentada esmalta los pezones que asoman,
    Como lo dice Poggio[25].
Vetas verdes en la turquesa,
O, las gradas grises suben por debajo de los cedros.

«Mio Çid Roy Díaz, por Burgos entróve[26]
Aguijó Mio Çid, a la puerta se llegava,
Sacó el pie del estribera, una ferídal dava;
non se abre la puerta, ca bien era çerrada.
Una niña de nuef años, o ojo se paravan»,
Leyendo la carta del rey voce tinnula:
Que nadie hable, alimente o socorra a Roy Díaz,
So pena de perder el corazón traspasado en una pica
Y perder los ojos y los bienes todos,
«He aquí Mio Cid, los sellos
Con grant recabdo e fuertemientre seellada.»
Y vino de Bivar, Mio Çid,
«Alcándaras vázias sin pielles e sin mantas
e sin falcones e sin adtores mudadas»,
Y dejó sus arcas con Raquel y Vidas,
Las grandes arcas de arena con los prestamistas,
Para tener la soldada para su mesnada
Y abrirse paso hasta Valencia.
Inés de Castro asesinada y un muro
Aquí arrasado, ahí levantado.
Triste yermo, el pigmento descascarándose de la piedra,

---

[25] Poggio: 1380-1459. Humanista italiano. Su verdadero nombre era Gian Francesco Bracciolini.

[26] De todo este fragmento que el traductor reproduce en el texto original del *Poema del Mío Cid*, Pound sólo da en castellano la frase «Una niña de nueve años». Pound visitó Burgos en su primer viaje a España en 1906 para estudiar a Lope de Vega, su tema de tesis doctoral en la Universidad de Pennsylvania, centrado en la figura del «gracioso» (Carpenter, pág. 65).

Or plaster flakes, Mantegna painted the wall.
Silk tatters, «Nec Spe Nec Metu.»

O escamas de enyesado, Mantegna pintó el muro.
Piltrafas de seda, «Nec Spe Nec Metu»[27].

---

[27] «Nec Spe Nec Metu»: «ni por la esperanza, ni por el temor» es el lema de la familia Este, de la nobleza italiana, que aparecerá con mucho detalle en Cantares posteriores (véase XX y XXIV, por ejemplo). Parafraseándolo, sería equivalente a «para conseguir algo, hay que actuar»; un intenso eco de esta idea aparece en la última sección del Cantar LXXXI, perteneciente a los *Cantares Pisanos:* «Pero el haber hecho en vez del no hacer nada / esto no es vanidad ... Aquí el error está todo en lo que no se hizo, / todo en la timidez que titubeó.»

Cantar IV

El comienzo evoca la destrucción de Troya, con sus palacios visibles «entre luz humosa» y el resto «un montón de piedras humeantes», aunque Hugh Kenner lo relaciona también con el incendio, en el siglo xv, de la Biblioteca de Lovaina, con sus mil incunables reducidos a «white ash» («ceniza blanca», Kenner, pág. 6), según Bibliografía.

Hay un brusco cambio de énfasis con la referencia al amanecer: los críticos han señalado a menudo que, de la misma manera que en la poesía de Shakespeare abundan las alusiones a la noche, el amanecer recurre con insistencia en los *Cantares* (véase, por ejemplo, Cookson, pág. 9).

Los mitos clásicos se entremezclan con leyendas medievales: la historia de Acteón, el cazador transformado en ciervo por Artemisa (o Diana) y entonces devorado por sus propios perros; o la de Filomela, metamorfoseada en ruiseñor para escapar a las iras de Tereo, que inadvertidamente ha comido el corazón de su propio hijo asesinado por su madre. Este tema (la metamorfosis de Filomela) lo utilizará también Eliot en *The Waste Land* y enlaza con la leyenda provenzal de Raymond de Rousillon, que sirvió a su esposa el corazón de su amante Guillem de Cabestán (o Cabestany). La historia de Peire Vidal, otro trovador medieval, natural de Tolosa «y las razós que acompañan a dos de sus poesías... nos ofrecen datos tan fantásticos y pintorescos que conviene manejarlos con sumo cuidado» (Martín de Riquer, *Los trovadores: historia literaria y textos,* 3 vols., Barcelona, Planeta, 1975, pág. 858). En resumen, parece una variante de la leyenda de Acteón (véase nota 33).

El Cantar concluye con la evocación de la luz y del amor, seguida de una breve alusión a las antorchas que se encienden al llegar el crepúsculo, con lo que se cierra el ciclo del día.

IV

Palace in smoky light,
Troy but a heap of smouldering boundary stones,
ANAXIFORMINGES! Aurunculeia!
Hear me. Cadmus of Golden Prows!
The silver mirrors catch the bright stones and flare,
Dawn, to our waking, drifts in the green cool light;
Dew-haze blurs, in the grass, pale ankles moving.
Beat, beat, whirr, thud, in the soft turf
    under the apple trees,
Choros nympharum, goat-foot, with the pale foot alternate;
Crescent of blue-shot waters, green-gold in the shallows,
A black cock crows in the sea-foam;

And by the curved, carved foot of the couch,
    claw-foot and lion head, an old man seated
Speaking in the low drone...:
        Ityn!

IV

Palacio entre luz humosa,
Troya nada más que un montón de humeantes piedras demarcantes,
¡ANAXIFORMINGES! ¡Aurunculeia![28]
Oídme. ¡Cadmo de Proas Doradas!
Los espejos de plata aprisionan las piedras y brillan,
El alba, al despertar nosotros, se esfuma en la fresca luz verde;
La niebla del rocío empaña, en la hierba, tobillos pálidos en movimiento.
Golpe, golpe, zumbido, baque, en la hierba suave debajo de los manzanos,
Choros nympharum, pata de cabra, alterna con el pálido pie,
Media luna de aguas azul tornasol, verdidoradas en los bajos,
Un gallo negro canta en la espuma marina;

Y cerca del curvo, tallado pie del canapé,
    pata como garra y cabeza de león, un anciano sentado
Hablando bajo y monótono...:
    ¡Ityn![29]

---

[28] Anaxiforminges: «Himnos soberanos de la lira». Primer verso de la Oda Olímpica II de Píndaro (*Obra completa*, ed. de Emilio de la Torre, Madrid, Cátedra, 1988, pág. 64).
Aurunculeia: Vinia Aurunculeia es la desposada a la que Catulo ensalza (*Poesías de Catulo*, ed. bilingüe de Juan Petit, Barcelona, El Bardo, 1986, LXI, pág. 83).
[29] Ityn: Itis, hijo de Procne y de Tereo, rey de Tracia. Este último, enamorado de Filomela, su cuñada, la sedujo o la violó y le cortó la len-

Et ter flebiliter, Ityn, Ityn!
And she went toward the window and cast her down,
  «All the while, the while, swallows crying:
Ityn!
    »It is Cabestan's heart in the dish.»
    «It is Cabestan's heart in the dish?
    »No other taste shall change this.»
And she went toward the window,
        the slim white stone bar
Making a double arch;
Firm even fingers held to the firm pale stone;
Swung for a moment,
        and the wind out of Rhodez
Caught in the full of her sleeve.
    . . . the swallows crying:
'Tis. 'Tis. Ytis!

Et ter flebiliter, ¡Ityn!, ¡Ityn!³⁰
Y ella fue a la ventana y se lanzó,
 «Mientras tanto, mientras, las golondrinas chillando:
¡Ityn!
 «Es el corazón de Cabestán en la bandeja»³¹.
 «¿Es el corazón de Cabestán en la bandeja?»
 «Sabor alguno podrá cambiar éste.»
Y ella fue hacia la ventana,
 la delgada barrera de piedra blanca
Dibujaba un arco doble;
Firmes dedos parejos asidos a la firme piedra pálida;
Columpióse un instante,
 y el aire de Rodez
Quedó atrapado en lo ancho de su manga.
 ...las golondrinas chillando:
'Tis. 'Tis. Ytis!

---

gua para que no pudiese acusarle. Filomela bordó un paño explicando lo sucedido y se lo entregó a su hermana. Ésta, en venganza, mató a su hijo Itis, le arrancó el corazón y lo sirvió a Tereo como comida. Cuando el rey se enteró, loco de dolor, persiguió a las dos hermanas, que pidieron ayuda a los dioses, los cuales convirtieron (según una de las versiones) a Filomela en golondrina, a Procne en ruiseñor y a Tereo en abubilla. En otra versión el ruiseñor es Filomela y ésta es la que usa Eliot en *The Waste Land*.

³⁰ «Et ter flebiliter»: tanto Cookson como Terrell identifican esta línea como de Horacio, *Odas*, IV, oda 12, línea 5. La traducción sería: «y tres veces llorosa». En la edición que he manejado, la línea completa dice: «nidum ponit Ityn flebiliter gemens / infelix avis»: «ya el nido hace el ave mísera que triste por Itis se queja» (*Odas y Épodos*, ed. bilingüe de M. Fernández-Galiano y V. Cristóbal, Madrid, Cátedra, 1990, página 360).

³¹ La leyenda de Guillem de Cabestán (o Cabestany, o Cabestanh) tiene un cierto paralelismo con la de Itis y su padre Tereo, en lo que se refiere al incidente del corazón comido, «sin que sepamos ni remotamente por qué razones» (Martín de Riquer, *Los trovadores: historia literaria y textos*, 3 vols., Barcelona, Planeta, 1975, pág. 1065). En todo caso, la leyenda parece haber sido muy popular: «there is something in the cannibalistic feast-revenge which ... remains fascinating to the folk imagination» («algo hay en ese banquete caníbal de venganza que resulta fascinante para la imaginación popular». George Dekker, «Myth and metamorphosis», en Eva Hesse, editor, pág. 292).

       Actæon...
              and a valley,
The valley is thick with leaves, with leaves, the trees,
The sunlight glitters, glitters a-top,
Like a fish-scale roof,
       Like the church roof in Poictiers
If it were gold.
       Beneath it, beneath it
Not a ray, not a slivver, not a spare disc of sunlight
Flaking the black, soft water;
Bathing the body of nymphs, of nymphs, and Diana,
Nymphs, white-gathered about her, and the air, air,
Shaking, air alight with the goddess,
       fanning their hair in the dark,
Lifting, lifting and waffing:
Ivory dipping in silver,
       Shadow'd, o'ershadow'd
Ivory dipping in silver,
Not a splotch, not a lost shatter of sunlight.
Then Actæon: Vidal,
Vidal. It is old Vidal speaking,
       stumbling along in the wood,
Not a patch, not a lost shimmer of sunlight,
       the pale hair of the goddess.

The dogs leap on Actæon,
       «Hither, hither, Actæon,»
Spotted stag of the wood;
Gold, gold, a sheaf of hair,
       Thick like a wheat swath,
Blaze, blaze in the sun,

Acteón...[32]
> y un valle,
El valle está lleno de hojas, con hojas, los árboles,
La luz del sol brilla, brilla en las copas,
Como techumbre de escamas de pez,
> Como el techo de la iglesia en Poictiers
Si fuese de oro.
> Debajo, debajo
Ni un rayo, ni una brizna, ni un disco magro de luz solar
Escama la suave agua oscura;
Que baña los cuerpos de ninfas, de ninfas, y Diana,
Ninfas blancamente reunidas en derredor suyo, y el aire, aire,
Temblando, aire encendido por la diosa,
> abanicando sus cabelleras en la oscuridad,
Levantando, levantando y ondulando:
Marfil mojado en plata,
> Sombreado, eclipsado
Marfil mojado en plata,
Ni una mancha, ni un solo perdido haz de luz.
Luego Acteón: Vidal[33],
Vidal. Habla el viejo Vidal,
> tropezando al caminar en el bosque,
Ni una mancha, ni un solo temblor perdido de luz solar,
> el pálido pelo de la diosa.

Los perros saltan sobre Acteón,
> «Por acá, por acá, Acteón»,
Ciervo moteado del bosque;
Oro, oro, un haz de pelo,
> Grueso como ringlera de trigo,
Fulgor, fulgor en el sol,

---

[32] Acteón: el cazador que, inadvertidamente, sorprende a Artemisa-Diana desnuda mientras se bañaba, por lo que la diosa le castigó como queda dicho en el resumen precedente.
[33] Peire Vidal (1175-1215), trovador provenzal que, buscando a su amada disfrazado con una piel de lobo, se convierte en presa de sus propios perros, como Acteón (véase resumen introductorio al Cantar IV).

        The dogs leap on Actæon.
Stumbling, stumbling along in the wood,
Muttering, muttering Ovid:
        «Pergusa... pool... pool... Gargaphia,
»Pool... pool of Salmacis.»
        The empty armour shakes as the cygnet moves.

Thus the light rains, thus pours, *e lo soleills plovil*
The liquid and rushing crystal
        beneath the knees of the gods.
Ply over ply, thin glitter of water;
Brook film bearing white petals.
The pine at Takasago
        grows with the pine of Isé!
The water whirls up the bright pale sand in the spring's mouth
«Behold the Tree of the Visages!»
Forked branch-tips, flaming as if with lotus.
        Ply over ply

Los perros saltan sobre Acteón.
Tropezando, tropezando por el bosque,
Musitando, musitando Ovidio:
   «Pergusa... charca... charca... Gargaphia[34],
«Charca... charca de Salmacis.»
   La armadura vacía tiembla al moverse el polluelo
del cisne.

Así llueve la luz, así cae, *e lo soleils plovil*[35]
El líquido y apresurado cristal
   bajo las rodillas de los dioses.
Capa sobre capa, delgado brillo de agua;
Película del arroyo arrastrando pétalos blancos.
Los pinos en Takasago
   ¡crecen con los pinos de Isé![36]
El agua se arremolina por la brillante arena pálida en la
   boca del manantial
«¡He aquí el Árbol de las Muecas!»
Puntas bifurcadas de las ramas, llameantes como con
   lotos.
   Capa sobre capa

---

[34] Pergusa es una laguna cerca de Enna, en Sicilia, a donde Hades, según alguna de las versiones de la leyenda, llevó a Perséfone, de la que se había enamorado.
Gargafia es el arroyo donde se bañaba Artemisa cuando fue sorprendido por Acteón.
Salmacis: fuente en la que la ninfa Salmácide se enamoró de Hermafrodito, de cuya unión surgió el ser bisexual. Se suponía que los varones que se bañasen en esas aguas perderían su virilidad.
[35] «e lo soleils plovil»: (provenzal) «y el sol llueve». Cookson (pág. 10) remite a una frase del poeta provenzal Arnaut Daniel (natural de Ribeirac, del departamento de la Dordogne).
[36] Takasago es el puerto de la ciudad de S. Honshu, en Japón. En un conocido Noh se cuenta que allí crecen dos pinos habitados por un anciano y su esposa, en lo que Pound ve un paralelo con la historia de Baucis y Filemón, simbolizando a la pareja que envejece junta («That a tree can be a persona at all is startling». «Que un árbol pueda ser personificado en absoluto, es sorprendente.» Guy Davenport, «Persephone's Ezra», en Eva Hesse, editor, pág. 146).
Isé es un lugar sagrado de la religión Shinto, en donde hay un famoso bosque de pinos.

The shallow eddying fluid,
       beneath the knees of the gods.

Torches melt in the glare
       set flame of the corner cook-stall,
Blue agate casing the sky (as at Gourdon that time)
       the sputter of resin,
Saffron sandal so petals the narrow foot: Hymenæus Io!
       Hymen, Io Hymenæe! Aurunculeia!
One scarlet flower is cast on the blanch-white stone.

       And Sō-Gyoku, saying:
«This wind, sire, is the king's wind,
       This wind is wind of the palace,
Shaking imperial water-jets.»
       And Hsiang, opening his collar:
«This wind roars in the earth's bag,
       it lays the water with rushes.»
No wind is the king's wind.
       Let every cow keep her calf.
«This wind is held in gauze curtains...»
       No wind is the king's...

The camel drivers sit in the turn of the stairs,
       Look down on Ecbatan of plotted streets,
«Danaë! Danaë!

El líquido superficial arremolinándose,
   bajo las rodillas de los dioses.

Las antorchas se pierden en el deslumbre
   llama fija del estante en la esquina cocinera,
Ágata azul enmarcando el cielo (como en Gourdon aquella vez)
   el crepitar de resina,
La sandalia azafrán así convierte en pétalos los pies estrechos: ¡Himeneo Io![37]
   ¡Himen, Io Himenea! ¡Aurunculeia!
Una flor escarlata lanzada sobre la piedra pálida blanca.

   Y Sō-Gioku, dice[38]:
«Este viento, señor, es el viento del rey,
   Este viento es viento del palacio,
Que sacude imperiales surtidores de agua.»
   Y Ran-ti, desabotonándose el cuello:
«Este viento ruge en el saco de la tierra,
   peina el agua con juncos»;
Ningún viento es viento del rey.
   Que cada vaca guarde su becerro.»
«Este viento está preso entre cortinas de gasa...»
   «Ningún viento es del rey...»

Los camelleros están sentados en las vueltas de las escaleras,
   Hacia abajo contemplan Ecbatana de calles trazadas,
«¡Dánae! ¡Dánae![39]

---

[37] Himeneo: dios de las nupcias. Es un bello joven al que se atribuyen diversas hazañas, todas relacionadas con el matrimonio o con una belleza tan delicada que parece casi femenina.
Io es una sacerdotisa de Hera, de la que se enamoró el mismo Zeus. Otro símbolo de la belleza.
[38] Sō-Gioku: forma japonesa del nombre del poeta chino Sung-Yü, siglo IV a. de C. Las líneas que siguen proceden de las versiones del chino al inglés realizadas por Fenollosa.
[39] Ecbatana: ciudad persa de la que se conservan algunas ruinas cercanas a la actual Hamadan, en Irán. Ecbatana fue construida para que

    What wind is the king's?»
Smoke hangs on the stream,
The peach-trees shed bright leaves in the water,
Sound drifts in the evening haze,
    The bark scrapes at the ford,
Gilt rafters above black water,
    Three steps in an open field,
Gray stone-posts leading...

Père Henri Jacques would speak with the Sennin, on Rokku,
Mount Rokku between the rock and the cedars,
Polhonac,
As Gyges on Thracian platter set the feast,
Cabestan, Tereus,
    It is Cabestan's heart in the dish,
Vidal, or Ecbatan, upon the gilded tower in Ecbatan
Lay the god's bride, lay ever, waiting the golden rain.
By Garonne. «Saave!»
The Garonne is thick like paint,
Procession, —«Et sa'ave, sa'ave, sa'ave Regina!»—
Moves like a worm, in the crowd.

¿Cuál es el viento del rey?»
El humo está sobre la corriente,
Los melocotoneros sueltan hojas brillantes sobre el agua,
Los sonidos flotan en la niebla de la noche,
  La barca golpea en el vado,
Cabrios dorados sobre agua oscura,
  Tres pasos en un campo abierto
Grises hitos de piedra indicando...

Père Henri Jacques solía hablar con el Sennin, en Rokku,
Monte Rokku entre las rocas y los cedros[40].
Polhonac[41].
Como Giges sobre bandeja tracia sirvió el festín[42],
Cabestán, Terreus,
  Es el corazón de Cabestán en la bandeja,
Vidal, o Ecbatana, sobre la dorada torre en Ecbatana
Yacía la novia del dios, yacía siempre, esperando la lluvia
  de oro.
Cerca del Garona. «¡Saave!»
El Garona es espeso como pintura,
Procesión —«¡Et sa'ave, sa'ave, sa'ave Regina!»—
Se mueve como un gusano, en la muchedumbre

---

correspondiese con una imagen a escala del Universo: un arquetipo del orden perfecto.
  Dánae fue poseída por Zeus en forma de lluvia de oro y de esa unión concibió al héroe Perseo.
  [40] Cito al propio Pound: «Sennin are the Chinese spirits of nature or of the air... Rokku is a mountain... or an island... The name and tittle indicate a French priest (as a matter of fact he is a Jesuit).» («Sennin son los espíritus chinos del aire o de la naturaleza... Rokku es una montaña... o una isla. El nombre y el título designan a un sacerdote francés [por cierto, es un jesuita].» *Selected Letters*, pág. 180).
  [41] Polhonac: en su ensayo «Troubadours - Their Sorts and Conditions», Pound afirma que «Guillaume St. Leider consiguió incluso que el marido de su amada le cantase a ésta sus canciones de seducción» (*Literary Essays*, pág. 94). Se trata del Vizconde Heraclio III de Polhonac (siglo XII).
  [42] Giges o Gies es un personaje histórico mencionado por Herodoto y cuya historia presenta ciertas analogías con las de Tereo y Polhonac. Esta es la razón que induce a pensar que se trata de este Giges histórico y no del mitológico del mismo nombre, uno de los Hecatonquiros. También la alusión a la bandeja tracia recuerda el tema de Cabestán.

Adige, thin film of images,
Across the Adige, by Stefano, Madonna in hortulo,
As Cavalcanti had seen her.
    The Centaur's heel plants in the earth loam.
And we sit here...
    there in the arena...

Ádige, delgada película de imágenes[43],
Al otro lado del Adige, por Stefano, Madonna in hortulo[44],
Como la vio Cavalcanti.
   El talón del Centauro se hunde en suelo musgoso.
Y nosotros aquí sentados...
   aquí en la arena...

---

[43] Adigio: río al norte de Italia que desemboca en el Adriático, al sur de Venecia.
[44] «Madonna in hortulo»: «la Virgen en el jardín (o en el huertecito)», un cuadro de Stefano da Verona (1374-1415). En su versión de los sonetos de Guido Cavalcanti, en el XXXV, escribe Pound en las dos primeras líneas: «My Lady's face is it they worship there. / At San Michele in Orto...» (*The Translations*, pág. 95).

Cantar V

Este Cantar está estructurado alrededor de dos contrastes: la luz y la sombra, por un lado; la vida y la muerte, por otro. Las alusiones a la luz se inician con la referencia a Jámblico, filósofo griego del siglo IV a. de C., que considera la luz como el principio básico de su cosmogonía. Pound habla de él en su *Guide to Kulchur* en los siguientes términos: «human beings are subject to emotion and... they attain to very fine, enjoyable and dynamic emotional states, which cause them to emit to what careful chartered accountants may seem intemperate language, as Iamblichus on the fire of the gods, *tou ton theon pyros*, etc. which comes down into a man and produces superior ecstasies, feelings of regained youth, super-youth and so forth, not to be surpassed by the first glass of absinthe» («los seres humanos están sujetos a la emoción, y... alcanzan deliciosos, gozosos y dinámicos estados emocionales, lo que les conduce a pronunciarse en lo que a los cuidadosos contables oficiales pueden parecer lenguajes destemplados, como Jámblico sobre el fuego de los dioses, *tou ton zeon pyros*, etc., que desciende sobre el hombre y le produce éxtasis excelsos, sentimientos de juventud recuperada, de super-juventud, etcétera, que ni siquiera el primer vaso de absenta conseguiría superar», *Guide to Kulchur*, pág. 223). Luego aparecerá el Héspero, la estrella vespertina (véase nota 51), y el anecdotario se torna hacia sucesos que han tenido lugar en el crepúsculo o en la obscuridad de la noche.

El contraste vida-muerte se inicia con las primeras líneas: «Gran bulto, enorme masa, tesauro», que se corresponde con la línea más abajo, «ilímites mares y estrellas», que parece sugerir dos cosas: la naturaleza de los propios *Cantares* («enorme masa» con la que Pound pretende ilustrar la historia de la «tribu», del género humano en su conjunto a través de siglos y civilizaciones) y la calidad de la vida del hombre, reforzada con la sugerencia a la novia, promesa de fecundidad y nueva vida. Las muertes son casi siempre violentas y se producen, si no en la obscuridad, sí ocultamente y la hermosa imagen del final que describe al río Tíber de noche, «terciopelo alumbrado por la luna, / Un gato mojado brillando a trechos», da el tono emocional adecuado.

(Por cierto, resulta cuando menos curioso, recordar la imagen de la niebla nocturna como un gato, que utiliza Eliot en «The Love Song of J. Alfred Prufrock»: [it] «rubs its back upon the window-panes, / ... rubs its muzzle on the window-panes, / Licked its tongue into the corners of the evening, / ...Slipped by the terrace, made a sudden leap, / And seeing that it was a soft October night, / Curled once about the house, and fell asleep» [se frota el lomo en los cristales de las ventanas, / ...se frota el hocico en los cristales de las ventanas, / lamió con la lengua las esquinas del anochecer, / ...se deslizó por la terraza, dio un salto repentino, / y al ver que era una tibia noche de octubre, / se enroscó alrededor de la casa y se quedó dormido»].)

V

Great bulk, huge mass, thesaurus;
Ecbatan, the dock ticks and fades out
The bride awaiting the god's touch; Ecbatan,
City of patterned streets; again the vision:
Down in the viæ stradæ, toga'd the crowd, and arm'd,
Rushing on populous business,
and from parapet looked down
ant North was Egypt,
    the celestial Nile, blue deep,
       cutting low barren land,
Old men and camels
              working the water-wheels;
Measureless seas and stars,
Iamblichus' light,
    the souls ascending,
Sparks like a partridge covey,
    Like the «ciocco», brand struck in the game.
«Et omniformis»: Air, fire, the pale soft light.
Topaz I manage, and three sorts of blue;
    but on the barb of time.

V

Gran bulto, enorme masa, tesauro;
Ecbatana, el reloj da su tictac y se desvanece
La novia espera la mano del dios; Ecbatana,
Ciudad de calles trazadas; de nuevo la visión:
Abajo en las viae stradae, togada la muchedumbre, y armada[45],
Apresurándose en negocios populosos,
Y desde el parapeto hacia abajo miró
y al norte está Egipto,
    el Nilo celestial, azul profundo,
      tajando tierra baja yerma,
Viejos y camellos
                moviendo las ruedas hidráulicas;
Ilímites mares y estrellas,
La luz de Jámblico[46],
    las almas ascendiendo,
Chispas como parvada de perdices
    Como el «ciocco»[47], tea encendida en el juego.
«Et omniformis»: Aire, fuego, la pálida luz suave[48].
Logro el topacio, y tres clases de azul;
    mas en la lengüeta del tiempo.

---

[45] «viae stradae»: calles.

[46] Jámbico es el filósofo griego ya mencionado en el resumen introductorio a este Cantar.

[47] «ciocco»: alude a Dante, la *Divina Comedia*, «Paraíso», XVIII, 100, que dice: «Luego, como al chocar de los tizones / ardientes, surgen chispas a millares, / donde los necios suelen ver augurios...» (pág. 640). Según cómo surgían las chispas al entrechocar tizones el adivino podía predecir el futuro.

[48] «Et omniformis»: la frase completa a que pertenecen estas palabras se cita en el Cantar XXIII: «Et omniformis, omnis intellectus est» o «y cualquier inteligencia es capaz de asumir cualquier forma».

The fire? always, and the vision always,
Ear dull, perhaps, with the vision, flitting
And fading at will. Weaving with points of gold,
Gold-yellow, saffron... The roman shoe, Aurunculeia's
And come shuffling feet, and cries «Da nuces!
»Nuces!» praise, and Hymenæus «brings the girl to her man»
Or «here Sextus had seen her.»
Titter of sound about me, always.
    and from «Hesperus...»
Hush of the older song: «Fades light from sea-crest,
»And in Lydia walks with pair'd women
»Peerless among the pairs, that once in Sardis
»In satieties...
    Fades the light from the sea, and many things
»Are set abroad and brought to mind of thee,»
And the vinestocks lie untended, new leaves come to the shoots,
North wind nips on the bough, and seas in heart
Toss up chill crests,
    And the vine stocks lie untended
And many things are set abroad and brought to mind

¿El fuego? siempre, y la visión siempre,
Oído sordo, quizás, con la visión, revoloteando
Y desvaneciéndose a voluntad. Tejiendo con puntos de oro,
Dorado-amarillo, azafrán... El zapato romano, de Aurunculeia
Y vienen pies arrastrándose y gritos «¡Da nuces!»[49]
«¡Nuces!» elogio, e Himeneo «trae la moza a su hombre»
O «aquí Sexto la vio»[50]
Sonido de risillas ahogadas a mi alrededor, siempre.
    y de «Héspero...»[51]
Silencio del canto más antiguo: «Desvanécese la luz de la cresta marina,
»Y en Lidia camina con mujeres pareadas[52]
»Sin par entre las pares, que una vez en Sardis[53]
»En saciedades...
    »Desvanécese la luz del mar, y muchas cosas
»Se lanzan por doquier y hacen recordarte»,
Y los sarmientos yacen abandonados, hojas nuevas brotan de los botones,
El viento boreal seca la rama, y el mar en el corazón
Dispara hacia arriba crestas heladas,
    Y los sarmientos yacen abandonados
Y muchas cosas se lanzan por doquier y hacen que me acuerde

---

[49] «¡Da nuces!»: en *Catulli Carmina - Poesías de Catulo*, LXI, 131 (página 84): «Reparte nueces a los chicos», que es costumbre que forma parte de los ritos nupciales.
[50] Alude Pound a su propia versión de Propercio en «Homage to Sextus Propertius».
[51] Héspero: el genio de la estrella vespertina. Algunos autores clásicos lo confundieron con la estrella de la mañana. Pasaba por hijo o hermano de Atlante, el padre de las ninfas del ocaso, llamadas Hespérides. En *Catulli Carmina - Poesías de Catulo*, LXII, 1, se lee: «Véspero está aquí; levantaos, muchachos.» Y en línea 7: «En efecto, el lucero de la noche muestra ya sus fuegos por el Eta.»
[52] Lidia: ciudad de los lidios en Asia Menor. Lidio, que da nombre a la ciudad, es un hijo de Atis y Calítea y hermano de Tirreno, este último epónimo a su vez de los tirrenos o etruscos.
[53] Sardo: esposa de Tirreno, que emigró de Asia Menor a Italia, después de dar su nombre a la ciudad lidia de Sardes.

Of thee, Atthis, unfruitful.
 The talks ran long in the night.
And from Mauleon, fresh with a new earned grade,
In maze of approaching rain-steps, Poicebot—
The air was full of women,
 And Savairic Mauleon
Gave him his land and knight's fee, and he wed the woman.
Came lust of travel on him, of *romerya;*
And out of England a knight with slow-lifting eyelids
Lei fassa furar a del, put glamour upon her...
And left her an eight months gone.
 «Came lust of woman upon him,»
Poicebot, now on North road from Spain
(Sea-change, a grey in the water)
 And in small house by town's edge
Found a woman, changed and familiar face;
Hard night, and parting at morning.

And Pieire won the singing, Pieire de Maensac,
Song or land on the throw, and was *dreitz hom*
And had De Tierci's wife and with the war they made:
 Troy in Auvergnat

De ti, Atis, estéril[54].
　　Las pláticas fueron largas en la noche.
Y de Mauleon, con notas recién ganadas,
En una maraña de pasos de lluvia que se acercan, Poicebot—
El aire estaba lleno de mujeres,
　　Y Savairic Mauleon
Le dio su tierra y la paga de caballero, y casó con la mujer.
Acometióle el ansia de vagar, de *romerya*[55];
Y de Inglaterra un caballero con párpados narcóticos
Lei fassa furar a del, la enloqueció por él...[56]
Ya abandonóla a los ocho meses
　　«Acometióle a él hambre de mujer»,
Poicebot, ahora en camino norteño de España
(Cambio del mar, un gris en el agua)
　　Y en una casuca en las goteras del pueblo
Encontró una mujer, rostro mudado y conocido;
Dura noche, y despedida en la mañana.

Y Peire triunfó en el canto, Pieire de Maensac,
Cantar o tierra en la tirada, y fue *dreitz hom*
Y tuvo la esposa de De Tierci y con la guerra hicieron:
　　Troya en Auvergnat[57]

---

[54] Atis no fue estéril, pues engendró a Lido y a Tirreno. Obsérvese la grafía que utiliza Pound, Atthis, mientras que Atis más bien parece referirse al dios frigio, compañero de Cibeles, de nombre Attis, que sí se considera símbolo de esterilidad, pues se castró a sí mismo al verse rechazado por Hermafrodito, de quien se había enamorado. Hay otras versiones de este mito, pero todas coinciden en la castración del personaje.
[55] Savairic de Mauleon (1180-1230), «trovador y, sobre todo, generoso protector de trovadores, ... se pasó la vida guerreando al servicio de unos y de otros» (Martín de Riquer, pág. 941). Entre sus protegidos se encontraba el monje Gaubertz de Poicebot (Gausbert de Poicibot, en la transcripción de Martín de Riquer), del que escribe Pound: «fue hecho monje en un monasterio, siendo todavía niño ... Era culto y sabía bien cantar y trovar. Y por su deseo de una mujer abandonó el monasterio y se fue en su busca en *romería*» (*Literary Essays*, pág. 95).
[56] *«lei fassa furar a del»*: la frase siguiente es la paráfrasis de Pound.
[57] Pieire o Piere de Maensac fue un trovador y su hermano Austors el heredero de los bienes paternos. Auvergnat, cuyo señor protegió a Pieire

While Menelaus piled up the church at port
He kept Tyndarida. Dauphin stood wich de Maensac.

John Borgia is bathed at last. (Clock-tick pierces the vision)
Tiber, dark with the cloak, wet cat gleaming in patches.
Click of the hooves, through garbage,
Clutching the greasy stone. «And the cloak floated.»
Slander is up betimes.
  But Varchi of Florence,
Steeped in a different year, and pondering Brutus,
Then «Σίγα μαλ' αὖθις δευτέραν!
»Dog-eye!!» (to Alessandro)
    «Whether for love of Florence,» Varchi leaves it,

Mientras Menelao amontonaba la iglesia en el puerto
Él se quedó con la tendárida. El delfín apoyó a de Maen-
   sac[58].
Juan Borgia está bañado por fin. (El tictac del reloj pene-
   tra la visión)[59]
Tíber, oscuro con la capa, gato mojado brillando a
   trechos.
Sonar de cascos, a través de la basura,
Abrazando la piedra grasienta. «Y la capa flotaba.»
La calumnia se levanta temprano.
   Pero Varchi de Florencia[60],
Empapado en año diferente, y pensando en Bruto,
Entonces «Σίγα μαλ' αὖθις δευτέραν! [61]
«¡¡Ojo-de-perro!!» (dirigiéndose a Alessandro)
«Quizá por amor a Florencia», Varchi la aban-
   dona

---

y a la esposa de De Tierci de las iras de este último, sufrió el mismo des-
tino que Troya.
   «*dreitz hom*»: un hombre digno, noble.
   [58] la tendárida: obsérvese el original, Tyndárida. La analogía con la
guerra de Troya prosigue aquí: Tindáreo y Leda son los padres de Hele-
na, casada con Menelao y origen de la guerra de Troya. De Tindáreo (o
Tíndaro) se cuentan numerosísimos descendientes, empezando por Cás-
tor y Pólux y Clitemnestra y Helena: los Tyndáridas es el nombre con
que se identifica a estos cuatro, entre los muchos que las diversas varian-
tes les atribuyen. Alguna de éstas considera a Helena hija de Leda y Zeus.
Pieire, por su parte, huyó con la esposa de Bernart de Tierci, lo que de-
sencadenó la guerra entre ellos, aunque De Tierci nunca pudo recobrar
a su esposa.
   [59] Este Juan Borgia o Borja, duque de Gandía, fue hijo del Papa Ale-
jandro VI y hermano de César y Lucrecia. Fue asesinado y su cadáver
arrojado al Tíber (de ahí ese «está bañado por fin») en 1497.
   [60] Benedetto Varchi (1503-65) es la fuente que utiliza Pound, estable-
ciendo un paralelo entre los destinos trágicos de los Borgia, por un lado,
y de los Médicis, por otro.
   [61] «Coro. ¡Calla!
         ¿Quién grita que le hieren mortalmente?
Agamenón. ¡Ay, ay de mí otra vez!
         ¡Una segunda herida he recibido!»
                         (Esquilo, *Tragedias completas*,
                          ed. de José Alsina Clota, Ma-
                          drid, Cátedra, 1983, pág. 293)
Pound parece fundir estas frases en una sola.

Saying «I saw the man, came up with him at Venice,
»I, one wanting the facts,
»And no mean labour... Or for a privy spite?»
Our Benedetto leaves it,
But: «I saw the man. *Se pia?*
»*O empia?* »For Lorenzaccio had thought of stroke in the open
But uncertain (for the Duke went never unguarded)
»And would have thrown him from wall
»Yet feared this might not end him,» or lest Alessandro
Know not by whom death came, O se credesse
«If when the foot slipped, when death came upon him,
»Lest cousin Duke Alessandro think he had fallen alone,
»No friend to aid him in falling.»
                                    Caina attende.
The lake of ice there below me.
And all of this, runs Varchi, dreamed out beforehand
In Perugia, caught in the star-maze by Del Carmine,

Diciendo «Yo vi al hombre, me topé con él en Venecia,
»Yo, en busca de los hechos,
»Y no pequeña esta faena... O ¿quizá por rencor personal?»
Nuestro Benedetto la abandona
Pero: «Yo vi al hombre. *Se pia?*
»*O empia?*» Pues Lorenzaccio había pensado en un golpe [62] abierto
Pero incierto (pues el Duque nunca andaba sin guardia)
«Y lo hubiera lanzado del muro
»Mas temía que esto no acabara con él», o no fuera que Alessandro
No supiera quién le daba muerte, O se credesse
«Si cuando el pie resbalara, cuando le alcanzara la muerte,
»No fuera que mi primo, el Duque Alessandro, creyera que sólo había caído,
«Sin amigo alguno que le ayudara a caer».
                                       Caina attende [63].
El lago de hielo allá abajo.
Y todo esto, sigue Varchi, soñado de antemano
En Perugia, cogido en la maraña de estrellas por Del Carmine,

---

[62] «¡¡Ojo-de-perro!!»: Pound (*Literary Essays*, pág. 250) atribuye a Aquiles la descripción de Agamenón como *dog-faced* o «el de cara de perro». En la *Ilíada* (págs. 47 y 51, respectivamente) Aquiles, en efecto, llama a Agamenón «cara de perro» y «cara de perro y corazón de ciervo» (siendo «corazón de ciervo» sinónimo de cobarde). El propio Agamenón en la *Odisea* (ed. de Antonio López Eire, Madrid, Cátedra, 1989, pág. 213) llama a su esposa y asesina, Clitemnestra, «la de cara de perra».
«¿Se pia? ... O empia?»: ¿es noble? ... ¿O innoble?»
A Lorenzo, primo y asesino de Alejandro de Médicis, se le compara con Bruto por su participación en la muerte de César. Se establece una analogía entre este hecho y el asesinato de Giovanni Borgia por su hermano César.
[63] *«Caina attende»*: «El amor nos condujo a morir juntos, / y a aquel que nos mató Caína espera.» La Caína, en el infierno, es la «zona del círculo noveno donde se castiga a los asesinos de consanguíneos» (*Divina Comedia*, pág. 107, nota 107).

Cast on a natal paper, set with an exegesis, told,
All told to Alessandro, told thrice over,
Who held his death for a doom.
In abuleia. But Don Lorenzino
Whether for love of Florence ... but
«O se morisse, credesse caduto da sè»
Σίγα, σίγα
Schiavoni, caught on the wood-barge,
Gives out the afterbirth, Giovanni Borgia,
Trails out no more at nights, where Barabello
Prods the Pope's elephant, and gets no crown, where Mozarello
Takes the Calabrian roadway, and for ending
Is smothered beneath a mule,
    a poet's ending,
Down a stale well-hole, oh a poet's ending. «Sanazarro
»Alone out of all the court was faithful to him»
For the gossip of Naples' trouble drifts to North,
Fracastor (lightning was midwife) Cotta, and Ser D'Alviano,
Al poco giorno ed al gran cerchio d'ombra,

Puesto en papel natal, acompañado de exégesis, relatado,
Todo relatado a Alessandro, relatado tres veces,
Quien consideraba que su muerte era fatal
In abuleia. Pero Don Lorenzino[64]
Ya fuera por amor de Florencia... pero
«O se morisse, credesse caduto da sè»[65]
Σίγα, σίγα[66]
Schiavoni, cogido en la lancha de madera,
Proporciona las secundinas, Giovanni Borgia[67],
Ya no aparece de noche, donde Barabello
Espolea el elefante del Papa, y no recibe una corona, donde Mozarello[68]
Toma el camino de Calabria, y por fin
Acaba aplastado por una mula,
  fin de poeta,
En el fondo del ojo de un pozo caduco, oh, el fin de un poeta «Sannazaro
»Único en toda la corte le fue fiel»
Pues el chisme de las dificultades de Nápoles llega al Norte,
Fracastor (el relámpago fue la comadrona). Cotta, y Ser D'Alviano,
Al poco giorno ed al gran cerchio d'ombra,

---

[64] Sigue la historia de los Borgia y los Médicis, aludiendo a que el astrólogo Giuliano del Carmine había profetizado la muerte de Alejandro.
«In abuleia»: dominado por la abulia.
[65] «O se morisse, credesse caduto da se»: «o si muriese, nadie creyese que se había caído por sí solo». Sigue Varchi, con la adaptación de Pound.
[66] Véase nota 61.
[67] «Schiavoni»: eslavos. En los alrededores de la iglesia de San Girolamo de los Eslavos habitaban gentes de esa etnia. Uno de ellos, Giorgio, fue el que presenció cómo era arrojado al río el cadáver de Giovanni Borgia.
[68] Barabello de Gaeta es un poeta del siglo XVI que quiso ser coronado, como lo fue Petrarca, con una corona de laurel en el Capitolio.
Mozarello, o Giovanni Muzarelli, que escribió con el seudónimo de Aurelius Mutius, también en el siglo XVI, es otro poeta que murió cuando sus vecinos le arrojaron con su mula a un profundo pozo.

Talk the talks out with Navighero,
Burner of yearly Martials,
    (The slavelet is mourned in vain)
And the next comer says «Were nine wounds,
»Four men, white horse. Held on the saddle before him...»
Hooves clink and slick on the cobbles.
Schiavoni... cloak... «Sink the damn thing!»
Splash wakes that chap on the wood-barge.
Tiber catching the nap, the moonlit velvet,
A wet cat gleaming in patches.
    «Se pia,» Varchi,
«O empia, ma risoluto
»E terribile deliberazione.»
    Both sayings run in the wind,
Ma se morisse!

Discutir bien la cosa con Navighero,
Incinerador de Marciales anuales[69],
   (El esclavillo es llorado en vano)
Y el próximo prójimo dice «Fueron nueve heridas,
»Cuatro hombres, caballo blanco. Cogióse de la silla de montar...»
Los cascos de los caballos tintinean y resbalan en el empedrado.
Schiavoni... capa... «¡Sumerjan a la condenada!»
El golpe en el agua despierta al tío que está en la balsa de madera
El Tíber coge el flojel, el terciopelo alumbrado por la luna,
Un gato mojado brillando a trechos.
   «Se pia», Varchi,
«O empia, ma risoluto
»E terribile deliberazione.»
   Las dos declaraciones flotan en el aire,
Ma se morisse![70]

---

[69] Fracastor: Girolamo Fracastoro (1483-1553), médico y poeta, describió la «enfermedad francesa», a la que dio el nombre de sífilis. Se dice que siendo un bebé en brazos de su madre, ésta murió alcanzada por un rayo sin que a él le ocurriese nada.
Giovanni Cotta es otro poeta amigo del anterior y del general Bartolomeo d'Alviano, al que se supuso asesino de Borgia.
«Al poco giorno ed al gran cerchio d'ombra»: «al amanecer, en medio de un gran círculo de sombra», de las *Rimas* de Dante. Este verso se repetirá más adelante, al final del Cantar CXVI.
Navighero, o Andreas Navagerius, otro poeta de la época que quemó sus obras cuando se le dijo que se parecían a las de Marcial.

[70] «Fueron nueve heridas»: las nueve puñaladas de las que murió Giovanni Borgia.
«Sumerjan a la condenada»: parece un error de traducción del original «Sink the damn thing», que en mi opinión habría que traducir por «A ver si lo hundís de una vez» o «a ver si hundís al puñetero», pues se trata del cadáver de Giovanni. Mary de Rachewiltz se equivoca también al decir «Affondatelo, maledetto!» («Húndelo, maldito») que, aunque en menor medida que Vázquez Amaral, también modifica el original (página 39).
«Se pia ... deliberazione»: «Si justa o injusta (la muerte de Borgia) es una conclusión dificilísima de adoptar.»
«*Ma se morisse*»: «Mas si hubiese sido asesinado.»

Cantar VI

Continúan los paralelismos, por una parte, entre Odiseo y Guillermo IX de Francia y su participación en la Primera Cruzada; y por otra, entre Odiseo y Luis VII de Francia, que también viajó al Mediterráneo oriental, llegando a Acra (hoy Akko, en la costa de Líbano) junto a su esposa, Leonor de Aquitania. Al regreso se produjo su divorcio (1152) y Leonor se casó con Enrique II de Inglaterra, cuyo reinado constituye uno de los más mediatizados por las luchas con el Papado. Tras el asesinato del arzobispo de Canterbury Thomas Becket (1170), se vio obligado a hacer concesiones a la Iglesia. Enrique II Plantagenet adquirió por su matrimonio territorios en el continente superiores a los del mismo rey de Francia. Éste será el origen de la Guerra de los Cien Años entre esos dos reinos.

Con la figura de Guillermo IX, conde de Poitiers y duque de Aquitania, y las nuevas referencias a Sordello (en castellano se le suele identificar como Sordel), Pound parece referirse a temas recurrentes a lo largo de todos los *Cantares:* el amor, el sexo, la fertilidad (Guillermo: «hice el amor a menudo, según oirás ciento ochenta y ocho veces» a dos damas a las que conoció en uno de sus viajes y todo eso en ocho días en que permaneció con dichas damas) como fuentes de inspiración artística. Cunizza da Romano, que aparece al final del Cantar, fue durante un tiempo la amante de Sordel, liberó en un gesto de generosidad y humanidad a todos sus esclavos y es una de las figuras femeninas memorables en la obra de Pound (véase Cantares LXXIV, LXXVI y LXXVIII, de los «Cantares Pisanos»).

VI

What you have done, Odysseus,
    We know what you have done...
And that Guillaume sold out his ground rents
(Seventh of Poitiers, Ninth of Aquitain).
    «Tant las fotei com auzirets
    »Cen e quatre vingt et veit vetz...»
The stone is alive in my hand, the crops
    will be thick in my death-year...
Till Louis is wed with Eleanor
And had (He, Guillaume) a son that had to wife
The Duchess of Normandia whose daughter
Was wife to King Henry e maire del rei jove...
Went over sea till day's end (he, Louis, with Eleanor)
Coming at last to Acre.
«Ongla, oncle» saith Arnaut
    Her uncle commanded in Acre,
That had known her in girlhood
    (Theseus, son of Aegeus)
And he, Louis, was not at ease in that town,

VI

Lo que has hecho, Odiseo,
  Sabemos lo que has hecho...
Y que el tal Guillaume vendió las rentas de su tierra
(Séptimo de Poitiers, noveno de Aquitania).
  «Tant las fotei con auzirets
  »Cen e quatre vingt et veit vetz...»
La piedra está viva en mis manos, las siembras
  serán copiosas el año de mi muerte...
Hasta que Luis se case con Leonor
Y tenía (él, Guillaume) un hijo que tuvo por esposa
A la Duquesa de Normandía cuya hija
Era esposa del Rey Enrique e maire del rei jove...[71]
Navegó por el mar hasta el fin del día (él, Luis, con Leonor)
Llegando por fin a Acre.
«Ongla, oncle», dice Arnaut[72]
  El tío de ella mandaba en Acre,
Quien la había conocido de mozuela
  (Teseo, hijo de Egeo)[73]
Y él, Luis, no estaba a su gusto en aquel pueblo,

---

[71] Leonor y Enrique II tuvieron cuatro hijos: el llamado aquí «rei jove» es Enrique, el primogénito, que no llegó a reinar, pues murió todavía en vida de su padre, en 1183. A Enrique II le sucedió su segundo hijo, Ricardo «Corazón de León», en 1189.

[72] «Ongla-oncle»: «uña de la mano, tío».

[73] Aquí parecen continuarse dos analogías: la de Helena de Troya (a la que Teseo cortejó en su juventud) con Leonor de Aquitania. Y a la vez prosigue el paralelismo entre Teseo, que realizó numerosas hazañas y que siempre tuvo gran éxito con las mujeres y Guillaume, o Guillermo XI, cuyo temperamento mujeriego y amoroso era legendario. Peregrinó a Santiago de Compostela, hecho al que parece aludirse aquí.

And was not at ease by Jordan
As she rode out to the palm-grove
Her scarf in Saladin's cimier.
Divorced her in that year, he Louis,
 divorcing thus Aquitaine.
And that year Plantagenet married her
 (that had dodged past 17 suitors)
Et quand lo reis Lois lo entendit
 mout er fasché.
Nauphal, Vexis, Harry joven
In pledge for all his life and life of all his heirs
Shall have Gisors, and Vexis, Neufchastel
But if no issue Gisors shall revert...
«Need not wed Alix... in the name
Trinity holy indivisible... Richard our brother
Need not wed Alix once his father's ward and...
But whomso he choose...for Alix, etc...

Y no lo estaba cerca del Jordán
Y ella cabalgó al palmar
Con su chal en la cimera de Saladino[74].
Divorcióse de ella ese año, él, Luis,
    divorciándose así de Aquitania.
Y ese mismo año desposóla Plantagenet
    (después de que ella había despreciado a 17 pretendientes)
Et quand lo reis Lois lo entendit
    mout er fasché[75].
Nauphal, Vexis, Harry joven[76]
En prenda por toda su vida y la vida de todos sus herederos
Han de tener Gisors, y Vexis, Neufchastel
Mas si no tuviere hijos volvería Gisors...[77]
«No necesita casar con Alix... en el nombre
Trinidad sagrada indivisible... Ricardo nuestro hermano
No tiene que desposar a Alix otrora bajo la tutela de su[78]
  padre y...
Pero a quienquiera que escoja... para Alix, etc...

---

[74] Leonor y Luis reaccionaron de modos opuestos ante la vida en Oriente. Ella se encontró en su elemento. Él, de temperamento más ascético, se sintió asqueado. A estas diferencias se unieron las que se produjeron en relación a la Cruzada: el tío de Leonor, Raymond, aconsejaba una actitud contraria a la opinión de Luis, que recurrió a su autoridad marital. El desenlace daría la razón a Leonor y su consejero: la solución de Luis fracasó y Raymond perdió la vida, siendo su cabeza enviada al Califa de Bagdad.

[75] «Et quand ... fasché»: «Y cuando el Rey Luis lo oyó se enfadó sobremanera».

[76] Nauphal (hoy Néaufles) y Vexis (Vexin): territorios continentales sobre los que Francia e Inglaterra lucharon durante muchos años.
Harry, primogénito de Enrique II, ya mencionado en nota 71.

[77] Gisors y Neufchastel (Neufchatel) son castillos pertenecientes a la dote de Margaret, hija de Luis VII, con la que Leonor y Enrique quisieron casar a su primogénito.

[78] Alix, hija de Leonor y de su primer esposo, Luis, difícilmente se podría casar con Ricardo Corazón de León, hijo también de Leonor en su segundo matrimonio, ya que por tanto eran medio hermanos.

Eleanor, domna jauzionda, mother of Richard,
Turning on thirty years (wd. have been years before this)
By river-marsh, by galleried church-porch,
Malemorte, Correze, to whom:
 «My Lady of Ventadour
»Is shut by Eblis in
»And will not hawk nor hunt
 nor get her free in the air
»Nor watch fish rise to bait
»Nor the glare-wing'd flies alight in the creek's edge
»Save in my absence, Madame.
 "Que la lauzeta mover"
»Send word I ask you to Eblis
 you have seen that maker
»And finder of songs so far afield as this
»That he may free her,
 who sheds such light in the air.»

E lo Sordels si fo di Mantovana,
Son of a poor knight, Sier Escort,
And he delighted himself in chançons
And mixed with the men of the court
And went to the court of Richard Saint Boniface

Leonor, domna jauzionda, madre de Ricardo[79],
Frisando en los treinta años (tuvo que haber sido años
   antes de esto)
Cerca del pantano del río, del pórtico de la iglesia con
   galería,
Malemorte, Correze, a quien[80]:
   «Mi señora de Ventadour
»Está confinada por Eblis
»Y no quiere cazar con halcón ni de otra manera
   ni estar libre en el aire
»Ni ver que los peces suben a tomar la carnada
»Ni a las libélulas de alas deslumbrantes posarse en la
   orilla del arroyuelo
»Salvo en mi ausencia, Madame.
   "Que la lauzeta mover"
»Decid a Eblis os pido
   que habéis visto a ese compositor
»Y trovador de canciones tan alejado
»Que ha de dejarla libre,
   a la que fulge tanto en el aire»[81].

E lo Sordels si fo di Mantovana,
Hijo de un hidalgo pobre, Sier Escort[82],
Y éste se deleitaba con chançons
Y se mezclaba con los de la corte
Y fuése a la corte de Ricardo San Bonifacio

---

[79] «Leonor, domna jauzionda»: «Leonor, radiante señora».
[80] Malemort, Correze: el primero es un castillo a orillas del río Correze. En el siglo XII fue sitiado, asaltado y los defensores supervivientes pasados a cuchillo. De ahí le vino el nombre, «mala muerte».
[81] Margarita de Torena se casó con Eblis de Ventadour (o Ebles de Ventadorn, en Martín de Riquer), que, llevado de los celos, la encerró en un torreón en 1148. Dos años más tarde la repudió y ambos volvieron a casarse después con parejas nuevas.
«Que la lauzeta mover»: «cuando veo a la alondra moverse». Una de las traducciones de Pound, «The Lark», cuya primera línea dice: «When I see the lark a-moving» (*The Translations*, pág. 427). El poema es original de Bernart de Ventadour (o Ventadorn).
[82] Sier Escort: padre de Sordel. Véase también las notas 9 y 10, Cantar II.

And was there taken with love for his wife
                              Cunizza, da Romano,
That freed her slaves on a Wednesday
Masnatas et servos, witness
Picus de Farinatis
and Don Elinus and Don Lipus
     sons of Farinato de' Farinati
«free of person, free of will
»free to buy, witness, sell, testate.»
A marito subtraxit ipsam...
     dictum Sordellum concubuisse:
     «Winter and Summer I sing of her grace,
     As the rose is fair, so fair is her face,
     Both Summer and Winter I sing of her,
     The snow makyth me to remember her.»

And Cairels was of Sarlat...
                              Theseus from Troezene
And they wd. have given him poison
But for the shape of his sword-hilt.

Y ahí fue atacado de amor por su esposa
                         Cunizza, da Romano,
Que libertó a sus esclavos un miércoles
Masnatas et servos, atestigua
Picus de Farinatis
Y Don Elinus y Don Lipus[83]
     hijos de Farinato de' Farinati
«libre en su persona, su voluntad
»libre para comprar, atestiguar, enajenar, restar».
A marito substraxit ipsam...
     dictum Sordellum concubuisse[84]:
     «Invierno y verano canto su gracia,
     Cual la rosa es hermosa, así es su rostro,
     Tanto en verano como en invierno canto de ella,
     La nieve hace que de ella me acuerde.»

Y Cairels era de Sarlat...
                    Teseo de Troacena[85]
Y le hubieran envenenado
Si no hubiera sido por la forma de la empuñadura de su
     espada.

---

[83] Picus de Farinatis atestigua la liberación de «Masnatas et servos», o «criados y esclavos».
 Don Elinus y Don Lipus son mencionados en el documento de manumisión.
[84] «A marito ... concubuisse»: «La arrebató a su esposo y se dice que yació con ella.» Se trata de Cunizza.
[85] El trovador del siglo XIII Elías Cairels (Elias Cairel), era del Périgord y probablemente de la ciudad de Sarlat (Martín de Riquer).
 Teseo se crió en Troacena (Trecén), donde nació de Egeo y Etra, hija de Piteo rey de Trecén. Según otras versiones de la leyenda, Teseo era hijo de Poseidón.

Cantar VII

Este Cantar está lleno de fuertes ecos de «Mauberley», no casualmente, pues ambos fueron compuestos hacia la misma época (1920-1921). Por un lado, aquí está presente Homero, el poeta ciego incapaz de percibir la belleza que transmite el sentido de la vista, pero por otro, como Dante, con la fuerza de la imaginación suficiente para crearla. Como la voz inicial de «Mauberley»: «Tres años desentonando con su época, / luchó por resucitar el arte muerto / de la poesía» (Almagro-Rivero, pág. 285). En ambos casos estos ejemplos contrastan, en este Cantar, con «las palabras que estertoran: cascarones emitidos por cascarones» y en «Mauberley», de un modo incluso más explícito, «incoloro / Pier Francesca, / Pisanello sin la maestría / de forjar Acaya» (Almagro-Rivero, pág. 321).

Las referencias históricas parecen establecer una cierta analogía con las contraposiciones que enfrentan al poeta íntegro y fiel a su arte, pero «cuya chaqueta nunca ha sido / precisamente del estilo / capaz de provocar en ella / una pasión duradera» (Almagro-Rivero, pág. 303), con el poeta vendido a la moda, que busca el éxito aun renunciando a su integridad artística: «Fauces que muerden el aire vacío, / los silenciosos perros de piedra, / captados en metamorfosis, / le quedaron como epílogos» (Almagro-Rivero, pág. 313). Así también, la serie de enfrentamientos entre Enrique II y Leonor, que al separarse del primero se convirtió durante muchos años en una especie de centro y motor de la cultura de su tiempo en la corte de Poitiers. Las referencias a las Elenas (véase II, nota 14) me parecen confirmar esta idea.

VII

Eleanor (she spoiled in a British climate)
Ἔλανδρος and Ἑλέπτολις, and
poor old Homer blind,
blind as a bat,
Ear, ear for the sea-surge;
    rattle of old men's voices.
And then the phantom Rome,
    marble narrow for seats
«Si pulvis nullus» said Ovid,
«Erit, nullum tamen excute.»
Then file and candles, e li mestiers ecoutes;
Scene for the battle only, but still scene,
Pennons and standards y cavals armatz
Not mere succession of strokes, sightless narration,
And Dante's «ciocco,» brand struck in the game.

Un peu moisi, plancher plus bas que le jardin.

VII

Leonor (se malogró en el clima británico)
Ἔλανδρος y Ἑλέπτολις, y
el pobre viejo Homero ciego,
ciego como topo,
Oído, oído para el oleaje marino;
    estertor de las voces de los viejos.
Y luego el fantasma Roma,
    mármol angosto para asientos
«Si pulvis nullus» dijo Ovidio,
«Erit, nullum tamen excute»[86].
Después hilera y velas, e li mestiers ecoutes[87];
Escena sólo para la batalla, pero escena no obstante,
Pendones y estandartes y cavals armatz[88]
No mera sucesión de pinceladas, narración ciega,
Y el «ciocco» de Dante, tea encendida en el juego[89].

Un peu moisi, plancher plus bas que le jardin.

---

[86] Ovidio describe, como es sabido, los diversos sistemas que se pueden emplear para seducir a las damas. En *El arte de amar* aconseja a los principiantes: «Si por casualidad, como es frecuente, / cae polvo en el regazo de tu amado, / habrás de sacudirlo con tus dedos. / Aun cuando sea inexistente el polvo, / sacúdele ese polvo inexistente.» Para favorecer esto «Te sentarás... / lo más cerca posible de tu amada. / Arrima tu costado a su costado / cuando puedas. Lo bueno es que la fila, / aun sin quererlo tú, fuerza a juntarse, / que tienes que tocar a la muchacha por ley de aquel lugar» (Ovidio, *Amores - Arte de amar*, ed. de J. A. González Iglesias, Madrid, Cátedra, 1993, págs. 380, 379, respectivamente).

[87] «e li mestiers ecoutes»: parece referirse a una hilera de personas en procesión portando velas encendidas y «escuchando los misterios».

[88] «cavals armatz»: los caballos «acorazados» de los guerreros feudales.

[89] Véase Cantar V, nota 47.

«Contre le lambris, fauteuil de paille,
»Un vieux piano, et sous le baromètre...»

The old men's voices, beneath the columns of false marble,
The modish and darkish walls,
Discreeter gilding, and the panelled wood
Suggested, for the leasehold is
Touched with an imprecision... about three squares;
The house too thick, the paintings
a shade too oiled.
And the great domed head, *con gli occhi onesti e tardi*
Moves before me, phantom with weighted motion,
Grave incessu, drinking the tone of things,
And the old voice lifts itself
      weaving an endless sentence.
We also made ghostly visits, and the stair
That knew us, found us again on the turn of it,
Knocking at empty rooms, seeking for buried beauty;
And the sun-tanned, gracious and well-formed fingers
Lift no latch of bent bronze, no Empire handle
Twists for the knocker's fall; no voice to answer.
A strange concierge, in place of the gouty-footed.

«Contre le lambris, fauteuil de paille,
»Un vieux piano, et sous le baromètre...»⁹⁰

Las voces de los ancianos, bajo las columnas de falso
   mármol,
Las paredes a la moda y oscuras,
Dorado más discreto, y la madera en paños
Sugerida, para el arrendamiento está
Tocada por una imprecisión... unos tres cuarteles;
La casa demasiado pesada, los cuadros
un tanto aceitosos.
Y la enorme cabeza frontuda, *con gli occhi onesti e tardi*⁹¹
Se desplaza frente a mí, fantasma de movimiento tardo,
Grave incessu, saturándose de los matices de las cosas,
Y la voz anciana se levanta.
       tejiendo una frase sin fin.
También hicimos espectrales visitas, y la escalera
Que nos conocía, nos encontró de nuevo a su regreso,
Llamando a las puertas de cuartos vacíos, en busca de
   belleza sepultada;
Y los bronceados, gráciles y bien formados dedos
No levantan picaportes de doblado bronce, ni mangos
   Imperio
Se doblan al caer del llamador; hay voces que contesten.
Un extraño concierge en vez del de pies gotosos.

---

⁹⁰ «Un vestibule ... dans *un fauteil de paille. Contre le lambris,* peint en blanc ... *Un vieux piano* supportait, *sous un baromètre,* ... tout l'appartement sentait *un peu le moisi,* car le *plancher* etait plus bas que le jardin»: «Un estrecho vestíbulo separaba la cocina de la sala donde la Sra. Aubain pasaba el día sentada junto a la ventana en un sillón de mimbre. Contra el zócalo, pintado de blanco, se alineaban ocho sillas de caoba. Un viejo piano, colocado debajo de un barómetro, soportaba un piramidal montón de cajas y cartones ... La pieza olía toda ella bastante a moho, ya que el suelo se hallaba a un nivel más bajo que el jardín» (Gustave Flaubert, *La tentación de San Antonio, Un corazón sencillo, La leyenda de San Julián el hospitalario, Herodías,* traducción de Julio C. Acerete, Bruguera, Barcelona, 1975, pág. 209).
⁹¹ Dante, *Divina Comedia:* «Gente había con ojos graves, lentos, / con gran autoridad en su semblante» («Infierno», IV, pág. 100). En «Purgatorio», VI, se puede leer también: «¡qué noble y lenta en el mover los ojos!» (pág. 326).

Sceptic against all this one seeks the living,
Stubborn against the fact. The wilted flowers
Brushed out a seven year since, of no effect.
Damn the partition! Paper, dark brown and stretched,
Flimsy and damned partition.
    Ione, dead the long year
My lintel, and Liu Ch'e's lintel.
Time blacked out with the rubber.

    The Elysée carries a name on
And the bus behind me gives me a date for peg;
Low ceiling and the Erard and the silver,
These are in «time.» Four chairs, the bow-front dresser,
The panier of the desk, cloth top sunk in.
    «Beer-bottle on the statue's pediment!
»That, Fritz, is the era, to-day against the past,
»Contemporary.» And the passion endures.

Escéptico contra todo esto, uno busca a los vivos,
Testarudo ante los hechos. Las flores marchitas
Sin efecto, sacadas en polvo siete años ha.
¡Maldita partición! Papel, carmelita oscuro y estirado,
Partición maldita y frágil.
    Ione, muerta todo un año[92]
Mi dintel, y el de Liu Ch'e[93].
El tiempo eliminado con goma.
    El Elysée perpetúa un nombre[94]
Y el autobús que me sigue me da una fecha de referencia;
Techo bajo y el Erard y la plata,
Éstos en el «tiempo». Cuatro sillas, la cómoda con gavetas curvas,
El cuévano del escritorio con la cubierta de trapo hundida.
    «¡Botella de cerveza en la peana de la estatua!
»Esto, Fritz, se debe a los tiempos, el hoy en contra del ayer[95],
»Contemporáneo.» Y la pasión subsiste.

---

[92] «Ione, Dead the Long Year» es el título de un poema de Pound (en *Selected Poems*, editado por T. S. Eliot, 1928, pág. 116). En Almagro-Rivero, E. Pound, *Antología poética*, Universidad de Sevilla, 1991, «Ione, muerta todo el año», pág. 169, y en la nota 30 se dice: «"Ione" aparece en algunos poemas de W. S. Landor, de donde probablemente lo ha tomado.» Terrell (págs. 31-32) sugiere otra posibilidad, según la cual se trataría de una referencia a Ione de Forest, una bailarina de origen francés que se suicidó en Londres en agosto de 1912: de ahí ese «dead the long year», que se podría traducir por «muerta hace más de un año». Véase también nota 101.

[93] Liu Ch'e (Terrell, pág. 32) es un emperador y poeta chino, que en un poema a su amante muerta la compara con una hoja de árbol asida a la puerta de su amado. Cookson (pág. 16) coincide. Edwards y Vasse le creen un pintor y poeta de hacia 1375 (pág. 128). En *Personae*, Pound incluye un poema titulado «Liu Ch'e», cuya última línea dice: «A wet leaf that clings to the threshold» («Una hoja húmeda que se aferra al dintel», pág. 111).

[94] El Elysée es un hotel de París donde Pound residió un tiempo y donde también vivió Joyce con su familia. Hay, claro está, ecos clásicos en el nombre del hotel en cuestión.

[95] Los Erard eran una familia francesa de fabricantes de pianos, cuyas mayores innovaciones en el instrumento son del siglo XIX.
La referencia a la botella de cerveza, como la anterior al autobús, le

Against their action, aromas. Rooms, against chronicles.
Smaragdos, chrysolithos; De Gama wore striped pants in Africa
And «Mountains of the sea gave birth to troops»;

Le vieux commode en acajou:
    beer-bottles of various strata,
But *is* she dead as Tyro? In seven years?
Ἑλέναυς, ἕλανδρος, ἑλέπτολις
The sea runs in the beach-groove, shaking the floated pebbles,
Eleanor!
    The scarlet curtain throws a less scarlet shadow;
Lamplight at Buovilla, e quel remir,
    And all that day
Nicea moved before me
And the cold grey air troubled her not
For all her naked beauty, bit not the tropic skin,

En contra de su acción, aromas. Salas en contra de crónicas.
Esmeragdino, crisólito; De Gama vestía calzas rayadas en
    África
Y «las montañas marinas parieron tropas»[96];

Le vieux commode en acajou[97]:
    botellas de cerveza de varias capas,
Mas, ¿está tan muerta como Tiro? ¿En sólo siete años?
Ἑλέναυς, ἕλανδρος, ἑλέπτολις
El mar corre por la ranura playera, sacudiendo las peladillas que flotan,
¡Leonor!
    La cortina escarlata lanza un fulgor menos escarlata;
Luz de la lámpara en Bouvilla, e quel remir,
    Y todo ese día
Nicea anduvo delante de mí[98]
Y el frío aire gris no la molestaba
A pesar de su belleza desnuda, no mordía su piel tropical,

---

sirve a Pound para establecer una de sus analogías pasado-presente.
  Fritz-René Vanderpyl es un escritor holandés que vivió en París y al que se refiere Pound en una carta a John Quinn del 25 de octubre de 1919 (*Selected Letters*, pág. 151). Este personaje, Quinn, es también relevante en relación con la pérdida y posterior reaparición del manuscrito de *The Waste Land* de Eliot (véase la edición de Valerie Eliot con el facsímil del manuscrito corregido por Pound, transcripción y texto definitivo, Nueva York, Harcourt Brace Jovanovich, 1971).
  [96] La referencia a esmeraldas y topacios (esmeragdino, crisólito) procede de Propercio, *Elegías,* II, xvi.
  El resto del fragmento es una nueva alusión a *Os Lusiadas* de Camões (véase Cantar III).
  [97] «La antigua cómoda de caoba.» Flaubert, *Un coeur simple,* véase nota 90. Habla en el mismo fragmento de «un socle d'acajou» y de «la commode, converte d'un drap comme un antel».
  [98] Tiro (hija de Salmoneo y Alcídice) y Helena o Elena o Eleanor-Leonor, además de Bonvilla (amada y cantada por Arnaut Daniel) y Nicea (una náyade que mató con sus flechas a su enamorado Himno, pues sólo estaba interesada por la caza), están usadas como símbolos del poder destructor de la belleza: el arte, la belleza, no se crea sin el dolor del creador.

And the long slender feet lit on the curb's marge
And her moving height went before me,
    We alone having being.
And all that day, another day:
    Thin husks I had known as men,
Dry casques of departed locusts
    speaking a shell of speech...
Propped between chairs and table...
Words like the locust-shells, moved by no inner being;
    A dryness calling for death;

Another day, between walls of a sham Mycenian,
«Toc» sphinxes, sham-Memphis columns,
And beneath the jazz a cortex, a stiffness or stillness,
    Shell of the older house.
Brown-yellow wood, and the no colour plaster,
Dry professorial talk...
    now stilling the ill beat music,
House expulsed by this house.

    Square even shoulders and the satin skin,
Gone cheeks of the dancing woman,
    Still the old dead dry talk, gassed out—
It is ten years gone, makes stiff about her a glass,
A putrefaction of air.
    The old room of the tawdry class asserts itself;
The young men, never!
    Only the husk of talk.
O voi che siete in piccioletta barca,
Dido choked up with sobs, for her Sicheus

Y los largos pies delgados se posaban en la orilla del encintado
Y su estatura móvil iba por delante de mí,
    Y sólo nosotros teníamos vida.
Y todo aquel día, otro día:
    Cáscaras delgadas que yo conocí cuando eran hombres,
Cascos secos de saltamontes idos
    hablando una cáscara de idioma...
Apuntalados entre sillas y mesa...
Palabras como las cáscaras de los saltamontes, sin ser interior que las moviera;
    una sequedad llamando a la muerte;

Otro día, entre los muros de un falso micénico,
Esfinges «Toc», falsas columnas de Menfis[99].
Y debajo del jazz una corteza, una tiesura o quietud,
    Cascarón de la casa más vieja.
Madera carmelita-amarillo, y el enyesado de ningún color,
Conversación de profesor seca...
    ahora acallando la música mal acompasada,
Casa expulsada por esta casa.

    Hombros cuadrados y parejos y la piel de satín,
Mejillas hundidas de la danzarina,
    Todavía el conversar viejo y muerto, expulsado como un gas—
Es de hace diez años, hace que alrededor de ella se solidifique un cristal,
Una petrificación del aire.
    El antiguo salón de la clase cursi se afirma;
Los jóvenes, ¡jamás!
    Sólo la cáscara de la conversación.
O voi che siete in piccioletta barca,
Dido ahogada en sollozos, por su Siqueo

---

[99] «toc»: como «sham», falsificación, imitación.

Lies heavy in my arms, dead weight
    Drowning, with tears, new Eros,

And the life goes on, mooning upon bare hills;
Flame leaps from the hand, the rain is listless,
Yet drinks the thirst from our lips,
    solid as echo,
Passion to breed a form in shimmer of rain-blur;
But Eros drowned, drowned, heavy-half dead with tears
    For dead Sicheus.

Life to make mock of motion:
For the husks, before me, move,
    The words rattle: shells given out by shells.
The live man, out of lands and prisons,
    shakes the dry pods,
Probes for old wills and friendships, and the big locust-casques
Bend to the tawdry table,
Lifd up their spoons to mouths, put forks in cutlets,
And make sound like the sound of voices.
    Lorenzaccio
Being more live than they, more full of flames and voices.
Ma se morisse!
    Credesse caduto da sè, ma se morisse.
And the tall indifference moves,
    a more living shell,

Yace pesadamente entre mis brazos, peso muerto
    Ahogándose, en lágrimas, nuevo Eros[100],

Y la vida sigue penando sobre colinas desnudas;
Una llama salta de las manos, la lluvia indiferente,
Y sin embargo bebe la sed de nuestros labios,
    sólida como un eco,
Pasión por engendrar una forma en el temblor del borrón
    pluvial;
Mas Eros ahogado, ahogado, la mitad pesada muerta de
    llanto
        Por el muerto Siqueo.

Vida para hacer burla del movimiento:
Pues las cáscaras, ante mí, se mueven,
    Las palabras estertoran: cascarones emitidos por
    cascarones.
El hombre vivo, venido de tierras y cárceles,
    agita las vainas secas,
Hurga en busca de viejas voluntades y amistades, y los
    grandes cascos de saltamontes
Se humillan ante las cursis mesas,
Llevan sus cucharas a la boca, meten sus tenedores en las
    chuletas,
Y hacen ruidos como de voces.
        Lorenzaccio
Estando más vivo que ellos, más lleno de llamas y voces.
Ma se morisse!
    Credesse caduto da sè, ma se morisse.
Y la alta indiferencia se mueve,
    una cáscara más viviente,

---

[100] «O voi ... barca»: «Oh vosotros, que en una barquichuela / deseosos de oír, seguís mi leño / que cantando navega hacia otras playas» (*Divina Comedia*, pág. 524).
Dido perdió a su primer esposo, Siqueo, asesinado por Pigmalión, hermano de la reina, antes de conocer a Eneas (Virgilio, *La Eneida*, edición de José Carlos Fernández Corte, Madrid, Cátedra, 1989, páginas 139-140).

Drift in the air of fate, dry phantom, but intact.
O Alessandro, chief and thrice warned, watcher,
    Eternal watcher of things,
Of things, of men, of passions.
    Eyes floating in dry, dark air,
E biondo, with glass-grey iris, with an even side-fall of hair
The stiff, still features.

Impulso en el aire del azar, fantasma seco, pero intacto.
O Alessandro, jefe y tres veces conminado, vigilante,
    Eterno vigilante de las cosas,
De las cosas, de los hombres, de las pasiones.
    Ojos flotando en el aire seco, oscuro,
E biondo, de iris griscristalino, con pareja caída lateral de
    pelo
Las facciones tiesas y quietas[101].

---

[101] Repite Pound alusiones y textos ya utilizados en el Cantar V, notas 62 y ss. Sobre «Ojos flotando en el aire seco, oscuro», que son los ojos de Ione, y la insistencia con que Pound recurre a imágenes basadas en ojos, «one of the concomitants of Persephone's theme» («uno de los paralelismos del tema de Perséfone»), véase Guy Davenport, «Persephone's Ezra», en Eva Hesse, editor, págs. 152-53).

Cantar VIII

Los Sforza, los Médicis, los Papas: éstos son los enemigos recurrentes de Segismundo Malatesta (1417-1468), señor de Rímini y a cuya vida y hazañas se refieren los Cantares VIII al XI. De estos cuatro Cantares dice Pound: «No one has claimed that the Malatesta cantos are obscure. They are openly volitionist, establishing, I think clearly, the effect of the factive personality, Sigismundo, an entrire man» («Nadie ha sostenido que los Cantares sobre Malatesta son obscuros. Son abiertamente voluntariosos y creo que establecen con claridad el efecto de la personalidad activa, Segismundo como hombre completo», *Guide to Kulchur*, pág. 194). En otro texto de la misma procedencia añade que el famoso «condottiero» hizo de Rímini uno de los centros de la cultura y el arte más importantes de su época, con su acumulación de artistas y obras de arte: Piero della Francesca, Pisanello, el arquitecto Alberti, Duccio, etc.: «All that a single man could, Malatesta managed *against* the current of power» («Todo lo que un hombre solo podía, Malatesta se las arregló para conseguirlo *en contra de* las corrientes del poder», *ibidem*, pág. 159). Y en el frontiscipio a la obra mencionada afirma que «Rimini stil has "the best Bellini in Italy"» («Rimini conserva todavía "el mejor Bellini de Italia"»). Además construyó el «templo malatestiano», o mejor, remodeló el original gótico del siglo XIII con el arquitecto León Battista Alberti, logrando una especie de templo pagano decorado por los mejores escultores y pintores de la época, entre ellos el ya mencionado Piero della Francesca, que realizó en él algunos de sus mejores frescos, como el conocido «Sigismondo Pandolfo Malatesta a los pies de su santo patrono» (1451). Otra huella importante es la famosa «Roca Malatestiana» (1438-1448), una ciudadela fortificada cerca de Rímini.

El trasfondo que Pound ofrece a su descripción de este hombre ideal del Renacimiento, es el caos, la confusión y la violencia, lo que otorga a sus realizaciones un peso añadido y un valor más significativo.

No, estos «Cantares» no son obscuros: pero su riqueza de información histórica nos hace difíciles ciertos pasajes que para los conocedores de la historia italiana resultarán más familiares, aunque según su hija, el poeta presenta un espectro del siglo XV italiano que es «talora divertito» (Mary de Rachewiltz, páginas 1509, según Bibliografía).

VIII

These fragments you have shelved (shored).
«Slut!» «Bitch!» Truth and Calliope
Slanging each other sous les lauriers:
That Alessandro was negroid. And Malatesta
Sigismund:
    Frater tamquam
Et compater carissime: tergo
        ...hanni de
        ...dicis
        ...entia
Equivalent to:
        Giohanni of the Medici,
        Florence.
Letter received, and in the matter of our Messire Gianozio,

VIII

Estos fragmentos has archivado (acumulado)[102].
«¡Puta!» «¡Perra!» La Verdad y Calíope[103]
Diciéndose barbaridades sous les lauriers:
Que Alessandro era negroide. Y Malatesta
Segismundo:
> *Frater tamquam*
> *Et compater carissime: tergo*[104]
> ...*hanni de*
> ...*dicis*
> ...*entia*

Equivalente a:
> Giohanni de los Medici,
> Florencia.

Carta recibida, y en el asunto de nuestro Messire Gianozio[105],

---

[102] «These fragments you have shelved (shored)»: creo que más que «has archivado (acumulado)», convendría «has salvado (rescatado)». En una de las últimas frases de *The Waste Land,* Eliot dice: «These fragments I have shored against my ruins.» En mi opinión, ambos textos, con el verbo «shored» («desembarcado», «llevado a la playa») reforzado en Eliot con la alusión a sus ruinas, son análogos y refuerzan mi idea. A la vez, se trata de otro caso de mutua influencia o quizá de simple coincidencia. Y encuentro otra confirmación en Mary de Rachewiltz, que traduce: «Questi frammenti hai dal naufragio ... / (scaffalati)» (página 55).

[103] Calíope, la musa de la poesía épica, contradice a la supuesta Verdad (Truth). Alude Pound a las campañas difamatorias a que, en su opinión, ha sido sometido Malatesta por la Historia.

[104] «Frater tamquam / Et compater carissime»: «Como un hermano y compañero queridísimo». El resto, incompleto, lo completa Pound parafraseándolo.

[105] Gianozio es un dignatario de Florencia con el que Malatesta tuvo alguna relación.

One from him also, sent on in form and with all due dispatch,
Having added your wishes and memoranda.
As to arranging peace between you and the King of Ragona,
So far as I am concerned, it wd.
Give me the greatest possible pleasure,
At any rate nothing wd. give me more pleasure
   or be more acceptable to me,
And I shd. like to be party to it, as was promised me,
   either as participant or adherent.
As for my service money,
Perhaps you and your father wd. draw it
And send it on to me as quickly as possible.
And tell the *Maestro di pentore*
That there can be no question of
His painting the walls for the moment,
As the mortar is not yet dry
And it wd. be merely work chucked away
        (*buttato via*)
But I want it to be quite clear, that until the chapels are ready
I will arrange for him to paint something else
So that both he and I shall
Get as much enjoyment as possible from it,
And in order that he may enter my service
And also because you write me that he needs cash,
I want to arrange with him to give him so much per year
And to assure him that he will get the sum agreed on.
You may say that I will deposit security
For him wherever he likes.
And let me have a clear answer,
For I mean to give him good treatment
So that he may come to live the rest
Of his life in my lands —
Unless you put him off it —
And for this I mean to make due provision,
So that he can work as he likes,
Or waste his time as he likes

[212]

Una de él también, enviada en forma y con toda prisa,
Habiendo añadido vuestros deseos y memoranda.
En cuanto a lo de concertar la paz entre vos y el rey de
    Ragona,
Por lo que a mí toca, me
Proporcionaría el mayor placer posible,
De todos modos nada me daría mayor placer
ni me sería más aceptable,
Y me agradaría ser parte en ello, como se me prometió,
    ya sea como participante o adherente.
En cuanto a mis viáticos,
Tal vez vos y vuestro padre los libren
Y me los envíen a la mayor brevedad.
Y digan al *Maestro di pentore*
Que no hay duda de que no podrá
Pintar los muros por ahora,
Ya que la mezcla no está seca todavía
Y sería sólo trabajo echado a perder
    (*buttato via*)
Pero quiero se entienda bien, que hasta que las capillas
    estén listas
Arreglaré que pinte otra cosa
Para que tanto él como yo
Estemos tan contentos de ello como sea posible,
Y para que pueda entrar en mi servicio
Y asimismo porque me escribís diciendo que necesita dinero,
Quiero concertar con él darle tanto al año
Y asegurarle que recibirá la cantidad convenida.
Podéis decirle que yo depositaré una garantía
En su favor y donde él quiera.
Y dadme una contestación clara,
Pues mi voluntad es tratarle bien
Para que venga a vivir lo que le falte
De vida en mis tierras—
Salvo que vos le aconsejéis otra cosa—
Y para tal efecto quiero bien proveer,
Para que pueda trabajar como quiera,
O malgaste su tiempo si quiere

*(affatigandose per suo piacere o no
non gli manchera la provixione mai)*
                                        never lacking provision.
    SIGISMUNDUS PANDOLPHUS DE MALATESTIS
    *In campo Illus. Domini Venetorum die 7
    aprilis 1449 contra Cremonam*

. . . . . and because the aforesaid most illustrious
Duke of Milan
Is content and wills that the aforesaid Lord Sigismundo
Go into the service of the most magnificent commune
of the Florentines
For alliance defensive of the two states,
Therefore between the aforesaid Illustrious Sigismund
And the respectable man Agnolo della Stufa,
            ambassador, sindic and procurator
Appointed by the ten of the baily, etc., the half
Of these 50,000 florins, free of attainder,
For 1.400 cavalry and four hundred foot
To come into the terrene of the commune
                                or elsewhere in Tuscany
As please the ten of the Baily,
And to be himself there with them in the service of the
commune
With his horsemen and his footmen

(affatigandose per suo piacere o no
non gli machera la provixione mai)
                    jamás faltándole la provisión.
SIGISMUNDUS PANDOLPHUS DE MALATESTIS
In campo Illus. Domini Venetorum die 7
aprilis 1449 contra Cremonam[106]

...y porque el antedicho ilustrísimo
Duque de Milán[107]
Está de acuerdo y dispone que el antedicho Señor Segismundo
Ingrese al servicio de la muy magnífica comuna
de los florentinos
En alianza defensiva de los dos estados,
Ergo entre el antedicho Ilustre Segismundo
Y el respetable Agnolo della Stufa,
       embajador, síndico y procurador
Nombrado por los diez de la bailía, etc., la mitad
De estos 50.000 florines libres de afectabilidad,
Para 1.400 de a caballo y cuatrocientos infantes
Que han de entrar en terreno de la comuna
             o en otra parte de Toscana
Como plazca a los diez de la Bailía,
Y para que él mismo esté con ellos al servicio
de la comuna
Con sus jinetes e infantes

---

[106] Todo este fragmento es la paráfrasis de la carta que se anuncia en la línea 14, dirigida por Segismundo, que, de aliado de Sforza, se pasó al bando de Venecia, que también pretendía apoderarse de Cremona. El rey de Ragona, del nombre de la época Aragona, dejando caer la A inicial, es Alfonso el Magnánimo V de Aragón, Cerdeña y Sicilia, IV de Cataluña, I de Nápoles, que también pretendía anexionarse Cremona.
El *maestro di pentore* es Piero della Francesca (*c.* 1420-92).
«(*buttato via*)»: desperdiciado, malgastado, como parafrasea Pound en la línea precedente, al igual que hace con los dos versos italianos finales entre paréntesis.
[107] Este Duque de Milán, de origen campesino (entonces su familia se llamaba Attendolo), es Francesco Sforza, cuya vida llena de éxitos (gracias a su ambición y a su falta de escrúpulos) se contrapone al ascenso y caída de Malatesta a lo largo de estos Cantares. Fue hijo ilegítimo y vivió entre 1401 y 1466.

     (gente di cavallo e da pie) etc.
     Aug. 5 1452, *register of the Ten of the Baily.*

From the forked rocks of Penna and Billi, on Carpegna
with the road leading under the cliff,
    in the wind-shelter into Tuscany,
Ant the north road, toward the Marecchia
    the mud-stretch full of cobbles.
Lyra:
«Ye spirits who of olde were in this land
Each under Love, and shaken,
Go with your lutes, awaken
The summer within her mind,
Who hath not Helen for peer
    Yseut nor Batsabe.»
With the interruption:
  Magnifico, compater et carissime
  (Johanni di Cosimo)
Venice has taken me on again
  At 7,000 a month, *fiorini di Camera.*
For 2,000 horse and four hundred footmen,
And it rains here by the gallon,
We have had to dig a new ditch.
In three or four days
I shall try to set up the bombards.

Under the plumes, with the flakes and small wads of colour

(gente di cavallo e da pie) etc.
Agosto 5, 1452, *registro de los Diez de la Bailía*[108].

Desde las rocas hendidas de Penna y Billi, sobre Carpegna
con el camino que pasa por debajo del acantilado,
    en el abrigo contra el viento que va a Toscana
Y el camino del norte, hacia Marecchia[109]
    el trecho fangoso lleno de guijarros.
Lira:
«Espíritus que antaño morabais aquí
Cada uno bajo Amor, y temblando,
Id con vuestros laúdes, despertad
El estío en su cabeza,
De quien no tiene a Elena por par
    Isolda ni Betsabé»[110].
Con la interrupción:
    Magnifico, compater et carissime
    (Johanni di Cosimo)
Venecia me ha empleado de nuevo
    A razón de 7.000 por mes, *fiorini di Camera*[111].
Por 2.000 jinetes y cuatrocientos infantes,
Y aquí llueve a cántaros,
Hemos tenido que cavar nueva fosa.
Dentro de tres o cuatro días
Trataré de emplazar la artillería.

Bajo las plumas, con los copos pequeños bultos de color

---

[108] Agnolo della Stuffa es un embajador enviado por Florencia para contratar los servicios militares de Segismundo.
La Bailía es un Consejo Asesor que, en situaciones de emergencia, asumía el gobierno de Florencia.
[109] Penna, Billi y Carpegna son montículos cercanos a Rímini, y Marecchia es un río que desemboca en el Adriático cerca de esa ciudad.
[110] Esta mujer sin par es la tercera de Malatesta, que es el autor de estos versos: se trata de Ixotta (Isotta) degli Atti. Sus anteriores esposas habían sido, primero Ginevra, hija de Niccolò d'Este; y la segunda, Polixena, hija de Francesco Sforza y Bianca Visconti.
[111] *«fiorini di Camera»:* «florines del tesoro». Parece querer indicar que se trata de dinero seguro y auténtico.

Showering from the balconies
With the sheets spread from windows,
    with leaves and small branches pinned on them,
Arras hung from the railings; out of the dust,
With pheasant tails upright on their forelocks,
    The small white horses, the
Twelve girls riding in order, green satin in pannier'd habits;
Under the baldachino, silver'd with heavy stitches,
Bianca Visconti, with Sforza,
The peasant's son and the duchess,
To Rimini, and to the wars southward,
Boats drawn on the sand, red-orange sails in the creek's mouth,
For two days' pleasure, mostly *«la pesca,»* fishing,
Di cui in the which he, Francesco, *godeva molto.*
    To the war southward
In which he, at that time, received an excellent hiding.
And the Greek emperor was in Florence
    (Ferrara having the pest)
And with him Gemisthus Plethon
Talking of the war about the temple at Delphos,
And of POSEIDON, *concret Allgemeine,*
And telling of how Plato went to Dionysius of Syracuse
Because he had observed that tyrants

Lloviendo de los balcones
Con las sábanas tendidas de las ventanas,
   con hojas y ramitas prendidas,
Tapicerías colgando de las barandillas; sobre el polvo,
Con las colas de faisán enhiestas en los copetes,
   Los pequeños caballos blancos, las
Doce mozas cabalgando en orden, satín verde en hábitos emballenados;
Bajo el baldaquino, argentado con pespunte pesado,
Blanca Visconti, con Sforza,
El hijo de campesino y la duquesa[112],
A Rímini, y a las guerras hacia el sur,
Barcas descansando en la arena, velas naranja-encendido en la boca del arroyo,
Para dos días de placer, en su mayor parte en *«la pesca»*,
Di cui en la cual él, Francesco, *godeva molto*[113].
   A la guerra hacia el sur
En la cual él, entonces, pudo ocultarse muy bien.
Y el emperador griego estaba en Florencia[114]
   (Ferrara tenía la peste)
Y con él Gemisto Pletón
Hablando de la guerra por el templo en Delfos,
Y de POSEIDÓN, *concret Allgemeine,*
Y contando como Platón se había ido con Dionisos de Siracusa
Porque había observado que los tiranos

---

112 El «campesino» Francesco Sforza se casó, en efecto, con la duquesa Bianca Visconti y, por ese medio, a la muerte de su suegro Felipe María Visconti, accedió al Ducado de Milán.

113 Francesco era muy aficionado a la pesca.

114 Juan Paleólogo, que reinó entre 1425 y 1448. Toda esta larga estrofa está llena de datos referidos a hechos históricos: la lucha de Paleólogo por rechazar el empuje de los turcos; los encuentros entre la Iglesia de Roma (el Papa Eugenio IV) y el Patriarca de la Iglesia Oriental, que tuvieron lugar, entre otros lugares y fechas, en Florencia en 1439; la personalidad del filósofo neo-platónico bizantino Gemistus Plethon, al que se considera realista en el sentido hegeliano que indica la frase *«konkretes Allgemeine»* o «concreto universal»; la boda de la hija de Bianca y Francesco con Segismundo; Dionisos, el tirano de Siracusa (siglo IV a. de C.); etcétera.

Were most efficient in all that they set their hands to
But he was unable to persuade Dionysius
To any amelioration.
And in the gate at Ancona, between the foregate
And the main-gates
Sigismundo, ally, come through an enemy force,
To patch up some sort of treaty, passes one gate
And they shut it before they open the next gate, and h
    says:
«Now you have me,
    Caught like a hen in a coop.»
And the captain of the watch says: «Yes Messire Sigis
    mundo,
But we want this town for ourselves.»
    With the church against him,
With the Medici bank for itself,
With wattle Sforza against him
Sforza Francesco, wattle-nose,
Who married him (Sigismundo) his (Francesco's)
Daughter in September,
Who stole Pèsaro in October (as Broglio says *«bestia*
    mente»),
Who stood with the Venetians in November,
With the Milanese in December,
Sold Milan in November, stole Milan in December
Or something of that sort,
Commanded the Milanese in the spring,
the Venetians at midsummer,
The Milanese in the autumn,
And was Naples' ally in October,
    He, Sigismundo, *templum ædificavit*
In Romagna, teeming with cattle thieves,
    with the game lost in mid-channel,
And never quite lost till' 50,

Eran eficacísimos en cuanto intentaban,
Mas no pudo persuadir a Dionisos
A ninguna suavización.
Y en el portón en Ancona entre el portón delantero
Y los principales
Segismundo, aliado, penetró por fuerza enemiga,
Para efectuar una especie de tratado, pasó por un portón
Que le cerraron antes de abrir el siguiente, y dijo él:
«Cogido estoy,
   cual gallina en gallinero.»
Y el capitán de la guardia dice: «Sí, señor Segismundo,
Pero este pueblo lo queremos nosotros.»
   Con la iglesia en su contra,
Con el banco de los Medici para lo suyo,
Con el barbudo Sforza en su contra
Sforza Francesco, nariz barbuda,
Quien le casó (a Segismundo) con su (de Francesco)
Hija en septiembre,
Que se robó Pèsaro en octubre (como dice Broglio *«bestialmente»*),
Que estaba con los venecianos en noviembre,
Con los milaneses en diciembre,
Vendió a Milán en noviembre, se robó a Milán en diciembre
O algo por el estilo,
Comandó a los milaneses en la primavera,
A los venecianos a mediados del verano,
A los milaneses en el otoño,
Y era aliado de Nápoles en octubre,
   Él, Segismundo, *templum aedificavit*[115]
En Romaña, hirviendo de cuatreros,
   con el juego perdido a medio canal,
Y no perdido del todo hasta el 50,

---

[115] «(como dice Broglio "bestialmente")»: se trata de un miembro de la familia Broglia o Broglio, originaria del Piamonte. Este Gaspare Broglio fue compañero de armas y biógrafo de Segismundo.

«construyó un templo»: el Templo a que ya se ha aludido en el resumen introductorio a este Cantar.

and never quite lost till the end, in Romagna,
So that Galeaz sold Pèsaro «to get pay for his cattle.»

And Poictiers, you know, Guillaume Poictiers,
    had brought the song up out of Spain
With the singers and viels. But here they wanted a setting,
By Marecchia, where the water comes down over the cobbles
And Mastin had come to Verucchio,
    and the sword, Paolo il Bello's,
    caught in the arras
And, in Este's house, Parisina
Paid
For this tribe paid always, and the house
Called also Atreides',
And the wind is still for a little
And the dusk rolled
    to one side a little
And he was twelve at the time, Sigismundo,
And no dues had been paid for three years,
And his elder brother gone pious;
And that year they fought in the streets,
And that year he got out to Cesena
    And brought back the levies,
And that year he crossed by night over Foglia, and...

y no perdido del todo hasta el final, en Romaña,
De tal manera que Galaez vendió Pèsaro «para que le pagaran su ganado»[116].

Y Poictiers, ya lo saben, Guillaume Poictiers[117],
    había llevado la canción de España
Con los cantantes y vielas. Pero aquí querían un escenario,
En Marecchia, donde el agua baja corriendo sobre los guijarros
Y Mastín había llegado a Verucchio,
    y la espada de Paolo il Bello,
      cogida en la tapicería
Y en casa del Este, Parisina
Pagó
Pues esta tribu siempre pagaba, y la casa
También llamada de los Atridas,
Y el aire se aquieta por un rato
Y el anochecer se hizo
    a un lado un poco
Y entonces tenía doce años, Segismundo,
Y no se habían entregado los pagos durante tres años,
Y su hermano mayor se había vuelto pío;
Y aquel año pelearon en las calles,
Y aquel año él se fue a Cesena
    Y volvió con los tributos,
Y ese año cruzó de noche a Foglia, y...

---

[116] Pesaro pertenecía a un primo de Segismundo. Para conseguir apoderarse de ella Malatesta no vaciló en casarse con Polixena para incrementar su fuerza militar.

[117] Véase nota 73, Cantar VI. A Guillaume de Poitiers se le suele considerar el primero de los trovadores.

El resto del Cantar tiene que ver con los Malatesta: Malatesta de Verucchio, apodado el «Mastín» (siglo XIII), al que se puede considerar como el verdadero fundador de la familia. Paolo il Bello es su hijo. Parisina es una prima de Segismundo. Finalmente, las luchas entre los propios miembros de la familia se comparan con las de Atreo y su hermano Tiestes, que se odiaban mortalmente y se hicieron objeto, según las diversas leyendas, de las venganzas más atroces. Galeoto, hermano mayor de Segismundo, entró en la orden franciscana.

Cantar IX

De nuevo recordando la biografía de Segismundo, Terrell (pág. 42) establece una analogía entre éste y la personalidad descrita por Eliot en su «Gerontion» (1920). Creo que tal analogía es falsa: lo que Terrell llama, refiriéndose a la figura descrita por Pound, «una personalidad que se define por sus hechos» («a factive personality») es, en mi opinión, una contradicción palmaria con Gerontion; este personaje, lejos de luchar, de actuar, lo que hace es precisamente lo contrario, según sus propias palabras: «I was neither at the hot gates / Nor fought in the warm rain / Nor deep in the salt marsh, heaving a cutlass, / Bitten by flies, fought». (Tampoco estuve en las puertas de fuego / Ni luché bajo la lluvia cálida / Ni hundido en las tierras pantanosas salitrosas, esgrimiendo un sable, picado por los insectos, luché». T. S. Eliot, «Gerontion», *Collected Poems, 1909-1962,* Faber, Londres, 1963, pág. 39.) Gerontion está, junto al Prufrock también eliotiano, en el polo opuesto de la personalidad activa, del hombre de acción, del hombre completo que Pound intenta en su retrato de Segismundo Malatesta: los dos primeros son, por el contrario, paradigmas del hombre abúlico e indeciso.

Los sucesos históricos a que se alude en este Cantar siguen la historia de Rímini, que en cierto modo se confunde con la de los Malatesta desde el siglo XIV al XVI. Una famosa inundación en 1440; el invierno del 44, en el que Malatesta conquistó Monte Gaudio para Sforza; así como otros hechos y catástrofes naturales o causadas por el hombre.

Se cierra con una alusión a la remodelación de la Iglesia de San Francisco, cuyos elementos góticos se ocultan «con un algo de retórica en el conjunto»: la lectura metafórica de esta línea podría resumir, tal vez, la trágica trayectoria del mismo Segismundo, victorioso inicialmente, pero al final víctima de sus propios errores, unidos a su incapacidad para la traición y sus valores y escrúpulos, que Pound ofrece como nobles y dignos de emulación: los del estadista, guerrero y protector de las artes, propios del hombre renacentista ideal (y que más tarde creerá ver renacer en la personalidad de Mussolini).

IX

One year floods rose,
One year they fought in the snows,
One year hail fell, breaking the trees and walls.
Down here in the marsh they trapped him
    in one year,
And he stood in the water up to his neck
    to keep the hounds off him,
And he floundered about in the marsh
    and came in after three days,
That was Astorre Manfredi of Faenza
    who worked the ambush
    and set the dogs off to find him,
In the marsh, down here under Mantua,
And he fought in Fano, in a street fight,
    and that was nearly the end of him;
And the Emperor came down and knighted us,
And they had a wooden castle set up for fiesta,
And one year Basinio went out into the courtyard
    Where the lists were, and the palisades
        had been set for the tourneys,

IX

Cierto año hubo avenidas,
Cierto año pelearon en la nieve,
Cierto año granizó, rompiendo árboles y muros.
Acá abajo en el pantano le atraparon
 cierto año,
Y permaneció con el agua hasta el cuello
 para eludir los perros,
Y anduvo trastabillando en el pantano
 y salió después de tres días,
Fue Astorre Manfredi de Faenza[118]
 el que puso la emboscada
 y echó los perros a buscarle,
En el pantano, acá abajo de Mantua,
Y peleó en Fano, en una reyerta callejera[119],
 y fue casi su fin;
Y vino el Emperador y nos armó caballeros[120],
Y levantaron una torre de madera en la fiesta,
Y cierto año Basinio salió al patio
 Donde estaban las listas, y las empalizadas
 se habían puesto para el torneo,

---

[118] Astorre Manfredi, señor de Faenza, condottiero como el propio Segismundo y su tradicional enemigo. El incidente es histórico, así como los que se describen a continuación.
[119] Fano es una ciudad del centro de Italia que había sido de los Malatesta. Conserva importantes ruinas y monumentos de la época clásica de Roma, con lo que sigue la comparación de Malatesta con los héroes de la Antigüedad.
[120] Segismundo V, emperador del Sacro Imperio (1433-37), armó caballeros a Segismundo y a su hermano menor Domenico, en Rímini, en el otoño de 1433. Uno de los frescos de Piero della Francesca en el Templo Malatestiano reproduce esta escena.

And he talked down the anti-Hellene,
>   And there was an heir male to the seignor,
>   And Madame Ginevra died.
And he, Sigismundo, was Capitan for the Venetians.
And he had sold off small castles
>   and built the great Rocca to his plan,
And he fought like ten devils at Monteluro
>   and got nothing but the victory
And old Sforza bitched us at Pèsaro;
>   (*sic*) March the 16th:
«that Messire Alessandro Sforza
>   is become lord of Pesaro
through the wangle of the Illus. Sgr. Mr. Fedricho d'Orbino
Who worked the wangle with Galeaz
>   through the wiggling of Messer Francesco,
Who waggled it so that Galeaz should sell Pesaro
>   to Alex and Fossembrone to Feddy;
and he hadn't the right to sell.
And this he did *bestialmente;* that is Sforza did *bestialmente*
as he had promised him, Sigismundo, *per capitoli*
>   to see that he, Malatesta, should have Pesaro»
And this cut us off from our south half
>   and finished our game, thus, in the beginning,
And he, Sigismundo, spoke his mind to Francesco
>   and we drove them out of the Marches.

Y de palabra dominó al antiheleno[121],
 Y había un heredero varón del señor,
 Y Madame Genevra murió
Y él, Segismundo, fue capitán de los venecianos.
Y había vendido castillos pequeños
 y construido la gran Rocca de acuerdo con su plan[122],
Y peleó como diez diablos en Monteluro[123]
 y nada obtuvo salvo el triunfo
Y el viejo Sforza nos jodió en Pèsaro;
 (*sic*) Marzo 16:
«el Messire Alessandro Sforza
 se ha hecho señor de Pèsaro
por mediación del Ilmo. Sr. D. Federico d'Orbino
Quien efectuó el asunto con Galeaz
 por medio de la camándula de Messer Francesco,
Que tracaleó de modo que Galeaz vendiera Pèsaro
 a Alex y Fossombrone a Fede;
y no tenía ningún derecho de vender.
Y esto hizo *bestialmente;* es decir Sforza lo hizo *bestialmente*
ya que le había prometido, a Segismundo, *per capitoli*[124]
 hacer que él, Malatesta, fuera dueño de Pèsaro»
Y esto nos separó de nuestra mitad al sur
 y acabó con nuestro juego, así, al principio,
Y él, Segismundo, le dijo sus verdades a Francesco
 y los echamos de las Marcas[125].

---

[121] Basinio de Basini, poeta protegido por Segismundo, defendía la necesidad del conocimiento del griego. En una competición con otro poeta, «el antiheleno», porque negaba dicha necesidad, Basinio fue el vencedor.

[122] La ya varias veces mencionada Rocca Malatestiana.

[123] En Monteluro en 1444, luchando por Francesco Sforza, Segismundo ganó una importante batalla. Esperaba obtener Pesaro como recompensa, pero la ciudad fue a parar a manos de Alejandro Sforza. La otra ciudad en litigio, Fossombrone, fue adjudicada a Federico d'Urbino. El pacto se realizó el 16 de marzo y en él intervinieron los hermanos Sforza, el Duque de Urbino y Galeazzo Malatesta.

[124] «per capitoli»: «de común acuerdo».

[125] Las Marcas: recibe este nombre («Marche» en italiano) una región de Italia en la costa del Adriático, que actualmente incluye las provin-

And the King o' Ragona, Alphonse le roy d'Aragon,
   was the next nail in our coffin,
Ant all you can say is, anyway,
that he Sigismundo called a town council
And Valturio said «as well for a sheep as a lamb»
   and this change-over *(hæc traditio)*
As old bladder said *«rem eorum saluavit»*
Saved the Florentine state; and that, maybe, was something.
And «Florence our natural ally» as they said in the meeting
   for whatever that was worth afterward.
And he began building the TEMPIO,
   and Polixena, his second wife, died.
And the Venetians sent down an ambassador
And said «speak humanely,
But tell him it's no time for raising his pay.»
And the Venetians sent down an ambassador
   with three pages of secret instructions
To the effect: Did he think the campaign was a joy-ride?
And old Wattle-wattle slipped into Milan
But he couldn't stand Sidg being so high with the Venetians
And he talked it over with Feddy; and Feddy said «Pesaro»
And old Foscari wrote «*Caro mio*
»If we split with Francesco you can have it
»And we'll help you in every way possible.»
   But Feddy offered it sooner.
And Sigismundo got up a few arches,

Y el rey de Ragona, Alphonse le roy d'Aragon[126],
　　fue el siguiente clavo en nuestro féretro,
Y lo único que se puede decir es que, de todos modos,
él, Segismundo, convocó un cabildo
Y Valturio dijo «lo mismo da cordero que oveja»
　　y este cambio *(haec traditio)*
Como dijo la vieja vegija *«rem eorum salvavit»*
Salvó al estado florentino; y esto, quizá, fue algo.
Y «Florencia nuestra aliada natural» como dijeron en la junta
　　por lo que esto haya valido después.
Y él empezó a construir el TEMPIO,
　　y Polixena, su segunda esposa, murió.
Y los venecianos enviaron un embajador
Y le dijeron «habla humanamente,
Mas dile que no es tiempo propicio para aumentarle el sueldo».
Y los venecianos enviaron un embajador
　　con tres pliegos de instrucciones secretas
Al efecto de: ¿Acaso pensaba que la campaña era un día de fiesta?
Y el viejo barba barbuda se coló en Milán[127]
Pero no soportaba que Segi tuviera tanta influencia con los venecianos
Y de esto habló con Fede; y Fede dijo «Pèsaro»
Y el viejo Foscari escribió *«Caro mio*
»Si terminamos con Francesco puedes disponer de eso
»Y te ayudaremos en todo lo posible.»
　　Pero Fede la ofreció antes.
Y Segismundo levantó unos cuantos arcos,

---

cias de Ancona, Ascoli Piceno, Macerata, Pesaro y Urbino. Creo que la relación es clara.

[126] Alfonso de Aragón (véase nota 106, Cantar VIII) contrató a Segismundo para apoderarse de Milán. Segismundo cobró un anticipo por sus servicios y luego se pasó al bando de Florencia contra Alfonso, sin devolver el dinero ya recibido. De ahí «haec traditio» («esta traición») y «rem eorum salvavit» («salvó la causa de ellos», los florentinos).

[127] Francesco Sforza, que se proclamó duque de Milán en 1450.

And stole that marble in Classe, «stole» that is,
Casus est talis:
    Foscari doge, to the prefect of Ravenna
«Why, what, which, thunder, damnation????»

Casus est talis:
    Filippo, commendatary of the abbazia
Of Sant Apollinaire, Classe, Cardinal of Bologna
That he did one night *(quadam nocte)* sell to the
Illmo D°, D° Sigismund Malatesta
Lord of Arimininum, marble, porphyry, serpentine,
Whose men, Sigismundo's, came with more than a hundred
two wheeled ox carts and deported, for the beautifying
of the *tempio* where was Santa Maria in Trivio
Where the same are now on the walls. Four hundred
ducats to be paid back to the *abbazia* by the said swindling
Cardinal or his heirs.
    grnnh! rrnnh, pthg.
wheels, plaustra, oxen under night-shield,
And on the 13th of August: Aloysius Purtheo,
The next abbot, to Sigismundo, receipt for 200 ducats
Corn-salve for the damage done in that scurry.

And there was the row about that German-Burgundian female
And it was his messianic year, Poliorcetes,
    but he was being a bit too POLUMETIS

Y se robó el mármol en Classe, se «robó» es decir[128]
Casus est talis:
   Foscari doge, al prefecto de Ravenna
«¿Por qué? ¿qué? ¿cuál? ¡rayos! y ¿condenación????»

Casus est talis:
   Filippo, comendador de la abbazia
De San Apolinar, Classe, Cardenal de Bolonia
Que es cierto como lo es que una noche *(quadam nocte)* vendió al
Ill^(mo). D°, D° Segismundo Malatesta
Señor de Arimnium, mármol, pórfido, serpentina,
Cuyos hombres, de Segismundo, llegaron con más de un centenar
de carretas de bueyes de dos ruedas para el embellecimiento
del *templo* donde estaba Santa María en Trivio
Donde están ahora en los muros. Cuatrocientos
ducados que han de pagarse a la *abbazia* por el antedicho timador
Cardenal o sus herederos.
   grnj! rrnj, ptjg.
ruedas, plaustro, bueyes debajo del escudo nocturno,
Y el 13 de agosto: Aloysius Purtheo,
El siguiente abad, a Segismundo, recibo por 200 ducados
Ungüento por el daño hecho en el ajetreo.

Y hubo aquel escándalo por la hembra germanoborgoñona
Y fue su año mesiánico, Poliorcetes,
   mas se estaba portando demasiado POLUMETIS

---

[128] Segismundo se apoderó del mármol de la iglesia de San Apolinar en Classe, Ravenna, construida en el siglo VI. Esto enfureció a los habitantes de esa ciudad, que se quejaron a Francesco Foscari, dogo de Venecia, bajo cuya autoridad se gobernaba entonces Ravenna. La compensación fue establecida en 400 ducados, pagaderos al abad de San Apolinar.

And the Venetians wouldn't give him six months vacation.

And he went down to the old brick heap of Pesaro
   and waited for Feddy
And Feddy finally said «I am coming!...
   ... to help Alessandro.»
And he said: «This time Mister Feddy has done it.»
He said: «Broglio, I'm the goat. This time
   Mr. Feddy has done it *(m'l'ha calata).*»
And he'd lost his job with the Venetians,
And the stone didn't come in from Istria:
And we sent men to the silk war;
And Wattle never paid up on the nail
   Though we signed on with Milan and Florence;
And he set up the bombards in muck down by Vada
      where nobody else could have set 'em
      and he took the wood out of the bombs
      and made 'em of two scoops of metal
And the jobs getting smaller and smaller,
   Until he signed on with Siena;
   And that time they grabbed his post-bag.
And what was it, anyhow?
   Pitigliano, a man with a ten acre lot,

Y los venecianos no quisieron darle seis meses de vacaciones[129].

Y bajó al viejo montón de ladrillos en Pèsaro
   y esperó a Fede
Y Fede por fin dijo «¡Voy!...
...a ayudar a Alessandro.»
Y él dijo: «Esta vez sí que se ha lucido el señor Fede.»
Dijo: «Broglio, yo soy el chivo. Esta vez
   el señor Fede se ha lucido (*m'l'a calata*)»[130].
Y él había perdido su empleo con los venecianos,
Y la piedra no llegaba de Istria:
Y enviamos hombres a la guerra de la seda;
Y Barbas nunca pagó pronto
   Aunque nos alistamos con Milán y Florencia;
Y él emplazó la artillería en el lodazal allá abajo por Vada[131]
   donde nadie más la hubiera emplazado
   y sacó la madera de las bombas
   y las hizo con cucharadas de metal
Y los trabajos se volvían más y más chicos,
   Hasta que se alistó con Siena;
   Y esa vez le cogieron la valija del correo.
Y, después de todo, ¿qué era?
   Pitigliano, un hombre con una parcela de diez acres[132],

---

[129] «La hembra germano-borgoñona»: una joven alemana supuestamente violada por Segismundo.
«Poliorcetes»: «conquistador de ciudades». Se aplica a Demetrio I, que conquistó Macedonia en el 294 a. de C., siendo proclamado rey por su victorioso ejército. Pound hace extensible el epíteto, por analogía, a su héroe Segismundo.
«Polumetis» es el término con que Homero describe a Odiseo. La edición de la *Odisea* ya mencionada, da el término «polytropos», que traduce por «hombre de muchos senderos» (pág. 45 y nota 1), es decir, de muchos recursos, versátil: como Pound considera a Segismundo, continuando su analogía con los héroes clásicos.
[130] «(m'l'a calata)»: «me ha engañado».
[131] En Vada en 1453 Segismundo derrotó a las tropas de Alfonso de Aragón, usando piezas de artillería de su propia invención.
[132] Segismundo fue contratado por Siena para atacar a Aldobrandino

Two lumps of tufa,
>   and they'd taken his pasture land from him,
And Sidg had got back their horses,
>   and he had two big lumps of tufa
>   with six hundred pigs in the basements.
And the poor devils were dying of cold.
And this is what they found in the post-bag:
>   *Ex Arimino die xxii Decembris*
>   «*Magnifice ac potens domine, mi singularissime*
»I advise yr. Lordship how
»I have been with master Alwidge who
»has shown me the design of the nave that goes in the middle,
»of the church and the design for the roof and...»
«JHesus,
»*Magnifico exso.* Signor Mio
»Sence to-day I am recommended that I have to tell you my
»father's opinium that he has shode to Mr. Genare about the
»valts of the cherch...etc...»
«Giovane of Master alwise P. S. I think it advisabl that
»I shud go to rome to talk to mister Albert so as I can no
»what he thinks about it rite.

»Sagramoro...»
«*Illustre signor mio,* Messire Battista...»

Dos tobas,
    y le habían quitado la tierra de pastoreo,
Y Segi había recuperado los caballos,
    y él tenía dos grandes tobas
    con seiscientos cerdos en los sótanos.
Y los pobres diablos se morían de frío.
Y esto fue lo que encontraron en la valija del correo:
    Ex Ariminio die xx Decembris
    «*Magnifice ac potens domine, mi singularissime*[133]
»Informo a vuesa señoría de cómo
»He estado con el señor Alwidge quien
»me mostró el diseño de la nave que va en medio,
»de la iglesia y el diseño para el techo y...»
«JHesus,
»*Magnifico exso.* Signor Mio
»Puesto que hoy se me recomienda que tengo que decirle
»la opinión de mi padre que él ha dado al señor Genaro
»acerca de las bóvedas de la iglesia... etc..
    »Giovane del Amo siempre P. D. creo recomendable
»que yo vaya a roma a hablar con el señor Alberto para
»que yo sepa lo que él piensa de esto bien.

«Sagramoro...»
«*Ilustre signor mio*, Messire Battista...»

Orsini, conde de Pitigliano. Los Orsini son una familia güelfa cuyo papel histórico comienza a ser importante ya en el siglo XI, cuando uno de ellos accedió al papado como Celestino III (1191-98).

[133] Aunque fue Leon Battista Alberti (1404-72) el principal responsable del Templo Malatestiano, en sus ausencias era substituido por otros. Esta carta consulta dudas que se le plantean al capataz (Alvise o Alwidge) en una de esas ocasiones. Jacopo Sagramoro fue uno de los secretarios de Segismundo.
Las otras cartas que siguen son o reiteraciones de los asuntos de Segismundo y su Templo o referidas a su amante. Entre ellas cabría destacar la dirigida a Isotta, primero su amante y luego su tercera esposa, cuya tumba en el Templo celebra, entre otras ornamentaciones alusivas, el amor de Segismundo por su dama. La referencia a «todos los niños están bien» alude a los siete hijos ilegítimos de Segismundo vivos en esa fecha. El llamado «Messire Malatesta» es Salustio, uno de los hijos de Segismundo que sería asesinado después por su hermanastro Roberto. En el Cantar XI se volverá a mencionar este incidente. El firmante, Lunarda da Palla, era el tutor del joven Salustio.

«First: Ten slabs best red, seven by 15, by one third,
»Eight ditto, good red, 15 by three by one,
»Six of same, 15 by one by one.
»Eight columns 15 by three and one third
    etc... with carriage, danars 151
»MONSEIGNEUR:
   »Madame Isotta has had me write today about Sr. Ga-
»leazzo's daughter. The man who said young pullets make
»thin soup, knew what he was talking about. We went to
»see the girl the other day, for all the good that did, and
»she denied the whole matter and kept her end up without
»losing her temper. I think Madame Ixotta very nearly ex-
»hausted the matter. *Mi pare che avea decto hogni chossia.* All
»the children are well. Where you are everyone is pleased
»and happy because of your taking the chateau here we are
»the reverse as you might say drifting without a rudder.
»Madame Lucrezia has probably, or should have, written
»to you, I suppose you have the letter by now. Everyone
»wants to be remembered to you.

21 Dec. D. de M.»

«... *sagramoro* to put up the derricks. There is a supply of beams at...»

«MAGNIFICENT LORD WITH DUE REVERENCE:
   »Messire Malatesta is well and asks for you every day.
»He is so much pleased with his pony, It wd. take me a
»month to write you all the fun he gets out of that pony. I
»want to again remind you to write to Georgio Rambot-
»tom or to his boss to fix up that wall to the little garden
»that madame Isotta uses, for it is all flat on the ground
»now as I have already told him a lot of times, for all the
»good that does, so I am writing to your lordship in the
»matter I have done all that I can, for all the good that
»does as noboddy hear can do anything without you.
       »your faithful

LUNARDA DA PALLA.
20 Dec. 1454.»

«Primero: Diez planchas del mejor rojo, de siete por 15,
   por un tercio,
»Ocho iguales, buen rojo, 15 por tres por uno,
»Seis de lo mismo, 15 por uno por uno.
»Ocho columnas 15 por tres y un tercio
       etc... con el carruaje, denarios 151
»Monseñor:
   »Madama Isotta me pidió hoy que escribiera de la hija
»del señor Galeazzo. El que dijo que las pollas hacen mal
»caldo, sabía lo que decía. Fuimos a ver a la moza del otro
»día y de nada nos sirvió pues ella todo lo negó y se mantu-
»vo en lo suyo sin perder los estribos. Creo que madama
»Ixotta casi acabó con el asunto. *Mi pare che avea decto hogni*
»*chossia*. Todos los niños están bien. Donde vos estáis todos
»están contentos y felices porque habéis tomado el castillo
»aquí nosotros todo lo contrario pues vamos como si dijé-
»ramos a la deriva, Madama Lucrezia os habrá escrito,
»probablemente ya tendréis la carta para esta fecha. Todos
»aquí os envían sus recuerdos.
                21 de diciembre D. de M.»

«...*sagramoro* para levantar las grúas. Hay acopio de vigas
en...»

«Magnífico Señor con debida referencia:
»Messire Malatesta está bien y pregunta por vos a diario.
»Tan complacido está con su jaca que me llevaría un mes
»deciros todo el entretenimiento que tiene con esa jaca. De
»nuevo quiero recordaros que escribáis a Giorgio Nalga-
»riete o a su jefe para que repare la pared que da al jardín
»que madama Isotta usa, pues está totalmente derruida,
»como se lo he dicho muchas veces con todo y que de nada
»sirve, por eso escribo a vuesa señoría sobre el asunto yo
»he hecho cuanto he podido, con todo y que de nada sirve,
»ya que aquí nadie puede hacer nada sin vos.
            »vuestra fiel
                        Lunarda da Palla.
                        20 dic. 1454.»

«...gone over it with all the foremen and engineers.
»And about the silver for the small medal...»

«Magnifice ac potens...
    »because the walls of...»

*«Malatesta de Malatestis ad Magnificum Dominum Patremque
    suum.*

»Ex^{so} D^{no} et D^{no} sin D^{no} Sigismundum Pandolfi Fi-
»lium
    »Malatestis Capitan General

»Magnificent and Exalted Lord and Father in especial
»my lord with due recommendation: your letter has been
»presented to me by Gentilino da Gradara and with it the
»bay pony (ronzino baiectino) the which you have sent
»me, and which appears in my eyes a fine caparison'd
»charger, upon which I intend to learn all there is to know
»about riding, in consideration of yr. paternal affection
»for which I thank your excellency thus briefly and pray
»you continue to hold me in this esteem notifying you by
»the bearer of this that we are all in good health, as I hope
»and desire your Ex^{ct} Lordship is also: with continued re-
»membrance I remain

>»Your son and servant
> MALATESTA DE MALATESTIS.
> *Given in Rimini, this the 22nd day of December
> anno domini 1454»*
> *(in the sixth year of his age)*

«ILLUSTRIOUS PRINCE:
    «Unfitting as it is that I should offer counsels to Han-
nibal...»
        *«Magnifice ac potens domine, domine mi singularissime, humi-
»li recomendatione premissa* etc. This to advise your M^{gt} Ld^{shp}

[240]

«...examinado todo con todos los ingenieros y capataces.
»Y en cuanto a la plata para la medallita...»

«Magnifice ac potens...
   »porque las paredes de...»

*«Malatesta de Malatestis ad Magnificum Dominum Patremque
»suum.*

»Ex^{so} D^{no} et D^{no}sin D^{no} Sigismundum Pandolfi Filium
   »Malatestis Capitan General

»Magnífico y Exaltado Señor y Padre especialmente mi
»señor con la debida recomendación: vuestra carta me fue
»entregada por Gentilino de Gradara y con ella la jaca baya
»(ronzino baiectino) que me enviasteis y que me parece un
»excelente caballo de guerra con caparazón sobre el que
»me propongo aprender todo lo referente a lo ecuestre,
»atento a vuestro afecto paternal por lo cual doy gracias a
»vuesa excelencia así brevemente y os suplico me sigáis te-
»niendo en la misma estimación notificándoos por el por-
»tador de ésta que todos gozamos de buena salud como es
»mi deseo que vuesa Excelente Señoría la goce también:
»con recuerdos constantes soy

                »Vuestro hijo y siervo
                   MALATESTA DE MALATESTIS[134].
        *Dado en Rímini, este 22do día de diciembre
                    anno domini 1454»*
             (en el sexto año de su edad)

«ILUSTRE PRÍNCIPE
   »Indebido como es que yo pretenda aconsejar a Aní-
      bal...»
   »*Magnifice ac potens domine, domini mi singularissime, humili
»recomendatione premissa* etc. Esto para notificar a vuesa

---

[134] Este «Malatesta de Malatestis» es Salustio, que escribe a su padre cuando tenía seis años.

»how the second load of Veronese marble has finally got
»here, after being held up at Ferrara with no end of fuss
»and botheration, the whole of it having been there unloa-
»ded.

»I learned how it happened, and it has cost a few flo-
»rins to get back the said load which had been seized for
»the skipper's debt and defalcation; he having fled when
»the lighter was seized. But that Y^r M^{gt} Ld^{shp} may not lose
»the moneys paid out on his account I have had the lighter
»brought here and am holding it, against his arrival. If not
»we still have the lighter.

»As soon as the Xmas fêtes are over I will have the sto-
»ne floor laid in the sacresty, for which the stone is already
»cut. The wall of the building is finished and I shall now
»get the roof on.

»We have not begun putting new stone into the martyr
»chapel; first because the heavy frosts wd. certainly spoil
»the job; secondly because the aliofants aren't yet here and
»one can't get the measurements for the cornice to the co-
»lumns that are to rest on the aliofants.

»They are doing the stairs to your room in the castle...
»I have had Messire Antonio degli Atti's court paved and
»the stone benches put in it.

»Ottavian is illuminating the bull. I mean the bull for
»the chapel. All the stone-cutters are waiting for spring
»weather to start work again.

»The tomb is all done except part of the lid, and as
»soon as Messire Agostino gets back from Cesena I will see
»that he finishes it, ever recommending me to y^r M^{gt}
»Ld^{shp}

»believe me yr faithful
PETRUS GENARIIS.»

»Mgfa. Sría. de cómo la segunda remesa de mármol vero-
»nés por fin ha llegado aquí, después de haber sido deteni-
»da en Ferrara con un sinfín de molestias y alharacas,
»siendo descargada toda allí.

»Me informé de cómo había pasado esto y ha costado
»unos cuantos florines recuperar la dicha carga que había
»sido secuestrada para pagar por el desfalco y deuda del
»capitán; éste habiéndose puesto a buen recaudo cuando
»la embarcación fue secuestrada. Pero para que vuesa
»Mgfa. Sría. no pierda los dineros pagados por él, yo he
»hecho traer el barco aquí y lo tengo detenido esperando
»su regreso. Si esto no sucediere nosotros tendremos la
»embarcación de todos modos.

»Tan pronto como terminen las fiestas navideñas haré
»que pongan el piso de piedra en la sacristía, para lo cual
»la piedra ya está cortada. La pared del edificio ya está
»terminada y ahora haré que se coloque el techo.

»No hemos empezado a poner piedra nueva en la capi-
»lla mártir; en primer lugar porque las heladas fuertes se-
»guramente echarían a perder el trabajo; en segundo por-
»que los eliofantes todavía no llegan y uno no puede tener
»las medidas para la cornisa de las columnas que han de
»descansar en los eliofantes[135].

»Están construyendo la escalera a vuestro cuarto en el
»castillo... Yo he hecho pavimentar el patio de Messire
»Antonio degli Atti así como colocar allí bancos de
»piedra.

»Octaviano está iluminando el toro. Quiero decir el
»toro para la capilla. Todos los picapedreros esperan la
»primavera para empezar a trabajar de nuevo.

»La tumba está terminada con excepción de la tapade-
»ra, y en cuanto Messire Agostino regrese a Cesena yo me
»encargaré de que la termine, recomendándome siempre
»a »vuesa Mgfa. Sría.

》creedme vuestro fiel
Petrus Genariis.»

---

[135] «eliofantes»: los elefantes de porfirio negro que sostienen las co-
lumnas del templo.

That's what they found in the post-bag
And some more of it to the effect that
    he «lived and ruled»

«*et amava perdutamente Ixotta degli Atti*»
e «*ne fu degna*»
    »*constans in proposito*
»*Placuit oculis principis*
»*pulchra aspectu*»
»*populo grata (Italiaeque decus)*
»and built a temple so full of pagan works»
    i. e. Sigismund
and in the style «Past ruin'd Latium»
The filigree hiding the gothic,
    with a touch of rhetoric in the whole
And the old sarcophagi,
    such as lie, smothered in grass, by San Vitale.

Esto fue lo que encontraron en la valija del correo
Y algo más al efecto de que
    él «vivía y gobernaba»

«*et amava perdutamente Ixotta degli Atti*»
y «*ne fu degna*»
    »*constans in proposito*
»*Placuit oculis principis*
»*pulchra aspectu*»
»*populo grata (Italiaeque decus)*»[136]
»y levantó un templo tan lleno de obras paganas»
    p. ej. Segismundo
y en el estilo «Lacio arruinado por el pasado»
La filigrana ocultando el gótico,
    con un algo de retórica en el conjunto
Y los viejos sarcófagos,
    como los que yacen, ahogados por la hierba, cerca de San Vitale.

---

[136] «et amava ... (Italiaeque decus)»: «Y amaba a Isotta con locura y ella lo merecía por su constancia. Ella deleitaba los ojos del príncipe con su bella apariencia y a la vez era agradable con el pueblo (y el adorno de Italia)».

Cantar X

La caída de Malatesta comienza a tomar cuerpo. Su aparente traición a Siena le granjeará la intensa enemistad de su obispo Enea Silvio Piccolomini, más tarde Papa Pío II. Su efigie será públicamente quemada en Roma. El propio Colegio Cardenalicio tomará cartas en el asunto, sometiéndolo a juicio por instigación de Pío II.

Este Cantar se cierra con los preparativos bélicos de Malatesta para enfrentarse a las fuerzas del Papado, muy superiores en número a las suyas propias.

X

And the poor devils dying of cold, outside Sorano,
And from the other side, from inside the château,
Orsini, Count Pitigliano, on the 17th of November:
«Siggy, darlint, wd. you not stop making war on
»insensible objects, such as trees and domestic vines, that
»have no means to hit back... but if you will hire yourself
»out to a commune (Siena) which you ought rather to
»rule than serve...»
    which with Trachulo's damn'd epistle...
And what of it *any*how? a man with a ten acre lot,
Pitigliano... a lump of tufa,
    And S. had got back their horses
And the poor devils dying of cold...
(And there was another time, you know,
He signed on with the Fanesi,
    and just couldn't be bothered...)
And there were three men on a one man job
    And Careggi wanting the baton,
And not getting it just then in any case.

X

Y los pobres diablos muriéndose de frío, en las goteras de
   Sorano[137],
Y del otro lado, del interior del castillo,
Orsini, el conde Pitigliano, en 17 de noviembre.
«Segi, querido, ¿no quieres dejar de hacer la guerra sobre
»objetos insensibles, tales como árboles y viñas domésti-
»cas, que no tienen la capacidad para defenderse... pero si
»te alquilas a una comuna (Siena) que más debías gobernar
»que servir...»
      que con la condenada epístola de Trachulo...
Y, ¿qué con esto? un hombre con una parcela de diez
   acres,
Pitigliano... una toba,
      Y S. había recuperado sus caballos
Y los pobres diablos muriéndose de frío...
(Y en otra ocasión, sabéis,
Firmó con los Fanesi[138],
      y simplemente no quiso molestarse...)
Y había tres haciendo el trabajo de uno
      Y Careggi queriendo el bastón[139],
Sin conseguirlo en esta ocasión de todos modos.

---

[137] Mientras al servicio de Siena, Segismundo sitió el castillo de Sorano durante el invierno de 1454-55, lo que le valió la enemistad de Enea Silvio Piccolomini, en ese tiempo obispo de Siena y más tarde Papa con el nombre de Pío II (1458-64).
[138] Fanesi son los habitantes de Fano, uno de los territorios de los Malatesta.
El «Trachulo» de que se habla seis líneas antes y al que se atribuye «la condenada epístola», era un poeta de la corte de Segismundo, y la epístola en cuestión es la que hacia el final del Cantar IX se cita con la única frase «indebido como es que yo pretenda aconsejar a Aníbal ...», en la que se vuelve a comparar a Segismundo con uno de los grandes héroes de la Antigüedad.
[139] Los tres hombres haciendo el trabajo de uno son (Terrell, pág. 49)

And he, Sigismundo, refused an invitation to lunch
   In commemoration of Carmagnola
   (vide Venice, between the two columns
   where Carmagnola was executed.)
   Et
   «anno messo a saccho el signor Sigismundo»
As Filippo Strozzi wrote to Zan Lottieri, then in Naples,
   «I think they'll let him through at Campiglia»

   Florence, Archivio Storico, 4th Series t. iii, e
   «La Guerra dei Senesi col conte di Pitigliano.»

And he found Carlo Gonzaga sitting like a mud-frog
   in Orbetello
And he said:
   «Caro mio, I can not receive you
It really *is* not the moment.»
And Broglio says he ought to have tipped Gorro Lolli.
But he got back home here somehow,
Ant Piccinino was out of a job,
And the old row with Naples continued.
And what he said was all right in Mantua;
And Borso had the pair of them up to Bel Fiore,
The pair of them, Sigismundo and Federico Urbino,
Or perhaps in the palace, Ferrara, Sigismund upstairs

Y él, Segismundo, rehusó una invitación a almorzar
En conmemoración de Carmagnola [140]
(vide venecia, entre dos columnas
donde Carmagnola fue ejecutado.)
Et
«anno messo a saccho el signor Sigismundo»
Como Filippo Strozzi escribió a Zan Lottieri, en Nápoles
entonces,
«Creo que le dejarán pasar en Campiglia»

Florencia, Archivio Storico, Serie cuarta t. iii, e
«La Guerra dei Senesi col conte di Pitigliano»[141].

Y encontré a Carlo Gonzaga sentado como rana
en Orbetello [142]
Y él dijo:
«Caro mio, no te puedo recibir
Verdaderamente no es el momento.»
Y Broglio dice que debió haber advertido a Gorro Lolli.
Pero de alguna manera regresó aquí a su casa,
Y Piccinino estaba sin trabajo,
Y la vieja pelea con Nápoles continuó.
Y lo que dijo estuvo bien en Mantua;
Y Borso invitó a los dos a Bel Fiore,
Los dos, Segismundo y Federico Urbino,
O quizás en el palacio, Ferrara, Segismundo en el piso de
  arriba

Carlo Gonzaga, Ghiberto da Correggio y el propio Segismundo, rival directo del Careggi, «queriendo el bastón», es decir, la autoridad sobre los otros dos *condottieri,* también contratados por Siena.
[140] Carmagnola es el nombre con el que se conoce a Francesco Bussone porque nació en esa localidad italiana. Fue un famoso condottiero al servicio de Milán, primero; y luego de Venecia, donde fue acusado de espiar en favor de su anterior señor y ejecutado en 1432.
[141] Incidentes de la guerra de Segismundo contra Siena, dando Pound en la última frase italiana las fuentes de su información.
[142] Orbetello es una ciudad en Toscana, en la costa tirrena. Está construida entre dos lagunas, de ahí la frase de «Carlo Gonzaga sentado como rana en Orbetello». Su «no te puedo recibir» alude al hecho de que él mismo había ocupado esa ciudad con sus tropas al servicio de Venecia.

And Urbino's gang in the basement,
And a regiment of guards in, to keep order,
   For all the good that did:
«*Te cavero la budella del corpo!*»
El conte levatosi:
   «*Io te cavero la corata a te!*»

And that day Cosimo smiled,
That is, the day they said:
   «Drusiana is to marry Count Giacomo...»
(Piccinino) *un sorriso malizioso.*
Drusiana, another of Franco Sforza's;
It would at least keep the row out of Tuscany.
And he fell out of a window, Count Giacomo,
Three days after his death, that was years later in Naples,
For trusting Ferdinando of Naples,
And old Wattle could do nothing about it.

Et:
. . . .

INTEREA PRO GRADIBUS BASILICAE S. PIETRI EX ARID.
MATERIA INGENS PYRA EXTRUITUR IN CUJUS SUMMITATI
IMAGO SIGISMUNDI COLLOCATUR HOMINIS LINEAMENTA
ET VESTIMENTI MODUM ADEO PROPRIE REDDENS, UT VER.
MAGIS PERSONA, QUAM IMAGO VIDERETUR; NE QUEM
TAMEN IMAGO FALLERET, ET SCRIPTURA EX ORE PRODIIT
QUAE DICERET:
      SIGIMUNDUS HIC EGO SUM

Y la pandilla de Urbino en el sótano,
Y un regimiento de guardias traído para mantener el orden,
　　Para lo que iba a servir:
«Te cavero la budella del corpo!»
El conte levatosi:
　　«Io te cavero la corata a te!» [143]

Y aquel día Cosimo sonrió,
Es decir, el día que dijeron:
　　«Drusiana se casará con el conde Giacomo...»
(Piccinino) *un sorriso malizioso.*
Drusiana, otra de Franco Sforza;
Cuando menos mantendría la pelea alejada de Toscania.
Y se cayó de una ventana, el conde Giacomo,
Tres días después de su muerte, eso fue años más tarde en Nápoles,
Por fiarse de Fernando de Nápoles,
Y el viejo Barbón nada pudo hacer[144].

　　Et:
．．．．．．．．．．．．．．．．．．．．．．．．．．．．．．．．

Interea pro gradibus basilicae s. pietri ex arida materia ingens pyra extruitur in cujus summitate imago sigismundi collocatur hominis lineamenta, et vestimenti modum adeo proprie reddens, ut vera magis persona, quam imago videretur; ne quem tamen imago falleret, et scriptura ex ore prodiit, quae diceret:
　　Sigismundus hic ego sum

---

[143] «Te cavero ... la corata a te»: Segismundo amenaza a Urbino: «Te voy a arrancar las tripas», a lo que el otro, levantándose, responde: «Yo te arrancaré el hígado a ti.»
[144] Ese Cosimo, o Cosme, es uno de los Médicis. Drusiana es otra de las hijas de Sforza, que nunca vaciló en utilizarlas para sus fines políticos.

MALATESTA, FILIUS PANDULPHI, REX PRODITORUM,
DEO ATQUE HOMINIBUS INFESTUS, SACRI CENSURA SENATUS
IGNI DAMNATUS;

            SCRIPTURAM
MULTI LEGERUNT. DEINDE ASTANTE POPULO, IGNE
IMMISSO, ET PIRA SIMULACRUM REPENTE
FLAGRAVIT.
> *Com. Pio II, Liv. VII, p. 85.*
> *Yriarte, p. 288.*

. . . .

So that in the end that pot-scraping little runt Andreas
 Benzi, da Siena
Got up to spout out the bunkum
That that monstrous swollen, swelling s. o. b.
 Papa Pio Secundo
 Æneas Silvius Piccolomini
 da Siena
Had told him to spout, in their best bear's-greased latinity;
Stupro, cæde, adulter,
homocidia, parricidia ac periurus,
presbitericidia, audax, libidinosus,
wives, jew-girls, nuns, necrophiliast, *fornicarium ac sicarium,*
proditor, raptor, incestuosus, incendiarius, ac
concubinarius,
and that he rejected the whole symbol of the apostles,
and that he said the monks ought not to own property
and that he disbelieved in the temporal power,
neither christian, jew, gentile,
  nor any sect pagan, *nisi forsitan epicureæ.*

MALATESTA, FILIUS PANDULPHI, REX PRODITORUM,
DEO ATQUE HOMINIBUS INFESTUS, SACRI CENSURA SENATUS
IGNI DAMNATUS;
SCRIPTURAM.
MULTI LEGERUNT, DEINDE ASTANTE POPULO, IGNI
IMMISSO, ET PYRA SIMULACRUM REPENTE
FLAGRAVIT.
Com. Pio II, Liv. VII, p. 85.
Yriarte, p. 288[145].

. . . .

De modo que al fin ese enano friegaollas Andreas
   Benzi da Siena
Se puso en pie para escupir oratoria vacía
Que el monstruoso hinchado, hinchándose h. de p.
   del Papa Pío Secundo
   Æneas Silvius Piccolomini
   da Siena
Le había dicho que escupiera, en su mejor y más lubrica-
   do latín;
Stupro, caede, adulter,
homocidia, parricidia ac periurus,
presbitericidia, audax, libidinosus,
esposas, chicas judías, monjas, necrófilo, *fornicarium ac sica-*
   rium,
proditor, raptor, incestuosus, incendiarius, ac
concubinarius,
y que rechazaba el símbolo entero de los apóstoles,
y que dijo que los monjes no debían tener propiedades
y que no creía en el poder temporal,
ni cristiano, judío, gentil.
   ni secta pagana alguna, *nisi forsitan epicureae*[146].

---

[145] Esta larga frase latina relata el auto de fe en que Segismundo fue quemado en efigie por el pueblo tras ser excomulgado por Pío II, que le había derrotado en Senigallia.

[146] Andreas Benzi fue el acusador en el proceso de Segismundo, que condujo a Pío II a excomulgarlo. La acusación le trata de «violador, carnicero, adúltero, asesino, parricida y perjuro, asesino de sacerdotes, atre-

And that he did among other things
Empty the fonts of the chiexa of holy water
And fill up the same full with ink
That he might in God's dishonour
Stand before the doors of the said chiexa
Making mock of the inky faithful, they
Issuing thence by the doors in the pale light of the sunrise
Which might be considered youthful levity
    but was really a profound indication;

«Whence that his, Sigismundo's, fœtor filled the earth
And stank up through the air and stars to heaven
Where — save they were immune from sufferings —
It had made the emparadised spirits pewk»
    from their jeweled terrace.

*«Lussurioso incestuoso, perfide, sozzure ac crapulone,
assassino, ingordo, avaro, superbo, infidele
fattore di monete false, sodomitico, uxoricido»*

and the whole lump lot
given over to...

I mean after Pio had said, or at least Pio says that he
Said that this was elegant oratory *«Orationem
Elegantissimam et ornatissimam
Audivimus venerabilis in Xti fratres ac dilectissimi
filii...* (stone in his bladder
    testibus idoneis)
The lump lot given over

Y es cierto que entre otras cosas
Vació las pilas de agua bendita de la chiexa
Y las llenó de tinta
Para poder deshonrar a Dios
Parándose ante las puertas de la dicha chiexa
Burlándose de los entintados fieles, éstos
Saliendo de ahí por esas puertas a la luz pálida del orto
Lo cual podría considerarse liviandad juvenil
    pero que más bien era profundo indicio;

«De donde su, de Segismundo, hedor llenó la tierra
Y apestó el aire y las estrellas hasta el cielo
Donde —de sólo ser inmunes al sufrimiento—
   hubiera hecho vomitar a las benditas ánimas»
    desde sus terrazas enjoyadas.

«Lussurioso incestuoso, perfide, sozzure ac crapulone,
assassino, ingordo, avaro, superbo, infidele
fattore di monete false, sodomitico, uxcoricido»[147].

y todo el montón
dado a...

Quiero decir después que Pío había dicho, o al menos Pío
   dice que él
Dijo que ésta era oratoria elegante *«Orationem*
Elegantissimam et ornatissimam
Audivimus venerabilis in Xti fratres ac dilectissimi
filii... (piedra en su vejiga
    testibus idoneis)[148]
Todo el montón dado

---

vido, libidinoso, fornicador y sicario, traidor, raptor, incestuoso, incendiario y mantenedor de concubinas ... a menos que se trate de un seguidor de Epicuro».

[147] «Lujurioso, incestuoso, pérfido, basura y crápula, asesino, avaro, soberbio, infiel, falsificador, sodomita, uxoricida.»

[148] «Hemos escuchado la exposición elegantísima y adornadísima de nuestro venerable hermano en Cristo e hijo dilectísimo»... «con testigos adecuados».

To that kid-slapping fanatic il cardinale di San Pietro in
    Vincoli
    To find him guilty, of the lump lot
As he duly did, calling rumour, and Messire Federico
    d'Urbino
And other equally unimpeachable witnesses.

So they burnt our brother in effigy
A rare magnificent effigy costing 8 florins 48 bol
(i.e. for the pair, as the first one wasn't a good enough likeness)
And Borso said the time was ill-suited
    to *tanta novità,* such doings or innovations,
God's enemy and man's enemy, *stuprum, raptum*
    I. N. R. I. Sigismund Imperator, Rex Proditorum.

And old Pills who tried to get him into a front rank action
In order to drive the rear guard at his buttocks,
Old Pills listed among the murdered, although he
Came out of jail living later.

Et les angloys ne povans desraciner... venin de hayne
Had got back Gisors from the Angevins,

And the Angevins were gunning after Naples
And we dragged in the Angevins,
And we dragged in Louis Eleventh,

A aquel fanático abofeteador de chicos il cardinale di San
   Pietro in Vincoli
      Para que le encontrara culpable, de todo el montón
Como en verdad lo hizo, llamando al rumor, y a Messire
   Federico d'Urbino
Y a otros testigos igualmente intachables.

De modo que quemaron a nuestro hermano en efigie
Una rara y magnífica efigie que costó 8 florines 48 bol
(i.e. por el par ya que la primera no resultó ser de parecido suficiente)
Y Borso dijo que el tiempo no convenía
   a *tanta novità,* tales hechuras o innovaciones,
El enemigo de Dios y del hombre, *stuprum, raptum*
   I. N. R. I. Segismundo Imperator, Rex Proditorum[149].

Y el viejo Píldoras que trató de meterle en una acción del
   frente
Con el fin de echarle la retaguardia en las nalgas,
El viejo Píldoras en la lista de los asesinados, aunque
Salió de la cárcel vivo más tarde[150].

Et les angloys ne povans desraciner... venin de hayne[151]
Él recuperó Gisors de los angevinos,

Y los angevinos corrían tras Nápoles
Y metimos a rastras a los angevinos,
Y metimos a rastras a Luis Undécimo

---

[149] Parodia el letrero sobre la cruz de Cristo, llamando a Segismundo «Emperador, rey de Traidores».
[150] El conde Ugolino de Pili, antiguo tutor de Segismundo, encarcelado por conspirar contra su antiguo discípulo, pero no asesinado como se llegó a decir.
[151] «Y los ingleses fueron incapaces de eliminar ... el veneno del odio.» Terrell (pág. 54) ve aquí una alusión a la quema de Juana de Arco, treinta años antes que la de Segismundo en efigie, y a la rivalidad y el odio entre franceses e ingleses durante la Guerra de los Cien Años.
Los angevinos son los seguidores o partidarios de los duques de Anjou.

And the *tiers Calixte* was dead, and Alfonso;
And against us we had «this Æneas» and young Ferdinando
That we had smashed at Piombino and driven out of the
Terrene of the Florentines;
And Piccinino, out of a job;
And he, Sidg, had had three chances of
Making it up with Alfonso, andan offer of
Marriage alliance;

And what he said was all right there in Mantua;
But Pio, sometime or other, Pio lost his pustulous
  temper.
And they struck alum at Tolfa, in the pope's land,
    To pay for their devilment.
And Francesco said:
    I also have suffered.
When you take it, give me a slice.
    And they nearly jailed a chap for saying
The job was *mal hecho;* and they caught poor old Pasti
In Venice, and were like to pull all his teeth out;
And they had a bow-shot at Borso
As he was going down the Grand Canal in his gondola
    (the nice kind with 26 barbs on it)
And they said: Novvy'll sell any man
    for the sake of Count Giacomo.
(Piccinino, the one that fell out of the window).

And they came at us with their ecclesiastical legates
Until the eagle lit on his tent pole.
And he said: The Romans would have called that an augury
*E gradment li antichi cavaler romanj
    davano fed a quisti annutii,*

Y el *tiers Calixte* estaba muerto, y Alfonso;
Y en contra nuestra teníamos a «este Æneas» y al joven
   Fernando[152]
Que habíamos aplastado en Piombino y echado del
Terreno de los florentinos;
Y a Piccinino de su empleo;
Y él, Segi, había tenido tres oportunidades para
Ponerse en paz con Alfonso, y una oferta de
Alianza matrimonial

Y lo que dijo estaba bien en Mantua;
Pero Pío, en alguna ocasión, perdió su pustuloso genio.
Y encontraron alumbre en Tolfa, en tierra del papa,
   Para sufragar su diablura.
Y dijo Francesco:
   Yo también he sufrido.
Cuando la tomen denme un pedazo.
   Y casi encarcelaron a un individuo por decir
Que el trabajo estaba *mal hecho;* y cogieron al pobre viejo
   Pasti
En Venecia, y a punto estuvieron de sacarle todos los
   dientes;
Y le tiraron con flecha a Borso
Cuando éste bajaba por el Gran Canal en su góndola
   (del tipo bueno con 26 ganchos)
Y dijeron: Novvy vendería a cualquiera
   por el conde Giacomo.
(Piccinino, el que se cayó por la ventana).

Y se nos echaron encima con sus legados eclesiásticos
Hasta que el águila se posó en el palo de su tienda.
Y él dijo: Los romanos hubieran llamado a eso un augurio
*E gradment li antichi cavaler romanj
   davano fed a quisti annutti,*

---

[152] Se trata del Papa Calixto III, a quien sucedió Pío II. Y de Fernando, rey de Nápoles, sucesor de su padre Alfonso. Ambos eran enemigos acérrimos de Segismundo.

All I want you to do is to follow the orders,
They've got a bigger army,
 but there are more men in this camp.

Todo lo que deseo es que obedezcan órdenes,
Ellos tienen un ejército más grande,
   pero hay más hombres en este campamento[153].

---

[153] Esta última sección describe la coalición que se formó contra Segismundo (en la que participó su propio hermano Novvy) y que aún tiene valor para considerar que, cierto, «ellos tienen un ejército más grande, pero hay más hombres en este campamento». El hecho de que el águila se posara en el palo de su tienda, le recuerda que «los antiguos guerreros romanos lo hubiesen considerado un buen augurio».

Cantar XI

Malatesta gana su batalla, pero esto no arregla sus problemas. Pierde dos ciudades tradicionalmente en poder de su familia: Fano y Cesena.

El resto del Cantar XI documenta su definitivo declive. Pound resume sus hazañas y su grandeza en la línea espléndida con que comienza su última estrofa: «En la penumbra, el oro recoge la luz que atesora.» Una excelente versión, por cierto, que denegaría la convicción de los que consideran la poesía como algo intraducible, en el extremo opuesto de aquel escritor que se atrevió a afirmar, no sin cierta sutil razón, que la poesía es el único género literario que la traducción no puede destruir. En alguna parte, entre esos dos radicalmente opuestos pronunciamientos, tendremos que hallar la verdad.

XI

E gradment li antichi cavaler romanj
    davano fed a quisti annutii
And he put us under the chiefs,
    and the chiefs went back to their squadrons:
Bernardo Reggio, Nic Benzo, Giovan Nestorno,
Paulo Viterbo, Buardino of Brescia,
    Cetho Brandolino,
And Simone Malespina, Petracco Saint Archangelo,
Rioberto da Canossa,
And for the tenth Agniolo da Roma
    And that gay bird Piero della Bella,
And to the eleventh Roberto,
And the papishes were three thousand on horses,
dilly cavalli tre milia,
And a thousand on foot,
And the Lord Sigismundo had but mille tre cento cavalli
And hardly 500 fanti (and one spingard),
And we beat the papishes and fought
them back through the tents
And he came up to the dyke again
And fought through the dyke-gate
And it went on from dawn to sunset
And we broke them and took their baggage

XI

E gradment li antichi cavaler romanj
    davano fed a quisti annutii
Y nos puso bajo los jefes,
    y los jefes regresaron a sus escuadrones:
Bernardo Reggio, Nic Benzo, Giovan Nestorno,
Paulo Viterbo, Buardino de Brescia,
    Cetho Brandolino,
Y Simone Malespina, Petracco San Archangelo,
Rioberto da Canossa,
Y para el décimo Agniolo da Roma
    Y el zarabandista Piero della Bella,
Y al undécimo Roberto[154],
Y los papistas sumaban tres mil de a caballo,
dilly cavalli tre milia,
Y mil infantes,
Y el señor Segismundo tenía sólo mille tre centro cavalli
Y apenas 500 fanti (y una espingarda),
Y derrotamos a los papistas y les echamos
hasta más allá de las tiendas
Y él volvió hasta el dique de nuevo
Y combatió a través del portón del dique
Y aquello continuó desde el amanecer hasta la puesta del sol
Y les desbaratamos y quitamos su impedimenta

---

[154] Relación, al modo de la épica, de los generales de Malatesta. El «Roberto» de la última línea es el hijo mayor de Segismundo, al que se llamó «El Magnífico».

«el zarabandista Piero della Bella»: en el sentido de «alegre, bullicioso, animado». En la versión italiana de Mary de Rachewiltz: «E 'l gaio della Bella» (pág. 95).

            and mille cinquecento cavalli
    E li homini di Messire Sigismundo
    non furono che mille trecento

    And the Venetians sent in their compliments
    And various and sundry sent in their compliments;
    But we got it next August;
    And Roberto got beaten at Fano,
    And he went by ship to Tarentum,
    I mean Sidg went to Tarentum
    And he found 'em, the anti-Aragons,
        busted and weeping into their beards.
    And they, the papishes, came up to the walls,
    And that nick-nosed s.o.b. Fetty Urbino
    Said: *«Par che è fuor li questo... Sigis... mundo.»*
    «They say he dodders about the streets
    »And can put his hand to neither one thing nor the other,»
    And he was in the sick wards, ant on the high tower
    And everywhere, keeping us at it.
    And, thank God, they got the sickness outside
    As we had the sickness inside,
    And they had neither town nor castello
    But dey got de mos' bloody rottenes' peace on us —
    Quali lochi sono questi:
        Sogliano,
    Torrano and La Serra, Sbrigara, San Martino,
    Ciola, Pondo, Spinello, Cigna and Buchio,

y mille cinquecento cavalli
E li homini di Messire Sigismundo
non furono che mille trecento

Y los venecianos enviaron sus felicitaciones
Y muchos y varios enviaron sus felicitaciones;
Pero nos tocó perder al siguiente agosto;
Y derrotaron a Roberto en Fano,
Y se fue por barco a Tarento,
Quiero decir que Segi se fue a Tarento
Y les encontró, a los antiaragoneses,
    desbaratados y llorando en sus barbas[155].
Y ellos, los papistas, vinieron hasta los muros,
Y ese comido de la nariz h. de p. de Fede Urbino[156]
Dijo: *«Par che è fuor di questo... Sigis... mundo»*[157].
«Dicen que se tambalea por las calles
«Y que no puede ponerle la mano a nada»,
Y estuvo en el hospital, y en la torre alta
Y en todos lados, manteniéndonos ocupados.
Y gracias a Dios que se enfermaron allá afuera
Así como nosotros adentro,
Y no tenían ni pueblo ni castillo
Pero ellos nos impusieron la peor paz —
Quali lochi sono questi:
    Sogliano,
Torrano y La Serra, Sbrigara, San Martino,
Ciola, Pondo, Spinello, Cigna y Buchio,

---

[155] Alternativas en las luchas de Segismundo que busca alianzas con el duque de Tarento, un Anjou: ésos son los «antiaragoneses», pues los angevinos pretendían el trono de Nápoles, contra los reyes de Aragón.

Tras esto, Segismundo, al servicio de Venecia, va a Morea a luchar contra los turcos. De allí regresó en 1466 a Rímini, donde permaneció hasta su muerte dos años más tarde.

[156] El retrato de Federico Montefeltro, duque de Urbino, pintado por Piero della Francesca, lo muestra de perfil (ocultando el lado derecho del rostro, al que faltaba el ojo a consecuencia de un accidente en un torneo) con el puente de la aguileña nariz exageradamente hundido.

«h. de p.», alude al origen oscuro de Federico.

[157] «Parece que está fuera de este ... (Segis)mundo».

Prataline, Monte Cogruzzo,
    and the villa at Rufiano
Right up to the door-yard
And anything else the Rev^mo Monsignore could remember.
And the water-rights on the Savio.
(And the salt heaps with the reed mats on them
    Gone long ago to the Venetians)
And when lame Novvy died, they got even Cesena.

Ant he wrote to young Piero:
    Send me a couple of huntin' dogs,
They may take my mind off it.
And one day he was sitting in the chiexa,
On a bit of cornice, a bit of stone grooved for a cornice,
Too narrow to fit his big beam,
    hunched up and noting what was done wrong,
And an old woman came in and giggled to see him
    sitting there in the dark
She nearly fell over him,
    And he thought:
Old Zuliano is finished,
If he's left anything we must see the kids get it,
Write that to Robert.
And Vanni must give that peasant a decent price for his
    horses,
Say that I will refund.

Prataline, Monte Cogruzzo,
    y la villa en Rufiano
Hasta el patio frente a la puerta
Y todo lo más que el Rev^mo Monsignore pudo recordar.
Y los derechos sobre el agua del Savio.
(Y los montones de sal con las esteras de juncos tapándolos
    Cedidos tiempo ha a los venecianos)
Y cuando el lisiado Novvy murió, hasta Cesena consiguieron[158].

Y él le escribió al joven Piero:
    Envíame unos dos perros de caza,
Me distraen.
Y un día estaba sentado en la chiexa,
Sobre un pedazo de cornisa, una piedra acanalada para cornisa,
Demasiado estrecha para ensamblar con su viga grande,
    encorvado y dándose cuenta de lo que estaba mal hecho,
Y llegó una anciana y se rió de verle
    allí sentado en lo oscuro
Un poco más y se hubiera caído encima de él,
    Y él pensaba:
El viejo Zuliano se acabó,
Si algo dejó debemos encargarnos de que sus chicos lo tengan,
Debo escribir esto a Roberto.
Y Vanni debe dar un precio decente a ese campesino por sus caballos,
Debo decirle que yo haré restitución[159].

---

[158] «Quali lochi sono questi»: «los cuales lugares son éstos». Tras su definitiva derrota por las tropas papales, las posesiones de Malatesta son repartidas entre los diversos aliados, en virtud de la paz impuesta.
«el lisiado Novvy» es Domenico, Novello o Novvy, el hermano menor de Segismundo, que era cojo.
[159] «El joven Piero» puede ser el ya mencionado Piero della Bella (nota 154).

And the writs run in Fano,
For the long room over the arches
Sub annulo piscatoris, palatium seu curiam OLIM *de Malatestis.*
Gone, and Cesena, Zezena d'"e b'"e colonne,
And the big diamond pawned in Venice,
And he gone out into Morea,
Where they sent him to do in the Mo'ammeds,
With 5,000 against 25,000,
  and he nearly died out in Sparta,
Morea, Lakedæmon,
  and came back with no pep in him
And we sit here. I have sat here
  For forty four thousand years,
And they trapped him down here in the marsh land,
  in '46 that was;
And the poor devils dying of cold, that was Rocca Sorano;
And he said in his young youth:
  Vogliamo,
che le donne, we will that they, *le donne,* go ornate,
As be their pleasure, for the city's glory thereby.

And Platina said afterward,
  when they jailed him
And the Accademia Romana,
For singing to Zeus in the catacombs,
Yes, I saw him when he was down here
Reaty to murder fatty Barbo, «Formosus,»
And they want to know what we talked about?
  «*de litteris et de armis, praestantibusque ingeniis,*

Y los documentos de Fano constan,
Para el cuarto largo sobre la arquería
Sub annulo piscatoris, palatium seu curiam OLIM *de Malatestis*
Desaparecidos, y Cesena, Zezena *d'"e b"'e colonne*,
Y el gran diamante empeñado en Venecia,
Y él de viaje en Morea,
A donde le enviaron para que acabara con los Mahomas,
Con 5.000 en contra de 25.000,
    y casi murió allá en Esparta,
Morea, Lacedemonia,
    y regresó sin ánimos
Y aquí estamos sentados. Yo he estado sentado aquí
    Durante cuarenta y cuatro mil años,
Y le atraparon aquí en los pantanos,
    eso sucedió en '46;
Y los pobres diablos muriéndose de frío, ése fue Rocca
    Sorano;
Y éste dijo en su temprana juventud:
    Vogliamo,
che le donne, queremos que ellas, *le donne,* se adornen,
Cual sea su placer, para que así la ciudad se llene de gloria[160].

Y Platina dijo después,
    cuando le encarcelaron
Y a la Accademia Romana,
Por haberle cantado a Zeus en las catacumbas,
Sí, yo le vi cuando estuvo aquí
Dispuesto a matar al gordinflón de Barbo, «Formosus»,
Y ¿quieren saber de qué hablamos?
    «*de litteris et de armis, praestantibusque ingeniis,*

  En sus últimos tiempos, Segismundo pone en orden sus asuntos y da instrucciones a sus hijos Roberto y Vanni (Giovanni).
[160] «Sub annulo piscatoris ...»: «Bajo el anillo del Pescador, el palacio y la curia, que fueron de los Malatesta.»
«Zezena la de las bellas columnas.»
Rocca Sorano: el castillo de Sorano (véase nota 137, Cantar X).

Both of ancient times and our own; books, arms,
And of men of unusual genius,
Both of ancient times and our own, in short the usual subjects
Of conversation between intelligent men.»

And he with his luck gone out of him
64 lances in his company, and his pay 8,000 a *year*,
64 and no more, and he not to try to get any more
And all of it down on paper
sexaginta quatuor nec tentatur habere plures
But leave to keep 'em in Rimini
    i.e. to watch the Venetians.

Damn pity he didn't
    (i.e. get the knife into him)
Little fat squab «Formosus»
Barbo said «Call me Formosus»
But the conclave wouldn't have it
    and they called him Paolo Secondo.

And he left three horses at one gate
    And three horses at the other,
And Fatty received him
    with a guard of seven cardinals «whom he could trust.»
And the castelan of Montefiore wrote down,

De los tiempos idos y de los nuestros; libros, armas,
Y de los hombres de genio extraordinario,
Tanto de los tiempos antiguos como de los nuestros, en
 una palabra de los temas usuales
De la conversación entre gente inteligente»[161].

Y él después de perder la buena suerte
con 64 lanzas en su compañía, y su soldada de 8.000 al
 año,
64 y nada más, y él sin tratar de conseguir más
y todo ello fijado por escrito
sexaginta quatuor nec tentatur habere plures[162]
Sino que parte para tenerles en Rimini
 p. ej. para vigilar a los venecianos.

Lástima grande que no lo hiciera
 (p. ej. meterle el cuchillo en el cuerpo)
El pequeño pollito gordo «Formosus»
Barbo dijo «Llamadme Formosus»
Pero el cónclave no quiso
 y le llamaron Paolo Secondo.

Y dejó tres caballos en una puerta
 Y tres caballos en otra,
Y el Gordito lo recibió
 con guardia de siete cardenales «de quienes podía
 fiarse».
Y el castellano de Montefiore escribió[163],

---

[161] Bartolomeo Sacchi (1421-81), historiador y humanista, escribe con el seudónimo de Platina. Encarcelado por el Papa Pablo II (Pietro Barbo, que pretendió reinar con el nombre de «Formosus», lo que impidió el Cónclave que le había elegido), conspiró contra él con Segismundo, con el que reconoce haber hablado «de letras y de armas y de hombres de extraordinario genio».

[162] «sexaginta ...»: los anotadores coinciden en considerar que «tentatur» debe ser una errata por «teneatur», que parece bastante claro. La frase, pues, sería la misma ya dicha: «sesenta y cuatro y nada más».

[163] Montefiore es una de las plazas fuertes de los Malatesta, ahora perdida y cuyo actual castellano no quiere que Segismundo se acerque, dada su enorme popularidad que podría provocar un levantamiento en su favor.

«You'd better keep him out of the district.
»When he got back here from Sparta, the people
»Lit fires, and turned out yelling: 'PANDOLFO'!»

In the gloom the gold gathers the light against it
  And one day he said: Henry, you can have it,
On condition, you can have it: for four months
You'll stand any reasonable joke that I play on you,
And you can joke back
  provided you don't get too ornry.
And they put it all down in writing:
For a green cloak with silver brocade
Actum in Castro Sigismundo, presente Roberto de Valturibus
...sponte et ex certa scienta... to Enricho de Aquabello.

«Más vale que no ponga pie en el distrito.
»Cuando regresó aquí de Esparta, la gente
»Hizo lumbradas, y salió a gritar: ¡PANDOLFO!»

En la penumbra, el oro recoge la luz que atesora.
    Y un día dijo: Enrique, te la doy,
Con una condición, te la doy: durante cuatro meses
Aguantarás cuanta travesura razonable te haga,
Y tú podrás hacer otro tanto
    siempre que no se te pase la mano.
Y lo pusieron en documento escrito:
Por una capa verde con brocado de plata
Actum in Castro Sigismundo, presente Roberto de Valturibus
...sponte et ex certa scienta... a Enricho de Aquabello [164].

---

[164] «Actum in Castro Sigismundo ...»: «Hecho en el Campamento de Segismundo, en presencia de Roberto de Valturibus ... libremente y en pleno uso de sus facultades ... a Enricho Aquabello.» Roberto Valturio (murió en 1468) es un ingeniero y secretario de Segismundo. Enrico Aquabello, o Acquadelli, mayordomo de este último.

Cantar XII

Ahora adopta Pound una perspectiva contemporánea, aludiendo a incidentes y personajes de su propia experiencia, desde ese muro a cuyo pie se sienta con sus lectores y desde el que comparte con ellos su observación del curso de la Historia. Este Cantar refuerza así la idea ya expresada en el anterior: «Y aquí estamos sentados. Yo he estado sentado aquí / Durante cuarenta y cuatro mil años»: el tiempo durante el que se ha desarrollado la historia de la «tribu» que él se ha propuesto narrar, utilizando un término que reconoce procedente de Rudyard Kipling: «they are the tale of the tribe —give Rudyard credit for his use of the phrase» («son el cuento de la tribu —dése el crédito a Rudyard por su uso de la frase», *Guide to Kulchur*, página 194).

De nuevo recurre el tema de la usura, como en el Cantar II, pero el tono se lo da a éste el espléndido humor de la anécdota con que finaliza: divertidísimo humor e ingenio de tono obsceno, muy propio a veces de los grandes poetas medievales europeos de cualquier literatura.

XII

And we sit here
 under the wall,
Arena romana, Diocletian's, les gradins
 quarante-trois rangées en calcaire.
Baldy Bacon
 bought all the little copper pennies in Cuba:
Un centavo, dos centavos,
 told his peons to «bring 'em in.»
«Bring 'em to the main shack,» said Baldy,
And the peons brought 'em;
«to the main shack brought 'em,»
As Henry would have said.
 Nicholas Castano in Habana,
He also had a few centavos, but the others
Had to pay a percentage.
 Percentage when they wanted centavos,
Public centavos.
 Baldy's interest
Was in money business.
 «No interest in any other kind uv bisnis,»
Said Baldy.
 Sleeping with two buck niggers chained to him,
Guardia regia, chained to his waist

XII

Y aquí estamos sentados
 bajo el muro,
Circo romano, el de Diocleciano, les gradins
 quarante-trois rangés en calcaire[165].
El calvo Bacon
 compró todos los centavos de cobre en Cuba:
Un centavo, dos centavos,
 dijo a sus peones que se los llevaran.
«Tráiganlos a la choza principal», dijo el Calvillo,
Y los peones los llevaron;
«a la choza principal se los llevaron»,
Como hubiera dicho Enrique[166].
 Nicolás Castaño en La Habana,
También tenía unos centavos, pero los otros
Tenían que pagar un tanto por ciento.
 Porcentaje cuando querían centavos,
Centavos públicos.
 El interés del Calvillo
Radicaba en la moneda.
 «Ningún interés en otros negocios»,
Dijo el Calvillo.
 Durmiendo con dos cabrones negros encadenados
 a él,
Guardia regia, encadenados a su cintura

---

[165] Este «circo romano» es el de Verona, construidas sus 43 filas de gradas en piedra caliza.
[166] «El calvo Bacon»: identificado como Francis S. Bacon, apodado «Baldy» («el calvo»), hombre de negocios americano al que Pound conoció durante una de sus estancias en Nueva York hacia 1910.
«Enrique» ha sido identificado tentativamente como uno de los tres Henry siguientes: Longfellow, James y Newbolt.

To keep 'em from slipping off in the night;
Being by now unpopular with the Cubans;
    By fever reduced to lbs. 108.
Returned to Manhattan, ultimately to Manhattan.
24 E. 47th, when I met him,
Doing job printing, i.e., agent,
    going to his old acquaintances,
His office in Nassau St., distributing jobs to the printers,
Commercial stationery,
    and later, insurance,
Employers' liability,
    odd sorts of insurance,
Fire on brothels, etc., commission,
Rising from 15 dollars a week,
    Pollon d'anthropon iden,
Knew which shipping companies were most careless;
    where a man was most likely
To lose a leg in bad hoisting machinery;
Also fire, as when passing a whore-house,
Arrived, miraculous Hermes, by accident,
Two minutes after the proprietor's *angelos*
Had been sent for him.
Saved his people 11,000 in four months
    on that Cuba job,
But they busted,
Also ran up to 40,000 bones on his own,
    Once, but wanted to «eat up the whole'r Wall St.»
And dropped it all three weeks later.
Habitat cum Quade, damn good fellow,

Para que no se escaparan en la noche;
Habiendo para entonces perdido su popularidad con los cubanos;
    reducido al peso de 108 libras por la fiebre.
Regresó a Manhattan, por último a Manhattan.
24 Este de la 47, cuando yo le conocí,
Buscando negocios de imprenta, es decir, como agente,
    que buscaba a sus viejos conocidos,
Su despacho en la calle Nassau donde distribuía trabajo a las imprentas,
Papel para correspondencia comercial,
    y, más tarde, seguros,
Seguros de patronos,
    seguros varios
Sobre fuegos en burdeles, etc., comisión,
Que aumentaba desde 15 dólares por semana,
    Pollon d'anthropon iden[167],
Sabía cuáles compañías fleteras eran las más descuidadas;
    donde un hombre estaba más sujeto
A perder una pierna en las defectuosas máquinas de las grúas;
También contra fuego, como cuando se pasa frente a un burdel,
Llegaba, Hermes milagroso, de casualidad
Dos minutos después de que los *angelos* del dueño
Habían salido en su busca.
Ahorró a su gente 11.000 en cuatro meses
    de aquella faena cubana,
Pero reventaron,
Y también gastó 40.000 dólares de su propio peculio,
    Una vez, pero quería engullirse «a todo Wall Street».
Y todo lo dejó tres semanas después
Habitat cum Quade, tío estupendo,

---

[167] En la *Odisea,* canto I, l. 3, se dice de Odiseo que «vio muchas ciudades de hombres y conoció su talante». La asimilación de Bacon con el héroe homérico puede ser irónica.

Mons Quade who wore a monocle on a wide sable
   ribbon.
   (Elsewhere recorded).
Dos Santos, José Maria dos Santos,
Hearing that a grain ship
Was wrecked in the estuary of the Tagus,
Bought it at auction, nemo obstabat,
No one else bidding. «Damn fool!» «Maize
Spoiled with salt water,
No use, can't do anything with it.» Dos Santos.
All the stuff rotted with sea water.
Dos Santos Portuguese lunatic bought it,
Mortgaged then all his patrimony,
   e tot lo sieu aver,
And bought sucking pigs, pigs, small pigs,
Porkers, throughout all Portugal,
   fed on the cargo,
First lot mortgaged to buy the second lot, undsoweiter,
Porkers of Portugal,
   fattening with the fulness of time,
Ant Dos Santos fattened, a great landlord of Portugal
Now gathered to his fathers.
   Did it on water-soaked corn.
(Water probably fresh in that estuary)
Go to hell Apovitch, Chicago aint the whole punkin.
   Jim X...

Monseñor Quade que ostentaba monóculo pendiente de
   ancha cinta de marta cebellina[168].
   (Asentado en otra parte).
Dos Santos, José María dos Santos,
Al saber que un barco con grano
Se había averiado en el estuario del Tajo,
Lo compró en subasta, nemo obstabat,
Sin nadie que pujara. «¡Imbécil!» «El maíz
Echado a perder con el agua salada,
No sirve para nada.» Dos Santos.
Toda la mercancía podrida con el agua del mar.
Dos Santos, lunático portugués, lo compró,
Hipotecó entonces todo su patrimonio,
   e tot lo sieu aver[169],
Y compró lechones, cerdos, pequeños cerdos,
Puercos, por todo Portugal,
   se cebaron con el cargamento,
La primera manada hipotecada para comprar la segunda,
   undsoweiter[170],
Puercos de Portugal,
   engordando con la amplitud del tiempo,
Y Dos Santos cebado, un gran terrateniente de Portugal
Ahora reunido con sus antepasados.
   Lo realizó con maíz ahogado.
(Agua quizás dulce en aquel estuario)
Vete al diablo Apovitch, Chicago no es todo el pastel.
   Jim X...[171]

---
[168] No he encontrado dato alguno que permita convertir a Mons
Quade en «Monseñor». Creo que el traductor confunde el nombre propio con la abreviatura usual con que se representa en inglés la dignidad
eclesiástica de «Monsignor». Este Mons Quade es un socio mercantil de
«Baldy» Bacon, al que Pound también conoció hacia 1910.
[169] «e tot lo sieu aver»: «y todo lo que tenía».
[170] «undsoweiter»: «etcétera, etcétera».
[171] Apovitch parece (según todas las fuentes) un nombre inventado
por Pound.
 Jim X...: John Quinn, abogado americano (1870-1924), coleccionista
de arte y protector de artistas. La edición italiana da directamente el
nombre auténtico, suprimiendo sin más el Jim X... de este texto. A este
Quinn regaló Eliot, en agradecimiento, el manuscrito de su *The Waste*

         in a bankers' meeting,
      bored with their hard luck stories,
Bored with their bloomin' primness
      and the little white rims
They wore around inside the edge of their vests
To make 'em look as if they had on two waistcoats,
Told 'em the Tale of the Honest Sailor.
Bored with their proprieties,
      as they sat, the ranked presbyterians,
Directors, dealers through holding companies,
Deacons in churches, owning slum properties,
Alias usurers in excelsis,
      the quintessential essence of usurers,
The purveyors of employment, whining over their 20 p. c.
      and the hard times,
And the bust-up of Brazilian securities
      (S. A. securities),
And the general uncertainty of all investment
Save investment in new bank buildings,
      productive of bank buildings,
And not likely to ease distribution,
Bored with the way their mouths twitched
      over their cigar-ends,
      Said Jim X...:
There once was a pore honest sailor, a heavy drinker,
A hell of a cuss, a rowster, a boozer, and
The drink finally sent him to hospital,
Ant they operated, and there was a poor whore in
The woman's ward had a kid, while
They were fixing the sailor, and they brought him the kid

en una junta de banqueros,
aburrido con sus cuentos lastimosos,
Aburrido con su condenada manera relamida
y las pequeñas bastillas blancas
Que llevaban orlando los extremos interiores de sus chalecos
Para que pareciera que llevaban puestos dos,
Les contó el cuento del Marinero Honrado.
Aburrido con sus decencias,
  mientras estaban sentados, los presbiterianos jerárquicos,
Directores, negociantes por medio de interpósitas sociedades,
Diáconos de las iglesias, dueños de barrios bajos,
Alias usureros in excelsis,
  la quintaesenciada esencia de los usureros,
Los proveedores de empleo, gimoteando por su 20 por ciento
  y los tiempos difíciles,
Y el fiasco de los bonos brasileros
  (valores sudamericanos),
Y la inseguridad general de toda inversión
Salvo la inversión en nuevos edificios bancarios,
  productores de edificios bancarios,
Y poco dispuestos a facilitar la distribución,
Aburrido con la forma en que sus bocas remolineaban
  alrededor de sus cigarros,
  Dijo Jim X...:
Había una vez un pobre marinero pobre y honrado, buen bebedor,
Un verdadero diablo, escandaloso, borracho, y
La bebida acabó por enviarle al hospital,
Le operaron, y había una pobre puta en
La sala de las mujeres que había parido un chico, mientras
Operaban al marinero, y le llevaron al niño

Land, tras las correcciones introducidas en el mismo por Pound (véase la introducción).

When he came to, and said:
>   «Here! this is what we took out of you.»

An' he looked at it, an' he got better,
And when he left the hospital, quit the drink,
And when he was well enough
>   signed on with another ship

And saved up his pay money,
>   and kept on savin' his pay money,

And bought a share in the ship,
>   and finally had half shares,

Then a ship
>   and in time a whole line of steamers;

And educated the kid,
>   and when the kid was in college,

The ole sailor was again taken bad
>   and the doctors said he was dying,

And the boy came to the bedside,
>   and the old sailor said:

«Boy, I'm sorry I can't hang on a bit longer,
»You're young yet.
>   I leave you re-sponsa-bilities.

»Wish I could ha' waited till you were older,
»More fit to take over the bisness...»
>   «But, father,

»Don't, don't talk about me, I'm all right,
»It's you, father.»
>   «That's it, boy, you said it.

»You called me your father, and I ain't.
»I ain't your dad, no,
»I am not your fader but your moder,» quod he,
«Your fader was a rich merchant in Stambouli.»

Cuando estuvo consciente, y le dijeron:
  «¡He aquí lo que te sacamos!»

Y éste se le quedó mirando, y se alivió,
Y cuando salió del hospital dejó de beber,
Y cuando estuvo del todo bien
  se enganchó en otro barco
Y ahorró su paga,
  y siguió ahorrando su paga
Y adquirió una participación en el barco,
  y por fin poseyó la mitad de las acciones,
Después un barco
  y con el tiempo una compañía naviera entera;
Y educó al chico,
  Y cuando el chico estaba en la universidad,
El viejo marinero de nuevo cayó en cama
  y los médicos dijeron que se moría,
Y el muchacho vino a su cabecera,
  y el viejo marinero dijo:
«Muchacho, siento no poder esperarme un poco más,
»Tú aún eres joven.
  Te dejo res-ponsa-bilidades.
»Ojalá hubiera podido esperar hasta que fueras mayor,
»Más preparado para llevar el negocio...»
  «Pero, padre,
»No hablemos de mí, yo estoy bien,
»Se trata de ti, padre.»
  «Eso es, muchacho, tú lo has dicho.
»Me llamas tu padre, y no lo soy.
»No soy tu padre, no,
»No soy tu padre sino tu madre», dijo,
«Tu padre fue un rico mercader de Estambul.»

Cantar XIII

Primero de los Cantares sobre Confucio (551-479 a. de C.) basado fundamentalmente en *The Confucian Analects* que Pound tradujo al inglés mucho más tarde, en 1951, aunque sus primeros ensayos de traducir a Confucio son de 1937. *Las Analectas* es una recopilación de algunas de las enseñanzas del maestro chino, realizada por sus discípulos. Pound considera que se trata de una filosofía cuyo estudio produce «greater profit than that of the Greek because no time is wasted in idle discussion of errors» («mayor beneficio que el de la griega, pues no se pierde el tiempo en estériles discusiones sobre los errores», *The Analects*, pág. 7). Hasta el Cantar XLIX no volverá a aparecer este tema.

Aquí expresa Pound su intenso sentido de la tolerancia y su amor por todos los más nobles aspectos de la siempre diferente naturaleza humana.

XIII

Kung walked
    by the dynastic temple
and into the cedar grove,
    and then out by the lower river,
And with him Khieu, Tchi
    and Tian the low speaking
And «we are unknown,» said Kung,
«You will take up charioteering?
    Then you will become known,
»Or perhaps I should take up charioteering, or archery?
»Or the practice of public speaking?»
And Tseu-lou said, «I would put the defences in order,»
And Khieu said, «If I were lord of a province
I would put it in better order than this is.»
And Tchi said, «I would prefer a small mountain temple,
»With order in the observances,
    with a suitable performance of the ritual,»
And Tian said, with his hand on the strings of his lute
The low sounds continuing
    after his hand left the strings,
And the sound went up like smoke, under the leaves,
And he looked after the sound:
    «The old swimming hole,
»And the boys flopping off the planks,
»Or sitting in the underbrush playing mandolins.»
    And Kung smiled upon all of them equally.
And Thseng-sie desired to know:
    «Which had answered correctly?»
And Kung said, «They have all answered correctly,

XIII

Kung caminó
    pasando por el templo dinástico
y penetró en el bosque de los cedros,
    y luego salió allá por la parte baja del río,
Y con él Khieu Tchi
    y Tian el del habla queda
Y «nosotros somos desconocidos», dijo Kung,
«¿Vais a correr carros de guerra?
    Pues entonces os conocerán,
»O ¿quizás yo deba correr carros de guerra, o tirar con arco?
»¿O la oratoria?»
Y Tseu-lou dijo, «Yo pondría las defensas en orden»,
Y Khieu dijo, «Si yo fuese señor de una provincia
Yo la tendría más ordenada que ésta.»
Y dijo Tchi, «Yo preferiría un pequeño templo montañés,
»Con orden en el ritual,
    con una adecuada realización del ritual»,
Y dijo Tian, con sus dedos en el laúd
Dejando que los sonidos bajos siguieran
    después de retirar su mano de las cuerdas,
Y el sonido subió como humo, bajo las hojas,
Y miró tras el sonido:
    «El viejo charco para nadar,
»Y los muchachos chapoteando desde el trampolín,
»O sentados bajo los matorrales tocando mandolinas.»
    Y Kung sonrió a todos por igual.
Y Thseng-sie quiso saber:
    «¿Cuál de ellos había contestado acertadamente?»
Y dijo Kung, «Todos contestaron acertadamente,

[293]

»That is to say, each in his nature.»
And Kung raised his cane against Yuan Jang,
    Yuan Jang being his elder,
For Yuan Jang sat by the roadside pretending to
    be receiving wisdom.
And Kung said
    «You old fool, come out of it,
Get up and do something useful.»
    And Kung said
«Respect a child's faculties
»From the moment it inhales the clear air,
»But a man of fifty who knows nothing
    Is worthy of no respect.»
And «When the prince has gathered about him
»All the savants and artists, his riches will be fully employed.»
And Kung said, and wrote on the bo leaves:
    If a man have not order within him
He can not spread order about him;
And if a man have not order within him
His family will not act with due order;
    And if the prince have not order within him
He can not put order in his dominions.
And Kung gave the words «order»
and «brotherly deference»
And said nothing of the «life after death.»
And he said
    «Anyone can run to excesses,
It is easy to shoot past the mark,
It is hard to stand firm in the middle.»

And they said: If a man commit murder
    Should his father protect him, and hide him?
And Kung said:
    He should hide him.

And Kung gave his daughter to Kong-Tch'ang
    Although Kong-Tch'ang was in prison.

»Es decir, cada uno según su naturaleza.»
Y Kung levantó su caña contra Yuan Jang,
    Yuan Jang siendo su hijo mayor,
Pues Yuan Jang estaba sentado a la orilla del camino
  pretendiendo que
    estaba aprendiendo sabiduría.
Y dijo Kung
    «Viejo tonto, pórtate bien,
Levántate y haz algo útil.»
    Y dijo Kung
«Respetad las facultades del niño
»Desde el momento que aspira el aire claro,
»Mas el hombre cincuentón que nada sabe
    No merece respeto alguno.»
Y «Cuando el príncipe ha reunido en su torno
»A todos los sabios y artistas, sus riquezas estarán bien
  empleadas.»
Y Kung dijo y escribió en las hojas de boj:
    Si un hombre no tiene orden en sí mismo
No podrá diseminar el orden en torno suyo;
Y si un hombre no tiene orden en sí mismo
Su familia no procederá con el orden debido;
    Y si el príncipe no tiene orden en sí mismo
No podrá tenerlo en sus dominios.
Y Kung dio las palabras «orden»
y «diferencia fraternal»
Y nada dijo de «la vida después de la muerte».
Y dijo
    «Cualquiera puede cometer excesos,
Fácil es disparar más allá del blanco,
Difícil es quedarse firme en el medio.»

Y dijeron ellos: Si un hombre mata
    ¿Debe protegerle y esconderle su padre?
Y Kung dijo:
    Debe esconderle.

Y Kung dio su hija a Kong-Tchang
    Aunque Kong-Tchang estaba preso.

And he gave his niece to Nan-Young
    although Nan-Young was out of office.
And Kung said «Wang ruled with moderation,
    In his day the State was well kept,
And even I can remember
A day when the historians left blanks in their writings,
I mean for things they didn't know,
But that time seems to be passing.»
And Kung said, «Without character you will
    be unable to play on that instrument
Or to execute the music fit for the Odes.
The blossoms of the apricot
    blow from the east to the west,
And I have tried to keep them from falling.»

Y dio su sobrina a Nan-Young
    aunque Nan-Young estaba sin empleo.
Y Kung dijo «Wang gobernó con moderación,
    En su tiempo el Estado marchó bien,
Y hasta yo recuerdo
El día en que los historiadores dejaron blancos en sus páginas.
Es decir para las cosas que ignoraban,
Pero esos tiempos parece que se van.»
Y dijo Kung, «Sin carácter no podréis
    tocar ese instrumento
O ejecutar la música digna de las Odas.
Las flores del melocotonero
    flotan de oriente a poniente,
Y yo he querido evitar su caída.»

Cantar XIV

Este Cantar y el siguiente (llamados «Hell Cantos», «Cantos del Infierno») constituyen una violenta, dura y airada invectiva, sucia y cruel, contra «la bestia de cien patas», el vicio que Pound considera causa de todos los males, raíz de conflictos, injusticias y guerras, la usura. Esa bestia es Gerión, en el séptimo círculo del Infierno de la *Divina Comedia* (Canto XVII), aunque el primer verso de este Cantar pertenece al Canto V de Dante: «Llegué a un lugar de todas luces mudo» (Edición de Giorgio Petrocchi y Luis Martínez de Merlo, Madrid, Cátedra, 1988, página 103). En la mitología clásica, Geriones era un monstruo de tres cabezas y de cuerpo también triple hasta las caderas, rico en bueyes, que murió a manos de Hércules cuando éste le robó su ganado.

Bajo la etiqueta de usura se encierran todos los falsos valores contra los que combate Pound: el propio poeta comenta estos Cantares en su carta a John Lackay Brown, de abril de 1937 (*Selected Letters*, págs. 293-294). Afirma, desde luego, la existencia de la responsabilidad individual, pero niega el derecho a que el hombre cierre su mente al sentido crítico y acepte sin cuestión un sistema económico artificial y sustentado en mentiras. «The Protestan world has *lost* the sense of mental and spiritual *rottenness*. Dante has it: "gran sacco che fa merda". The real theologians *knew* it» («El mundo protestante ha *perdido* el sentido de la *corrupción* mental y espiritual. Dante lo tiene: "gran sacco che fa merda". Los verdaderos teólogos *lo sabían*»). Un poco después precisa: «that section of hell precisely has *not* any dignity. Neither had Dante's fahrting devils. Hell is not amusing. Not a joke. And when you get further along you find individuals, not abstracts. Even the XIV-XV has individuals in it, but *not* worth recording as such» («esa *sección* del infierno carece *totalmente* de dignidad. Tampoco la tenían los diablos pedorreros de Dante. El Infierno no es divertido. Ni una broma. Y cuando sigas adelante encontrarás individuos, no abstracciones. Incluso el XIV-XV tienen individuos, pero que no son dignos de mención como tales». *Ibidem*, pág. 293).

Además de a Dante, estos Cantares contienen referencias a Omar Kayán (Umar Jayyam) y a Horacio.

XIV

Io venni in luogo d'ogni luce muto;
The stench of wet coal, politicians
.... e and ..... n, their wrists bound to
    their ankles,
Standing bare bum,
Faces smeared on their rumps,
    wide eye on flat buttock,
Bush hanging for beard,
   Addressing crowds through their arse-holes,
Addressing the multitudes in the ooze,
    newts, water-slugs, water-maggots,
And with them ...... r,
    a scrupulously clean table-napkin
Tucked under his penis,
    and .... m
Who disliked colloquial language,
Stiff-starched, but soiled, collars
    circumscribing his legs,
The pimply and hairy skin

XIV

Io venni in luogo d'ogni luce muto[172];
El hedor de carbón mojado, políticos
. . . . e y . . . . . n, sus muñecas atadas a[173]
    sus tobillos
Con el culo al aire,
Con caras pintarrajeadas en sus grupas,
    ojo abierto sobre fondillo plano,
Con un matorral colgante por barba,
    Dirigiéndose a las multitudes con sus anos por
bocas,
Dirigiéndose a las multitudes en el fangal,
    salamandras acuáticas, babosas, cresas acuáticas,
Y con ellas . . . . r,
    una servilleta escrupulosamente limpia
Colocada debajo de su pene,
    y . . . . m
Que no gustaba del idioma coloquial,
Muy almidonados, pero sucios, cuellos
    circundando sus piernas,
La piel peluda y llena de espinillas

---

[172] «llegué a un lugar de todas luces mudo». Dante, *Divina Comedia*, pág. 103.
[173] Los políticos indignos de ser mencionados como individuos se identifican por medio de puntos suspensivos, tantos como letras en su nombre menos uno, que se substituye por la letra final explícita: así «..........e» es el estadista y Primer Ministro británico David Lloyd-George (1916-1922); y «.....n» es Woodrow Wilson, Presidente de Estados Unidos (1913-21). A ambos considera Pound responsables de la catástrofe que significó para Europa y el mundo la Primera Guerra Mundial. No se identifican otros nombres así incluidos, excepto el del capitán H., más adelante, que es una variante del sistema de identificación descrito.

       pushing over the collar's edge,
Profiteers drinking blood sweetened with sh-t,
And behind them . . . . . f and the financiers
    lashing them with steel wires.

And the betrayers of language
    . . . . n and the press gang
And those who had lied for hire;
the perverts, the perverters of language,
    the perverts, who have set money-lust
Before the pleasures of the senses;

howling, as of a hen-yard in a printing-house,
    the clatter of presses,
the blowing of dry dust and stray paper,
fœtor, sweat, the stench of stale oranges,
dung, last cess-pool of the universe,
mysterium, acid of sulphur,
the pusillanimous, raging;
plunging jewels in mud,
    and howling to find them unstained;
sadic mothers driving their daughters to bed with decrepitude,
sows eating their litters,
and here the placard ΕΙΚΩΝ ΓΗΣ.
    and here: THE PERSONNEL CHANGES.

melting like dirty wax,
    decayed candles, the bums sinking lower,
faces submerged under hams,
And in the ooze under them,
reversed, foot-palm to foot-palm,
    hand-palm to hand-palm, the agents provocateurs
The murderers of Pearse and MacDonagh,

saliéndosele por la orilla del cuello,
Logreros bebiendo sangre endulzada con mierda,
Y tras ellos . . . . . f y los financieros
    pegándoles con alambres de acero.

Y los subvertidores del idioma
    . . . . . . n y la pandilla de la prensa
Y los que habían mentido a sueldo;
los pervertidos, los pervertidores del idioma,
    los pervertidos, que han antepuesto el deseo del dinero
A los placeres sensuales;

chillidos, como de gallinero en una imprenta,
    el traqueteo de las prensas,
el volar del polvo seco y papel tirado,
hedor, sudor, la pestilencia de naranjas viejas,
bosta, último pozo negro del universo,
mysterium, ácido de azufre,
los pusilámines, rugiendo;
lanzando joyas en el fango,
    y aullando al encontrarlas sin mácula;
madres sádicas obligando a sus hijas al coito con la decrepitud,
puercas devorando su ventregada,
y aquí la placa ΕΙΚΩΝ ΓΗΣ[174],
    y aquí: CAMBIO DE PERSONAL,

derritiéndose como cera sucia,
    velas podridas, los culos hundiéndose más,
caras sumergidas bajo jamones,
Y en el fangal debajo de ellas,
al revés, planta contra planta,
    palma contra palma, los agentes provocadores
Los asesinos de Pearse y Mac Donagh[175],

---

[174] «Eikon Ges»: «imagen de la tierra».
[175] Patrick Henry Pearse y Thomas M. MacDonagh son dos patriotas de la independencia irlandesa ejecutados por la justicia británica tras la

    Captain H. the chief torturer;
The petrified turd that was Verres,
        bigots, Calvin and St. Clement of Alexandria!
black-beetles, burrowing into the sh-t,
The soil a decrepitude, the ooze full of morsels,
lost contours, erosions.

    Above the hell-rot
the great arse-hole,
        broken with piles,
hanging stalactites,
        greasy as sky over Westminster,
the invisible, many English,
        the place lacking in interest,
last squalor, utter decrepitude,
the vice-crusaders, fahrting through silk,
        waving the Christian symbols,
. . . . . . frigging a tin penny whistle,
Flies carrying news, harpies dripping sh-t through the air,

The slough of unamiable liars,
        bog of stupidities,
malevolent stupidities, and stupidities,
the soil living pus, full of vermin,
dead maggots begetting live maggots,

El capitán H, torturador principal;
La boñiga petrificada que era Verres,
 ¡fanáticos, Calvino y S. Clemente de Alejandría!¹⁷⁶
escarabajos negros, enterrándose en la mierda,
La tierra una decrepitud, el limo lleno de bocados,
contornos perdidos, erosiones.

 Por sobre la podre infernal,
el gran agujero del culo,
 reventando de almorranas,
estalactitas pendientes,
 grasientas como el aire sobre Westminster,
los invisibles, múltiples ingleses,
 el lugar sin interés,
última escualidez, total decrepitud,
los cruzados del vicio, echando pedos a través de la seda,
 tremolando símbolos cristianos,
. . . . fregando con un pito de lata de a penique,
Las moscas portando novedades, harpías, escurriendo
 mierda en el aire,

El fangal de mentirosos no amables,
 atascadero de estupideces,
estupicedes malévolas y estupideces,
el suelo de pus vivo, lleno de gusanos,
cresas muertas engendrando vivas,

---

fracasada rebelión de Pascua de 1916. Fue precisamente Lloyd-George
en 1922 el que pactó con los independentistas del Sinn Fein el establecimiento de la República de Irlanda.
 Capitán H.: del ejército inglés en Irlanda, torturador notorio que asesinó en la cárcel a prisioneros a sangre fría. Finalmente sería condenado en consejo de guerra y encarcelado.
¹⁷⁶ Verres: Cayo Licinio Verres (119-43 a. de C.), funcionario romano cuya venalidad, crueldad y codicia le condujeron a toda clase de abusos y corrupciones. Cicerón se encargaría de la acusación en el proceso que se le abrió.
 Calvino (1509-64) y San Clemente de Alejandría (c. 150-c. 215): Pound equipara a estos dos líderes religiosos (Clemente, por cierto, no es santo, a pesar de la opinión de Pound) como símbolos de un concepto sombrío, represivo y autoritario de la religión.

>   slum owners,
> usurers squeezing crab-lice, pandars to authority,
> pets-de-loup, sitting on piles of stone books,
> obscuring the texts with philology,
>   hiding them under their persons,
> the air without refuge of silence,
>   the drift of lice, teething,
> and above it the mouthing of orators,
>   the arse-belching of preachers.
>   And Invidia,
> the corruptio, fœtor, fungus,
> liquid animals, melted ossifications,
> slow rot, foetid combustion,
>   chewed cigar-butts, without dignity, without tragedy,
> .... m Episcopus, waving a condom full of black-beetles
> monopolists, obstructors of knowledge,
>   obstructors of distribution.

>   dueños de barrios bajos,
> usureros exprimiendo ladillas, alcahuetes de la autoridad,
> pets-de-loup, sentados en montones de libros de piedra,
> oscureciendo los textos con la filología,
>   ocultándolos debajo de sus personas,
> el aire sin refugio de silencio,
>   el garete de los piojos, en dentición,
> y sobre sodo la falsa oratoria,
>   el eructar por el culo de los predicadores.
>   Y Envidia,
> el corruptio, foetor, fungus,
> animales líquidos, osificaciones derretidas,
> podre lenta, combustión fétida,
>   colillas de cigarros masticadas, sin dignidad, sin tragedia,
> . . . . . m Episcopus, tremolando un condón lleno de escarabajos negros,
> monopolizadores, obstructores del conocimiento.
>   obstruccionistas de la distribución.

Cantar XV

Como se ha dicho ya en el resumen al Cantar anterior, en el XV se prosigue la descripción en los términos más crudos, de todos los posibles aspectos y consecuencias de ese mal bestial y corruptor, de modo que se completa el panorama. El lenguaje sigue siendo deliberadamente duro y soez, para transmitir la sensación de asco infinito que debe producir ese vicio.

XV

The saccharescent, lying in glucose,
the pompous in cotton wool
    with a stench like the fats at Grasse,
the great scabrous arse-hole, sh-tting flies,
    rumbling with imperialism,
ultimate urinal, middan, pisswallow without a cloaca,
. . . . r less rowdy, ... Episcopus
    . . . . sis,
    head down, screwed into the swill,
his legs waving and pustular,
    a clerical jock strap hanging back over the navel
his condom full of black beetles,
    tattoo marks round the anus,
and a circle of lady golfers about him.

the courageous violent
    slashing themselves with knives,
the cowardly inciters to violence
. . . . . n and. . . . . . .h eaten by weevils,
. . . . ll like a swollen foetus,
    the beast with a hundred legs, USURA
and the swill full of respecters,
    bowing to the lords of the place,
explaining its advantages,
    and the laudatores temporis acti

XV

Lo sacarescente, yaciendo en glucosa,
lo pomposo en lana de algodón
    con una pestilencia como las grasas en Grasse[177],
el gran culo costroso, cagando moscas,
    tronando de imperialismo,
último orinal, montón de mierda, revolcadero de meados
    sin cloaca,
. . . . . r, menos escandaloso, ... Episcopus
. . . . sis,
    agachado, atornillado a la inmundicia,
con sus piernas ondulantes y pustulosas,
    con un suspensorio clerical colgándole sobre el
    ombligo
y su condón lleno de escarabajos negros,
    y tatuajes alrededor del ano,
y un círculo de damas golfistas alrededor suyo.

los valerosos violentos
    tajándose con cuchillos,
los cobardes incitadores a la violencia
. . . . . n y . . . . h comidos por gorgojos,
. . . . ll como un feto hinchado,
    la bestia de cien patas, USURA
y la inmundicia de los respetadores,
    inclinándose ante los señores del lugar,
explicando sus ventajas,
    y los laudatores temporis acti[178]

---

[177] Grasse: ciudad francesa cuyas industrias químicas, principalmente relacionadas con la perfumería, producen un intenso hedor.

[178] «laudatores temporis acti»: paráfrasis de Horacio, *Epístola a los Piso-*

claiming that the sh-t used to be blacker and richer
and the fabians crying for the petrification of putrefaction,
for a new dung-flow cut in lozenges,
the conservatives chatting,
    distinguished by gaiters of slum-flesh,
and the back-scratchers in a great circle,
    complaining of insufficient attention,
the search without end, counterclaim for the missing scratch
the litigious,
a green bile-sweat, the news owners, ... s
    the anonymous
. . . . ffe, broken
    his head shot like a cannon-ball toward the glass gate,
peering through it an instant,
    falling back to the trunk, epileptic,
et nulla fidentia inter eos,
    all with their twitching backs,
with daggers, and bottle ends, waiting an
    unguarded moment;

a stench, stuck in the nostrils;
beneath one
    nothing that might not move,
mobile earth, a dung hatching obscenities,
    inchoate error,
boredom born out of boredom,
british weeklies, copies of the . . . . c,
a multiple . . . . . . nn,
and I said, «How is it done?»
    and my guide:
This sort breeds by scission,

sosteniendo que la mierda solía ser más negra y rica
y los fabianos llorando por la petrificación y putrefac-
 ción,
por un nuevo venero de inmundicia cortado en losanges,
los conservadores charlando,
  identificados por sus polainas de piel de barrio bajo,
y los rascaespaldas en gran círculo,
  quejándose del poco caso,
la búsqueda sin fin, contrademanda por la rascada au-
 sente
los litigantes,
el verde sudor de bilis, los dueños de las noticias, ... s
  los anónimos
. . . . . . ffe, roto
  su cabeza disparada como bala de cañón hacia la
  puerta de cristal,
atisbando a través de ella por un instante,
  volviendo a caer en el tórax, epiléptico,
et nulla fidentia inter eos[179],
  todos con sus espaldas crispadas,
con dagas, y cabos de botella, en espera
  de un instante desprevenido;

un hedor pegado al olfato;
debajo de uno
  nada que no pueda moverse,
tierra móvil, una bosta empollando obscenidades,
  error incipiente,
aburrimiento nacido del aburrimiento,
semanarios británicos, copias de . . . . c,
un múltiple . . . . . nn,
y yo dije, «¿Cómo se hace?»
  y mi guía:
Esta clase se multiplica por escisión,

---

nes, 173 (ed. de Helena Valentí, Barcelona, Boch, 1981, 173, pág. 33)
que dice «laudator temporis acti» o «alabador del tiempo pasado».

[179] «et nulla fidentia inter eos»: «y sin ninguna confianza entre
ellos».

This is the fourmillionth tumour.
In this *bolge* bores are gathered,
Infinite pus flakes, scabs of a lasting pox.

skin-flakes, repetitions, erosions,
endless rain from the arse-hairs,
as the earth moves, the centre
    passes over all parts in succession,
a continual bum-belch
    distributing its productions.
Andiamo!
    One's feet sunk,
the welsh of mud gripped one, no hand-rail,
the bog-suck like a whirl-pool,
and he said:
    Close the pores of your feet!
And my eyes clung to the horizon,
    oil mixing with soot;
and again Plotinus:
    To the door,
Keep your eyes on the mirror.
Prayed we to the Medusa,
    petrifying the soil by the shield,
Holding it downward
    he hardened the track
Inch before us, by inch,
    the matter resisting,
The heads rose from the shield,
    hissing, held downwards.
Devouring maggots,
    the face only half potent,

Este es el cuatrimillonésimo tumor.
En este *bolge* se juntan los aburridos[180],
Costras infinitas de pus, de una viruela eterna.

costras de la piel, repeticiones, erosiones,
lluvia interminable de los pelos del culo,
al moverse la tierra, su centro
      pasa por todas partes en sucesión,
un continuo eructo del culo
      distribuyendo sus productos.
Andiamo![181]
      Los pies de uno se hundieron,
el hundimiento del lodo tomó posesión de uno, sin pasamano,
el chupar del pantano como remolino,
y él dijo:
      ¡Cierren los poros de los pies!
Y mis ojos se aferraron al horizonte,
      aceite mezclado con hollín;
y otra vez Plotino:
      A la puerta,
Aferrad los ojos al espejo.
Oramos a Medusa[182],
      petrificando el suelo con el escudo,
Manteniéndolo hacia abajo
      endureció el camino
Pulgada ante nosotros, por pulgada,
      la materia resistiéndose,
Las cabezas se levantaban del escudo,
      silbando, sostenido hacia abajo.
Devorando cresas,
      el rostro sólo potente a medias,

---

[180] «bolge»: «círculo infernal» en la *Divina Comedia*...
[181] «Andiamo!»: «¡Vamos!».
[182] Plotino (205-269), neoplatónico, filósofo de la luz, el guía de Pound de líneas más arriba, como Virgilio lo fue de Dante.
Medusa es una de las Gorgonas. Tiene serpientes en la cabeza en lugar de cabellos y su mirada es capaz de petrificar a aquel a quien la dirige.

The serpents' tongues
    grazing the swill top,
Hammering the souse into hardness,
    the narrow rast,
Half the width of a sword's edge.
    By this through the dern evil,
now sinking, now clinging,
    Holding the unsinkable shield.
Oblivion,
    forget how long,
sleep, fainting nausea.
«Whether in Naishapur or Babylon»
I heard in the dream.
    Plotinus gone,
And the shield tied under me, woke;
The gate swung on its hinges;
Panting like a sick dog, staggered,
Bathed in alkali, and in acid.
Ἥλιον τ' Ἥλιον
    blind with the sunlight,
Swollen-eyed, rested,
    lids sinking, darkness unconscious.

Las lenguas de las serpientes
   rozando la superficie del lodazal,
Martillando aquel escabeche hasta endurecerlo,
   al orín angosto,
La mitad del ancho de la espada.
   Así a través del condenado cieno,
ora hundiéndose, ora pegándose,
   Sosteniendo el escudo insumergible.
Olvido,
   quién sabe por cuánto tiempo,
sueño, náusea de desmayo.
   «Sea en Naishapur o Babilonia»[183]
Oí en un sueño.
   Plotino ido,
Y el escudo atado debajo de mí, desperté;
El portón giraba sobre sus goznes;
Acezando como perro enfermo, dando traspiés,
Bañado en álcali, y en ácido.
'Ἥλιον τ' 'Ἥλιον[184]
   cegado por el sol,
Con los ojos hinchados, descansé,
   los párpados cayéndoseme, la oscuridad inconsciente.

---

[183] «Sea en Naishapur o Babilonia»: Umar Jayyam (Omar Kayán, en otra transcripción quizá más frecuente) nació en la primera de esas ciudades. La línea es parte de su *Rubaiyat,* VIII, en la versión inglesa clásica de Edward Fitzgerald (1809-83).

[184] «Helion»: «el sol, el sol».

Cantar XVI

La guerra, en toda la insensata destrucción y dolor que engendra, se introduce aquí tras el dantesco recuerdo del «Purgatorio», que Pound evoca tras despertar del sueño en que había caído al final del Cantar anterior. Las referencias más significativas aluden a la Guerra Franco-Prusiana de 1870-1871 y a la Primera Guerra Mundial, para concluir con un satírico recuerdo de la Revolución Rusa.

XVI

And before hell mouth; dry plain
    and two mountains;
On the one mountain, a running form,
    and another
In the turn of the hill; in hard steel
The road like a slow screw's thread,
The angle almost imperceptible,
    so that the circuit seemed hardly to rise;
And the running form, naked, Blake,
Shouting, whirling his arms, the swift limbs,
Howling against the evil,
    his eyes rolling,
Whirling like flaming cart-wheels,
    and his head held backward to gaze on the evil
As he ran from it,
    to be hid by the steel mountain,
And when he showed again from the north side;
    his eyes blazing toward hell mouth,
His neck forward,
    and like him Peire Cardinal.
And in the west mountain, Il Fiorentino,
Seeing hell in his mirror,
    and lo Sordels

XVI

Y antes de la puerta infernal; planicie seca
    y dos montañas;
Y en una de ellas, una forma en movimiento,
    y la otra
A la vuelta del alcor; en acero duro
El camino como lenta rosca de tornillo,
El ángulo casi imperceptible,
    de tal manera que el circuito apenas parecía subir;
Y la forma en movimiento, desnuda, Blake[185],
Gritando, con los brazos como aspas, los brazos rápidos
Gritando contra el mal,
    sus ojos girando,
Volteando como ruedas llameantes de carro,
    y con la cabeza vuelta hacia atrás para contemplar
    el mal
Mientras se escapaba
    para esconderse en la montaña de acero,
Y cuando se mostró de nuevo por el lado norte;
    con los ojos flameando hacia la boca infernal[186],
Su cuello adelantado,
    y como él Peire Cardinal.
Y en la montaña del oeste, Il Fiorentino,
Viendo el infierno en su espejo,
    y lo Sordels

---

[185] El poeta y grabador romántico inglés William Blake (1757-1827).
[186] «la boca infernal»: la salida del infierno que utilizan Virgilio y Dante para empezar su viaje por el Purgatorio. En esa salida «nos dejó mirar el cielo / un agujero, por el cual salimos / a contemplar de nuevo las estrellas» (pág. 288).

[321]

Looking on it in his shield;
And Augustine, gazing toward the invisible.

And past them, the criminal
    lying in blue lakes of acid,
The road between the two hills, upward
    slowly,
The flames patterned in lacquer, crimen est actio,
The limbo of chopped ice and saw-dust,
And I bathed myself with the acid to free myself
    of the hell ticks,
Scales, fallen louse eggs.
    Palux Laerna,
the lake of bodies, aqua morta,
of limbs fluid, and mingled, like fish heaped in a bin,
and here an arm upward, clutching a fragment of marble,
And the embryos, in flux,
    new inflow, submerging,
Here an arm upward, trout, submerged by the eels;
    and from the bank, the stiff herbage
the dry nobbled path, saw many known, and unknown,

Mirándolo en su escudo;
Y Agustín, mirando hacia lo invisible[187].

Y más allá de ellos, el criminal
    en los lagos azules de ácido,
El camino entre dos cerros, hacia arriba
    lentamente,
Las llamas dibujadas en lacre, crimen est actio[188],
El limbo de hielo picado y serrín,
Y me bañé en el ácido para librarme
    de las garrapatas infernales,
Costras, huevos caídos de los piojos.
    Palux Laerna[189],
el lago de los cuerpos, aqua morta,
de fluido de miembros, y revueltos, como peces mezclados en un troje,
y aquí un brazo para arriba, asido a un fragmento de mármol,
Y los embriones, en fluctuación,
    nuevo fluir hacia dentro, sumergiéndose,
Aquí un brazo para arriba, trucha, sumergida por las anguilas;
    y de la orilla, la hierba tiesa
el sendero traidor, vio a muchos conocidos, y desconocidos,

---

[187] Peire Cardinal (o Cardenal, 1185-c. 1275), trovador nacido de familia noble en Le Puy-en Velay, Haute-Loire, que atacó en versos satíricos los males de la Iglesia en el periodo albigense, dirigiendo sus dardos contra «los poderosos, los clérigos, los dominicos, los franceses, etc.» (Martín de Riquer, pág. 1481).
Dante es «il Fiorentino» que, al salir del Infierno veía a Satán al revés: «Yo alcé los ojos, y pensé mirar / a Lucifer igual que lo dejamos / y le vi las piernas para arriba» (pág. 286).
Sordel, ya mencionado (véase Cantar II, notas 9 y 10).
San Agustín, en cuya obra considera Pound que se busca la dimensión espiritual del hombre.
[188] «crimen est actio»: «el crimen es acción».
[189] «Palux Laerna»: tanto Terrell (pág. 69) como Mary de Rachewiltz (pág. 135) corrigen lo que aparentemente es una simple errata y escriben «Lernae», el lugar pantanoso donde Hércules mató a la Hidra, por ello llamada la Hidra Lernea.

for an instant;
    submerging,
The face gone, generation.

    Then light air, under saplings,
the blue banded lake under æther,
    an oasis, the stones, the calm field,
the grass quiet,
    and passing the tree of the bough
The grey stone posts,
    and the stair of gray stone,
she passage clean-squared in granite:
    descending,
and I through this, and into the earth,
    patet terra,
entered the quiet air
    the new sky,
the light as after a sun-set,
    and by their fountains, the heroes,
Sigismundo, and Malatesta Novello,
    and founders, gazing at the mounts of their cities

The plain, distance, and in fount-pools
    the nymphs of that water
rising, spreading their garlands,
    weaving their water reeds with the boughs,
In the quiet,
    and now one man rose from his fountain
and went off into the plain.

por un instante;
   sumergiéndose,
La cara ida, generación.

   Luego aire ligero, bajo arbolillos
el lago de bandas azules bajo éter,
   un oasis, las piedras, el campo quieto,
la hierba callada,
   y al pasar el árbol de la rama[190]
Los grises postes de piedra,
   y la escalera de piedra gris,
el pasaje limpiamente encuadrado en granito:
   descendiendo,
y yo a través de esto, y en la tierra,
   patet terra,
entré en el aire quieto
   el cielo nuevo,
y la luz como después de una puesta de sol,
   y cerca de sus fuentes, los héroes,
Segismundo, y Malatesta Novello,
   y los fundadores, mirando las montañas de sus ciudades[191].

La llanura, distancia, y en los charcos de las fuentes
   las ninfas de esas aguas
surgiendo, extendiendo sus guirnaldas,
   tejiendo sus juncos con las ramas,
En el silencio,
   y ahora un hombre salió de su fuente
y se fue a la llanura.

---

[190] Aquí hay una alusión al viaje de Eneas a la tierra a su salida del infierno. El «árbol de la rama» es el de la rama de oro, que ejerce un poder eficaz contra los seres infernales (*Eneida,* pág. 318). De aquí toma el título Sir James Frazer para su conocido libro *The Golden Bough* (1915).
[191] Los hermanos Segismundo y Domenico Malatesta, como ya se ha visto en Cantares VIII al XI, son para Pound hombres de acción, de visión política, creadores de imperios y, en resumen, ejemplos de vidas dignas de admiración y emulación.

Prone in that grass, in sleep;
    et j'entendis des voix:...

                              wall ... Strasbourg
Galliffet led that triple charge... Prussians
and he said   *(Plarr's narration)*
    it was for the honour of the army.
And they called him a swashbuckler.
    I didn't know what it was
But I thought: This is pretty bloody damn fine.
And my old nurse, he was a man nurse, and
He killed a Prussian and he lay in the street
there in front of our house for three days
And he stank.......
    Brother Percy,
And our Brother Percy...
    old Admiral
He was a middy in those days,
And they came into Ragusa
...... place those men went for the Silk War....
And they saw a procession coming down through
A cut in the hills, carrying something
The six chaps in front carrying a long thing
    on their shoulders,
And they thought it was a funeral,
    but the thing was wrapped up in scarlet,
And he put off in the cutter,

Tendido en el pasto, dormido;
et j'entendis des voix:...¹⁹²
                      muro... Estrasburgo¹⁹³
Gallifet capitaneó el triple asalto... prusianos¹⁹⁴
y dijo   *(narración de Plarr)*
    fue por el honor del ejército.
Y le llamaron valentón.
    Yo no sabía qué era
Pero pensé: Esto sí que está rebién.
Y mi viejo enfermero, era varón, y
Él mató a un prusiano que estuvo tirado en la calle
frente a nuestra casa durante tres días
Y apestaba...
    Hermano Percy,
Y nuestro hermano Percy...
        viejo almirante
Era marinero en aquel tiempo¹⁹⁵,
Y llegaron a Ragusa
...lugar a donde aquellos hombres fueron a la Guerra de
    la Seda...¹⁹⁶
Y vieron una procesión bajando a través
De un corte en los cerros, cargando algo
Los seis tíos de delante cargando algo largo
    en sus hombros,
Y pensaron que se trataba de un entierro,
    pero aquello estaba envuelto en escarlata,
Y se fue él en el escampavía,

---

¹⁹² «et j'entendis des voix»: «y oí voces». Se marca así la transición a la descripción de los horrores de la guerra.
¹⁹³ Estrasburgo fue casi el centro de la guerra Franco-Prusiana de 1870-71.
¹⁹⁴ General Gastón de Gallifet, que dirigió varias cargas casi suicidas de la caballería francesa contra las posiciones prusianas que diezmaron a los atacantes durante la batalla de Sedan. Fue ascendido a general tras estas acciones. Como la acción inmortalizada por Tennyson en *The Charge of the Light Brigade* (*La carga de la Brigada Ligera*), se trata del valor suicida, sin sentido.
¹⁹⁵ Lord Algernon Percy (1792-1865), oficial de la Armada británica.
¹⁹⁶ La Guerra de la Seda, en el siglo xv, enfrentó a Ragusa y a Venecia.

      he was a middy in those days,
To see what the natives were doing,
And they got up to the six fellows in livery,
And they looked at it, and I can still hear the old admiral,
«Was it? it was
      Lord Byron
Dead drunk, with the face of an A y n. . . . .
He pulled it out long, like that:
      the face of an a y n . . . . gel.»

And because that son of a bitch,
      Franz Josef of Austria......
And because that son of a bitch Napoléon Barbiche...
They put Aldington on Hill 70, in a trench
      dug through corpses
With a lot of kids of sixteen,
Howling and crying for their mamas,
And he sent a chit back to his major:
      I can hold out for ten minutes
With my sergeant and a machine-gun.
      And they rebuked him for levity.
And Henri Gaudier went to it,
      and they killed him,
And killed a good deal of sculpture,
And ole T.E.H. he went to it,
With a lot of books from the library,

él era sólo marinero entonces,
Para ver qué hacían los nativos,
Y llegaron con los seis tíos de librea,
Y miraron aquello, y todavía oigo al viejo almirante,
«¿Era? sí era
    Lord Byron
Perdidamente borracho, con una cara de un aaan......
Estiró la palabra así:
    la cara de un aaan . . . gel».

Y porque ese hideputa,
    Francisco José de Austria ......[197]
Y porque ese hideputa Napoleón Barbiche...[198]
Pusieron a Aldington en el cerro 70, en una trinchera
    cavada entre cadáveres
Con un montón de mozalbetes de dieciséis,
Aullando y llorando por sus mamás,
Y envió de regreso un recadito a su mayor:
    Puedo aguantar diez minutos
Con mi sargento y una ametralladora.
    Y le riñeron por ser burlón.
Y Henri Gaudier fue a eso[199],
    y lo mataron,
Y mataron bastante escultura,
Y el viejo T.E.H. fue a eso[200].
Con mucho libro de la biblioteca,

---

[197] Francisco José (1830-1916), emperador de Austria, cuyas acciones políticas fueron decisivas en el proceso que condujo al estallido de la Primera Guerra Mundial.
[198] Napoleón «Barbiche»: Luis Napoleón, o Napoleón III, llamado «Barbiche» por la perilla que adornaba su rostro.
[199] Richard Aldington (1892-1962) es uno de los poetas asociados a Pound y al imaginismo. Participó en muchos combates durante la guerra en Francia. Se casó con H. D.
Henri Gaudier-Brzeska (1891-1915) es un escultor francés que participó junto a Pound en el movimiento vorticista. Murió en las trincheras de la Primera Guerra Mundial.
[200] T. E. Hulme (1883-1917), poeta y filósofo inglés, asociado a Pound en el movimiento imagista, murió también en acción de guerra.

London Library, and a shell buried 'em in a dug-out,
And the Library expressed its annoyance.
    And a bullet hit him on the elbow
...gone through the fellow in front of him,
And he read Kant in the Hospital, in Wimbledon,
in the original,
And the hospital staff didn't like it.

And Wyndham Lewis went to it,
With a heavy bit of artillery,
    and the airmen came by with a mitrailleuse,
And cleaned out most of his company,
    and a shell lit on his tin hut,
While he was out in the privvy,
    and he was all there was left of that outfit.

Windeler went to it,
    and he was out in the Ægæan,
And down in the hold of his ship
    pumping gas into a sausage,
And the boatswain looked over the rail,
    down into amidships, and he said:
    Gees! look a' the Kept'n,
The Kept'n's a-gettin' 'er up.

And Ole Captain Baker went to it,
    with his legs full of rheumatics,

Biblioteca de Londres, y un obús les enterró en una madriguera,
  Y la Biblioteca expresó enfado.
Y una bala le pegó en el codo.
...después de traspasar al que estaba enfrente,
Y él leía a Kant en el hospital, en Wimbledon,
en el original,
Y al personal del hospital no le hacía gracia.

Y Wyndham Lewis fue a eso[201],
Con una pieza de artillería pesada,
  y los aviadores vinieron con una mitrailleuse,
Y acabaron con la mayor parte de su pelotón,
  y un obús cayó en su choza de hojalata,
Mientras estaba en el excusado,
  y él fue el único que quedó de todos ellos.

Windeler fue a eso[202],
  y él estaba en el Egeo,
Y en la cala de su barco
  bombeando gas en una salchicha,
Y el contramaestre se asomó sobre la baranda,
  y hacia abajo a la mitad del barco, y dijo:
  ¡Caray! miren al Capitán,
Al Capitán se le está levantando.

Y el viejo capitán Baker fue a eso[203],
  con las piernas llenas de reumatismo,

---

[201] Percy Wyndham Lewis (1884-1957) es un pintor y poeta inglés, también colaborador de Pound en los movimientos de las vanguardias de principios del siglo XX. En algunas ediciones de los *Cantos* se le identifica con el seudónimo de Maxy Larmann.

[202] D. W. Windeler: en algunas ediciones Barham Vandenberg, que el *Annotated Index* considera nombre inventado por Pound. Sin embargo, tanto Terrell como Mary de Rachewiltz le identifican con Windeler, otro artista muerto en campaña.

[203] Capitán Guy Baker (en alguna edición de Faber se le llama capitán Corcoran) fue herido en combate. Edwards y Vasse, en el *Annotated Index* han utilizado evidentemente un texto de Faber, pues al identificar a

So much so he couldn't run,
>   so he was six months in hospital,
Observing the mentality of the patients.

And Fletcher was 19 when he went to it,
And his major went mad in the control pit,
>   about midnight, and started throwing the 'phone about
And he had to keep him quiet
>   till about six in the morning,
And direct that bunch of artillery.

And Ernie Hemingway went to it,
>   too much in a hurry,
And they buried him for four days.

Et ma foi, vous savez,
>   tous les nerveux. Non,
Y a une limite; les betes, les betes ne sont
Pas faites pour ça, c'est peu de chose un cheval.
Les hommes de 34 ans à quatre pattes
>   qui criaient «maman.» Mais les costauds,
La fin, là à Verdun, n'y avait que ces gros bonshommes
>   Et y voyaient extrêmement clair.
Qu'est-ce que ça vaut, les généraux, le lieutenant
on les pèse à un centigramme,
>   n'y a rien que du bois,

Tanto que no podía correr,
  y estuvo seis meses en el hospital,
Observando la mentalidad de los enfermos.

Y Fletcher tenía 19 cuando fue a eso[204],
Y su mayor enloqueció en la cabina de mando,
  alrededor de media noche, y empezó a tirar el teléfono por todos lados
Y él tuvo que apaciguarlo
  hasta como las seis de la mañana,
Y dirigir aquel racimo de artillería.

Y Ernie Hemingway fue a eso[205],
  demasiado aprisa,
Y le sepultaron durante cuatro días.

Et ma foi, vous savez,
  tous les nerveux. Non,
Y a une limite; les bêtes, les bêtes ne sont
Pas faites pour ça, c'est peu de chose un cheval.
Les hommes de 34 ans à quatre pattes
  qui criaient «maman». Mais les costauds,
La fin, là à Verdun, n'y avait que ces gros bonshommes
  Et y voyaient extrêmement clair.
Qu'est-ce que ça vaut, les généraux, le lieutenant,
on les pèse à un centigramme,
  n'y a rien que du bois,

Corcoran le consideran seudónimo sin referencia a nadie real (página 45).

[204] Fletcher: no identificado, aunque a veces se ha pensado que podía tratarse de John Gould Fletcher (1886-1950), el poeta americano que también fue captado por el «imagismo». Si se puede considerar objeción, Fletcher tenía veintiocho años al comienzo de la guerra y no podía, pues, tener diecinueve cuando se le introduce aquí. En la edición de Faber se le llama Bimmy, que el *Annotated Index* considera nombre inventado sin referencia particular a nadie.

[205] Hemingway, conductor de ambulancias voluntario con el ejército italiano, también fue herido en combate. La primera edición de Faber da su nombre como Cyril Hammerton.

Notr' capitaine, tout, tout ce qu'il y a de plus renfermé
    de vieux polytechnicien, mais solide,
La tête solide. Là, vous savez,
Tout, tout fonctionne, et les voleurs, tous les vices,
Mais les rapaces,
    y avait trois dans notre compagnie, tous tués.
Y sortaient fouiller un cadavre, pour rien,
    y n'seraient sortis pour rien que ça.
Et les boches, tout ce que vous voulez,
    militarisme, et cætera, et cætera.
Tout ça, mais, MAIS,
    l'français, i s'bat quand y a mangé.
Mais ces pauvres types
A la fin y s'attaquaient pour manger,
    Sans ordres, les bêtes sauvages, on y fait
Prisonniers; ceux qui parlaient français disaient:
    «Poo quah? Ma foi on attaquait pour manger.»

C'est le corr-ggras, le corps gras,
    leurs trains marchaient trois kilomètres à l'heure,
Et ça criait, ça grinçait, on l'entendait à cinq kilomètres.
(Ça qui finit la guerre.)

   Liste officielle des morts 5,000,000.

I vous dit, bè, voui, tout sentait le pétrole.
Mais, Non! je l'ai engueulé.
Je lui ai dit: T'es un con! T'a raté la guerre.

O voui! tous les hommes de goût, y conviens,
Tout ça en arrière.
    Mais un mec comme toi!
C't homme, un type comme ça!
    Ce qu'il aurait pu encaisser!
Il était dans une fabrique.
What, burying squad, terrassiers, avec leur tête
    en arrière, qui regardaient comme ca,
On risquait la vie pour un coup de pelle,

Notr' capitaine, tout, tout ce qu'il y a de plus renfermé
    de vieux polytechnicien, mais solide,
La tête solide. Là, vous savez,
Tout, tout fonctionne, et les voleurs, tous les vices,
Mais les rapaces,
    y avait trois dans notre compagnie, tous tués.
Y sortaient fouiller un cadavre, pour rien,
    y n'seraient sortis pour rien que ça
Et les boches, tout ce que vous voulez,
    militarisme, et caetera, et caetera.
Tout ça, mais, MAIS,
    l'français, i s'bat quand y a mangé.
Mais ces pauvres types
A la fin y s'attaquaient pour manger,
    Sans ordres, les bêtes sauvages, on y fait
Prisonniers; ceux qui parlaient français disaient:
    «Puj cua? Ma foi on attaquait pour manger.»

C'est le corr-ggras, le corps gras,
    leurs trains marchaient trois kilomètres à l'heure,
Et ça criait, ça grincait, on l'entendait à cinq kilomètres.
(Ça qui finit la guerre.)

    Liste officielle des morts 5.000.000.

I vous dit, bè, voui, tout sentait le pétrole.
Mais, Non! je l'ai engueulé.
Je lui ai dit: T'es un con! T'a raté la guerre.

O voui! tous les hommes de goût, y conviens,
Tout ça en arrière.
    Mais un mec comme toi!
C't homme, un type comme ça!
    Ce qu'il aurait pu encaisser!
Il était dans une fabrique.
Que, pelotón de entierre, terrasiers, avec leur tête
    en arrière, qui regardaient comme ça,
On risquait la vie pour un coup de pelle,

Faut que ça soit bien carré, exact...

Dey vus a bolcheviki dere, und dey dease him:
Looka vat youah Trotzsk is done, e iss
 madeh deh zhamefull beace!!
«He iss madeh deh zhamefull beace, iss he?
 »He is madeh de zhamevul beace?
»A Brest-Litovsk, yess? Aint yuh herd?
 »He vinneh de vore.
»De droobs iss released vrom de eastern vront, yess?
»Un venn dey getts to deh vestern vront, iss it
 »How many getts dere?
»And dose doat getts dere iss so full off revolutions
»Venn deh vrench is come dhru, yess,
»Dey say, "Vot?" Un de posch say:
 »Aint yeh heard? Say, ve got a rheffolution.»

That's the trick with a crowd,
 Get 'em into the street and get 'em moving.
And all the time, there were people going
Down there, over the river.

 There was a man there talking,
To a thousand, just a short speech, and
Then move 'em on. And he said:
Yes, these people, they are all right, they
Can do everything, everything except act;
And go an' hear 'em, but when they are through,
Come to the bolsheviki...
And when it broke, there was the crowd there,

Faut que ça soit bien carré, exact...[206]

Había un bolchevique ahí, y le hacían burla[207]:
Looka vat youah Trotzsk is done, e iss
    madeh deh zhamefull beace!!
«He iss madeh deh zhamefull beace, iss he?
    »He is madeh de zhamevul beace?
»A Brest-Litovsk, yess? Aint yuh herd?
    »He vinneh de vore.
»De droobs iss released vrom de eastern vront, yess?
»Un venn dey getts to deh vestern vront, iss it
    »How many getts dere?
»And dose doat getts dere iss so full off revolutions
»Venn deh vrench is come dhru, yess,
»Dey say, "Vot?" Un de posch say:
    »Aint yeh heard? Say, ve got a rheffolution».

Ése es el modo para con la masa,
    Sacarlos a la calle y ponerlos en marcha.
Y todo este tiempo, había gente yendo
Para allá, a través del río.

    Allá había un hombre hablándoles,
A mil, un discurso corto, y
Luego les ponía en marcha. Y dijo:
Sí, esta gente, es buena gente, ellos
Pueden hacerlo todo, todo menos actuar;
Y vayan a escucharles, pero cuando acaben,
Vengan con los bolcheviques...
Y cuando reventó, ahí estaba la gente,

---

[206] Este largo fragmento en francés repite, con diversas variantes, los temas más estúpidos, más crueles y más insensatos de la guerra, que se podría resumir en esa línea: «Liste officielle des morts 5.000.000», referida a la Primera Guerra Mundial («Lista oficial de muertos, cinco millones»).
[207] Este bolchevique, León Trotsky, es ridiculizado en el fragmento de mal inglés que sigue. Fue el responsable de la paz de Brest-Litovsky, que permitió a los bolcheviques abandonar la guerra europea y concentrar todos sus esfuerzos en la revolución rusa.

And the cossacks, just as always before,
But one thing, the cossacks said:
    «Pojalouista.»
And that got round in the crowd,
And then a lieutenant of infantry
Ordered 'em to fire into the crowd,
    in the square at the end of the Nevsky,
In front of the Moscow station,
And they wouldn't,
And he pulled his sword on a student for laughing,
And killed him,
And a cossack rode out of his squad
On the other side of the square
And cut down the lieutenant of infantry
And that was the revolution...
    as soon as they named it.

And you can't make 'em,
Nobody knew it was coming. They were all ready, the old gang,
Guns on the top of the post-office and the palace,
But none of the leaders knew it was coming.

And there were some killed at the barracks,
But that was between the troops.

Y los cosacos, así como antes siempre,
Pero una cosa, los cosacos dijeron:
   «Pajalovista»[208].
Y esto se supo entre la muchedumbre,
Y luego un teniente de infantería
Les ordenó que dispararan sobre la gente,
   en la plaza al cabo de la Nevsky,
Frente a la estación de Moscú,
Y no obedecieron,
Y desenvainó la espada contra un estudiante porque se rió,
Y lo mató,
Y un cosaco se separó de su escuadrón
Del otro lado de la plaza
Y acabó con el teniente de infantería
Y ésa fue la revolución...
   en cuanto le pusieron nombre[209].

Y no se hacen,
Nadie sabía que se venía encima. Ellos estaban preparados, la vieja pandilla,
Armas arriba del edificio de correos y el palacio,
Pero ninguno de los líderes sabía que venía.

Y hubo algunos muertos en los cuarteles,
Pero eso fue entre la tropa.

---

[208] «Pajalovista»: en ruso, «por favor», con variantes de transcripción como «pajalista», «pojalouista» o «pajaluista».

[209] Pound recoge aquí anécdotas narradas por los historiadores o testigos de la revolución rusa. El hablante al comienzo de la estrofa es Lenin, autor de la frase, dirigida contra Kerenski, «an intellectual; he *cannot* act» («un intelectual; incapaz de actuar»), que dice: «when you are ready to go back yourselves to work and you want a government that will go to work and not only think socialism and talk socialism and mean socialism — when you want a government that will do socialism, then — come to the Bolsheviki» («cuando estéis dispuestos a poneros a trabajar y queráis un gobierno que quiera ponerse a trabajar y no sólo pensar socialismo y hablar socialismo y pretender socialismo — cuando queráis un gobierno que haga socialismo, entonces — venid a los bolcheviques» (Lincoln Steffens, *Autobiography*, Nueva York, Harcourt Brace, 1931, 2 vols., vol. II, pág. 761).

So we used to hear it at the opera,
That they wouldn't be under Haig;
    and that the advance was beginning;
That it was going to begin in a week.

Solíamos oírlo en la ópera,
Que no estarían supeditados a Haig[210];
   y que empezaba el avance;
Que empezaría dentro de una semana.

---

[210] Douglas Haig, mariscal británico, uno de los jefes de las Fuerzas Expedicionarias británicas en Francia y Flandes entre 1915 y 1919.

Cantar XVII

El Cantar I acababa exactamente como comienza éste, «So that», que el traductor no mantiene igual en castellano: el «Para que» inicial es aquí «De tal modo que». Desde los tiempos homéricos Pound nos había trasladado hasta los suyos propios y aquí, desde el Purgatorio previo, nos introduce en una explosión lírica que revela la visión del Paraíso en esa primera línea, «De tal modo que las vides reventaron entre mis dedos», desarrollada a lo largo de todas las siguientes, expresando la plenitud de la naturaleza, de la luz y de la vida. Este mismo sentido se ve reforzado con la repetición, algo modificada, de una línea del Cantar XI: «In the gloom, the gold gathers the light against it» (aquí «about it»). Al mismo tiempo se trata de recursos técnicos de gran sutileza para sugerir la unidad interna de este grupo de Cantares; unidad matizada, pero no por ello menos real.

Las figuras históricas renacentistas que se recuperan también contribuyen en distinta forma al tono general exultante de este Cantar.

XVII

So that the vines burst from my fingers
And the bees weighted with pollen
Move heavily in the vine-shoots:
    chirr — chirr — chir-rikk — a purring sound,
And the birds sleepily in the branches.
    ZAGREUS! IO ZAGREUS!
With the first pale-clear of the heaven
And the cities set in their hills,
And the goddess of the fair knees
Moving there, with the oak-woods behind her,
The green slope, with white hounds
          leaping about her;
And thence down to the creek's mouth, until evening,
Flat water before me,
    and the trees growing in water,
Marble trunks out of stillness,
On past the palazzi,
              in the stillness,
The light now, not of the sun.
              Chrysophrase,
And the water green clear, and blue clear;
On, to the great cliffs of amber.
                  Between them,
Cave of Nerea,
   she like a great shell curved,

XVII

De tal modo que las vides reventaron entre mis dedos
Y las abejas cargadas de polen
Caminan pesadamente entre los pámpanos:
chirr — chirr — chir-rikk — un sonido ríspido,
y los pájaros soñolientamente entre las ramas.
    ZAGREUS! IO ZAGREUS![211]
Con la primera clara palidez del cielo
Y las ciudades engastadas en las colinas,
Y la diosa de las rodillas blancas
Caminando ahí, con los robledales detrás,
La ladera verde, con lebreles blancos
        brincando alrededor de ella;
Y de ahí en la boca del arroyo, hasta la noche,
Agua plana frente a mí,
    y los árboles saliendo del agua,
Troncos de mármol de los palazzi,
               en la quietud,
La luz ahora, no del sol[212].
            Crisofrase,
Y el agua verde claro, y azul claro;
Pasando hasta los grandes cantiles de ámbar.
                  Entre éstos,
La Gruta de Nerea[213],
    ella como gran concha curvada,

---

[211] Zagreus, o Zagreo, considerado como hijo de Zeus y Perséfone y el primer Dioniso.
[212] «La luz ... no del sol»: la «luz primigenia» de los neoplatónicos, en la que se insiste de nuevo en el último verso de esta estrofa.
[213] Nerea: gruta de las Nereidas, las cincuenta hijas de Nereo, «el anciano del mar», con las que vive apaciblemente en las profundidades marinas.

And the boat drawn without sound,
Without odour of ship-work,
Nor bird-cry, nor any noise of wave moving,
Nor splash of porpoise, nor any noise of wave moving,
Within her cave, Nerea,
                          she like a great shell curved
In the suavity of the rock,
                      cliff green-gray in the far,
In the near, the gate-cliffs of amber,
And the wave
            green-clear, and blue clear,
And the cave salt-white, and glare-purple,
         cool, porphyry smooth,
            the rock sea-worn.
No gull-cry, no sound of porpoise,
Sand as of malachite, and no cold there,
          the light not of the sun.

Zagreus, feeding his panthers,
          the turf clear as on hills under light.
And under the almond-trees, gods,
        with them, *choros nympharum*. Gods,
Hermes and Athene,
               As shaft of compass,
Between them, trembled —
To the left is the place of fauns,
    sylva nympharum;
The low wood, moor-scrub,
    the doe, the young spotted deer,
      leap up through the broom-plants,
          as dry leaf amid yellow.
And by one cut of the hills,
        the great alley of Memnons.

Y el barco tirado sin sonido,
Sin olor de labor marinera,
Ni un chillido de pájaro, ni rumor de ola alguna moviéndose,
Ni chapoteo delfínico, ni ruido alguno de olas
Dentro de su gruta, Nerea,
                ella como gran concha curvada
En la suavidad de la piedra,
                cantil verdín en la lejanía,
En la cercanía, los cantiles portales de ámbar,
Y la ola
    verde clara, y azul clara,
Y la gruta salblanca y fulgidapúrpura,
    fresca, lisa pórfido,
    la roca margastada.
Ningún chillido de gaviota, de marsopa,
Arena como de malaquita, y ahí no hay frío,
    la luz no del sol.

Zagreus, alimentando sus panteras,
    la hierba clara como en las colinas bajo la luz.
Y debajo de los almendros, dioses,
    con ellos, *choros nympharum*. Dioses[214],
Hermes y Atenea,
                Como astil de brújula,
Entre los dos, temblor —
A la izquierda está el lugar de los faunos,
         sylva nympharum[215];
El bosque bajo, monte bajo de páramo,
    la cierva, el cervatillo moteado,
    saltan por entre las retamas,
        como hoja seca entre amarillo.
Y por un tajo en los montes,
    el gran valle de Memnons[216].

---

[214] «chorus nympharum»: «el coro de las Ninfas», hijas de Zeus, que personifican bajo distintos nombres la fecundidad de la naturaleza.
[215] «sylva nympharum»: «el bosque de las Ninfas».
[216] Memnons: Memnón, hijo de Eos (la aurora) y de Titono, vencido

Beyond, sea, crests seen over dune
Night sea churning shingle,
To the left, the alley of cypress.
                         A boat came,
One man holding her sail,
Guiding her with oar caught over gunwale, saying:
«   There, in the forest of marble,
»   the stone trees — out of water —
»   the arbours of stone —
»   marble leaf, over leaf,
»   silver, steel over steel,
»   silver beaks rising and crossing,
»   prow set against prow,
»   stone, ply over ply,
»   the gilt beams flare of an evening»
Borso, Carmagnola, the men of craft, *i vitrei,*
Thither, at one time, time after time,
And the waters richer than glass,
Bronze gold, the blaze over the silver,
Dye-pots in the torch-light,
The flash of wave under prows,
And the silver beaks rising and crossing.
      Stone trees, white and rose-white in the darknes
Cypress there by the towers,
      Drift under hulls in the night.

           «In the gloom the gold
Gathers the light about it.»...

Now supine in burrow, half over-arched bramble,

Más allá, mar, crestas vistas sobre dunas
Nocturno mar volteando peladillas,
A la izquierda, el sendero de cipreses.
                                    Vino un barco,
Un hombre llevaba el timón,
Guiaba con el remo puesto sobre la borda diciendo:
«   Allá en el bosque de mármol,
»   los árboles pétreos — fuera del agua —
»   los emparrados de piedra —
»   hoja de mármol, sobre hoja,
»   plata, acero sobre acero,
»   picos de plata surgiendo y cruzando,
»   proa puesta con proa,
»   piedra, capa sobre capa,
»   las vigas doradas brillan al anochecer»
Borso, Carmagnola, los hombres de oficio, *i vitrei* [217],
Hacia allá, alguna vez, una y otra vez,
Y las aguas más ricas que el cristal,
Oro broncíneo, la llama sobre la plata,
Ollas de pintura a la luz de las antorchas,
El brillo de la ola bajo las proas,
Y los picos de plata surgiendo y cruzando.
      Árboles pétreos blancos y rosiblancos en la oscuridad,
Ciprés allá cerca de las torres,
      Deriva bajo los cascos en la noche.

      «En la penumbra el oro
Recoge la luz en su entorno.»...

Ahora supina en el nido, casi sobre matorral arqueado,

---

por Aquiles durante la Guerra de Troya. Eos consiguió, no obstante, de Zeus la inmortalidad para su hijo.
[217] Borso d'Este (siglo XV), protector de las artes.
Francesco Bussone da Carmagnola (final del siglo XIV y primer tercio del XV), militar al servicio de Milán.
«i vitrei»: artesanos que trabajan el vidrio, otro tipo de «hombres de oficio».

One eye for the sea, through that peek-hole,
Gray light, with Athene.
Zothar and her elephants, the gold loin-cloth,
The sistrum, shaken, shaken,
    the cohorts of her dancers.
And Aletha, by bend of the shore,
    with her eyes seaward,
    and in her hands seawrack
Salt-bright with the foam.
Koré through the bright meadow,
    with green-gray dust in the grass:
«For this hour, brother of Circe.»
Arm laid over my shoulder,
Saw the sun for three days, the sun fulvid,
As a lion lift over sand-plain;
                        and that day,
And for three days, and none after,
Splendour, as the splendour of Hermes,
And shipped thence
                to the stone place,
Pale white, over water,
                known water,
And the white forest of marble, bent bough over bough,
The pleached arbour of stone,
Thither Borso, when they shot the barbed arrow at him,
And Carmagnola, between the two columns,
Sigismundo, after that wreck in Dalmatia.
    Sunset like the grasshopper flying.

Un ojo, para el mar, a través de ese atisbadero,
Luz gris, con Atenea.
Zothar y sus elefantes, el taparrabo dorado,
El sistro, agitado, agitado
      las cohortes de sus danzantes.
Y Aleta, próxima al recodo de la playa[218],
      con sus ojos hacia el mar,
      y en sus manos despojos marinos
Brillantes como sal con la espuma.
Koré a través de la vega clara[219],
      con polvo verdín en la hierba:
«Por esta hora, hermano de Circe.»
Brazo apoyado en mi hombro,
Vi el sol durante tres días, el sol fúlgido,
Como alzada de león sobre llano de arena;
                              y ese día
Y durante tres días, y no más después,
Esplendor, como el esplendor de Hermes,
Y embarcado hacia allá
            al lugar de las piedras,
Blanco pálido, sobre el agua
            agua conocida,
Y el bosque blanco de mármol, rama doblada sobre rama,
La enramada entretejida de piedra,
Hacia allá Borso, cuando le dispararon la flecha barbada,
Y Carmagnola, entre las dos columnas,
Segismundo, después del naufragio en Dalmacia.
    Puesta de sol como el saltamontes que vuela.

---

[218] «Zothar» y «Aleta», tanto para Terrell como para el *Annotated Index*, son nombres inventados por Pound.
[219] «Koré»: Coré o «doncella», hija de Zeus y Deméter, conocida en las mansiones subterráneas como Perséfone.

Cantar XVIII

En contraste con la serenidad y el gozo expresados en el XVII, este Cantar y el siguiente introducen otro de los temas básicos de la obra: junto a la usura y la avaricia, el tema, íntimamente relacionado con los anteriores, de la emisión de papel moneda y su control, como gérmenes o causas subyacentes en todo conflicto humano. En su breve artículo «Kublai Khan and His Currency» (*Selected Prose, 1909-1965*, págs. 174-176) Pound cuenta los orígenes de esa práctica, que explica los fabulosos tesoros que Kublai Khan consiguió acumular. Basa su información en *Los viajes de Marco Polo*, que parafrasea extensamente.

XVIII

And of Kublai:
«I have told you of that emperor's city in detail
And will tell you of the coining in Cambaluc
        that hyght the secret of alchemy:
They take bast of the mulberry-tree,
That is a skin between the wood and the bark,
And of this they make paper, and mark it
Half a tornesel, a tornesel, or a half-groat of silver,
Or two groats, or five groats, or ten groats,
Or, for a great sheet, a gold bezant, 3 bezants,
        ten bezants;
And they are written on by officials,
And smeared with the great khan's seal in vermilion;
And the forgers are punished with death.
And all this costs the Kahn nothing,
And so he is rich in this world.
And his postmen go sewed up and sealed up,
Their coats buttoned behind and then sealed,
In this way from the voyage's one end to its other.
And the Indian merchants arriving
Must give up their jewels, and take this money
    in paper,
(That trade runs, in bezants, to 400,000 the year.)
And the nobles must buy their pearls»
— thus Messire Polo; prison at Genoa —
«Of the Emperor.»

XVIII

Y de Kublai:
«Os he hablado en detalle de la ciudad de ese emperador
Y os hablaré del acuñamiento en Cambaluc[220]
        esa altura del secreto alquímico:
Toman la pulpa de la morera,
Es decir, la capa entre la madera y la corteza,
Y de ésta hacen un papel y lo marcan
Medio tornés, un tornés, o un medio ardite de plata,
O dosardites, o cinco ardites, o diez ardites,
O, para una plancha grande, un bezante de oro, 3 bezan-
    tes, diez bezantes;
Y los firman los funcionarios
Y se untan con el sello del gran Kan en bermellón;
Y los falsificadores son castigados con pena de muerte.
Y todo esto nada le cuesta al Kan,
Y de esta manera es rico en este mundo.
Y sus correos van cosidos y sellados,
Con sus jubones abrocados por detrás y luego sellados,
De esta manera de cabo a rabo del viaje.
Y los mercaderes que llegan de la India
Tienen que entregar sus joyas, y aceptar esta moneda
    en papel
(Ese comercio asciende, en bezantes, a 400.000 al año.)
Y los nobles tienen que comprar sus perlas»
—de esta manera Messire Polo; prisión en Génova—
«Del Emperador.»

---

[220] Cambaluc es la ciudad en que Kublai Khan tenía su fábrica de papel moneda, según cuenta en sus *Viajes* Marco Polo. En el siglo XV, bajo la dinastía Ming, se convertiría en la capital de China, con el nombre de Bei-jing, o Pekín.

There was a boy in Constantinople,
And some britisher kicked his arse.
«I hate these french,» said Napoleon, aged 12,
To young Bourrienne, «I will do them all the harm
        that I can.»
In like manner Zenos Metevsky.
And old Biers was out there, a greenhorn,
To sell cannon, and Metevsky found the back door;
And old Biers sold the munitions,
And Metevsky died and was buried, *i. e.* officially,
And sat in the Yeiner Kafé watching the funeral.
About ten years after this incident,
He owned a fair chunk of Humbers.
   «Peace! Pieyce!!» said Mr. Giddings,
«Uni-ver-sal? Not while yew got tew billions ov money,»
Said Mr. Giddings, «invested in the man-u-facture
»Of war machinery. Haow I sold it to Russia —
»Well we tuk 'em a new torpedo-boat,
»And it was all electric, run it all from a
»Little bit uv a keyboard, about like the size ov
»A typewriter, and the prince come aboard,
»An' we sez wud yew like to run her?
»And he run damn slam on the breakwater,
»And bust off all her front end,

Había un rapaz en Constantinopla[221],
Y un inglés le dio un puntapié en el fondillo.
«Odio a estos franceses», dijo Napoleón, a los 12,
Al joven Bourrienne, «Les haré todo el daño
   que yo pueda.»
De manera parecida Zenos Metevsky.
Y el viejo Biers estaba allá, novato[222],
Vendiendo cañones, y Metevsky encontró la puerta trasera;
Y el viejo Biers vendió las municiones,
Y Metevsky murió y le enterraron, *i.e.* oficialmente,
Y se sentaba en el café Yeiner a ver el entierro.
Alrededor de diez años después de este incidente,
Era dueño de un buen pedazo de Humbers[223].

«¡Paz! ¡¡Paz!!» dijo el Sr. Giddings,
«¿Uni-ver-sal? No mientras se tengan dos billones en dinero»,
Dijo el Sr. Giddings, «invertidos en la man-u-factura
»De la máquina de guerra. De cómo la vendía a Rusia —
»Pues les llevamos un nuevo torpedero,
»Que era todo eléctrico, operado totalmente por un
»Pequeño tablero, como del tamaño de
»Una máquina de escribir, y el príncipe subió a bordo,
»Y le dijimos que si quería operarlo,
»Y por poco se estrella contra el rompeolas,
»Y le rompió todo el frente,

---

[221] Sir Basil Zaharoff (1849-1933) es un fabricante de armas y municiones, del que se cuenta que odiaba a los ingleses desde que, todavía niño en Constantinopla, uno de esa nacionalidad le dio una patada en el trasero. Pound le llama Zenos Metevsky y le asocia a Napoleón Bonaparte, del que cuenta su secretario que odiaba a los franceses desde que en su juventud, en la Academia Militar, fue blanco de las burlas de sus compañeros por su acento y sus maneras campesinas.
[222] «Biers»: Hiram Maxim (1840-1916) es otro fabricante de armas (inventó la ametralladora Maxim) que, asociado con Zaharoff y Vickers (un importante holding del ramo, británico), formó una de las empresas productoras de material de guerra más importantes de Europa.
[223] «Humbers»: Vickers, el holding británico, cuyo origen se remonta a los comienzos del siglo XIX.
«el Sr. Giddings» no ha sido identificado.

»And he was my gawd scared out of his panties.
»Who wuz agoin' tew pay fer the damage?
»And it was my first trip out fer the company,
»And I sez, yer highness, it is nothing,
»We will give yew a new one. And, my Christ!
»The company backed me, and did we get a few orders?»
So La Marquesa de las Zojas y Hurbara
Used to drive up to Sir Zenos's place
  in the Champs Elysées
And preside at his dinners, and at *las once*
She drove away from the front door, with her footmen
And her coachman in livery, and drove four blocks round
To the back door, and her husband was the son of a bitch,
And Metevsky, «the well-known philanthropist,»
Or «the well-known financier, better known,»
As the press said, «as a philanthropist,»
Gave — as the Este to Louis Eleventh, —
A fine pair of giraffes to the nation,
And endowed a chair of ballistics,
And was consulted before the offensives.

And Mr. Oige was very choleric in a first-class
From Nice to Paris, he said: «Danger!
»Now a sailor's life is a life of danger,
»But a mine, why every stick of it is numbered,
»And one time we missed one, and there was
»Three hundred men killed in the 'splosion.»
He was annoyed with the strikers, having started himself
As engineer and worked up, and losing,
By that coal strike, some months after the paragraph:

»Y se pegó un susto de marca mayor.
»¿Quién iba a pagar los daños?
»Y ése fue mi primer viaje por cuenta de la compañía,
»Y yo le dije, alteza, no es nada,
»Le daremos uno nuevo. Y ¡Dios Cristo!
»La compañía me apoyó, y ¿en qué forma nos hicieron pedidos?»
De modo que la marqueta de las Zojas y Hurbara[224]
Solía ir a casa de Sir Zeno
    en los Campos Elíseos
A presidir sus cenas, y a *las once*
Salía por la puerta delantera con sus lacayos
Y sus cocheros con librea, y daba una vuelta de tres cuadras
Hasta la puerta de atrás, y su marido era el hideputa,
Y Metevsky, «el conocido filántropo»,
O «el conocido financiero, más bien conocido»,
Como decía la prensa, «como filántropo»,
Regaló —como el de Este a Luis Undécimo—,
Un buen par de jirafas a la nación,
Y dotó una cátedra en balística,
Y era consultado antes de una ofensiva.

Y el Sr. Oige estaba muy colérico en primera clase[225]
De Niza a París, dijo: «¡Peligro!
»Hoy en día la vida de un marinero es una vida de peligro,
»Pero una mina, cada cartucho en ella lleva número,
»Y una vez se nos escapó una, y hubo
»Trescientos muertos en la explosión.»
Él estaba molesto con los huelguistas, porque él había empezado
De ingeniero ascendiendo paso a paso, y perdía,
Con aquella huelga carbonera, algunos meses después del párrafo:

---

[224] «la marquesa de Zojas y Hurbara»: la duquesa de Villafranca, amante primero y luego esposa de Zaharoff, que ayudó a éste en sus negocios con el gobierno de España en tiempos de Alfonso XII.

[225] «Sr. Oige»: no identificado.

: Sir Zenos Metevsky has been elected President
Of the Gethsemane Trebizond Petrol.
And then there came out another: 80 locomotives
On the Manchester Cardiff have been fitted with
New oil-burning apparatus...
Large stocks of the heavier varieties of which (*i. e.* oil)
Are now on hand in the country.

So I said to the old quaker Hamish,
I said: «I am interested.» And he went putty colour
And said: «He don't advertise. No, I don't think
You will learn much.» That was when I asked
About Metevsky Melchizedek.
He, Hamish, took the tractors up to
King Menelik, 3 rivers and 140 ravines.

«Qu'est-ce qu'on pense...?» I said: «On don't pense.
»They're solid bone. You can amputate from just above
The medulla, and it won't alter the life in that island.»
But he continued, «Mais, qu'EST-CE qu'ON pense,
»De la metallurgie, en Angleterre, qu'est-ce qu'on
»Pense de Metevsky?»
And I said: «They ain't heard his name yet.
«Go ask at MacGorvish's bank.»

:Sir Zenos Metevsky ha sido elegido Presidente
de la Gethsemane Trebizond Petrol.
Luego apareció otro: 80 locomotoras
De la Manchester Cardiff han sido provistas de[226]
Nuevos aparatos que queman aceite...
Grandes existencias de sus tipos pesados (*i.e.* de aceite)
Se encuentran a la mano en el país.

Y entonces le dije al viejo cuáquero Hamish,
Le dije: «Me interesa.» Y se puso color ceniza
Y dijo: «Él no se anuncia. No, no creo
Que usted indague mucho.» Eso sucedió cuando pregunté
Acerca de Metevsky-Melchizedek.
Él, Hamish, llevó los tractores al
Rey Menelik, 3 ríos y 140 desfiladeros[227].

«Qu'est-ce qu'on pense...?» Dije: «On no pense.
»Son de hueso sólido. Se puede amputar desde un poco
   arriba de
La médula, y no se alterará la vida en esa isla.»
Pero él continuó, «mais, qu'EST-CE *qu*'ON *pense,*
»De la metallurgie en Angleterre, qu'est-ce qu'on
»Pense de Metevsky?»
Y yo dije: «Todavía no saben ni su nombre.
»Vaya a preguntar en el banco de MacGorvish»[228].

---

[226] «Gethsemane Trebizond Petrol»: la Anglo-Persian Oil Company, en la que Zaharoff tenía participación.

«la Manchester Cardiff»: la línea férrea entre esas dos ciudades de Gran Bretaña.

[227] «Metevsky-Melchizedek»: al asociar al primero con el sumo sacerdote bíblico Melquisedec, aquél adquiere la categoría de «sumo sacerdote de la guerra».

«Hamish» es un ingeniero llamado en realidad Fowler.

«Rey Menelik»: rey de Etiopía (1844-1913) o Negus, que logró la independencia de su país derrotando a las tropas italianas ocupantes en 1896.

[228] «MacGorvish»: posiblemente el Banco de Westminster o el de Barklay.

The Jap observers were much amused because
The Turkish freemasons hadn't bothered to
Take the... regimental badges off their artillery.
And old Hamish: Menelik
Had a hunch that machinery...and so on...
But he never could get it to work,
    never could get any power.
The Germans wd. send him up boilers, but they'd
Have to cut 'em into pieces to load 'em on camels,
And they never got 'em together again.
And so old Hamish went out there,
And looked at the place, 3 rivers
And a hundred and forty ravines,
And he sent out two tractors, one to pull on the other
And Menelik sent down an army, a 5,000 black army
With hawsers, and they all sweated and swatted.

And the first thing Dave lit on when they got there
Was a buzz-saw,
And he put it through an ebony log: whhsssh, t ttt,
Two days' work in three minutes.

War, one war after another,
Men start 'em who couldn't put up a good hen-roost.

Also sabotage...

Los observadores japoneses estaban muy divertidos porque
Los francmasones turcos no se habían preocupado por
Quitar las... placas regimentales de su artillería.
Y el viejo Hamish: Menelik
Sospechaba que la maquinaria... etcétera...
Pero nunca pudo hacerla funcionar,
    nunca pudo conseguir electricidad.
Los alemanes le enviaban calderas, pero
Tenían que desarmarlas para cargarlas en camellos,
Y jamás pudieron volver a armarlas.
Y así fue que el viejo Hamish fue allá,
Y examinó el lugar, 3 ríos
Y ciento cuarenta desfiladeros,
Y envió dos tractores, uno para tirar del otro
Y Menelik envió un ejército, un ejército negro de 5.000
Con estachas, y todos sudaron y golpearon.

Y lo primero que encontró Dave cuando llegaron[229]
Fue una sierra circular,
Y la puso a cortar un tronco de ébano: jjssch, t ttt,
El trabajo de dos días en tres minutos.

Guerra, una guerra tras otra,
Las empiezan tíos incapaces de levantar un buen gallinero.

El sabotaje también...

---

[229] «Dave»: como Fowler, un ingeniero, pero éste no identificado.

Cantar XIX

Muy relacionado con las anécdotas e ideas del Cantar anterior, la cuestión del fraude en el mundo de los negocios se ilustra por medio de las anécdotas de que se compone casi en su totalidad el Cantar XIX, como la que describe la acción de una gran compañía que paga medio millón de dólares a un inventor para que no patente y divulgue su invento, que produciría bienes mejores y más económicos de los que ellos producen y, por tanto, arruinaría su empresa. Los fabricantes de armas y municiones son otro de los factores que impulsan a los políticos a la guerra.

XIX

Sabotage? Yes, he took it up to Manhattan,
To the big company, and they said: Impossible.
And he said: I gawt ten thousand dollars tew mak 'em,
And I am a goin' tew mak 'em, and you'll damn well
Have to install 'em, awl over the place.
And they said: Oh, we can't have it.
So he settled for one-half of one million.
And he has a very nice place on the Hudson,
And that invention, patent, is still in their desk.
And the answer to that is: Wa'al he had the ten thousand.
And old Spinder, that put up the 1870 gothick memorial,
He tried to pull me on Marx, and he told me
About the «romance of his business»:
How he came to England with something or other,
                    and sold it.
Only he wanted to talk about Marx, so I sez:
Waal haow is it you're over here, right off the
                    Champz Elyza?
And how can yew be here? Why don't the fellers at home
Take it all off you? How can you leave your big business?
«Oh,» he sez, «I ain't had to rent any money...
»It's a long time since I ain't had tew rent any money.»
Nawthin' more about Das Kapital,
Or credit, or distribution.
And he «never finished the book,»
That was the other chap, the slender diplomatdentist

XIX

¿Sabotaje? Sí, él llevó el asunto a Manhattan,
A la gran compañía, y le dijeron: Imposible.
Y él contestó: tengo diez mil dólares para fabricarlas,
Y las voy a fabricar, y quieran o no
Tendrán ustedes que instalarlas por todas partes.
Y ellos dijeron: No lo podemos permitir.
Y él se arregló por medio millón.
Y es dueño de un sitio muy lindo en el Hudson.
Y esa invención, patente, todavía está archivada.
Y la razón de esto es que: Bueno, que tenía los diez mil.
Y el viejo Spinder, el que levantó ese monumento gótico
    en 1870,
Trató de engañarme sobre Marx, y me habló
Sobre el «romance de su negocio»:
De cómo llegó a Inglaterra con no sé qué cosa,
                y la vendió.
Sólo que quería hablar de Marx, y yo dije:
Bueno, pero ¿cómo es que usted está aquí recién llegado de
                los Campos Elíseos?
Y ¿cómo puede vivir aquí? ¿Cómo es que los de su país
No se lo quitan todo? ¿Cómo puede dejar su gran negocio?
«Bueno», me contestó, «Yo no he tenido que alquilar dinero...
»Hace mucho que no tengo que alquilar dinero alguno.»
Nada más se dijo sobre Das Kapital,
Sobre el crédito o la distribución.
Y él «jamás terminó el libro»,
Ése fue el otro tío, el esbelto diplomáticodentista

Qui se faisait si beau.

So we sat there, with the old kindly professor,
And the stubby little man was up-stairs.
And there was the slick guy in the other
corner reading The Tatler,
Not upside down, but never turning the pages,
And then I went up to the bed-room, and he said,
The stubby fellow: Perfectly true,
«But it's a question of feeling,
»Can't move 'em with a cold thing, like economics.»
And so we came down stairs and went out,
And the slick guy looked out of the window,
And in came the street «Lemme-at-'em»
      like a bull-dog in a mackintosh.
      O my Clio!
Then the telephone didn't work for a week.

Ever seen Prishnip, little hunchback,
Couldn't take him for *any* army.
And he said: I haf a messache from dh' professor,
«There's lots of 'em want to go over,
»But when they try to go over,
»Dh' hRussian boys shoot 'em, and they want to know
»How to go over.»

Vlettmann?...was out there, and that was,

Qui se faisait si beau[230].

Y nos sentamos ahí, con el viejo y benévolo profesor,
Y el chaparrito grueso estaba arriba.
Y estaba el tío listo en la otra
esquina leyendo The Tatler[231],
No al revés, pero sin volver las páginas,
Y entonces subí a la recámara, y él dijo,
El tío grueso: Perfectamente cierto,
«Pero es cuestión de sentir,
»No se les conmueve con algo frío, como la economía»[232].
Y bajamos las escaleras y salimos,
Y el tío listo miró por la ventana,
Y la calle que se mete «Suéltame para darles»
    como bull-dog en impermeable.
    ¡O mi Clío!
Luego el teléfono no funcionó durante una semana.

¿Han visto a Prishnip, el jorobadito?[233]
No se le admitiría en *ningún* ejército.
Y dijo: Traigo un mensaje del profe,
«Hay muchos deseos de ir al otro lado,
»Pero cuando lo intentan
»Los rusos los matan, y quieren saber
»Cómo se pueden pasar al otro lado.»

¿Vlettmann?... estuvo allá, y eso fue,

---

[230] Ninguno de los personajes de este fragmento ha sido identificado. «Qui si faisait si beau»: «que se las daba de guapo».
[231] *The Tatler* fue una de las primeras e insignes muestras del comienzo del periodismo inglés a principio del siglo XVIII.
[232] Esta frase se la atribuye Pound literalmente a Mr. Griffiths (por Arthur Griffith, al que llama «inventor del Sinn Fein», la organización independentista irlandesa) en su *ABC of Economics*, de 1933 (*Selected Prose*, pág. 209).
[233] «Prishnip»: Gavrilo Princip, revolucionario serbio que, al asesinar el 28 de junio de 1914 al Archiduque Francisco Fernando y a su esposa en Sarajevo, inició la crisis que conduciría al estallido de la Primera Guerra Mundial.

Say, two months later, and he said:
«Jolly chaps,» he said; «they used to go by
»Under my window, at two o'clock in the morning,
»All singing, all singing the *Hé Sloveny!*»

Yes, Vlettmann, and the Russian boys didn't shoot-
    'em.
  Short story, entitled, the Birth of a Nation.
And there was that squirt of an Ausstrrian
        with a rose in his button-hole,
And how the hell he stayed on here,
        right through the whole bhloody business,
Cocky as Khristnoze, and enjoying every Boche vic-
        tory.
Naphtha, or some damn thing for the submarines,
Like they had, just *had*, to have the hemp
        via Rotterdam.
Das thust du nicht, Albert?
That was in the old days, all sitting around in arm-chairs,
And that's gone, like the cake shops in the Nevsky.
«No use telling 'em anything, revolutionaries,
Till they're at the *end*,
Oh, absolootly, AT the end of their tether.
Governed. Governed the place from a train,

Digamos, dos meses después, y él dijo:
«Tíos alegres», dijo él; «solían pasar
»Bajo mi ventana, a las dos de la mañana,
»Todos cantando, todos cantando el *Hé Sloveny!*»[234]

Sí, Vlettmann, y los muchachos rusos no los mataron.
    Cuento titulado, el Nacimiento de una Nación.
Y había aquel mequetrefe austriaco
    con su rosa en su ojal,
Y cómo diablos aguantó aquí,
    durante todo el sangriento lío,
Arrogante como diablo, y gozando de cada victoria boche.
Nafta, o alguna porquería para los submarinos,
Como que tenían que, sin *alternativa*, obtener cañamazo
    por vía de Rotterdam.
Das thust du nicht, Albert?[235]
Eso fue en los días antiguos, con todos sentados en sillas
    de brazos,
Y ya eso se acabó, como las pastelerías por la Nevsky.
«De nada sirve decirles nada, a los revolucionarios,
Hasta que estén al *cabo*,
Ah, sí, absolutamente AL cabo de la soga.
Gobernó. Gobernaba aquello desde un tren,[236]

---

[234] «Vlettmann?»: no identificado.
Hé Sloveny: «Arriba los Eslavos» es una vieja canción popular que en 1945 se convirtió en el himno nacional de Yugoslavia.
[235] «Das thust du nicht, Albert?»: «¿no haces tú eso, Albert?». Se trata del conde Albert von Mensdorf-Pouilly-Dietrichstein, embajador austro-húngaro en Londres de 1904 a 1914. Más adelante se le llama Mr. Wurmsdorf.
[236] Venustiano Carranza (1859-1920) es uno de los líderes de la Revolución Mexicana que inició Madero en 1914. Carranza, durante su mandato presidencial, gobernó por largos periodos desde un tren con el que recorría el país junto a su gobierno, según cuenta Lincoln Steffens en su *Autobiography* (vol. 2, págs. 727 y 728): «The stated and the apparent purpose of this government on wheels was to enable the Jefe to see and be seen by the people and so establish communication with them» («El propósito confesado y aparente de este gobierno sobre ruedas era permitir que el Jefe viese y fuese visto por el pueblo y así establecer comunicación con él»).

Or rather from three trains, on a railway,
And he'd keep about three days ahead of the lobby,
I mean he had his government on the trains,
And the lobby had to get there on horseback;
And he said: Bigod it's damn funny,
Own half the oil in the world, and can't get enough
To run a government engine!»
And then they jawed for two hours,
And finally Steff said: Will you fellows show me a map?
And they brought one, and Steff said:
«Waal what are those lines?» «Yes, those straight lines.»
«Those are roads.» And «what are those lines,
»The wiggly ones?» «Rivers.»
And Steff said: «Government property?»

So two hours later an engine went off with the order:
How to dig without confiscation.

And Tommy Baymont said to Steff one day:
«You think we run it, lemme tell you,
»We bought a coalmine, I mean the mortgage fell in,
»And you'd a' thought we could run it.

»Well I had to go down there meself, and the manager
»Said: «Run it, of course we can run it,
»We can't sell the damm coal.»
So I said to the X. and B. Central,
— you'd say we boss the X. and B. Central? —

O, más bien, desde tres trenes, en una vía,
Y se mantenía a tres días de distancia del grupo presionante,
Quiero decir que tenía su gobierno sobre ruedas,
Y los de la presión tenían que llegarle a caballo;
Y dijo: ¡Por Dios que esto tiene gracia,
Tenemos la mitad del petróleo en el mundo, y no podemos conseguir
Para mover un motor del gobierno!».
Y luego charlaron por dos horas,
Y por fin Steff dijo: ¿Quieren mostrarme un mapa, amigos?
Y trajeron uno y dijo Steff:
«Bueno, ¿y qué son esas líneas?» «Sí, esas líneas rectas.»
«Son caminos.» «Y, ¿qué son ésas,
»Las sinuosas?» «Ríos.»
Y Steff dijo: «¿Del gobierno?»

Y dos horas después salió una máquina con la orden:
De cómo perforar sin confiscar.

Y Tomasito Baymont dijo a Steff un día[237]:
«Tú crees que nosotros operamos esto, escúchame,
»Compramos una mina de carbón, quiero decir que la hipoteca se cumplió,
»Y cualquiera diría que podríamos operarla.

»Bueno, pues tuve que ir allá yo mismo, y el gerente
»Dijo: "Operarla, claro que podemos operarla,
»Pero no podemos vender el fregado carbón".»
Entonces le dije al X. y B. Central,
—¿ustedes dirían que controlamos el X. y B. Central?—

---

[237] «Tomasito Baymont»: el banquero norteamericano, asociado con la Banca Morgan, Thomas Lamont.
«Steff»: Lincoln Steffens (1866-1936), escritor y periodista estadounidense, luchó toda su vida contra la corrupción en la política y en la administración, y su *Autobiography* (1931) es fuente útil para muchas de las cuestiones a que se refiere Pound en esta época y la usa intensamente.

I said: You buy your damn coal from our mine.
And a year later they hadn't; so I had up the directors,
And they said: ...well anyhow, they couldn't
            buy the damn coal.
And next week ole Jim came, the big fat one
With the diamonds, and he said: «Mr. Baymont,
You just *must* charge two dollars more
A ton fer that coal. And the X. and B. will
Take it through us.»

«So there was my ole man sitting,
They were in arm-chairs, according to protocol,
And next him his nephew Mr. Wurmsdorf,
And old Ptierstoff, for purely family reasons,
Personal reasons, was held in great esteem
            by his relatives,
And he had his despatches from St. Petersburg,
And Wurmsdorf had his from Vienna,
And he knew, and they knew, and each knew
That the other knew that the other knew he knew,
And Wurmsdorf was just reaching into his pocket,
That was to start things, and then my ole man
Said it:
        Albert, and the rest of it.
Those days are gone by for ever.»

«Ten years gone, ten years of my life,
Never get those ten years back again:
Ten years of my life, ten years in the Indian army;
But anyhow, there was that time in Yash (Jassy):
That was something, 14 girls in a fortnight.»

Dije: Ustedes compran su fregado carbón de nuestra
   mina.
Y un año después no lo habían hecho; y llamé a los direc-
   tores,
Que me dijeron... que de todos modos, no podían
             comprar el fregado carbón.
Y a la siguiente semana vino el viejo Jaime, el gordo
con los diamantes y dijo: «Sr. Baymont,
Usted sencillamente *tiene que* cobrar dos dólares más
La tonelada de ese carbón. Y la X. y B.
Lo comprará de nosotros.»

«Y ahí estaba mi viejo sentado,
Estaban en sillones, de acuerdo con el protocolo,
Y junto a él su sobrino, Mr. Wurmsdorf,
Y el viejo Ptierstoff, por razones de familia puramen-
   te[238],
Razones personales, era muy estimado
             por sus parientes,
Y tenía sus comunicados de San Petersburgo,
Y Wurmsdorf tenía los suyos de Viena,
Y él sabía, y ellos sabían, y cada uno sabía
Que los otros sabían que los otros sabían que él sabía,
Y Wurmsdorf estaba precisamente metiendo la mano en
   el bolsillo,
Lo cual hacía para empezar las cosas, y entonces mi viejo
Lo dijo:
       Albert, y lo demás.
Esos días se acabaron para siempre.»

«Diez años idos, diez años de mi vida,
Jamás recuperaré esos diez años:
Diez años de mi vida, diez años en el ejército de la India;
Pero, como fuere, hubo aquello en Yash (Jassy)[239]:
Aquello estuvo bueno, 14 muchachas en catorce días.»

---

[238] «Ptierstoff»: Alexander Benckendorff, embajador ruso en Londres de 1903 a 1916.
[239] «Yash (Jassy)»: Jassy o Iasi, ciudad de Rumania.

«Healthy but verminous?» «That's it, healthy but verminous.
                    And one time in Kashmir,
In the houseboats, with the turquoise,
A pile three feet high on the boat floor,
And they'd be there all day at a bargain
For ten bobs' worth of turquoise.»

«¿Saludables pero piojosas?» «Eso es, saludables pero piojosas.
                    Y una vez en Cachemira,
En las barcas-habitación, con la turquesa,
Un montón de tres pies de altura en el piso de la barca,
Y se pasaban ahí todo el día regateando
Por un chelín de turquesa.»

Cantar XX

Tras una alegre y fresca introducción sobre el amor, en la que se armonizan rítmicamente frases sobre el tema procedentes de poetas de distintas lenguas (latín, griego, italiano, provenzal), Pound recuerda una anécdota personal que le remite al mundo de la Provenza medieval vista como otra versión edénica. Hay entonces una brusca transición en tono y en tema: relata la «especie de delirio» en que se sume Niccolò d'Este tras ordenar la ejecución de Parisina, su esposa, y de Ugo, su propio hijo ilegítimo, al descubrir que han sido amantes.

En una carta desde Rapallo a su padre, el 11 de abril de 1927, Pound le explica el Cantar. Al caer en ese delirio, escribe el poeta, Niccolò recuerda o cree estar contemplando la muerte de Roldán a manos de los sarracenos en Roncesvalles; a Elvira sobre las murallas de Toro... etc. Toda esa aparente confusión le conduce finalmente a lo que señala como tema central: «Take that as a sort of bounding surface from which one gives the main subject of the Canto, the lotophagoi: lotus eaters, or respectable dope smokers; and general paradiso» («Toma eso como una especie de superficie elástica desde la que se da el tema principal del Canto, los lotophagoi: comedores de loto, o respetables fumadores de droga; y de ahí, al paraíso en general», *Selected Letters,* pág. 210). Es un pasaje en el que resume la vida de Odiseo hasta la muerte de todos los miembros de su tripulación.

XX

Sound slender, quasi tinnula,
Ligur' aoide: Si no'us vei, Domna don plus mi cal,
Negus vezer mon bel pensar no val.»
Between the two almond trees flowering,
The viel held close to his side;
And another: s'adora».
«Possum ego naturae
non meminisse tuae» Qui son Properzio ed Ovidio.

The boughs are not more fresh
where the almond shoots
take their March green.
And that year I went up to Freiburg,
And Rennert had said: Nobody, no, nobody
Knows anything about Provençal, or if there is anybody,

XX

Sonido esbelto, quasi tinnula[240],
Ligur' aoide: Si no'us vei, Domna don plus mi cal,
Negus vezer mon bel pensar no val»[241].
Entre los dos almendros floreciendo,
El velo asido muy cerca y apretado;
Y otro: s'adora.»
«Possum ego naturae
non meminisse tuae!» Qui son Properzio ed Ovidio[242].

Las ramas no son más frescas
donde los brotes del almendro
Toman su verde marzo.
Y ese año fui a Freiburgo,
Y Rennert había dicho: Nadie, no, nadie[243]
Sabe nada del provenzal, o si existe alguien,

---

[240] «quasi tinnula»: paráfrasis de Catulo en «nuptialia concinens / voce carmina tinnula» («entona con tu voz argentina los cantos nupciales», *Poesías de Catulo,* pág. 80).
[241] «Ligur' aoide»: en carta a su padre de 11 de abril de 1927, Pound traduce esta frase por «canción de sonido agudo». La referencia es a la *Odisea,* pág. 226: las Sirenas «entonaron su sonoro canto».

«Si no'us vei...»: Pound mismo da la traducción de estas líneas en el Cantar XCII: «And if I see her not / no sight is worth the beauty of my thought» («Y si no la veo / no hay vista que valga la belleza de mi pensamiento»).
[242] «s'adora»: «se la adora».

«Possum ego naturae / non meminisse tuae!»: del soneto XXXV de Guido Cavalcanti, que Pound traduce como «¡No podré recordar tu personalidad!» (*The Translations,* págs. 94 y 95).

«Qui son Properzio ed Ovidio»: «He aquí a Propercio y a Ovidio.»
[243] H. A. Rennert (1858-1927), especialista en lenguas románicas, fue profesor de Pound en la Universidad de Pennsylvania hacia 1905.

It's old Lévy.»
And so I went up to Freiburg,
And the vacation was just beginning,
The students getting off for the summer,
Freiburg im Breisgau,
And everything clean, seeming clean, after Italy.

And I went to old Lévy, and it was by then 6.30
in the evening, and he trailed half way across Freiburg
before dinner, to see the two strips of copy,
Arnaut's, settant'uno R. superiore (Ambrosiana)
Not that I could sing him the music.
And he said: Now is there anything I can tell you?»
And I said: I dunno, sir, or
«Yes, Doctor, what do they mean by *noigandres?*»
And he said: Noigandres! NOIgandres!
«You know for seex mon's of my life
»Effery night when I go to bett, I say to myself:
»Noigandres, eh, *noi*gandres,
»Now what the DEFFIL can that mean!»
Wind over the olive trees, ranunculae ordered,
By the clear edge of the rocks
The water runs, and the wind scented with pine
And with hay-fields under sun-swath.
Agostino, Jacopo and Boccata.
You would be happy for the smell of that place
And never tired of being there, either alone
Or accompanied.
Sound: as of the nightingale too far off to be heard.

Ese es el viejo Lévy»[244].
Y así fue que me fui a Freiburgo,
Y las vacaciones apenas empezaban,
Y los estudiantes quedaban libres por el verano,
Freiburg im Breisgau,
Y todo limpio, pareciendo limpio, después de Italia.

Y me fui con el viejo Lévy, y para entonces eran las 6.30
de la noche, y él anduvo la mitad de Freiburgo
antes de cenar, para ver las dos tiras de manuscrito
El settant uno R. superiore (Ambrosiana) de Arnaut[245]
No que pudiera yo cantarle la música.
Y me dijo: «Bueno, ¿hay algo que te pueda aclarar?»
Y yo dije: No sé, señor, o
«Sí, doctor, ¿qué quieren decir con *noigandres?*»[246]
Y dijo: ¡Noigandres! ¡NOIGandres!
«Sabrá usted que durante seis meses de mi vida
»Cada vez que me acostaba, me decía:
»Noigandres, eh, *noig*andres,
»¡Qué DIABLOS significará!»
Viento en el olivar, ranunculae ordenadas[247],
Cerca de la orilla clara de las rocas
El agua corre, y el viento perfumado de pino
Y con campos de heno bajo la mancha del sol.
Agostino, Jacopo y Boccata.
Os alegraría el olor de aquel lugar
Y jamás os cansaríais de estar allí, ya solo
O acompañado.
Sonido: como de ruiseñor demasiado alejado para oírse.

---

[244] Emil Lévy es un famoso filólogo alemán (murió en 1918).
[245] Signatura de un manuscrito del trovador provenzal Arnaut Daniel (siglo XII) en la Biblioteca Ambrosiana de Milán.
[246] «Noigandres»: palabra desconocida que aparece en el texto de Daniel a que se alude en la nota anterior. Hugh Kenner la explica como una posible errata y cree que esa palabra «quizá ni exista en absoluto; los manuscritos se enzarzan en una babel inconexa: nuo gaindres, nul grandes, notz grandes...» (*The Pound Era,* pág. 116).
[247] «ranunculae»: ranunculáceas, plantas con flores de vivos colores, como la anémona y el acónito.

Sandro, and Boccata, and Jacopo Sellaio;
The ranunculæ, and almond,
Boughs set in espalier,
Duccio, Agostino; e *l'olors* —
The smell of that place — *d'enoi ganres*.
Air moving under the boughs,
The cedars there in the sun,
Hay new cut on hill slope,
And the water there in the cut
Between the two lower meadows; sound,
The sound, as I have said, a nightingale
Too far off to be heard.
And the light falls, *remir,*
from her breast to thighs.

He was playing there at the palla.
Parisina — two doves for an altar — at the window
«*E'l Marchese*
Stava per divenir pazzo
after it all.» And that was when Troy was down
And they came here and cut holes in rock,
Down Rome way, and put up the timbers;
And came here, condit Atesten...
  «Peace! keep the peace, Borso.»
And he said: Some bitch has sold us
    (that was Ganelon)

Sandro, y Boccata, y Jacopo Sellaio[248];
Las ranunculae, y almendro,
Ramas puestas en espalera,
Duccio, Agostino; *e l'olors* —
El olor de ese sitio — *d'enoi ganres*.
Aire moviéndose bajo las ramas,
Los cedros allí bajo el sol,
Heno recién cortado en la ladera,
Y el agua allí en el tajo
Entre las dos vegas bajas; sonido,
El sonido, como dije, un ruiseñor
Demasiado lejos para ser oído.
Y cae la luz, *remir*[249],
de su pecho a sus muslos.

Jugaba allí a la pala.
Parisina — dos palomas para un altar — en la ventana,
«E'l Marchese
Stava per divenir pazzo[250]
después de todo.» Y eso fue cuando Troya estaba caída
Y vinieron aquí e hicieron agujeros en la roca,
Allá por Roma, y levantaron los maderos;
Y vinieron aquí, *condit Atesten*...[251]
   «¡Paz! mantén la paz, Borso.»
Y dijo: Alguna perra nos ha vendido
   (ése fue Ganelón)[252]

---

[248] Agostino di Duccio (*c.* 1418-81), escultor, autor de varios bajorrelieves en el Templo Malatestiano.
Jacopo Sellaio (1422-93), pintor florentino.
Giovanni di Piermatteo, llamado Boccati, pintor activo entre 1445 y 1480, autor de frescos en el palacio de los Montefeltro de Urbino.
Sandro: Sandro Botticelli (1444-1510).
[249] «remir»: observo, miro, contemplo.
[250] «E'l Marchese / Stava per divenir pazzo»: «Y el Marqués (Niccolò d'Este) estaba a punto de volverse loco». La especie de «delirio» en que se sume tras la ejecución de su esposa Parisina y de su hijo Ugo Aldobrandino (véase resumen introductorio).
[251] «condit Atesten»: «fundada en Este». El propio Pound lo explica: «se refiere a la legendaria fundación de la casa Este» (*Selected Letters*, pág. 210).
[252] Ganelón es el caballero traidor en *La Canción de Roldán*.

«They wont get another such ivory.»
And he lay there on the round hill under the cedar
A little to the left of the cut (Este speaking)
By the side of the summit, and he said:
    «I have broken the horn, bigod, I have
»Broke the best ivory, l'olofans.» And he said:
«Tan mare fustes!»
            pulling himself over the gravel,
«Bigod! that buggar is done for,
»They wont get another such ivory.»
And they were there before the wall, Toro, las almenas,
(Este, Nic Este speaking)
                Under the battlement
(Epi purgo) peur de la hasle,
And the King said:
            «God what a woman!
My God what a woman» said the King telo rigido.
«Sister!» says Ancures, «'s your sister!»
Alf left that town to Elvira, and Sancho wanted
It from her, Toro and Zamora.
                «Bloody spaniard!
Neestho, le'er go back...
            in the autumn.»
«Este, go' damn you.» between the walls, arras,
Painted to look like arras.
                Jungle:
Glaze green and red feathers, jungle,
Basis of renewal, renewals;
Rising over the soul, green virid, of the jungle,

«No volverán a conseguir marfil igual.»
Y yacía allí en la colina redonda bajo el cedro
Un poco a la izquierda del tajo (habla Este)
Al lado de la cima, y dijo:
   «He roto el cuerno, caramba, he
»Roto el mejor marfil, de elefante.» Y dijo:
«¡Tan mare fustes!»[253]
         arrastrándose sobre la grava,
«¡Caray! a ése se lo llevó el diablo,
»No volverán a conseguir marfil igual.»
Y estaban allí ante la muralla, Toro, las almenas,
(Este, Nico Este habla)
            Bajo las almenas
(Epi purgo) peur de la hasle,
Y dijo el Rey:
      «¡Dios, qué hembra!
Dios mío qué hembra» dijo el Rey, telo rígido.
«¡Hermana!» dice Ançures, «¡es tu hermana!»
Alf dejó el pueblo a Elvira, y Sancho lo quería
Para sí, Toro y Zamora.
            «¡Condenado español!
Neestho, dejad que regrese...[254]
            en el otoño.»
«Este, vete maldito», entre las paredes, tapicería,
Pintadas para simular tapicería.
            Jungla:
Verde vidriado y plumas rojas, jungla,
Base de renovación, renovaciones;
Levantándose sobre el alma, verde vítreo azul, de la
   jungla,

---

[253] Roldán rompe su espada en el combate, pero se defiende con su cuerno de caza, tallado en marfil, con el que golpea en la cabeza al moro que le ataca, a la vez que exclama: «Tan mare fustes!», «has venido en mal momento» (*Selected Letters,* pág. 211).
[254] Las alusiones a Toro, etc., proceden de su estudio de *Las almenas de Toro,* en su ensayo «The Quality of Lope de Vega» (*The Spirit of Romance,* págs, 191-193).
«(Epi purgo)»: «en las murallas».
«peur de la hasle»: «miedo a las quemaduras del sol».

Lozenge of the pavement, clear shapes,
Broken, disrupted, body eternal,
Wilderness of renewals, confusion
Basis of renewals, subsistence,
Glazed green of the jungle;
Zoe, Marozia, Zothar,
                loud over the banners,
Glazed grape, and the crimson,
OH BIOS,
      cosi Elena vedi,
In the sunlight, gate cut by the shadow;
And then the faceted air:
Floating. Below, sea churning shingle.
Floating, each on invisible raft,
On the high current, invisible fluid,
Borne over the plain, recumbent,
The right arm cast back,
    the right wrist for a pillow,
The left hand like a calyx,
Thumb held against finger, the third,
The first fingers petal'd up, the hand as a lamp,
A calyx.
      From toe to head
The purple, blue-pale smoke, as of incense;
Wrapped each in burnous, smoke as the olibanum's,
Swift, as if joyous.
Wrapped, floating; and the blue-pale smoke of the incense
Swift to rise, then lazily in the wind
    as Aeolus over bean-field,
As hay in the sun, the olibanum, saffron,
As myrrh without styrax;

Losange del pavimento, formas claras,
Rotas, disgregadas, cuerpo eterno,
Inmensidad de las renovaciones, confusión
Base de las renovaciones, subsistencia,
Verde vidriado de la jungla;
Zoe, Marozia, Zothar[255],
                estruendo sobre las banderas,
Una vidriada, y el carmesí,
HO BIOS,
      cosi Elena vedi[256],
A la luz del sol, puerta cortada por la sombra;
Y luego el aire en facetas:
Flotando. Abajo, mar revolviendo peladillas.
Flotando, cada una en balsa invisible,
En la corriente alta, fluido invisible,
Llevada sobre el llano, recostada,
El brazo derecho echado hacia atrás,
    la muñeca derecha de almohada,
La mano izquierda como cáliz,
Pulgar contra el dedo, el tercero,
Los primeros dedos hacia arriba como pétalos, la mano
   como lámpara,
Un cáliz.
    Del pie a la cabeza
El morado, humo azul pálido, como de incienso;
Envuelto cada uno en albornoz, humo como el olíbano,
Rápido, como si alegre.
Envuelto, flotando; y el humo azul pálido del incienso
Rápido en el subir, luego lánguidamente en el viento
    como Eolo sobre frijolar,
Como heno en el sol, el olíbano, azafrán,
Como mirra sin estoraque;

«Neestho»: «dejad que regrese». Son traducción de Pound en la carta citada en notas anteriores.

[255] Mujeres culpables de infidelidad en distintas épocas, como su esposa Parisina.

[256] «HO BIOS»: «la vida».

«cosi Elena vedi»: «y así vi a Elena». Siguen siendo las traducciones de Pound.

Each man in his cloth, as on raft, on
> The high invisible current;
On toward the fall of water;
And then over that cataract,
In air, strong, the bright flames, V shaped;
> Nel fuoco
D'amore mi mise, nel fuoco d'amore mi mise...
Yellow, bright saffron, croceo;
And as the olibanum bursts into flame,
The bodies so flamed in the air, took flame,
> «...Mi mise, il mio sposo novello.»
Shot from stream into spiral,

Or followed the water. Or looked back to the flowing;
Others approaching that cataract,
As to dawn out of shadow, the swathed cloths
Now purple and orange,
And the blue water dusky beneath them,
> pouring there into the cataract,
With noise of sea over shingle,
> > striking with:
> > hah hah ahah thmm, thunb, ah
> > woh woh araha thumm, bhaaa.
And from the floating bodies, the incense
 blue-pale, purple above them.
Shelf of the lotophagoi,
Aerial, cut in the aether.
> > Reclining,
With the silver spilla,
The ball as of melted amber, coiled, caught up, and turned.
Lotophagoi of the suave nails, quiet, scornful,
Voce-profondo:
> «Feared neither death nor pain for this beauty;

Cada hombre en su vestido, como en una balsa, sobre
    La alta corriente invisible;
Adelante hacia la caída del agua;
Y luego sobre la catarata,
En el aire, fuerte, las llamas brillantes, en forma de V;
    Nel fuoco
D'amore mi mise, nel fuoco d'amore mi mise...
Amarillo, azafrán brillante, croceo;
Y al empezar a arder el olíbano,
Los cuerpos así flameantes en el aire, se encienden,
    «...Mi mise, il mio sposo novello»[257].
Disparados de la corriente a la espiral,

O seguían el agua. O contemplaban el fluir hacia atrás;
Otros acercándose a la catarata,
Como al amanecer desde las sombras, las telas envueltas
Ahora púrpuras y anaranjadas,
Y el agua azul oscuro por debajo,
    vaciándose en la catarata,
Con ruido de mar sobre las peladillas,
        pegando con:
        jaj jaj ajaj zdmm, zdund, aj
        uoj uoj araja zdumm, bjaaa.
Y de los cuerpos flotantes, el incienso
    azul pálido, púrpura sobre ellos.
Repisa de los lotófagos,
Aéreo, cortado en el éter.
                Reclinando,
Con la spilla de plata[258],
La pelota como de ámbar derretido, enroscada, y volteada.
Lotófagos de las uñas suaves, quietos, desdeñosos,
Voce-profondo:
    «No temían ni muerte ni dolor por esta belleza;

---

[257] De nuevo Pound: «mi nuevo esposo me coloca sobre el fuego del amor» (del *Cántico* de San Francisco).
[258] «spilla»: «broche».

If harm, harm to ourselves.»
And beneath: the clear bones, far down,
Thousand on thousand.
   «What gain with Odysseus,
»They that died in the whirlpool
»And after many vain labours,
»Living by stolen meat, chained to the rowingbench,
»That he should have a great fame
      »And lie by night with the goddess?
»Their names are not written in bronze
      »Nor their rowing sticks set with Elpenor's;
»Nor have they mound by sea-bord.
      »That saw never the olives under Spartha
»With the leaves green and then not green,
      »The click of light in their branches;
»That saw not the bronze hall nor the ingle
»Nor lay there with the queen's waiting maids,
»Nor had they Circe to couch-mate, Circe Titania,
»Nor had they meats of Kalüpso
»Or her silk skirts brushing their thighs.
»Give! What were they given?
                              Ear-wax.
»Poison and ear-wax,
                  and a salt grave by the bull-field,
»*neson amumona*, their heads like sea crows in the foam,
»Black splotches, sea-weed under lightning;
»Canned beef of Apollo, ten cans for a boat load.»
Ligur' aoide.

And from the plain whence the water-shoot,

Si daño hay, que sea para nosotros.»
Y debajo: los huesos claros, muy abajo,
Mil sobre mil.
    «¿Qué ganaron con Odiseo,
»Los que murieron en el remolino
»Y después de muchas y vanas labores,
»Viviendo de carne robada, encadenados al banco de remar,
»Para que él cobrara fama
    »Y de noche yaciera con la diosa?
»Sus nombres no están inscritos en bronce
    »Ni sus remos con los de Elpenor;
»Ni tienen túmulo cerca del mar.
    »Que nunca vieron los olivos bajo Esparta
»Con las hojas verdes y luego no verdes,
    »El clic de luz en sus ramas;
»Que no vieron la sala de bronce ni el hogar
»Ni yacieron allí con las damas de la reina,
»Ni tuvieron a Circe por compañera de cama, Circe Titania,
»Ni tuvieron carnes de Kalypso
»O sus faldas de seda frotando sus muslos.
»¿Dar? ¿Qué fue lo que les dieron?
                        Cera para los oídos.
»Veneno y cera para los oídos,
                y una tumba de sal próxi-
                maalcampodelostoros,
»*nesson amumona*, sus cabezas como cuervos marinos en la espuma[259],
»Manchas negras, alga marina bajo el relámpago;
»Carne de res de Apolo enlatada, diez latas para una carga de barco.»
Ligur' aoide.

Y del llano de donde el brote acuático,

---

[259] «nesson amumona»: «literalmente, la isla estrecha: el prado en que se cuidaba el ganado de Apolo» (*Selected Letters*, pág. 110).

[393]

Across, back, to the right, the roads, a way in the grass,
The Khan's hunting leopard, and young Salustio
And Ixotta; the suave turf
Ac ferae familiares, and the cars slowly,
And the panthers, soft-footed.
Plain, as the plain of Somnus,
    the heavy cars, as a triumph,
Gilded, heavy on wheel,
    and the panthers chained to the cars,
Over suave turf, the form wrapped,
Rose, crimson, deep crimson,
And, in the blue dusk, a colour as of rust in the sunlight,
Out of white cloud, moving over the plain,
Head in arm's curve, reclining;
The road, back and away, till cut along the face of the rock,
And the cliff folds in like a curtain,
The road cut in under the rock
Square groove in the cliff's face, as chiostri,
The columns crystal, with peacocks cut in the capitals,
The soft pad of beasts dragging the cars;
Cars, slow, without creak,
And at windows in inner roadside:
    le donne e i cavalieri
    smooth face under hennin,
The sleeves embroidered with flowers,
Great thistle of gold, or an amaranth,
Acorns of gold, or of scarlet,
Cramoisi and diaspre
    slashed white into velvet;

A través, hacia atrás, a la derecha, los caminos, un sendero en la hierba,
El leopardo cazador del Khan, y el joven Salustio
E Ixotta; el suave pasto[260]
Ac ferae familiares, y los carros lentamente[261],
Y las panteras, de suave pie.
Llano, como el llano de Somnus,
    los carros pesados, como un triunfo,
Dorados, pesados de rueda,
    y las panteras encadenadas a los carros,
Sobre pasto suave, la forma envuelta,
Rosa, carmesí, carmesí oscuro,
Y, en el anochecer azul, un color de herrumbre en la luz del sol,
Saliendo de una nube blanca, moviéndose sobre la llanura,
La cabeza en los brazos curva, reclinándose;
El camino, hacia atrás y alejado, hasta que se corta a lo largo de la cara de la roca,
Y el cantil se dobla hacia adentro como una cortina,
El camino cortado hacia adentro debajo de la roca
Ranura cuadrada en la cara del cantil, como chiostri,
Las columnas de cristal, con pavos reales cincelados en los capiteles,
Las suaves alfombras de los animales tirando de los carros;
Carros, lentos, sin chirriar,
Y en las ventanas en el interior del camino:
    le donne e i cavalieri
    cara lisa bajo alheña,
Las mangas bordadas con flores,
Gran cardo de oro, o un amaranto,
Bellotas de oro, o de escarlata,
Cramoisi y diaspre
    cortado blanco en el terciopelo;

---

[260] Salustio, hijo de Segismundo e Isotta, asesinado por su hermanastro Roberto (véase Cantar IX, nota 133).
[261] «Ac ferae familiares»: «y fieras domesticadas».

Crystal columns, acanthus, sirens in the pillar heads;
And at last, between gilded barocco,
Two columns coiled and fluted,
Vanoka, leaning half naked,
    waste hall there behind her.
«Peace!
    Borso..., Borso!»

Columnas de cristal, acanto, sirenas en los topes de los
    pilares;
Y por fin, entre barroco dorado,
Dos columnas enrolladas y acanaladas,
Vanoka, asomándose medio desnuda,
    sala desierta ahí detrás suyo.
«¡Paz!
    ¡Borso..., Borso!»

Cantar XXI

La familia de los Médicis abre el Cantar: se les admira como protectores de las artes y de las letras, a la vez que su control del dinero (de algún modo se les suele considerar como entre los primeros banqueros europeos) para forzar la paz entre venecianos y napolitanos con Florencia, les distingue también como usuarios del poder económico para una causa justa.

De aquí pasa a su propio país, con Thomas Jefferson como figura paradigmática del buen gobernante, lo cual constituye una especie de introducción a la historia de los primitivos Estados Unidos, que figurará de modo cada vez más prominente a partir del segundo gran bloque de los Cantares, que comienza con el XXXI.

XXI

«Keep the peace, Borso!» Where are we?
«Keep on with the business,
    That's made me,
»And the res publica didn't.
»When I was broke, and a poor kid,
»They all knew me, all of these *cittadini*,
»And they all of them cut me dead, della gloria.»
Intestate, 1429, leaving 178,221 florins *di sugello*,
As is said in Cosimo's red leather note book. Di sugello.
And «with his credit emptied Venice of money» —
That was Cosimo —
«And Naples, and made them accept his peace.»
And he caught the young boy Ficino
And had him taught the greek language;
«With two ells of red cloth per person
I will make you», Cosimo speaking, «as many
Honest citizens as you desire.»
Col credito suo...
Napoli e Venezia di danari...
Costretti... Napoli e Venezia... a quella pace...

XXI

«¡Mantén la paz, Borso!» ¿Dónde estamos?[262]
«Sigue con el negocio,
      Que me ha hecho,
»Y que la res pública no.
»Cuando estaba sin blanca y era pobre mozuelo,
»Todos me conocían, todos estos *cittadini*,
»Y todos me dieron la espalda, della gloria.»
Intestato, 1429, dejando 178.221 florines *di sugello*[263],
Como dice en el cuaderno de piel roja de Cosimo. Di sugello.
Y «con su crédito vació a Venecia de dinero» —
Ése fue Cosimo —
«Y Nápoles, e hizo que aceptaran su paz.»
Y cogió al joven Ficino
E hizo que le enseñaran el griego;
«Con dos anas de tela roja por persona
Te haré», Cosimo es el que habla, «tantos
Ciudadanos honrados como quieras.»
Col credito suo...
Napoli e Venezia di danari...
Costretti... Napoli e Venezia... a quella pace ...[264]

---

[262] «¡Mantén la paz, Borso!»: esta admonición, como la de la última línea del Cantar anterior y la que aparece en la línea 65 de ese mismo Canto XX, la dirige Niccolò a sus hijos. Ferrara, su ciudad-estado, es pequeña y débil, por lo que se ve obligada a una política de apaciguamiento con sus poderosos vecinos para mantener su independencia.
[263] Giovanni Médicis murió en 1429 o 28, dejando a sus hijos Cosimo (Cosme) y Lorenzo una gran fortuna.
«di sugello»: «estampado con el sello».
[264] Ficino: Marsilio Ficino, platónico al que Cosimo o Cosme de Médicis encargó el estudio de los clásicos al frente de la Academia Platónica de Florencia.

Or another time... oh well, pass it.
And Piero called in the credits,
(Diotisalvi was back of that)
And firms failed as far off as Avignon,
And Piero was like to be murdered,
And young Lauro came down ahead of him, in the road,
And said: Yes, father is coming.

Intestate, '69, in December, leaving me 237,989 florins,
As you will find in my big green account book
In carta di capretto;
And from '34 when I count it, to last year,
We paid out 600,000 and over,
That was for building, taxes and charity.
Nic Uzano saw us coming. Against it, honest,
And warned 'em. They'd have murdered him,
And would Cosimo, but he bribed 'em;
And they did in Giuliano. E diflicile,
A Firenze difficile viver ricco
Senza aver lo stato.
«E non avendo stato Piccinino
»Doveva temerlo qualunque era in stato;»

U otro tiempo ... y bien, a otra cosa.
Y Piero pidió satisfacción de créditos,
(Diotisalvi estaba detrás de esto)
Y quedaron firmas tan alejadas como Avignon,
Y por poco asesinan a Piero,
Y el joven Lauro llegó antes que él, por el camino,
Y dijo: Sí viene mi padre[265].

Intestado, '69, en diciembre, dejándome 237.989 florines,
Como encontraréis en mi gran libro verde de cuentas
In carta di capretto;
Y desde '34 cuando lo cuento, al año pasado,
Pagamos 600.000 y más,
Eso fue por construcción, impuestos y caridad.
Nico Uzano nos vio venir. Opuesto a ello, honrado[266],
Y les previno. Lo hubieran asesinado,
Y a Cosimo, pero los sobornó,
Y acabaron con Giuliano. E difficile,
A Firenze difficile viver ricco
Senza aver lo stato.
«E non avendo stato Piccinino
»Doveva temerlo qualunque era in stato»[267];

«Col credito suo ...»: Con su crédito, obligó a las adineradas Venecia y Nápoles a aceptar la paz.
[265] Diotisalvi Neroni es un acaudalado florentino que conspiró contra los Médicis, intentando asesinar a Pedro. Fue descubierto y condenado al destierro.
El joven Lauro es Lorenzo, que más tarde sería conocido como «El Magnífico».
[266] El hijo de Cosimo, Pedro, murió en 1469. Su hijo es Lorenzo «El Magnífico» (1449-92), que heredó el gran imperio económico familiar.
«In carta di capretto»: «en pergamino».
Niccolo da Uzzano, amigo de familias rivales de los Médicis, evitó, por razones de prudencia, el intento de asesinato de Cosimo. Más tarde, los conspiradores se dirigieron contra Lorenzo y su hermano Giuliano: con este último sí tuvieron éxito.
[267] «E difficile...»: «Es difícil vivir rico en Florencia sin ser noble. Y Piccinino (un condottiero), no siendo noble tenía que temer a cualquiera que lo fuese».

And «that man sweated blood to put through that railway»;
«Could you», wrote Mr. Jefferson,
«Find me a gardener
Who can play the french horn?
The bounds of American fortune
Will not admit the indulgence of a domestic band of
Musicians, yet I have thought that a passion for music
Might be reconciled with that economy which we are
Obliged to observe. I retain among my domestic servants
A gardener, a weaver, a cabinet-maker, and a stone-cutter,
To which I would add a vigneron. In a country like yours
(id est Burgundy) where music is cultivated and
Practised by every class of men, I suppose there might
Be found persons of these trades who could perform on
The french horn, clarionet, or hautboy and bassoon, so

Y «ese hombre sudó sangre para construir ese ferrocarril»;
«¿Podría usted», escribió Mr. Jefferson [268],
«Encontrarme un jardinero
Que sepa tocar el corno francés?
Los límites de la fortuna americana
No permiten la indulgencia de una banda doméstica de
Músicos, sin embargo pienso que una pasión por la música
Bien podría reconciliarse con esa economía que estamos
Obligados a observar. Conservo entre mis criados domésticos
Un jardinero, un tejedor, un ebanista, y un picapedrero,
Al cual quisiera añadir un viñador. En un país como el vuestro
(id est Borgoña) donde se cultiva la música y
Se practica por toda clase de hombres, supongo que se podrán
Encontrar personas de estos oficios que podrían tocar
El corno francés, clarinete, u oboe y fagot, de

---

[268] «ese hombre...»: el abuelo de Pound construyó una línea ferroviaria, según su nieto, motivado no por afán de lucro, sino por el beneficio de sus conciudadanos: «I have never believed that my grandfather put a bit of railway across Wisconsin simply or chiefly to make money or even with the illusion that he would make money, or make more money in that way than in some other» («Nunca he creído que mi abuelo construyese aquel pequeño ramal de ferrocarril por Wisconsin simplemente o principalmente para ganar dinero o ni siquiera con la esperanza de que ganaría dinero, o de que ganaría más dinero de esa forma que de cualquier otra». *Jefferson and / or Mussolini*, Nueva York, Liveright, 1970, página 33).

Thomas Jefferson (1743-1826), tercer Presidente de los Estados Unidos, uno de los principales responsables de la redacción de la Constitución y una de las grandes figuras de la historia americana, a quien Pound admira y equipara con los grandes personajes del Renacimiento. La carta está fechada el 8 de junio de 1778 en Williamsburg, no en Monticello, este último el palacete que diseñó y construyó para su residencia Jefferson en las cercanías de Charlottesville, Virginia, donde el estadista fundó asimismo la Universidad de Virginia, con su propio proyecto arquitectónico.

That one might have a band of two french horns, two
Clarionets, two hautboys and a bassoon, without enlarging
Their domestic expenses. A certainty of employment for
Half a dozen years
    (*affatigandose per suo piacer o non*)
And at the end of that time, to find them, if they
Choose, a conveyance to their own country, might induce
Them to come here on reasonable wages. Without meaning to
Give you trouble, perhaps it might be practicable for you
In your ordinary intercoursc with your people to find out
Such men disposed to come to America. Sobriety and good
Nature would be desirable parts of their characters»
                                     June 1778 Montecello

And in July I went up to Milan for Duke Galeaz
To sponsor his infant in baptism,
Albeit were others more worthy,
And took his wife a gold collar holding a diamond
That cost about 3,000 ducats, on which account
That signor Galeaz Sforza Visconti has wished me
To stand sponsor to all of his children.

Another war without glory, and another peace without quiet.

And the Sultan sent him an assassin, his brother;
And the Soldan of Egypt, a lion;
And he begat one pope and one son and four daughters,
And an University, Pisa; (Lauro Medici)
And nearly went broke in his business,
And bought land in Siena and Pisa,

Modo que uno podría tener una banda de dos cornos
   franceses, dos
Clarinetes, dos oboes y un fagot, sin aumentar
Sus gastos domésticos. Seguridad de empleo por
Media docena de años
   (*affatigandose per suo piacer o non*)
Y al fin de ese tiempo, encontrarles, si
Querían, transporte a su país, podría inducirles
A venir con sueldos razonables. Sin tener la intención de
Darle molestias, quizás sea posible que usted
En su decurso ordinario con sus personas encuentre
A tales personas dispuestas a venir a la América. La
   sobriedad y buen
Natural serían aspectos deseables en sus caracteres»
                              Junio 1778 Montecello

Y en julio fui a Milán por el duque Galeaz[269].
Para ser padrino de su infante en el bautismo,
Aunque otros había más dignos,
Y llevé a su esposa collar de oro con un diamante
El costo cerca de 3.000 ducados, con lo cual
El señor Galeaz Sforza Visconti ha deseado
Que sea padrino de todos sus hijos.

Otra guerra sin gloria, y otra paz sin descanso.

Y el Sultán le envió un asesino, su hermano[270];
Y el Soldán de Egipto, un león;
Y engendró un papa y un hijo y cuatro hijas[271],
Y una universidad, la de Pisa; (Lauro Medici)
Y casi quebró en su negocio,
Y compró tierras en Siena y Pisa,

---

[269] Galeazzo Maria Sforza (1444-76), duque de Milán, hijo de Francesco Sforza y de Bianca María Visconti.
[270] Uno de los asesinos de Giuliano huyó a Constantinopla, donde fue apresado por el Sultán, que lo devolvió a Lorenzo en gesto de buena voluntad.
[271] El hijo de Lorenzo, Giovanni, fue el Papa León X.

And made peace by his own talk in Naples.
And there was grass on the floor of the temple,
Or where the floor of it might have been;
    Gold fades in the gloom,
      Under the blue-black roof, Placidia's,
Of the exarchate; and we sit here
By the arena, *les gradins*...
And the palazzo, baseless, hangs there in the dawn
With low mist over the tide mark;
And floats there nel tramonto
With gold mist over the tide-mark.
The tesserae of the floor, and the patterns.
Fools making new shambles;
      night over green ocean,
And the dry black of the night.
      Night of the golden tiger,
And the dry flame in the air,
      Voices of the procession,
Faint now, from below us,
And the sea with tin flash in the sun-dazzle,
    Like dark wine in the shadows.
«Wind between the sea and the mountains»
    The tree-spheres half dark against sea
      half clear against sunset,
The sun's keel freighted with cloud,
And after that hour, dry darkness
Floating flame in the air, gonads in organdy,
Dry flamelet, a petal borne in the wind.
Gignetei kalon.
Impenetrable as the ignorance of old women.
In the dawn, as the fleet coming in after Actium,
Shore to the eastward, and altered,
And the old man sweeping leaves:

E hizo la paz con su propio discurso en Nápoles.
Y crecía la hierba en el suelo del templo,
O donde pudo haber estado el suelo.
    El oro se desvanece en la penumbra,
    Bajo el techo azulnegro, de Placidia[272],
Del exarcado; y aquí estamos
Cerca de la arena, *les gradins*...
Y el palazzo, sin basamento, pende ahí en el amanecer
Con niebla baja sobre la acotación de la marea;
Y ahí flota nel tramonto
Con niebla dorada sobre la acotación.
Las téseras del piso, y los diseños.
Idiotas que realizan otras destrucciones;
            noche sobre verde océano,
Y el negro seco de la noche.
            Noche del tigre dorado,
Y la llama seca en el aire,
        Voces de la procesión,
Amortiguadas, llegándonos de abajo,
Y el mar con brillo de estaño en el fulgor solar,
        Como vino oscuro en las sombras.
«Viento entre el mar y las montañas»
Las esferas arbóreas medio oscuras frente al mar
        medio claras ante el ocaso,
La quilla del sol cargada de nubes,
Y después de esa hora, oscuridad seca
Llama flotante en el aire, gónadas de organdí,
Flámula seca, pétalo por el aire,
Gignetei kalon[273].
Impenetrable como ignorancia de viejas.
En el amanecer, como la flota arribando después de Actium,
Playa al oriente, y cambiada,
Y los viejos barriendo las hojas:

---

[272] Gala Placidia (*c.* 388-450), esposa del Emperador de Occidente Constancio III y madre del sucesor de éste, Valentiniano III. Su mausoleo se encuentra en Rávena.
[273] «Gignetei kalon»: «algo bello ha nacido».

«Damned to you Midas, Midas lacking a Pan!»
And now in the valley,
Valley under the day's edge:
    «Grow with the Pines of Ise;
»As the Nile swells with Inopos.
    «As the Nile falls with Inopos.»
Phoibos, turris eburnea,
    ivory against cobalt,
And the boughs cut on the air,
The leaves cut on the air,
The hounds on the green slope by the hill,
    water still black in the shadow.
In the crisp air,
    the discontinuous gods;
Pallas, young owl in the cup of her hand,
And, by night, the stag runs, and the leopard,
Owl-eye amid pine boughs.
Moon on the palm-leaf,
                    confusion;
Confusion, source of renewals;
Yellow wing, pale in the moon shaft,
Green wing, pale in the moon shaft,
Pomegranate, pale in the moon shaft,
White horn, pale in the moon shaft, and Titania
By the drinking hole,
    steps, cut in the basalt.
Danced there Athame, danced, and there Phæthusa
With colour in the vein,
Strong as with blood-drink, once,

«¡Maldito seas Midas, Midas sin Pan!»
Y ahora en el valle,
Valle bajo el filo del día:
   «Crece con los pinos de Isé;
»Como el Nilo se hincha con Inopos.»
   «Como el Nilo cae con Inopos.»
Phoibos, turris eburnea[274],
   marfil contra cobalto,
Y las ramas cortan el aire,
Las hojas cortan el aire,
Los lebreles en la verde ladera cerca del alcor,
   agua aún negra en la sombra.
En el aire crepitante,
   los dioses intermitentes;
Palas, mochuelo en el hueco de su mano,
Y, de noche, corre el ciervo, y el leopardo,
Ojo de mochuelo entre las ramas del pino.
Luna sobre la hoja de la palma,
                              confusión;
Confusión, fuente de renovaciones;
Ala amarilla, pálida en el astil lunar,
Ala verde, pálida en el astil lunar,
Granada, pálida en el astil lunar,
Cuerno blanco, pálido en el astil lunar, y Titania
Cerca del venero de beber,
   gradas, cortadas en basalto.
Danzó allí Athame, danzó y allí Phaethusa[275]
Con color en las venas,
Fuerte como con bebida de sangre, una vez,

---

[274] «los pinos de Isé»: véase Cantar IV, nota 36.
   Inopos: río mítico en la isla de Delos (o Dhilos), una de las Cícladas, que se creía que crecía y descendía al mismo tiempo que el Nilo, por lo que se les suponía conectados.
   Phoibos: Febo, el Sol.
   «turris eburnea»: «torre de marfil» en las letanías a la Virgen María.
[275] Athame y Phaetusa, hijas de Helios. La primera, probablemente inventada por Pound; la segunda en la *Odisea*, como Faetusa, «la que arde» (pág. 224 y nota 195).

With colour in the vein,
Red in the smoke-faint throat. Dis caught her up.

And the old man went on there
    beating his mule with an asphodel.

Con color en las venas,
Rojo en la garganta esfumada. Dis la levantó[276].

Y el viejo siguió adelante
    pegándole a su mula, con un asfódelo.

---

[276] Dis: Dis Pater, el padre de las riquezas, dios romano del mundo subterráneo, asociado al griego Plutón.

Cantar XXII

Se abre con una referencia a las obras altruistas del abuelo del poeta, en contraste con el capitalista Warenhauser, explotador sin conciencia. Sigue una breve referencia sobre teoría económica, la cadena de producción frente al producto acabado individualmente por las manos del artesano.

El resto se dedica a anécdotas en tono humorístico, la más detenidamente expuesta la referente a su escala en Gibraltar en 1908; diez años antes había recalado en ese mismo puerto acompañado por su tía, que viajaba con el nombre de Sra. Freer. Ahora, caminando por la calle se oye llamar: «¡Señor Freer!» Un recadero que conocieron entonces le ha identificado después de todos esos años: se trata de un judío, Yusuf Benemore, que le acompaña a un nuevo alojamiento y le lleva a la sinagoga (Carpenter, págs. 88-89). Todo está descrito en la sección final del Cantar de modo casi literal.

XXII

An' that man sweat blood
to put through that railway,
And what he ever got out of it?
And he said one thing: As it costs,
As in any indian war it costs the government
20,000 dollars per head
To kill off the red warriors, it might be more humane
And even cheaper, to educate.
And there was the other type, Warenhauser,
That beat him, and broke up his business,
Tale of the American Curia that gave him,

XXII

Y aquel hombre sudó sangre
para construir aquel ferrocarril,
Y, ¿qué le aprovechó?
Y dijo una cosa: Ya que cuesta,
Como en cualquier guerra con los indios le cuesta al gobierno
20.000 dólares por cabeza
Para matar a los guerreros piel roja, quizás sería más humano
Y hasta menos caro, educar.
Y había también el otro tío, Warenhauser[277],
Que le ganó, y acabó con su negocio,
Cuento de la Curia Norteamericana que le dio,

---

[277] «Y aquel hombre...»: véase nota 268. La frase se repite en XXVIII, 381. Se refiere a Thaddeus Coleman Pound, abuelo del poeta, que se presenta como ejemplo de empresario generoso que construye por el bien de sus semejantes, más que por afán de lucro personal.

Warenhauser es en realidad Frederick Weyerhaüser, un capitalista sin escrúpulos, en contraste con el anterior, y apodado «el rey de la madera». De él se cuenta que acaparó enormes extensiones boscosas, para cuya explotación, en un caso, «He wanted to log lumber down streams so small that boats coult not float on them, and he couldn't legally, because they were not "navigable streams". So he had the courts decide that logs were boats; a stream that navigated logs was a navigable stream» («Quiso transportar sus troncos por arroyo tan pequeño que los botes no podían flotar en ellos, por tanto no podía utilizarlos legalmente, ya que no eran "corrientes navegables". De modo que consiguió que los tribunales decidiesen que los troncos eran botes; una corriente que permitía el tráfico de troncos era una corriente navegable». Lincoln Steffens, *Autobiography,* vol. I, pág. 365).

«la Curia Norteamericana»: el Senado de los Estados Unidos, que autorizó en 1864 la creación de la compañía Northern Pacific Railroad, para la construcción y explotación de esa línea férrea.

Warenhauser permission to build the Northwestern railway
And to take the timber he cut in the process;
So he cut a road through the forest,
Two miles wide, an' perfectly legal.
Who wuz agoin' to stop him!

And he came in and said: «Can't do it,
Not at that price, we can't do it.»
That was in the last war, here in England,
And he was making chunks for a turbine
In some sort of an army plane;
An' the inspector says: «How many rejects?»
«What you mean, rejects?»
And the inspector says: «How many do you get?»
And Joe said: «We don't get any rejects, our...»
And the inspector says: «Well then of course
    you can't do it.»
Price of life in the occident.
And C. H. said to the renowned Mr. Bukos:
«What is the cause of the H. C. L.?» and Mr. Bukos,
The economist consulted of nations, said:
    «Lack of labour.»
And there were two millions of men out of work.

A Warenhauser permiso para construir el ferrocarril del
   Noroeste
Y de tomar la madera que cortara al hacerlo;
Y entonces tendió la vía a través del bosque,
De dos millas de ancha, y perfectamente legal.
¿Quién iba a oponerse?

Y entró y dijo: «No podemos hacerlo,
A ese precio no podemos hacerlo.»
Eso fue durante la última guerra, aquí en Inglaterra,
Y estaba fabricando partes para una turbina
De algún tipo de avión de guerra;
Y el inspector preguntó: «¿Cuántos rechazados?»
«¿Qué quiere decir con eso?»
Y el inspector: «¿Cuántos les tocan?»
Y Pepe dijo: *«Ningunos,* nuestros...»
Y el inspector dice: «Pues, claro
            que no lo pueden hacer.»
Precio de la vida en el occidente.
Y C. H. le dijo al renombrado Mr. Bukos
«¿Qué es lo que causa el H.C.L.?» y Mr. Bukos[278],
El ecónomo consultor de naciones, dijo:
         «Falta de mano de obra.»
Y había dos millones de hombres sin trabajo.

---

[278] C. H.: Clifford Hugh Douglas (1879-1952), formulador de la teoría que llamó del Crédito Social, en la que Pound creía ver un contenido implícitamente antisemita que, sin embargo, «was not really there» («no existía allí realmente». Carpenter, pág. 359). Trabajó en la India con la Westinghouse y luego sirvió como oficial del Royal Flying Corps (el precedente de la Royal Air Force, o Reales Fuerzas Aéreas británicas), alcanzando el grado de comandante, durante la Primera Guerra Mundial; estuvo destinado en la fábrica de aviones de Farnborough, para reorganizar su sistema de producción y de contabilidad.
   Mr. Bukos: John Maynard Keynes (1883-1946), el famoso economista inglés, cuyas ideas han tenido enorme trascendencia en la economía contemporánea. Más tarde se le identifica como Mr. H. B. Sus teorías económicas tienen algún punto de contacto con las de Douglas, como cuando dice que una economía absolutamente basada en el *laissez faire,* sin intervención del gobierno, no puede subsistir sin producir un elevado índice de desempleo.
   H. C. L.: «high cost of living», «el alto coste de la vida».

And C. H. shut up, he said
He would save his breath to cool his own porridge,
But I didn't, and I went on plaguing Mr. Bukos
Who said finally: «I am an orthodox
»Economist.»
    Jesu Christo!
Standu nel paradiso terrestre
Pensando come si fesse compagna d'Adamo!!

And Mr. H. B. wrote in to the office:
I would like to accept C. H.'s book
But it would make my own seem so out of date.
    Heaven will protect
The lay reader. The whole fortune of
Mac Narpen and Company is founded
Upon Palgrave's Golden Treasury. Nel paradiso terrestre

And all the material was used up, Jesu Christo,
And everything in its place, and nothing left over
To make una compagna d'Adamo. Come si fesse?
E poi ha vishtu una volpe
And the tail of the volpe, the vixen,
Fine, spreading and handsome, e pensava:
That will do for this business;
And la volpe saw in his eye what was coming,
Corre, volpe corre, Christu corre, volpecorre,
Christucorre, e dav' un saltu, ed ha preso la coda
Della volpe, and the volpe wrenched loose
And left the tail in his hand, e di questu

Y C. H. se calló, dijo
Que se guardaría su consejo,
Pero yo no, y seguí molestando a Bukos
Quien por fin dijo: «Soy economista
Ortodoxo.»
 ¡Jesucristo!
Standu nel paradiso terrestre
Pensando como si fesse compagna d'Adamo!![279]

Y el Sr. H. B. escribió a la oficina central:
Quisiera aceptar el libro de C. H.
Pero eso haría que el mío pareciera demasiado pasado de
 moda.
 El cielo protege
Al lector lego. La fortuna entera de
Mac Narpan y Cía se funda
Sobre el Tesoro Áureo de Palgrave. Nel paradiso terres-
 tre[280]

Y todo el material se consumió, Jesucristo,
Y todo en su lugar, y nada sobró
Para hacer una compagna d'Adamo. Come si fesse?
E poi ha vishtu una volpe
Y la cola de la volpe, la zorra,
Fina, extendida y hermosa, e pensava:
Con esto basta para este asunto;
Y la volpe vio en su ojo lo que venía,
Corre, volpe corre, Christu corre, volpecorre,
Christucorre, e dav' un saltu, ed ha preso la coda
Della volpe, y la volpe se escapó
Y dejóle la cola en la mano, e di questu

---

[279] «Standu nel paradiso ...»: «estando en el Paraíso terrenal, pensando cómo le haría una compañera a Adán».
[280] MacNarpen y Cía.: es la famosa editorial inglesa Macmillan and Co.
«el Tesoro Áureo de Palgrave»: «Palgrave's *Golden Treasury*». Se trata de una famosa antología de poesía inglesa compilada en el siglo XIX por Francis Turner Palgrave, catedrático de poesía de la Universidad de Oxford. La antología, con matizaciones, sigue vigente.

Fu fatta,
   e per questu
E la donna una furia,
Una furria-e-una rabbia.
And a voice behind me in the street.
«Meestair Freer! Meestair...»
And I thought I was three thousand
Miles from the nearest connection;
And he'd known me for three days, years before that,
And he said, one day a week later: Woud you lak
To meet a wholley man, yais he is a veree wholley man.
So I met Mohamed Ben Abt el Hjameed,
And that evening he spent his whole time
Queering the shirt-seller's business,
And taking hot whiskey. The sailors
Come in there for two nights a week and fill up the café
And the rock scorpions cling to the edge
Until they can't jes' nacherly stand it
And then they go to the Calpe (Lyceo)

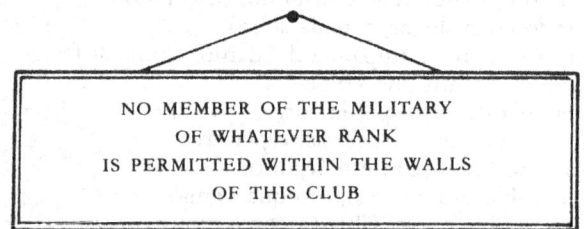

NO MEMBER OF THE MILITARY
OF WHATEVER RANK
IS PERMITTED WITHIN THE WALLS
OF THIS CLUB

That fer the governor of Gibel Tara.
«Jeen-jah! Jeen-jah!» squawked Mohamed,
«O-ah, geef heem sax-pence.»

Fu fatta,
     e per questu
E la donna una furia,
Una fuʀʀia-e-una rabbia[281].
Y una voz detrás de mí en la calle.
¡Miister Friir! Miister...»[282]
Y yo que creía que estaba a tres mil
Millas de la más próxima conexión;
Y él me había conocido durante tres días, años atrás,
Y me dijo un día una semana después: ¿Quiere
Conocer a un santón, sí, se trata de un gran santón.
Y así fue como conocí a Mohamed Ben Abt el Hjameed,
Y aquella noche pasó todo el tiempo
Malogrando el negocio del camisero,
Y bebiendo whiskey caliente. Los marineros
Llegan allí dos noches por semana y llenan el café
Y los escorpiones de las piedras se agarran a la orilla
Hasta que de plano no aguantan
Y luego se van al Calpe (Lyceo)

> A NINGÚN MILITAR,
> CUALQUIERA QUE SEA SU GRADUACIÓN,
> SE LE PERMITIRÁ LA ENTRADA
> EN ESTE CLUB

Eso para el gobernador de Gib al Tarik.
«¡Yin-yah! ¡Yin-yah!» cacareó Mohamed
«Este... dale seis peniques».

[281] Esta especie de fábula popular se resumiría en que pensando Dios en cómo hacerle una compañera a Adán, vio a una zorra, cuya hermosa cola le gustó. Y así de la zorra surgió la mujer que, por esa razón, resultó ser una furia llena de rabia.
[282] Comienza a contar una anécdota de su segunda estancia en Gibraltar en 1908 que relata Carpenter, según menciono en el resumen introductorio.
  Gib al Tarik o Gibel Tara es, claro está, Gibraltar.

And a chap in a red fez came in, and grinned at Mohamed
Who spat across four metres of tables
At Mustafa. That was all there was
To that greeting; and three nights later
Ginger came back as a customer, and took it out of Mohamed.
He hadn't sold a damn shirt on the Tuesday.
And I met Yusuf and eight men in the calle,
So I sez: Wot is the matter?
And Yusuf said: Vairy foolish, it will
Be sefen an' seex for the summons
—Mohamed want to sue heem for libel—
To give all that to the court!
    So I went off to Granada
And when I came back I saw Ginger, and I said:
What about it?
    And he said: O-ah, I geef heem a
Seex-pence. Customs of the sha-ha-reef.
And they were all there in the lyceo,
Cab drivers, and chaps from tobacco shops,
And Edward the Seventh's guide, and they were all
For secession.
Dance halls being closed at two in the morning,
By the governor's order. And another day on the pier
Was a fat fellah from Rhode Island, a-sayin':
«Bi Hek! I been all thru Italy
    An' ain't never been stuck!»
«But this place is plumb full er scoundrels.»
And Yusuf said: Yais? an' the reech man

Y entró un tío de fez rojo, y sonrió a Mohamed
Que escupió sobre cuatro metros de mesas
Sobre Mustafá. Fue todo lo que hubo
A guisa de saludo; y tres noches después
Ginger regresó como cliente, y se vengó de Mohamed.
No pudo vender una sola condenada camisa, aquel martes.
Y me topé con Yúsuf y ocho hombres en la calle,
Y entonces pregunté: ¿Qué pasa?
Y Yúsuf dijo: Muy tonto, serán
Siete y seis por la notificación[283]
—Mohamed quiere demandarle por difamación—
¡Darle todo eso a la justicia!
    Y por eso me fui a Granada
Y cuando regresé vi a Ginger, y dije:
¿Qué pasó?
Y él: Este... le di unos
Seis peniques. Aduana del alguacil.
Y todos ellos estaban en el lyceo,
Chóferes, y tíos de las tabaquerías,
Y el guía de Eduardo Séptimo, y todos estaban[284]
Por la secesión.
Ya que los salones de baile se cerraban a las dos de la mañana,
Por orden del gobernador. Y otro día en el malecón
Estaba un gordo de Rhode Island, diciendo:
«¡Caramba! ¡He andado toda Italia
    Y nunca me han robado!
Pero este lugar está lleno de ladrones.»
Y dijo Yúsuf: ¿De veras? ¿y los ricos

---

[283] «Siete y seis»: siete chelines y seis peniques. Como es sabido, hasta su conversión reciente al sistema métrico decimal, la libra esterlina constaba, como fracciones, de veinte chelines y cada chelín de doce peniques.

[284] Eduardo Séptimo: Eduardo VII, rey de Inglaterra entre 1901 y 1910. Cuando Pound llegó a Gibraltar en 1908, se alojó inicialmente en una especie de albergue llamado «King Edward's Institute for Soldiers and Sailors» («Institución Rey Eduardo para Soldados y Marineros»). Carpenter, pág. 88.

In youah countree, haowa they get their money;
They no go rob some poor pairsons?
And the fat fellah shut up, and went off.
And Yusuf said: Woat, he iss all thru Eetaly
An' ee is nevair been stuck, ee ees a liar.
W'en I goa to some forain's country
I am stuck.
    W'en yeou goa to some forain's country
You moss be stuck; w'en they come 'ere I steek thaim.
And we went down to the synagogue,
All full of silver lamps
And the top gallery stacked with old benches;
And in came the levite and six little choir kids
And began yowling the ritual
As if it was crammed full of jokes,
And they went through a whole book of it;
And in came the elders and the scribes
About five or six and the rabbi
And he sat down, and grinned, and pulled out his snuff-
    box,
And sniffed up a thumb-full, and grinned,
And called over a kid from the choir, and whispered,
And nodded toward one old buffer,
And the kid took him the snuff-box and he grinned,
And bowed his head, and sniffed up a thumb-full,
And the kid took the box back to the rabbi,
And he grinned, e faceva bisbiglio,
And the kid toted off the box to
    another old bunch of whiskers,
And he sniffed up his thumb-full,
And so on till they'd each had his sniff;
And then the rabbi looked at the stranger, and they
All grinned half a yard wider, and the rabbi
Whispered for about two minutes longer,
An' the kid brought the box over to me,
And I grinned and sniffed up my thumb-full.
And then they got out the scrolls of the law

En el país de usted, cómo hacen para conseguir su dinero;
No roban a los pobres?
Y el gordo se calló, y se fue.
Y dijo Yúsuf: Eso de que haya estado por toda Italia
Y nunca le hayan robado es mentira.
Cuando yo voy a un país extranjero
Me friegan.
   Cuando uno va a un país extranjero
Tienen que robarle a uno; y cuando vienen aquí yo les
   robo.
Y nos fuimos a la sinagoga,
Toda llena de lámparas de plata
Y la galería alta amontonada con bancos viejos;
Y entró el levita y seis rapaces del coro
Y empezaron a aullar el ritual
Como si estuviera reventando de chistes,
Y acabaron con todo un libro de esto;
Y entraron ancianos y escribas
Unos cinco o seis y el rabino
Que se sentó, y sonrió, y sacó su caja de rapé,
Y aspiró una pulgarada, y sonrió
Y llamó a un rapaz del coro, y susurró,
Y señaló con la cabeza a un vejete,
Y el muchacho le llevó la caja del rapé y aquél sonrió.
E inclinó la cabeza, y aspiró lo que cogió con el pulgar,
Y el muchacho le devolvió la caja al rabino,
Y sonrió, e faceva bisbiglio[285],
Y el muchacho cargó con la caja hacia
   otro manojo de barbas,
Que aspiró su pellizcada,
Y así hasta que cada uno había hecho su aspiración;
Y entonces el rabino miró al extraño, y ellos
Todos sonrieron media vara más, y el rabino
Susurró medio minuto más,
Y el muchacho me trajo la caja a mí,
Y yo sonreí y aspiré mi pellizcada.
Y entonces sacaron los rollos de la ley

---

[285] «e faceva bisbiglio»: «y hablaba en susurros».

And had their little procession
And kissed the ends of the markers.
And there was a case on for rape and blackmail
Down at the court-house, behind the big patio
      full of wistaria;
An' the nigger in the red fez, Mustafa, on the boat later
An' I said to him: Yusuf, Yusuf's a damn good feller.
And he says:
           «Yais, he ees a goot fello,
»But after all a chew
              ees a chew.»
And the judge says: That veil is too long.
And the girl takes off the veil
That she has stuck onto her hat with a pin,
«Not a veil,» she says, «'at's a scarf.»
And the judge says:
    Don't you know you aren't allowed all those buttons?
And she says: Those ain't buttons, them's bobbles.
Can't you see there ain't any button-holes?
And the Judge says: Well, anyway, you're not allowed ermine.
«Ermine?» the girl says, «Not ermine, that ain't,
«'At's lattittzo.»
And the judge says: And just what is a lattittzo?
And the girl says:
           «It'z a animal.»

Signori, you go and enforce it.

E hicieron su pequeña procesión
Y besaron los cabos de las señales.
Y había un caso de violación y chantaje
Ante la justicia, detrás del gran patio
    cubierto de vistaria;
Y el negro del fez rojo, Mustafá, en el barco más tarde
Y yo le dije: Yúsuf, Yúsuf es un tío muy bueno.
Y él:
    «Sí que lo es,
»Pero sea como sea, un judío
                    es siempre un judío.»
Y dijo el juez: Ese velo es demasiado largo.
Y la chica se quitó el velo
Que tenía prendido al sombrero con un alfiler,
«No es velo», dijo, «es un chal».
Y dijo el juez:
    ¿No sabe que no se le permiten todos esos botones?
Y ella: No son botones, son ronchas.
¿No ve que no hay ojales?
Y dijo el juez: De todos modos, no se le permite el armiño.
«¿Armiño?» dijo la muchacha, «No es armiño,
»Es lattittzo»[286].
Y el juez: ¿Y eso qué es?
Y la chica:
    «Es un animal».

Signori, vayan *ustedes* a hacer que se cumpla.

---

[286] «lattittzo»: la piel de un animal lactante.

Cantar XXIII

Las ideas de los neoplatónicos, los Malatesta otra vez, la ciencia moderna, de nuevo Odiseo y su descenso a los Hades, el mundo medieval de los trovadores... Todos estos temas se entrelazan aquí como partes complementarias de una concepción unitaria del Universo, que procede de modo aparentemente arbitrario, como una acumulación de recuerdos en el fondo ligados por distintos tipos de asociaciones. En 1919, por ejemplo, Pound visitó en Montségur, en los Pirineos franceses, las ruinas de un castillo destruido en las luchas contra los albigenses; en el mismo viaje recorrió más al norte zonas asociadas con los trovadores medievales. No aparece, sin embargo, la luz a su través, como parece sugerir el último verso. Y a su padre le diría, en efecto, que el Cantar carece de clave: «there ain't no key» (Carpenter, pág. 446).

XXIII

«Et omniformis,» Psellos, «omnis
»Intellectus est.» God's fire. Gemisto:
«Never with this religion
»Will you make men of the greeks.
»But build wall across Peloponesus
»And organize, and
            damn these Eyetalian barbarians.»
And Novvy's ship went down in the tempest
Or at least they chucked the books overboard.

How dissolve Irol in sugar... Houille blanche,
Auto-chenille, destroy all bacteria in the kidney,
Invention-d'entités-plus-ou-moins-abstraits-
en-nombre-égal-aux-choses-a-expliquer...

XXIII

«Et omniformis», Psellos, «omnis
»Intellectus est.». Fuego de Dios. Gemisto:
«Nunca con esta religión
»Harás hombres de los griegos.
»Pero construirás una muralla a través del Peloponeso
»Y organizarás, y...
     caramba con estos bárbaros italianos»[287]
Y el barco de Novvy se hundió en la tempestad
O cuando menos, echaron los libros al agua[288].

Cómo disolver Irol en azúcar... Houille blanche,
Autochenille, destruye todas las bacterias en el riñón[289],
Invention-d'entités-plus-ou-moins-abstraits-
en-nombre-égal-aux-choses-à-expliquer...

---

[287] Psellos: Miguel Pselo, escritor bizantino del siglo XI, que sirvió a varios emperadores. Su labor intelectual más importante fue su participación en la recuperación de Platón.

«Et omniformis...»: «cualquier inteligencia es capaz de adoptar todas las formas».

Gemisto: el ya mencionado Jorge Gemisto Pletón (o Gemistus Plethon, Cantar VIII, nota 114). Aconsejó al emperador de Bizancio la construcción de una muralla en el istmo de Corinto para defender al imperio contra los turcos.

[288] Novvy: Novello, o Domenico Malatesta (véase Cantar IX, nota 121 y Cantar XI, nota 158), sufrió un accidente a consecuencia del cual quedó cojo. Se dedicó a la administración y construyó en Cesena un hospital, una escuela y una biblioteca. Para dotar a ésta de fondos, envió un emisario a Grecia para comprar libros y manuscritos: el cargamento se perdió en el mar durante el viaje de regreso.

[289] «Irol»: un tipo de combustible líquido.

    «Houille blanche»: hidráulico.

    «Autochenille»: vehículo oruga.

La Science ne peut pas y consister. «J'ai
Obtenu une brulure» M. Curie, or some other scientist
«Qui m'a coûté six mois de guérison.»
   and continued his experiments.
Tropismes! «We believe the attraction is chemical.»

With the sun in a golden cup
   and going toward the low fords of ocean
"Άλιος δ' 'Υπεριονίδας δέπας ἐσκατέβαινε χρύσεον
"Οφρα δἰ ὠκεανοῖο περάσας
   ima vada noctis obscurae
Seeking doubtless the sex in bread-moulds
"ἥλιος, ἄλιος, ἄλιος = μάταιος
(«Derivation uncertain.» The idiot
Odysseus furrowed the sand.)
alixantos, aliotrephès, eiskatebaine, down into,
descended, to the end that, beyond ocean,
pass through, traverse
         ποτὶ βένθεα
νυκτὸς ἐρεμνᾶς,
ποτὶ ματέρα, κουριδίαν τ'ἄλοχον
παῖδάς τε φίλονς . . . . ἔβα δάφναισι κατάσκιον
Precisely, the selv' oscura

[434]

La Science ne peut pas y consister. «J'ai[290].
Obtenu une brulure» M. Curie, o algún otro científico
«Qui m'a coûté six mois de guérison»[291].
   y continuó sus experimentos.
Tropismes! «Creemos que la atracción es química.»

Con el sol en copa de oro
   y procediendo hacia los vados bajos del océano
Ἄλιος δ' ὑπεριονίδας δέπας ἐσκατέβαινε χρύσεον
Ὄφρα δι' ὠκεανοῖο περάσας[292]
   ima vada noctis obscurae[293]
Sin duda buscando el sexo del moho del pan
ἥλιος, ἅλιος, ἅλιος = μάταιος[294]
(«Derivación incierta.» El idiota
Odiseo aró la arena.)
alixantos, aliotrephès, eiskatebaine, hacia abajo[295],
descendió con el fin de, más allá del océano,
pasó a través, atravesar
      ποτὶ βένθεα
νυκτὸς ἐρεμνᾶς,
ποτὶ ματέρα, χουριδίαν τ' ἄλοχον
παῖδάς τε φίλοις... ἔβα δάφναισι κατάσκιον[296]
Precisamente, la selv' oscura

---

[290] En su *ABC of Reading,* Pound, citando a un escritor francés que no identifica, escribe: «La ciencia no consiste en inventar una serie de verdades más o menos abstractas que se correspondan con el número de cosas que se quiere descubrir» (pág. 18).

[291] «J'ai obtenu ...»: «He recibido una quemadura que ha tardado seis meses en curar». Pierre Curie sometió su brazo al radio para experimentar sus efectos y se produjo una lesión parecida a una quemadura que tardó meses en cicatrizar, según relata su esposa, Marie Curie.

[292] «Alios ...». «El sol, hijo de Hiperión, bajó a su carroza de oro y tras cruzar el océano.»

[293] «ima vada ...»: «las mayores profundidades de la oscura noche».

[294] «elios, alios»: «Sol, del mar, infructuoso = vacuo».

[295] «alixantos»: «desgastado por el mar».
«aliotrephès»: «criado por el mar».
«eiskatebaine»: «bajó a».

[296] «potí ...: «la profundidad de la oscura noche, y se reunió con su madre, su fiel esposa y sus queridos hijos ... entró en ... bajo la sombra de los laureles».

And in the morning, in the Phrygian head-sack
Barefooted, dumping sand from their boat
'Yperionides!
    And the rose grown while I slept,
And the strings shaken with music,
Capriped, the loose twigs under foot;
We here on the hill, with the olives
Where a man might carry his oar up,
And the boat there in the inlet;
As we had lain there in the autumn
Under the arras, or wall painted below like arras,
And above with a garden of rose-trees,
Sound coming up from the cross-street;
As we had stood there,
Watching road from the window,
Fa Han and I at the window,
And her head bound with gold cords.
Cloud over mountain; hill-gap, in mist, like a sea-coast.

Leaf over leaf, dawn-branch in the sky
And the sea dark, under wind,
The boat's sails hung loose at the mooring,
    Cloud like a sail inverted,
And the men dumping sand by the sea-wall
Olive trees there on the hill
    where a man might carry his oar up.

And my brother De Mænsac
Bet with me for the castle,
And we put it on the toss of a coin,
And I, Austors, won the coin-toss and kept it,

Y por la mañana, con el gorro frigio
Descalzo, vaciando arena de su barco
¡Yperionides![297]
    Y la rosa crecida mientras dormía,
Y las cuerdas temblando de música,
Caprípedo, las varas sueltas bajo el pie[298];
Nosotros aquí en el alcor, con los olivos
Donde un hombre puede cargar su remo,
Y el barco allí en la ensenada;
Como habíamos estado allí en el otoño
Bajo la tapicería, o pared pintada abajo como tapicería,
Y arriba como un jardín de rosales,
Y el sonido subiendo de una bocacalle;
Mientras estuvimos allí,
Observando el camino desde la ventana,
Fa Han y yo en la ventana[299],
Y la cabeza de ella peinada con cuerdas de oro.
Nube sobre montaña; tajo en el cerro, en la niebla como
    costa marina.

Hoja sobre hoja, rama del amanecer en el cielo
Y el mar oscuro, bajo el viento,
Las velas del barco colgaban sueltas al atracar,
    Nube como vela al revés,
Y hombres vaciando arena cerca del muro marino
Olivos allá en la colina
    donde un hombre puede cargar su remo.

Y mi hermano de Maensac[300]
Apostó conmigo el castillo,
Y lo jugamos a una moneda,
Y yo, Austors, gané la apuesta y me quedé con él,

---

[297] «Yperionides»: Hisperionides, hijo del Sol, Helios.
[298] «Caprípedo»: «con pies de cabra: sátiro».
[299] Fa han: los anotadores piensan que se trata de un nombre inventado por Pound, aunque el *Annotated Index* ofrece como posibilidad alternativa que se trate de Fa Hian, un chino que viajó por la India y escribió el relato de sus experiencias.
[300] De Maensac y Austors: véase Cantar V, nota 57.

And he went out to Tierci, a jongleur
And on the road for his living,
And twice he went down to Tierci,
And took off the girl there that was just married to Bernart.

And went to Auvergne, to the Dauphin,
And Tierci came with a posse to Auvergnat,
And went back for an army
And came to Auvergne with the army
But never got Pierre nor the woman.
And he went down past Chaise Dieu,
And went after it all to Mount Segur,
   after the end of all things,
And they hadn't left even the stair,
And Simone was dead by that time,
And they called us the Manicheans
Wotever the hellsarse that is.

And that was when Troy was down, all right,
      superbo Ilion...
And they were sailing along
Sitting in the stern-sheets,
Under the lee of an island
And the wind drifting off from the island.
«Tet, tet...
      what is it?» said Anchises.
«Tethnéké,» said the helmsman, «I think they

Y él se fue con Tierci, de juglar
Y a vagar para ganarse la vida
Y dos veces fue con Tierci,
Y se robó allá a la chica que acababa de casarse con Bernart.

Y se fue a Auvergne, con el Delfín,
Y Tierci vino con un grupo a Auvergnat,
Y regresó por un ejército
Y llegó a Auvergne con el ejército
Pero jamás agarró a Pierre ni a la mujer.
Y prosiguió más allá de Chaise Dieu[301],
Y después de todo esto al Monte Segur,
   a fin de cuentas,
Y ni siquiera habían dejado las escaleras,
Y ya para entonces había muerto Simone[302],
Y nos llamaban maniqueos
Que quién sabe qué coños sea.

Y ello fue cuando Troya estaba caída sin duda, superbo Ilion...[303]
Y navegaban
Sentados en las velas de popa,
Al socaire de una isla
Y el viento soplando desde la isla.
«Tet, tet...
      ¿de qué se trata?» pregunta Anquises,
«Tethnéké», dijo el timonel, «Creo que

---

[301] «Chaise Dieu»: «la silla de Dios», una abadía fundada en el siglo XI.
[302] Simone: Simón IV «el Fuerte», duque de Monfort, es un noble francés y conde de Leicester por su madre. Dirigió la «cruzada de los albigenses», predicada por el Papa Inocencio III. Los herejes albigenses (por la ciudad francesa de Albi, donde se inicia esa herejía) resuelven el problema de la existencia del mal adoptando un sistema dualista de tipo maniqueo. Simón murió de una pedrada en el sitio de Toulouse (1218).
[303] «superbo Ilion»: «soberbia Troya». Eneas navega con su padre Anquises, tras la caída de Troya.

»Are howling because Adonis died virgin.»
«Huh! tet...» said Anchises,
    «well, they've made a bloody mess of that city.»

«King Otreus, of Phrygia,
»That king is my father.»
    and saw then, as of waves taking form,
As the sea, hard, a glitter of crystal,
And the waves rising but formed, holding their form.
No light reaching through them.

»Aúllan porque Adonis murió virgen»[304].
«¡Juh! tet...» dijo Anquises,
 «pues, qué sangrienta riza han hecho de esa ciudad».

«El rey Otreo, de Frigia[305],
»Ese rey es mi padre.»
 y vio entonces, como olas formándose,
Como el mar, duro, brillo de cristal,
Y las olas subiendo pero formadas, manteniendo su forma.
Sin ser traspasadas por la luz.

---

[304] «Tethnéké»: «está muerto». Adonis murió por las heridas de un jabalí que le atacó.
[305] Otreo, hijo de Dimante, fue rey de Frigia. Cuando Afrodita se enamoró de Anquises, se presentó ante él haciéndose pasar por hija de Otreo: de esta unión nacería Eneas.

CANTAR XXIV

La historia de la familia D'Este, señores de Ferrara, es el tema central aquí, que se describe de un modo fríamente histórico, aun sin que falten las alusiones al mundo clásico y a la mitología, por medio del establecimiento de las adecuadas analogías. Reaparece la locura o delirio de Niccolò III (duodécimo marqués de Ferrara, 1383-1441) tras la ejecución en 1425 de su esposa Parisina Malatesta (prima de Segismundo, con la que Niccolò se había casado en 1418) y de su propio hijo natural Ugo Aldobrandino (1405-1425). El marquesado de Ferrara se convirtió en ducado más tarde, siendo el primer duque Borso, en 1471, otro hijo natural de Niccolò.

En las últimas líneas se sugiere la decadencia del Ducado y Ferrara no es ya más que «paraíso de sastres, banquete repugnante».

XXIV

Thus the book of the mandates:
                              Feb. 1422.
We desire that you our factors give to Zohanne of
    Rimini
our servant, six lire marchesini,
for the three prizes he has won racing our barbarisci,
at the rate we have agreed on. The races he has won
are the Modena, the San Petronio at Bologna
and the last race at San Zorzo.
        (Signed) Parisina Marchesa

... pay them for binding
un libro franxese che si chiama Tristano...

Carissimi nostri
            Zohanne da Rimini
has won the palio at Milan with our horse and writes that
he is now on the hotel, and wants money.
Send what you think he needs,
but when you get him back in Ferrara find out

XXIV

Así el libro de los mandatos:
                                    Feb. 1422.
Deseamos que vosotros nuestros factores den a Zohanne
    de Rimini
nuestro siervo, seis lire marchesini,
por los tres premios que ha ganado compitiendo con
    nuestros barbarisci,
a razón de lo que hemos acordado. Las carreras que él ha
    ganado
son la de Módena, la San Petronio en Bolonia
y la de San Zorzo
            (Firmado) Parisina Marchesa[306]

...págueseles la encuadernación
un libro franxese che si chiama Tristano...

Carissimi nostri
        Zohanne da Rimini
ha ganado el palio en Milán con nuestro caballo y es-
    cribe que
ahora está en el hotel y quiere dinero.
Enviadle lo que estiméis que necesite,
pero cuando lo tengáis de vuelta en Ferrara averiguad

---

[306] «libro de los mandatos»: Parisina Malatesta, esposa de Niccolò d'Este, ordena y así consta en el libro de la familia, que se paguen a su siervo Giovanni seis «lire marchesini» (liras emitidas por el propio marquesado).
Las carreras de Módena, de San Petronio y de San Zorzo, así como la del Palio en Milán más adelante, son famosas carreras de caballos (la del Palio se sigue celebrando todavía cada verano) que Giovanni ha ganado con los caballos berberiscos de la familia.

what he has done with the first lot, I think over 25 ducats
But send the other cash quickly, as I don't want him
there on the hotel.
... perfumes, parrot seed, combs, two great and two
small ones from Venice, for madama la marxesana...
... 20 ducats to
give to a friend of ours who paid a bill for us
on this trip to Romagna...
... verde colore predeletto, 25 ducats ziparello
silver embroidered for Ugo fiolo del Signore...

(27 nov. 1427)
PROCURATIO NOMINE PATRIS, Leonello Este
(arranging dot for Margarita his sister, to
Roberto Malatesta of Rimini)
natae praelibati margaritae
Ill. D. Nicolai Marchionis Esten. et Sponsae:
The tower of Gualdo
with plenary jurisdiction in civils; and in criminal:
to fine and have scourged all delinquents
as in the rest of their lands,
«which things
this tower, estate at Gualdo had the Illustrious
Nicolaus Marquis of Este received from the said
Don Carlo (Malatesta)
for dower
Illustrae Dominae Parisinae Marxesana.»

> under my hand D. Michaeli de Magnabucis
> Not. pub. Ferr.
> D. Nicolaeque Guiduccioli de Arimino.
> Sequit bonorum descriptio.

qué es lo que ha hecho con el primer lote, creo que de
  más de 25 ducados
Pero enviad el otro efectivo pronto, pues no quiero que él
siga allí en el hotel.
...perfumes, alpiste, peines, dos grandes y dos
pequeños de Venecia, para madama la marxesana...
...20 ducados para
dar a un amigo nuestro que pagó una cuenta por nosotros
en este viaje a la Romaña...
...verde colore predeletto, 25 ducados ziparello
bordados en plata para Ugo fiolo del Signore...[307]

(27 nov. 1427)
PROCURATIO NOMINE PATRIS, Leonello Este
(arreglando dote de Margarita su hermana, para
Roberto Malatesta de Rimini)
natae praelibati margaritae
Ill. D. Nicolai Marchionis Esten. et Sponsae[308].
La torre de Gualdo
con jurisdicción plenaria en civiles; en lo criminal:
para multar y azotar a todo delincuente
como en lo demás de sus tierras,
«las cuales cosas
esta torre, solar en Gualdo había el Ilustre
Nicolaus Marqués de Este recibido del dicho
Don Carlo (Malatesta)
como dote
Illustrae Dominae Parisinae Marxesana»[309].

> bajo mi mano D. Michaeli de Magnabucis
> Not. pub. Ferr.
> D. Nicolaeque Guiduccioli de Arimino.
> Sequit bonorum descriptio[310].

---

[307] «Para Ugo, hijo del Señor, 25 ducados para una túnica en verde, su color favorito».

[308] «Procuratio...»: «Dispóngase en el nombre del padre (...) Margarita, hija del mencionado ilustrísimo Señor Niccolò, marqués D'Este, y de su esposa».

[309] «Illustrae ...»: «de la Ilustrísima Señora Parisina, Marquesa».

[310] Magnabucis, notario de Ferrara, y Guiduccioli, representante de

And he in his young youth, in the wake of Odysseus
To Cithera (a. d. 1413) «dove fu Elena rapta da Paris»
Dinners in orange groves, prows attended of dolphins
Vestige of Rome at Pola, fair wind as far as Naxos
Ora vela, ora a remi, sino ad ora di vespero
Or with the sail tight hauled, by the crook'd land's arm
Zefalonia
And at Corfu, greek singers; by Rhodos
Of the windmills, and to Paphos,
Donkey boys, dust, deserts, Jerusalem, backsheesh
And an endless fuss over passports;
One groat for the Jordan, whether you go there or not,
The school where the madonna in girlhood
Went to learn letters, and Pilate's house closed to the public;
2 soldi for Olivet (to the Saracens)
And no indulgence at Judas's tree; and
«Here Christ put his thumb on a rock
»Saying: hic est medium mundi.»
   (That, I assure you, happened.
        Ego, scriptor cantilenae.)
For worse? for better? but happened.
After which, the greek girls at Corfu, and the
Ladies, Venetian, and they all sang in the evening
Benche niuno cantasse, although none of them could,
Witness Luchino del Campo.
Plus one turkish juggler, and they had a bath
When they got out of Jerusalem

Y él en su mocedad, tras Odiseo
A Citera (a. d. 1413) «dove fu Elena rapta da Paris»
Banquetes entre naranjos, proas atendidas por delfines.
Vestigio de Roma en Pola, vientos suaves hasta Najos
Ora vela, ora a remi, sino ad ora di vespero[311]
O con la vela fuertemente estirada, al navegar por el
    brazo corvo de la tierra
Cefalonia
Y en Corfú, cantantes griegos; por Rodos
De los molinos de viento, y a Pafos,
Burreros, polvo, desiertos, Jerusalén, propina
Y un inacabable lío sobre los pasaportes;
Un ardite por el Jordán, vaya uno allá o no,
La escuela donde la madonna en su mocedad
Fue a aprender el alfabeto, y la casa de Pilatos cerrada al
    público;
2 soldi por Olivet (a los sarracenos)
Y ninguna indulgencia en el árbol de Judas; y
«Aquí cristo puso su pulgar en una roca
»Diciendo: hic est medium mundi.»
    (Eso, os aseguro, sucedió.
        Ego, scriptor cantilenae.)[312].
¿Para mal? ¿para bien? pero sucedió.
Después de lo cual, las chicas en Corfú, y las
Damas, venecianas, y todas cantaban por la noche
Benche niuno cantasse, aunque ninguna supiese,
Testigo Luchino del Campo[313].
Además de un saltimbanqui turco, y se bañaron
Cuando salieron de Jerusalén

Carlo Malatesta, padre de Parisina, que intervinieron en las capitulaciones matrimoniales de ésta con Niccolò.
  «Sequit...»: «Sigue relación de bienes».
[311] «dove fu...»: «donde Elena fue raptada por Paris».
  «Ora vela...»: «ya a vela, ya a remo, hasta la caída de la tarde».
[312] «hic est...»: «aquí está el centro del mundo».
  «Ego, scriptor...»: «Yo, escritor del Cantar».
[313] «Benche niuno...»: «aunque nadie cantase».
  Luchino del Campo acompañó a Niccolò d'Este a Jerusalén y luego escribió el relato del viaje.

And for cargo: one leopard of Cyprus
And falcons, and small birds of Cyprus,
Sparrow hawks, and grayhounds from Turkey
To breed in Ferrara among thin-legged Ferrarese,
Owls, hawks, fishing tackle.

Was beheaded Aldovrandino (1425, vent'uno Maggio)
Who was cause of this evil, and after
The Marchese asked was Ugo beheaded. And the Captain:
«Signor... si.» and il Marchese began crying
«Fa me hora tagliar la testa
»dapoi cosi presto hai decapitato il mio Ugo.»
Rodendo con denti una bachetta che havea in mani.
And passed that night weeping, and calling Ugo, his son.
Affable, bullnecked, that brought seduction in place of
Rape into government, ter pacis Italiae auctor;
With the boys pulling the tow-ropes on the river
Tre cento bastardi (or bombardi fired off at his funeral)
And the next year a standard from Venice
(Where they'd called off a horse race)
And the baton from the Florentine baily.
«Of Fair aspect, gentle in manner»
Forty years old at the time;

Y como carga: un leopardo de Chipre
Y halcones, y pequeñas aves de Chipre,
Y gavilanes, y lebreles de Turquía
Para cruzarlos en Ferrara con los ferrarenses de piernas delgadas
Búhos, gavilanes, aperos de pesca.

Fue decapitado Aldovrandino (1425, vent'uno Maggio)
Que fue causa de este mal, y después
El Marchese preguntó si Ugo había sido decapitado. Y el Capitán:
«Signor... si.» e il Marchese empezó a llorar
«Fa me hora tagliar la testa
»dapoi cosi presto hai decapitato il mio Ugo»[314].
Rodendo con denti una bachetta che havea in mani.
Y pasó esa noche llorando, y llamando a Ugo, su hijo.
Afable, cuello de toro, que introdujo la seducción en vez de
La violación en el gobierno, ter pacis Italiae auctor[315];
Con los muchachos tirando de las sogas remolcadoras en el río
Tre cento bastardi (o bombardi disparados en su funeral)[316]
Y al próximo año una banderola de Venecia
(Donde habían aplazado una carrera de caballos)
Y el bastón de la bailía florentina.
«De aspecto hermoso, de modos suaves»
Frisando en los cuarenta entonces;

---

[314] «Fa me hora...»: «Cortadme ahora la cabeza a mí, pues tan rápido habéis decapitado a mi Ugo».
«Rodendo con denti...»: «Royendo con los dientes una varilla que llevaba en las manos».
[315] Niccolò era conocido por sus costumbres licenciosas y también como buen negociador de la paz con sus vecinos más poderosos (véase XXI, 262): de aquí, «ter pacis Italiae auctor»: «tres veces pacificador de Italia».
[316] Aunque fue ejecutado, Ugo recibió honores de estado en su funeral, en el que se dispararon trescientas salvas de cañón.

«And they killed a judge's wife among other,
That was a judge of the court and noble,
And called Madonna Laodamia delli Romei,
Beheaded in the pa della justicia;
And in Modena, a madonna Agnesina
Who had poisoned her husband,
»All women known as adulterous,
»That his should not suffer alone.»
      Then the writ ran no further.
And in '31 married Monna Ricarda.

CHARLES... scavoir faisans... et advenir... a haute
noblesse du Linage et Hostel... e faictz hautex...
vaillance... affection... notre dict Cousin...
puissance, auctorite Royal... il et ses hors yssus... et
a leur loise avoir doresenavant
A TOUSIUORS EN LEURS ARMES ESCARTELURE
... trois fleurs Liz d'or... en champs a'asur dentelle...
ioissent et usent.
      Mil CCCC trente et ung, conseil
a Chinon, le Roy, l'Esne de la Trimouill,
Vendoise, Jehan Rabateau.

And in '32 came the Marchese Saluzzo
To visit them, his son in law and his daughter,

«Y mataron a la esposa de un juez, entre otros,
Se trataba de un juez de la corte y noble,
Y se llamaba Madonna Laodamia dello Romei,
Decapitada en la pa della justicia[317];
Y en Módena, una madonna Agnesina
Que había envenenado a su marido,
«Todas las mujeres conocidas como adúlteras,
»Para que la suya no sufriera sola.»
    Luego el escrito terminaba.
Y en '31 casó con Monna Ricarda[318]

CHARLES... scavoir faisans... et advenir... a haute
noblesse du Linage et Hostel... e faictz hautex...
vaillance... affection... notre dict Cousin...
puissance, auctorite Royal... il et ses hors yssus... et
a leur loise avoir doresenavant
A TOUSIUOURS EN LEURS ARMES ESCARTELURE
...trois fleurs Liz d'or... en champs a'asur dentelle...
ioissent et usent.
    Mil CCCC trente et ung, conseil
à Chinon, le Roy, l'Esne de la Trimouill,
Vendoise, Jehan Rabateau[319].

Y en '32 vino el Marchese Saluzzo
A visitarles, a su yerno y su hija,

---

[317] «en la pa...»: «en el palacio de justicia». El texto de Mary de Rachewiltz corrige el inglés y escribe «in the pra della justicia», que repite en la versión italiana: «al pra della justicia» (págs. 218-219).
[318] Niccolò se casó de nuevo en 1431 con Ricciarda, hija del Marqués de Saluzzo, y tuvo con ella dos hijos, Ercole y Segismundo.
[319] «Charles ... scavoir faisans...»: «Carlos (VII de Francia, que reinó de 1422 a 1461), haciendo saber ... y venir ... a la alta nobleza de Linaje y de Casa ... y de grandes hazañas ... valor ... afecto ... nuestro mencionado Primo ... poder, autoridad Real ... él y sus descendientes ... y como desean tener en adelante para siempre en su Escudo de Armas ... tres flores de Lis en oro ... sobre campo festoneado de azul ... disfruten y usen. 1431, Consejo en Chinon, el Rey, l'Esne de la Trimouill, Vendoise, Jehan Rabateau». Vendoise y Rabateau son consejeros de Carlos VII y Trimouill fue su favorito y uno de los principales enemigos de Juana de Arco en la corte francesa.

And to see Hercules his grandson, piccolo e putino.
And in '41 Polenta went up to Venice
Against Niccolo's caution
And was swallowed up in that city.
E fu sepulto nudo, Niccolo,
Without decoration, as ordered in testament,
Ter pacis Italiae.
And if you want to know what became of his statue,
I had a rifle class in Bondeno
And the priest sent a boy to the hardware
And he brought back the nails in a wrapping,
And it was the leaf of a diary
And he got the rest from the hardware
    (Cassini, libraio, speaking)
And on the first leaf of the wrapping
Was how in Napoleon's time
Came down a load of brass fittings from Modena
Via del Po, all went by the river,
To Piacenza for cannon, bells, door-knobs
And the statues of the Marchese Niccolo and of Borso
That were in the Piazza on columns.
And the Commendatore has made it a monograph
Without saying I told him and sent him
The name of the priest.

After him and his day
Were the cake-eaters, the consumers of icing,
That read all day per diletto
And left the night work to the servants;
Ferrara, paradiso dei sarti, «feste stomagose.»

Y a ver a Hércules su nieto, piccolo e putino[320].
Y en '41 Polenta fuese a Venecia
Contra la admonición de Niccolo
Y fue engullido en aquella ciudad.
E fu sepulto nudo, Niccolo,
Sin decoración, como se ordena en el testamento,
Ter pacis Italiae.
Y si queréis saber qué fue de su estatua,
Yo tenía una clase de tiro en Bondeno
Y el sacerdote envió a un muchacho a la ferretería
Y éste trajo los clavos en un envoltorio,
Y era la hoja de un diario
Y obtuvo lo demás de la ferretería
    (Cassini, libraio, habla)
Y en la primera hoja del envoltorio
Decía cómo en tiempos de Napoleón
Llegó una carga de avíos de bronce de Módena
Por vía del Po, todo por el río,
A Piacenza por cañones, campanas, perillas
Y por las estatuas del Marchese Niccolo y de Borso
Que estaban en la Piazza sobre columnas.
Y el Commendatore lo había hecho monografía
Sin decir que yo le había dicho y enviado
El nombre del sacerdote.

Después de él y sus tiempos
Vinieron los comepasteles, los consumidores de capas
    azucaradas,
Los que leen todo el día per diletto
Y dejan el trabajo nocturno a los criados;
Ferrara, paradiso dei sarti, «feste stomagose»[321].

---

[320] Hércules: Ercole, hijo de Ricciarda y Niccolò.
«piccolo e putino»: «pequeño y desnudito». (Parece que debería ser «puttino»: ni en las ediciones en inglés, ni en la bilingüe italiana-inglesa, aparece, sin embargo, la duplicación de la *t*.)
[321] «Ferrara, paradiso...»: «Ferrara, paraíso de sastres, "fiesta repugnante"».

«Is it likely Divine Apollo,
That I should have stolen your cattle?
A child of my age, a mere infant,
    And besides, I have been here all night in my crib.»
«Albert made me, Tura painted my wall,
And Julia the Countess sold to a tannery...

«¿Será posible Divino Apolo,
Que yo haya robado tu ganado?
Un niño de mi edad, un mero infante,
    Y además, yo he estado en mi cuna toda la noche.»
«Alberto me hizo, Tura pintó mi pared,
Y Julia la Condesa me vendió a una tenería...»[322]

---

[322] Se refiere a Schifanoja, el palacio de los Ferrara, construido por Alberto d'Este, padre de Niccolò, en 1391. En el siglo XVIII se convirtió en fábrica de tabaco (en italiano «conceria», que significa también «tenería»).
La frase «Albert made me ... and Julia the Countess sold to a tannery» («Albert me creó ... y Julia la Condesa me vendió a una tenería») podría ser un eco de la *Divina Comedia*, «Sienna mi fé, Disfecemi Maremma» («Siena me creó, Me destruyó Maremma», pág. 322), que ya Pound utilizara como título de una de las secciones de «Hugh Selwyn Mauberley». La analogía se mantiene con una sencilla paráfrasis: «Albert made me, Julia the Countess (unmade me)».

Cantar XXV

Salvo una sección central de unas dos páginas (desde «Y Sulpicia...» hasta «de tal manera que las notas no tenían que moverse») de tono lírico, dedicadas al amor como generador de luz y de belleza, este Cantar está organizado sobre la historia de Venecia, la construcción y decoración de las distintas partes del Palacio de los Dogos, cerca de la plaza de San Marcos, el león como símbolo de la ciudad (como lo es del evangelista San Marcos, patrón de Venecia) y la falta de honradez de Tiziano, como anécdotas más significativas.

Los textos son casi siempre fragmentos de diferentes decretos de los gobiernos de Venecia.

XXV

THE BOOK OF THE COUNCIL MAJOR
1255 be it enacted:
That they mustn't shoot crap in the hall
of the council, nor in the small court under
pain of 20 danari, be it enacted:
1266 no squire of Venice to throw dice
*any*where in the palace or
in the loggia of the Rialto under pain of ten soldi
or half that for kids, and if they wont pay
they are to be chucked in the water. be it enacted
In libro pactorum
To the things everlasting
memory both for live men and for the future et
quod publice innotescat
in the said date, dicto millessimo
of the illustrious lord, Lord John Soranzo
by god's grace doge of Venice in the Curia
of the Palace of the Doges,
neath the portico next the house of the dwelling of
the Castaldio and of the heralds of the Lord Doge.
being beneath same a penthouse or cages
or room timbered (trabesilis) like a cellar
one Lion male and one female *simul commorantes*
which beasts to the Lord Doge were transmitted small

XXV

EL LIBRO DEL CONCEJO MAYOR
1255 promúlguese:
Que no deben echar dados en la sala
del consejo, ni en el patio chico bajo
pena de 20 denarios, promúlguese:
1266 que ningún caballero de Venecia tire dados
en parte alguna del palacio o
en la loggia del Rialto so pena de diez soldi[323]
o la mitad tratándose de muchachos, y que si no pagan
se les ha de echar al agua. promúlguese
In libro pactorum
Para las cosas perpetuas
memoria tanto para los vivos y para el futuro et
quod publice innotescat
en la dicha fecha, dicto millessimo
del ilustre señor, Señor Juan Soranzo[324]
por la gracia de Dios dogo de Venecia en la Curia
del palacio de los Dogos,
bajo el pórtico cerca de la casa de la morada del
Castaldio y de los heraldos del Señor Dogo.
estando debajo de los mismos un alpende o jaulas
o cuarto enmaderado (trabesilis) como sótano
un león macho y una hembra *simul commorantes*
las cuales bestias fueron trasladadas al Señor Dogo pe-
queñas

---

[323] «la loggia del Rialto»: «la galería del Rialto», uno de los puentes cubiertos de Venecia.
[324] «et quod ...»: «y que pueda hacer público».
Giovanni Soranzo, dogo de Venecia de 1312 a 1328.

by that serene Lord King Frederic of Sicily, the
said lion knew carnally and in nature the Lioness
aforesaid and impregnated in that manner that animals
leap on one another to know and impregnate
on the faith of several ocular witnesses
Which lioness bore pregnant for about three months
(as is said by those who saw her assaulted)
and in the said millessimo and month on a sunday
12th. of the month of September about sunrise on
St. Mark's day early but with the light already apparent
the said lioness as is the nature of animals
whelped per naturam three lion cubs vivos et pilosos
living and hairy which born at once began life and motion
and to go gyring about their mother throughout the
aforesaid room as saw the aforesaid Lord Doge and as it
were all the Venetians and other folk who were in
Venice that day that concurred all for this as it were
miraculous sight. And one of the animals is a male
and the other two female

> I John Marchesini Ducal notary of the
> Venetians as eyewitness saw the
> nativity of these animals thus by
> mandate of the said Doge wrote this
> and put it in file.

Also a note from Pontius Pilate dated the «year 33.»

Two columns (a. d. 1323) for the church of St. Nicholas of the
palace 12 lire gross.
To the procurators of St. Marc for entrance to the

por ese sereno Señor Rey Federico de Sicilia, el[325] dicho león conoció carnalmente y en naturaleza a la leona antedicha y preñada en la forma en que los animales saltan uno sobre otro para conocer y preñar dando fe de ello varios testigos oculares
La cual leona estuvo preñada alrededor de tres meses (como dicen los que vieron su violación) y en el dicho millessimo y mes un domingo doce del mes de septiembre al alba en el día de San Marcos temprano pero con la luz ya aparente la dicha leona como es la naturaleza de los animales parió per naturam tres leoncillos vivos et pilosos vivos y peludos que al nacer en el acto empezaron vida y movimiento y a dar vueltas alrededor de su madre por todo el antedicho cuarto como lo vio el antedicho Señor Dogo y como fue que todos los venecianos y otras gentes que estaban en Venecia aquel día y se reunieron para ver tan milagroso hecho. Y uno de los animales es macho y los otros dos hembras

> Yo Juan Marchesini notario Ducal de los venecianos como testigo ocular presencié la natividad de estos animales así por mandato del dicho Dogo escribí esto y lo archivé.

También una nota de Poncio Pilatos fechada el «año 33».

Dos columnas (d. c. 1323) para la iglesia de S. Nicolás del palacio 12 gruesas liras.
A los procuradores de S. Marcos para entrar al

---

[325] «Castaldio»: «administrador».
«cuarto enmaderado (trabesilis)»: el traductor no da la idea exacta: más adecuado sería «cuarto con vigas de madera».
Federico II, rey de Sicilia de 1296 a 1337.

palace, for gilding the images and the lion over the door
... to be paid...

Be it enacted:
to Donna Sorantia Soranzo that she come for the feast of Ascension by night in a covered boat and alight at the ripa del Palazzo, and when first sees the Christblood go at once up into the Palace and may stay in the Palace VIII days to visit the Doge her father not in that time leaving the palace, nor descending the palace stair and when she descends it that she return by night the boat in the like manner being covered. To be revoked at the council's pleasure.
        accepted by 5 of the council

1335. 3 lire 15 groats to stone for making a lion.
1340. Council of the lords noble, Marc Erizio
Nic. Speranzo, Tomasso Gradonico:
        that the hall
be new built over the room of the night watch
and over the columns toward the canal where the walk is...

... because of the stink of the dungeons. 1344.
1409... since the most serene Doge can scarce stand upright in his bedroom...
        vadit pars, two gross lire
stone stair, 1415, for pulchritude of the palace

palacio, para adorar las imágenes y el león sobre la puerta
...ha de pagarse...

Promúlguese:
A Donna Sorantia Soranzo que acuda a la[326]
fiesta de la Asunción de noche y en barca cubierta y
baje en la ripa del Palazzo, y cuando primero vea la
Sangre de Cristo suba en el acto al Palacio y pueda
permanecer en el Palacio VIII días visitando al Dogo su
padre no abandonando el palacio en tal tiempo, ni
bajando las escaleras del palacio y cuando las baje
que regrese de noche la barca de la misma manera
estando cubierta. Revocable a voluntad del concejo.
    aceptado por 5 del concejo

1335. 3 liras 15 adarmes para la piedra para hacer un león.
1340. Concejo de los nobles señores, Marc Erizio
Nic. Speranzo, Tomasso Gradonico:
                        que la sala
sea construida nueva sobre la habitación de la ronda
y sobre las columnas hacia el canal donde está la acera...

...debido al hedor de las mazmorras. 1344.
1409... ya que el serenísimo Dogo apenas puede
estar de pie en su recámara...
       vadit pars, dos liras gruesas[327]
para las escaleras de piedra, 1415, para la pulcritud del palacio

---

[326] Sorantia Soranzo, hija del dogo Giovanni Soranzo. Su esposo conspiró contra el gobierno veneciano, por lo que fue condenado al destierro y ella hubo de acompañarlo. Sorantia sólo recibió autorización para volver a Venecia en 1327, durante la última enfermedad de su padre, a cuya muerte asistió un año más tarde.

[327] «vadit pars»: «se decidió que», según Terrell (pág. 101), que atribuye esta interpretación a una «autoridad», que no identifica, de la Biblioteca Nazionale Marciana de Venecia.

                                254 da parte
                                  de non 23
                                 4 non sincere
Which is to say: they built out over the arches
and the palace hangs there in the dawn, the mist,
in that dimness,
or as one rows in from past the murazzi
the barge slow after moon-rise
and the voice sounding under the sail.
Mist gone.
      And Sulpicia
green shoot now, and the wood
white under new cortex
«as the sculptor sees the form in the air
      before he sets hand to mallet,
»and as he sees the in, and the through,
                              the four sides
»not the one face to the painter
As ivory uncorrupted:
                     «Pone metum Cerinthe»
Lay there, the long soft grass,
      and the flute lay there by her thigh,
Sulpicia, the fauns, twig-strong,
                     gathered about her;
The fluid, over the grass
Zephyrus, passing through her,
                     «deus nec laedit amantes.»
Hic mihi dies sanctus;
And from the stone pits, the heavy voices,
Heavy sound:

                              254 da parte
                              de non 23
                              4 non sincere
Lo cual es igual a decir: construyeron sobre los arcos
y el palacio está suspendido en el alba, la niebla,
en aquella semioscuridad,
o cuando se rema entrando y viniendo de este lado de los
    murazzi
la balsa lenta después de la salida de la luna
y la voz sonando por debajo de la vela.
Desaparecida la niebla.
    Y Sulpicia
retoño verde ahora, y la madera
blanca bajo cáscara nueva
«como el escultor ve la forma en el aire
        antes de poner mano al mazo,
»y como ve el interior y el través,
                        los cuatro lados
»no la única cara hacia el pintor
Como el marfil incorrupto:
                    »Pone metum Cerinthe»[328]
Ahí yacía, la larga hierba suave,
    y la flauta yacía próxima a su muslo,
Sulpicia, los faunos, fuertes como varas,
        la rodearon;
El fluido, sobre la hierba
Céfiro, atravesándola,
        «deus nec laedit amantes».
Hic mihi dies sanctus[329];
Y de las canteras, las voces gruesas,
Sonido pesado:

---

[328] Sulpicia: poetisa romana, contemporánea de Tíbulo (Albius Tibullus, siglo I a. de C.) y autora de elegías cantando su amor por Ceriato Melo, y que se incluyen en el libro III de las *Elegías* de Tíbulo.
«Pone metum Cerinthe»: «desecha todo temor, Ceriato».
[329] «deus nec...»: «dios no castiga a los que se aman».
«Hic mihi...»: «aquí está mi día santo».

[467]

                    «Sero, sero...
»Nothing we made, we set nothing in order,
»Neither house nor the carving,
»And what we thought had been thought for too long;
»Our opinion not opinion in evil
»But opinion borne for too long.
»We have gathered a sieve full of water.»
And from the comb of reeds, came notes and the chorus
Moving, the young fauns: Pone metum,
Metum, nec deus laedit.

And as after the form, the shadow,
Noble forms, lacking life, that bolge, that valley
the dead words keeping form,
and the cry: Civis Romanus.
The clear air, dark, dark,
The dead concepts, never the solid, the blood rite,
The vanity of Ferrara;

Clearer than shades, in the hill road
Springing in cleft of the rock: Phaethusa
There as she came among them,
Wine in the smoke-faint throat,
Fire gleam under smoke of the mountain,
Even there by meadows of Phlegethon
And against this the flute: pone metum.
Fading, that they carried their guts before them,
And thought then, the deathless,
Form, forms and renewal, gods held in the air,
Forms seen, and then clearness,
Bright void, without image, Napishtim,
Casting his gods back into the νους.

«Sero, sero...[330]
»Nada hicimos, nada pusimos en orden,
»Ni la casa ni el tallado,
»Y lo que pensamos había sido pensado mucho tiempo antes;
»Nuestra opinión no era opinión dañada
»Sino opinión recalentada.
»Hemos recogido un cedazo lleno de agua.»
Y del racimo de juncos, llegaron notas y el coro
Moviéndose, los jóvenes faunos: Pone metum,
Metum, nec deus laedit.

Y como después de la forma, la sombra,
Formas nobles, carentes de vida, ese alcor, ese valle
las palabras muertas manteniendo la forma,
y el grito: Civis Romanus.
El aire claro, oscuro, oscuro,
Los conceptos muertos, nunca lo sólido, el rito de sangre,
La vanidad de Ferrara;

Más claro que las sombras, en el camino de la colina
Saltando de la hendedura de la roca: Faethusa[331]
Allí al llegar entre ellas,
Vino en la garganta debilitada por el humo,
Brillo de fuego bajo el humo de la montaña,
Aun allí cerca de las vegas del Flegetonte
Y al fondo de la flauta: pone metum.
Desvaneciéndose, que llevaban sus entrañas por delante,
Y pensaron entonces, los inmortales,
Forma, formas y renovación, dioses tenidos en el aire,
Formas vistas, y luego claridad,
Brillante vacío, sin imagen, Napishtim,
Regresando a sus dioses al νους[332].

---

[330] «Sero, sero»: «demasiado tarde, demasiado tarde».
[331] Phaetusa, o Faetusa, «la que arde», hija de Helios (véase XXI, 275).
[332] Napishtim: Utnapishtim, un personaje del poema épico *Gilgamesh*, que tiene ciertas analogías con la figura bíblica de Noé y que revela a

«as the sculptor sees the form in the air...
»as glass seen under water,
»King Otreus, my father...
and saw the waves taking form as crystal,
notes as facets of air,
and the mind there, before them, moving,
so that notes needed not move.

... side toward the piazza, the worst side of the room
that no one has been willing to tackle,
and do it as cheap or much cheaper...
  (signed) Tician, 31 May 1513

It being convenient that there be an end to
the painting of Titian, fourth frame from the door on
the right of the hall of the greater council, begun
by maestro Tyciano da Cadore since its being thus
unfinished holds up the decoration of said hall on
the side that everyone sees. We
move that by authority of this Council maestro Tyciano
aforesaid be constrained to finish said canvas,
and if he have not, to lose the expectancy of the
brokerage on the Fondamenta delli Thodeschi
and moreover to restore all payments recd. on account of
said canvas.   11 Aug. 1522
Ser Leonardus Emo, Sapiens Consilij:
Ser Philippus Capello, Sapiens Terrae Firmae:

«como el escultor ve la forma en el aire...
»como cristal visto bajo el agua,
»el Rey Otreo, mi padre...[333]
y vio las olas tomando forma como cristal,
notas como facetas del aire,
y la mente ahí, ante ellos, móvil,
de tal manera que las notas no tenían que moverse.

...lado hacia la piazza, el peor lado de la habitación
que nadie ha querido atacar,
y hacerlo tan barato o más...
      (firmado) Ticiano, 31 de mayo, 1513[334]

Siendo conveniente que tenga fin
la pintura de Ticiano, cuarto paño de la puerta a la
derecha del salón del concejo mayor, empezada
por el maestro Tyciano da Cadore ya que el hecho de no estar
terminada retrasa la decoración del salón antedicho del
lado que todo el mundo ve. Nosotros
proponemos que por autoridad de este Concejo el maestro Tyciano
mencionado sea apremiado a acabar el dicho cuadro,
y si no, que pierda la esperanza del
corretaje sobre la Fondamenta delli Thodeschi[335]
y además devolver todos los pagos recibidos a cuenta de
dicho cuadro.   11 de agosto, 1522
Ser Leonardus Emo, Sapiens Consilij:
Ser Philippus Capello, Sapiens Terrae Firmae:

Gilgamesh el secreto de la eterna juventud.
  nous: la mente, para los neoplatónicos, como principio activo del Universo.
  [333] El rey Otreo: Afrodita se presentó ante Anquises haciéndose pasar por hija de Otreo (XXIII, 305).
  [334] Ticiano: Tiziano Vecellio era natural de Pieve di Cadore.
  [335] Fondamenta delli Thodeschi: Fontico dei Thodeschi (Mary de Rachewiltz, pág. 233) «el muelle de los alemanes» (una calle peatonal a lo largo de un canal).

In 1513 on the last day of May was conceded to
Tician of Cadore painter a succession to a brokerage
on the Fondamenta dei Thodeschi, the first to be vacant
In 1516 on the 5th. of december was declared that
without further waiting a vacancy he shd. enter that
which had been held by the painter Zuan Bellin on
condition that he paint the picture of the land battle
in the Hall of our Greater Council on the side toward
the piazza over the Canal Grande, the which Tician after
the demise of Zuan Bellin entered into possession of the
said Sensaria and has for about twenty years profited by
it, namely to about 100 ducats a year not including the
18 to 20 ducats taxes yearly remitted him it being
fitting that as he has not worked he should not have
the said profits WHEREFORE

                               be it moved that the said
Tician de Cadore, pictor, be by authority of this Council
obliged and constrained to restore to our government all
the moneys that he has had from the agency during the
time he has not worked on the painting in the said
hall as is reasonable

      ayes 102, noes 38,   37 undecided
                              register of the senate
                              terra 1537, carta 136.

En 1513 en el último día de mayo se concedió a
Ticiano de Cadore pintor una sucesión a un corretaje
en la Fondamenta del Thodeschi, el primero vacante
En 1516 en el día 5 de diciembre se declaró que
sin más espera por una vacante él ingresara en
la que había sido tenida por el pintor Zuan Bellin bajo[336]
la condición de que pintara la batalla terrestre
en la Sala de nuestro Concejo Mayor del lado hacia
la piazza sobre el Canal Grande, el cual Ticiano después
de la muerte de Zuan Bellin fue la posesión del
dicho Sensaria y durante alrededor de veinte años se ha
beneficiado por su medio, a saber alrededor de 100 ducados al año sin incluir los 18 a 20 ducados de impuesto
anual que se le remitieron siendo justo que puesto que no
ha trabajado no debe percibir
los dichos beneficios y POR TANTO
        se propone que el dicho
Ticiano de Cadore, pictor, sea por la autoridad de este
Concejo obligado y constreñido a devolver a nuestro gobierno todos los dineros que ha recibido de la agencia durante el tiempo que él no ha trabajado pintando en el dicho salón como es razonable

 afirmativos 102, negativos 38, 37 indecisos
       registro del senado
       terra 1537, carta 136.

---

[336] Zuan Bellin: Giovanni (llamado Giambellino) Bellini, pintor de la escuela veneciana (1429-1516).

Cantar XXVI

Este Cantar se inicia con una alusión a la primera estancia de Pound en Venecia, como el Cantar III, y sigue luego con los anales de la ciudad a lo largo de varios siglos. La mayoría de los personajes ya ha aparecido en el poema y los principales sucesos tienen que ver, entre otros, con Veronese, con un intento de establecer la paz entre Pío II y Segismundo Malatesta, diversas festividades conmemorativas del comienzo del gobierno de Lorenzo Tiepolo, dogo entre 1268 y 1275, o las bodas de Lionello d'Este (hijo de Niccolò) en 1435, etc.

Las cartas de las últimas páginas son suficientemente explícitas y lo dicen prácticamente todo por sí mismas.

XXVI

And
I came here in my young youth
              and lay there under the crocodile
By the column, looking East on the Friday,
And I said: Tomorrow I will lie on the South side
And the day after, south west.
And at night they sang in the gondolas
And in the barche with lanthorns;
The prows rose silver on silver
              taking light in the darkness. «Relaxetur!»
11th. December 1461: that Pasti be let out
                                        with a caveat
«caveat ire ad Turchum, that he stay out of
                                        Constantinople
»if he hold dear our government's pleasure.
»The book will be retained by the council
              (the book being Valturio's "Re Militari").

To Nicolo Segundino, the next year, 12th. October
»Leave no... omnem... as they say... volve lapidem...
»Stone unturned that he, Pio,
»Give peace to the Malatesta.

XXVI

Y
llegué aquí en mi tierna juventud
   y yací allí bajo el cocodrilo
Cerca de la columna, mirando hacia el Este el viernes,
Y dije: mañana yaceré del lado Sur
Y al día siguiente, sudoeste.
Y de noche cantaron en las góndolas
Y en la barca con linternas;
Las proas se irguieron plata sobre plata
   tomando luz en la oscuridad. «Relaxetur!»
11 de diciembre 1461: que Pasti quede en libertad
                              con un caveat
«caveat ire ad Turchum, que no vaya a[337]
                        Constantinopla
»si tiene en mucho la voluntad de nuestro gobierno.
»El libro será guardado por el concejo
      (siendo el libro «Re Militari» de Valturio).

A Nicolo Segundino, el año siguiente, octubre 12[338]
«No dejar... omnem... como dicen... volve lapidem...
»Piedra sin voltear que él, Pío,
»Dé la paz a Malatesta.

---

[337] «Relaxetur»: «Póngasele en libertad». Mateo de Pasti, escultor y grabador veronés, fue a Constantinopla por encargo de Malatesta para esculpir un busto del sultán. Los venecianos, sospechando de su relación con los turcos, lo encarcelaron. Fue el dibujante de los diseños de las máquinas de guerra en el libro *De Re Militari* de Valturio (XI, 164).
«caveat ...»: «que se guarde de irse con el turco».
[338] Nicolo Segundino: Sagundino, portavoz de Venecia ante el Papa Pío II. Los venecianos le acusaron de negociar la paz entre Pío II y los Malatesta.

»Faithful sons (we are) of the church
             (for two pages)...
»And see all the cardinals and the nephew...
»And in any case get the job done.

»Our galleys were strictly neutral
»And sent there for neutrality.
»See Borso in Ferrara.»
To Bernard Justinian, 28th. of October:
«Segundino is to come back with the news
»Two or three days after you get this.»

Senato Secreto, 28th of October,
Came Messire Hanibal from Cesena:
«Cd. they hoist the flag of St. Mark
»And have Fortinbras and our army?»
«They cd. not... but on the quiet, secretissime,
»Two grand... Sic: He may have
»Two thousand ducats; himself to hire the men
»From our army.»
. . . .
... 8 barrels wine, to Henry of Inghilterra...
Tin, serges, amber to go by us to the Levant,
Corfu, and above Corfu...
. . . .
And hither came Selvo, doge,
    that first mosiac'd San Marco,
And his wife that would touch food but with forks,

»Fieles hijos (somos) de la iglesia
     (por dos páginas)...
»Y ver a todos los cardenales y al sobrino...
»Y en todo caso realizar el trabajo.

»Nuestras galeras fueron estrictamente neutrales
»Y fueron enviadas en aras de la neutralidad.
»Ver a Borso en Ferrara.»
A Bernardo Justiniano, 28 de octubre:
«Segundino regresará con las noticias
»Dos o tres días después de que recibáis ésta.»

Senato Secreto, octubre 28,
Vino Messire Hanibal de Cesena:
«¿Podrían izar la bandera de S. Marcos
»Y tener a Fortinbrás y nuestro ejército?»[339]
«No podrían... pero bajo el agua, secretissime,
»Dos grandes... Sic: Puede disponer de
»Dos mil ducados; él mismo contratando a los hombres
»De nuestro ejército.»
. . . .
... 8 barriles de vino, a Enrique de Inghilterra...
Estaño, sergas, ámbar que irá a través de nosotros al Levante,
Corfú, y más allá de Corfú...
. . . .
Y acá vino Selvo, dogo[340],
     el primer S. Marcos con mosaicos,
Y su esposa que no tocaba alimento sino con tenedores,

---

[339] Fortinbrás: una adaptación con ecos de Shakespeare (Fortinbras es el victorioso príncipe de Noruega al que Hamlet, agonizante, designa como sucesor al trono de Dinamarca), del nombre del conde Carlo Fortebracci, un condottiero veneciano, aliado de Malatesta en sus guerras contra Pío II.

[340] Selvo: Domenigo Selvo, Silvio o Selva, dogo de Venecia a fines del siglo XI, depuesto por sus súbditos tras ser derrotado en una batalla naval cerca de Corfú. Los primeros mosaicos de la basílica de San Marcos los encargó él.

Sed aureis furculis, that is
    with small golden prongs
Bringing in, thus, the vice of luxuria;
And to greet the doge Lorenzo Tiepolo,
Barbers, heads covered with beads,
Furriers, masters in rough,
Master pelters for fine work,
And the masters for lambskin
With silver cups and their wine flasks
And blacksmiths with the gonfaron
    et leurs fioles chargies de vin,
The masters of wool cloth
Glass makers in scarlet
Carrying fabrefactions of glass;
25th April the jousting,
The Lord Nicolo Este,
    Ugaccion dei Contrarini,
The Lord Francesco Gonzaga, and first
The goldsmiths and jewelers' company
Wearing *pellande* of scarlet,
    the horses in cendato—
And it cost three ducats to rent any horse
For three hundred and fifty horses, in piazza,
And the prize was a collar with jewels
And these folk came on horses to the piazza
In the last fight fourteen on a side,
And the prize went to a nigger from Mantua
That came with Messire Gonzaga.

And that year ('38) they came here
Jan. 2. The Marquis of Ferrara

Sed aureis furculis, es decir
    con pequeñas puntas de oro
Introduciendo, así, el vicio de luxuria;
Y para saludar al dogo Lorenzo Tiepolo,
Barberos, las cabezas cubiertas con cuentecillas,
Peleteros, maestros por la obra fina,
Con los maestros en piel de cordero
Con copas de plata y sus frascos de vino
Y herreros con el gonfaron[341]
        et leurs fioles chargies de vin,
Los maestros en telas de lana
Vidrieros en escarlata
Llevando la fabricación de cristal;
25 de abril las justas[342],
El Señor Nicolo Este,
    Ugaccion dei Contrarini,
El Señor Francesco Gonzaga, y primero
Los orfebres y joyeros en sus compañías
Llevando *pellande* de escarlata,
    los caballos en cendato—
Y costaba tres ducados alquilar cualquier caballo
Por trescientos cincuenta caballos, en piazza,
Y el premio era un collar con joyas
Y estas gentes llegaron a caballo a la piazza
En la última contienda catorce por bando,
Y el premio se lo llevó un negro de Mantua
Que vino con Messire Conzaga.

Y ese año ('38) vinieron aquí[343]
Enero 2. El marqués de Ferrara

---

[341] gonfaron: gonfalón, estandarte (del antiguo alto alemán «guntfano»). Gonfalonero es pues sinónimo de abanderado.
«et leurs fioles ...»: «y sus frascos llenos de vino».
[342] El 25 de abril de 1435 Leonello (hijo de Niccolò d'Este) contrajo matrimonio con la hija de Francesco Gonzaga, duque de Mantua. Se celebraron justas, desfiles, carreras de caballos y otros festejos.
[343] Alude al Concilio de Basilea, convocado por el papa Eugenio IV (1431-47) con el fin de intentar la unión entre la Iglesia de Roma y las confesiones de rito oriental. Se trasladó en su segunda etapa a Ferrara, para seguir más tarde en Florencia.

    mainly to see the greek Emperor,
To take him down the canal to his house,
And with the Emperor came the archbishops:
The Archbishop of Morea Lower
And the Archbishop of Sardis
And the Bishops of Lacedæmon and of Mitylene,
Of Rhodos, of Modon Brandos,
And the Archbishops of Athens, Corinth, and of Trebi
    zond,
The chief secretary and the stonolifex.
And came Cosimo Medici «almost as a Venetian to Ve
    nice»
(That would be four days later)
And on the 25th, Lord Sigismundo da Rimini
For government business
And then returned to the camp.
And in February they all packed off
To Ferrara to decide on the holy ghost
And as to the which begat the what in the Trinity.—
Gemisto ant the Stonolifex,
And you would have bust your bum laughing
To see the hats and beards of those greeks.

And the guild spirit was declining.
Te fili Dux, tuosque successores
Aureo anulo, to wed the sea as a wife;
for beating the Emperor Manuel,
eleven hundred and seventy six.
1175 a. d. first bridge in Rialto.
«You may seal your acts with lead, Signor Ziani.»

principalmente para buscar al Emperador griego,
Para llevarle canal abajo a su casa,
Y con el Emperador vinieron los arzobispos:
El Arzobispo de Morea Baja
Y el Arzobispo de Sardis
Y los Obispos de Lacedemonia y Mitilene,
De Rhodos, de Modon Brandos,
Y los Arzobispos de Atenas, Corinto, y de Trebizonda,
El principal secretario y el stonolifex.
Y vino Cosimo Medici «casi como un veneciano a Venecia»
(Eso sería cuatro días después)
Y el día 25, el Señor Segismundo da Rimini
A negocios del gobierno
Y luego regresó al campamento.
Y en febrero todos se fueron
A Ferrara para decidir sobre el espíritu santo
Y acerca de quién engendró a quién en la Trinidad. —
Gemisto y el Stonolifex,
Y hubiérais reventado de risa
Al ver los sombreros y barbas de aquellos griegos.

Y el espíritu de los gremios declinaba.
Te fili Dux, tuosque successores
Aureo anulo, a desposarse con el mar como esposa;
por haberle ganado al Emperador Manuel,
mil ciento setenta y seis.
1175 d. c. primer puente en Rialto.
«Podéis sellar vuestros actos con plomo, Signor Ziani»[344].

---

[344] «Te fili ...»: «Tú, hijo mío el duque y tus sucesores con el anillo de oro».

«desposarse con el mar»: se refiere a las fiestas anuales con que Venecia celebra su unión con el Adriático y su triunfo sobre la fuerza del mar.

Manuel I, emperador de Bizancio, venció en numerosas batallas a venecianos, turcos, etc., pero en 1176 sufrió una derrota en la que colaboró Sebastiano Ziani, dogo de 1172 a 1178.

The jewelers company had their furs lined with scarlet
And silk cloth for the horses,
A silk cloth called cendato
That they still use for the shawls;
And at the time of that war against Hungary
Uncle Carlo Malatesta, three wounds.
Balista, sword and a lance wound;
And to our general Pandolfo, three legates,
With silk and with silver,
And with velvet, wine and confections, to keep him —
Per animarla — in mood to go on with the fighting.

«That are in San Samuele (young ladies)
    are all to go to Rialto
And to wear yellow kerchief, as are also
Their matrons (ruffiane).»
«Ambassador, for his great wisdom and money,
»That had been here as an exile, Cosimo
»Pater.»
«Lord Luigi Gonzaga, to be given Casa Giustinian.»

«Bishops of Lampascus and Cyprus
»And other fifty lords bishops
            that are the church of the orient.»
March 8, «That Sigismundo left Mantua
Ill contented...

And they are dead and have left a few pictures.
»Albizi have sacked the Medici bank.»
«Venetians may stand, come, depart with their families
Free by land, free by sea
    in their galleys,
Ships, boats, and with merchandise.
2% on what's actually sold. No tax above that.
    Year 6962 of the world
    18th. April, in Constantinople.»

La compañía de los joyeros llevaba sus pieles forradas de
    escarlata
Y paños de seda para los caballos,
Un paño de seda llamado cendato
Que todavía usan para chales;
Y en tiempos de aquella guerra con Hungría
Tío Carlo Malatesta, tres heridas.
Balista, espada y herida de lanza;
Y a nuestro general Pandolfo, tres legados,
Con seda y plata,
Y con terciopelo, vino y confites, para tenerle —
Per animarla — de humor para seguir con la pelea.

«Que allí en San Samuele (las jóvenes)
    todas deben ir al Rialto
Y llevar pañuelo amarillo, asimismo
Sus amas de llaves (ruffiane).»
«Embajador, por su gran sabiduría y dinero,
»Que había estado aquí como exiliado, Cosimo
»Pater.»
«El Señor Luigi Gonzaga, que ha de recibir la Casa Gius-
    tiniana.»
«Obispos de Lampasco y Chipre
»Y otros cincuenta señores obispos
            que constituyen la iglesia del oriente.»
8 de marzo, «Que Segismundo salió de Mantua
Malcontento...

Y están muertos y han dejado unos cuantos retratos.
»Los Albizi han saqueado el banco de los Medici.»
«Los venecianos podrán permanecer, venir, partir con
    sus familias
Libres por tierra, libres por mar
    en sus galeras,
Barcos, naves, y con su mercancía.
2 % sobre lo que efectivamente se vende. Sin impuesto
    adicional
    Año 6962 del mundo
    abril 18, en Constantinopla.»

Wind on the lagoon, the south wind breaking roses.

Illmo ac ex^{mo} (eccellentissimo) princeps et d^{no}
Lord, my lord in particular, Sforza:
In reply to 1st l^{tr} of yr. ld^{shp}
re mat^r of horses, there are some for sale here.
I said that I hdn't. then seen 'em all thoroughly.
Now I may say that I have, and think
There are eleven good horses and almost that number
Of hacks that might be used in necessity,
To be had at a reasonable price.
It is true that there are X or XI big horses
   from 80 to 110 ducats
That seem to me dearer at the price
Than those for 80 ducats and under
And I think that if yr. ld^{sp} wd. send from
1000 ducats to one thousand 500 it cd. be spent
On stuff that wd. suit yr. L^{dp} quite well.
Please Y. L. to answer quickly
As I want to take myself out of here,
And if you want me to buy them
Send the cash by Mr. Pitro the farrier
And have him tell me by mouth or letter
What yr. ld^p wants me to buy.
Even from 80 ducats up there are certain good horses.
I have nothing else to say to your Lordship
Save my salutations.
Given Bologna, 14th. of August 1453
    Servant of yr. Illustrious Lordship

                                             PISANELLUS

1462, 12th December: «and Vittor Capello

Viento sobre la laguna, el viento del sur despedazando
rosas.

Illmo ac ex^{mo} (eccellentissimo) princeps et d^{no}
Señor, mi señor en particular, Sforza:
En contestación a la 1ª crta. de vuestra S^{ria}
tocante asunto caballos, hay algunos a la venta aquí.
Dije que no los había visto todos completamente entonces.
Ahora puedo decir que sí, y creo
Que hay once buenos caballos y casi ese número
de caballejos que pueden usarse en caso necesario,
Que se pueden comprar a buen precio.
Es cierto que hay X u XI caballos grandes
  de 80 a 110 ducados
Que me parecen más caros a ese precio
Que los de a 80 ducados y menos
Y estimo que si vuestra S^{ria} enviase entre
1.000 ducados a mil 500 se podrían gastar
En cosa que convendría mucho a vuestra S^{ria}
Favor, V. S. de contestar pronto
Ya que me quiero ir de aquí,
Y si queréis que los compre
Enviad el dinero con el Sr. Pitro, el herrador
Y que me diga de palabra o por carta
Lo que vuestra S^{ria} desea que compre.
Aun de 80 ducados en adelante hay algunos caballos
  buenos.
Nada más tengo que decir a vuestra S^{ria}
Salvo mis saludos.
En Boloña, 14 de agosto 1453
    Servidor de vuestra Ilustre Señoría

                                       PISANELLUS[345]

1462, 12 de diciembre: «y Vittor Capello

---

[345] Pisanello: «Pisanello pintaba caballos, de modo que se recuerdan sus cuadros, y el Duque de Milán le envió a Bolonia para comprar caballos» (*ABC of Reading*, pág. 30).

Brought also the head of St. George the Martyr
From the Island of Siesina.
This head was covered with silver and
Taken to San Giorgio Maggiore.

To the Cardinal Gonzaga of Mantua, ultimo febbraio 1548
«26th of feb. was killed in this city
Lorenzo de Medicis. Yr. Illu^s L^{dshp} will understand
from the enc. account how the affair is said to have
gone off. They say those who killed him have certainly
got away in a post boat with 6 oars. But they don't
know which way they have gone, and as a guard may
have been set in certain places and passes, it wd.
be convenient if yr. Ill^s L^{dshp} wd. write at once
to your ambassador here, saying among other things
that the two men who killed Lorenzino have passed through
the city of Mantua and that no one knows which
way they have gone. Publishing this information
from yr. Ldshp will perhaps help them to get free.
Although we think they are already in Florence, but
in any case this measure can do no harm. So that
yr. Ldshp wd. benefit by doing it quickly and even
to have others send the same news.
May Our Lord protect yr. Ill^s and most Revnd person
with the increase of state you desire.
  Venice, last of Feb. 1548
  I kiss the hands of yr. Ill. Ld^{shp}
  Don In. Hnr. de Mendoça

Trajo también la cabeza de S. Jorge Mártir
De la isla de Siesina.
Esta cabeza estaba cubierta de plata y
Fue llevada a S. Giorgio Maggiore.

Al Cardenal Gonzaga de Mantua, último febbraio 1548
«26 de feb. fue muerto en esta ciudad
Lorenzo de Medicis. Vuestra Ilustre S^{ria} comprenderá
de la relación adjunta cómo el suceso se dice que
tuvo lugar. Dicen que sus asesinos seguramente se
escaparon en un barco posta de 6 remos. Pero no
saben en qué dirección, y como un guarda pudo
haber sido apostado en ciertos lugares y pasos sería
conveniente que vuestra S^{ria} escribiera en el acto
a vuestro embajador aquí, diciendo entre otras cosas
que los hombres que mataron a Lorenzino·han pasa-
do por
la ciudad de Mantua y que nadie sabe en
qué dirección se han ido. Publicando esta información
de vuestra Sría. quizás les ayude a ponerse a salvo.
Aunque creemos que ya están en Florencia, pero
de cualquier modo esta providencia no puede dañarles.
   Así que vuestra Sría. se beneficiaría haciéndolo pronto
y hasta
haciendo que otros envíen los mismos informes.
Que Dios guarde a vuestra Il^{ma} y Reverenda persona
con el aumento de estado que desea.
   Venecia, febrero último 1548
   beso la mano de vuestra Il^{ma} S^{ria}
   Don In. Hnr. de Mendoça[346]

---

[346] Tanto Edwards y Vasse como Terrell, identifican a este In. Hnr. de Mendoça con Don Diego Hurtado de Mendoza (*c.* 1500-75), que fue embajador del Emperador Carlos V ante Venecia (1539-45) primero y más tarde ante Roma (1545-52). Es conocido como persona de vocación literaria y humanista y estimable poeta, además de excelente prosista (se le llegó a considerar el autor de *El Lazarillo de Tormes*). Perteneciente a una muy ilustre familia de la nobleza castellana (de ella son parte los duques del Infantado), es un biznieto del Marqués de Santillana y amigo de Boscán y Garcilaso de la Vega. Su actividad fundamental, sin embar-

To the Marquis of Mantova, Fran⁰ Gonzaga
Illustrious my Lord, during the past few days
An unknown man was brought to me by some others
To see a Jerusalem I have made, and as soon as he
saw it he insisted that I sell it him, saying it
gave him the gtst. content and satisfac^{tn}
Finally the deal was made and he took it away,
without paying and hasn't since then appeared.
I went to tell the people who had brought him, one
of whom is a priest with a beard that wears a
grey berettino whom I have often seen with you in
the hall of the gtr. council and I asked him the
fellow's name, and it is a Messire Lorenzo, the
painter to your Lordship, from which I have easily
understood what he was up to, and on that account
I am writing you, to furnish you my name and the
work's. In the first place illustrious m. lord, I am
that painter to the Seignory, commissioned to paint the
gt. hall where Yr. Lordship deigns to mount
on the scaffold to see our work, the history of Ancona,
and my name is Victor Carpatio.
As to the Jerusalem I dare say there is not another
in our time as good and completely perfect, or as
large. It is 25 ft. long by 5 1/2, and I know Zuane
Zamberti has often spoken of it to yr. Sublimity; I
know certainly that this painter of yours has carried
off a piece, not the whole of it. I can send you
a small sketch in aquarelle on a roll, or have it

[490]

Al Marqués de Mantova, Fco. Gonzaga
Ilustre Señor mío, en los últimos días
Fue traído a mi presencia por otros un hombre desconocido
Para ver un Jerusalén que he hecho, y en cuanto
lo vio insistió en comprarlo, diciendo que
le proporcionaba el mayor placer y satisfacción
Finalmente se cerró trato y se lo llevó,
sin pagar y no ha vuelto a presentarse.
Fui a decírselo a la gente que lo trajo, uno
de los cuales es un sacerdote con barba que lleva
una birreta gris a quien a menudo he visto con vos en
la sala del gran concejo y le pregunté el
nombre del sujeto, y es el de un Messire Lorenzo, el
pintor de vuestra Señoría, de lo cual bien
he comprendido lo que se traía entre manos, y por eso
escribo a vos, para daros mi nombre y el de
la obra. En primer lugar, ilustre señor mío, yo soy
el pintor de la Señoría, comisionado para pintar la
gran sala donde vuestra Señoría se digna subir
al andamio para ver nuestra obra, la historia de Ancona,
y me llamo Victor Carpatio.
En cuanto al Jerusalén yo me atrevo a decir que no hay
otro
en nuestra época tan bueno y del todo perfecto, o tan
grande. Es de 25 pies de largo por 5 1/2, y sé que Zuane
Zamberti a menudo ha hablado de él a vuestra Sublimidad; yo
sé seguramente que ese pintor vuestro se ha llevado
un pedazo, no el todo. Puedo enviaros
un pequeño boceto en acuarela sobre un rollo, o hacer
que lo

---

go, fue la diplomacia, a la que dedicó su vida. Lo que no se explica, en cualquier caso, es el juego de Pound con el nombre del personaje: en la familia Mendoza aparecen varios Íñigo López, pero no he visto ningún Íñigo Henríquez y, en todo caso, las fechas y el empleo sólo son coincidentes con este don Diego Hurtado.

seen by good judges and leave the price to your Lordship.
XV. Aug 1511, Venetijs.

       I have sent a copy of this letter by another way to be sure you get one or the other.

  The humble svt. of yr. Sublimity
       Victor Carpathio
           pictore.

To the supreme pig, the archbishop of Salzburg:
Lasting filth and perdition.
Since your exalted pustulence is too stingy
To give me a decent income
And has already assured me that here I have nothing to hope
And had better seek fortune elsewhere;
And since thereafter you have
Three times impeded my father and self intending departure
I ask you for the fourth time
To behave with more decency, and this time
Permit my departure.
      Wolfgang Amadeus, august 1777
       (*inter lineas*)

«As is the sonata, so is little Miss Cannabich.»

vean buenos jueces y dejaré lo del precio a vuestra Señoría.
XV. agosto 1511, Venetijs.
He enviado una copia de esta carta por otro conducto para asegurarme de que recibiréis una u otra.
El humilde servidor de vuestra Sublimidad
Victor Carpathio
pictore.

Al supremo cerdo, arzobispo de Salzburgo:
Eterna inmundicia y perdición.
Ya que vuestra excelsa pustulencia es demasiado avara
Para darme una renta decente
Y que me ha asegurado que aquí no tengo nada que esperar
Y que mejor sería que buscara mi fortuna en otra parte;
Y ya que después habéis
Tres veces estorbado la intención de mi padre y mía de partir
Os pido por cuarta vez
Que os portéis con más decencia, y esta vez
Permitáis mi partida.
Wolfgang Amadeus, agosto 1777
(*inter lineas*)[347]

«Como la sonata, así es la señorita Cannabich.»

---

[347] «inter lineas», o «entre líneas», lo atribuye Terrell a que la versión de la carta de Mozart que da Pound revela los verdaderos sentimientos del músico, más que la carta literal que, en realidad, está redactada en términos sumamente corteses y que parece escribió su padre.

La señorita Cannabich era una alumna de Mozart, que tenía quince años en la fecha de la carta anterior.

Cantar XXVII

Este Cantar se inicia con la evocación del Renacimiento a partir de la «Ballata XII» de Guido Cavalcanti, que Pound traduce así: «Love that is born of loving like delight, / Within my heart sojourneth / And fashions a new person from desire» («El amor, que nace del amar como el placer, / se instala en mi corazón / y crea una nueva persona partiendo del deseo», *Translations,* pág. 125). Esa nueva persona formada por el deseo aparece en distintas facetas a lo largo de todo el Cantar. Las dos primeras estrofas (hasta la línea que dice «Con un aire... cantando "Stretti"») ofrecen anécdotas de los científicos del siglo xx, que arriesgan su integridad física por el bien de la humanidad (ya se introdujo este tema en el Cantar XXIII, nota 291) junto a otros que no pasan de la mera charlatanería, como el elegido «Príncipe de los Pensadores», Jean-Pierre Brisset. Y todo ello sobre el trasfondo de los desastres del primer cuarto de siglo: Inglaterra y Rusia (su revolución) «entre la negra obscuridad / Las últimas briznas de civilización».

Pasa, sin solución de continuidad, a la energía del hombre del pueblo que hace posible la construcción de catedrales como la de Ferrara, o la Revolución rusa que se hace en su nombre, pero cuya víctima es ese mismo hombre innominado, el «tovarich» («camarada», en ruso) que «destruyó la casa de los tiranos», pero que finalmente será «horneado y comido» por el monstruo que ha surgido de su esfuerzo y de su sacrificio.

XXVII

Formando di disio nuova persona
One man is dead, and another has rotted his end off
Et quant au troisième
Il est tombé dans le
De sa femme, on ne le reverra
Pas, oth fugol othbaer:
«Observed that the paint was
Three quarters of an inch thick and concluded,
As they were being rammed through, the age of that
Cruiser.» «Referred to no longer as
The goddamned Porta-goose, but as
England's oldest ally.» «At rests in calm zone
If possible, the men are to be fed and relaxed,
The officers on the contrary...»

XXVII

Formando di disio nuova persona [348]
Un hombre ha muerto, y el otro ha podrido su cabo
Et quant au troisième
Il est tombé dans le
De sa femme, on ne le reverra
Pas, oth fugol ouitbaer: [349]
«Observó que la pintura tenía
Tres cuartos de pulgada de espesor y calculó,
Mientras les penetraba el espolón, la edad de aquel
Crucero.» «A quien se refería ahora ya no en términos de
Los condenados porta-gueses, sino como
El aliado más antiguo de Inglaterra.» «En los descansos
  en zona calma
De ser posible, se ha de alimentar a los hombres y des-
  entumecérseles,
La oficialidad al contrario...» [350]

---

[348] «Formando...»: como en el resumen introductorio, la balada de Cavalcanti dice que «(el amor se intala en mi corazón) y crea una persona nueva a partir del deseo».

[349] «Et quant...»: «Por lo que se refiere al tercero / Ha caído en el / De su esposa, no se le volverá a / ver».

«Oth fugol ouitbaer»: es un error del texto de New Directions. Las primeras ediciones de Faber reproducían la línea correcta: «summe fugel othbaer (ofer heanne holm)», «one a bird bore off (over the deep sea)», «a uno se lo llevó un pájaro (sobre el profundo mar)». Del poema anglosajón «The Wanderer» (manuscrito de hacia 975, incluido en el *Exeter Book*). Tomo la línea y la traducción al inglés moderno de *The Exeter Book,* part I, edited by Israel Gollancz, «The Early English Text» Society, Londres, Oxford University Press, 1958 (Kraus Reprint, Nueva York, 1988).

[350] Las frases entrecomilladas preceden de informes o manuales o libros de instrucciones de la armada británica para el entrenamiento de sus oficiales.

Ten million germs in his face,
«That is part of the risk and happens
»About twice a year in tubercular research, Dr. Spahlinger...»
«J'ai obtenu» said M. Curie, or some other scientist
«A burn that cost me six months in curing,»
And continued his experiments.
England off there in black darkness,
Russia off there in black darkness,
The last crumbs of civilization...
And they elected a Prince des Penseurs
Because there were so damn many princes,
And they elected a Monsieur Brisset
Who held that man is descended from frogs;
And there was a cracked concierge that they
Nearly got into the Deputies,
To protest against the earthquake in Messina.
   The Bucentoro sang it in that year,
1908, 1909, 1910, and there was
An old washerwoman beating her washboard,
That would be 1920, with a cracked voice,
Singing «Stretti!» and that was the last
Till this year, '27, Hotel Angioli, in Milan,
With an air Clara d'Ellébeuse,
With their lakelike and foxlike eyes,
With an air «Benette joue la Valse des Elfes»
In the salotto of that drummer's hotel,

Diez millones de microbios en la cara,
«Es parte del riesgo y sucede
»Alrededor de dos veces al año en los estudios sobre la
   tuberculosis, Dr. Spahlinger...»
«J'ai obtenu» dijo M. Curie, o algún otro científico [351]
«Una quemadura que tardó seis meses en sanar»,
Y siguió con sus experimentos.
Inglaterra allá entre la negra oscuridad,
Rusia allá entre la negra oscuridad,
Las últimas briznas de civilización...
Y eligieron un Prince des Penseurs
Porque había tal condenada cantidad de príncipes,
Y eligieron a un tal Monsieur Brisset [352]
Quien sostenía que el hombre descendía de la rana;
Y había un conserje loco a quien
Casi metieron en la Cámara de Diputados,
Para que protestara en contra del temblor en Messina.
   El Bucentauro lo cantó ese año,
1908, 1909, 1910, y hubo
Una vieja lavandera golpeando su lavadero,
Alrededor de 1920, con voz aguardentosa,
Cantando «Stretti!» y eso fue lo último
Hasta este año, '27, Hotel Angioli, en Milán [353]
Con un aire Clara d'Ellébeuse,
Con sus ojos como lagos y como zorras,
Con un aire «Benette joue la Valse des Elfes» [354]
En el salotto del hotel de aquel tambor,

---

[351] El doctor Henry Spahlinger (1882-1965) es un médico suizo que desarrolló una vacuna contra la tuberculosis.
Sobre la «quemadura» de Curie, véase XXIII, 291.
[352] Jean-Pierre Brisset es un escritor francés que en 1913 publicó *Les Origines humaines, deuxième edition de la science de Dieu*, donde «demostraba que el hombre desciende de la rana». Pound se burla de su elección como «Príncipe de los Pensadores».
[353] «El Bucentauro ... Cantando "Stretti"»: véase III, 22.
El año 1927 es cuando escribió el Cantar XXVII.
[354] Francis Jammes (1868-1938), escritor francés, publicó en 1899 una narración titulada *Claire d'Ellébeuse,* cuya heroína es el prototipo de la señorita provinciana. El nombre de la protagonista también aparece en un libro de poemas (género preferentemente cultivado por este autor,

Two young ladies with their air de province:
«No, we are Croat merchants, commercianti,
»There is nothing strange in our history.»
«No, not to sell, but to buy.»

And there was that music publisher,
The fellow that brought back the shrunk Indian head
Boned, oiled, from Bolivia, said:
«Yes, I went out there. Couldn't make out the trade,
Long after we'd melt up the plates,
Get an order, 200 copies, Peru,
Or some station in Chile.»
Took out Floradora in sheets,
And brought back a red-headed mummy.
With an air Clara d'Ellébeuse, singing «Stretti.»

Sed et universus quoque ecclesie populus,
All rushed out and built the duomo,
Went as one man without leaders
And the perfect measure took form;
«Glielmo ciptadin» says the stone, «the author,
»And Nicolao was the carver»
Whatever the meaning may be.
And they wrote for year after year,
Refining the criterion,
Or they rose as the tops subsided;
Brumaire, Fructidor, Petrograd.
And Tovarisch lay in the wind
And the sun lay over the wind,

Dos señoritas con su aire de provincia:
«No, somos mercaderes croatas, commercianti,
»Nada extraño hay en nuestra historia.»
«No, no a vender, sino a comprar.»

Y recuerdo a aquel editor de música,
El que trajo de un viaje la cabeza reducida de un indio
Deshuesada, aceitada, de Bolivia, y dijo:
«Sí, yo fui allá. No pude descifrar a la clientela,
Mucho después de que habíamos derretido las placas,
Llegaba un pedido por 200 ejemplares, del Perú,
O de alguna estación chilena.»
Me llevé a Floradora en láminas [355],
Y regresé con una momia pelirroja.
Con un aire Clara d'Ellébeuse, cantando «Stretti».

Sed et universus quoque ecclesie populus [356],
Todo el mundo salió corriendo y construyeron el duomo,
Procedieron como un solo hombre sin jefes
Y la medida perfecta tomó forma;
«Glielmo ciptadin» dice la piedra, «el autor,
»Y Nicolao fue el picapedrero»
Cualquiera que sea el significado.
Y escribieron año tras año.
Refinando el criterio,
O ascendieron al caer las cimas;
Brumaire, Fructidor, Petrogrado.
Y Tovarich yacía en el viento [357]
Y el sol yacía sobre el viento,

---

con alguna relación superficial con los simbolistas) titulado *Del toque del Angelus al toque de Oración* (1898).

«Benette joue ...»: «Benette tocó el Vals de los Elfos». En Jammes, *Le Poète*.

[355] *Floradora* es una opereta inglesa que se estrenó en 1899.

[356] «Sed et universus...»: «Y también todo el pueblo fiel».
El «duomo» es la catedral. Se da este nombre a la de Florencia (Santa Maria del Fiore), a la de Milán y a la de Nápoles.

[357] Brumario y Fructidor son dos de los meses del calendario de la Revolución Francesa.

And three forms became in the air
And hovered about him,
       so that he said:
This machinery is very ancient,
       surely we have heard this before.
And the waves like a forest
Where the wind is weightless in the leaves
But moving,
       so that the sound runs upon sound.
       Xarites, born of Venus and wine.

Carved stone upon stone.
But in sleep, in the waking dream,
Petal'd the air;
       twig where but wind-streak had been;
Moving bough without root,
                            by Helios.
So that the Xarites bent over tovarisch.
And these are the labours of tovarisch,
That tovarisch lay in the earth,
And rose, and wrecked the house of the tyrants,
And that tovarisch then lay in the earth
       And the Xarites bent over tovarisch.

These are the labours of tovarisch,
That tovarisch wrecked the house of the tyrants,
And rose, and talked folly on folly,
And walked forth and lay in the earth
       And the Xarites bent over tovarisch.

And that tovarisch cursed and blessed without aim,
       These are the labours of tovarisch,

Y tres formas se hicieron en el aire
Y se cernieron sobre él,
    de modo que dijo:
Esta maquinaria es muy antigua,
    seguro que esto lo hemos oído antes.
Y las olas como una foresta
Donde el aire es imponderable entre las hojas
Pero móvil,
    de modo que sonido corre tras sonido.
    Xarites, nacidas de Venus y del vino[358].

Tallado piedra sobre piedra.
Pero en el sueño, en el sueño despierto,
Inundando de pétalos el aire;
    rama donde antes sólo la estela del aire;
                                    por Helios.
De modo que las Xarites se inclinaron sobre tovarich.
Y éstos son los trabajos de tovarich,
Que tovarich yacía en la tierra,
Y se alzó, y destruyó la casa de los tiranos,
Y que tovarich entonces yació en la tierra
    Y las Xarites se inclinaron sobre tovarich.

Éstos son los trabajos de tovarich,
Que tovarich destruyó la casa de los tiranos,
Y se alzó y habló locura tras locura,
Y caminó y yació en la tierra
    Y las Xarites se inclinaron sobre tovarich.

Y que tovarich maldijo y bendijo sin ton ni son,
    Y éstos son los trabajos de tovarich,

Petrogrado es el nombre que se dio a San Petersburgo durante la Revolución Rusa. Luego se llamó Leningrado. Hoy ha recuperado su nombre original y se vuelve a llamar San Petersburgo.

«Tovarich» es «camarada» en ruso.

[358] Xarites, o Cárites, en latín «Gratiae» o Las Gracias. Son tres hermanas, divinidades de la belleza, hijas de Zeus y Eurínome (o a veces de Hera, que en Roma se identificó con Juno). A ellas se atribuyen toda clase de influencias positivas sobre las obras del espíritu y del arte.

Saying:
>   «Me Cadmus sowed in the earth
>   And with the thirtieth autumn
> I return to the earth that made me.
> Let the five last build the wall;
>
> I neither build nor reap.
> That he came with the gold ships, Cadmus,
> That he fought with the wisdom,
> Cadmus, of the gilded prows. Nothing I build
> And I reap
> Nothing; with the thirtieth autumn
> I sleep, I sleep not, I rot
> And I build no wall.
>   Where was the wall of Eblis
> At Ventadour, there now are the bees,
> And in that court, wild grass for their pleasure
> That they carry back to the crevice
> Where loose stone hangs upon stone.
> I sailed never with Cadmus,
>   lifted never stone above stone.»

«Baked and eaten tovarisch!
»Baked and eaten, tovarisch, my boy,
»That is your story. And up again,
»Up and at 'em. Laid never stone upon stone.»

Diciendo:
   «Cadmo me sembró en la tierra[359]
      Y con el trigésimo otoño
Regreso a la tierra que me hizo.
Dejad que los últimos cinco hagan la muralla;

Yo ni construyo ni cosecho.
Que vino con los barcos dorados, Cadmo,
Que combatió con la sabiduría,
Cadmo, de las proas doradas. Nada construyo
Y cosecho
Nada; con el trigésimo otoño
Duermo, no duermo, me pudro
Y no construyo una muralla.
   Donde estaba la muralla de Eblis
En Ventadour, allí ahora las abejas[360],
Y en aquel patio, hierba silvestre para su gusto
Que llevan a la hendedura
Donde piedra suelta pende de otra piedra.
Nunca navegué con Cadmo,
   nunca levanté piedra sobre piedra.»

«¡Horneado y comido tovarich!
»Horneado y comido, tovarich, chico,
»Ésa es tu vida. Y arriba otra vez,
»Arriba y sobre ellos. Nunca puse piedra sobre piedra.»

---
[359] Cadmo es un héroe que fundó la ciudad de Tebas, en la que reinó hasta que hacia el final de sus días se trasladó a Iliria, donde reinó también hasta su marcha a los Campos Elíseos metamorfoseado en serpiente. En cierta ocasión mató a un dragón que hostigaba a los suyos. Sembró los dientes de la bestia y brotaron de ellos los guerreros llamados «Spartoi» (literalmente «hombres sembrados»), de aspecto amenazador. Cadmo arrojó piedras en medio del grupo, de lo que se acusaron unos a otros y se mataron entre sí, sobreviviendo sólo cinco que ayudaron al héroe a construir Tebas.
[360] Eblis, vizconde de Ventadour (Ebles de Ventadorn. Véase VI, 81).
El acanto es la planta herbácea cuyas hojas suelen tallarse como motivo decorativo en el capitel corintio. Eva Hesse sugiere que se refiere a «the two-way vegetation of Persephone» («la vegetación de ida y vuelta de Perséfone». Eva Hesse, «Introduction», en Eva Hesse, editor, pág. 30).

«The air burst into leaf.»
«Hung there flowered acanthus,
»Can you tell the down from the up?»

«El aire empezó a dar hojas.»
«Pendiente allí el acanto florecido,
»¿Acaso pueden distinguir el arriba del abajo?»

Cantar XXVIII

Este Cantar está (como el anterior y el siguiente) construido a base de anécdotas procedentes a veces de la propia experiencia de Pound (con recuerdos incluso de su infancia más temprana, cuando su familia se estableció en Jenkintown, cerca de Philadelphia, en 1890) y sin un principio organizador central (véase Carpenter, págs. 20, 58 y especialmente 475). Insiste, no obstante, en la figura del americano viajero por Europa, pero procedente en general de las zonas más provincianas del país: el estado de West Virginia, rural y minero; Kansas y su capital, la ciudad de Topeka, la quintaesencia de la economía agropecuaria y de la sociedad provinciana; Arkansas, Tejas o la ciudad de Peoria en el estado de Illinois, como ilustraciones del mismo tipo de actitud.

Estos apuntes se alternan con referencias a los primeros vuelos sobre el Atlántico, incidentes menores de la realidad europea de esos años y alguna alusión a la guerra, o a la unidad italiana con la toma de posesión por el recién constituido Reino de Italia de los Estados Pontificios (1870) que el Papa Pío IX (1846-1878) se negó a aceptar, considerándose un prisionero en la Ciudad del Vaticano a partir de esa fecha.

XXVIII

And God the Father Eternal (Boja d'un Dio!)
Having made all things he cd.
think of, felt yet
That something was lacking, and thought
Still more, and reflected that
The Romagnolo was lacking, and
Stamped with his foot in the mud and
Up comes the Romagnolo:
    «Gard, yeh bloudy 'angman! It's me».
Aso iqua me. All Esimo Dottor Aldo Walluschnig
Who with the force of his intellect
With art ant assiduous care
Has snatched from death by a most perilous operation
The classical Caesarean cut
Marotti, Virginia, in Senni of San Giorgio
At the same time saving her son.
May there move to his laud the applause of all men
And the gratitude of the family.

XXVIII

Y Dios Padre Eterno (Boja d'un Dio!)[361]
Después de hacer todo lo que pudo
urdir, sintió sin embargo
Que faltaba algo, y pensó
Aún más, reflexionó que
Faltaba el Romagnolo, y
Golpeó el lodo con su pie y
Apareció el Romagnolo:
　　«¡Recontra, condenado verdugo! Yo soy»[362].
Aso iqua me. All' Esimio Doctor Aldo Walluschnig[363]
Quien con la fuerza de su intelecto
Con arte y cuidado en exceso
Ha burlado a la muerte mediante peligrosísima cirugía
El clásico corte cesáreo
Marotti, Virginia, en Senni de San Giorgio[364]
Al mismo tiempo salvando a su hijo.
Ojalá que se acerquen a su aplauso todos
Y la gratitud de la familia.

---

[361] «Boja d'un Dio!»: en el dialecto de la Romaña, «Verdugo de Dios», literalmente; es una maldición coloquial.
[362] Romagnolo: es el dialecto de la Romaña (en italiano Romagna y antiguo Romandiola). La región, actualmente parte de la Emilia, fue cedida al Papado por Carlomagno (774). César Borgia, duque de Romaña, intentó convertirla en centro de un estado personal, pero desde 1503 fue incluida definitivamente en los Estados Pontificios, a los que perteneció hasta 1859, poco antes de que el reino de Italia, en la unificación, se anexionara la totalidad de los mismos, con excepción del Vaticano.
[363] «aso iqua me»: «Soy yo», en el dialecto romagnolo.
[364] Una Virginia Marotti fue operada de cesárea hacia 1925 en el hospital Senni de San Giorgio (una de las islas de Venecia), por el doctor Aldo Walluschnig, que salvó así las vidas de la madre y su hijo (Terrell, vol. I, pág. 112).

S. Giorgio, 23d May. A.D. 1925.
Item: There are people that can swimme in the sea
Havens and rivers naked
Having bowes and shafts,
Coveting to draw nigh yr. shippe which if they find not
Well watched and warded they wil assault
Desirous of the bodies of men which they covet for
   meate,
If you resist them
   They dive and wil flee.
And Mr Lourpee sat on the floor of the pension dining-
   room
Or perhaps it was in the alcove
And about him lay a great mass of pastells,
That is, stubbs and broken pencils of pastell,
In pale indeterminate colours.
And he admired the Sage of Concord
   «Too broad ever to make up his mind».
And the mind of Lourpee at fifty
Directed him into a room with a certain vagueness
As if he wd.
neither come in nor stay out
As if he wd.
go neither to the left nor the right
And his painting reflected this habit.

S. Giorgio, mayo 23. D. C. 1925.
Item: Hay quienes pueden nadar en el mar
Refugios y ríos al natural
Con proas y mástiles,
Queriendo acercarse a vuestras naves las cuales si no encontraren
Bien guardadas ellas asaltan
Deseosos de los cuerpos de los marineros que quieren como carne,
Mas si resistís
  Se tiran al agua y huyen.
Y el Sr. Lourpee estaba sentado en el piso del comedor de la pensión [365]
O quizás fue en la alcoba
Y a su derredor había gran cantidad de pasteles,
Es decir, cabos y lápices rotos de pastel,
De colores pálidos indeterminados.
Y admiraba al Sabio de Concord [366]
  «Demasiado amplio hasta para llegar a una decisión.»
Y la mentalidad de Lourpee a los cincuenta
Le llevó a un cuarto con cierta vaguedad
Como si
no quisiera entrar ni salir
Como si
no quisiera ir ni a la derecha ni a la izquierda
Y su pintura reflejaba esta disposición.

---

[365] El señor Lourpee y, más adelante, la señora Kreffle, las damas de West Virginia, etc., son personas a las que Pound conoció en la pensión de Madrid en que se alojó en el verano de 1906, cuando visitó esa ciudad para estudiar la obra de Lope de Vega, tras recibir su Master of Arts en la Universidad de Pennsylvania. Lourpee parece que era un pintor francés de escaso éxito. Señora Kreffle es el seudónimo de Mrs. Kraff y las damas de West Virginia son Miss Adah y Miss Ida Lee Mapel, «who took a liking to him» («que se aficionaron a él», Carpenter, pág. 65). Más tarde, en 1919, los Pound las visitarían en París.
[366] El «Sabio de Concord» es Ralph Waldo Emerson (1803-82), el gran maestro del Trascendentalismo, que residió en esa ciudad cercana a Boston, en Massachussetts.

And Mrs Kreffle's mind was made up,
Perhaps by the pressure of circumstance,
She described her splendid apartment
In Paris and left without paying her bill
And in fact she wrote later from Sevilla
And requested a shawl, and received it
From the Senora at 300 pesetas cost to the latter
(Also without remitting) which
May have explained the lassitude of her daughter;
And the best paid dramatic critic
Arrived from Manhattan
And was lodged in a bordello (promptly)
Having trusted «his people»
Who trusted a Dutch correspondent,
And when they had been devoured by fleas
(Critic and family)
They endeavoured to break the dutchman's month's contract,
And the ladies from West Virginia
Preserved the natal aroma,
And in the railway feeding-room in Chiasso
She sat as if waiting for the train for Topeka
—That was the year of the strikes—
When we came up toward Chiasso
By the last on the narrow-gauge,
Then by tramway from Como
Leaving the lady who loved bullfights
With her eight trunks and her captured hidalgo,
And a dutchman was there who was going
To take the boat at Trieste,
Sure, he was going to take it;
Would he go round by Vienna? He would not.

Y la Sra. Kreffle estaba decidida,
Quizás por la fuerza de las circunstancias,
Describía su espléndido piso
En París y se esfumó sin pagar su cuenta
Y lo cierto es que después escribió de Sevilla
Pidiendo un chal, y lo recibió
De la Señora la cual pagó 300 pesetas de porte
(También sin remesa) lo cual
Pudo explicar la lasitud de su hija;
Y el crítico de teatro más bien pagado
Llegó de Manhattan
Y fue alojado en un bordello (en el acto)
Puesto que se había fiado de «su gente»
La cual habíase fiado de un corresponsal holandés,
Y cuando las pulgas se los hubieron comido
(Al crítico y a su familia)
Quisieron romper el contrato por un mes, del holandés,
Y las damas de West Virginia
Conservaron el olor natal,
Y en la fonda de la estación ferrocarrilera en Chiasso
Estaba sentada como si esperara el tren a Topeka
—Fue en el año de las huelgas[367]—
Cuando llegamos hacia Chiasso
En el último de vía estrecha,
Y de allí en tranvía desde Como
Dejando a la dama aficionada a los toros
Con sus ocho baúles y su hidalgo capturado,
Y estaba allí un holandés que iba a
Tomar el barco en Trieste,
Claro, que lo iba a tomar;
¿Daría la vuelta por Viena? No.

---

[367] «el año de las huelgas»: en 1920 hubo una huelga de ferrocarriles en Italia, cuando Pound viajaba hacia París con su esposa. En una carta del 19 de junio dice a John Quinn: «I came out of Italy in a tram-car, and reckon the next man will come out in a cab» («Salí de Italia por tren y sospecho que el siguiente tendrá que salir en taxi». *Selected Letters*, pág. 153).

Absence of trains wdnt. stop him.
So we left him at last in Chiasso
Along with the old woman from Kansas,
Solid Kansas, her daughter had married that Swiss
Who kept the buffet in Chiasso.
Did it shake her? It did not shake her.
She sat there in the waiting room, solid Kansas,
Stiff as a cigar-store indian from the Bowery
Such as one saw in «the nineties»,
First sod of bleeding Kansas
That had produced this ligneous solidness;
If thou wilt go to Chiasso wilt find that indestructable female
As if waiting for the train to Topeka
In the buffet of that station on the bench that
Follows the wall, to the right side as you enter.
And Clara Leonora wd. come puffing so that one
Cd. hear her when she reached the foot of the stairs,
Squared, chunky, with her crooked steel spectacles
And her splutter and her face full of teeth

La falta de trenes no le detendría.
De modo que al fin le dejamos en Chiasso
En compañía de la vieja de Kansas,
Kansas sólida, su hija se había casado con el suizo
Que tenía el buffet en Chiasso.
¿La conmovió esto? No la conmovió.
Estaba allí sentada en la sala de espera, Kansas sólida,
Tan tiesa como estatua de madera de indio de tabaquería
    en el Bowery [368]
Como las que se veían en «los noventas»,
Tierra primera de Kansas sangrante [369]
Que había producido esta solidez lígnea;
Si vais a Chiasso encontraréis a esa hembra indestructible
Como si esperara el tren a Topeka
En el buffet de esa estación en el banco que
Corre a lo largo de la pared, a la derecha al entrar.
Y Clara Leonora llegaba acezando de modo que uno [370]
Podía oírla cuando llegaba al fondo de la escalera,
Cuadrada, recia, con sus lentes de acero chuecos
Y su farfulla y su cara llena de dientes

---

[368] Las tiendas de tabaco anunciaban (originalmente para los que no sabían leer) su naturaleza por medio de una talla en madera de tamaño natural de la figura de un indio, que se colocaba a la puerta del establecimiento.

[369] «bleeding Kansas»: en 1854 el Congreso de los Estados Unidos aprobó la llamada «Kansas-Nebraska Act» (o «Ley Kansas-Nebraska»), que ampliaba el territorio esclavista para incluir a esos dos estados. De noviembre de 1855 a diciembre de 1856 se produjo una especie de guerra civil entre partidarios y opositores de la esclavitud que se cobró unos 200 muertos. «Bleeding Kansas» es el nombre que se dio a ese conflicto.

[370] Clara Leonora fue compañera de estudios de Pound en la Universidad de Pennsylvania en las clases del profesor Rennert. Al parecer, de niña, había conocido al músico Franz Liszt, que la sentó en una ocasión sobre sus rodillas, lo cual, en su opinión, la convertía automáticamente en una «autoridad» sobre el soneto: «This was the time ... when Ezra Pound was writing a daily sonnet. He destroyed them all at the end of the year» («Esta era la época ... en que Ezra Pound estaba escribiendo un soneto diario. Al fin del año los destruía todos». William Carlos Williams, *Autobiography*, Nueva York, New Directions 1967, pág. 53).

And old Rennert wd. sigh heavily
And look over the top of his lenses and
She wd. arrive after due interval with a pinwheel
Concerning Grillparzer or — pratzer
Or whatever follow the Grill —, and il Gran Maestro
Mr Liszt had come to the home of her parents
And taken her on his prevalent knee and
She held that a sonnet was a sonnet
And ought never be destroyed,
And had taken a number of courses
And continued with hope of degrees and
Ended in a Baptist learnery
    Somewhere near the Rio Grande.

And they wanted more from their women,
Wanted 'em jacked up a little
And sent over for teachers (Ceylon)
So Loica went out and died there
After her time in the post-Ibsen movement.

And one day in Smith's room
Or may be it was that 1908 medico's
Put the gob in the fire-place
Ole Byers and Feigenbaum and Joe Bromley,
Joe hittin' the gob at 25 feet
Every time, ping on the metal
    (Az ole man Comley wd. say: Boys!...

Y el viejo Rennert suspiraba profundamente[371]
Y miraba por sobre sus lentes y
Ella llegaba después del debido intervalo con su rehilete
Acerca de Grillparzer o — pratzer[372]
O lo que fuera que seguía al Grill'—, e il Gran Maestro
El señor Liszt había llegado a la casa de sus padres
Colocándola en su rodilla prevalente y
Ella sostenía que un soneto era un soneto
Y nunca debía ser destruido,
Y había llevado varios cursos
Y seguía con esperanzas de grados y
Acabó en una escuela bautista
    En algún lugar cerca del Río Grande.

Y ellos querían algo más de sus mujeres,
Querían que subieran un poco
Y enviaron por maestras (Ceilán)
De modo que Loica fue allá y murió[373]
Después de su época en el movimiento pos-ibseniano.

Y un día en la habitación de Smith[374]
O quizás fue donde el médico de 1908
Pusieron la escupidera cerca del hogar
El viejo Byers y Feigenbaum y Pepe Bromley,
Pepe le acertaba a la escupidera a 25 pies
Cada vez, tintín en el metal
    (Como el viejo Comley diría: ¡Muchachos!...[375]

---

[371] Rennert (véase XX, 243) fue profesor de Pound y su tutor en francés, español, literatura española, italiano y provenzal.

[372] Franz Grillparzer (1791-1872) es un dramaturgo austriaco. También escribió cuentos, como «El sueño es una vida» (1843), inspirado en Calderón.

[373] Loica: Florence Farr, actriz, amiga de Yeats, fue profesora durante sus últimos años de vida (murió en 1917) en una escuela de Ceilán (hoy Sri Lanka).

[374] Pound dedicó *A Lume Spento* (1908) a un joven pintor americano, William Brooke Smith, al que conoció en Filadelfia hacia 1905.

Byers, Feigenbaum y Bromley son conocidos de Pound de Filadelfia (1908), época a la que pertenece la anécdota que narra a continuación.

[375] Comley: un personaje de sus recuerdos infantiles de Jenkintown,

    Never cherr terbakker! Hrwwkke tth!
    Never cherr terbakker!,
«Missionaries,» said Joe, «I was out back of Jaffa,
I dressed in the costume, used to like the cafés,
All of us settin' there on the ground,
Pokes his head in the doorway: "Iz there any,"
He says, «Gar'
Damn
Man here
Thet kan speak ENGLISH?»
    «Nobody said anything fer a while
And then I said: «Hu er' you?»
«I'm er misshernary I am»
He sez, «chucked off a naval boat in Shanghaï.
I worked at it three months, nothin' to live on.»
Beat his way overland.
I never saw the twenty I lent him.»

Great moral secret service, plan, Tribune is told
limit number to thirty thousand,
only highest type will be included,
propaganda within ranks of the veterans,
to keep within bounds when they come into
contact with personal liberty... with the french authorities...
that includes the Paris police...
Strengthen franco-american amity.

NARCOTIC CHARGE: Frank Robert Iriquois
gave his home Oklahoma City... Expelled July 24 th.

«Je suis...

¡Nunca masquen tabaco! ¡Jrrk tuj!
¡Nunca masquen tabaco!,
«Misioneros», dijo Pepe, «Yo estaba detrás de Jafa,
Yo me vestía a la usanza, me gustaban los cafés,
Todos estaban sentados en el suelo,
Mete la cabeza por la puerta: «¿Hay algún»,
Dice, «Con
Denado
Tío aquí
Que sepa hablar INGLÉS?»
  Nadie chistó por un rato
Y luego yo dije: «¿Y tú quién eres?»
«Soy un misionero, es lo que soy»
Dice, «me salí de un buque de guerra en Shanghai.
Trabajé en esto tres meses, no había otro modo de vivir.»
Se abrió camino por tierra.
«No volví a ver los veinte que le presté.»

Gran plan de servicio secreto ético, se divulga al Tribune
número limitado a treinta mil,
sólo se incluirá a los tipos más elevados,
propaganda en las filas de los veteranos,
para que se mantengan en orden cuando se pongan en
contacto con la libertad personal... con las autoridades
 francesas...
lo que incluye a la policía de París...
Fortalecer la amistad francoamericana.

ACUSACIÓN NARCÓTICA. Frank Robert Iriquois[376]
dio su domiclio como Oklahoma City... Expulsado ju-
 lio 24.
«Je suis...

«a very early and treasured memory» («un recuerdo muy temprano y muy preciado». Carpenter, pág. 20).
[376] Frank Robert Iriquois, un americano (identificado como un indio cherokee) expulsado de Francia o en 1919 (Terrell, pág. 113) o en 1928 (Edwards y Vasse, pág. 101).

(Across the bare planks of a diningroom in the Pyrenees)
    ... plus fort que...
                           ... le Boud-hah!»
(No contradiction)
«Je suis...
        ... plus fort que le...
                           ... Christ!
(No contradiction)
«J'aurais...
        aboli...
                le poids!»
(Silence, somewhat unconvinced.)
And in his waste house, detritus,
As it were the cast buttons of splendours,
The harbour of Martinique, drawn every house, and in detail.
Green shutters on half the houses,
Half the thing still unpainted.
                        «...sont
»l'in.. fan... terie кон-
              lon-
                    i-ale»

voce tinnula
«Ce sont les vieux Marsouins!»
He made it, feitz Marcebrus, the words and the music,
Uniform out for Peace Day
And that lie about the Tibetan temple
(happens by the way to be true,
they do carry you up on their shoulders) but
Bad for his medical practice.
«Retreat?» said Dr Wymans, «It was marrvelous...

(A través de los tablones desnudos del comedor en los
  Pirineos)
         ...plus fort que...
                         ...le Boud-hah!»
(Ninguna contradicción)
«Je suis...
         ...plus fort que le...
                            ...Christ!
(Ninguna contradicción)
«J'aurais...
         aboli...
                  le poids!»³⁷⁷
(Silencio un poco dubitativo.)
Y en sus horas de ocio, detrito,
Como si fuesen botones usados de esplendores,
La bahía de Martinica, cada casa dibujada, y en detalle.
Celosías verdes en la mitad de las casas,
La mitad de aquello todavía sin pintar.
                                  «...sont
»l'in... fan... terie кон-
                  lon-
                      i-ale»

voce tinnula
«Ce sont les vieux Marsouins!»³⁷⁸
Lo realizó, feitz Marcebrus, la letra y la música³⁷⁹,
Uniforme en el Día de la Paz
Y aquella mentira sobre el templo tibetano
(sucede, a propósito, que es verdad,
es cierto que lo suben a uno en hombros) pero
Malo para su clientela de médico.
«¿Retirada?» dijo el Dr. Wymans, «fue maravilloso...

---

³⁷⁷ «Je suis ...»: «Soy más fuerte que Buda, soy más fuerte que Cristo. Yo hubiese abolido el peso» («la gravedad»).
³⁷⁸ «... sont ...»: «son la infantería colonial».
«voce tinnula»: véase XX, 240.
«Ce sont» ...»: «Son la vieja infantería de marina».
³⁷⁹ «feitz Marcebrus»: «lo hizo Marcebrus», por el trovador provenzal Marcabrú, nacido en Gascuña (...1130-1149...). Moralista misógino, agresivo y malhumorado, escribió sátiras contra el amor cortés.

Gallipoli...
Secret. Turks knew nothing about it.
Uh! Helped me to get my wounded aboard.»
And that man sweat blood to put through that railway,
And what he ever got out of it?
And one day he drove down to the whorehouse
Cause all the farmers had consented
      and granted the right of way,
But the pornoboskos wdn't. have it at any price
And said he'd shoot the surveyors,
But he didn't shoot ole pop in the buckboard,
He giv him the right of way.
And they thought they had him flummox'd,
Nobody'd sell any rails;
Till he went up to the north of New York state
And found some there on the ground
And he had 'em pried loose and shipped 'em
And had 'em laid here through the forest.

Thing is to find something simple
As for example Pa Stadtvolk;
Hooks to hang gutters on roofs,
A spike and half-circle, patented 'em and then made 'em;
Worth a good million, not a book in the place;
Got a horse about twenty years after, seen him
      Of a Saturday afternoon
When they'd taken down an old fence,

Gallipoli...[380]
Secreto. Los turcos nada sabían.
¡Eh! Ayudadme a poner a mis heridos a bordo.»
Y aquel hombre sudó sangre para construir el ferro-
    carril[381],
Y, ¿qué le aprovechó?
Y un día se fue al burdel
Porque los agricultores habían accedido
    a dar una servidumbre de paso
Pero el pornoboskos no quiso acceder a ningún precio[382]
Y dijo que dispararía sobre los agrimensores,
Pero no disparó sobre Papi arriba del carretón,
Le concedió el paso.
Y creían que le tenían confundido,
Nadie quería vender rieles;
Hasta que fue al norte del estado de Nueva York
Y encontró allá algunos en el suelo
E hizo que los desclavaran y los envió
E hizo que los tendieran aquí por entre el bosque.

La cuestión es encontrar algo sencillo
Como papi Stadtvolk por ejemplo[383];
Ganchos para suspender canales en los techos,
Una cuña y un semicírculo, los patentó y luego los fa-
    bricó;
Valían una buena millonada, y no había un solo libro allí;
Consiguió un caballo como veinte años después, víle
        Un sábado por la tarde
Cuando habían tirado una vieja cerca,

---

[380] El doctor Wymans es un médico que sirvió con las tropas aliadas durante la campaña de Gallipoli, en que se intentó en vano la conquista de los Dardanelos.

[381] «Y aquel hombre sudó sangre...»: es su abuelo, Thaddeus Coleman Pound. Véase XXXII, 277.

[382] «pornoboskos»: el regente de un burdel.

[383] «papi Stadtvolk»: no se ha identificado. Puede tratarse de una construcción léxica de Pound partiendo del alemán: «Pa Stadvolk» = «Pennsylvania (en su abreviatura habitual, Pa) city person» = «ciudadano de Pennsylvania» (Terrell, pág. 114). En tal caso, la traducción habría que modificarla.

Ole Pa out there knockin the nails out
(To *save* 'em). I hear he smoked good cigars.
And when the Prince Oltrepassimo died, saccone,
That follow the coffins,
He lay there on the floor of the chapel
On a great piece of patterned brocade
And the walls solid gold about him
And there was a hole in one of his socks
And the place open that day to the public,
Kids running in from the street
And a cat sat there licking himself
And then stepped over the Principe,
Discobolus upstairs and the main door
Not opened since '70
When the Pope shut himself into the Vatican
And they had scales on the table
To weigh out the food on fast days;
And he lay there with his hood back
And the hole in one of his socks.

«Buk!» said the Second Baronet, «eh...
»Thass a funny lookin' buk» said the Baronet
Looking at Bayle, folio, 4 vols. in gilt leather, «Ah...
»Wu... Wu... wot you goin' eh to do with ah...
»... ah read-it?»
                Sic loquitur eques.

And lest it pass with the day's news
Thrown out with the daily paper,
Neither official pet

El viejo papi estaba allí sacando clavos
(Para *guardarlos*). Dicen que fumaba buenos cigarros.
Y cuando el príncipe Oltrepassimo murió, saccone[384],
Que siguen los féretros,
Estaba allí en el piso de la capilla
Sobre un pedazo grande de brocado dibujado
Y las paredes en su derredor de oro sólido
Y uno de sus calcetines tenía un agujero
Y el lugar se abrió al público ese día,
Los muchachos entraban corriendo de la calle
Y allí estaba un gato lamiéndose
Y luego pasó sobre el Príncipe,
Discóbolo arriba y la puerta principal
No se abría desde el '70
Cuando el Papa se encerró en el Vaticano
Y tenían balanzas en la mesa
Para pesar los alimentos en días de guardar,
Y allí yacía con su capucha hacia atrás
Y el agujero en uno de sus calcetines.

«¡Libro!» dijo el Segundo Baronet, «este...
»¡Qué libro tan chistoso!» dijo el Baronet
Observando a Bayle, folio, 4 vols. en piel dorada, «Este...
»¿Qu... Qu... qué vas a, vas a este...
»a leerlo?»
     Sic loquitur eques[385].

Y no sea que se olvide con las noticias del día
Que se tiran con el periódico diario,
Ni el consentido oficial

---

[384] Oltrepassimo: probablemente, seudónimo del príncipe Filippo Massimiliano Massimo, 1843-1915, nombrado príncipe Lancelotti (1865) por el Papa Pío IX. A su hermanastro, el príncipe Camillo Carlo Alberto Massimo, le compró una copia del Discóbolo (Terrell, pág. 114, que repite literalmente a Edwards y Vasse, pág. 159).
[385] Pierre Bayle (1647-1706), filósofo francés, cuyo espíritu de libre examen informa su obra más importante, *Diccionario histórico y crítico* (1696-97), pieza significativa entre las inspiradoras de la Ilustración.
«sic loquitur eques»: «así habla el caballero».

Nor Levine with the lucky button
Went on into darkness,
Saw naught above but close dark,
Weight of ice on the fuselage
Borne into the tempest, black cloud wrapping their wings,
The night hollow beneath them
And fell with dawn into ocean
But for the night saw neither sky nor ocean
And found ship... why?... how?... by the Azores.
And she was a bathing beauty, Miss Arkansas or Texas
And the man (of course) quasi anonymous
Neither a placard for non-smokers or non-alcohol
Nor for the code of Peoria;
Or one-eyed Hinchcliffe and Elsie
Blackeyed bitch that married dear Dennis,
That flew out into nothingness
And her father was the son of one too
That got the annulment.

Ni Levine con el botón de la suerte
Salieron a la oscuridad,
No vieron cosa alguna arriba sino oscuridad cerrada,
Peso del hielo en el fuselaje
Llevado a la tempestad, nube oscura envolviendo sus
  alas,
La noche vacía por debajo
Y con el amanecer cayeron en el mar
Pero por la noche no vieron cielo ni mar
Y encontraron nave... ¿por qué... cómo?... cerca de las
  Azores.
Y ella era una belleza bañista, señorita Arkansas o Tejas
Y el hombre (claro) casi anónimo
Sin placa para los no fumadores o no bebedores
Ni para el código de Peoría;
O el Tuerto Hinchcliffe y Elsie
Perra de ojos negros que casó con el querido Dennis,
El que voló a la nada
Y su padre de ella era hijo de una, también
Con eso se anuló el matrimonio[386].

---

[386] Charles A. Levine, presidente de la Columbia Aircraft Company, cruzó el Atlántico en vuelo sin escalas en junio de 1927 (Charles Lindberg, a bordo del *Spirit of Saint Louis* lo había hecho dos años antes).

En octubre de 1927 la joven Ruth Elder despegó de Nueva York, pero su avión cayó al mar y fue recogida con su copiloto por un carguero cerca de las Azores.

El capitán Walter Hinchcliffe (que había perdido un ojo en la guerra) intentó el vuelo desde Inglaterra a América en 1928, acompañado por Elsie Mckay. El avión desapareció en el Atlántico con sus dos ocupantes. Elsie, actriz de teatro y de cine, se había casado con otro actor, Dennis Wyndham, contra los deseos de su padre (aristócrata y empresario inglés, presidente de compañías navieras y banquero), que finalmente prevaleció, haciendo anular el matrimonio en 1922.

Cantar XXIX

Si en el Cantar anterior prevalece el viajero como foco de las anécdotas, aquí ocupa el primer plano el tema de la mujer y del sexo. Amor, generosidad, la hembra como energía, como caos, como pulpo, como proceso biológico; mercenaria o gloriosa en su belleza: en este último papel cierra el Cantar, que la describe metafóricamente como visión de un paisaje edénico lleno de luz y de agua y con «Los árboles derretidos en el aire».

XXIX

PEARL, great sphere, and hollow,
Mist over lake, full of sunlight,
Pernella concubina
The sleeve green and shot gold over her hand
Wishing her son to inherit
Expecting the heir ainé be killed in battle
He being courageous, poisoned his brother puiné
Laying blame on Siena
And this she did by a page
Bringing war once more on Pitigliano
And the page repented and told this
To Nicolo (ainé) Pitigliano
Who won back that rock from his father
«still doting on Pernella his concubine».
    The sand that night like a seal's back
    Glossy beneath the lanthorns.
From the Via Sacra
    (fleeing what band of Tritons)
Up to the open air
Over that mound of the hippodrome:
Liberans et vinculo ab omni liberatos
As who with four hands at the cross roads
By king's hand or sacerdos'
    are given their freedom
—Save who were at Castra San Zeno...

XXIX

Perla, grande esfera, y hueca,
Niebla sobre lago, llena de luz solar,
Pernella concubina
La manga verde y oro tornasol sobre su mano
Queriendo que su hijo heredara
Esperando que su heredero ainé muriera en combate
Siendo él valiente, envenenó a su hermano puiné
Echándole la culpa a Siena
Y esto hizo ella por medio de un paje
Llevando la guerra de nuevo a Pitigliano
Y el paje se arrepintió y dijo esto
A Nicolo (ainé) Pitigliano
Quien ganó y obtuvo de nuevo la roca de su padre
«todavía idolatrando a Pernella su concubina»[387].
    Aquella noche la arena como la espalda de una foca
    Brillando bajo las linternas.
Desde la Via Sacra
    (huyendo de qué banda de tritones)
Subiendo al aire abierto
Sobre el montículo del hipódromo:
Liberans et vinculo ab omni liberatos
Como quien con cuatro manos en la encrucijada
Por mano de rey o sacerdote
    recibe su libertad
— Salvo los que estuvieron en Castra San Zeno...

---

[387] La concubina de Aldobrando Orsini, conde de Pitigliano, hizo envenenar al hijo mayor de su amante para que su propio hijo ilegítimo heredara el condado. El segundo hijo de Aldobrando, Niccolò (1442-1510), destacado condottiero, asesinó a Pernella y a su hijo en 1465. Niccolò y Pernella (Penélope) eran primos.

Cunizza for God's love, for remitting the soul of her father
—May hell take the traitors of Zeno.
And fifth begat he Alberic
And sixth the Lady Cunizza.
  In the house of the Cavalcanti
            anno 1265:
Free go they all as by full manumission
All serfs of Eccelin my father da Romano
Save those who were with Alberic at Castra San Zeno
And let them go also
The devils of hell in their body.

And sixth the Lady Cunizza
That was first given Richard St Boniface
And Sordello subtracted her from that husband
And lay with her in Tarviso
Till he was driven out of Tarviso
And she left with a soldier named Bonius
nimium amorata in eum
And went from one place to another
«The light of this star o'ercame me»
Greatly enjoying herself
And running up the most awful bills.
And this Bonius was killed on a sunday
and she had then a Lord from Braganza
and later a house in Verona.

Cunizza por Amor de Dios, por remitir el alma de su
  padre
— Que el infierno se lleve a los traidores de Zeno.
Y el quinto engendrado fue Alberico
Y sexto la Dama Cunizza.
   En casa de los Cavalcanti
                              anno 1265:
Libres quedan todos como manumisos completos
Todos los siervos de Eccelin mi padre da Romano
Salvo los que estuvieron con Alberico en Castra San
  Zeno
Y que se vayan también
Con los diablos del infierno en el cuerpo.

Y el sexto la Dama Cunizza
Que primero se dio a Ricardo San Bonifacio
Y Sordello la sustrajo a ese marido
Y yació con ella en Tarviso
Hasta que le echaron de Tarviso
Y ella se fue con un soldado llamado Bonius
nimium amorata in eum
Y fue de lugar en lugar
«La luz de esta estrella me venció»
Divirtiéndose grandemente
Y dejando las cuentas más tremendas.
Y el tal Bonius fue muerto un domingo
Y ella luego anduvo con un Señor de Braganza
y más tarde tuvo casa en Verona[388].

---

[388] «Liberans...»: «Y liberando de toda cadena a los que han sido liberados». Se refiere a la manumisión de sus esclavos por Cunizza da Romano, de la que se habla en VI, resumen introductorio y notas 82, 83 y 84. Cunizza fue la sexta de los hijos de Eccelin y esposa de Ricardo San Bonifacio; luego amante de Sordel y más tarde de Bonius. Al enviudar se casó de nuevo con Amerio de Braganza y, por tercera vez, a la muerte de Amerio, con un caballero de Verona. La liberación de sus esclavos se realizó mientras era huésped de Cavalcante Cavalcanti, padre del poeta Guido Cavalvanti.
  «nimium amorata in eum»: «demasiado enamorada de él».

[535]

And he looked from the planks to heaven,
Said Juventus: «Immortal...
He said: «Ten thousand years before now...
Or he said: «Passing into the point of the cone
You begin by making the replica.
Thus Lusty Juventus, in September,
In cool air, under sky,
Before the residence of the funeral director
Whose daughters' conduct caused comment.
But the old man did not know how he felt
Nor cd. remember what prompted the utterance.
He said: «What I know, I have known,
«How can the knowing cease knowing?»
By the lawn of the senior elder
He continued his ambulation:
«Matter is the lightest of all things,
»Chaff, rolled into balls, tossed, whirled in the aether,
»Undoubtedly crushed by the weight,
»Light also proceeds from the eye;
»In the globe over my head
»Twenty feet in diameter, thirty feet in diameter
»Glassy, the glaring surface —
»There are many reflections
»So that one may watch them turning and moving
»With heads down now, and now up.
He went on toward the amateur student of minerals
That later went bankrupt;
He went on past the house of the local funny man,
Jo Tyson that had a camera. His daughter was bow-legged
And married the assembly-man's son.

    O-hon dit que-ke fois au vi'-a-ge...

Past the house of the three retired clergymen

Y él miró hacia el cielo desde los tablones,
Dijo Juventus: «Inmortal...
Dijo: «Diez mil años antes de hoy...
O si no dijo: «Pasando dentro del punto del cono
Se empieza por hacer la réplica.
Así el Robusto Juventus, en septiembre[389],
En el aire fresco, bajo el cielo,
Ante la residencia del director de pompas fúnebres
La conducta de cuyas hijas daba qué decir.
Pero el viejo no sabía cómo se sentía
Ni recordaba qué había provocado la expresión.
Dijo: «Lo que sé, lo he sabido,
»¿Cómo puede el saber dejar de saber?»
Por el prado del decano de los ancianos
Él siguió su ambulación:
«La materia es la cosa más imponderable,
»La barcia, hecha bolas, lanzada, hizo remolino en el éter,
»Sin duda aplastada por el peso,
»la luz también procede del ojo;
»En el foco sobre mi cabeza
»Veinte pies de diámetro, treinta pies de diámetro
»Vidriada, la superficie deslumbrante —
»Hay muchos reflejos
»De modo que uno los puede ver girar y moverse
»Con las cabezas ora para abajo ora para arriba.»
Siguió hacia el estudiante aficionado de minerales
Que más tarde se presentó en bancarrota;
Pasó por la casa del gracioso local,
Jo Tyson que tenía una cámara. Su hija era patizamba
Y casó con el hijo del diputado local[390].

O-hon dit que-ke fois au vi'-a-ge...

Más allá de la casa de los tres religiosos jubilados

---

[389] «Juventus» o el «Robusto Juventus»: La juventud, la robusta juventud.
[390] Ni la anécdota ni el nombre de Jo Tyson han sido identificados.

Who were too cultured to keep their jobs.
Languor has cried unto languor
    about the marshmallow-roast
(Let us speak of the osmosis of persons)
The wail of the phonograph has penetrated their marrow
(Let us...
The wail of the pornograph....)
    The cicadas continue uninterrupted.
With a vain emptiness the virgins return to their homes
With a vain exasperation
The ephèbe has gone back to his dwelling,
The djassban has hammered and hammered,
The gentleman of fifty has reflected
    That it is perhaps just as well.
Let things remain as they are.
The mythological exterior lies on the moss in the forest
And questions him about Darwin.
And with a burning fire of phantasy
    he replies with «Deh! nuvoletta...»
So that she would regret his departure.
    Drift of weed in the bay:
She seeking a guide, a mentor,
He aspires to a career with honour
To step in the tracks of his elders;
    a greater incomprehension?
There is no greater incomprehension
Than between the young and the young.
The young seek comprehension;
The middleaged to fulfill their desire.
Sea weed dried now, and now floated,
    mind drifts, weed, slow youth, drifts,
Stretched on the rock, bleached and now floated;
Wein, Weib, TAN AOIDAN
Chiefest of these the second, the female

Que fueron demasiado cultos para conservar su empleo.
La languidez ha gritado a la languidez
    acerca del asar de malvaviscos
(Hablemos de ósmosis de personas)
El aullido del fonógrafo ha penetrado su tuétano
(Hablemos...
El aullido del pornógrafo...)
    Las chicharras siguen sin interrupción.
Con vaciedad vana las vírgenes regresan a sus hogares
Con una vana exasperación
El efebo ha regresado a su morada,
La banda de jazz ha martillado y martillado,
El caballero cincuentón ha reflexionado
    Que quizás sea mejor así.
Que las cosas sigan como están.
Lo exterior mitológico yace sobre el musgo en la foresta
Y le pregunta acerca de Darwin.
Y con quemante fuego de fantasía
    él contesta «¡Deh! nuvoletta...»[391]
De modo que le duela su partida.
    Flotar de la hierba en la bahía:
Ella en busca de un guía, un maestro,
Él aspira a una carrera con honor
Ir por los pasos de sus mayores;
    ¿mayor incomprensión?
No la hay mayor
Que entre jóvenes y jóvenes.
Los jóvenes buscan comprensión;
Los maduros cumplir su deseo.
Alga marina seca ya y flotando ahora;
    la mente flota, hierba, juventud lenta, flota,
Tirada en la roca, blanqueada y ahora flotada;
Wein, Weib, TAN AOIDAN[392]
Principal de éstos el segundo, la hembra

---

[391] «¡Deh! nuvoletta»: «¡Ah! nubecilla».
[392] «Wein, Weib, TAN AOIDAN»: «Vino, mujeres, canciones», mezclando alemán y griego.

Is an element, the female
Is a chaos
An octopus
A biological process
        and we seek to fulfill...
TAN AOIDAN, our desire, drift...
           Ailas e que'm fau miey huelh
           Quar no vezon so qu'ieu vuelh.
Our mulberry leaf, woman, TAN AOIDAN,
«Nel ventre tuo, o nella mente mia,
»Yes, Milady, precisely, if you wd.
have anything properly made.»

«Faziamo tutte le due...
»No, not in the palm-room». The lady says it is
Too cold in the palm-room. Des valeurs,
Nom de Dieu, et
    encore des valeurs.

She is submarine, she is an octopus, she is
A biological process,
So Arnaut turned there
Above him the wave pattern cut in the stone
Spire-top alevel the well-curb
And the tower with cut stone above that, saying:
    «I am afraid of the life after death.»
and after a pause:
«Now, at last, I have shocked him.»

Es un elemento, la hembra
Es un caos
Un pulpo
un proceso biológico
       y queremos cumplir...
TAN AOIDAN, nuestro deseo, flotar...
       Ailas e que'm fau miey huelh
       Quar no vezon so qu'ieu vuelh[393].
La hoja nuestra de la morera, mujer, TAN AOIDAN,
«Nel ventre tuo, o nella mente mia[394],
»Sí, Milady, precisamente, si queréis
que algo se haga como debe ser.»

»Faziamo tutte le due...[395]
»No, no en el salón de las palmas.» La dama dice que hace
Demasiado frío en el salón de las palmas. Des valeurs,
Nom de Dieu, et
    encore des valeurs[396].

Ella es submarina, es un pulpo, es
Un proceso biológico,
De modo que Arnaut dobló allí
Arriba de su cabeza el diseño ondulante esculpido en la piedra
Cima de la espira al nivel del brocal del pozo
Y la torre de piedra cincelada sobre esto, diciendo:
    «Temo la vida después de la muerte.»
y después de una pausa:
    «Ahora, por fin, le he escandalizado»[397].

---

[393] «Ailas e que'm...»: «¡Oh! y de qué sirven mis ojos, si no ven lo que quieren ver»: poema del trovador Sordel (en italiano Sordello di Mantua porque nació en el castillo de Goito, cerca de esa ciudad, c. 1200-1269), a cuya historia se refiere Browning en su poema dramático *Sordello* (véase nota 9).

[394] «Nel ventre ...»: «en tu vientre o en mi mente».

[395] «Faziamo ...»: «hagámoslo los dos juntos».

[396] «Des valeurs ...»: «Los valores (del tesoro, bonos, etc.) por Dios, y siempre los valores».

[397] Pound da a Eliot el nombre de Arnaut (por el trovador provenzal Arnaut Daniel, natural de Ribeirac, en el departamento de la Dordogne)

And another day or evening toward sundown by the
    arena
(les gradins)
A little lace at the wrist
And not very clean lace either...
And I, «But this beats me,
»Beats me, I mean that I do not understand it;
»This love of death that is in them.»
    Let us consider the osmosis of persons
nondum orto jubare;
The tower, ivory, the clear sky
Ivory rigid in sunlight
And the pale clear of the heaven
Phoibos of narrow thighs,
The cut cool of the air,
Blossom cut on the wind, by Helios
Lord of the Light's edge, and April
Blown round the feet of the God,
Beauty on an ass-cart
Sitting on five sacks of laundry
That wd. have been the road by Perugia
That leads out to San Piero. Eyes brown topaz,
Brookwater over brown sand,
The white hounds on the slope,
Glide of water, lights and the prore,
Silver beaks out of night,
Stone, bough over bough,
    lamps fluid in water,
Pine by the black trunk of its shadow
And on hill black trunks of the shadow
The trees melted in air.

Y otro día o tarde hacia el anochecer cerca de la arena
(les gradins)
Un poco de encaje en la muñeca
Y eso que no tan limpio...
Y yo, «Pero esto me confunde,
»Me confunde, quiero decir que no lo entiendo;
»Este amor a la muerte que tienen dentro.»
    Consideremos la ósmosis personal
nondum orto jubare[398];
La torre, marfil, el cielo claro
Marfil rígido en la luz solar
Y el pálido claro del cielo
Phoibos de muslos estrechos[399],
El corte fresco del aire,
Flor esculpida en el aire, por Helios
Señor del filo de la Luz, y abril
Flotando alrededor de los pies del Dios,
La belleza en una carreta de asnos
Sentada sobre cinco sacos de ropa lavada
Eso sería el camino de Perugia
Que sale a San Piero. Ojos topacio carmelita,
Agua de arroyo sobre arena carmelita,
Los lebreles blancos en la ladera,
Deslizarse del agua, luces y la prora,
Picos de plata saliendo de la noche,
Piedra, rama sobre rama,
    lámparas fluidas en el agua,
Pino cerca del tronco negro de su sombra
Y en el alcór troncos negros de la sombra
Los árboles derretidos en el aire.

---

recordando la ocasión en que juntos, en 1919, visitaron el castillo de Excideuil (relacionado con Girout de Bornelh o Giraut, según Martín de Riquer, otro trovador) donde Eliot pronunció esas dos frases entrecomilladas: «I am afraid of the life after death» y «Now, at last, I have shocked him» («Tengo miedo de la vida tras la muerte» y «Por fin consigo escandalizarle». Carpenter, pág. 349).
[398] «nondum...»: «antes del amanecer».
[399] Phoibos: Febo Apolo.

Cantar XXX

Aquí termina el primer bloque orgánico de los Cantares, tal como quedaron en la edición completa final («A Draft of XXX Cantos», «Un esquema de XXX Cantares»); la conclusión se hace explícita en la última línea: «Aquí concluye el Cantar XXX.»

La formulación inicial sobre la Lástima («Pity») como coartada para aceptar el mal, establece por contrastes la escala de valores cuyo olvido «es raíz y manantial» de la aceptación de lo sucio, de lo echado a perder, de lo podrido. Su ilustración la ofrece la historia trágica de Inés de Castro y algún aspecto de la actividad de los Borgia, cuyos esfuerzos en favor de la cultura renacentista y de la unificación de Italia (que, por cierto, despertaron la admiración de Maquiavelo) se vieron frustrados por el asesinato o muerte accidental de Rodrigo Borja; sigue el Papa Alejandro VI, denigrado o ensalzado por las dos corrientes historiográficas más importantes en el estudio de este periodo, padre de César y Lucrecia Borgia. Pound parece así considerar que con la muerte de Alejandro y el hundimiento de los ambiciosos proyectos para el establecimiento de un estado central italiano de su hijo César como consecuencia directa, se inicia el eclipse de la grandeza de Italia en el Renacimiento.

Este tema, el Renacimiento italiano, no volverá a aparecer en los Cantares restantes de modo tan prominente como en estos treinta primeros.

XXX

Compleynt, compleynt I hearde upon a day,
Artemis singing, Artemis, Artemis
Agaynst Pity lifted her wail:
Pity causeth the forests to fail,
Pity slayeth my nymphs,
Pity spareth so many an evil thing.
Pity befouleth April,
Pity is the root and the spring.
Now if no fayre creature followeth me
It is on account of Pity,
It is on account that Pity forbideth them slaye.
All things are made foul in this season,
This is the reason, none may seek purity
Having for foulnesse pity
And things growne awry;
No more do my shaftes fly
To slay. Nothing is now clean slayne
But rotteth away.

In Paphos, on a day
        I also heard:
... goeth not with young Mars to playe
But she hath pity on a doddering fool,
She tendeth his fyre,
She keepeth his embers warm.

XXX

Queja, queja que oí un día,
Artemisa cantaba, Artemisa, Artemisa[400]
En contra de Lástima alzó su lloro:
Lástima hace que la foresta falle,
Lástima mis ninfas mata,
Lástima perdona tanta cosa mala.
Lástima abril ensucia,
Lástima es raíz y manantial.
Ahora si no me sigue criatura hermosa
Ello es por Lástima,
Es porque Lástima les prohíbe matar.
Todo se ensucia en esta estación,
Por eso, nadie puede buscar pureza
Teniendo lástima por lo sucio
Y las cosas echadas a perder;
Ya mis saetas no vuelan
Para matar. Nada se mata limpiamente ahora
Sino que se pudre.

En Pafos, un día
        también escuché:
...con el joven Marte no juega
Sino que tiene lástima de un tonto chocho,
Atiende su fuego,
Mantiene sus brasas en calor[401].

---

[400] Artemisa, Artemis (y Diana en Roma), hermana de Apolo, es la diosa de la naturaleza silvestre y de la caza.

El «compleynt», queja o lamento, es un tipo de composición tradicional en la lírica medieval. Geoffrey Chaucer (1345-1400) tiene una conocida «Compleynt unto Pity».

[401] Pafos, en Chipre, ciudad central del culto a Afrodita (la Venus ro-

Time is the evil. Evil.
          A day, and a day
Walked the young Pedro baffled,
          a day and a day
After Ignez was murdered.

Came the Lords in Lisboa
          a day, and a day
In homage. Seated there
          dead eyes,
Dead hair under the crown,
The King still young there beside her.

Came Madame ΤΑΗ
Clothed with the light of the altar
And with the price of the candles.
«Honour? Balls for yr. honour!
Take two million and swallow it.»
          Is come Messire Alfonso
And is departed by boat for Ferrara
And has passed here without saying «O.»

El tiempo es el mal. Mal.
    Un día, y otro día
Anduvo el joven Pedro confuso,
    un día y otro día
Después que Inés fue asesinada.

Llegaron los señores de Lisboa
    un día, y otro día
En homenaje. Allí sentados
    ojos muertos,
Pelo muerto debajo de la corona,
El Rey aún joven allí a su lado[402].

Llegó Madama ϓΛΗ
Ataviada con la luz del altar
Y con el precio de las velas.
«¿Honor? ¡Cojones para su honor!
Tome dos millones y trágueselo.»
    Vino Messire Alfonso
Y se fue en barco a Ferrara
Y por ahí ha pasado sin decir «O»[403].

---

mana); es la diosa del amor que, casada con Hefesto (o Hefaistos), el dios cojo de Lemnos, amó a Ares (el dios de la guerra, en Roma Marte). Abandonó a éste, según alguna versión de la leyenda, porque le dio lástima de su esposo.

[402] Inés de Castro, segunda esposa en secreto de Pedro I de Portugal, fue asesinada por orden del rey Alfonso, padre de Pedro, que ignoraba el matrimonio. Cuando sucedió a su padre en 1357 hizo pública su boda y ordenó que se rindieran honores de reina al cadáver de Inés. Su historia, trasladada a la leyenda y a la literatura, se entiende como el triunfo del amor sobre la muerte. *Reinar después de morir*, de Vélez de Guevara (1579-1644), resume ese tema con precisión. Pound parece seguir *Os Lusiadas* de Camões (1524-1580).

[403] Madama Hule, o 'Ule: Lucrecia Borgia. Su padre, el Papa Alejandro VI, arregló su matrimonio con Alfonso d'Este, nieto de Niccolò. Debido a la mala reputación de Lucrecia, los Este exigieron una elevada dote para salvar su honor. Alfonso visitó en secreto a su prometida en Ferrara y se dice que ni a la ida ni a la vuelta habló con nadie. En *Selected Prose* (pág. 97, nota 1) Pound traduce «ule» como «bosque virgen, el material de que una cosa está hecha, la materia como principio del ser».

Whence have we carved it in metal
Here working in Caesar's fane:
>   To the Prince Caesare Borgia
>   Duke of Valent and Aemelia
...and here have I brought cutters of letters
and printers not vile and vulgar
>   (in Fano Caesaris)
notable and sufficient compositors
and a die-cutter for greek fonts and hebrew
named Messire Francesco da Bologna
not only of the usual types but he hath excogitated
a new form called cursive or chancellry letters
nor was it Aldous nor any other but it was
this Messire Francesco who hath cut all Aldous his letters
with such grace and charm as is known
>   Hieronymous Soncinus 7th July 1503.
and as for text we have taken it
from that of Messire Laurentius
and from a codex once of the Lords Malatesta...

And in August that year died Pope Alessandro Borgia,
>   Il Papa mori.

>   Explicit canto
>   XXX

De donde lo hemos cincelado en metal
Trabajando aquí en el santuario de César:
 Al Príncipe Caesare Borgia
 Duque de Valent y Aemelia
...y aquí he traído cortadores de letras
e impresores no viles ni vulgares
 (in Fano Caesaris)[404]
notables y suficientes compositores
y un troquelador para las fundiciones griegas y hebreas
llamado Messire Francesco da Bologna
no sólo de los tipos usuales sino que ha inventado
una forma nueva llamada cursiva o letras cancillerescas
ni tampoco fue Aldo ni otro alguno sino que fue
este Messire Francesco el que troqueló todas las letras de Aldo
con la gracia y encanto que se conoce
 Hieronymous Soncinus 7 de julio 1503[405].
Y en cuanto al texto lo hemos tomado
del de Messire Laurentius[406]
y de un códice que fue de los Señores Malatesta...

Y en agosto de aquel año murió el papa Alessandro Borgia,
 Il Papa mori.

 Explicit canto
 XXX

---

[404] Fano, ciudad italiana en el territorio de César Borgia. Véase también IX, 119.
[405] Hieronymous Soncinus: Gerolamo Soncino, impresor italiano del siglo XVI, cuya familia se había establecido en Fano a principios de ese siglo.
[406] Messire Laurentius: Lorenzo de Médicis, fundador de la Biblioteca Laurentiana en Florencia.

ELEVEN NEW CANTOS
XXXI-XLI

ONCE NUEVOS CANTARES
XXXI-XLI

[Jefferson/Nuevo Mundo]

Cantar XXXI

Comienzan aquí las referencias a la historia temprana de la República americana, basada sobre todo en la correspondencia y en los escritos de algunos de los grandes políticos incluidos entre los llamados «Founding Fathers», o «Padres Fundadores», como se suele designar a los 57 firmantes de la Declaración de Independencia de los Estados Unidos. Thomas Jefferson (1743-1826), principal redactor de la Declaración y una de las figuras más sorprendentes, por su moderno y equilibrado pensamiento político, su liberalismo y su sentido común, de toda la historia de los Estados Unidos; y John Adams (1735-1826), el segundo Presidente del país (Jefferson sería el tercero y Madison el cuarto) y primero de una familia de políticos ilustres que constituyen lo más cercano a una «dinastía política» que hayan conocido los estados Unidos: su hijo, John Quincy Adams, fue también Presidente (el sexto), único caso de esa naturaleza. Su nieto e hijo de John Quincy, Charles Francis Adams (1807-1886), fue también político ilustre e importante en la vida diplomática de los Estados Unidos durante la Guerra Civil. Dos hijos de éste son, a su vez, conocidos en la vida intelectual de finales del XIX y principios del XX: Henry Adams (1838-1918), cuya autobiografía, *The Education of Henry Adams* (1907, 1918), es lectura fundamental para el estudio del periodo, y su hermano Brooks Adams (1848-1927), conocido historiador, autor de una *Law of Civilization and Decay* (1895), con algunas de cuyas ideas coincide Pound. John Adams reaparecerá más tarde con otros diez Cantos a él dedicados (del LXII al LXXI).

La admiración y el respeto del joven Pound por la obra y el pensamiento de estos estadistas se pone de manifiesto con claridad e incluso asume sin reticencias, no solamente los principios profundamente democráticos de esos textos, sino también las referencias contra la esclavitud o contra el antisemitismo que en ellos se contienen, quizá mejor y más inequívocamente expresados por Jefferson.

XXXI

Tempus loquendi,
Tempus tacendi.
Said Mr Jefferson: It wd. have given us
    time.
«modern dress for your statue...
»I remember having written you while Congress sat at
    Annapolis,
»on water communication between ours and the western
    country,
»particularly the information... of the plain between
»Big Beaver and Cayohoga, which made me hope that a
    canal
...navigation of Lake Erie and the Ohio. You must have
    had
»occasion of getting better information on this subject
»and if you have you wd. oblige me
»by a communication of it. I consider this canal,
»if practicable, as a very important work.
                        T. J. to General Washington, 1787

XXXI

Tempus loquendi,
Tempus tacendi[407].
Dijo el Sr. Jefferson: Nos hubiera dado
 tiempo.
«traje moderno para su estatua...
»Recuerdo haberos escrito cuando el Congreso se reunía
 en Annapolis,
»sobre comunicación acuática entre el nuestro y el país
 occidental,
»particularmente la información... sobre el llano entre
»Big Beaver y Cayohoga, que me hizo esperar que un
 canal
...navegación del lago Erie y el Ohio. Habréis tenido
»ocasión de obtener mejores informes sobre este asunto
»y si esto fuere así mucho agradecería
»una comunicación sobre el particular. Considero este
 canal,
»de ser practicable, una obra muy importante.
           T. J. al General Washington, 1787[408]

---

[407] «Tempus loquendi, / Tempus tacendi»: «tiempo de hablar, tiempo de callar». Procede del versículo 7, capítulo 3, del Eclesiastés, que lo da en orden inverso al que figura aquí, y que se reproduce en la inscripción que Segismundo Malatesta hizo grabar en la tumba de Isotta degli Atti en Rímini. La traducción inglesa de la *King James Bible* dice: «a time to keep silence and a time to speak» (pág. 864), y la Biblia de Jerusalén lo convierte en «[Todo tiene su momento, y cada cosa su tiempo bajo el cielo:] ...su tiempo el callar, y su tiempo el hablar» (pág. 857).

[408] Thomas Jefferson (1743-1826) fue el tercer Presidente de los Estados Unidos (1801-1809) y uno de los hombres insignes de ese país, en cuyo desarrollo político tuvieron enorme trascendencia sus ideas sobre una democracia agraria. En los primeros años de su presidencia (1803) se realizó la «Louisiana Purchase» o «Compra de Louisiana» a Napoleón

...no slaves north of Maryland district...
...flower found in Connecticut that vegetates when suspended in air...
...screw more effectual if placed below surface of water.
Suspect that a countryman of ours, Mr Bushnell of Connecticut
is entitled to the merit of prior discovery.

...nada de esclavos al norte del distrito de Maryland...⁴⁰⁹
...flor encontrada en Connecticut que vegeta suspendida en el aire...
...la rosca es más efectiva si se coloca bajo el agua.
Sospecho que un compatriota nuestro, el señor Bushnell de Connecticut
merece el título de descubridor previo⁴¹⁰.

---

por 27 millones de dólares, un inmenso territorio de 885.000 millas cuadradas, del que con el tiempo surgirían quince estados (для todo o en parte) nuevos para la Unión, y que prácticamente duplicaba el territorio de los Estados Unidos tal como lo recibió Jefferson. En la época en que escribe esa carta al entonces Presidente George Washington, era ministro de su país en Francia y alude al proyecto de construcción de un canal que uniese el río Hudson con el lago Erie. El canal Erie se terminó en 1825 y redujo drásticamente los costes del transporte de mercancías y pasajeros entre Nueva York y el Medio Oeste, con una longitud de 5.808 kilómetros entre Albany (capital del estado de Nueva York) en las riberas del Hudson y Buffalo, en el oeste del estado y ribereña del Erie, entre el cual y el cercano Ontario se encuentran las cataratas del río Niágara que une esos dos lagos. Una de las realizaciones de su vida de la que se sentía más orgulloso fue la fundación de la Universidad de Virginia: en su testamento dejó ordenado que en su epitafio se le describiera como «Author of the Declaration of American Independence, Of the Statute of Virginia for religious freedom and Father of the University of Virginia» («Autor de la Declaración de la Independencia de los Estados Unidos, del Estatuto de Virginia para la libertad religiosa y Padre de la Universidad de Virginia». *The Life and Selected Writings of Thomas Jefferson*, edited by Adrienne Koch and William Peden, pág. ii).

⁴⁰⁹ Alude a la llamada «Mason-Dixon Line», que en un principio fue simplemente la línea trazada como frontera entre el sur de Pennsylvania y el norte de Maryland, que durante años habían luchado por establecerla. En 1760 las dos colonias llegaron al acuerdo de que dos agrimensores británicos, Charles Mason y Jeremiah Dixon, la delimitasen y el compromiso fue aceptado en 1769. Más tarde, se convirtió en el símbolo de separación entre los estados del Norte (en que se prohibía la esclavitud) y los del Sur (esclavistas). Esta rotunda declaración de Jefferson coincide con la durísima denuncia contra la esclavitud que incluyó en la primera redacción de la Declaración de Independencia y que en virtud de compromisos con las colonias del Sur acabó desapareciendo del texto definitivo.

⁴¹⁰ David Bushnell (1742-1824), inventor nacido en el estado de Connecticut, fue un precursor del submarino (su «Tortuga», en 1775) y de la propulsión a hélice de los barcos.

Excellency Mr Adams. Excellency Dr. Franklin.
And thus Mr Jefferson (president) to Tom Paine:
«You expressed a wish to get a passage to this country
in a public vessel. Mr. Dawson is charged with orders
to the captain of the "Maryland" to receive and accommodate you
with passage back, if you can depart on so short a warning...
in hopes you will find us returned to sentiments
worthy of former time... in these you have laboured as
much as any man living. That you may long live to
continue your labours and to reap their fitting reward...
Assurances of my high esteem and attachment.»

Excelencia Sr. Adams. Excelencia Dr. Franklin[411].
Y en esta forma el Sr. Jefferson (presidente) a Tom Paine:
«Ud. expresó un deseo de obtener pasaje a este país en embarcación pública. El Sr. Dawson tiene órdenes para el capitán del "Maryland" para recibirle y alojarle en su viaje de regreso si es que Ud. puede partir con aviso tan corto...
deseando que nos encuentre con sentimientos dignos de antaño... en esto Ud. ha trabajado tanto como cualquier hombre vivo. Que Ud. viva mucho tiempo para
continuar sus labores y para cosechar sus merecidos premios...
Seguridades de mi más alta estimación y devoción»[412].

---

[411] John Adams, el segundo Presidente, durante cuyo mandato se trasladó la capital federal de Filadelfia a Washington. El doctor Franklin es Benjamin Franklin (1706-90), impresor, filósofo, científico (sobre todo en el campo de la electricidad, pues fue el descubridor de la naturaleza eléctrica del relámpago y se le atribuye la invención del pararrayos), nacido en Boston, pero más asociado con Filadelfia. Como representante de Pennsylvania, fue designado por el Congreso Continental (Filadelfia, 1774-1789) para formar parte de la comisión que había de redactar la Declaración de Independencia, junto a John Adams y Thomas Jefferson, además de otros dos menos conocidos, Roger Sherman y Robert R. Livingston: esta comisión encargó a Jefferson la redacción del borrador de trabajo. Su obra literaria, que se podría resumir en su *Autobiografía*, es importante por su introducción en su país del pensamiento ilustrado, por su defensa de la tolerancia y el sentido común, y por una profunda concepción pragmática de la existencia.

[412] De una carta de Jefferson (18 de marzo de 1801, *The Writings of Thomas Jefferson*, vol. VIII, págs. 18, 19) a Thomas Paine, pensador y filósofo político (1737-1809), nacido en Inglaterra y muerto en Nueva York. Es autor de tres obras capitales para el estudio del pensamiento político y filosófico de su época y por su intensa influencia posterior: en *Common Sense* (1776) expone sus argumentos en favor de la independencia de las colonias americanas; *The Rights of Man* (1791-92) es una respuesta crítica a algunas observaciones negativas de Edmund Burke sobre la Revolución Francesa; y *The Age of Reason* (1794-96) es un tratado de filosofía deísta. Jefferson le habla aquí de que, dada su determinación de evitar «wasting the energies of our people in war and destruction, we shall avoid implicating ourselves with the powers of Europe, even in support of principles which we mean to pursue. ...We believe that we can enforce those principles ... by peaceful means» («derrochar las ener-

«English papers... their lies...

in a few years... no slaves northward of Maryland...

»Their tobacco, 9 millions, delivered in port of France;
6 millions to manufacture
on which the king takes thirty million
that cost 25 odd to collect
so that in all it costs 72 millions livres to the consumer...
persuaded (I am) in this branch of the revenue
the collection absorbs too much.
                            (from Paris, 1785)
...for our model, the Maison Quarrée of Nismes...

«Periódicos ingleses... sus mentiras...

en unos cuantos años... nada de esclavos hacia el norte de Maryland...

»Su tabaco, 9 millones, entregados en puerto francés;
6 millones para manufacturas
de las cuales el rey toma treinta millones
que cuesta unos 25 cobrar
de modo que en total cuesta 72 millones de libras para el consumidor...
persuadido (estoy) en esta rama de la renta
de que el cobro absorbe demasiado

(de París, 1785)

...para modelo nuestro, la Maison Quarrée de Nismes...[413]

---

gías de nuestro pueblo en guerras y destrucciones, deberemos evitar implicarnos con las potencias europeas, incluso en defensa de los principios que intentamos defender. ...Creemos que podemos salvaguardar esos principios ... por medios pacíficos». Resulta ilustrativo comparar estas afirmaciones con las que Pound formula respecto al «ORDEN» de Mussolini y los «pacificadores» italianos del Renacimiento, tal como se indica en el resumen introductorio al Canto XLI.

[413] En 1785 Jefferson era embajador de su país en Francia y el ministro de Asuntos Exteriores francés el conde de Vergennes. Escribe Jefferson sus impresiones de una conferencia con el ministro francés en que trata de convencerle, entre otras cosas, de liberalizar el comercio del tabaco americano, lo cual beneficiaría a productores y consumidores por igual. Las reservas del conde tienen que ver con los beneficios de tipo fiscal que van directamente a la Corona (*The Writings of Thomas Jefferson*, vol. IV, págs. 117-30, y especialmente 119-120 y 128. Véase también nota 585). En 1787 ambos retomarían la cuestión.

En una carta de 1785 a Madison, desde París, Jefferson le comunica que ha recibido el encargo de dibujar los planos para el edificio del capitolio en Richmond, Virginia, y que ha tomado como modelo «what is called the *Maison Quarrée* of Nîmes, one of the most beautiful, if not the most beautiful and precious morsel of architecture left us by antiquity» («la llamada *Maison Quarrée* de Nîmes, una de las más bellas, si no la más bella y preciosa muestra de arquitectura que nos ha dejado la Antigüedad». *The Life and Writings...*, pág. 380). Se refiere a la *Maison Carrée* (o «casa cuadrada») de Nîmes, un templo de orden corintio construido por los romanos en esa ciudad francesa hacia el año 16 a. de C.

With respect to his motives (Madison writing) I acknowledged
I had been much puzzled to divine any natural ones
without looking deeper into human nature
than I was willing to do.
       (in re/ Mr Robert Smith)
So critical the state of that country
moneyed men I imagine are glad to place their money abroad
Mr Adams could borrow there for us.
This country is really supposed to be on the eve of a xtzbk49ht
    (parts of this letter in cypher)
  Jefferson, from Paris, to Madison, Aug. 2, 1787
I hear that Mr Beaumarchais means to make himself heard...
...turn through the Potomac... commerce of Lake Erie...

Con respecto a sus motivos (escribe Madison) confesé
mi mucha incapacidad para discernir ningunos naturales
sin profundizar más en la naturaleza humana
de lo que estaba dispuesto a hacer.
(in re/Sr. Robert Smith)[414]

Tan crítico el estado de ese país
que los adinerados me imagino que estarán contentos de colocar su dinero en el extranjero
El Sr. Adams podría pedir un préstamo para nosotros ahí.
Este país se cree que de verdad está al borde de XTZBK49HT.
> (*partes de esta carta en clave*)

Jefferson, de París, a Madison, agosto 2, 1787[415]

Supe que el Sr. Beaumarchais tiene el propósito de hacerse escuchar
...vuelta por el Potomac... comercio del lago Erie...[416]

---

[414] Robert Smith (1757-1842), Secretario de la Marina con Jefferson, fue nombrado Secretario de Estado por Madison cuando éste se convirtió en el cuarto Presidente, pero se vio forzado a dimitir en 1811 por considerarle el Presidente incompetente e indiscreto.

[415] Jefferson pensaba que Holanda (a la que alude como «ese país») preferiría invertir en los Estados Unidos mejor que en Francia («este país»), a la que consideraba «al borde de XTZBK49HT». En el original, la carta de Jefferson escribe «on the eve of ****», que Ford descifra como «on the eve of *bankruptcy*» («al borde de la bancarrota». *The Writings of Thomas Jefferson*, ed. Paul Leicester Ford, vol. IV, pág. 423).

[416] Pierre Augustin Caron de Beaumarchais (1732-99), escritor francés, autor de las comedias *El barbero de Sevilla* (1775), en que se basa la ópera de Rossini, y de su continuación *Las bodas de Fígaro* (1784), que inspiraría la ópera del mismo título de Mozart. Como agente de la Corona francesa, Beaumarchais proporcionó armas, municiones y otros pertrechos a las colonias americanas durante la Guerra de la Independencia.
En la carta a Washington del 2 de mayo de 1788 Jefferson habla de la construcción de un canal entre dos ríos, el Cayahoga y el Big Beaver: «I have ever considered the opening a canal between those two water courses as the most important work in that line which the state of Virginia could undertake» («Siempre he considerado la apertura de un canal entre esas dos corrientes como la obra más importante de esa clase que el estado de Virginia podía acometer». *The Writings of Thomas Jefferson*, vol. 5,

I can further say with safety there is not a crowned head
in Europe whose talents or merits would entitle him
to be elected a vestryman by any American parish.
T. J. to General Washington, May 2. '88.

«When Lafayette harangued you and me and John
  Quincy Adams
»through a whole evening in your hotel in the Cul de
  Sac...
»...silent as you were. I was, in plain truth as astonished
»at the grossness of his ignorance of government and his-
  tory,

Además puedo decir con seguridad que no hay testa coronada
En Europa cuyos méritos o talentos le den derecho
a ser elegido miembro de junta parroquial en una parroquia norteamericana.
T. J. al General Washington, mayo 2, '88[417].

«Cuando Lafayette nos arengó a ti y a mí y a John Quincy Adams
»durante toda una noche en tu hotel en el Cul de Sac...
»...callado como estabas. Yo en verdad estaba tan asombrado
»de la profundidad de su ignorancia sobre el gobierno y la historia,

---

pág. 7). Así se conectaría, con gran beneficio para el estado, el tráfico comercial entre el lago Erie y el río Potomac (o como escribe Jefferson, Patowmack), que cruza la ciudad de Washington y desemboca en el norte de la bahía de Chesapeake.

[417] En la segunda parte de la misma carta se refiere a cuestiones políticas quizá más trascendentes: a sus reservas sobre el proyecto de Constitución entonces en estudio por los Estados y que entraría en vigor el 4 de marzo de 1789. Echa de menos una «declaración de derechos fundamentales», lo cual sería remediado con la adopción en 1791 de las primeras diez Enmiendas (generalmente llamadas «The Virginia Bill of Rights»). Y en segundo lugar, observa lo que le parece un grave error: «The perpetual re-elegibility of the President. This I fear will make an office for life first, and then hereditary» («La posibilidad ilimitada de reelección del Presidente. Esto convertirá el cargo, primero en vitalicio y después en hereditario»). Este riesgo lo eliminará la Enmienda 22, en 1951, que establece que un Presidente sólo lo podrá ser por dos mandatos. En realidad sólo Franklin D. Roosevelt, con cuatro elecciones ganadas, fue elegido para más de dos mandatos. Apoya sus argumentos en su convicción de que «There is scarcely an evil known in these countries which may not be traced to their king as it's (*sic*) source, nor a good which is not derived from the small fibres of republicanism existing among them» («No existe mal conocido en estos países que no derive de su rey como su fuente, ni bien que no se derive de las escasas fibras de republicanismo que existen entre ellos»). Y concluye con la rotunda afirmación reproducida por Pound en el sentido de que «There is not a crowned head in Europe whose talents or merit would entitle him to be elected a vestryman by the people of any parish in América» («no hay testa coronada en Europa... etc.», *The Writings of Thomas Jefferson*, vol. V, págs. 7 y 8).

»as I had been for years before at that of Turgot,
»La Rochefoucauld, of Condorcet and of Franklin.»
       To Mr Jefferson, Mr John Adams.

...care of the letters now enclosed. Most of them are
of a complexion not proper for the eye of the police.
       From Monticello, April 16th. 1811
              To Mr Barlow departing for Paris.

...indebted to nobody for more cordial aid than to Gallatin...

«Adair too had his kink. He believed all the Indians of
»America to be descended from the jews.»
       Mr Jefferson to Mr Adams.

»como lo estuve años antes ante la de Turgot,
»La Rochefoucauld, de Condorcet y de Franklin.»
    Al Sr. Jefferson, el Sr. John Adams[418].

...cuidado de las cartas ahora incluidas. La mayoría son
de naturaleza no conveniente para los ojos policiacos.
    De Monticello, abril 16, 1811
            Al Sr. Barlow rumbo a París.

...a nadie más agradecido por ayuda más cordial que a
    Gallatin...

«Adair también tenía su recoveco. Creía que todos los
    indios de
la América descendían de los judíos»[419].
    El Sr. Jefferson al Sr. Adams.

---

[418] Pound reproduce casi literalmente un fragmento de una carta a Jefferson de John Adams, del 13 de julio de 1813 (*The Adams-Jefferson Letters*, edited by Lester J. Capon, The University of North Carolina Press, Chapel Hill, 1959, vol. II, pág. 355), en la que se lamenta de los principios antidemocráticos y de la ignorancia histórica de los personajes que cita, a pesar de sus apariencias revolucionarias y de su prestigio como gentes de pensamiento avanzado.

El Marqués de la Fayette (1757-1834) trabó amistad con Benjamin Franklin y ayudó a los combatientes americanos contra la Corona inglesa. Fue nombrado general del ejército revolucionario y combatió en Virginia contra las tropas inglesas en 1777. Se distinguió durante la Revolución Francesa como defensor de las nuevas ideas, aunque sin llegar a romper con la monarquía.

Turgot, barón de l'Éaulne (1727-1781), economista y político progresista, colaboró en la *Enciclopedia* y escribió unas *Cartas sobre la tolerancia* (1754).

La Rochefoucauld (1747-1827), que no es, claro está, el conocido moralista del siglo XVII autor de las famosas *Máximas*, y Condorcet (1743-94) son también políticos de la época de la Revolución Francesa.

[419] Monticello es la residencia que Jefferson se hizo construir cerca de Charlottesville, Virginia, y donde vivió retirado sus últimos años.

Joel Barlow (1754-1812), poeta y diplomático, sirvió como ministro de su país en Francia entre 1811 y 1812 y negoció algunos tratados comerciales con Napoleón.

Abraham Alfonse Albert Gallatin (1761-1849), nacido en Ginebra, emigró a América en 1780 y se estableció en Pennsylvania. Financiero y

«But observe that the public were at the same time paying on it an interest of exactly the same amount (four million dollars). Where then is the gain to either party which makes it a public blessing?»
    to Mr Eppes, 1813

«Mas observad que el público al mismo tiempo pagaba sobre aquello un interés de exactamente la misma cantidad
(cuatro millones de dólares). ¿Dónde, pues, radica la ganancia para cualquier
partido que lo convierta en bendición pública?»
   al Sr. Eppes, 1813[420]

---

político, se distinguió en las negociaciones para el tratado de Gante, que puso fin a la guerra de 1812 entre Inglaterra y los Estados Unidos. Escribió sobre la vida y costumbres de los pueblos indios, por lo que se considera el iniciador de la etnología en América.
James A. Adair es un comerciante inglés en Georgia y Carolina en el siglo XVIII, autor de *The History of the American Indians* (1775), en donde postula la idea de que los indios norteamericanos son descendientes de una de las tribus de Israel, «and that they all spoke Hebrew», con evidentes connotaciones peyorativas en sus alegaciones. Pound no parece en desacuerdo con la idea expresada por Jefferson en esta carta a Adams, en el sentido de que el antisemitismo de Adair «had his kink», que el traductor suaviza considerablemente con la expresión «su recoveco». Más adecuado podría ser «su perversión». La observación forma parte de una larga información con que Jefferson contesta a una pregunta de Adams sobre si conoce obras que hayan estudiado las costumbres de los indios (*The Adams-Jefferson Letters*, vol. II, pág. 306). La curiosa idea de Adair pervivió en el folklore de los colonizadores y de vez en cuando se encuentran referencias al origen de los indios, descendientes, se dice, de «la tribu perdida de Israel» («the Lost Tribe of Israel»).
[420] Escribe Jefferson el 24 de junio de 1813 a su yerno, John Wayles Eppes (1773-1823), a la sazón presidente de uno de los comités de la Cámara de Representantes más importantes desde el punto de vista de la economía (el llamado «Ways and Means Committee»), oponiéndose a la propuesta de creación de un banco nacional que podría contraer deudas a tan largo plazo que hipotecarían el futuro económico de las generaciones sucesivas: «Each generation has the usufruct of the earth during the period of its continuance. When it ceases to exist, the usufruct passes on to the succeeding generations, free and unincumbered» («Cada generación tiene el usufructo de la tierra durante el periodo de su existencia. Cuando deja de existir, el usufructo pasa a las generaciones sucesivas, libre y sin gravámenes». *The Writings of...*, vol. IX, pág. 389). A esta carta del 24 de junio siguieron otras dos sobre el mismo tema, una el 11 de septiembre y otra el 6 de noviembre. A esta última pertenece el fragmento que reproduce Pound, que forma parte de los argumentos con que Jefferson rebate el principio de economía política que afirma que para cualquier país «a public debt is a public blessing» («la deuda pública es una bendición pública») (*Ibidem*, pág. 412).

«Man, a rational creature!» said Franklin.
«Come, let us suppose a rational man.
»Strip him of all his appetites, especially his hunger and thirst.
»He is in his chamber, engaged in making experiments,
»Or in pursuing some problem.
»At this moment a servant knocks. "Sir,
»"dinner is on the table."
»"Ham and chickens?" "Ham!"
»"And must I break the chain of my thoughts to
»"go down and gnaw a morsel of damned hog's arse?
»"Put aside your ham; I will dine tomorrow;"
Take away appetite, and the present generation would not
Live a month, and no future generation would exist;
and thus the exalted dignity of human nature etc.....
  Mr Adams to Mr Jefferson, 15 Nov. 1813.

»...wish that I cd. subjoin Gosindi's Syntagma
»of the doctrines of Epicurus.
        (Mr Adams.)
»...this was the state of things in 1785»
        (Mr Jefferson.)

...met by agreement, about the close of the session—
Patrick Henry, Frank Lee and your father,
Henry Lee and myself... to consult... measures
circumstances of times seemed to call for...

«¡El hombre, criatura racional!» dijo Franklin.
«Vamos a suponer a un hombre racional.
»Quitémosle todos sus apetitos, especialmente su hambre
   y su sed.
»Está en su gabinete, haciendo experimentos,
»O tras la solución de un problema.
»En ese momento llama un criado. "Señor,
»"la comida está servida."
»"¿Jamón y pollos?" "¡Jamón!"
»"¿Y he de interrumpir mis pensamientos para
»"bajar a roer un bocado de un desgraciado trasero de
   puerco?
»"Guardad vuestro jamón; mañana comeré";
Eliminad el apetito, y la generación actual no
Viviría un mes, y ninguna del futuro existiría;
y así la exaltada dignidad de la naturaleza humana etc...
        el Sr. Adams al Sr. Jefferson, 15 noviembre
    1813[421].

»...quisiera poder adjuntar la Sintagma de Gosindi
»sobre las doctrinas de Epicuro[422].
                                          (el Sr. Adams.)
»...éste era el estado de cosas en 1785...»
                                          (el Sr. Jefferson.)

...se reunieron por acuerdo al terminar la sesión—
Patrick Henry, Frank Lee y vuestro padre,
Henry Lee y yo... para examinar... medidas
que las circunstancias de los tiempos parecían pedir...

---

[421] Cuenta Adams a Jefferson esta anécdota, que introduce con el siguiente comentario: «In 1775 Franklin made a morning visit, at Mrs. Yards to Adams and John. He was unusually loquacious» («En 1775 Franklin visitó a Sam Adams y a John en casa de Mrs. Yard. Se encontraba desacostumbradamente locuaz» *The Adams-Jefferson Letters*, vol. II, pág. 399).
[422] Gosindi: Pierre Gassend (llamado Gassendi, 1592-1655), científico y filósofo francés, autor de varios estudios sobre la obra del filósofo griego Epicuro (341-270 a. de C.), uno de los cuales se titula *Syntagma Philosophiae Epicuri* (1649).

produce some channel of correspondence... this was
   in '73.

                              Jefferson to D. Carr

...church of St. Peter... human reason, human conscience,
though I believe that there are such things...

                                      Mr Adams.

A tiel leis... en ancien scripture, and this
they have translated *Holy Scripture*...

                                    Mr Jefferson
and they continue this error.

producir algún canal de correspondencia... esto fue en el '73.

Jefferson a D. Carr[423]

...iglesia de S. Pedro... razón humana, conciencia humana,
aunque creo que existen tales cosas...

el Sr. Adams[424]

A tiels leis... en ancien scripture, y esto
han traducido *Sagrada Escritura*...

el Sr. Jefferson

y persisten en este error[425].

---

[423] Patrick Henry (1736-99) es uno de los patriotas americanos especialmente distinguido en la lucha contra la Corona británica durante la Guerra de la Independencia. Luego se opondría a la Constitución por considerar que daba excesivos poderes al gobierno federal, en detrimento de los estados. Sus últimos años se vieron enturbiados por su amarga rivalidad con Jefferson.
Frank Lee (1734-97) y Henry Lee (1756-1818), miembros de una distinguidísima familia de Virginia (entre los que también se cuenta el general en jefe de la Confederación durante la Guerra Civil, Robert E. Lee), fueron ambos héroes de la Revolución Americana.
Dabney Carr (1773-1837), al que dirige Jefferson esta carta, es su sobrino, hijo de su hermana Martha y de su íntimo amigo de juventud del mismo nombre. El incidente a que alude aquí lo cuenta también en su *Autobiography* (*The Life and Selected Writings of Thomas Jefferson*, pág. 7) y tiene que ver con la discusión sobre el origen de los llamados «comités de correspondencia» entre las colonias para establecer procedimientos de resistencia a la metrópoli comunes y más fuertes.

[424] En su carta a Jefferson de 2 de febrero de 1816 Adams habla de la basílica de San Pedro en Roma como «That stupendous Monument of human Hypocrisy and Fanaticism» («Ese increíble monumento de la hipocresía y el fanatismo humanos») para dirigirse después a su interlocutor y decirle que «human Reason and human Conscience, though I believe there are such things, are not a Match, for human Passions, human Imaginations and human Enthusiasm» («la razón humana y la conciencia humana, aunque estoy convencido de que existen, no pueden rivalizar con las pasiones, las imaginaciones y el entusiasmo humanos». *The Adams-Jefferson Letters*, vol. II, pág. 461).

[425] «A tiel leis... en ancien scripture»: «Según tales leyes... en escritura antigua». Cree Jefferson que Sagrada Escritura traduce lo que en el

«Bonaparte... knowing nothing of commerce...

...or paupers, who are about one fifth of the whole...

(on the state of England in 1814).

Hic Explicit Cantus

«Bonaparte... sin saber nada de comercio...

...o mendigos, que constituyen una quinta parte del todo...

(sobre el estado de Inglaterra en 1814.)

Hic Explicit Cantus[426]

---

original era «Antigua Escritura», con lo que pretende demostrar cómo de un simple error se pueden derivar dogmas.

[426] Considera Jefferson que Napoleón Bonaparte fue grande sólo como jefe militar, pero no como estadista, pues no sabía nada de comercio, ni de economía política ni del gobierno civil, substituyendo su ignorancia «by bold presumption» («por atrevidas presunciones». *The Adams-Jefferson Letters,* vol. II, pág. 431).

«Hic Explicit Cantus»: «Aquí acaba el Canto».

Cantar XXXII

En su ensayo de 1937, «The Jefferson-Adams Letters as a Shrine and a Monument», Pound divide la historia de los Estados Unidos en cuatro periodos y sólo al primero de ellos alaba sin reservas: «1. American civilization, 1760-1830. 2. The period of thinning, of mental impoverishment... say 1830 to 1860. 3. The period of despair, civil war as hiatus, 1870 to 1930... 4. The possibilities of revival... The query being: should we lose or go on losing our own revolution (of 1776-1830) by whoring after exotics, Muscovite or European?» («1. Civilización americana, 1760-1830. 2. El periodo de debilitación, de empobrecimiento mental... digamos 1830 a 1860. 3. El periodo de desesperanza, la guerra civil como paréntesis, 1870 a 1930... 4. Posibilidades de recuperación... La pregunta sería: ¿debemos perder o seguir perdiendo nuestra propia revolución [la de 1776-1830] persiguiendo rastreros exotismos, sean moscovitas o europeos?»). Y poco después añade su razonamiento al primer punto (los correspondientes a los otros tres saldrán a relucir más adelante): «From 1760 to 1826 two civilised men lived and to a considerable extent reigned in America. They did not feel themselves isolated phenomena...» («De 1760 a 1826 dos hombres civilizados vivieron y en una medida considerable reinaron en Estados Unidos. Y no se veían a sí mismos como fenómenos aislados...», *Selected Prose, 1909-1965,* pág. 117).

Este Canto sigue, desde esa perspectiva y con fuentes análogas a las del anterior, aludiendo a incidentes de la historia de aquellos años: las obras de ingeniería, importantes para el desarrollo económico y político del país, la crítica acerba contra la explotación y subyugación de los pueblos indios, las relaciones con Europa durante los años revolucionarios: las amistosas con Francia, por ejemplo, como especialmente significativas; sin dejar de señalar la estupidez de los monarcas europeos: tontos unos, un cerdo el otro, una idiota la de más allá... concluyendo con una especie de estribillo: «los caníbales europeos de nuevo se devoran», eco de ciertas frases de Jefferson al quinto Presidente, James Monroe: «Our first and fundamental maxim should be, never to entangle ourselves in the broils of Europe. Our second, never to suffer Europe to intermeddle with cis-Atlantic affairs. America, North and South, has a set of interests distinct from those of Europe, and peculiarly her own. She should therefore have a system of her own, separate and apart from Europe» («Nuestra máxima primera y fundamental debería ser no enredarnos jamás en los conflictos de Europa. Nuestra segunda, no permitir nunca que Europa se entrometa en los asuntos transatlánticos. América, Norte y Sur, tiene una serie de intereses distintos de los de Europa y peculiarmente suyos. Debe, por tanto, tener su propio sistema, separado y al margen de Europa», *The Life and Selected Writings of Thomas Jefferson,* edited by Adrienne Koch and William Peden, Nueva York, The Modern Library, 1972, pág. 708). Aquí están las semillas de la llamada «doctrina Monroe» («América para los americanos») y de la fuerte y persistente corriente aislacionista que no haría crisis definitiva hasta la Segunda Guerra Mundial.

XXXII

«The revolution,» said Mr Adams,
«Took place in the minds of the people.»
...with sixty cannon, ten tons of powder,
10,000 muskets and bayonets, lead, bet-covers,
uniforms and a colonel, to affirm their neutrality... the Amphitrite
departed the tenth of March to her first destination...
and a fourth which orders the liquidation
and payment of what remains due to the Merchants of Morea
et des dettes des dites Echelles as you may
read *dans les arrêts principaux du Conseil, decembre, 'soixante six.*
armes et autres ustenciles qui ne peuvent etre que pour
le compte du gouvernement... Monsieur Saint-Libin
très au fait des langues du Pays, connu des Nababs
especially Hyder Ali
...pour l'exciter, et à tailler des croupières to the Anglois...
peu délicat sur les moyens... to break up our bonds
with the Portagoose...and as for the Amphitrite, M'lorrd
she fits under Beaumarchais' supervision, her cargo

XXXII

«La revolución», dijo el Sr. Adams,
«Se realizó en la mente popular»[427].
...con sesenta cañones, diez toneladas de pólvora,
10.000 mosquetes y bayonetas, plomo, cubrecamas,
uniformes y un coronel, para afirmar su neutralidad... el
   Amphitrite
partió el diez de marzo a su primer destino...
y un cuarto que ordena la liquidación
y pago de lo que aún se debe a los mercaderes de Morea
'et des dettes des dites Echelles como se puede
leer *dans les arrêts principaux du Conseil, decembre,*
   'soixante six.
armes et autres ustenciles qui ne peuvent être que pour
le compte du gouvernement... Monsieur Saint-Libin
très au fait des langues du Pays, connu des Nababs
especialmente Hyder Alí
...*pour l'exciter, et à tailler des croupières to the Anglois...*
peu délicat sur les moyens... para romper nuestros lazos
con los portugueses... y en cuanto al Amphitrite, milor
que bajo la supervisión de Beaumarchais, su carga

---

[427] Adams contesta en noviembre de 1815 a un historiador que se interesa por su visión de las causas de la Revolución Americana y le dice que la historia de las campañas militares no es en modo alguno la historia de la Revolución: «A history of military operations from April 19th, 1775, to the 3rd of September, 1783 is not a history of the American Revolution ...The revolution was in the minds and hearts of the people» («Una historia de las operaciones militares desde el 19 de abril de 1775 hasta el 3 de septiembre de 1783, no es una historia de la Revolución Americana ... La revolución estaba en las mentes y los corazones del pueblo». *The Works of John Adams,* edición de su nieto Charles Francis Adams, Boston, Little Brown, 1850-56, vol. X, pág. 182).

mainly munitions...
Witnesses will some of them prove that he (Burr) had no interest in the Ohio canal...
                            coram non judice
as usual where an opinion is to be supported right or wrong,
dwells on smaller objections and passes over the solid.
Oryzia mutica, the upland or mountain rice...
seed of perennial succory... very famous turnip of Sweden...

municiones en gran parte...[428]
Algunos de los testigos probarán que él (Burr) no tenía interés en el canal del Ohio...[429]
coram non judice como de costumbre cuando una opinión ha de apoyarse o no, se expande en las objeciones pequeñas y pasa por las de peso[430].
Oryzia mutica, el arroz del altiplano o de la montaña...
semilla de achicoria perenne... famosísimo nabo de Suecia...[431]

---

[428] Toda la sección precedente alude a las intrigas secretas de Beaumarchais para conseguir armas y pertrechos para los revolucionarios americanos, que envió en su barco *Amphitrite*, tratando de camuflar la naturaleza de su carga para no incurrir en las iras de Inglaterra. Tuvo tratos a tal efecto con comerciantes, como los de Morea (la península de Morea, en el Peloponeso). Las líneas en francés dicen: *«y las deudas del llamado Echelles como se puede leer en las decisiones más importantes del Consejo, diciembre del 66. armas, pertrechos que no podrían ser sino por cuenta del gobierno... El señor Libin conocía muy bien las lenguas del país, conocía a los Nababs*, especialmente a Hyder Alí ... *para interesarle, y que asistiese a los enemigos de los ingleses sin reparar demasiado en los medios»*.

Los nababs, como se les llama en el siglo XIX, son ingleses enriquecidos en la India y, por extensión, potentados.

[429] Burr, cuya vida novelada narra Gore Vidal en su obra de ese título, publicada en 1973, es Aaron Burr (1756-1836), que fue Vicepresidente con Jefferson. Su rivalidad con Alexander Hamilton (1755-1804), otra de las figuras prominentes del proceso revolucionario y de la formación de los Estados Unidos, le llevó a desafiarle a un duelo en 1804 por unos comentarios derogatorios que aquél había publicado. Burr causó la muerte de Hamilton en ese encuentro, por lo que se le procesó por asesinato, aunque la acusación sería retirada después. En 1807 fue detenido bajo la acusación de conspirar para apoderarse por la fuerza de territorios españoles en el sudoeste y establecer una república independiente, pero en el juicio por traición fue absuelto.

[430] En una carta del 20 de junio de 1807 se refiere a la orden de un juez de que presentase ciertos documentos en su poder, pero como éstos le habían sido entregados «coram non judice» («no en presencia de un juez») desoyó aquella orden, que en su opinión carecía de autoridad, pues los argumentos se basaban en pequeñeces, al no haber causas suficientemente fuertes en que apoyarlos. Esta carta no la incluye Paul Leicester Ford en su *The Writings of Thomas Jefferson*. La referencia procede de Terrell, vol. I, pág. 126.

[431] Oryzia mutica: una variedad de arroz que puede cultivarse en seca-

I pray you place me rectus in curia in this business
with the Emperor (Alexander) and to assure him
that I carry into my retirement the highest veneration...
   for his
dispositions to better at least in some degree the
condition of man oppressed...
If you return to us, to bring me a couple
of shepherd dogs, true-bred... much desired that war be
   avoided.
type-founding to which antimony is essential, I therefore
place Mr Ronaldson in your hands.
...be avoided, if circumstances will admit...
for civilizing the indians, great improvement on the
ancient ineffectual... which began with religious minis-
   trations.
The following has been successful. First, to raise cattle
whereby to acquire a sense of the value of property...
arithmetic to compute that value, thirdly writing, to
keep accounts, and here they begin to labour;
enclose farms, and the women to weave and spin...
fourth to read Aesop's Fables, which are their first de-
   light

Os suplico me pongáis rectus in curia en este negocio
con el Emperador (Alejandro) y asegurarle
que me llevo a mi retiro la mayor veneración... por sus
disposiciones para mejorar cuando menos en cierto grado la
condición del hombre oprimido...
Si regresas con nosotros, me traes un par
de perros ovejeros, de sangre... mucho se desea evitar la guerra.
fundición de tipo para la cual el antimonio es esencial, por tanto
pongo al Sr. Ronaldson en vuestras manos[432].
...evitarse, si las circunstancias lo permiten...
para civilizar a los indios, gran mejora sobre
lo antiguo ineficaz... que empezaba con rituales religiosos.
Lo siguiente ha tenido éxito. Primero, la cría de ganado
con lo cual se adquiere un sentido del valor de la propiedad...
aritmética para el cómputo de ese valor, tercero, la escritura, para
llevar cuentas, y aquí empiezan a trabajar;
a cercar granjas, y las mujeres a tejer e hilar...
cuarto, a leer las fábulas de Esopo, que son su primera delicia

---

no, regado sólo con la lluvia. Semillas de este tipo de arroz, así como las de la achicoria y el nabo del tipo llamado «de Suecia», fueron enviadas a América en los primeros tiempos de la República, por el Consejo de Agricultura de Londres.

[432] En carta a su ministro plenipotenciario William Short en la corte del zar Alejandro I (1801-1825) Jefferson le pide que le ponga «rectus in curia» («como respetuoso de la ley») ante el soberano. Jefferson quiso que su sucesor, el Presidente Madison, renovase el nombramiento de su ministro en Rusia, pero el Senado rechazó la petición. (*The Writings of Thomas Jefferson*, vol. IX, pág. 249). Jefferson añade: «I pray you to place me *rectus in curia* in this business with the emperor» («Le ruego haga ver al emperador que debo respetar la ley en este asunto». *Ibidem*).

James Ronaldson (1768-1842), impresor y tipógrafo, necesitaba el antimonio para fundir los tipos de su imprenta, de modo que pudiese imprimir sus propios libros y no dependiese de Inglaterra.

along with Robinson Crusoe. Creeks, Cherokees, the latter
now instituting a government.
...and as many, just as respectable, swore to the contrary
all of whom present at the sermon...
...deem it necessary to keep them down by hard labour, poverty, ignorance,
and to take from them, as from bees, so much of their earnings
as that unremitting labour shall be necessary to obtain a sufficient surplus
barely to sustain a scant life. And these earnings
they apply to maintain their privileged orders in splendour and idleness
to fascinate the eyes of the people...as to an order of superior beings...
      June 12, '23 to Judge Johnson...

whether in a stye, stable or state-room,
let everything bend before them and banish whatever might
lead them to think... and thus are become as mere animals...
Cannibals of Europe are eating one another again...

out of his case, to say what the law in a moot case would be,
Judge Marshall is irregular...
...animal is entirely without thought
 if deprived of that organ...
   Mr. Adams to Mr. Jefferson...

junto con Robinson Crusoe. Creeks, Cherokees, éstos
ahora instituyen un gobierno[433].
...e igual número, igualmente respetables, juraron en contra
todos los cuales estaban presentes en el sermón...
...creen necesario controlarles mediante faenas duras, pobreza, ignorancia,
y quitarles, como si fueran abejas, tanto de sus sueldos
como ese trabajo constante haga necesario p ra obtener un superávit suficiente
para apenas sostener la vida. Y estos sueldos
aplican al mantenimiento de sus órdenes privilegi das en esplendor y ocio
para fascinar los ojos del pueblo... con respecto a un orden de superiores seres...

                Junio 12, '23 al juez Johnson...

ya sea un chiquero, establo o camarote,
que todo se abaje ante ellos y eliminad cuanto pueda
hacerles pensar... y así se han vuelto como simples animales...
Los caníbales europeos de nuevo se devoran...

de su juicio, para que diga lo que la ley en determinado caso sería,
el juez Marshall es irregular...
...el animal no piensa en lo absoluto
    si se le priva de ese órgano...
       el Sr. Adams al Sr. Jefferson...

---

[433] Las propuestas de Jefferson para mejorar la condición de los indios (carta del 7 de abril de 1809, en Terrell, vol. I, pág. 127. Ford no la incluye en su recopilación). Creeks y Cherokees son tribus indias del sudeste de los Estados Unidos que serían deportadas al territorio de Oklahoma en 1838-39, en un viaje a pie lleno de penalidades que diezmaría a los indios, y que se conoce como «The Trail of Tears», «el sendero de las lágrimas», uno de los episodios más crueles en el genocidio de los pueblos indios por el hombre blanco: de los aproximadamente 15.000 que emprendieron el viaje, alrededor de un tercio pereció por el camino.

...whether in a stye, a stable or in a stateroom...
    Louis Sixteenth was a fool
The King of Spain was a fool, the King of Naples a fool
they despatched two courriers weekly to tell each other,
    over a thousand miles
    what they had killed... the King of Sardinia
was, like all the Bourbons, a fool, the
Portuguese Queen a Braganza and therefore by nature an
    idiot.
The successor to Frederic of Prussia, a mere hog
in body and mind, Gustavus and Joseph of Austria
were as you know really crazy, and George 3d was in
a straight waistcoat,

there remained none but old Catherine, too lately picked
up...

by which we are in the constant practice of changing the
characters and propensities of the animals we raise for
our purposes...

    a guisa de leon
The cannibals of Europe are eating one another again
    quando si posa.

...ya sea en chiquero, establo o camarote...
Luis Dieciséis era un tonto
El Rey de España era un tonto, el Rey de Nápoles un
  tonto
despachaban dos correos por semana para contarse, a
  través de mil millas
    lo que habían cazado... el Réy de Cerdeña
era, como todos los borbones, un tonto, la
Reina portuguesa una Braganza y por ello naturalmente
  idiota,
El sucesor de Federico de Prusia, un simple cerdo
de cuerpo y alma, Gustavo y José de Austria
estaban, como se sabe, locos y Jorge 3° estaba
en una camisa de fuerza,

no quedaba más que la vieja Catalina, recogida demasiado a última hora...

por lo cual constantemente practicamos el cambio de los caracteres e inclinaciones de los animales que criamos para nuestros fines...

    a guisa de león
Los caníbales europeos de nuevo se devoran...
    quando si posa[434].

---

[434] El resto del Cantar procede de diversas cartas sobre asuntos dispares: la negativa de Jefferson a perseguir judicialmente a un eclesiástico que le había difamado en sus sermones; sus comentarios al juez Johnson (1771-1834) del Tribunal Supremo sobre los partidos políticos; la preparación de los monarcas europeos para cumplir sus funciones que considera similar a la que se emplea para domesticar animales; sus opiniones sobre los monarcas reinantes en Europa: Luis XVI de Francia, Carlos IV de España (que tras su abdicación se acogió a la protección del Emperador Napoleón), Fernando I de Nápoles y Sicilia, Víctor Amadeo III de Cerdeña, la reina María I de Portugal (considerada por muchos como débil mental e instrumento de los jesuitas), Jorge III de Inglaterra (durante cuyo reinado se independizaron las colonias americanas), Catalina de Rusia...

«quando si posa»: procede de la *Divina Comedia,* cuando se habla de Sordel, o Sordello en italiano, cuya ánima «no nos decía una palabra, / mas nos dejaba andar, sólo mirando / a guisa de león cuando reposa» («Infierno», VI, 64, 65 y 66).

Cantar XXXIII

Una violenta diatriba de Adams contra toda forma de «despotismo o de poder absoluto» que inicia este Canto coincide con una carta de Jefferson a Washington que ya se utilizó en el XXXI. En ella el tercer Presidente afirmaba que «There is scarcely an evil known in these countries (se refiere a los europeos) which may not be traced to their king as it's *[sic]* source, nor a good which is not derived from the small fibres of republicanism existing among them» («No hay apenas un mal conocido en estos países que no pueda atribuirse a su rey como su origen, ni bien alguno que no se derive de las leves trazas de republicanismo que existen en ellos», Thomas Jefferson, *The Writings of Thomas Jefferson*, vol. V: 1788-1792, collected and edited by Paul Leicester Ford, Nueva York, G. P. Putnam's sons, 1892-99, pág. 8).

Como ilustración, el resto del Canto muestra las consecuencias nefastas que las distintas formas de absolutismo político y económico han producido en la Europa del siglo XIX y que se han perpetuado en los comienzos del XX: la especulación que enriquece al banquero y empobrece a las masas, la inflación de cargos públicos para comprar el apoyo político, la explotación de los niños durante la expansión de la Revolución Industrial y otros cánceres denunciados, entre otros, por Marx en *El capital* y escritos precedentes, que Pound utiliza entre fuentes a veces no identificadas.

XXXIII

Quincey Nov. 13, 1815

...Is that despotism
or absolute power... unlimited sovereignty,
is the same in a majority of a popular assembly,
an aristocratical council, an oligarchical junto,
and a single emperor, equally arbitrary, bloody,
and in every respect diabolical. Wherever it has resided
has never failed to destroy all records, memorials,
all histories which it did not like, and to corrupt
those it was cunning enough to preserve....

If the troops cd. be fed upon long letters, I believe the gent. at the head of that dept. (in this country) wd. be the best commissary on earth. But till I see him determined to act, not to write; to sacrifice his domestic ease to the duties of his appointment, and apply the resources of this country, wheresoever they are to be had, I must entertain a different opinion of him.
T. J. to P. Henry, March '79.

XXXIII

Quincey Nov. 13, 1815
...Es que el despotismo
o poder absoluto... soberanía ilimitada,
es lo mismo en una mayoría de asamblea popular,
un concejo aristócrata, una junta oligárquica,
y un solo emperador, igualmente arbitrario, sangriento,
y en todos aspectos diabólico. Doquiera que haya residido
nunca ha dejado de destruir todos los archivos, memoriales,
todas las historias que no le acomodan, y de corromper
los que con habilidad pudo conservar...[435]

Si se pudiera alimentar la tropa con cartas largas, creo
que el señor a la cabeza de ese depto. (en este país) sería
el mejor comisario del mundo. Pero hasta que yo no lo
vea determinado a la acción, no a escribir; a sacrificar
su comodidad doméstica a los deberes de su despacho,
y aplicar los recursos de este país, de dondequiera que
sea, no podré tener opinión distinta de él.
T. J. a P. Henry, marzo '79[436].

---

[435] Quincey, hoy Quincy, es una pequeña ciudad trece kilómetros al sur de Boston, en donde se origina la familia Adams, y lugar de nacimiento de John y de su hijo John Quincy. El párrafo de la carta de referencia, estrechamente parafraseado por Pound, concluye en que todos los sistemas de poder absoluto son igualmente «arbitrary cruel bloody and in every respect diabolical» («arbitrarios, crueles, sanguinarios y en todos los sentidos diabólicos» *The Adams-Jefferson Letters,* vol. II, página 456).

[436] Patrick Henry, a quien se dirige aquí Jefferson, es el patriota y re-

...over five and twenty millions of people, when four and twenty millions and five hundred thousand of them can neither read nor write... as impracticable as it wd. be over elephants in the Menagerie at Versailles.

Napoleon has invented a word, Ideology, which expresses my opinion.

...how far advanced we were in the science of aristocracy since the stallions of Theognis... Have not Chancellor Livingston and Major General Humphries introduced an aristocracy of Merino sheep... entailed upon us and forever... of land jobbers and stock jobbers to endless generations.

AGATHOS, eternal and self-existent
J. A. 1815

...arriba de veinticinco millones de personas, cuando veinticuatro millones y quinientas mil de ellas no pueden ni leer ni escribir... tan impráctico como resultaría tratándose de elefantes en el zoológico de Versalles. Napoleón ha inventado una palabra, Ideología, que expresa mi opinión.
...cuánto habíamos avanzado en la ciencia de la aristocracia desde los caballos sementales de Teognis de Megara... No es cierto que el Canciller Livingston y el mayor General Humphries introdujeron una aristocracia de ovejas merino... nos han vinculado para siempre... con destajeros de la tierra y del ganado por generaciones sin fin.

AGATHOS, eterno y autoexistente
J. A. 1815[437]

---

volucionario americano que levantó en armas contra los ingleses a sus conciudadanos de Virginia en un famoso discurso que acababa con una frase muy citada: «Give me liberty, or give me death» («Dadme libertad o dadme la muerte»).

[437] Se refiere Adams a una diferencia de opinión entre él y Jefferson, al regreso de este último de Europa. Jefferson creía que Francia estaba en el buen camino para establecer «a free Republican Government» («un gobierno republicano libre»), de lo que disentía Adams: y argumentaba que «a project of such a Government, over five and twenty millions people, when four and twenty millions and five hundred thousands of them could neither write nor read: was as unnatural irrational and impracticable» como lo sería pretenderlo con respecto a las fieras del zoológico de Versalles («un proyecto de tal gobierno sobre una población de 25 millones, cuando 24 millones y medio no saben leer ni escribir, sería tan antinatural, irracional e impracticable...». *The Adams-Jefferson Letters*, pág. 355. La carta está fechada el 13 de julio de 1813, no en 1815, como indica Pound). La base firme de cualquier sistema democrático libre, sigue Adams, incluido el americano, no se puede establecer sin la educación del pueblo. Las siguientes referencias a Teognis, Livingston y Humphries se contienen en una carta del 15 de septiembre de 1813 (*Ibidem*, pág. 376).

Teognis (final del siglo VI a. de C., natural de Megara), poeta elegíaco griego, aristócrata al que las revoluciones de la época le ocasionaron la pobreza y el destierro.

Robert R. Livingston (1746-1813), político revolucionario, miembro de la comisión encargada de redactar la Declaración de Independencia (véase nota 411). Como ministro en Francia participó en las negociaciones para la «Compra de Luisiana».

...multiplication of officers and salaries merely to make partisans...

That this possessor be kalos k'àgathos, theocrat, baron, bojar or rich man matters very little.

...difference ascribed to our superiority in taking aim when we fire

«I speak of the Grand Duke of Tuscany (T. J. to J. A. '77) somewhat avaricious in his nature... crowns lying dead in his coffers, ... application perhaps from Dr. Franklin wd. be prudent to sound well before hand...»

Condorcet has let the cat out of the bag. He has made precious confessions. I regret that I have only an English translation of his «Outline of the Historical View of the Progress of the Human Mind.» But in pages 247, 248 and 249 you will find it frankly acknowledged that the philosophers of the eighteenth century adopted all the arts of the Pharisees.

...multiplicación de oficiales y sueldos sólo para hacerse de partidarios...
Que este poseedor sea kalos k'àgathos, teócrata, barón, boyardo o rico no importa demasiado.

...diferencia atribuida a nuestra superioridad al apuntar cuando disparamos.
«Hablo del Gran Duque de Toscana (T. J. a J. A. '77) algo avaro de naturaleza... coronas que yacen muertas en sus cofres... solicitud quizás de Franklin sería prudente sondear bien de antemano...»[438]

Condorcet ha soltado prenda. Ha hecho preciosas confesiones. Lamento sólo tener una traducción inglesa de su «Resumen del Punto de Vista Histórico del Progreso de la Mente Humana». Pero en las páginas 247, 248 y 249 encontraréis la confesión franca de que los filósofos del siglo dieciocho adoptaron todas las artes de los fariseos[439].

David Humphries (1752-1818), militar durante la Guerra de la Independencia, ayudante del general Washington. Fue ministro en España, donde conoció y se familiarizó con la cría de ovejas de raza merina.
Agathos: «bien nacido».
[438] El 21 de agosto de 1777 Jefferson se dirige a Adams sobre la urgente necesidad de los recién creados Estados Unidos de obtener préstamos en Europa y le sugiere que, además de las potencias obvias, como Holanda y Francia, se puede dirigir a otras fuentes, entre ellas al Gran Duque Pedro Leopoldo de Toscana (véase resumen al Cantar XLIV), conocido por su gran disponibilidad de capital contante y sonante, para lo cual su mejor presentación sería una carta de Franklin (que fue, por cierto, muy apreciado en las cortes europeas) (*The Adams-Jefferson Letters,* vol. I, pág. 7.)
«kalos k'agathos»: la frase aparece en el *Capital,* en un pasaje en el que Marx afirma que los propietarios de los medios de producción viven de la plusvalía de la fuerza del trabajo, independientemente de que sean atenienses, teócratas, «hermosos y bien nacidos», o cualquier otra cosa (Marx, *El capital. Crítica de la economía política,* México, Fondo de Cultura Económica, 1959, vol. I, sección IV, capítulo XI, págs. 269-70).
[439] El marqués de Condorcet (ya mencionado antes, nota 418) escribió un *Bosquejo de un cuadro histórico de los progresos del espíritu humano* (escrito tras ser encarcelado en 1793, poco antes de suicidarse un año más tarde) en el que enunciaba la idea del perfeccionamiento indefinido de la hu-

...was in the minds of the people, and this was effected from 1760 to 1775 in the course of fifteen years... before Lexington...

removal wd. be necessary to more able commissaries rather than to a more plentiful country. (T. J. on provisions.)

Bonaparte, Poor Devil! what has and what will become of him... Cromwell, Wat Tyler, Jack Cade, i.e. to a bad end. And Wellington, envied, despised by all the barons, earls, viscounts, as an upstart, a parvenue elated over their heads.
    (Mr Adams to Thomas Jefferson.)

...estaba en la mente del pueblo y esto se efectuó de 1760 a 1775 en el curso de quince años... antes de Lexington...[440]

la remoción sería necesaria hacia comisarios más capaces más bien que a un país más abundante. (T. J. sobre provisiones)[441].

Bonaparte, ¡Pobre Diablo! ¿qué es y qué será de él? ...Cromwell, Wat Tyler, Jack Cade, i.e. a un mal fin. Y Wellington, envidiado, despreciado por todos, barones, condes, vizcondes, como advenedizo un parvenu levantado sobre sus cabezas.

       (el Sr. Adams a Thomas Jefferson)[442].

---

manidad. Adams rechaza la idea del gobierno de los filósofos que «have shewn themselves as incapable of governing mankind, as the Bourbons or the Guelphs» («se han mostrado tan incapaces de gobernar a la humanidad como los Borbones o los Güelfos». *The Adams-Jefferson Letters*, vol. II, pág. 445). Condorcet era un admirador del sistema político americano, por lo que no le habrían gustado los comentarios derogatorios de Adams y Jefferson. Sus dieas políticas, como girondino que era, resultan matizadamente moderadas frente a las de los jacobinos (votó contra la pena de muerte a Luis XVI). Por lo que respecta al tema de la «perfectibilidad humana», habría que matizar que, aunque la presenta como «potencialmente indefinida», la atempera con una serie de reflexiones sobre la evolución paulatina de la educación política y de las costumbres. Sus propuestas respecto al principio de igualdad están igualmente atemperadas en la medida en que no lo presenta como un principio absoluto, sino referido a la igualdad de derechos y libertades. Ha sido recientemente revalorizado en el ámbito de los estudios de la mujer porque fue uno de los pocos políticos activos de la Revolución Francesa que se ocupó de cuestiones como los derechos civiles, políticos y educativos de las mujeres con clarividencia y perspectiva histórica. Sus obras más citadas en este sentido son *Lettres d'un Bourgeois de Newhaven* (1787) y *Sur l'admission des femmes au droit de cité* (1790).

«La revolución estaba en los corazones y en las mentes del pueblo» (véase nota 427).

[440] Lexington es una pequeña ciudad cerca de Boston, en cuyos alrededores se produjo una escaramuza entre las milicias coloniales (los llamados «Minutemen») y las tropas británicas en abril de 1775, que marcó el comienzo de la guerra abierta entre las colonias e Inglaterra.

[441] Forma parte de la misma carta a que se alude en nota 436 (Terrell, vol. I, pág 130).

[442] Adams hace unas consideraciones (en la la línea del «ubi sunt») so-

Litterae nihil sanantes... whether serpents' teeth sprang up men... cannot appease my melancholy commiseration for our armies in this furious snow storm (Quincey, November 15th.)

But two things I did learn from him (Plato): That Franklin's idea of exempting husbandmen and mariners etc. from the depredations of war was borrowed from him and (secondly) that aneezing is a cure for the hickups.

but to keep in countenance the funding and banking system... orations, prayers, sermons... not that they loved General Washington, but merely to disgrace the old Whigs...

Litterae nihil sanantes... si los dientes de serpiente produjeran hombres... no puedo apaciguar mi melancólica conmiseración por nuestros ejércitos en esta furiosa tormenta de nieve (Quincey, noviembre 15)[443].

Pero dos cosas sí aprendí de él (Platón): Que la idea de Franklin de exceptuar agricultores y marineros etc. de las depredaciones de la guerra se tomó de él
y (segundo) que estornudar es remedio para el hipo.

pero para mantener al frente del sistema bancario y de fondos... oraciones, rezos, sermones... no que amasen al General Washington, sino para desgraciar a los Whigs...[444]

---

bre Bonaparte, Oliver Cromwell (Lord Protector, dictador del gobierno puritano en Inglaterra, tras la revolución del siglo XVII), Wat Tyler (dirigente de la llamada «revuelta de los campesinos» contra Ricardo II, a fines del siglo XIV en Inglaterra, que fue apuñalado por servidores del rey en 1381), y Jack Cade (un irlandés que se rebeló contra la autoridad real a mediados del siglo XV, que también encontró la muerte a manos de sus adversarios). Predice, erróneamente como demuestra la historia, un fin similar para el Duque de Wellington, más conocido por su victoria sobre Napoleón en Waterloo (*The Adams-Jefferson Letters*, vol. II, página 455).

[443] Se refiere Adams a las numerosas hipótesis formuladas para explicar el origen de los pueblos indios de América, a todas las cuales considera igualmente gratuitas y en las que se ha derrochado el ingenio de muchos totalmente en vano: «What the Physicians call the Litterae nihil Sanantes» («Lo que los médicos llaman escritos que no sanan nada». *The Adams-Jefferson Letters*, vol. II, pág. 308). El resto del párrafo procede de otra carta de 1813 (la anterior es de 1812) en la que afirma que existe una aristocracia natural entre los hombres, cuyos fundamentos son «Virtue and Talents» («la virtud y el talento». *Ibídem*, pág. 397). La referencia a «si los dientes de serpiente produjeran hombres» alude a la leyenda de Cadmo (véase notas 20 y 359).

[444] Encabezando el tema con la pregunta retórica «What have been the *Abuses* of grief?» («¿Cómo se ha manipulado el dolor?») Adams comenta que los públicos y generales lamentos por la muerte de Washington e incluso de Hamilton, no han sido sinceros, sino que se han utilizado esas ocasiones, como otras anteriores en la Historia, para atacar determinadas posturas políticas o económicas: «Merely to disgrace the old Whiggs, and keep the Banks and Funds in Countenance» («Simplemente para atacar a los viejos Whiggs y favorecer la causa de los bancos y de

$75,000 equal to 1.000 specie. (Feb. 1781) settler will be worth to the public 20 times as much every year, as in our old plan he would have paid in a single payment.

limits of his individuality (cancels) and develops his power as a specie. (Das Kapital) denounced in 1842 still continue (today 1864) report of '42 was merely chucked into the archives and remained there vhile these boys were ruined and became fathers of this generation... for workshops remained a dead letter down to 1871 when was taken from control of municipal... and placed in hands of the factory inspectors, to whose body they added eight (8) assistants to deal with over one hundred thousand workshops and over 300 tile yards.

Rogier (minister) told me that this government (Brussels) had been intending to introduce such a law but found itself (re/child labour not limited to 12 hours per day) always blocked by the jealous uneasiness that

$75.000 igual a 1.000 en especie. (Febrero 1781) el colono importará al público 20 veces más al año, de lo que nuestro viejo plan hubiera pagado de una sola vez[445].

límites de su individualidad (cancela) y desarrolla su fuerza como especie. (Das Kapital) denunciado en 1842 todavía sigue el (hoy 1854) informe del '42 simplemente se archivó y ahí permaneció mientras estos muchachos se arruinaron y fueron padres de esta generación... pues los talleres siguieron siendo letra muerta hasta 1871 cuando se quitó el control al municipio... y se puso en manos de los inspectores fabriles, a cuyo cuerpo añadieron ocho (8) ayudantes para entenderse con más de cien mil talleres y arriba de 300 patios de losetas[446].

Rogier (ministro) me dijo que su gobierno (Bruselas) había querido promulgar tal ley pero encontróse (re/ el trabajo de los niños no limitado a 12 horas por día) siempre estorbado por el celoso malestar producido

---

las finanzas». *The Adams-Jefferson Letters,* vol. II. págs. 487-488). Aunque el partido de los Whigs no aparecería formalmente hasta más tarde (durante la presidencia de Andrew Jackson, en concreto, para luchar contra su política económica, que acabó con el Banco Nacional), ya antes se habla del grupo aunque con connotaciones diferentes, dada la fluidez con que en los primeros tiempos de la República cambian de sentido los nombres de partidos con respecto a los actuales.

445 Thomas Jefferson a Nathanael Greene (1742-1786) el 10 de febrero de 1781: «Dr. Brownnson received £75000, equal to £1000 specie» («El Dr. Browson recibió 75000 libras, equivalente a 1000 libras en especie». *The Writings of Thomas Jefferson,* vol. II, pág. 450). Greene fue uno de los generales de la guerra revolucionaria (por debajo sólo de George Washington) vencedor en diversos encuentros con las tropas del general Cornwallis, el comandante en jefe del ejército británico. En esta carta y en otra posterior del 17 del mismo mes, Jefferson le da indicaciones sobre procedimientos de obtener refuerzos en hombres y pertrechos.

446 Estas líneas proceden de *El Capital,* de Marx (libro I, parte IV), sobre las condiciones del trabajo de los niños, crueles e inhumanas, y a la corrección y regulación de las cuales tienden una serie de leyes sucesivas aprobadas, no sin dificultades, por distintos parlamentos europeos. Con el mismo texto de Marx como fuente, continúa Pound en los fragmentos que siguen.

met any law tampering with the absolute freedom of labour.

Lord H. de Walden from Brussels. 1862

They (the owners) denounced the inspectors as a species of revolutionary commissar pitilessly sacrificing the unfortunate labourers to their humanitarian fantasies (re/ the law of 1848).

that no factory-owner shall sit as a magistrate in cases concerning the spinning of cotton... (Factory Act of John Hobhouse)
nor shall his father, brother, or son.

And if the same small boys are merely shifted from the spinning room to the weaving room or from one factory to another, how can the inspector verify the number of hours they are worked? (1849, Leonard Horner).

Case where the jury ('62) was to decide whether soot adulterated with 90% of dust and sand was «adulterated-in-the-legal-sense» soot or in the commercial «real soot.» As friends of commerce decided (the jury decided) it was «real soot» against the plaintiff with costs.

avénement révolution allemande posait des problèmes nouveaux, routine commercial être remplacée par création de deux fonds or et blé destinés au proletariat victorieux (allemand) to functionaries of legation in Berlin who are members of the party (1923)

por cualquier ley que restringiera la absoluta libertad del trabajo.
>   Lord. H. de Walden desde Bruselas. 1862

Ellos (los dueños) denunciaron a los inspectores como una especie de comisario revolucionario inmisericordemente sacrificando a los desgraciados trabajadores a sus fantasías humanitarias (re/ la ley de 1848).

que ningún dueño de fábrica sea magistrado en casos que versen sobre hilados de algodón... (Ley sobre Factorías de John Hobhouse)
ni tampoco su padre, hermano o hijo.

Y si los mismos pequeñuelos sólo se trasladan del cuarto de hilados al de tejidos o de una factoría a otra, ¿cómo podrá el inspector verificar el número de horas que trabajan? (1849, Leonard Horner).

Caso en el cual el jurado ('62) había de fallar si el hollín adulterado con 90 % de polvo y arena era «adulterado en sentido legal» o en el sentido comercial de «hollín verdadero». Como decidieron los amigos del comercio (el jurado decidió) era «hollín verdadero» en contra del quejoso con las costas.

avénement révolution allemande posait des problèmes nouveaux, routine commercial être remplacée par création de deux fonds or et blé destinés au proletariat victorieux (allemand)
>   a funcionarios de legación en Berlín que son miembros del partido (1923)[447]

---

[447] «avènement révolution allemande posait...»: «la comenzada revolución alemana planteaba nuevos problemas, siendo la rutina comercial reemplazada por la creación de dos fondos de oro y trigo destinados al victorioso proletariado (alemán)». Terrell (vol. I, pág. 131) atribuye este texto y los dos siguientes a Grigory Zinovevich Bessedovsky, un diplomático soviético, autor de *Revelations of a Soviet Diplomat,* publicado en Londres, 1931.

bureaucrat paisible, Van Tzin Vei se montra, tout à fait
   incapable d'assumer le role de chef d'une révolution
   sanguinaire.
   (according to Monsieur Bessedovsky)

for ten years our (Russian) ambassadors have enquired
   what theories are in fashion in Moscow and have re-
   ported their facts to fit. (idem)

Bills discounted at exhorbitant rates, four times or three
   times those offered by the Midland...
                        150 millions
yearly, merely in usurious discounts...
                              and he even
(to change the subject)
put into the mouths of the directors of the Federal Reser-
   ve banks the words that they should say... «You have
   got more than your share, we want you to reduce, we
   can not let you have any more.»
           (Mr Brookhart)
page 34 of the minutes then they adopted another resolu-
   tion page 42 committee of interstate commerce, ask
   increase of railroad rates, said to them: wd. suggest,
   gentlemen, you be careful not to give out anything
   about any discussion of discount rates disturbs every-
   body immediate rush never discuss in the newspa-
   pers...

bureaucrat paisible, Van Tzin Vei se montra, tout a fait
 incapable d'assumer le rôle de chef d'une révolution
 sanguinaire.
 (de acuerdo con Monsieur Bessedovsky)

durante diez años nuestros embajadores (en Rusia) han
 inquirido sobre qué teorías están de moda en Moscú y
 han informado sobre los hechos a la medida. (ídem)

Cuentas descontadas a tasas exorbitantes, cuatro o tres
 veces las ofrecidas por el Midland...
150 millones
al año, sólo en descuentos usureros...
 y él hasta
(para cambiar de tema)
puso en boca de los directores de los bancos de la Reserva
 Federal las palabras que debían pronunciar... «Tenéis
 más de lo que os corresponde, queremos que reduzcáis,
 no podemos permitir que tengáis más.»
 (Mr. Brookhart)[448]
página 34 del acta luego adoptaron otra resolución página 42 comité del comercio interestatal, pedir aumento
 de las tarifas ferroviarias, díjoles: se sugiere, caballeros,
 que cuidéis de no divulgar nada acerca de cualquier
 discusión sobre tasas de descuento porque alarma a todos y hay un pánico inmediato nunca se discuta esto en
 los periódicos.

---

[448] Van Tzin Vei, o Wang Ching-wei (1885-1944) es un político chino que fue nombrado presidente del gobierno de China en Nanking en 1940, bajo control real de Japón.
Smith Wildman Brookhart fue senador por Iowa (1928-32) y en febrero de 1931, en uno de sus discursos en el Senado, se refiere a los beneficios abusivos e ilegales de ciertas grandes empresas (en perjuicio de otras pequeñas), basados en información privilegiada obtenida de los directores de la Reserva Federal.
Swiftarmoursinclair: Swift y Armour son dos empresas de carne en conserva que tuvieron acceso a tales informaciones, lo mismo que la Sinclair Oil Company. Mi fuente es Terrell, vol. I, pág. 132, que cita a William Chace, «The Canto as Cento: A Reading of Canto XXXIII», *Paideuma*, 1-1, 89-100.

...& Company's banker was in that meeting, and next day he was out after a loan of 60 millions, and got it. Swiftamoursinclair but the country at large did not know it. The meeting decided we were over-inflated.

...Y el banquero de la Compañía estaba en esa junta, y el próximo día se dedicó a obtener un préstamo de 60 millones, y lo obtuvo. Swiftarmoursinclair pero el país en general no lo supo. La junta decidió que estábamos super inflados.

Cantar XXXIV

Un Canto de transición que enlaza la historia americana con la europea, basado especialmente en los diarios de John Quincy Adams (*The Diary of John Quincy Adams, 1794-1845: American Diplomacy, and Political, Social and Intellectual Life from Washington to Polk*, editado por Allan Nevins [Nueva York, Frederick Ungar, 1969] a partir de J. Q. Adams, *The Memoirs of John Quincy Adams, Comprising Portions of His Diary from 1795 to 1848*, editado por Charles Francis Adams, 12 volúmenes, 1874-1877) y que abre el camino a los siguientes, más preocupados de los vicios y corrupciones de las monarquías europeas, de las infrahumanas condiciones laborales de las masas del mundo, del infame comercio esclavista africano (que ya denunciara duramente Jefferson en su primera redacción de la Constitución, de donde finalmente, por la necesidad del compromiso con los Estados del Sur, sería suprimido) y de los fraudes y traiciones utilizados para despojar a los indios Cherokees de sus tierras ancestrales en el estado de Georgia (véase notas 433 y 468).

Estos últimos datos preludian la preocupación e indignación de Pound como síntomas del comienzo de la degeneración del sistema diseñado por Jefferson y Adams.

XXXIV

Oils, beasts, grasses, petrifactions, birds, incrustations, Dr. Mitchell's conversation was various...
And a black manservant, to embark on a voyage to Russia...
Consistent with their peace and their separation from Europe...
English pretentions, exclusive, auf dem Wasser... (a.d. 1809)
En fait de commerce ce (Bonaparte) est un étourdi,» said Romanzoff...
Freedom of admission for ships, freedom of departure, freedom of purchase and sale...
Are the only members of the corps diplomatique who have any interest in literature, conversation...
we talked of Shakespeare, Milton, Virgil and of the Abbé Delille...

XXXIV

Aceites, bestias, hierbas, petrificaciones, aves, incrustaciones.
La conversación del Dr. Mitchell era variada...
Y un criado negro, para embarcarse en un viaje a Rusia...
Congruente con su paz y separación de Europa...
Pretensiones inglesas, exclusivas, auf dem Wasser...
(1809 d. de C.)
En fait de commerce ce (Bonaparte) est un tourdi», dijo Romanzoff...[449]
Libertad de entrada para las embarcaciones, libertad de salida, libertad de compra y venta...
Son los únicos miembros del cuerpo diplomático que tienen algún interés en la literatura, la conversación...
hablamos de Shakespeare, Milton, Virgilio y del Abbé Delille...[450]

[449] La línea inicial se refiere a la primera de las conversaciones que, registradas por John Quincy Adams (Presidente de 1825 a 1829), utiliza Pound procedente del *Diary* (pág. 47), fuente casi exclusiva en este Canto. Tuvo lugar el 3 de noviembre de 1807 «at the President's» («en casa del Presidente», *The Diary*, pág. 46) entre el Presidente Jefferson y el doctor Samuel Latham Mitchell, profesor de la Universidad de Columbia, en presencia de Adams y otros numerosos huéspedes que cita.
«un criado negro»: en 1809 John Quincy Adams se trasladó a Moscú como ministro plenipotenciario del Presidente James Madison. Además de su familia, le acompañó un criado negro llamado Nelson.
«auf dem Wasser»: «sobre el agua».
«en fait de commerce...»: «por lo que se refiere al comercio, éste (Bonaparte) tiene la cabeza a pájaros». La frase de Adams dice literalmente, citando a Romanzoff, «that he had found him in general of sound judgement and a quick perception, but that "en fait de commerce ce n'est qu'un étourdi"» (*The Diary*, pág. 68).
Romanzoff: Conde Nicolás Petrovich Romanzoff (1754-1826), ministro de Asuntos Exteriores del zar Alejandro I.
[450] John Quincy Adams defendía, de acuerdo con la política de su go-

[613]

«Monsieur Adams» said the Emperor, «il y a cent ans que
　je ne vous ai vu.»
June 4th. 1811:
　The idea occurred to me of a treaty of commerce.
Told him his government wd. probably make our peace.
«How?» said the ambassador (french).
　　«By not keeping her word.»
And he, Bonaparte, said to Romanzoff:
　«After the peace of Tilsit, where cd. I go but Spain?»
For he must always be going.
It is reported that the two empresses will return to the
　city
As is said to be customary
At least in wars *un peu interessantes,* which war Alexander
Has done all he can to prevent.
French army 500 thousand, the Russian 300 thousand,
But counting on space and time.

«Monsieur Adams» dijo el Emperador, «il y a cent ans que je ne vous ai vu»[451].
Enero 4, 1811:
Ocurrióseme la idea de un tratado comercial.
Le dije que probablemente su gobierno haría nuestra paz.
«¿Cómo?» dijo el embajador (francés).
    «Con no cumplir con su palabra»[452].
Y él, Bonaparte, dijo a Romanzoff:
    «Después de la paz de Tilsit, ¿a dónde podría irme sino a España?»
Porque siempre tenía que estar *yéndose*.
Se dice que las dos emperatrices regresarán a la ciudad
Como se dice que es costumbre
Cuando menos en las guerras *un peu interesantes*, la cual guerra Alejandro
Ha hecho todo lo posible por evitar.
Ejército francés 500 mil, el ruso 300 mil,
Pero contando con espacio y tiempo.

---

bierno, la libertad de navegación y de comercio, frente a las restricciones que pretendían imponer Francia e Inglaterra.

«los únicos miembros del cuerpo diplomático que tienen interés en la literatura», además de Romanzoff, son el general Pardo, embajador español, y el conde Maistre, «the Sardinian Minister» («el embajador de Cerdeña». *The Diary*, pág. 87). Terrell, sin embargo, le describe como «Savoyard», coincidiendo con el propio Adams que le llama así en la página 80 («saboyano». Terrell, vol. I, pág. 134). En el siglo XVIII Víctor Amadeo II, además de duque de Saboya era príncipe del Piamonte y rey de Cerdeña. «General Pardo, a Spaniard, and Count Maistre, a Savoyard, are the only two persons of the corps diplomatique who have any interesting literary conversation, and they are always amusing.» (El general Pardo, un español, y el conde Maistre, un saboyano, son las dos únicas personas del cuerpo diplomático que tienen una conversación literaria interesante». *The Diary*, pág. 80).

[451] «Monsieur Adams...»: «Sr. Adams», dijo el emperador, «hace un siglo que no le he visto.» El emperador es el zar Alejandro y el encuentro es casual durante un paseo de ambos (*The Diary*, pág. 83).

[452] La idea del tratado comercial se la expuso a Romanzoff John Quincy Adams. Se pretendía con él hacer un frente común más fuerte contra las «pretensiones marítimas exclusivistas» de Inglaterra (*The Diary*, pág. 84).

«el embajador (francés)» es el Marqués de Caulaincourt.

«The fifth element: mud.» said Napoleon.
A black, Claud Gabriel, in the emperor's service
Was very ill used in America. Aug. 14th. to Oranienbaum.
Where was Ld. Cathcart (that is, at Madame de Stael's)
And she wanted to know how she cd.
Receive her interest from United States funds
While in England, and a war on between them.
Here the nobility have given one man to the army
From every ten of their peasants.
    Qu'il fit la sottise de Moscou

«El quinto elemento: el fango.» dijo Napoleón[453].
Un negro, Claud Gabriel, en el servicio del Emperador
Fue muy mal tratado en América. Agosto 14 a Oranienbaum.
Donde estaba Ld. Cathcart (es decir, en casa de Madame de Staël)
Y ésta quería saber cómo podría
Recibir sus intereses de fondos estadunidenses
Mientras estuviera en Inglaterra, y hubiese guerra entre ambos.
Aquí la nobleza ha dado un hombre al ejército
De cada diez de sus campesinos.
 Qu'il fit la sottise de Moscou[454]

---

[453] Los tratados de Tilsit (una ciudad después llamada Sovietsk) son de 1807: el 7 de julio los firmaron Francia y Rusia y el 9 del mismo mes, Francia y Prusia. Alejandro I y Napoleón Bonaparte se encontraron en una balsa en medio del río Niemen frente a la ciudad. Estos tratados pretendieron establecer las bases para el reparto de Europa entre los dos imperios. La frase de Napoleón a Romanzoff se la transmite éste a Adams, para ilustrar la inquietud interior del emperador que fue, en su opinión, lo único que le hizo invadir España y Portugal. Romanzoff considera que, como no van bien las cosas para las tropas francesas en la Península, no sería de extrañar que ese impulso interior que mueve a Napoleón le llevase a invadir Rusia (*The Diary*, pág. 91). Esa invasión, como es sabido, se produjo en 1812 y su catastrófico resultado para Bonaparte fue consecuencia de uno de sus dos grandes errores: «He had committed two great faults — the war with Spain, and the war with Russia» («Cometió dos graves errores —la guerra contra España y la guerra contra Rusia». *The Diary*, pág. 118).

«las dos emperatrices»: la emperatriz madre, esposa del asesinado zar Pablo I, padre de Alejandro, y la propia esposa de éste.

«el quinto elemento: el fango»: se dice que Napoleón, dadas las dificultades militares con que se encontró en sus campañas de 1812, añadió un quinto elemento, el fango, a los cuatro clásicos: aire, tierra, agua y fuego.

[454] Claud Gabriel es un negro al servicio del zar Alejandro que tras un viaje a los Estados Unidos se lamentaba: «of having been very ill treated in America, and that he was obliged to lay aside his superb dress and sabre, which he had been ordered to wear, but which occasioned people to insult and even beat him» («de haber sido muy mal tratado en América, y que se le obligó a prescindir de su espléndido traje y sable, que se le había ordenado llevar, pero que impulsó al pueblo a insultarle e incluso a golperle». *The Diary*, pág. 96).

and he, Bonaparte had to borrow six shirts from
his minister, and four thousand louis... Mr Gallatin,
Mr Bayard... answer from Romanzoff... Mr Gallatin
did not think that «they cd.» (did not
think that our actions in Florida could be justified).
Against rights on the Mississippi... our
Rights to fish, dry fish and cure... off Newfoundland.
At the opera: Tamerlan, and the ballet of Télémaque.
1815, March 18th. was expected (Bonaparte)
    last night at Auxerre,
Ney to be here (Paris) tomorrow, because it is the
King of Rome's birthday...
March twentieth: The King, Bourbon, left the Tuilleries,
To take, they say, the road going toward Beauvais...
At the Seance Royale last Thursday he had talked of
His death in defence of the country.
And when they wish to make the troops cheer, the
Soldiers say: Ah, voui, Vive le Roi.
Newspaper this morning headed *Journal de l'Empire*.

y él, Bonaparte, tuvo que pedir prestadas seis camisas de
su ministro, y cuatro mil luises... el Sr. Gallatin,
El Sr. Bayard... contestación de Romanzoff... el Sr. Gallatin
no creían «que pudiesen» (no
creía que nuestras acciones en la Florida pudieran justifi-
    carse).
En contra de los derechos en el Misisipí... nuestros
Derechos de pesca, secar pescado y salar... en costas de
    Terranova.
En la ópera: Tamerlán, y el ballet de Telémaco.
1815, marzo 18 se esperaba (a Bonaparte)
    anoche en Auxerre,
Ney debe estar aquí (París) mañana, porque es el
cumpleaños del Rey de Roma...
Marzo veinte: El Rey, Borbón, salió de las Tullerías,
Para tomar, dicen, el camino hacia Beauvais...
En la Seance Royale el jueves pasado él había hablado de
Su muerte en defensa del país.
Y cuando quieren que la tropa vitoree, los
Soldados dicen: Ah, voui, Vive le Roi.
El periódico de esta mañana con la cabecera *Journal de
l'Empire*[455].

Oranienbaum es una ciudad cerca de Petrogrado (o Leningrado o San Petersburgo, véase nota 357), donde se halla una residencia oficial de los zares.

Lord Cathcart, primer conde de ese nombre, militar y diplomático inglés, y embajador en Rusia de 1813 a 1824, organizó la entrada de Rusia en la coalición de 1813 contra Napoleón.

Madame de Staël (1766-1817), escritora francesa que convirtió el salón de su residencia en París en un centro literario y político de gran trascendencia, hasta que su oposición a Napoleón la obligó al exilio. A la caída de Napoleón regresaría a París, donde volvió a abrir su salón. John Quincy Adams la había conocido en 1812 durante la estancia de aquélla en San Petersburgo, donde permaneció hasta septiembre en que se trasladó a Estocolmo, y habla de ella varias veces, así como del tutor de sus hijos, el poeta y crítico alemán August Schlegel Von Schlegel (1767-1845), en diversas entradas de su diario correspondientes a los años 1812 y 1813.

«Qu'il fit la sottise de Moscou»: «Que ha cometido la torpeza de Moscú». Alude al error de Napoleón al atacar a Rusia (*The Diary*, página 104).

[455] Albert Gallatin (véase nota 419) y James Asheton Bayard (1767-

[619]

...arrived last evening with the troops that had been sent out against him...
which is due to Bourbon misconduct.
I told him (Sir James Mackintosh) that I
Did not believe Dr Franklin or Washington
Had wanted the revolution... He asked if any leading man had.
I said, my father, perhaps, Samuel Adams, James Otis...

(And on his return was recd. by Gouverneur Morris and Mr Astor with a pubk. dinner at Tammany Hall.)

...llegó anoche con las tropas que se enviaron en su contra...
lo cual se debe al desbarajuste Borbón.
Le dije (a Sir James Mackintosh) que yo
No creía que el Dr. Franklin o Washington
Hubieran querido la revolución... Él preguntó si algún hombre eminente la había querido.
Dije que, quizás, mi padre, Samuel Adams, James Otis...

(Y a su regreso fue recibido por el Gouverneur Morris y el Sr. Astor con cena pública en Tammany Hall)[456].

1815) formaron ambos parte de la comisión que negoció el Tratado de Gante (1814), que puso fin a la guerra de 1812 entre Inglaterra y Estados Unidos.
En los primeros tiempos de la República se consideraba vital para el desarrollo del país el mantener libre la navegación por el Mississippi, así como el acceso a los bancos de pesca de la costa atlántica de Canadá, bajo dominio británico.
En 1815, tras la fuga de Napoleón de la isla de Elba en el mar Tirreno, que abriría los llamados «Cien Días» del Emperador, Adams habla de las reacciones ante el hecho en París. Por esas fechas también habla de su asistencia a la ópera para presenciar una representación de *Tamerlán* (basada en una obra de Voltaire) y al ballet, donde asistió al estreno de *Telémaco*, basado en una obra del compositor francés François Adrien Boieldieu (1775-1834).
Auxerre es una ciudad en el centro de Francia, que se encontraba en el camino que seguía Napoleón hacia París.
Michel Ney (1769-1815) fue uno de los grandes mariscales de Napoleón.
Un hijo de Napoleón, François-Charles Joseph Bonaparte (1811-32), Napoleón II, que al nacer recibió el título de Rey de Roma.
El rey Borbón es Luis XVIII, que usó el palacio de las Tullerías como residencia oficial.
Beauvais, capital del departamento del Oise, al norte de París.
«La Seance Royale»: La Audiencia Real.
«Ah, voui, Vive le Roi»: «Oh, sí, Viva el Rey».
[456] Estando en Londres (2 de junio de 1816) para negociar un tratado comercial, J. Q. Adams conoció a un miembro del Parlamento británico, Sir James Mackintosh. Éste le preguntó si el doctor Benjamin Franklin había sido sincero cuando dijo que «he lamented the revolution» («lamentaba la revolución». *The Diary*, pág. 172). Las siguientes líneas contienen la respuesta de Adams.
«mi padre, Samuel Adams, James Otis»: su padre es John Adams, el segundo Presidente; Samuel Adams (1722-1803), otro miembro de la fa-

And one night a dead fowl was tied to Mr Onis's bell
    rope;
As (in his eyes) a gt. dishonour to Spain.
Mr Jefferson remarked that fond as he was of agriculture
He knew nothing about it tho' Mr Madison did.
Mr Madison was very efficient in the convention of '87.

Y una noche un ave muerta fue atada a la cuerda de la
  campana del Sr. Onís,
Como (según él) gran agravio a España[457].
El Sr. Jefferson declaró que no obstante lo aficionado que
  era a la agricultura
Nada sabía de ella, aunque el Sr. Madison sí.
El Sr. Madison fue muy eficaz en la convención del '87.

---

milia y firmante de la Declaración de Independencia; James Otis (1725-83), abogado, fue muy activo en la causa revolucionaria.

En 1816 J. Q. Adams regresó a su país para ocupar el cargo de Secretario de Estado (1817-25) con el quinto Presidente, James Monroe. De camino a Washington se detuvo en Nueva York, donde cenó con Gouverneur Morris (1752-1816, Gouverneur siendo su nombre de pila), con el gobernador del estado de Nueva York, DeWitt Clinton (1769-1828) y con John Jacob Astor (1763-1848), alemán de origen, que emigró a América en 1784 y fundó, basándose inicialmente en el comercio de pieles, uno de los primeros grandes imperios financieros del capitalismo americano. A su muerte se le consideraba el hombre más rico del país.

Tammany Hall: la Sociedad de Tammany (tomando el nombre de un legendario jefe indio de los Delaware) se fundó a fines del siglo XVIII, para defender los principios democráticos de las clases medias de Nueva York. Con el tiempo se convirtió en un grupo de presión (popularmente conocido como Tammany Hall) del Partido Demócrata, que instauró el dominio de los «bosses» o jefes políticos en la acción de gobierno y cayó poco a poco en toda suerte de corrupciones electorales y económicas. Su influencia sufrió alternativas, hasta su eclipse definitivo a partir de 1950.

[457] Luis de Onís y González llegó a los Estados Unidos en 1809 como agente de un movimiento republicano en España. Más tarde fue acreditado como representante diplomático de Fernando VII en Washington. Como tal, negoció con John Quincy Adams, Secretario de Estado de 1817 a 1825, la cesión de Florida por España. El gobierno español ratificó el tratado en 1821. «With Onis, Adams conducted the most difficult and important negotiations of his Secretaryship; and when in February, 1819, the two signed the so-called Transcontinental Treaty giving the United States (for a compensation) the Floridas, the Secretary could feel that he had achieved at the expense of the decaying Spanish Empire a tremendous gain for the young republic. And the acquisition of Florida was but one part of this splendid treaty, which carried the American boundary to the Pacific» («Con Onís, Adams realizó la negociación más difícil y más importante de su Secretariado; y cuando en febrero, 1819, los dos firmaron el llamado Tratado Transcontinental entregando a Estados Unidos las Floridas [a cambio de una compensación], el Secretario pudo sentir que había logrado, a costa del decadente

«Mr Bagot has been a much better minister
»than a much abler man wd. have been, better
»for the interest of England, better
»for the tranquillity of this country.» DeWitt Clinton
Never more low and discredited
Than just before being elected (comma)
Without opposition (comma) Governor of New York
   State.

«a misanthropist, an unsocial savage» J. Q. A. on himself.
Banks breaking all over the country,
Some in a sneaking, some in an impertinent manner...
prostrate every principle of economy.
Jan 18th. 1820. I (J. Q. A.) called at the President's
And the President said: Colonel Johnson
might have been more worthily occupied than in acting
   as
medium for proposal of
furnishing ten thousand stand of arms to Venezuela
in order to make a job for Duane.
            a. d. 1820
...is that moral considerations seldom
appear to have much weight in
         the minds of statesmen
unless connected with popular feelings...
while professing neutrality
      (himself to hire men from our army

«El Sr. Bagot ha sido mucho mejor ministro
»que un hombre más capaz en su lugar, mejor
»para los intereses de Inglaterra, mejor
»para tranquilidad de este país.» De Witt Clinton
Nunca más caído y desacreditado
Que poco antes de ser elegido (coma)
Sin oposición (coma) Gobernador del Estado de Nueva
   York[458].

«un misántropo, salvaje antisocial» J.Q.A. sobre sí
   mismo.
Los bancos en quiebra por todo el país,
Algunos en forma subrepticia, otros, impertinente...
postrado todo principio de la economía.
Enero 18, 1820. Yo (J.Q.A.) fui con el Presidente
Y el Presidente dijo: el Coronel Johnson
pudo haberse ocupado mejor que en actuar de
intermediario para la propuesta
de propiciar diez mil pertrechos armados a Venezuela
con el fin de proporcionar trabajo a Duane.
                 1820 d. de C.
...es que las consideraciones morales pocas veces
parecen tener mucho peso en
         las mentes de los estadistas
a no ser que estén unidas al sentir popular...
mientras profesaba neutralidad
     (él mismo había de contratar gente de nuestro ejér-
         cito

Imperio Español, un tremendo beneficio para la joven república. Y la adquisición de Florida no fue sino una parte de este espléndido tratado, que llevó las fronteras americanas al Pacífico». (*The Diary,* pág. xxxiii). La alusión al ave muerta tiene que ver probablemente con el sentimiento antiespañol predominante entonces en los Estados Unidos.

[458] Se retoma la conversación entre Jefferson y el doctor Mitchel que abría el Canto. Se habla, a continuación, de diversas cuestiones: la limitación de armas en la región de los Grandes Lagos, frontera entre los Estados Unidos y el Canadá británico, negociada por Sir Charles Bagot, el embajador inglés, y las alternativas en la carrera política de DeWitt Clinton, candidato presidencial fracasado y varias veces gobernador del Estado de Nueva York.

secretissime, on the quiet) Monroe admits it.
No one else seems to mind.
 ...but the vice-presidency is—
to call things by their proper names—in the market.
«Defective in elementary knowledge and with a very
undigested system of ethics, Mr Clay (Henry)».

After conversing with Mr Calhoun, Adams reflected:
Paper currency... reductions of fictitious capital...
Accumulation of debts as long as credit can be strained...

secretissime, calladamente) Monroe lo confiesa.
A nadie parece molestarle.
...pero la vicepresidencia está—
para llamar a las cosas por su nombre—a la venta.
«Conocimiento defectuoso y elemental y con un muy
mal digerido sistema de ética, el Sr. Clay (Henry)»[459].

Despúes de conversar con el Sr. Calhoun, Adams reflexionó:
Papel moneda... reducciones de un capital ficticio...
Acumulación de deudas siempre que el crédito pueda
restringirse...

---

[459] Sigue el *Diary* de John Quincy Adams. Habla aquí de los bancos y de sus «gigantic frauds practised upon the people by those institutions» («gigantescos fraudes que practican contra el pueblo esas instituciones». *The Diary,* pág. 217).
El coronel Richard Menton Johnson (1780-1850) luchó en la guerra de 1812 contra Inglaterra, fue representante y senador por Kentucky durante treinta años y Vicepresidente con Martin Van Buren de 1837 a 1841. Pretendió que los Estados Unidos enviasen armas a los países sudamericanos, en sus guerras de independencia contra la Corona española, por medio de su amigo William Duane, que obtendría una comisión del 6 por 100, «as unprincipled a fellow as lived» («un sujeto tan sin principios como jamás se ha visto». *The Diary,* pág. 225). Tanto Monroe como Adams se opusieron, respetando la declarada neutralidad de los Estados Unidos y argumentando este último que, de apoyar con armas a Venezuela, habría de hacerse honorablemente y a las claras, no en secreto.
James Monroe (1758-1831) fue elegido Presidente en 1817. Tras su primer mandato, su reelección parecía asegurada, con sólo en disputa el nombre de su Vicepresidente. Efectivamente fue elegido para un segundo mandato (1821-25) y su Vicepresidente fue, en las dos ocasiones, Daniel D. Tompkins (1774-1825). Véase nota 502.
Henry Clay (1777-1852), uno de los grandes oradores políticos de la época, y respecto al cual Adams se muestra equilibrado en sus opiniones: «Clay is an eloquent man, with very popular manners and great political management. He is... only half educated. ...His morals, public and private, are loose, but he has all the virtues indispensable to a popular man» («Clay es un hombre elocuente, con maneras muy populares y gran habilidad política. Está sólo a medio educar. Su sentido moral, público y privado, es laxo, pero tiene todas las virtudes indispensables para un hombre popular». *The Diary,* pág. 263). A lo largo de las páginas del diario, la figura de Clay aparece alternativamente «almost a hero and almost a villain» («casi un héroe, casi un villano». *The Diary,* pág. xxx).

Mr Noah has a project for colonizing jews in this country
And wd. like a job in Vienna...
Xmas, 1820, read aloud after breakfast
From Pope's «Messiah.» Not one of my family
Except George,
 appeared to take the least interest,
Nor is there any one of them
 who has a relish for literature.

I have been a lawyer for bread,
 a statesman at the call of my country.
Plain modest and tasteless monuments to George Clinton
and Elbridge Gerry...we have neither forefathers nor posterity,
 a few, years will efface them.
...half educated, like almost all eminent men in this country...
...Calhoun thought we ought in no case
 attend a congress of the allies.
England more by her interest than
 from principle of general liberty...
We shd. separate from all European concerns.
Who have followed (maiden ladies have followed)
General Lafayette from Europe to Lisses. Oct. 2. '24.
So that when Washington left the senate chamber he said he
Wd. be damned if he ever went there again.

They (congress) wd. do nothing for
the education of boys but to make soldiers, they
wd. not endow a university (in 1826).
Black walnut, almond planted in spring
take two months precisely to vegetate to the surface.

This has been (May 26th) a harassing day
but I perceived a tamarind heaving up the earth

El Sr. Noah tiene un proyecto para colonizar con judíos
  en este país
Y quisiera un empleo en Viena...
Navidad de 1820, leí en voz alta en el desayuno
Del «Mesías» de Pope. Ni uno solo de mi familia
Con excepción de Jorge,
  pareció interesarse en lo más mínimo,
Ni hay uno solo de ellos
  que guste de la literatura.

Yo he sido abogado para ganarme el pan,
  un estadista a las órdenes de mi patria.
Monumentos simples, modestos y sin gusto a George
  Clinton
y Elbridge Gerry... no tenemos ni antepasados ni posteridad,
  unos cuantos años los borrarán.
...semicultos, como casi todos los hombres eminentes de
  este país...
...Calhoun creía que en ningún caso debíamos
  asistir a un congreso de los aliados.
Inglaterra más por su interés que
  por principios de libertad general...
Nos debíamos separar de todo asunto europeo.
Quienes han seguido (damas jóvenes han seguido)
Al general Lafayette de Europa a Lisses. Oct. 2, '24.
De modo que cuando Washington salió de la cámara de
  senadores dijo que
Se iría al demonio antes que ir allí otra vez.

Ellos (el congreso) nada quisieron hacer por
la educación de los muchachos salvo hacerles soldados,
  ellos
darían un patrimonio a una universidad (en 1826).
Nogal negro, almendro sembrado en la primavera
lleva exactamente dos meses en brotar a la superficie.

Ha sido este (mayo 22) un día atareado
pero vi que un tamarindo empujaba la tierra hacia arriba

in tumbler number 2, and in tumbler number one, planted...

Interfere with official duty? I said
I thought that it wd. as the U.S. was interested in
the Canal Company by their subscription of one million dollars.
Reading Evelyn's «Sylva» and making
Trivial observations upon the vegetation of trees until dark.

en el vaso número 2, y en el vaso número uno, sembré...[460]

¿Interferir con el deber oficial? Dije que
yo creía que sí ya que los EE. UU. se interesaban por
la Compañía del Canal mediante la suscripción de un millón de dólares
Leo la «Sylva» de Evelyn y hago
Observaciones triviales sobre la vegetación de los árboles
hasta el anochecer[461].

---

[460] John Caldwell Calhoun (1782-1850), político de South Carolina, ardiente defensor de la esclavitud, fue Vicepresidente (1825-32) con John Quincy Adams y durante el primer mandato de su sucesor, Andrew Jackson.

Mordecai Manuel Noah (1785-1851), diplomático, periodista y dramaturgo, uno de los representantes de la causa judía más significativos durante el primer siglo de existencia de la República. Hizo planes muy elaborados para el establecimiento de una ciudad refugio de los judíos perseguidos de todo el mundo, Ararat, en una isla del río Niágara, que no llegaron a materializarse.

Alexander Pope (1688-1744), uno de los grandes poetas del neoclasicismo inglés, es autor de una égloga sacra titulada *The Messiah*, basada en las profecías de Isaías.

Este Jorge es el hijo mayor de John Quincy Adams, George Washington Adams (1801-28).

George Clinton (1739-1812) y Elbridge Gerry (1744-1814) son dos políticos de la época revolucionaria, ambos miembros del Congreso Continental, ambos Vicepresidentes, y el segundo uno de los firmantes de la Declaración de Independencia. Adams comenta en su *Diary* (pág. 248) el 27 de diciembre de 1820 el modo tan poco solemne en que el país honra a sus grandes estadistas fallecidos.

En 1824 el general La Fayette visitó los Estados Unidos por invitación del Presidente Monroe y entre sus acompañantes figuraban «two Misses Wright, maiden ladies» («dos señoritas Wright, damas solteras». *The Diary*, pág. 330).

Escribe Adams el 23 de mayo sobre su visita a su invernadero (página 374).

[461] El fiscal general, William Wirt (1772-1834), pregunta a J. Q. Adams si sus servicios profesionales como asesor legal de una compañía de ferrocarriles con intereses en la ruta servida por la compañía del Canal del Ohio podrían constituir un conflicto de intereses. La respuesta de Adams es afirmativa, pues el gobierno también tiene intereses en esa cuestión (*The Diary*, pág. 378).

John Evelyn (1620-1706), uno de los grandes diaristas ingleses del si-

Some sensibility at parting? Clay expressed a wish to
 hear from me now and again...
«There is something strange, and which wd. now be
 thought very affected in the language of Shakespeare
Whose common thoughts are expressed in uncommon
 words.»
 (diary, March 1829)
But of late years have lost relish for fiction...
December 13th.: Mrs Eaton...
and accordingly she (Mrs Calhoun) remains in the un-
 tainted
atmosphere of S. Carolina.
English «Quarterly Review» for November,

¿Alguna emoción al despedirse? Clay expresó
deseos de saber de mí de vez en cuando...
«Hay algo extraño y que ahora se
pensaría muy afectado en la lengua de Shakespeare
Cuyos pensamientos comunes se expresan en palabras no comunes.»
(diario, marzo 17, 1829)
Pero en los últimos años he perdido el gusto por la ficción...
Diciembre 13: la Sra. Eaton...
y consecuentemente ella (la Sra. de Calhoun) permanece en la impoluta
atmósfera de la Carolina del Sur[462].
«Quarterly Review» inglesa de noviembre,

---

glo XVII, escribió sobre los problemas de la contaminación en Londres y es autor también de *Sylva*, un influyente tratado sobre arboricultura que se publicó en 1664.

[462] Henry Clay (véase nota 459) fue Secretario de Estado de J. Q. Adams y dejó la vida política cuando éste cesó en la presidencia en 1829: de ahí esa visita de despedida.

La referencia a Shakespeare, el 17 de marzo de 1829, la ocasiona la lectura de *Antony and Cleopatra*, unos días después de su cese como Presidente (*The Diary*, pág. 393).

«He perdido el gusto por la ficción»: confiesa el 24 de septiembre de 1829 que, tras una vida de intensas lecturas, prefiere a las personas de carne y hueso antes que a las criaturas de ficción: «I see nothing with sympathy but men, women, and children of flesh and blood» («No siento simpatía sino por los hombres, las mujeres y los niños de carne y hueso». *The Diary*, pág. 398).

Peggy Margaret O'Neale, hija de un posadero de Washington, se casó con un marino y durante años parece que mantuvo una relación ilegítima con John Henry Eaton. Tras el suicidio de su marido en 1828, se casó con Eaton, al que Jackson nombró Secretario de la Guerra de su primer gobierno en 1829. Las esposas de los demás miembros del gabinete se negaron a aceptar socialmente a Peggy y las tensiones desembocaron en una crisis de gobierno, que se resolvió en 1932 con la dimisión del Secretario. La esposa del Vicepresidente Calhoun, con el apoyo de éste, encabezó la oposición a la señora Eaton (véase nota 460) y añade Adams: «being of the virtuous... (she) remains in the untainted atmosphere of South Carolina» («encontrándose entre las virtuosas... se ha quedado en la impoluta atmósfera de la Carolina del Sur». *The Diary*, página 398).

[633]

                two articles of vilification...
Calhoun heads the moral party, Mr Van Buren...
President Jackson's spittin' box and a broken pipe on the
   floor...
I called upon Nicholas Biddle... and recd. two dividends
of my bank stock... as I might be called to take part in
public measures... I wished to divest myself
of all personal interest... Nov. 9. '31.

«I took seat Number 203.» J. Q. Adams.
...asked him (Mr Webster) his views on
   the diminution in the tariff.
I said I had no desire that the interruption of social
intercourse between Gen Jackson and me shd.
continue (March second) so far, so good...a
restitution of it cd. not fail to expose me to obloquy
March the third: Dined with
   Mr Webster upon salmon sent from New York.
Miss Martineau... author of *Conversations upon Political
   Economy*
...a young woman... deaf... and hearing only through an
   eartrumpet
Her conversation is lively and easy...
The reasoning of Mr Clay, Mr Calhoun, Mr Webster
is shallow, they speak to popular prejudice.
The old states will so sacrifice
   all their rights to the public lands...

    dos artículos de vilipendio...
Calhoun encabeza el partido ético, el Sr. Van Buren...
La escupidera del Presidente Jackson y una pipa rota
    sobre el suelo...
Visité a Nicolás Biddle... y recibí dos dividendos
de mis acciones bancarias... ya que podría ser llamado a
    participar en
medidas públicas... quise desembarazarme
de todo interés personal... noviembre 9 del '31[463].

«Tomé el asiento número 203.» J. Q. Adams[464].
...le pregunté (al Sr. Webster) sus puntos de vista sobre
    la disminución arancelaria.
Expresé que no quería que la interrupción del
comercio social entre el general Jackson y yo
continuase (marzo dos) hasta ahora, bien... un
restablecimiento del mismo no podía dejar de exponerme
    a la censura
Marzo tres: Comí con
    el Sr. Webster, salmón enviado desde Nueva York.
La Srta. Martineau... autora de *Conversaciones sobre Economía
    Política*
...una joven... sorda... que sólo oye con una trompeta
Su conversación es viva y fácil...
Los conceptos del Sr. Clay, Sr. Calhoun, Sr. Webster
son superficiales, se dirigen al prejuicio popular.
Los Estados viejos así sacrificarán
    todos sus derechos a las tierras públicas...

---

[463] La revista inglesa *Quarterly Review* publicó en noviembre de 1829 dos artículos, en contra de Rusia uno y contra los Estados Unidos el otro. Adams los comenta en su *Diary*, 27 de enero de 1830 (pág 399).
Martin Van Buren, el Secretario de Estado, respaldaba al Presidente Jackson en su defensa de Eaton.
Nicholas Biddle (1786-1844) era el presidente del Second National Bank de los Estados Unidos desde 1822 y fue el principal oponente de Jackson y su Vicepresidente en «la guerra del banco» (véase el resumen del Cantar XXXVII).
[464] J. Q. Adams, tras su presidencia, fue elegido miembro de la Cámara de Representantes (donde ocupó el asiento núm. 203) por el estado de Massachussetts, desde 1831 hasta su muerte en 1848.

L'ami de tout le monde, Martin Van Buren...
Mr Webster, a man of straw... in the yard of the
President's house. It is said that their object
was to remonstrate against working more
than ten hours a day (April 13th. '37).
At the President's house and had with him conversation
respecting the climate, Queen Victoria and the weather...

Legaré wd. retort upon them by preaching to the labourers
Insurrection against the capitalists of the North.

Senate Chamber where I found him (J. Calhoun)
discoursing to his own honour and glory and
vituperating Mr Clay.
...after battling with each other on the atonement,
Christ and the Trinity... phrenology and animal magnetism...
Tippecanoe clubs... students of colleges, schoolboys...

L'ami de tout le monde, Martin Van Buren...
El Sr. Webster, hombre de paja... en el patio de la
casa del Presidente. Se dice que su objeto
era quejarse en contra del trabajo por más
de diez horas al día (abril 13, '37).
En casa del Presidente y conversé con él
acerca del clima, la Reina Victoria y el tiempo...[465]

Legaré les contestaría predicando a los trabajadores
La insurrección en contra de los capitalistas del Norte.

Cámara del Senado donde le encontré (a J. Calhoun)
discurriendo en honor y gloria suya y
vituperando al Sr. Clay.
...después de contender entre sí sobre la expiación,
Cristo y la Trinidad... la frenología y el magnetismo
  animal...
Clubes Tippecanoe... estudiantes universitarios, colegia-
  les...[466]

---

[465] Daniel Webster (1782-1852), abogado y político, defensor de la idea de la unidad nacional en el conflicto entre esclavistas y antiesclavistas, se opuso duramente a Jackson en la lucha de éste contra el Banco Nacional, un proyecto que Webster defendió apasionadamente.

Harriet Martineau (1802-76), escritora y popularizadora de temas económicos, autora de *Illustrations of Political Economy* (1832-34). Adams, que da el título de esa obra erróneamente como *Conversations upon Political Economy*, la visitó el 18 de enero de 1835 (*The Diary*, pág. 456).

«En el patio de la casa del Presidente»: una manifestación de obreros ante la Casa Blanca reclamaba a Van Buren que se prohibiese la jornada laboral superior a las diez horas diarias.

En 1837 Victoria de Inglaterra ascendió al trono a los dieciocho años de edad.

[466] «Clubes Tippecanoe»: el general William Henry Harrison (1773-1841) logró una gran popularidad en todo el país por su victoria contra los indios Shawnee y su jefe Tecumseh en la batalla de Tippecanoe en 1811. En 1841 fue elegido Presidente (el noveno), pero murió al mes de tomar posesión, siendo el primer presidente en morir durante su mandato y el que tuvo una presidencia más breve. Su Vicepresidente, John Tyler (1790-1862), asumiría la presidencia por el resto del mandato de Harrison.

The world, the flesh, the devils in hell are
Against any man who now in the North American
   Union
shall dare to join the standard of Almighty God to
Put down the African slave trade... what can I
Seventy-four years, verge of my birthday, shaking hand
...for the suppression of the African slave trade...

Van Buren...against more than ten hours a day...
Harrison on a mean-looking horse...
      was amiable and benevolent...
Administration will waddle along...
      haec sunt infamiae...
            wrongs of the Cherokee nation..
These are the sins of Georgia
These are the lies
These are the infamies
These are the broken contracts...
Buchanan the shade of a shade,
      Scott a daguerreotype of a likeness
Mr Dan Webster spouting, Tyler's nose outreaching the
   munyment
Gun barrels, black walnut...

El mundo, la carne, los diablos en el infierno son
Contrarios a cualquier hombre que en la Unión
    Norteamericana de ahora
ose unirse al estandarte de Dios Todopoderoso para
Acabar con el comercio esclavista africano... qué puedo yo
De setenta y cuatro años, en vísperas de mi cumpleaños,
    las manos trémulas
...por la supresión del comercio esclavista africano...[467]

Van Buren... en contra de más de diez horas al día...
Harrison cabalgando animal de aspecto malo...
    fue amable y benévolo...
La administración irá con pies de plomo...
    haec sunt infamiae...
        atentados contra la nación Cheroquí...
Éstos son los pecados de Georgia
Éstas las mentiras
Éstas las infamias
Éstos los contratos rotos...
Buchanan la sombra de una sombra,
    Scott un daguerrotipo de una semejanza
El Sr. Dan Webster chisporroteando, la nariz de Tyler
    traspasando el monumento
Culatas, nogal negro...[468]

---

[467] Sobre el infame comercio esclavista, comenta el 29 de marzo de 1841: «The world, the flesh, and all the devils in hell are arrayed against any man who now on this North American Union shall dare to join the standard of Almighty God to put down the African slave-trade. ... Yet my conscience presses me on; let me but die upon the breach» («El mundo, la carne y todos los demonios del infierno se alían contra cualquiera que en esta Unión Norteamericana se atreva a unirse al estandarte de Dios Todopoderoso para acabar con el tráfico de esclavos africanos. ... Pero mi conciencia me impulsa; permítaseme morir en la brecha». *The Diary,* pág. 519).

[468] «haec sunt infamiae»: «éstas son las infamias». Sobre el tratamiento dado por el estado de Georgia a los indios Creeks y Cherokees (véase nota 433) escribe Adams el 30 de junio de 1841: «Georgia extended her jurisdiction over them, took possession of their lands, houses, cattle, furniture, negroes, and drove them out of their own dwellings. All the Southern States supported Georgia in this utter prostration of faith and

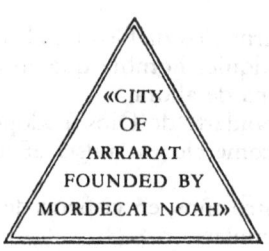

These words I read on a pyramid, written
 in English and Hebrew.
The firemen's torchlight procession,
Firemen's torchlight procession,
Science as a principle of political action
 Firemen's torchlight procession!
Proportioned to free inhabitants (Dec. 21. '43)
Electro magnetic (Morse)

 Constans proposito...
Justum et Tenacem

Leí estas palabras en una pirámide, escritas
   en inglés y hebreo.
La procesión con antorchas de los bomberos,
Procesión de antorchas de los bomberos,
La ciencia como principio de acción política
   ¡Procesión de antorchas de los bomberos!
Proporcionado a los habitantes libres (diciembre 21, '43)
Electromagnetismo (Morse)

 Constans proposito...
Justum et Tenacem[469]

---

justice; and Andrew Jackson, by the simultaneous operation of fraudulent treaties and brutal force, completed the work» («Georgia forzó su jurisdicción sobre ellos, tomó posesión de sus tierras, casas, ganado, mobiliario, negros y les expulsó de sus propias viviendas. Todos los Estados del Sur apoyaron a Georgia en esta absoluta conculcación de la fidelidad y la justicia; y Andrew Jackson, con la actuación simultánea de tratados fraudulentos y fuerza bruta, completó el trabajo». *The Diary*, páginas 526-27).

James Buchanan (1791-1868) fue Presidente de 1857 a 1861. Abogado, dedicó toda su vida a la acción política como representante y senador por el estado de Pensilvania y durante su mandato presidencial se esforzó intensamente en poner paz entre los estados del norte y los del sur por la cuestión de la esclavitud, intentando evitar la secesión amenazada por los últimos. Es el único presidente soltero en la historia de los Estados Unidos, y esto, unido a su íntima y larga amistad con el general Winfield Scott (héroe de la guerra de 1812 primero y de la guerra con México después), hizo circular apagados rumores sobre su supuesta homosexualidad (véase John Updike, *Memoirs of the Ford Administration*, Nueva York, Knopf, 1992, que, aunque obra de ficción, se hace eco de dichos rumores).

[469] Sobre la ciudad de Arrarat, o Ararat, véase la nota 460.

Samuel Finley Breese Morse (1791-1872), el inventor del telégrafo en 1844 y del alfabeto que lleva su nombre.

«Constans proposito... Justum et Tenacem»: «Justum et tenacem propositi virum» («Del varón justo y de tenaz carácter, [ninguna amenaza conmueve el alma fuerte]». Horacio, *Odas y Epodos,* edición bilingüe de Manuel Fernández Galiano y Vicente Cristóbal, Madrid, Cátedra, 1990, págs. 238-39).

El ideograma chino lo identifica Terrell (vol. I, pág. 139) como equivalente a «integridad», «fidelidad a la palabra dada». Cookson lo completa: «Fidelidad a la palabra dada. El hombre que se atiene a sus compromisos» (pág. 39).

Cantar XXXV

El caos en lo que llama Pound «Mitteleuropa» (a la que dedica este Canto y el XXXVIII, más adelante), político y económico, del siglo XX es, de nuevo, el tema de este Canto. Alude Pound a la alta burguesía de Viena, entre la que se incluyen conocidas familias judías, a las que se condena matizadamente: «la cosa es nuestra sólo de nombre / la hacen condenados judíos exiliados»; pero al mismo tiempo, la joven «producto de Mitteleuropa», o «un hermoso muchacho judío / con una voz que / podía derretir el corazón de una piedra» y llorar la muerte de su hermano y organizarle «un entierro magnífico», establecen un cierto equilibrio, aunque este último (aquí el Pound irónico) enviase «la cuenta (de los gastos del sepelio) a su cuñada». A este mismo efecto nada anti-semita contribuye también, quizá con reforzada intensidad, la observación sobre «lo cálido del afecto, / la intramural, la casi intravaginal calidez del / afecto hebreo, en la familia, y casi todo lo demás».

Sigue universalizando el panorama con inclusiones de datos históricos y anecdóticos referentes al emperador Francisco José (véase Cantar XVI, nota 197), al que trata con connotaciones peyorativas al traducir su nombre mitad en francés, mitad en italiano, aparte del explícito calificativo de «hideputa» que le dedica; a la situación italiana y el intento de creación de un altruista, o al menos no explotador Monte de Piedad en Siena, que ayudase a los trabajadores para que sus productos fuesen competitivos; a sucesos de diversa índole en Inglaterra, Rusia, Hungría, Portugal, etc. Todo este auténtico cajón de sastre hace difícil la lectura, de modo que su intención de transmitir con él esa impresión de una Europa Central sometida a un «general bamboleo indefinido» no acaba de lograrse con claridad: el Canto «suffers from "indefinite wobble", has too many unidentifiable names and half-explained anecdotes to convey even this simple message satisfactorily» («sufre de "indefinido bamboleo", tiene demasiados nombres inidentificables y anécdotas medio explicadas para transmitir incluso este sencillo mensaje satisfactoriamente», Carpenter, pág. 509). Quizá, de todas formas, el efecto de caos, confusión y desesperanza sí llegue al lector de modo indirecto, precisamente a través de esa falta de claridad y precisión: es decir, más como consecuencia de un cierto fracaso artístico que del acierto narrativo del poeta.

XXXV

So this is (may we take it) Mitteleuropa:

Mr Corles was in command of machine guns
but when the time came to fire
he merely lit a cigarette and walked away from his
battery and seated himself in a field,
So some subaltern gave the order to fire
and Mr Corles did not suffer the extreme penalty
because his family
was a very good bourgeois family in Vienna
and he was therefor sent to a mind sanatorium.
Mr Fidascz
explained to me
the horrors of playing the fiddle while that ass Nataano-
   vitch,

XXXV

De modo que ésta es (podemos creer) Mitteleuropa[470]:

El señor Corles comandaba ametralladoras
pero cuando llegó el momento de disparar
simplemente encendió un cigarrillo y se alejó de su
    batería y se sentó en un campo,
De modo que algún subalterno dio la orden de hacer
    fuego
y el Sr. Corles no sufrió la pena extrema
porque su familia
era una muy buena familia burguesa de Viena
y por eso le enviaron a un manicomio.
El Sr. Fidascz
me explicó
los horrores de tocar el violín mientras aquel asno Nataa-
    novitch[471],

---

[470] «Mitteleuropa», o «Europa Central». Se refiere básicamente a los territorios del Imperio Austro-húngaro.
[471] «El señor Corles» ha sido identificado por Edwards y Vasse, Terrell y Mary de Rachewiltz como Alfred Pèrles, el escritor y biógrafo contemporáneo de origen austriaco. «El señor Fidascz», con las mismas fuentes, es Tibor Serly, un compositor húngaro al que Pound trató en Nueva York durante su estancia allí en 1939. En su casa se encontró en una de esas ocasiones con el poeta Louis Zukovsky, al que hacía varios años que no veía y que intentó ponerle en guardia contra algunos de los entusiasmos de Pound por personajes de claras inclinaciones antisemitas, como el orador y clérigo Charles Coughlin, que difundía propaganda antisemita recibida de Alemania (Carpenter, pág. 561). Nataanovitch es el músico Igor Stravinsky, al que Pound consideraba «a composer of the first order» («un compositor de primera fila»), aunque al parecer no se sentía excesivamente cómodo con su música (Carpenter, pág. 315).
El resto del Canto abunda en oscuras referencias a personajes y anéc-

or some other better known -ovitch
whose name we must respect because of the
law of libel,
was conducting
in particular the Mattias Passion, after requesting that
the audience come in black clothes;
And the Fraulein Doktor nearly wept over the Tyrol,
being incapable of seeing that the century-old joke on Italia
was now on somebody else
though if they cd. sentimentalize over that lousy old
bewhiskered sonvabitch François Giuseppe of whom nothing
good is recorded —in fact with the most patient research—
nothing good is recorded..and so forth
this is Mitteleuropa
    and Tsievitz
has explained to me the warmth of affections,
the intramural, the almost intravaginal warmth of
hebrew affections, in the family, and nearly everything else...
pointing out that Mr Lewinesholme has suffered by deprivation

o algún otro más conocido-ovitch
cuyo nombre debemos respetar debido a las
leyes sobre difamación,
dirigía
en particular la Pasión de Matías, después de pedir que
el público viniese de negro;
Y la Fraulein Doktor casi lloró sobre el Tirol,
incapaz de pensar que la broma de un siglo sobre Italia[472]
había ahora caído sobre otro
aunque si podían emocionarse por ese perro viejo
barbudo hideputa François Giuseppe de quien nada[473]
bueno se recuerda —la verdad que la investigación más
   concienzuda—
nada bueno registra... y etcétera...
ésta es Mitteleuropa
   y Tsievitz
me ha explicado lo cálido del afecto,
la intramural, la casi intravaginal calidez del
afecto hebreo, en la familia, y casi todo lo demás...
indicando que el Sr. Lewinesholme ha sufrido por haber
   estado privado[474]

---

dotas de la época que Terrell se esfuerza, con éxito sólo parcial, en identificar por medio de las anotaciones que encontró manuscritas en los márgenes de la copia de los *Cantos* de un Reno Odlin, que obtuvo la mayoría de las identificaciones de boca del propio Pound en sus conversaciones con él durante 1957 y 1958. En todo caso, incluso cuando pone nombre y apellido a los seudónimos con que Pound se refiere a ellos, se trata generalmente de figuras de escaso o nulo relieve, protagonistas de anécdotas poco relevantes y sólo a medias reconstruidas, que no añaden nada a la lectura, por lo que prescindo de ellos aquí y me limitaré a los casos en que las referencias son significativas.

[472] «la Pasión de Matías» alude a *La Pasión según san Mateo* de Johann Sebastian Bach.

La broma, o chiste secular sobre el Tirol, no tenía nada de gracioso para sus habitantes, forzados a cambiar de nacionalidad en virtud de los tratados internacionales de 1919, que consumaron el desmembramiento del Imperio Austro-húngaro. al que había pertenecido durante siglos.

[473] François Giuseppe, el emperador Francisco José (1830-1916), que firmó la declaración de guerra el 28 de julio de 1914 (véase también nota 197).

[474] «el señor Lewinesholme» es Richard Lewinsohn, autor de una biografía de Zaharoff (véase notas 221, 222, 224 y 226).

of same and exposure to American snobbery... «I am a
   product,»
said the young lady, «of Mitteleuropa,»
but she seemed to have been able to mobilize
and the fine thing was that the family did not
wire about papa's death for fear of disturbing the concert
which might seem to contradict the general indefinite
   wobble.
It must be rather like some internal organ,
some communal life of the pancreas... sensitivity
without direction... this is...
Oh yes, there are nobles, still interested in polo
said the whoring countess of course there were nobles.
Mister Axon the usually so intelligent was
after two lunches with Dortmund unable, in fact he was
quite unable to play respectable chess and the younger
Alexi after living with Murphy
was observed to be gray in the gills
through a presumed loss of vitality we have said that
stupidity is contagious, the divorce of Potemkin
was impeded by the death of his grandmother
and a resurgence of family feeling. His
wife now acts as his model and the Egeria
has, let us say, married a realtor. Having resigned overt
intention to remarry, the widow, once the rose,

del mismo y estado expuesto al esnobismo norteamericano... «Soy producto»,
dijo la joven, «de Mitteleuropa»,
pero parece que pudo movilizarse
y lo excelente fue que la familia no
cablegrafió sobre la muerte de papá por temor de perturbar el concierto
lo cual parecería contradecir al general bamboleo indefinido.
Debe ser parecido a algún órgano interno,
alguna vida comunal del páncreas... sensibilidad
sin dirección... esto es...
Ah, sí, hay nobles, todavía interesados en el polo
dijo la condesa puta claro que había nobles.
El Sr. Axon el tan generalmente inteligente
después de dos almuerzos con Dortmund no pudo, la verdad es que
de ninguna manera pudo jugar ajedrez pasadero y el menor
Alexi después de vivir con Murphy
se observó que estaba muy desmejorado
debido a una supuesta pérdida de vitalidad hemos dicho que
la estupidez es contagiosa, el divorcio de Potemkin[475]
fue impedido por la muerte de su abuela
y un resurgimiento de solidaridad familiar. Su
esposa es ahora su modelo y la Egeria[476]
ha, digamos, contraído nupcias con un corredor de fincas
 urbanas. Habiendo renunciado a la abierta
intención de volverse a casar, la viuda, otrora la rosa,

---

[475] Grigori Alexandróvich Potemkín, o Potiomkin (1739-1791), príncipe de Táuride, político y mariscal de campo, favorito de Catalina II (Catalina la Grande), fue un brillante administrador, se distinguió en las guerras ruso-turcas y fue el artífice de la incorporación de Crimea a Rusia, entre otros hechos notables para su país.
[476] La ninfa Egeria, diosa de las fuentes, consejera y amiga (acaso su esposa) del piadoso rey Numa, a cuya muerte Egeria, presa de dolor, derramó tantas lágrimas que fue transformada en fuente.

spends her time now plaguing her daughter, and
Mr Elias said to me:
   «How do you get inspiration?
»Now my friend Hall Caine told me he came on a case
»a very sad case of a girl in the East End of London
»and it gave him an i n s p i r a t i o n. The only
»way I get inspiration is occasionally from a girl, I
»mean sometimes sitting in a restaurant and
       looking at a pretty girl I
»get an i-de-a, I-mean-a biz-nis i-de-a?»
       dixit sic felix Elias?
The tale of the perfect schnorrer: a peautiful chewisch
   poy
wit a vo-ice dot woult
meldt dh heart offa schtone
and wit a likeing for to make arht-voiks
and ven dh oldt ladty wasn't dhere any more
and dey didn't know why, tdhere ee woss in the
oldt antique schop and nobodty knew how he got dhere
and venn hiss brudder diet widout any bapers
he vept all ofer dh garpet so much he

ahora se pasa la vida molestando a la hija, y
el Sr. Elías me preguntó[477]:
 «¿Cómo se inspira uno?
»El caso es que mi amigo Hall Caine me dijo que tuvo un caso[478]
»caso muy triste de una chica en el East End de Londres
»y que le i n s p i r ó. La única
»manera en que yo me inspiro a veces es con una chica,
»quiero decir que a veces sentado en un restaurante y observando a una chica linda yo
»caigo en una idea, quiero decir una idea de negocios» dixit sic felix Elías?[479]
El cuerpo de un cuñado perfecto: un hermano muchacho judío[480]
con una voz que
podía derretir el corazón de una piedra
y con gran afición a las obras de arte
y cuando la vieja ya no estaba allí
y nadie sabía por qué no, allí estaba él en la
vieja tienda de antigüedades y nadie supo cómo ni por qué
y cuando su hermano murió intestato
lloró tanto encima de la alfombra que

---

[477] En *Guide to Kulchur*, Pound relaciona a Elías con Odiseo: «... though time had worn out Odysseus' name, down through O'ysseus, already latin Ulysses, to current Elias, identified with the prophet» («aunque el paso del tiempo había desgastado el nombre de Odysseus, a través de O'ysseus, hasya el latín Ulysses, para llegar al actual Elías, identificado con el profeta», pág. 79).

[478] Sir Thomas Henry Hall Caine (1853-1931), protegido y amigo de Dante Gabriel Rosetti (el famoso prerrafaelista), fue autor de novelas de gran éxito en su tiempo, algunas adaptadas al teatro.

[479] «dixit sic felix Elias?»: «¿habló así el feliz Elías?».

[480] Está claro que el traductor se equivoca aquí, al dar «The tale of the perfect schnorrer» como «el cuerpo de un cuñado perfecto». Desde luego, «tale» como «cuerpo» no tiene explicación posible. Además, según Leo Rosten ya citado (véase el resumen al Cantar I), el término significa mendigo, pero no el que mendiga por necesidad, sino por vagancia: la frase debiera decir, pues, «la historia del perfecto pícaro» o algo similar. La voz procede del alemán *schnorren*, mendigar (*The Joys of Yaddish*, pág. 369).

had to have his clothes aftervards pressed
and he orderet a magnifficent funeral
and tden zent dh pill to dh vife.

But when they have high cheek-bones
they are supposed to be Mongol. Eljen! Eljen Hatvany!
He had ideals and he said to the general at the conference,
«I introduce to you the head of the bakers' union.
»I introduce to you the head of the brick-layers' union...»
«Comment! Vous êtes tombés si bas?»
      replied General Franchet de Whatshisname
on the part of the french royalist party, showing thus
the use of ideals to a jewish Hungarian baron
with a library (naturally with a library)
and a fine collection of paintings? «We find the land overbrained.»
said the bojars or whatever the old savages call it
as they hung their old huntsman friend to his chandelier
in his dining hall after the usual feasting and flagons
VIRTUSCH!! it must be one helluva country. Item:
That there be made a fontego (a chamber)
to lend money on cloth so that they cease not to
labour for lack of money... Item: that there be made a *scavenzaria*
and it be furnished with cloth thus pledged
to be sold a *schavezo* at a price as if wholesale
plus only the proportion of the tax for the retail so that

tuvo que enviar su ropa a planchar
y pidió que se hiciera un entierro magnífico
y luego envió la cuenta a su cuñada.
   Pero cuando tienen pómulos pronunciados
se supone que son mongoles. Eljen! Eljen Harvany![481]
Él tenía ideales y le dijo al general en la conferencia,
«Le presento al jefe del sindicato de panaderos.
»Le presento al jefe del sindicato de los ladrilleros.»
«Comment! Vous êtes tombés si bas?»[482]
    contestó el general Franchet de Cómosellama
de parte del partido realista francés, mostrando así
lo práctico de los ideales a un barón húngaro judío
con una biblioteca (naturalmente con biblioteca)
y una buena colección de pintura. «Encontramos que el
    país está sobrecerebrado.»
dijeron los boyardos o como sea que los viejos salvajes lo
    nombran
al colgar a su viejo amigo cazador de la araña
de su comedor después de la fiesta acostumbrada y botellones
VIRTUSCH!! qué país debe ser. Item:
Que se construya un *fontego* (una cámara)
para que preste dinero sobre telas para que no dejen de
trabajar por falta de dinero... Item: que se haga una *scavenzaria*
y que se abastezca de tela así empeñada
que ha de venderse *a schavezo* a un precio como si fuera al
    por mayor[483]
más sólo la cantidad del impuesto al por menor de modo
    que

---

[481] «Eljen! Eljen Hatvany!»: «¡Salve, salve Hatjany!» Eljen es palabra húngara. Hatjany es probablemente (Terrell, vol. I, págs. 140-41) un banquero judío del siglo XIX.
[482] «Comment!...»: «¡Cómo! ¿Tan bajo ha caído usted?».
[483] «los boyardos» son los miembros de la aristocracia rusa, propietarios de tierras y siervos.
«Scavenzaria» es en italiano «ganga, lo que se obtiene en las rebajas», y «a schavezo» significa «a precio de ganga».

Mantua cloth being cheap as in countries circumjacent
   and that
Brescians, Cremonesi, Parmenesi, Resanesi
who now go to Verona where it is cheaper as also
our own townsfolk go there, they wd. then come here or
stay here to the augment of industry and increase in
the retail tax and all of the other taxes.
Item: for the increase of this art
shd. be a man stationed in Venice... to sell what we
can't sell here... Item: a dye works... that they can dye
the pledged cloth... and that finding here cloth well co-
   loured
...inficit umbras...
the Romagnols wd. come here to Mantua, and the March
   folk
who now go to Verona to buy...all of which wd.
be gain to this industry, bring more people to live here
and be of great use to yr. taxes.
          Mantua 1401, una grida.
When the stars fall from the olive
Or with four points or with five
Toward St John's eve
Came this day Madame ὕλη, Madame la Porte Parure

las telas mantuanas siendo baratas como en los países circundantes de modo que
los de Brescia, Cremona, Parma y Resana
que ahora van a Verona donde son más baratas así como nuestros propios habitantes van allá, entonces vengan aquí
o se queden para aumentar la industria y el aumento
del impuesto sobre las ventas al por menor y todos los demás.
Item: para el aumento del arte
debe ser hombre sito en Venecia... para vender lo que no podemos vender aquí... Item: una tintorería... para que puedan teñir
las telas empeñadas... y que encontrando aquí telas bien teñidas
...inficit umbras...[484]
los romañoles vendrían aquí a Mantua, y los de Las Marcas
que ahora van a comprar a Verona... todo lo cual
sería ganancia para esta industria, traería más gente a vivir aquí
y sería de gran aumento a vuestros impuestos.
    Mantua 1401, una grida[485].
Cuando las estrellas caen del olivo
O con cuatro picos o con cinco
Hacia la víspera de San Juan
Vino este día Madame ὕλη, Madame la Porte Parure[486]

---

[484] «inficit umbras»: «tiñe de colores más oscuros». Las referencias precedentes y las que siguen tienen que ver con la historia de la fundación del Monte dei Paschi, que se describirá con más detalles más adelante (véase los resúmenes a los Cantares XLII y XLVI, así como las notas correspondientes a los mismos).

[485] Marcas: en italiano Marche. Es una región entre los Apeninos y el Adriático.

«una grida»: «una proclama, un bando».

[486] «ile, Madame...»: «ile, la Señora Adornada», donde el término griego «materia», lo físico más que lo espiritual, compone con el resto de la frase un epíteto aplicado a Lucrecia Borgia (se ha hablado de ella brevemente en el resumen al Cantar XXX).

Adorned with the Romancero,
foot like a flowery branch. That
Venice be *luogo di contratto* may we
say the place where the deal is made
and the profits
most assuredly from the pocket
of the last man who buys / exempt from customs
be food stuffs and nothing else so exempted
9 per cent in, and 9 out, for the upkeep of «The Domi-
    nant»
and De Gama (Vasco) a great inconvenience in fact the
worst news that there could be but:
    Can Portugal keep it up?
omnes de partibus ultramarinis
needing salt, made their peace with Venice
«who commands sea, commands trade»
let the rest provide for «The Dominant,» «Victoria?
»Where 'ave I 'eard that nayme?»
Undersell, overbuy, maintain defence of the sea route
    a. d. 1423 et cetera
9% in and 9 out, no export of sand, alkali, rags.

Quality. So that our goods please the buyer.
Tell the Wazir that that stuff is ours only in name
it is made by damned jews in exile, made by damned
    jews in
Ragusa and sold with Venetian labels. Goods in
Venetian bottoms
no ship to be built out of Venice.

Adornada con el Romancero,
pie cual rama florecida. Que
Venecia sea *luogo di contratto* digamos[487]
el sitio donde se cierra el trato
y las ganancias
seguramente de los bolsillos
del último comprador / exentas de aduana
sean comestibles y nada más exento
9 por ciento de entrada y 9 de salida, para el manteni-
   miento de la «Dominante»[488]
y De Gama (Vasco) una gran inconveniencia de hecho la
peor noticia que podía haber pero:
   ¿Podrá Portugal seguir adelante?
omnes de partibus ultramarinis[489]
en necesidad de sal, hicieron la paz con Venecia
«el que rige el mar, rige el comercio»
que los demás provean a la «Dominante», «¿Victoria?»
«¿Dónde he oído ese nombre?»
Vender más barato, comprar más caro, mantener la
   defensa de las rutas marítimas
      1423 d. de C. et cetera
9 % al entrar y 9 al salir, ninguna exportación de arena,
   alcalí, harapos.

Calidad. Para que nuestros efectos agraden al compra-
   dor.
Decid al Wazir que la cosa es nuestra sólo de nombre[490]
la hacen condenados judíos exiliados, condenados ju-
díos en
Ragusa y se vende con etiquetas venecianas. Efectos en
calas venecianas
y ningún barco ha de construirse fuera de Venecia.

---

[487] «luogo di contratto»: «lugar del contrato».
[488] «la "Dominante"»: se aplicaba históricamente a Venecia, «Venezia Dominante».
[489] «omnes...»: «desde todas las regiones ultramarinas».
[490] Wazir: el Visir, un dignatario en los países mahometanos, a veces equivalente a un ministro.

Mocenigo. Fourteen twenty-three.
Have a load-line, no heavy deck cargo. Tola, octroi and decime.

Mocenigo. Mil cuatrocientos veintitrés[491].
Tienen una línea de flotación con carga, no llevan carga pesada en la cubierta. Tola, octroi y decime[492].

---

[491] La aristocrática familia Mocenigo se estableció en Venecia en el siglo XI y dio a la República clérigos, jefes militares, diplomáticos y estadistas, entre éstos siete dogos. Tommaso (1343-1423) fue elegido dogo en 1414 y amplió los dominios venecianos con la conquista de Trentino, Dalmacia y otros territorios. Se le recuerda, sin embargo, en la historia, como un hombre de paz, impulsor del comercio y enemigo de aventuras bélicas.

[492] «Tola»: tributo, en latín. «Octroi»: impuestos, en francés. «Decime»: diezmos, en italiano.

Cantar XXXVI

Excepto por las treinta y dos últimas líneas, este Canto, que traduce una *canzone* de Guido Cavalcanti, constituye un bello y luminoso interludio, una inspirada y conmovedora descripción de la naturaleza del amor. Es una pausa que eleva el espíritu, relaja la tensión producida por los anteriores Cantos y confirma la gran delicadeza lírica de Pound. No es, sin embargo, un ocioso corte pues la aparente brusquedad del cambio de énfasis proporciona la necesaria serenidad para continuar la lectura con la emoción remansada y apaciguada: el propio Pound asegura, en la introducción de 1910 a sus traducciones del poeta italiano, que «it is only when the emotions illumine the perceptive powers that we see the reality» («Solamente cuando las emociones iluminan nuestra capacidad de percepción somos capaces de ver la realidad», Ezra Pound, *The Translations,* pág. 24). Y añade como colofón: «it is in the light born of this double current that we look upon the face of the mystery unveiled» («A la luz nacida de esta doble corriente contemplamos la faz del misterio desvelado», *ibidem*).

El resto del Canto, desde «Sedicentes tronos...», constituye una reflexión filosófica sobre el dominio de la razón como única fuente adecuada de autoridad moral: se apoya en Escoto Eríugena, o Erígena (Johannes Scotus Erigena, un teólogo probablemente nacido en Irlanda hacia el año 810 y muerto en Francia alrededor del 877), cuyo pensamiento, de inspiración platónica, está imbuido de un cierto panteísmo que le hizo sospechoso de herejía ante las autoridades eclesiásticas, de cuya condena le libró la protección del rey de Francia, Carlos el Calvo. Sus doctrinas, sin embargo, serían declaradas heréticas en 1050 y más tarde de nuevo en 1255. Afirmaba, asimismo, el derecho de la razón y de la crítica frente al dogmatismo, considerando imposible el conflicto entre la verdadera autoridad y la verdadera razón.

XXXVI

A lady asks me
    I speak in season
She seeks reason for an affect, wild often
That is so proud he hath Love for a name
Who denys it can hear the truth now
Wherefore I speak to the present knowers
Having no hope that low-hearted
    Can bring sight to such reason
Be there not natural demonstration
    I have no will to try proof-bringing
Or say where it hath birth
What is its virtu and power
Its being and every moving
Or delight whereby 'tis called «to love»
Or if man can show it to sight.

Where memory liveth,
    it takes its state
Formed like a diafan from light on shade
Which shadow cometh of Mars and remaineth
Created, having a name sensate,
Custom of the soul,
    will from the heart;
Cometh from a seen form which being understood
Taketh locus and remaining in the intellect possible
Wherein hath he neither weight nor still-standing,

XXXVI

Una dama me pide[493]
    Que hable en buena sazón
Busca la razón de un afecto, loco a veces
Que está tan orgulloso de tener Amor por nombre
Que niega poder oír la verdad ahora
Por lo cual hablo a los conocedores actuales
Sin esperar que los timoratos
    Puedan dar ojos a tal razón
No habiendo natural demostración
    No tengo inclinación de tratar de traer pruebas
Ni de decir do nace
Cuál sea su virtud y fuerza
Su ser y todo movimiento
O deleite por lo cual se llama «amar»
O si un mortal pueda mostrarlo a la vista.

Donde mora la memoria,
    toma su estado
Formado como una diafanidad de la luz sobre la sombra
La cual viene de Marte y permanece
Creada, teniendo nombre sensorial,
Costumbre del alma,
    voluntad del corazón;
Viene de una forma vista la cual comprendida
Toma lugar y permaneciendo en el intelecto posible
Donde no tiene ni peso ni quietud,

---

[493] «Una dama me pide»: «Donna me prega», una canción de Cavalcanti que Pound traduce completa, variando y mejorando substancialmente aquí la primera versión de 1910, que se incluye en sus *Translations*, págs. 132-140.

Descendeth not by quality but shineth out
Himself his own effect unendingly
Not in delight but in the being aware
Nor can he leave his true likeness otherwhere.

He is not vertu but cometh of that perfection
Which is so postulate not by the reason
But 'tis felt, I say.
Beyond salvation, holdeth his judging force
Deeming intention to be reason's peer and mate,
Poor in discernment, being thus weakness' friend
Often his power cometh on death in the end,
Be it withstayed
    and so swinging counterweight.
Not that it were natural opposite, but only
Wry'd a bit from the perfect,
Let no man say love cometh from chance
Or hath not established lordship
Holding his power even though
    Memory hath him no more.

Cometh he to be
    when the will
From overplus
Twisteth out of natural measure,
Never adorned with rest Moveth he changing colour
Either to laugh or weep
Contorting the face with fear
    resteth but a little
Yet shall ye see of him That he is most often
With folk who deserve him
And his strange quality sets sighs to move
Willing man look into that forméd trace in his mind
And with such uneasiness as rouseth the flame.
Unskilled can not form his image,

No desciende por cualidad sino que brilla
Él mismo su propio efecto sin fin
No en el deleite sino en el darse cuenta
Ni tampoco puede dejar su verdadera semejanza en otra
    parte.

Él no es vertu sino que procede de esa perfección
Que así se postula no por la razón
Sino que se siente, digo.
Más allá de la salvación, mantiene su fuerza justiciera
Estimando que la intención es par y compañera de la
    razón,
Pobre en discernimiento, siendo entonces amiga de la
    flaqueza
A menudo su fuerza llega a la muerte al fin,
Téngase
    y así en contrapeso pendular.
No que fuese natural contraria, sino sólo
Un tanto desviada de lo perfecto,
Que nadie diga que amor procede del azar
O que no ha establecido regimiento
Manteniendo su poder aunque
    la memoria ya no le detenga.

Llega a ser
    cuando voluntad
Por demasía
Sálese de la natural medida,
Jamás adornado con descanso muévese mudando la color
Ya sea para reír o llorar
Contorsionando la cara de temor
    descansa sólo poco
Sin embargo sabréis de él que más a menudo
Acompaña a los que le merecen
Y su rara cualidad pone al suspiro en movimiento
Haciendo que los hombres observen esa formada traza en
    sus mentes
Y con el desasosiego que despierta la llama.
Los bisoños no pueden formar su imagen,

He himself moveth not, drawing all to his stillness,
Neither turneth about to seek his delight
Nor yet to seek out proving
Be it so great or so small.

He draweth likeness and hue from like nature
So making pleasure more certain in seeming
Nor can stand hid in such nearness,
Beautys be darts tho' not savage
Skilled from such fear a man follows
Deserving spirit, that pierceth.
Nor is he known from his face
But taken in the white light that is allness
Toucheth his aim
Who heareth, seeth not form
But is led by its emanation.
Being divided, set out from colour,
Disjunct in mid darkness
Grazeth the light, one moving by other,
Being divided, divided from all falsity
Worthy of trust
From him alone mercy proceedeth.

Go, song, surely thou mayest
Whither it please thee
For so art thou ornate that thy reasons
Shall be praised from thy understanders,
With others hast thou no will to make company.

«Called thrones, balascio or topaze»
Eriugina was not understood in his time

Él mismo no se mueve, atrayéndolo todo a su quietud,
Tampoco se vuelve en busca de su deleite
Ni tampoco en busca de probanza
Ni grande ni pequeña.

Deriva semejanza y color de naturaleza semejante
De tal modo asegurando el placer en la apariencia
Ni escondido en tal cercanía permanecer puede,
Saetas de la belleza son mas no groseras y
Aleccionados contra tal temor los hombres siguen
Al espíritu merecedor dejándose por él asaetear.
Tampoco es conocido por su cara
Sino que se conoce de la blanca luz que es lo todo
Penetra su intención
Quien escucha, sin ver la forma
Guiándose por su emanación.
Siendo de naturaleza dividida, externo a la color,
Suelto entre la oscuridad
Rosa la luz, moviéndose uno por el otro,
Siendo de naturaleza dividida, separado de toda falsedad
Digno de confianza
Sólo de él procede la misericordia.

Id, canto, seguramente podéis ir
A donde os plazca
Pues sois tan adornado que vuestras razones
Han de celebrarse por vuestros entendedores,
Ya que con los demás no queréis acompañaros.

«Sedicentes tronos, balascio o topacio»[494]
Erígena no fue comprendido en su tiempo

---

[494] Los tronos de que habla aquí Pound forman parte de las categorías angélicas, clasificadas según la tradición cristiana en diferentes jerarquías: ángeles, arcángeles, principados, dominaciones, virtudes, potestades, serafines, querubines y tronos. En la *Divina Comedia,* Dante sitúa a los Tronos en el séptimo círculo del Paraíso y dice que brillan como el rubí («balascio», utiliza aquí Vázquez Amaral) y el topacio.

«which explains, perhaps, the delay in condemning him»
And they went looking for Manicheans
And found, so far as I can make out, no Manicheans
So they dug for, and damned Scotus Eriugina
«Authority comes from right reason,
   never the other way on»
Hence the delay in condemning him
Aquinas head down in a vacuum,
   Aristotle which way in a vacuum?
Sacrum, sacrum, inluminatio coitu.
Lo Sordels si fo di Mantovana
   of a castle named Goito.
«Five castles!
»Five castles!»
   (king giv' him five castles)
«And what the hell do I know about dye-works?!»
His Holiness has written a letter:
   «CHARLES the Mangy of Anjou...
...way you treat your men is a scandal...»
Dilectis miles familiaris...castra Montis Odorisii
Montis Sancti Silvestri pallete et pile...

«lo cual quizás explique la tardanza en condenarle»
Y siguieron buscando maniqueos
Y no encontraron, que yo sepa, maniqueos
De modo que desenterraron y condenaron a Escoto Erígena[495]
«La autoridad procede de la buena razón,
    nunca al contrario»
De ahí la tardanza en condenarle
Aquino de cabeza en un vacío,
    Aristóteles ¿cómo en el vacío?
Sacrum, sacrum, inluminatio coitu[496].
Lo Sordels si fo di Mantovana
    de un castillo llamado Goito.
«¡Cinco castillos!
»¡Cinco castillos!»
    (el rey le dio cinco castillos)
«¡Y ¿qué diablos sé de tintorería?!»
Su Santidad ha escrito una carta:
    «CARLOS el Sarnoso de Anjou...
    ...la forma en que tratáis a vuestros hombres es un escándalo...»[497]
Dilectis miles familiaris... castra Montis Odorisii
Montis Sancti Silvestri pallete et pile...

---

[495] Los maniqueos son los seguidores de Mani o Manés (216-c. 274), cuya herejía, el maniqueísmo, se basa en la coexistencia de dos principios opuestos: el bien y el mal. Deriva en parte de las doctrinas de Zoroastro.
Sobre Escoto Erígena, véase el resumen introductorio a este cantar.
[496] «Sacrum, sacrum, inluminatio coitu»: «Santo, santo, iluminación en el coito.» Eríugena consideraba el sexo como parte del misterio revelado.
[497] En 1265 Carlos de Anjou intenta apoderarse de territorios en Italia y Sordel le sigue a su servicio. En Novara el trovador fue encarcelado por deudas, al parecer, pues el papa Clemente IV reprocha a Carlos en una carta de septiembre de 1266 su poca generosidad con los que le sirven. En 1269 Carlos de Anjou, «en agradecimiento a los servicios que le ha prestado Sordel, le concede varios castillos en los Abruzzos, feudos que suponen una considerable renta» (Martín de Riquer, pág. 1457). Al parecer, también recibió más tarde un pueblo cuyo principal medio de vida era el teñido de telas; de ahí su exclamación en el sentido de que él no sabía nada de tintorerías.

In partibus Thetis... vineland
                            land tilled
                            the land incult
                            pratis nemoribus pascuis
                            with legal jurisdiction
his heirs of both sexes,
...sold the damn lot six weeks later,
Sordellus de Godio.
    Quan ben m'albir e mon ric pensamen.

In partibus Thetis... tierra de la vid
                         tierra cultivada
                         la tierra inculta
                         pratis nemoribus pascuis
                         con jurisdicción legal
sus herederos de ambos sexos,
...vendieron la condenada cosa seis semanas después,
Sordellus de Godio.
     Quan ben m'albir e mon ric pensamen[498].

---

[498] «Dilectis ... in partibus Thetis»: «Muy amado y caro soldado ... los castillos del Monte Odorisii / del Monte de San Silvestre con los de Pagliete y Pila ... / en la región de Thetis.» Thetis es una zona de los Abruzzos.

«pratis nemoribus pascuis»: «prados, bosques y tierras de pastos».

«Quan ben m'albir e mon ric pensamen»: «cuando pienso a fondo en mi rico pensamiento». De un poema de Sordel.

Cantar XXXVII

A otras fuentes históricas y documentales ya mencionadas (*The Diary of John Quincy Adams,* etc.) añade Pound aquí *The Autobiography of Martin Van Buren* (Annual Report of the American Historical Association for the Year 1918, in two volumes, vol. II: *The Autobiography of Martin Van Buren,* edited by John C. Fitzpatrick, Government Printing Office, Washington 1920), cuya Presidencia (la octava: 1837-1841) se caracteriza entre otras cosas por haber heredado una profunda depresión económica, consecuencia de la crisis financiera de 1836 de la que, en parte, se culpaba a su predecesor Andrew Jackson, y a su lucha decidida contra el mantenimiento del Banco Nacional. Van Buren, siguiendo con esa política (véase nota 511), sacó adelante un «Independent Treasury Bill» en 1840, para evitar la especulación con fondos federales, de lo que se acusó a los dos primitivos intentos de Banco Central: el First Bank of the United States, 1791-1811, y el Second Bank of the United States, 1816-1836. El establecimiento definitivo de una institución financiera, lo más cercano que hay en los Estados Unidos a un Banco Central, tal como se entiende en los países europeos, el Federal Reserve System, sería obra de Woodrow Wilson en 1913: su reglamentación actual se rige por la Federal Reserve Act de 1963. Las circunstancias políticas, sociales y económicas, tan dramáticamente diversas, serían el factor decisivo en la organización de la Reserva Federal.

Cuando Pound habla de la historia económica de su país, considera la década de 1830 a 1840 «The most interesting decade of American history» («La década más interesante de la historia norteamericana»), aquella en la que se produce la guerra del pueblo contra la creación del Banco Central, una guerra «won by the people under the leadership of Jackson and Van Buren» («ganada por el pueblo bajo el liderazgo de Jackson y Van Buren», *Selected Prose,* pág. 279).

Pound ensalza en Van Buren sus esfuerzos por acabar con la esclavitud, su actitud de firme defensa de los derechos de los trabajadores, su decidido apoyo a las economías más modestas frente a los grandes imperios financieros, y su arraigado sentido de la justicia y de la libertad.

XXXVII

«Thou shalt not,» said Martin Van Buren, «jail 'em for
   debt.»
«that an immigrant shd. set out with good banknotes
and find 'em at the end of his voyage
but waste paper... if a man have in primeval forest
set up his cabin, shall rich patroon take it from him?
High judges? Are, I suppose, subject to passions
as have affected other great and good men, also
subject to esprit de corps.
The Calhouns» remarked Mr Adams
«Have flocked to the standard of feminine virtue»
«Peggy Eaton's own story» (Headline 1932)
Shall we call in the world to conduct our
municipal government?
Ambrose (Mr.) Spencer, Mr Van Renselaer
were against extension of franchise.

XXXVII

«No los meteréis», dijo Martin Van Buren, «en la cárcel
 por deudas»⁴⁹⁹.
«que un inmigrante haya de salir con buen papel moneda
y encontrar que al final de su viaje se ha
reducido a mero papel usado... si un hombre en medio de
 bosque virgen
levanta su cabaña ¿ha de poder quitársela un rico patrón?
¿Jueces superiores? Éstos, supongo, están sujetos a las pa-
 siones
que han afectado a otros grandes y buenos hombres,
 también
sujetos al esprit de corps.
Los Calhoun» dijo el Sr. Adams
«Se han unido bajo el estandarte de la virtud feme-
 nina»
«La historia de Peggy Eaton por ella misma» (cabecera
 de 1932)⁵⁰⁰
¿Llamamos al mundo para que opere
nuestro gobierno municipal?
Ambrose (el Sr.) Spencer, el Sr. Van Renselaer
se oponían a la extensión de la franquicia.

---

⁴⁹⁹ Entre otras medidas de protección a los pequeños deudores, Van Buren promovió leyes para abolir la prisión por deudas en 1813 y 1818 (John Bancroft, *Martin Van Buren to the End of his Public Career*, Nueva York, Harper, 1889, pág. 54).

⁵⁰⁰ Peggy Eaton escribió su propia *Autobiography*, que se publicó en Nueva York en 1832, dando su versión de los acontecimientos y defendiendo la idea de que los enemigos de Jackson la utilizaron a ella simplemente como hipócrita pretexto para crearle dificultades políticas al Presidente. Véase notas 460 y 462.

«Who work in factories and are employed by the wealthy
(State Convention 1821) dixit Spencer:
»Man who feeds, clothes, lodges another
has absolute control over his will.»
Kent said they wd. «deplore in sackcloth and ashes
if they preserved not a senate
to represent landed interest, and did they
jeopard property rights?» To whom Mr Somebody
 Tompkins:
«Filled your armies
»while the priests were preaching sedition
»and men of wealth decrying government credit.»
«...in order to feed on the spoils.»

«Los que trabajan en las fábricas y son empleados de los
  ricos
(Convención Estatal de 1821) dixit Spencer[501]:
»El que alimenta, viste y aloja a otro
tiene control completo sobre su voluntad.»
Kent dijo que les pesaría «en hábitos penitenciales
si no conservaban un senado
para representar los intereses sobre los terrenos, y
¿ponían en peligro los derechos de propiedad?». A lo cual
  el Sr. Fulano Tompkins:
«Infiltraron vuestros ejércitos
»mientras los sacerdotes predicaban sedición
»y los ricos se quejaban del crédito oficial.»
«...con el fin de vivir de los despojos»[502].

---

[501] Ambrose Spencer (1765-1848) fue un político republicano de Nueva York, aliado del gobernador DeWitt Clinton (véase notas 456 y 458), que se oponía a la extensión del derecho a voto a los obreros, considerando que «those who work in factories, and are employed by wealthy individuals in the capacity of laborers» no podrían ejercer con libertad su derecho, porque se expondrían a represalias de sus patronos si no votaban de acuerdo con los dictados de éstos («los que trabajan en las fábricas y son empleados por individuos ricos como obreros». Bancroft, pág. 78).

Stephen Van Rensselaer (1764-1839) también se oponía a la extensión del voto, defendiendo que se mantuviera abierto sólo a los ciudadanos que pagaban impuestos, excluyendo a obreros y campesinos que vivían de sus brazos y no poseían propiedades sujetas a fiscalidad (Bancroft, *ibídem*).

[502] James Kent (1763-1847) es un jurista del estado de Nueva York que abogaba por el mantenimiento del Senado como una cámara de representación de los ciudadanos terratenientes: «The tendency of universal suffrage is to jeopard the rights of property and the principles of liberty» («La tendencia al sufragio universal pondrá en peligro los derechos de propiedad y los principios de la libertad». Bancroft, *ibídem*, páginas 81-82).

Daniel D. Tompkins (1774-1825) fue el Vicepresidente de James Monroe (1817-25, nota 459) y representa la posición progresista en esta discusión sobre el sufragio universal, afirmando que el derecho a la propiedad, cuando se lo compara con otros derechos como «la vida, la libertad y la búsqueda de la felicidad» (según establece Jefferson en el preámbulo a la Declaración de Independencia) carece de entidad. Y se pregunta retóricamente: «How was the late war sustained? Who filled the ranks of your armies? Not the priesthood, not the men of wealth, not the spe-

Two words, said Mr Van Buren, came in with our revolution
and, as a matter of fact, why are we sent here?
«as for you Mr Chief Justice Spencer
»if they vote as they are bid by their employers
they will vote for the property which you so wish to protect.»
...when a turnpike depends upon congress
    local supervision is lost...
not surrender our conduct to foreign associations...
working classes
    who mostly
have no control over paper, and
derive no profit from bank stock...
merchants will not confess over trading
    nor speculators the disposition to speculate...
revenue for wants of the government
    to be kept under public control... do they pour
national revenue
    into banks of deposit
in seasons of speculation?
...diminish government patronage... sailor
not to be lashed save by court...   ...land

Dos palabras, dijo el Sr. Van Buren, llegaron con nuestra
revolución
y, ahora que recuerdo, ¿por qué se nos envía aquí?
«en cuanto al Sr. Justicia Mayor Spencer
»si votan como les piden sus patronos
ellos votarán por la propiedad que deseáis proteger».
...cuando una carretera depende del Congreso
    se pierde la supervisión local...
no ceder nuestra conducta a asociaciones extranjeras...
clases trabajadoras
    que por la mayor parte
no controlan el papel, y
no derivan ganancias de acciones bancarias...
los mercaderes no confiesan sobre comercio
    ni los especuladores sobre su ánimo de especu-
lar...
renta para necesidades del gobierno
    se mantengan bajo control público... ¿inyectan
renta nacional
    a los bancos de depósito
en épocas de especulación?
...disminuir el patronato del gobierno... un marinero
no ha de ser sometido al látigo salvo por el tribunal...
    ...tierra[503]

---

culators. The former were preaching sedition, and the latter decrying the credit of the government to fatten on its spoil» («¿Cómo se pudo mantener la última guerra? ¿Quiénes llenaron las filas de vuestros ejércitos? No el clero, ni los hombres ricos, ni los especuladores. Los primeros se limitaron a predicar la sedición y los últimos se conformaron con reclamar el uso del crédito del Gobierno para engordar con los despojos». Bancroft, *ibídem*, págs. 83-84).

[503] Las dos palabras a que alude Van Buren son «taxation and representation» («impuestos y representación») y recogen una máxima adoptada como bandera de la Revolución Americana que negaba el derecho del Parlamento británico a imponer impuestos a los colonos americanos que no tenían representantes en ese Parlamento: «No taxation, without representation.» El concepto se originó en un discurso en el Parlamento británico de Charles Pratt, conde de Camden, defendiendo a los colonos británicos en América, con el argumento de que «The British Parliament has no right to tax the Americans ... Taxation and representation are inseparably united» («El Parlamento británico no tiene derecho a

to actual settler (as against Mr Clay)
And when her father went broke, Mr Eaton... gave rise to
Washington gossip....loose morals of Mr Jefferson,
Servility of Martin Van Buren, said Adams
   (J. Quincy)
when everyone else is uncivil.
«No where so well deposited as in the pants of the people,
Wealth ain't,» said President Jackson.
They give the union five years...
Bank did not produce uniform currency...
they wd. import grain rather than grow it...
Bank of England failed to prevent uses of credit...

«In Banking corporations» said Mr Webster «the
»interests of the rich and the poor are happily blended.»
Said Van Buren to Mr Clay: «If you will give me
»A pinch of your excellent Maccoboy snuff...»
In Europe often by private houses, without assistance of banks
Relief is got not by increase

para el colono mismo (contra el Sr. Clay)
Y cuando su padre quebró, el Sr. Eaton... dio ocasión a
los chismes en Washington... costumbres libertinas del
   Sr. Jefferson,
El servilismo de Martin Van Buren, dijo Adams
   (J. Quincy)[504]
cuando todos los demás son unos groseros.
«En lugar alguno tan bien depositada como en los panta-
   lones del pueblo,
»La riqueza», dijo el Presidente Jackson.
Le dan a la federación cinco años...
El banco no produjo moneda uniforme...
importarían grano antes que sembrarlo...
El Banco de Inglaterra no pudo evitar el uso del crédito...

«En las corporaciones bancarias» dijo el Sr. Webster «los
»intereses de los ricos y de los pobres se mezclan feliz-
   mente.»
Dijo Van Buren al Sr. Clay: «Si Ud. me regala
»Un polvo de su excelente rapé Maccoboy...»
En Europa las cosas particulares muy a menudo y sin
   ayuda de bancos
Obtienen alivio económico no mediante el aumento

---

gravar con impuestos a los americanos ... Impuestos y representación están inseparablemente unidos». Discurso ante la Cámara de los Lores, 1765). Se dirigía el orador contra la aprobación de la «Stamp Act» o «Ley del Sello», con que se gravaban materiales impresos. La oposición en las colonias, encabezada por los llamados «Hijos de la Libertad» («The Sons of Liberty», véase también la nota 655), fue tan intensa que el Parlamento británico se vio obligado a derogar la ley un año más tarde, en 1766.

Continúa la discusión, en la que Pound ataca las posiciones que defienden un concepto restrictivo de los derechos individuales, como el del voto. La última alusión a que «un marinero no ha de ser sometido al látigo salvo por el tribunal» alude a la costumbre de la época de azotar a los marineros por sus transgresiones de la ley del mar, con la sola autoridad del capitán del barco. Van Buren dictó una orden ejecutiva en 1839 prohibiendo tal práctica y limitándola a aquellos casos aprobados previamente por los jueces (Bancroft, págs. 226-27).

[504] En *The Diary of John Quincy Adams*, éste considera que el servilismo de Martin Van Buren es «the most disgusting part of his character» («la parte más desagradable de su personalidad», pág. 483).

        but by diminution of debt.
...as Justice Marshall, has gone out of his case...

Tip an' Tyler
We'll bust Van's biler...
brought in the vice of luxuria sed aureis furculis,
which forks were
bought back in the time of President Monroe
by Mr Lee our consul in Bordeaux.
«The man is a dough-face, a profligate,»
won't say he agrees with his party.

Authorized its (the bank's) president to use funds at
discretion (its funds, his discretion) to
influence press...

sino por la reducción de la deuda.
...ya que el Juez Marshall, se ha eximido de seguir conociendo el asunto suyo...[505]

Tip y Tyler
Romperemos la vesícula de Van Buren...
introdujeron el vicio de luxuria sed aureis furculis,
los cuales tenedores fueron
comprados en tiempos del Presidente Monroe
por el Sr. Lee nuestro cónsul en Bordeaux.
«Ese hombre es un hipócrita y un libertino»,
no quiere decir que esté de acuerdo con su partido[506].

Autorizó a su (del banco) presidente para usar fondos a su discreción (sus fondos, su discreción) para
influir en la prensa...

---

[505] Webster (véase nota 465) y Clay (notas 459 y 462) hicieron causa común contra la política económica del Presidente Jackson, por lo que Pound los identifica con las fuerzas de la usura.
 John Marshall (1755-1835) fue el Chief Justice o Presidente del Tribunal Supremo de 1801 a 1835.
[506] «Tip y Tyler»: William Henry Harrison, el héroe de Tippecanoe, «Tip» (véase nota 466), con John Tyler como candidato a la vicepresidencia, derrotó en 1840 a Martin Van Buren en el intento de éste para ser elegido por un segundo mandato. El eslogan de su campaña fue «Tippecanoe and Tyler too» («Tippecanoe y también Tyler»).
 «Luxuria sed aureis furculis»: «el lujo, pero con tenedores de oro». Alude a las maneras aristocráticas de Van Buren, que utilizaba la cubertería de oro comprada por Monroe para la Casa Blanca, frente a las maneras populares de Harrison, que invitaba a sus seguidores a sidra y que se negó a vestir sombrero y casaca al pronunciar su discurso inaugural.
 El Sr. Lee (William Lee) era el cónsul norteamericano en Burdeos en tiempos del Presidente Monroe y fue el encargado de comprar «a quantity of very extravagant French furniture ... and among the rest, a parcel of spoons, which were alleged to be of pure gold» («una cantidad de mobiliario francés muy lujoso ... y entre lo demás un juego de cucharas, que se decía eran de oro puro». *Autobiography*, pág. 769). Van Buren, que desaprobaba la ostentación, se vio acusado en plena campaña electoral, que perdió ante Harrison en 1840, de haber sido el comprador de esas cucharas de oro.
 El término «dough-face», que el traductor resuelve como «hipócrita», se aplicaba a los habitantes del Norte que simpatizaban con los del Sur en referencia a la esclavitud durante la Guerra Civil.

veto power, with marked discretion, used no further than
in objecting to bank under charter existing.
«Friendly feeling toward our bank in
»the mind of the President (Jackson
whose autograph was sent to the Princess Victoria)
   wrote Biddle to Lennox Dec. 1829
»Counter rumours without foundation, I had
»a full and frank talk with the President who was
»most kind about its (the bank's) services to the country»
   Biddle to Hamilton in November.

«To which end, largely increased line of discounts
1830, October, 40 million
May, 1837 seventy millions and then some.
Remembered this in Sorrento» in the vicinage of Vesuvius
neir exhumed Herculaneum...
«30 million» said Mr Dan Wester «in states on the Mississippi
»will all have to be called in, in three
»years and nine months, if the charter be not extended...
»I hesertate nawt tew say et will dee-precierate
»everyman's prorperty from the etcetera
»to the kepertal ov Missouri, affect the price of

poder de veto, con marcada discreción, usado no más que
para objetar la existencia del banco bajo concesión.
«Actitud amistosa hacia el banco en
»la mente del Presidente (Jackson
cuyo autógrafo fue enviado a la Princesa Victoria)
   escribió Biddle a Lennox diciembre 1829
»Rumores contrarios sin base, sostuve
»plática franca y completa con el Presidente quien estuvo
»extremadamente amable acerca de sus (del banco) servi-
   cios al país»
   Biddle a Hamilton en noviembre[507].

«A cuyo fin, líneas de descuento muy aumentadas
1830, octubre, 40 millones
mayo, 1837 setenta millones y hasta más.
Recordé esto en Sorrento» en el vecindario del Vesubio
cerca del exhumado Herculano...
«30 millones» dijo el Sr. Dan Webster «en los estados so-
   bre el Mississippi
»tendrán que retirarse de la circulación, en tres
»años y nueve meses, si no se amplía la concesión...
»me guardo de no decir que depreciará
»la propiedad general desde la etcétera
»a la capital de Missouri, afectará el precio de

---

[507] Biddle, presidente del Second National Bank (véase nota 463), fue el principal oponente a la política anti-Banco Central de Jackson. Ni a él ni a Alexander Hamilton (nota 429), sin embargo, acusó nunca Van Buren de corrupción: «Hamilton ... would never have countenanced the application of the public money in direct bribery and would not have permitted a dollar of it to reach his own pocket unworthily. I have elsewhere spoken of the sacrifice ... to which he submitted to prevent the purity of his official character from being exposed to the slightest suspicion by accusations which he might have defied with safety» («Hamilton ... nunca habría tolerado la aplicación del dinero público al soborno directo y nunca habría permitido que un solo dólar de él llegase a sus bolsillos indebidamente. He mencionado en otro sitio el sacrificio ... a que se sometió para impedir que la limpieza de su reputación oficial se viese expuesta al más ligero atisbo de sospecha por acusaciones que podría haber desafiado con seguridad». *The Autobiography of Martin Van Buren,* pág. 650).

»crawps, leynd en the prordewce ov labour, to the embararsement...»
de mortuis wrote Mr Van Buren
don't quite apply in a case of this character.

4 to 5 million balance in the national treasury
Receipts 31 to 32 million
Revenue 32 to 33 million
The Bank 341 million, and in deposits
6 millions of government money
(and a majority in the Senate)
Public Money in control of the President
from 15 to 20 thousand (id est, a fund for the secret service)

«employing means at the bank's disposal
in deranging the country's credits, obtaining by panic
control over public mind» said Van Buren
«from the real committee of Bank's directors
the government's directors have been excluded.
Bank president controlling government's funds
to the betrayal of the nation...
government funds obstructing the government...
and has sequestered the said funds of the government...

»las cosechas, la tierra y el fruto del trabajo, para el embarazo...»
de mortuis escribió el Sr. Van Buren
no es del todo aplicable en el caso de este tío[508].

Balance de 4 a 5 millones en el tesoro nacional
Ingresos de 31 a 32 millones
Renta de 32 a 33 millones
El Banco 341 millones, y en depósitos
6 millones de dinero del gobierno
(y una mayoría en el Senado)
Dineros Públicos controlados por el Presidente
de 15 a 20 mil (id est, un fondo para el servicio secreto)

«empleando medios a disposición del banco
para destruir los créditos del país, obteniendo mediante pánico
el control de la mente popular» dijo Van Buren
«del verdadero comité de directores bancarios
se ha excluido a los directores del gobierno.
Presidente de banco controlando los fondos del gobierno
y traicionando a la nación...
fondos del gobierno obstruyendo al gobierno...
y ha secuestrado los dichos fondos del gobierno...

---

[508] En junio de 1854 Van Buren se retiró a la Villa Falangola en Sorrento (lo parafrasea literalmente Pound unas líneas más adelante, donde dice «Sorrento, junio 21. Villa Falangola») para descansar y escribir sus memorias: «At the age of seventy one and in a foreign land, I commence a sketch of the principal events of my life» («A los setenta y un años y en una tierra extranjera, comienzo un resumen de los principales sucesos de mi vida». *The Autobiography*, pág. 7). Toda esta sección, y en realidad el resto del Canto, se ocupa de la discusión económica que ya se ha tratado en las líneas precedentes, y la mención a Webster (véase nota 465), el más firme defensor del Banco Nacional, cumple la función de personificar en un nombre significativo a todos los enemigos de Jackson y Van Buren en relación con este problema.

«De mortuis»: escribe Van Buren que «The aphorism *"de mortuis nil nisi bonum"* is doubtless founded on the most humane principles...; it does not however apply to a case of this character» («El aforismo *"no hablar de los muertos, si no es para bien"* se basa sin duda en los principios más huma-

(with chapter, date, verse and citation)
acting in illegal secret
pouring oil on the press
giving nominal loans on inexistent security»
    in the eighteen hundred and thirties
«on precedent that Mr Hamilton has
never hesitated to jeopard the general
for advance of particular interests.»
«Bank curtailed
17 million on a line of
64 million credits.

«Had not Mr Taney (of the treasury) prevented
that branch (in New York) from then collecting
8 million 700 thousand and armed our city with
9 million to defend us (the whole country)
in this war on its trade and commerce,
    Cambreling, Globe Extra 1834
Peggy Eaton's Own Story. And if Marietta
Had not put on her grandmother's dress
She might have lasted, a mystery. If Dolores
Had not put on a hat shaped like a wig
She might have remained an exotic.
Placuit oculis, and did not mind strong cigars.

(con capítulo, fecha, verso y cita)
actuando en secreto ilegal
echando aceite sobre la prensa
dando préstamos nominales sobre garantías inexistentes»
    en los mil ochocientos y treintas
«sobre el precedente que el Sr. Hamilton
nunca ha titubeado en poner en peligro los generales
por favorecer los intereses particulares».
«El Banco redujo
17 millones una línea de
64 millones en créditos.

«Si el Sr. Taney (de la tesorería) no hubiera evitado
que la sucursal (en Nueva York) entonces cobrara
8 millones 700 mil y armado a nuestra ciudad con
9 millones para defendernos (a todo el país)
en esta guerra contra el comercio e intercambio,
    Cambreling, Globe Extra 1834
La vida de Peggy Eaton por ella misma. Y si Marieta
No se hubiera puesto el vestido de su abuela
Quizás hubiera aguantado, como misterio. Si Dolores
No se hubiera puesto un sombrero con forma de peluca
Quizás hubiera permanecido exótica.
Placuit oculis, y no le molestaban los cigarros fuertes[509].

---

nitarios ...; sin embargo, no es aplicable en este caso». *The Autobiography of Martin Van Buren*, pág. 629). Se refiere a que, al hablar en sus memorias de la lucha en relación con el banco, no tendrá más remedio que hablar mal de personas ya fallecidas, aunque distingue entre lo que alude a vicios o defectos de tipo privado, que no hay razón para mencionar, y lo que afecta a «one whose conduct becomes the subject of animadversion» («uno cuya conducta se convierte en objeto de animadversión», *ibídem*, pág. 630) en función de su comportamiento como representante de su país o de sus conciudadanos: en este caso no hay razón para callar.

[509] Sigue el mismo tema, con referencias precisas y concretas, que no parece preciso identificar con detalle. La fuente sigue siendo la *Autobiography* de Van Buren.

«Placuit oculis»: «Complació a los ojos» («era de buen ver»). Ninguna de las damas aquí mencionadas ha sido identificada.

Irritable and unstable,
Is formed, is destroyed,
Recomposes to be once more decomposed
    (thus, descending to plant life)

Sorrento, June 21st. Villa Falangola
In the vicinage of Vesuvius, in the mirror of memory
Mr Van Buren:
    Judge Yeats, whom I remember etc...
Warded off scrutiny of his mental capacities
By a dignified and prudent reserve which
...long practice had made second nature...
Alex Hamilton had been blackmailed but
preferred, in the end, private scandal to shade on his
public career.
Marshall, said Roane, undermined the U.S. Constitution.
No man before Tom Jefferson in my house
Said one of the wool-buyers:
    «Able speech by Van Buren
»Yes, very able.»
«Ye-es, Mr Knower, an' on wich side ov the tariff was it?
»Point I was in the act of considering»
    replied Mr Knower
In the mirror of memory: have been told I rendered
the truth a great service by that speech on the tariff
but directness on all points wd. seem not
to have been its conspicuous feature.
                      I thanked him
(James Jones, brother in law of Mr Clinton)
for his kind offer but
said my fortunes were too low in ebb
for me at that moment to compromise.

Irritante e inestable,
Se forma, se destruye,
Se vuelve a constituir para descomponerse otra vez
    (así desciende a la vida vegetal)

Sorrento, junio 21. Villa Falangola
En la vecindad del Vesubio, en el espejo de la memoria
El Sr. Van Buren:
    El juez Yeats, a quien recuerdo etc...
Evitaba el arqueo de sus capacidades mentales
Mediante prudente y digna reserva que
...larga práctica había convertido en natural...
Alex Hamilton había sido chantajeado pero
prefirió, al fin, el escándalo privado a la sombra
sobre su actuación pública.
Marshall, dijo Roane, minó la Constitución de los EE.UU.
Ningún hombre antes de Tom Jefferson en mi casa
Dijo uno de los compradores de lana:
    «Discurso hábil de Van Buren
»Sí, muy hábil.»
«Siíí, Sr. Knower, y ¿de qué lado del arancel fue?
»Eso mismo me preguntaba»
    replicó Knower
En el espejo de la memoria: se ha dicho que presté
gran servicio a la verdad con ese discurso sobre el arancel
pero la franqueza sobre todos los puntos parecería que no
constituyó su mérito sobresaliente[510].
                    Le agradecí
(James Jones, cuñado del Sr. Clinton)
por su generosa oferta pero
dije que mi suerte andaba demasiado mal
para que yo cediera entonces.

---

[510] Van Buren sigue recordando anécdotas de su vida política y a sus personajes, como el juez Joseph C. Yates, que fue gobernador del estado de Nueva York tras DeWitt Clinton, o a otro jurista y escritor, Spencer Roane (1762-1822), que no puede confundirse con el senador por Virginia del mismo apellido, al que menciona también en el pasaje antes citado en la nota 506 y que describe sucesos de 1840.

Lacked not who said that John Adams
disliked not so much the idea of a monarch
as preferred Braintree House over Hanover...
and his son, seeking light from the stars
deplored that representatives be paralyzed
by the will of constituents.
«I publicly answered more questions
than all other presidents put together»
 signed Martin Van Buren.
«Mr Webster in debt to the bank»
 Damned yellow rascal, said Clay
«Unnecessary, therefore injurious...
interference on the part of the government.
And they and their gang in congress
 debated three months without introducing
one solitary proposition to reverse Taney's decision
or in any way to relieve any distress.

    HIC
    JACET
   FISCI LIBERATOR

No faltó quien dijera que John Adams
no era tanto lo que se oponía a la idea de un monarca
como que prefería a la Casa Braintree sobre la de Hanover...
y su hijo en busca de la luz de las estrellas
lamentaba que los diputados fuesen paralizados
por la voluntad de sus constituyentes.
«Públicamente contesté tantas preguntas
como todos los demás presidentes juntos»
   afirmó Martin Van Buren.
«Mr. Webster endeudado con el banco»
   Condenado bribón cobarde, dijo Clay
«Innecesario y por ende dañoso...
interferencia por parte del gobierno.
Y ellos con su pandilla en el congreso
   debatieron tres meses sin introducir
una sola medida para anular la decisión de Taney
o de cualquier modo aliviar cualquier daño.

HIC
JACET
FISCI LIBERATOR[511]

---

[511] Roger Brooke Taney (1777-1864) fue Secretario del Tesoro en funciones durante la presidencia de Andrew Jackson, y más tarde Presidente del Tribunal Supremo (1836-64). Como Secretario del Tesoro fue el que dio la orden de retirar los fondos del gobierno del Banco Nacional, el recurso empleado por Jackson para producir el colapso de la entidad y evitar que se renovara su «charter» o constitución, que caducaba en 1836.

«Hic Jacet Fisci Liberator»: «Aquí Yace el Libertador del Tesoro». Por su política financiera y monetaria, que intentaba liberar el tesoro público de las especulaciones bancarias privadas, Van Buren «had the transitory honor of being called THE LIBERATOR OF THE THE TREASURY» («tuvo el honor temporal de ser llamado el LIBERTADOR DEL TESORO»). *Selected Prose*, pág. 149. Véase también el resumen introductorio).

Cantar XXXVIII

Entremezcladas con anécdotas personales y referencias de nuevo clásicas y renacentistas, Pound va denunciando las causas ocultas de la guerra, a la que considera como el mayor azote de la civilización, en este segundo Canto sobre la Mitteleuropa (el primero fue el XXXV). La ambición económica desmedida de los fabricantes de armamento, la especulación financiera, el egoísmo y la crueldad (casi una inconsciente paráfrasis aproximadamente contemporánea del espeluznante párrafo de John Dos Passos: «Wars and panics on the stock exchange / machinegunfire and arson / bankruptcies, warloans / starvation, lice, cholera and typhus: / good growing weather for the House of Morgan» [«Guerras y pánicos en el mercado de valores / fuego de ametralladoras e incendios provocados / quiebras, préstamos de guerra / hambrunas, piojos, cólera y tifus: / tiempos fértiles para la Casa Morgan»], *1919*, Constable, Londres, 1938, pág. 340). La Casa Morgan, establecida en la segunda mitad del siglo XIX, recibirá un tratamiento específico en el Canto XL.

Pero los conflictos se dan en todo el planeta: el Congo (hoy Zaire) con la alusión a «the baluba», que reaparece en la expresión la «Baluba mask» que utilizará Pound para caracterizar a un soldado negro, compañero de prisión en Pisa, cuando redacte el primero, el LXXIV, de los *Pisan Cantos;* América del Sur y el largo conflicto entre Bolivia y Paraguay, que desembocaría en la Guerra del Chaco (1932-1935) y que aún no ha encontrado solución definitiva; Europa, Egipto y el lejano Oriente, ilustrado este último por la compañía japonesa de armamento Mitsui, relacionada con la europea Vickers (véase Canto XVIII, notas 222 y 223) y también propietaria de importantes intereses bancarios.

La tensión se relajará de nuevo con el Canto XXXIX, un nuevo, breve excurso por el mundo clásico.

XXXVIII

> *il duol che sopra Senna*
> *Induce, falseggiando la moneta.*
> Paradiso XIX, 118.

An' that year Metevsky went over to America del Sud
(and the Pope's manners were so like Mr Joyce's,
got that way in the Vatican, weren't like that before)
Marconi knelt in the ancient manner
    like Jimmy Walker sayin' his prayers.
His Holiness expressed a polite curiosity
    as to how His Excellency had chased those
electric shakes through the a'mosphere.

XXXVIII

*il duol che sopra Senna
Induce, falseggiando la moneta.*
Paradiso XIX, 118[512]

Y aquel año Metevsky fue a la América del Sur
(y los modales del Papa eran tan parecidos a los del
   Sr. Joyce,
se volvieron así en el Vaticano, porque no eran así antes)
Marconi hincóse a la antigua
   como Jimmy Walker diciendo sus oraciones.
Su Santidad expresó una cortés curiosidad
   acerca de cómo Su Excelencia había perseguido
   aquellos
temblores eléctricos por la atmósfera[513].

---

[512] «il duol che sopra Senna / Induce, falseggiando la moneta»: «La pena podrá verse que en el Sena / causará, falseando la moneda». La frase del «Paraíso» de Dante (ed. cit., pág. 646), alude a las manipulaciones a que Felipe IV el Hermoso (1268-1314), rey de Francia y de Navarra (como Felipe I) desde 1284, sometió a la moneda, con el fin de depreciarla y así poder financiar sus campañas en Flandes.
[513] Metevsky-Zaharoff: véase notas 221 a 227 y 474.
Los países de América del Sur, a cuyos conflictos se alude a lo largo de este Canto, son, como ya se ha indicado en el resumen introductorio, Bolivia y Paraguay, a cuyos gobiernos vendió armas Zaharoff.
Achille Ratti fue el Papa Pío XI (1922-39) y antes prefecto de la Biblioteca Ambrosiana de Milán (1907), donde le conoció Pound. Fue el primer Papa en utilizar la radio como medio de difusión de sus doctrinas.
El Sr. Joyce es, naturalmente, James Joyce (1882-1941), autor de *Ulysses* y *Finnegans Wake*, entre otras obras, fundamentales en la historia de la novela contemporánea, al que Pound ayudó durante sus primeros tiempos de modos diversos (véase Carpenter, pág. 277). Ya ha aparecido varias veces y en especial en la introducción general.
Guglielmo Marconi (1874-1937) es el inventor y físico italiano que patentó la telegrafía sin hilos en 1896, al que Pío XI recibió en audiencia. Fue Premio Nobel de Física en 1909.

        Lucrezia
Wanted a rabbit's foot,
        and he, Metevsky said to the one side
(three children, five abortions and died of the last)
        he said: the other boys got more munitions
(thus cigar-makers whose work is highly repetitive
can perform the necessary operations almost automati-
    cally
and at the same time listen to readers who are hired
for the purpose of providing mental entertainment while
    they
work; Dexter Kimball 1929.)

Don't buy until you can get ours.
And he went over the border
        and he said to the other side:
The *other* side has more munitions. Don't buy
        until you can get ours.
And Akers made a large profit and imported gold into
    England
Thus increasing gold imports.
        The gentle reader has heard this before.

Lucrecia
Quería una pata de conejo,
  y él, Metevsky, dijo hacia un lado
(tres hijos, cinco abortos y murió del último)⁵¹⁴
    dijo él: los otros chicos consiguieron más municiones
(es así como los que hacen cigarros y cuyo trabajo es
    extremadamente redundante
pueden realizar las operaciones necesarias casi
    automáticamente
y al mismo tiempo escuchar a lectores que se emplean
con el fin de proporcionar entretenimiento mientras
    trabajan; Dexter Kimball 1929)⁵¹⁵.

No compren sino hasta que reciban las nuestras.
Y cruzó la frontera
  y dijo a los contrarios:
Aquéllos tienen más municiones. No compren
    hasta no recibir las nuestras⁵¹⁶.
Y Akers había realizado grandes ganancias e importado
    oro a Inglaterra⁵¹⁷
Aumentando así las importaciones de oro.
    El amable lector ha oído esto antes.

Jimmy Walker fue un alcalde católico-irlandés de Nueva York (1925-32) que se vio envuelto en numerosos escándalos de corrupción.

⁵¹⁴ Lucrecia, es Borgia, hija de Alejandro VI, de la que se ha hablado en el resumen al Canto XXX y en notas 59, 403 y 486, entre otras. Al parecer pedía la pata de conejo como amuleto supersticioso contra el embarazo, pues tuvo tres hijos y cinco abortos, a consecuencia del último de los cuales murió.

⁵¹⁵ Dexter Kimball escribió en defensa de la división del trabajo, argumentando que la naturaleza exclusivamente manual del mismo dejaba la mente de los obreros en libertad para ocuparse en sus propias reflexiones (Terrell, vol. I, pág. 155).

⁵¹⁶ la guerra es buena para los fabricantes de armas. La frase alude a los recursos intrigantes de Metevsky-Zaharoff para vender armas y municiones a los dos países en conflicto.

⁵¹⁷ Akers es la empresa británica de armamento Vickers (notas 222-223).

And that year Mr Whitney
Said how useful short sellin' was,
    We suppose he meant to the brokers
And no one called him a liar.
And two Afghans came to Geneva
To see if they cd. get some guns cheap,
As they had heard about someone's disarming.
And the secretary of the something
Made some money from oil wells
    (In the name of God the Most Glorious Mr D'Arcy
is empowered to scratch through the sub-soil of Persia
until fifty years from this date...)
Mr Mellon went over to England

Y aquel año el Sr. Whitney[518]
Dijo lo útil que era vender al abatirse los precios
    Suponemos que quiso decir vender a los corre-
        dores
Y nadie le llamó mentiroso.
Y dos afganos vinieron a Ginebra
Para ver si podían comprar armas baratas,
Porque sabían que alguien se iba a desarmar.
Y el secretario de quién sabe qué
Hizo dinero con unos pozos petroleros
    (En el nombre de Dios el Gloriosísimo Sr. D'Arcy
está facultado para arañar a través del subsuelo de Persia
hasta cincuenta años de esta fecha...)[519]
El Sr. Mellon fue a Inglaterra[520]

---

[518] Richard Whitney es un banquero y financiero de Nueva York, nacido en 1888.

[519] En 1921 representantes del gobierno de Afganistán visitaron diversos países europeos para intentar convencerles de levantar el embargo de armas a que su país estaba sometido desde la Conferencia de Desarme de Ginebra que comenzó en 1920 bajo la tutela de la Liga de Naciones.

«Y el secretario de quién sabe qué»: se refiere al llamado «Teapot Dome Oil Scandal». El Secretario del Interior con el Presidente Warren G. Harding (1921-23), Albert B. Fall, se vio envuelto en un escándalo relativo a las concesiones de explotación petrolífera a intereses privados, a cambio de sobornos por valor de cien mil dólares. Cuando Harding tuvo conocimiento de esos hechos sufrió tal shock, que al parecer fue la causa que le produjo la muerte repentina en San Francisco, donde se encontraba de regreso de un viaje a Alaska. Las concesiones fueron declaradas ilegales por el Tribunal Supremo en 1927 y Fall fue procesado y declarado culpable de soborno en 1929.

William Knox d'Arcy, australiano dedicado a las prospecciones petrolíferas, fundó la Anglo-Persian Oil Company, cuando obtuvo en 1901 del shah de Persia Nashredin los derechos para la explotación del petróleo persa durante 60 años. Zaharoff fue uno de los participantes en esa empresa.

[520] Andrew William Mellon (1855-1937) es, probablemente, el más famoso de ese nombre, una de las grandes familias del capitalismo americano. Financiero e industrial, fue Secretario del Tesoro con tres Presidentes republicanos de 1921 a 1932. Las críticas a que se vio sometido por su responsabilidad en la catástrofe de la Bolsa de Nueva York en 1929, le forzaron a dimitir y fue nombrado, como salida digna, por el Presidente Herbert Hoover embajador en Gran Bretaña. Fue un notable

and that year Mr Wilson had prostatitis
And there was talk of a new Messiah
(that must have been a bit sooner)
And Her Ladyship cut down Jenny's allowance
Because of that bitch Agot Ipswich
And that year (that wd. be 20 or 18 years sooner)
They began to kill 'em by millions
Because of a louse in Berlin
    and a greasy basturd in Ausstria
By name François Giuseppe.

y fue el año que el Sr. Wilson tuvo prostatitis[521]
Y se hablaba de un nuevo Mesías
(eso debió ser un poco antes)
Y su Ladyship redujo la mensualidad de Jenny
Por culpa de la puta de Agot Ipswich[522]
Y aquel año (eso sería 20 o 18 años antes)
Empezaron a matarlos a millones
Por culpa de un piojo en Berlín
   y un seboso mal nacido en Austria[523]
Llamado François Giuseppe.

---

filántropo que financió la construcción de la National Gallery of Art en Washington, a la que donó su impresionante colección de arte justo antes de su muerte en 1937.

[521] Woodrow Wilson sufrió durante sus años de Presidente (1913-21) de muchas enfermedades: flebitis, neuritis y algunas otras dolencias menores, como hemorroides e incluso sarampión, pero al parecer no de prostatitis (Terrell, vol. I, pág. 155, citando a Grayson, *Wilson...* El almirante Grayson fue el médico personal de Wilson durante la presidencia de éste y residió esos años en la misma Casa Blanca). Su decidido apoyo en favor de la creación de la Liga de Naciones, incluida en el Tratado de Versalles tras la Primera Guerra Mundial, le ganó una gran popularidad en Inglaterra y Francia, donde le adjudicaron el apelativo de «nuevo Mesías». El proyecto de la Liga no fue ratificado por el Congreso de los Estados Unidos y se disolvió, tras una vida muy ineficaz, en 1946, siendo sucedida por la Organización de las Naciones Unidas, que surgió de la Conferencia de San Francisco iniciada en 1945. La sede definitiva en Nueva York fue consecuencia de la donación de terrenos y ayuda financiera por John D. Rockefeller, Jr.

[522] Se refiere a anécdotas relacionadas de algún modo con la familia de Lord Asquith (1852-1928), que fue Primer Ministro británico desde 1908 a 1916, a cuya esposa, Margot Asquith, llama Pound aquí Agot Ipswich, y con la familia Cunard, la madre, Lady Maud Cunard, llamada habitualmente «Her Ladyship» o «Su Señoría», por su hija Nancy (la Jenny del texto), que fue la que se ocupó de que se publicase la primera edición de 200 ejemplares de *A Draft of XXX Cantos* en París en 1930. A través de su relación con Nancy Cunard Pound consiguió que el gobierno de Asquith otorgara cierta ayuda económica a James Joyce en 1916 (véase Carpenter, pág. 277).

[523] «Y aquel año» es 1914, comienzo de la Primera Guerra Mundial. «Un piojo en Berlín» es el Káiser Guillermo II (1859-1941) de Alemania y Prusia (1888-1918), cuya pasión por la grandeza de Alemania le llevó a desarrollar sus fuerzas armadas y a lanzarse a la expansión colonial y marítima y a ayudar a organizar los ejércitos del imperio otomano,

«Will there be war?» «No, Miss Wi'let,
»On account of bizschniz relations.»
 Said the soap and bones dealer in May 1914
And Mr Gandhi thought:
 if we don't buy any cotton
And at the same time don't buy any guns...
Monsieur Untel was not found at the Jockey Club
...but was, later, found in Japan
And So-and-So had shares in Mitsui.
«The wood (walnut) will always be wanted for guns-
 tocks»

«¿Habrá guerra?» «No, señorita Wi'let,
Debido a las relaciones comerciales»[524].
 Dijo el comerciante en jabón y huesos en mayo 1914
Y el Sr. Gandhi pensó:
 si no compramos algodón
Y al mismo tiempo no compramos armas...[525]
No se encontró al Sr. Untel en el Jockey Club
...pero más tarde se le encontró en Japón
Y Fulano de Tal tenía acciones de la Mitsui[526].
«La madera (nogal) siempre estará en demanda para culatas de rifle»[527]

---

a cambio de importantes concesiones económicas (petrolíferas, de infraestructuras, etc.).

«Un seboso y mal nacido» es el emperador de Austria Francisco José, el «hideputa» del Canto XXXV (véase notas 197 y 473).

[524] La anécdota alude a Violet Hunt, hija del pintor pre-rafaelista Alfred William Hunt. Fue una mediocre novelista sentimental pero bien conocida en los círculos literarios de Londres. En la época a que se refiere Pound (1909), Violet («Immodest Violet», como se la conocía en sus ambientes) era la amante de Ford Madox Ford, once años más joven que ella. También había tenido antes una relación sentimental con H. G. Wells y se decía de ella, aludiendo a su promiscuidad sexual, que había llorado copiosamente «on several famous shoulders» («en varios hombros famosos». Carpenter, pág. 130).

[525] Mohandas Karamchand Gandhi (llamado el Mahatma, «alma grande», 1869-1948), el artífice de la independencia de la India a través de sus campañas de desobediencia civil y resistencia pacífica: verdad y no violencia, son sus dos principios fundamentales. Defendía el boicot a los productos manufacturados europeos, entre ellos los textiles procedentes de Inglaterra y estimuló, para substituirlos, la vuelta al hilado y tejido a mano, convirtiendo la rueca en una especie de símbolo de su movimiento.

[526] «Untel», en francés «un tal», equivalente al inglés «Mr. So-and-so» o en esta versión castellana «Fulano de Tal» de dos líneas más abajo.

Mitsui es el «holding de empresas» japonés, relacionado con la empresa Vickers, ya mencionado en el resumen introductorio a este Cantar.

[527] En 1843 John Quincy Adams visitó en Springfield, Massachussetts, la armería donde se fabricaba el famoso rifle de ese nombre y comenta que vio «the various processes of making the gun-barrels and the black walnut gun-stocks» («los varios procesos para hacer los cañones y las culatas de nogal negro». *The Diary*, pág. 552). Años antes, en 1828, comentaba una visita que hizo a su invernadero en el que había estado experimentando con semillas de distintos árboles y observaba que las semillas del almendro y del nogal «planted in spring, vegetate to the surfa-

And they put up a watch factory outside Muscou
And the watches kept time... Italian marshes
been waiting since Tiberius' time...
«Marry» said Beebe, «how do the fish live in the sea.»
Rivera, the Spanish dictator, dictated that the
Infante was physically unfit to inherit...
    gothic type still used in Vienna
because the old folks are used to that type.
                          And Schlossmann
suggested that I stay there in Vienna
As stool-pigeon against the Anschluss
    Because the Ausstrians needed a Buddha

Y levantaron una fábrica de relojes en las orillas de
   Moscú
Y los relojes marcaban el tiempo... los pantanos italianos
están esperando desde los días de Tiberio...[528]
«Marría» dijo Beebe, «¿cómo viven los peces dentro del
   mar?»[529]
Rivera, el dictador español, dictaminó que el
Infante era físicamente incapaz de heredar...
   tipo gótico todavía usado en Viena
porque los viejos están acostumbrados a ese tipo.
                            Y Schlossmann
sugirió que me quedara allí en Viena
Como espía contra la Anschluss
   Porque los austriacos necesitaban un Buda[530]

---

ce in precisely two months» («plantadas en primavera, echan sus brotes
en precisamente dos meses». *The Diary,* pág. 375).

[528] Los pantanos Pontinos o la llanura Pontina, en el Lacio entre el
Tirreno y los montes Lepini, es una zona que fue rica y fértil en la época
de la república romana, pero descuidada durante el Imperio se convirtió
en un territorio pantanoso e insalubre. En 1926 el gobierno fascista inició la recuperación de la zona por medio de la construcción de canales,
obras de infraestructura y explotaciones agrícolas, que tuvieron resultados excelentes. Éste es uno de los logros de Mussolini que Pound alaba y
admira (véase el paralelo con las obras de Fernando III, Gran Duque de
Toscana, en el valle del Chiana, en el Canto XLIV, nota 634).
   Tiberio fue el segundo de los emperadores romanos, heredero de
Augusto, al que sucedió en el año 14 d. de C., y al que Pound considera
parte de la herencia intelectual de Italia, que «has been *talking* about draining the swamps» («ha estado *hablando* sobre la desecación de los pantanos». *Jefferson and / or Mussolini,* Nueva York, Liveright, 1970, pág. 23),
aunque sin hacer nada más que eso.

[529] Charles William Beebe (1877-1962) fue director del Departamento de Investigaciones Tropicales de la Sociedad Zoológica de Nueva
York, inventor de la batisfera con la que en 1934 logró el récord de
descenso en el mar. Escribió bellísimas descripciones de los peces tropicales.

[530] Miguel Primo de Rivera y Orbaneja, cuya dictadura (1922-30)
equipara Pound con el modelo fascista.
   El Infante es probablemente don Jaime, que renunció a sus derechos
hereditarios en 1933 en favor de su hermano Juan, el futuro Conde de
Barcelona.
   «El tipo gótico», tipo de letra usado en algunos periódicos socialistas
de Viena, en la época de la «Anschluss» o anexión de Austria por Ale-

(Seay, brother, I leev et tuh yew!)
The white man who made the tempest in Baluba
Der im Baluba das Gewitter gemacht hat...
   they spell words with a drum beat,
«The country is overbrained» said the hungarian noble man
in 1923. Kosouth (Ku' shoot) used, I understand
To sit in a café—all done by conversation—
It was all done by conversation,
   possibly because one repeats the point when conver
      sing:
«Vienna contains a mixture of races.»
   wd. I stay and be Bhudd-ha?
«They are accustomed to having an Emperor. They mus
   have

(Oye, chico, ¡allá tú!)
El hombre blanco que produjo la tempestad en Baluba
Der im Baluba das Gewitter gemacht hat...
  deletrean palabras con golpes de tambor[531],
«El país está sobreintelectualizado» dijo el noble húngaro
en 1923. Kosouth (Ku'chut) solía, dicen,
Sentarse en un café —todo se hacía conversando—
Todo se hacía conversando,
  quizás porque uno repite el punto al conversar:
«Viena contiene una mezcla de razas.»
  ¿querría quedarme a ser Buda?
«Están acostumbrados a tener emperador. Necesitan
  tener

---

mania, que tuvo poca oposición real entre los austriacos.

[531] Baluba, ya mencionado en el resumen introductorio, alude a una anécdota que narra el antropólogo alemán Leo Frobenius (1873-1938), cuya obra, basada en sus numerosas expediciones científicas al Congo, constituye la principal fuente de Pound respecto a los datos africanos en los Cantos. La anécdota en cuestión se refiere a su encuentro con miembros hostiles de una tribu africana que amenazaban con atacar a su expedición, cuando se desató una tormenta que les obligó a detenerse. Luego los intérpretes del grupo de científicos oyeron por señales de tambor que los indígenas se referían «al hombre blanco que había levantado la tempestad» en Biembe, que es lo que significa la frase en alemán que incluye Pound. Tanto Terrell (vol. I, pág. 157) como Cookson (págs. 42-43) consideran el uso de Baluba como un error de Pound por Biembe, que es lo que se lee en Frobenius. Hugh Kenner habla de los indígenas Babunda en la localidad de Biembe, como los protagonistas de la anécdota (*The Pound Era*, pág. 508) y también considera que se trata de un error característico del poeta, nunca corregido. Edwards y Vasse se limitan a comentar que se trata del nombre de una tribu y su lugar de residencia en el Congo Belga (pág. 15). Pound vuelve a utilizar el término «Baluba», como ya he indicado en la introducción, en el Cantar LXXIV, el primero de los *Cantos Pisanos,* y en otros en que incluso repite la cita de Frobenius (LIII y LXXVII), por lo que podría pensarse que más que de un error, se tratase de una variación voluntaria del poeta. Por otra parte, sí existe una tribu Baluba, o Luba, pueblo Bantú en Zaire, el antiguo Congo Belga, dedicada a la agricultura y de estructura fuertemente jerarquizada. Pound sentía auténtica admiración por la obra de Frobenius, al que consideraba por encima de Frazer, porque éste «worked largely from documents. Frob. went to *things*, memories still in the spoken tradition, etc.» («trabajaba fundamentalmente con documentos. Frob. iba a las *cosas,* recuerdos todavía vivos en la tradición oral, etc...». *Selected Letters,* pág. 336).

Something to worship. (1927)»
But their humour about losing the Tyrol?
Their humour is not quite so broad.
The ragged arab spoke with Frobenius and told him
The names of 3,000 plants.
  Bruhl found some languages full of detail
Words that half mimic action; but
generalization is beyond them, a white dog is
not, let us say, a dog like a black dog.
Do not happen, Romeo and Juliet... unhappily
I have lost the cutting but apparently
such things do still happen, he
suicided outside her door while
the family was preparing her body for burial,
and she knew that this was the case.

Green, black, December. Said Mr Blodgett:
«Sewing machines will never come into general use.

«I have of course never said that the cash is constant
(Douglas) and in fact the population (Britain 1914)
was left with 800 millions of *«deposits»*
after all the cash had been drawn, and
these deposits were satisfied by the
  printing of treasury notes.
A factory

Algo que adorar. (1927)»
Y, ¿su humor por haber perdido el Tirol?
Su humor no es tan amplio.
El árabe harapiento habló con Frobenius y le dijo
Los nombres de 3.000 plantas.
 Bruhl encontró lenguas llenas de detalles
Palabras que medio imitan la acción; pero
la generalización les resulta imposible, un perro blanco no es
digamos, un perro como un perro negro.
No suceden, Romeo y Julieta... desgraciadamente
he perdido el recorte pero aparentemente
esas cosas todavía suceden, él
suicidóse a la puerta de ella mientras
la familia preparaba el cuerpo de ella para el entierro,
y ella sabía que eso así sucedería[532].

Verde, negro, diciembre. Dijo el Sr. Blodgett:
«Las máquinas de coser nunca entrarán en uso general.

«Por supuesto que nunca he dicho que el efectivo es constante
(Douglas) y de hecho la población (Inglaterra 1914)
se quedó con 800 millones de *«depósitos»*
después de haberse retirado todo el efectivo, y
estos depósitos fueron pagados mediante la
 impresión de papel moneda[533].
Una factoría

---

[532] Reminiscencias personales de Pound (el noble húngaro Bernhard Deutsch; Ferenc Kossuth, independentista húngaro) y la referencia a la pérdida del Tirol por parte de Austria y su paso al control de Italia como consecuencia de los acuerdos de paz tras la Primera Guerra Mundial. Bruhl era profesor de filosofía en la Sorbona, con interés en las lenguas de los pueblos primitivos. La alusión a Romeo y Julieta recuerda un caso de suicidio que Pound conoció por los periódicos y cuyo recorte había perdido.

[533] Lorin Blodget, economista norteamericano, autor de *The Textile Industries of Philadelphia* (1880).

Douglas es Clifford Hugh Douglas, el autor de la teoría del «Crédito Social» (véase nota 278 y el resumen introductorio al Cantar XL).

has also another aspect, which we call the financial
    aspect
It gives people the power to buy (wages, dividends
which are power to buy) but it is also the cause of prices
or values, financial, I mean financial values
It pays workers, and pays *for* material.
What it pays in wages and dividends
stays fluid, as power to buy, and this power is less,
per forza, damn blast your intellex, is less
than the total payments made by the factory
(as wages, dividends AND payments for raw material
bank charges, etcetera)
and all, that is the whole, that is the total
of these is added into the total of prices
caused by that factory, any damn factory
and there is and must be therefore a clog
and the power to purchase can never
(under the present system) catch up with
prices at large,

    and the light became so bright and so blindin'
in this layer of paradise
    that the mind of man was bewildered.

también tiene otro aspecto, al cual llamamos el aspecto financiero
Da al individuo la capacidad de comprar (sueldos, dividendos
que a su vez constituyen poder adquisitivo) y que también es la causa de precios
o valores, financieros, quiero decir valores financieros
Paga trabajadores, y paga *por* material.
Lo que paga en sueldos y dividendos
se mantiene fluido, como poder adquisitivo, y este poder es menor,
per forza, al diablo con vuestro intelecto, es menor
que los pagos totales hechos por la factoría
(en forma de sueldos, dividendos Y pagos por concepto de materias primas
tasas bancarias, etcétera)
y todo, es decir el todo, es decir el total
de todo esto se suma al total de precios
ocasionados por esa factoría, cualquier maldita factoría
y hay y debe haber por tanto un tapón
y el poder adquisitivo nunca podrá
(bajo el sistema actual) alcanzar
a los precios en general[534],

    y la luz tornóse tan brillante y deslumbrante
en este plano del paraíso
    que la mente humana quedóse anonadada[535].

---

[534] Este análisis crítico del sistema de distribución comercial del capitalismo (casi una paráfrasis de Douglas) resume ideas expuestas por Pound en su ensayo «Social Credit» (*Selected Prose*, págs. 264-65), y es «one of Ezra's rare lucid explanations of the problem that Social Credit claimed to cure» («una de las pocas explicaciones lúcidas de Ezra sobre el problema que el Crédito Social pretendía remediar». Carpenter, pág. 510).
[535] *Divina Comedia*, «Paraíso», XXVIII, líneas 16-18: «vi un punto que irradiaba tan aguda / luz, que la vista que enfocaba en ella / por tan grande agudeza se cerraba» (edición de Giorgio Petrocchi y Luis Martínez de Merlo, pág. 703).

Said Herr Krupp (1842): guns are a merchandise
I approach them from the industrial end,
I approach them from the technical side,
1847 orders from Paris and Egypt...
 orders from the Crimea,
Order of Pietro il Grande,
 and a Command in the Legion of Honour...
500 to St Petersburg and 300 to Napoleon Barbiche
from Creusot. At Sadowa
 Austria had some Krupp cannon;
 Prussia had some Krupp cannon.
«The Emperor ('68) is deeply in'erested in yr. catalogue
and in yr. services to humanity»
         (signed) Leboeuf
who was a relative of Monsieur Schneider
1900 fifty thousand operai,
 53 thousand cannon, about half for his country,
Bohlem und Halbach,
 Herr Schneider of Creusot
Twin arse with one belly.
Eugene, Adolf and Alfred «more money from guns than
 from tractiles»
Eugene was sent to the deputies;
 (Soane et Loire) to the Deputies, minister;
Later rose to be minister,
 «guns coming from anywhere,
but appropriations from the Chambers of Parliaments» ·

Dijo Herr Krupp (1842): las armas son mercancía[536]
las considero desde el punto de vista industrial,
desde el punto de vista técnico,
pedidos de 1847 de París y Egipto...
    pedidos de la Crimea,
Orden de Pietro il Grande,
    y un Comando en la Legión de Honor...
500 a S. Petersburgo y 300 a Napoleón Barbiche
de Creusot. En Sadowa
    Austria tenía algunos cañones Krupp;
    Prusia tenía algunos cañones Krupp.
«El Emperador ('68) está muy interesado en vuestro catálogo
y servicios a la humanidad»
                      (firmado) Leboeuf
quien era pariente de Monsieur Schneider
1.900 cincuenta mil operai,
    53 mil cañones, cerca de la mitad para su país,
Bohlem und Halbach,
    Herr Schneider de Creusot
Doble culo con una sola panza.
Eugenio, Adolfo y Alfredo «más dinero de los cañones
    que de los dúctiles»
Eugenio fue enviado a los diputados;
    (Soane et Loire) a los Diputados, ministro;
Más tarde ascendió a ministro,
    «armas provenientes de todas partes,
salvo las apropiaciones monetarias de las Cámaras Parlamentarias»

---

[536] Desde aquí hasta el final, el Canto se ocupa de temas, personajes, publicaciones y anécdotas relacionadas con la guerra, la fabricación de armas (los Krupp, que fabricaron su primer cañón en 1847) y los primeros años después del armisticio. Krupp fue condecorado por el gobierno ruso con la orden de Pedro el Grande (zar de 1682 a 1725). Los Schneider son una familia francesa cuyas empresas controlaban el mercado de armamento de su país durante la guerra, con importantes intereses en la banca también (el Banco de la Unión de París). Henri y su hijo François de Wendel y Robert Protot, que dirigían el poderoso sindicato industrial del Comité des Forges, son colaboradores importantes de los Wendel, por sus influencias sindicales.

In 1874 recd. license for free exportation
Atopted by 22 nations
1885/1900 produced ten thousand cannon
to 1914, 34 thousand
one half of them sent out of the country
always in the chamber of deputies, always a conservative,
Schools, churches, orspitals fer the workin' man
Sand piles fer the children.

Opposite the Palace of the Schneiders
    Arose the monument to Herr Henri
Chantiers de la Gironde, Bank of the Paris Union,
The franco-japanese bank
    François de Wendel, Robert Protot
To friends and enemies of tomorrow
«the most powerful union is doubtless
    that of the Comité des Forges,»
«And God take your living» said Hawkwood
15 million: Journal des Débats
30 million paid to Le Temps
Eleven for the Echo de Paris
Polloks on Schneider patents
Our bank has bought us
    a lot of shares in Mitsui
Who arm 50 divisions, who keep up the Japanese army

En 1874 recibióse licencia para la exportación libre
Adoptada por 22 naciones
1885/1900 produjéronse diez mil cañones
hasta 1914, 34 mil
la mitad se exportó del país
siempre en la cámara de diputados, siempre, conservador,
Escuelas, iglesias, hospitales para los trabajadores
Cajas de arena para los niños.

Frente al Palacio de los Schneider
    Se levantó el monumento a Herr Henri
Chantiers de la Gironde, Banco de la Unión de París,
El banco francojaponés
    François de Wendel, Robert Protot
A los amigos y enemigos de mañana
«el sindicato más poderoso es sin duda
    el del Comité des Forges»,
«Y que Dios os socorra» dijo Hawkwood[537]
15 millones: Journal des Débats
30 millones pagados a Le Temps
Once para el Echo de Paris
Pollocks sobre patentes Schneider
Nuestro banco nos ha comprado
    muchas acciones de Mitsui[538]
Los que arman a 50 divisiones, que sostienen el ejército
    japonés

---

[537] Sir John de Hawkwood es un mercenario inglés del siglo XIV que luchó en Italia al servicio de distintos señores y del que se narra una anécdota a la que alude Pound en su *The Spirit of Romance* según la cual el soldado, cuando unos monjes con los que se cruza le desean que «la paz de Dios sea con él», les contesta airado: «And God take away your means of getting a living» («Y que Dios os despoje de vuestro medio de vida», pág. 70, nota 9), pues para él la paz sería precisamente dejarles sin su medio de subsistencia, que es la guerra.

[538] Los tres periódicos, los dos primeros controlados por François de Wendel, se distinguieron después de la guerra por su lucha contra las propuestas de desarme y todos ellos recibieron donaciones económicas de las empresas de armamento para financiar sus campañas.

and they are destined to have a large future
«faire passer ces affaires
    avant ceux de la nation.»

y están destinados a un gran futuro
«faire passer ces affaires»
 avant ceux de la nation»[539].

---

[539] «faire passer...»: «estas cuestiones tienen que prevalecer sobre los intereses nacionales».

Cantar XXXIX

Tomando anécdotas de la *Odisea* y las *Metamorfosis*, entre otras fuentes clásicas, más algunas referencias al «Paraíso» de Dante, Pound construye aquí un bellísimo y sugerente poema amoroso, cargado de evocaciones eróticas e incluso explícitamente sexuales. El traductor, en un infrecuente ejercicio de autocensura, ha suavizado algunas de ellas: el verbo «to fuck» («joder», «follar») traducido por «fornicar» quita dureza a esas líneas en que «Las muchachas ahí hablaban de fornicar», para a continuación confesarse ya «fornicadas». Otras referencias de esta índole insisten en la misma dirección y con análoga dureza: «Venter venustus, cunni cultrix» («bello vientre, sacerdotisa del coño»), acompañadas aquí, eso sí, de la sugerencia de suavidad del terciopelo.

El entorno físico recuerda la plenitud de la naturaleza en primavera, sin olvidar el aspecto de anulación de la consciencia que el coito incluye («sweet death» llamaban los poetas isabelinos al orgasmo) por medio de alguna referencia al mar, fuente de vida y de fertilidad, pero también de muerte y destrucción. Las bellísimas metáforas finales cierran con enorme poder imaginativo el poema: «Forjado de la carne de la luz / Se ha tragado la bola de fuego», para concluir con el canto de la desposada: «Me he comido la llama.»

Otra ilustración sumamente expresiva y convincente de los contrastes, de la riquísima variedad y de la capacidad de creación lírica de Pound, que da como resultado uno de los grandes poemas eróticos de la lengua inglesa y para Carpenter «his first full statement of this [the troubadours'] sexual-religious credo» («su primera formulación completa de este [de los trovadores] credo religioso-sexual», pág. 513).

XXXIX

Desolate is the roof where the cat sat,
Desolate is the iron rail that he walked
And the corner post whence he greeted the sunrise.
In hill path: «thkk, thgk»
    of the loom
«Thgk, thkk» and the sharp sound of a song
    under olives
When I lay in the ingle of Circe
I heard a song of that kind.
    Fat panther lay by me
Girls talked there of fucking, beasts talked there of eating,
All heavy with sleep, fucked girls and fat leopards,
Lions loggy with Circe's tisane,
Girls leery with Circe's tisane
    κακὰ φάρμακ' ἔδωκεν
    kaka pharmak edōken
The house of smooth stone that you can see from a distance
λύκοι ὀρέστεροι, ἠδὲ λέοντες
lukoi oresteroi ede leontes

XXXIX

Desolado el techo donde se posaba el gato,
Desolado el riel de hierro donde caminaba
Y el poste de la esquina donde saludaba al orto.
En el sendero de la colina: «tk, tk»
    del telar
«Tk, tk» y el sonido agudo de un canto
    bajo los olivos
Cuando yacía en el hogar de Circe
Oí un canto así.
    Pantera gorda a mi lado
Las muchachas ahí hablaban de fornicar, las bestias hablaron de comer
Cayéndose de sueño, muchachas fornicadas y leopardos gordos,
Leones lerdos por la tisana de Circe[540],
Muchachas de mirar lujurioso por la tisana de Circe
    κακὰ φάρμακ' ἔδωκεν
    kaka pharmak edōken
La casa de piedra lisa que se puede ver desde lejos
    λύκοι ὀρέστεροι ἠδὲ λέοντες
    lukoi oresteroi ede leontes

---

[540] Las tres primeras líneas son una descripción del sendero que llevaba desde Rapallo «to the hill top hamlet of Sant'Ambroggio» («a la aldea de San Ambrosio, en la cumbre de la colina», Carpenter, pág. 514), donde Olga Rudge, la amante de Pound a la que conoció en 1920, alquiló una habitación en la casa de unos campesinos cuando el matrimonio Pound se instaló en Rapallo en 1924. Esos recuerdos se mezclan con la alusión a los sonidos que los compañeros de Odiseo escuchan cuando se acercan a la morada de Circe, que teje en su telar mientras canta, rodeada de «lobos montaraces y leones», a los que había hechizado dándoles brebajes maléficos» (*Odisea*, pág. 190), con los que también encanta a sus huéspedes, convirtiéndolos en cerdos.

            wolf to curry favour for food
—born to Helios and Perseis
    That had Pasiphae for a twin
Venter venustus, cunni cultrix, of the velvet marge
    ver novum, canorum, ver novum
Spring overborne into summer
    late spring in the leafy autumn
καλὸν ἀοιδιάει
KALON AOIDIAEI
    Ἢ θεὸς, ἠὲ γυνή... φθεγγώμεθα θᾶσσον
    e theos e guné....ptheggometha thasson
First honey and cheese
    honey at first and then acorns
Honey at the start and then acorns
honey and wine and then acorns
Song sharp at the edge, her crotch like a young sapling
illa dolore obmutuit, pariter vocem

    el lobo granjeándose la comida[541]
—nacida a Helios y Perseis
    Que tenía a Pasífae por gemela
Venter venustus, cunni cultrix, de la orilla de terciopelo
    ver novum, canorum, ver novum[542]
La primavera prolongada al verano
    primavera tardía en el frondoso otoño
καλὸν ἀοιδιάει
KALON AOIDIAEI
    Ἡ θεὸς, ἠὲ γυνή... φθεγγώμεθα θᾶσσον
    e theos e guné... ptheggometha thasson[543]
Primero miel y queso
    miel al principio y luego bellotas
Miel para empezar y luego bellotas
    miel y vino y luego bellotas[544]
Canto agudo al principio, su entrepierna como de árbol joven
    illa dolore obmutuit, pariter vocem[545]

---

[541] Las frases en griego que el propio Pound transcribe al alfabeto latino proceden del mismo pasaje homérico: «Kaka pharmak edoken», «y echó en esta pócima brebajes maléficos»; «lukoi oresteroi ede leontes», «lobos montaraces y leones».

[542] Helios y Perseis son los padres de Circe y de Pasífae.
    «Venter venustus, cunni cultrix»: «bello vientre, sacerdotisa del coño».
    «Ver novum, canorum, ver novum»: «la nueva primavera, canora, la nueva primavera».

[543] «KALON AOIDIAEI»: Polites, al que Odiseo llama «caudillo de hombres, mi más preciado y valioso compañero», oye los cantos de Circe y anuncia a sus compañeros que alguien está dentro «cantando algo hermoso», aunque advierte que «e theos e guné... ptheggometha thasson», «no sé si diosa o mujer» (*Odisea, ibidem*).

[544] «Y Circe les echó de comer bellotas, fabucos y el fruto del cornejo [todo lo que comen los cerdos que se acuestan en el suelo]» (*ibidem*, pág. 191), a los hombres transformados por sus hechizados brebajes.

[545] «illa dolore obmutuit, pariter vocem»: «[estaban los troyanos exclamando] mas el dolor a ella la enmudece, / las lágrimas y voces estorbando» (Ovidio, *Metamorfosis*, ed. de Juan Francisco Alsina, Barcelona, Planeta, 1990, pág. 532). La que enmudece por el dolor es Hécuba, segunda esposa de Príamo, célebre por su fecundidad y símbolo de la majestad y el infortunio, ante la muerte de su hijo Polidoro.

  'Αλλ' ἄλλην χρὴ πρῶτον 'οδον τελέσαι, καὶ 'ικεσθαι
 490/5
Εἰς 'Αΐδαο δόμους και επαινῆς Περσεφονείης'
ψυχῆ χρησομένους θηβαίου Τειρεοίαο
Μάντηος 'αλαδυ του τε φρένες ἔμπεδοί εἰσι΄
Τῷ καὶ τεθνηῶτι νόον πόρε Περσεφόνεια

When Hathor was bound in that box
 afloat on the sea wave
Came Mava swimming with light hand lifted in overstroke
sea blossom wreathed in her locks,
«What are you box?»
 «I am Hathor.»
Che mai da me non si parte il diletto
Fulvida di folgore
Came here with Glaucus unnoticed, nec ivi in harum
Nec in harum ingressus sum.

Ἀλλ' ἄλλην χρὴ πρῶτον ὁδὸν τελέσαι, καὶ
ἱκέσθαι 490/5
Εἰς Ἀΐδαο δόμους καὶ ἐπαινῆς Περσεφονείης·
Ψυχῇ χρησομένους θηβαίου Τειρεσίαο
Μάντιος ἀλαοῦ τοῦ τε φρένες ἔμπεδοί εἰσι·
Τῷ καὶ τεθνηιῶτι νόον πόρε Περσεφόνεια[546]

Cuando Ator se ató en aquella caja[547]
    flotante en las olas del mar
Vino Mava nadando con brazo ligero levantado en sobrebrazada
flor marina tejida entre sus cabellos,
«¿Quién eres tú, caja?»
    «Soy Ator.»
Che mai da me non si parte il diletto
Fulvida di folgore[548]
Vino aquí sin ser notada con Glauco, nec ivi in harum
Nec in harum ingressus sum[549].

---

[546] «All...»: «Pero antes tienes que llevar a cabo otro viaje; tienes que llegarte a la mansión de Hades y la terrible Perséfone para pedir oráculo al alma del tebano Tiresias, el adivino ciego, cuya mente todavía está inalterada. Pues sólo a éste, incluso muerto, ha concedido Perséfone tener conciencia; que los demás revolotean como sombras» (*Odisea,* Canto X, 490-495, pág. 198 de la edición citada). Odiseo pide a Circe que le envíe a casa, pues está impaciente y la hechicera le responde con estas palabras que entristecen al héroe, pues «a la mansión de Hades nunca ha llegado nadie en negra nave» (*ibidem,* pág. 199).

[547] Ator: Hator (o Athyr), diosa de la fertilidad en el antiguo Egipto. Representada como una mujer o una vaca, de su cuerpo nacía el Sol cada amanecer. Éste, convertido en hombre o en toro, la fecundaba al mediodía y por la noche desaparecía en su boca para dar lugar a la gestación nocturna, que permitiría su nacimiento al siguiente amanecer, en un ciclo inacabable del astro que nace cada día de sus propias fuerzas vitales, por medio de un principio femenino.

[548] «Che mai da me non si parte il diletto»: «que el deleite de mí no se partía» («Paraíso», XXIII, 129, pág. 675).

«Fulvida di folgore»: «[y vi una luz que un río semejaba] / fulgiendo fuego, [entre sus dos orillas / pintadas de admirable primavera]». («Paraíso», XXX, 61-63, pág. 719).

[549] Glauco, hijo de Sísifo (en una de las numerosas y variadas leyendas que tienen a un personaje de ese nombre como protagonista), bebió de una fuente cuyas aguas conferían la inmortalidad. Pero nadie le creía

    Discuss this in bed said the lady
Euné kai philoteti ephata Kirkh
Εὐνῇ καὶ φιλότητι, ἔφατα Κίρκη
es thalamon
Ἐς θάλαμόν
Eurilochus, Macer, better there with good acorns
Than with a crab for an eye, and 30 fathom of fishes
Green swish in the socket,
        Under the portico Kirké:...
«I think you must be Odysseus...
        feel better when you have eaten...
Always with your mind on the past...
Ad Orcum autem quisquam?
        nondum nave nigra pervenit...
Been to hell in a boat yet?

Sumus in fide
Puellaeque canamus

Discutid esto en la cama dijo la dama
Euné kai philoteti ephata Kirkh
Εὐνῇ καὶ φιλότητι, ἔφατα Κίρκη
es thalamon
Ἐς θάλαμόν⁵⁵⁰
Euríloco, Macer, mejor allí con buenas bellotas
Que con un cangrejo por ojo, y 30 brazadas de peces
Verdes corrientes por las cuencas,
    Bajo el pórtico Kirké...
«Creo que debes ser Odiseo...
    te sentirás mejor una vez que comas...
Siempre pensando en el pasado...
Ad Orcum autem quisquam?
    nondum nave nigra pervenit...
¿Has ido al infierno en barco alguna vez?[551]

Sumus in fide
Puellaeque canamus

---

y para persuadir a los hombres se arrojó al mar y se convirtió en un dios marino que vagaba entre las olas.

«Nec ivi in harum / Nec in harum ingressus sum»: «pero yo no fui a la pocilga, ni entré en la pocilga». Pound usa una versión latina algo deformadora del original; la frase dice: «Y todos la siguieron en su ignorancia, pero yo no me quedé por barruntar que se trataba de una trampa». Euríloco es el único de los hombres de Odiseo que no acepta la invitación de Circe, que acabaría con todos convertidos en cerdos, excepto él: de modo que logra regresar para informar a su jefe del hecho. (*Odisea*, pág. 191).

[550] «Euné... Kirkh»: «para hacer el amor en la cama, dijo Circe». Circe dice: «Pero tú tienes en el pecho un corazón imposible de hechizar. Así que seguro que eres el asendereado Odiseo ... Conque, vamos, vuelve tu espada a la vaina y subamos los dos a mi cama, para que nos entreguemos mutuamente unidos en amor y lecho» (*Odisea,* pág. 194).

«Es thalamon»: «en el lecho». Odiseo rechaza la invitación de Circe. «A mis compañeros los has convertido en cerdos en tu palacio, y a mí me retienes aquí y, con intenciones perversas, me invitas a subir a tu aposento y a tu cama para hacerme cobarde» (*Odisea,* pág. 194).

[551] Euríloco, lugarteniente de Odiseo. Macer es su compañero Macareo (Ovidio, *Metamorfosis,* libro XIV), de acuerdo con Terrell, vol. I, pág. 161, que sigue a Edwards y Vasse, pág. 133.

«Ad Orcum...»: «¿Ha ido alguien a los Infiernos en una nave negra?» Véase más arriba, nota 546.

sub nocte....
    there in the glade
To Flora's night, with hyacinthus,
With the crocus (spring
    sharp in the grass,)
Fifty and forty together
    ERI MEN AI TE KUDONIAI
Betuene Aprile and Merche
    with sap new in the bough
With plum flowers above them
    with almond on the black bough
With jasmine and olive leaf,
To the beat of the measure
From star up to the half-dark
From half-dark to half-dark
    Unceasing the measure
Flank by flank on the headland
    with the Goddess' eyes to seaward
By Circeo, by Terracina, with the stone eyes
    white toward the sea
With one measure, unceasing:

sub nocte...
    allí en el claro herboso⁵⁵²
A la noche de Flora, con jacintos⁵⁵³,
Con el azafrán (la primavera
    clara sobre la hierba),
Cincuenta y cuarenta juntas
        ERI MEN AI TE KUDONIAI⁵⁵⁴
Entre abril y marzo
    con nueva savia en las ramas
Con flores de ciruelo en lo alto
    con almendras en la rama negra
Con hoja de jazmín y olivo,
Al compás del sonido
Desde el salir de las estrellas a la semioscuridad
Desde la semioscuridad a la semioscuridad
    Sin cesar el compás
Anca con anca en la tierra avanzada
    con los ojos de la Diosa hacia el mar
Cerca de Circeo, de Terracina, con los ojos pétreos⁵⁵⁵
    blancos hacia el mar
Con un compás, sin cesar:

---

⁵⁵² «Sumus in fide / Puellaeque canamus». El fragmento completo dice: «Dianae sumus in fide / puellae et pueri integri; / Dianam pueri integri / puellaeque canamus»: «Estamos bajo la protección de Diana, doncellas y muchachos castos; cantemos a Diana, castos muchachos y doncellas» (*Catulli Carmina / Poesías de Catulo*, XXXIV, págs. 63-64).
«Sub nocte»: «bajo la noche».
⁵⁵³ Flora es la potencia vegetativa. Con ese nombre Ovidio ha relacionado un mito helénico que identifica a Flora con una ninfa llamada Cloris, raptada por Céfiro, que le concedió el don de reinar sobre las flores.
⁵⁵⁴ «ERI...»: «En primavera, los membrillos». Fragmento de un poema de Ibico (en griego Ibykos, siglo VI a. de C.) que Pound usa como epígrafe de su poema «The Spring», *Personae*, pág. 88.
⁵⁵⁵ La Diosa es Venus. En el monte Circeo, cerca de Terracina, ciudad portuaria del Lacio, había un templo dedicado a Júpiter. En «Credo» Pound comenta que «Given the material means I would replace the statue of Venus on the cliffs of Terracina. I would erect a temple to Artemis in Park Lane» («Si tuviese los medios materiales substituiría la estatua de Venus en los acantilados de Terracina. Yo construiría un templo a Artemisa en Park Lane». *Selected Prose*, pág. 53).

«Fac deum!» «Est factus.»
Ver novum!
  ver novum!
Thus made the spring,
Can see but their eyes in the dark
  not the bough that he walked on.
Beaten from flesh into light
Hath swallowed the fire-ball
A traverso le foglie
His rod hath made god in my belly
  Sic loquitur nupta
  Cantat sic nupta

Dark shoulders have stirred the lightning
A girl's arms have nested the fire,
Not I but the handmaid kindled
  Cantat sic nupta
I have eaten the flame.

«Fac deum!» «Est factus».
Ver novum!
 ver novum![556]
Así hicieron la primavera,
Sólo pueden verse los ojos en la oscuridad
 no la rama que pisó.
Forjado de la carne a la luz
Se ha tragado la bola de fuego
A traverso le foglie
Su vara ha hecho un dios en mi vientre
 Sic loquitur nupta
 Cantat sic nupta[557]

Hombros oscuros han despertado el rayo
Los brazos de una muchacha han acunado el fuego,
No yo sino la criada encendió
 Cantat sic nupta
Me he comido la llama.

---

[556] «Fac deum!» «Est factus»: «¡Haz a dios!» «Está hecho».
«Ver novum!»: «la nueva primavera». Véase nota 542.
[557] «Sic loquitur...»: «Así habla la novia / Así canta la novia».

Cantar XL

«Men of the same trade never gather together without a conspiracy against the general public» («Hombres del mismo oficio nunca se reúnen sino para conspirar contra el público en general»). Es ésta una conocida frase de Adam Smith que Pound parafrasea aquí para retomar su descripción del insidioso poder corruptor del dinero en manos de los grandes especuladores y financieros internacionales, que se personifica en la figura del financiero, banquero (y filántropo) John Pierpont Morgan, y que está basada en la historia de la Casa Morgan de Lewis Corey, *The House of Morgan* (Nueva York, AMS Press, 1930, R. R. Bowker, 1987), de la que extrae abundantes paráfrasis.

Frente a esta actitud de avaricia opone en otro de sus ensayos las ideas sobre el Crédito Social desarrolladas y defendidas por Clifford Hugh Douglas (véase Cantar XXII, nota 278) al que también parafrasea aquí: «The State exists for mankind, ideas exist for mankind, and lastly... credit exists for mankind» («El Estado existe para el hombre, las ideas existen para el hombre, y finalmente... el crédito existe para el hombre», *Selected Prose*, pág. 179. También aquí puede verse la nota 278 al Canto XXII, ya indicada). Como él mismo añade, es ésta una doctrina a la que difícilmente se le pueden poner objeciones desde el punto de vista ético.

La segunda parte del Canto, el viaje del rey y navegante cartaginés Hanno (Hannón, 450 a. de C., sobre cuya realidad histórica se discute), ilustra metafóricamente uno de los medios por los que es posible huir de la corrupción y las miserias que el dinero produce: «Queriendo salir de tales cosas / Hacia el alto aire, a la estratosfera, a la imperial / calma, al empíreo, a la bailía de las cuatro torres / al nous, el cristal inefable»: en fin, hacia la busca de todo aquello que dignifica al hombre y a lo que todavía es posible al menos aspirar, aun a sabiendas de que lograr alcanzarlo no pase tal vez de ser un sueño.

Y un poco al margen, y con respecto a la permanente discusión entre los críticos relativa a la profundidad o superficialidad de los conocimientos aparentemente enciclopédicos de Pound, me parece útil señalar lo siguiente: en sus ensayos económicos recopilados en *Selected Prose* el poeta cita a Adam Smith en siete ocasiones (págs. 146, 153, 179, 180, 187, 201 y 205). En seis de esos siete casos lo hace transcribiendo la misma frase con que abre este Canto.

XL

Esprit de corps in permanent bodies
«Of the same trade,» Smith, Adam, «men
»never gather together
»without a conspiracy against the general public.»
Independent use of money (our OWN)
toward holding OUR bank, own bank
and in it the deposits, received, where received.
  De banchis cambi tenendi...
    Venice 1361,
'62... shelved for a couple of centuries...
«whether by privates or public...
  currency OF (O, F, of) the nation.
Toward producing that wide expanse of clean lawn
Toward that deer park toward

XL

Esprit de corps en cuerpos permanentes
«Del mismo gremio», Smith, Adam, «los hombres
»nunca se reúnen
»sin conspirar en contra del público en general»[558].
Uso independiente del dinero (el NUESTRO)
hacia el control de NUESTRO banco, propio
y en él los depósitos, recibidos, donde fueron recibidos.
   De banchis cambi tenendi...
     Venecia 1361,
'62, archivado por unos dos siglos...[559]
«ya sea mediante privados o públicos...
   papel moneda DE (D, E, de) la nación.
Hacia la producción de aquella amplia expansión de césped limpio
Hacia aquel coto de ciervos hacia

---

[558] La frase, ya citada en el resumen introductorio a este Cantar, es de Adam Smith (1723-90), el economista escocés autor del tratado de economía política *An Enquiry into the Nature and Causes of the Wealth of Nations* (conocido como *La riqueza de las naciones* en castellano). Publicado en 1776, revolucionó las teorías económicas de su tiempo, con su crítica del mercantilismo y su insistencia en que la fuente de la riqueza no es la tierra, sino el trabajo.

[559] Estas frases de Pound sobre el uso del dinero (como la de más adelante *«Si un país gobierna su dinero»*) son un resumen elíptico de las teorías que defiende en relación con la banca y el uso del crédito en sus panfletos políticos y económicos y que desarrolla aquí algo más tarde y en forma más detallada en su Canto XLII, cuando habla del Monte dei Paschi de Siena, el fundamento de cuyo capital está en «la abundancia de la naturaleza», como dice en *Guide to Kulchur* («The abundance of nature». Véase el resumen al Cantar XLII).

«De banchi[i]s cambi tenendi»: «desde la casa de cambios». La anécdota a que alude en relación con Venecia 1361, 62, no ha sido identificada.

the playing fields, congeries, swimming pools, undsoweiter:
Sword-fish, seven marlin, world's record
extracted in 24 hours.
Wd. make the loan, sterling, eight hundred thousand
if Peabody wd. quit business.
  England 1858
IN THE SAME NAME OF GOD THE MOST GLORIOUS MR. D'ARCY
is permitted for 50 years to dig up the subsoil of
Persia.
'62, report of committee:
Profit on arms sold to the government: Morgan

los campos deportivos, congeries, albercas, undsoweiter[560]:
Peces espadas, siete peces agujas, récord mundial
extraídos en 24 horas.
Haría el préstamo, esterlinas, ochocientas mil
si Peabody se retirara de los negocios
       Inglaterra 1858
EN EL NOMBRE DE DIOS EL MUY GLORIOSO SR. D'ARCY[561]
se le permite que durante 50 años excave el subsuelo de
Persia.
'62, informe del comité:
Ganancias sobre armas vendidas al gobierno: Morgan[562]

---

[560] «Congeries» existe en castellano con esa misma forma («cúmulo o montón de cosas», según el Diccionario de la Real Academia).
«Undsoweiter»: «etcétera», en alemán.
[561] George Peabody (1795-1869) es un financiero y filántropo de Massachussetts, que se distinguió por el establecimiento en 1867 del llamado «Peabody Education Fund» («Fondo Peabody para la Educación»), tres millones y medio de dólares para ayudar al desarrollo de las escuelas del Sur durante los años de la Reconstrucción, tras la Guerra de Secesión. Previamente había organizado en Londres su empresa financiera, a la que se asoció Junius Spencer Morgan a partir de 1854. En 1857 Morgan negoció con el Banco de Inglaterra un crédito de 800.000 libras esterlinas para superar una águda crisis en el mercado financiero, que inicialmente el Banco concedía con la condición de que Peabody sacara su empresa de Inglaterra en 1858, pero su lucha y los apoyos del mundo financiero que recibió, obligaron al Banco a retirar esa condición. Cuando Peabody se retiró en 1863, la empresa se convirtió en J. S. Morgan and Co., el origen de la Casa Morgan.
[562] El hijo de Junius, John Pierpont Morgan (1837-1913), fue el representante de la firma en los Estados Unidos desde 1857. En 1862 el Congreso denunció fraudes en la compra de armas para el ejército, pues al parecer John Pierpont Morgan había comprado a crédito al propio gobierno armas de desecho, que luego revendió al ejército al contado y con unos beneficios escandalosos («financing the sale to the government of the government's own arms at an extortionate profit». *The House of Morgan,* págs. 58-59). Como presidente del banco de inversiones que lleva su nombre, J. P. Morgan & Co., que fundó en 1895, se asoció a un grupo de otros banqueros y financieros, y así consiguió controlar la economía norteamericana por medio de «gentlemen's agreements» («acuerdos entre caballeros») durante el final del siglo XIX y los principios del XX, llegando a dominar centenares de empresas y corporaciones en los servicios, transportes, bancos, empresas de seguros y numerosas indus-

(Case 97) sold to the government the government's
    arms...
I mean the government owned 'em already
at an extortionate profit
Dollars 160 thousand, one swat, to Mr Morgan
for forcing up gold.
«Taking advantage of emergency» (that is war)
After Gettysburg, down 5 points in one day—
Bulls on gold and bears on the Union
«Business prospered due to war's failures.»

   «If a nation will master its money»

Boutwell decided bonds shd. be sold direct by the treasury.

(Caso 97) vendió al gobierno las armas del gobierno...
Quiero decir que ya eran propiedad del gobierno
a una ganancia extorsionista
Dólares 160 mil, un trancazo, al Sr. Morgan
por obligar el alza del oro.
«Aprovechándose de la emergencia» (es decir la guerra)
Después de Gettysburg, baja de 5 puntos en un día—
Al alza sobre el oro y a la baja sobre la Unión
«Los negocios prosperaron debido a los fracasos de la guerra»[563].

«Si un país gobierna su dinero»[564]

Boutwell decidió que las acciones debían ser vendidas directamente por la tesorería[565].

---

trias de productos básicos, incluyendo la U.S. Steel, organizada personalmente por Morgan en 1901, la primera empresa del mundo que alcanzó recursos por encima de los mil millones de dólares. Su potencial incalculable le permitió incluso ayudar al propio gobierno federal a superar numerosas situaciones de crisis, algunas de las cuales habían sido creadas por los manejos ilegales de la corporación y de las que la Casa Morgan siempre cosechó importantes beneficios. Su credo económico se basaba en su creencia en la superioridad de la colaboración entre los grandes negocios, más que en la libre competencia, por lo que tuvo que luchar contra las «anti-trust laws» que pretendían poner freno legal a los monopolios. Sus obras filantrópicas fueron espectaculares, especialmente su donación al Metropolitan Museum of Art de Nueva York de una de las mayores colecciones privadas de arte del mundo, entonces valorada en más de 50 millones de dólares.

William Knox D'Arcy, que organizó la Anglo-Persian Oil Company en 1901 (véase nota 519).

[563] La guerra, especialmente si iba mal para las tropas de la Unión, significaba fuertes beneficios económicos para el mundo financiero y para los especuladores del oro. Por eso, la decisiva victoria de la Unión en la batalla de Gettysburg (que realmente significó el principio del fin de la causa confederada) produjo la caída del precio del oro en cinco puntos en un solo día.

[564] *«Si un país gobierna su dinero»*: véase nota 559.

[565] George S. Boutwell, Secretario del Tesoro (1869-73) con el Presidente Grant, cuya administración es una de las más escandalosas por casos de corrupción de la historia de los Estados Unidos. Su principal empeño fue la refinanciación de la deuda pública creada durante la Guerra Civil, por medio de la emisión de bonos del Tesoro a bajo interés, con la

Mr Morgan: contributions to the Republican Party, lar-
    gely
to the republican party.
    Beecher's church organized by realty agents—
Belmont representing the Rothschilds
«specie payment's resumption
»enriched a small group of holders.»
stock subscription (railway construction)
seldom over 30 percent...
in '76 default 39% of the total
that is 39 per cent of the
bonds for railway construction
Said Mr Corey «there being no central institution

Mr. Morgan: contribuciones al Partido Republicano, en
  gran parte
al partido republicano.
  La iglesia Beecher organizada por los agentes de fin-
    cas urbanas—
Belmont representando a los Rothschild
«reanudación de pagos en especie
»enriqueció a un pequeño grupo de tenedores».
suscripción de acciones (construcción de ferrocarriles)
raras veces arriba del 30 por ciento...
en '76 incumplimiento 39 % del total
es decir el 39 por ciento de las
acciones para la construcción ferroviaria[566]
Dijo el Sr. Corey «puesto que no había una institución
  central

---

pretensión de que los vendiera el gobierno directamente al público. La oposición de la banca al proyecto fue frontal y finalmente consiguieron que se distribuyeran con su intermediación (*The House of Morgan*, páginas 119-120).

[566] Con la misma fuente, Pound elabora sobre los sobornos a políticos, aun enmascarados como contribuciones al Partido Republicano, a fin de obtener favores legislativos.

Henry Ward Beecher (1813-87), hermano de la famosa novelista abolicionista Harriet Beecher Stowe, autora de *Uncle Tom's Cabin* (*La cabaña del Tío Tom*, 1852). Henry Ward fue un predicador también distinguido en la lucha por la abolición de la esclavitud y en favor del sufragio femenino. Más tarde sería utilizado como instrumento por los reaccionarios y dice Corey que su Iglesia se había organizado como un negocio por especuladores del sector inmobiliario. En su segunda fase predicó a menudo contra los derechos de los trabajadores: «The trade union, originated under the European system, destroys liberty. ...I do not say that a dollar a day is enough to support a working-man. But it is enough to support a man! Not enough to support a man and five children if a man insists on smoking and drinking beer. ...But the man who cannot live on bread and water is not fit to live» («El sindicato, originado bajo el sistema europeo, destruye la libertad. ... No digo que un dólar al día sea suficiente para mantener a un trabajador. ¡Pero es suficiente para mantener a un hombre! No para mantener a un hombre y cinco hijos si el hombre insiste en fumar y en beber cerveza. ... Pero el hombre que no puede vivir a pan y agua no tiene por qué vivir». *The House of Morgan*, págs. 123-4).

Augustus Belmont (1816-90) dirigía una de las mayores empresas financieras, asociada a los Rothschild, ambos rivales de la Casa Morgan en los mercados internacionales financieros.

as in London»
Pujo investigation: Said Mr Morgan:
    «never sold short in my life»
having learned that a high degree of liquidity....
1907 «cd. not have been done without Mr Baker
«we cdnt. have stopped it (the panic).
As to the government's arms: they were bought by
one government office before they had been sold
(as condemned) by another ditto (i.e. government office)
passing through a species of profit sieve.
«A greek,» said Ionides or some other Hellene,
«honest after he has cleaned up 20 thousand»
meaning twenty thousand pund sterling.
    With our eyes on the new gothic residence, with our
eyes on Palladio, with a desire for seignieurial splen-
    dours
(ἄγαλμα, haberdashery, clocks, ormoulu, brocatelli,
tapestries, unreadable volumes bound in tree-calf,
half-morocco, morocco, tooled edges, green ribbons,
flaps, farthingales, fichus, cuties, shorties, pinkies
et cetera
    Out of which things seeking an exit

como en Londres»⁵⁶⁷
Investigación Pujo: Dijo el Sr. Morgan:
«en mi vida vendí a la baja»
habiéndose informado de que un alto grado de liquidez...
1907 «no se pudo lograr sin el Sr. Baker
»no lo hubiéramos podido detener (el pánico).
En cuanto a las armas del gobierno: fueron compradas por
una oficina de gobierno antes de que fueran vendidas
(por haber sido condenadas) por otra igual (i.e. oficina del gobierno)
pasando por una especie de cedazo de ganancias⁵⁶⁸.
«Un griego», dijo Ionides o algún otro heleno,
«honrado después de haberse levantado con 20 mil»
quiere decir veinte mil libras esterlinas.

  Con los ojos en la nueva residencia gótica, con los
ojos en Palladio, con deseos de esplendores señoriales⁵⁶⁹
(ÀGALMA, camisería, relojes, similor, brocatel,
tapices, tomos ilegibles empastados en piel venada de ternera,
medio marroquí, marroquí, orillas labradas, listones verdes,
faldas, miriñaques, toquillas, linduras, pequeñeces, deditos
et cetera
  De cuyas cosas en busca de salida⁵⁷⁰

---

⁵⁶⁷ Louis C. Fraina (1894-1953) escribía bajo el seudónimo de Lewis Corey y es el autor de *The House of Morgan.*
  La institución central a que se refiere en Londres es el Banco de Inglaterra.
⁵⁶⁸ A. P. Pujo fue un político y abogado que, como presidente del Comité de Banca y Moneda de la Cámara de Representantes (1911-13), dirigió las investigaciones que llevaron a la creación del Sistema de la Reserva Federal durante la presidencia de Woodrow Wilson (véase resumen introductorio al Cantar XXXVII).
⁵⁶⁹ Andrea di Pietro, llamado Palladio (1508-80), fue un arquitecto italiano, el más destacado representante del último periodo del clasicismo renacentista. Se acepta que su sereno clasicismo influyó poderosamente en la arquitectura europea.
⁵⁷⁰ «ÀGALMA»: estatua, escultura, imagen. Estas líneas son un resumen

PLEASING TO CARTHEGENIANS: HANNO

that he ply beyond pillars of Herakles
60 ships of armada to lay out Phoenecian cities
to each ship 50 oars, in all
30 thousand aboard them with water, wheat in provision.
Two days beyond Gibel Tara layed in the wide plain
Thumiatehyon, went westward to Solois
an headland covered with trees
Entha hieron Poseidōnos, against the sun half a day
is seabord marshland high-murmuring rushes.
In that place great elephant herds
    and beasts many other amongst them
So laid we house: Karikon, Gutta, Akra, Meli, Arambo
These are the cities, then Lixos
Pours down from out of High Libya
The lixitae friendly cowboys and herders
Up country be aethiopians living with untamed beasts
shut in by the Lixtus mountain
whereon are misshapen men swifter than horses.

Men of Lixtae came with us to interpret
for 12 days sailing southward, southward by desert
one day sailed against sun, there is an harbour

GRATO A LOS CARTAGINESES: HANNO[571]

que navegue más allá de las columnas de Herakles
60 naves por armada para fundar ciudades fenicias
50 remos en cada barco, en total
30 mil a bordo con agua, trigo y víveres.
Dos días más allá de Gibel Tara yacimos en la amplia
   llanura
Tumiateion, fuimos hacia el oeste a Solois
promontorio cubierto de árboles
Entha hieron Poseidõnos, contra el sol medio día
es marisma a orillas del mar con altos juncos murmu-
   rantes.
En aquel lugar grandes manadas de elefantes
   y otras abundantes bestias entre ellos
Así la casa proyectamos: Karikon, Gutta, Akra, Meli,
   Arambo
Estas las ciudades, luego Lixos
Salta abajo de la Alta Libia
Los lixitae vaqueros y pastores amistosos
Tierra arriba hay etíopes viviendo con bestias salvajes
cercados por el monte Lixto
do moran hombres disformes más veloces que caba-
   llos.

Hombres de Lixta vinieron con nosotros como intér-
   pretes
durante 12 días navegando al sur, al sur por desierto
un día navegamos contra el sol, hay una bahía

---

de las prácticas de ostentoso consumo comunes entre los nuevos ricos del momento.
[571] Se dice que Hanno (o Hannón), el rey cartaginés (véase la introducción a este Cantar), navegó costeando el norte de África y siguió por el Atlántico hacia el sur, llegando hasta Camerún y fundando numerosas ciudades en el trayecto. Pound parafrasea aquí diversos incidentes contados por los historiadores antiguos (que incluyen referencias o nombres dudosos, como Libia, hoy Argelia), desde su paso por las Columnas de Hércules (el estrecho de Gibraltar, o Gibel Tara) y su regreso a Cartago, «Puesto que estábamos al cabo de nuestros víveres».

with an island 15 miles in circumference,
We built there, calling it Cyrne
believing it opposite Carthage as our sailing time
was the same as from Carthage to the Pillars.
Past Xrestes, a great river,
    a lagoon with three largish islands
a day onward great hills end an inlet,
Their folk wear the hides of wild beasts
and threw rocks to stone us,
    so prevented our landing.
Next is a river wide, full of water
crocodiles, river horses, Thence we turned back to Cyrne
for 12 days coasted the shore
Aethiops fled at our coming
Our Lixtae cd. not understand them.
12th day rose the woody mountain
with great soft smell from the trees
all perfumes many-mingling.
Two days, the wide bayou or inlet
Lay flatland above it busy by night with fires.
Filled our tanks, sailed 5 days along shore
Came then West Horn, the island that closes its harbour
And by day we saw only forest,
    by night their fires
With sound of pipe against pipe
The sound ply over ply; cymbal beat against cymbal,
The drum, wood, leather, beat, beat noise to make terror.
The diviners told us to clear.
Went from that fire fragrance,
flames flowed into sea,
Fearing and swiftly, the land by night decked with flame

con una isla de 15 millas de circunferencia,
Allí construimos, llamándola Cirne
creyéndola frente a Cartago porque nuestro tiempo navegando
era el mismo que de Cartago a las Columnas
Más allá de Jrestes, un gran río,
    una laguna con tres islas bastante grandes
un día más adelante grandes cerros cierran un estuario,
Los habitantes llevan vestidas las pieles de animales salvajes
y lanzaron piedras para apedrearnos,
        evitando así el desembarque.
Después hay un ancho río, lleno de agua
cocodrilos, caballos de río. De allí regresamos a Cirne
durante 12 días costeamos
Etíopes huían a nuestra vista
Nuestros hombres de Lixta no podían entender este comportamiento
Al duodécimo día apareció la montaña boscosa
con su enorme olor suave de los árboles
todos los variados perfumes se mezclaban.
Dos días, la amplia ensenada o estero
Y arriba en la meseta el ajetreo y los fuegos de noche.
Llenamos nuestros depósitos, navegamos cinco días a lo largo de la costa
Apareció entonces Cuerno Occidental, la isla que cierra su bahía
Y de día sólo veíamos bosque,
    de noche sus fogatas
Con el sonido de caramillo contra caramillo
El sonido del batir sobre batir, címbalo tocado contra címbalo,
El tambor, madera, cuero, golpe, golpe y ruido para aterrorizar.
Los adivinos nos dijeron que nos fuéramos.
Nos fuimos de aquella fragancia de fuego,
las llamas se deslizaban al mar,
Temerosos y aprisa, la tierra adornada de llamas por la noche

One pillar of light above others
Scorched at the sky and stars
By day this stood an high mountain
That they call the gods' carroch.
By flame for three days to South Horn, the bayou,
the island of folk hairy and savage
whom our Lixtae said were Gorillas.
We cd. not take any man, but three of their women.
Their men clomb up the crags,
Rained stone, but we took three women
who bit, scratched, wd. not follow their takers.
Killed, flayed, brought back their pelts into Carthage.
Went no further that voyage,
    as were at end of provisions.
Out of which things seeking an exit
To the high air, to the stratosphere, to the imperial
calm, to the empyrean, to the baily of the four towers
the NOUS, the ineffable crystal:
Karxèdoniōn Basileos
    hung this with his map in their temple.

Un pilar de luz sobre los demás
Abrasado por el cielo y las estrellas
De día éste se mantuvo como alta montaña
Que llaman la carroza del dios.
Por la llama durante tres días al sur de Cuerno Sur, el estero,
la isla de gente salvaje y peluda
de quienes nuestros lixtae dijeron que eran gorilas.
No pudimos tomar hombre alguno, pero sí tres de sus mujeres.
Sus hombres escalaron los cantiles,
Llovieron piedras, pero nosotros tomamos tres mujeres
que mordían, arañaban, y no querían seguir a sus captores.
Se mataron, desollaron, y sus pieles fueron llevadas a Cartago.
No pasamos adelante en ese viaje,
    Puesto que estábamos al cabo de nuestros víveres.
Queriendo salir de tales cosas
Hacia el aire alto, a la estratósfera, a la imperial
calma, al empíreo, a la bailía de las cuatro torres
al NOUS, el cristal inefable:
Karxèdoniōn Basileos[572]
    colgado con su mapa en su templo.

---

[572] «NOUS»: «mente», «espíritu».
«Karxèdonion Basileos»: «el rey de Cartago».

Cantar XLI

El «amo» («the Boss») Benito Mussolini, recibe aquí el elogio del poeta por lo éste que considera (tomando una frase aparentemente de mera cortesía, por reveladora de inteligencia y sensibilidad artísticas) su perspicacia poética, superior a la de los críticos profesionales, así como por sus obras y mejoras en favor del pueblo llano. Queda patente, sin embargo, la ignorancia de Pound con respecto a las otras caras del fascismo, a la vez que sutilmente el origen de su posición, al afirmar sin ambigüedades que es su firme opinión que «the Duce will not stand with despots and the lovers of power but with the lovers of ORDER» («el Duce nunca se alineará con los déspotas y los amantes del poder, sino con los amantes del ORDEN», *Jefferson and / or Mussolini*, Liveright, Nueva York, 1970, pág. 128). Ya hay aquí (y esto está escrito en 1933, aunque no se publicara hasta 1935), de todas formas, una tenue y sutil pero inequívoca semilla de la que es inconsciente, que puede ayudar a entender su ceguera: la alusión al «orden» como valor absoluto; algo antes, en el mismo texto, se ha explayado con mayor detalle: «Italy produced notable peacemakers who based their glory on peace tho' it came by the sword, Nic. Este, Cosimo, even Sforza condottiero, all men standing for order and, when possible, for moderation» («Italia produjo notables pacificadores que basaron su gloria en la paz, aunque hubiese sido conseguida por la espada, Nic. Este, Cosimo [Cosme], incluso Sforza el condottiero, hombres todos que defendieron el orden y, cuando fue posible, la moderación», *ibidem*, pág. 79. Véase, como contraste, la nota 412 relativa a la posición de Jefferson, cuando afirmaba sin ambigüedades que los principios se podían salvaguardar «por medios pacíficos»). Sus reiteradas manifestaciones contra toda forma de despotismo le parecen encajar, en un difícil ejercicio de tergiversación de los hechos y las palabras, con la figura del Duce.

El elogio llega a su más alto nivel en la equiparación del dictador italiano con la personalidad insigne de Thomas Jefferson, lo que no hace sino confirmar su tremenda falta de percepción política. Es verdad, no obstante, que los *Cantos* contienen auténticas profesiones de fe con respecto a los derechos individuales y a las libertades democráticas, que a veces se conjugan mal con manifestaciones del tipo señalado más arriba. En este sentido no se puede negar la apreciación de William Cookson: «it needs to be pointed out that despite Pound's admiration for Mussolini, the political thought of the *Cantos* represents an attempt to restore the Anglo-Saxon heritage —it is against unlimited sovereignty and therefore fundamentally anti-fascist. Of such contradictions poems are made» («es preciso señalar que a pesar de la admiración de Pound por Mussolini, el pensamiento político de los *Cantos* representa un intento de restaurar la herencia anglo-sajona —se manifiesta contrario a la soberanía sin límites y por tanto fundamentalmente anti-fascista. De tales contradicciones surge la poesía», *A Guide to the Cantos of Ezra Pound,* pág. 46). No cabe duda de que Cookson intenta desesperadamente la defensa de Pound basándose en las propias ambigüedades y contradicciones que conviven mano a mano en la mente y en la obra del poeta.

XLI

«Ma qvesto»
    said the Boss, «è divertente.»
catching the point before the aesthetes had got there;
Having drained off the muck by Vada
From the marshes, by Circeo, where no one else wd. have drained it.
Waited 2000 years, ate grain from the marshes;
Water supply for ten million, another one million *«vani»*
that is rooms for people to live in.
    XI of our era.

XLI

«MA QUESTO»
    dijo el Amo, «è divertente»,
dándose cuenta del asunto antes que los estetas[573];
Después de avenar el lodazal cerca de Vada
De las marismas, por Circeo, de donde nadie lo hubiera avenado.
Esperaron 2000 años, comiendo trigo de las marismas;
Agua potable para diez millones, otro millón de *«vani»*
es decir habitaciones para que viviera la gente.
    XI de nuestra era[574].

---

[573] «MA QUESTO è divertente»: «Pero esto es entretenido». Pound fue recibido en 1933 por Mussolini, al que entregó varias de sus propuestas sobre reformas económicas y monetarias y un ejemplar de *A Draft of XXX Cantos:* la frase entrecomillada contiene la respuesta del dictador tras un rápido vistazo al libro y lo que probablemente no fuese más que una muestra de cortesía parece que caló hondo en la mente de Pound. Casi un año más tarde, escribe a una de sus lectoras sobre las dificultades de los treinta primeros Cantos: «One of the most valued readers seemed to find the Cantos entertaining; at least that's what he said after 20 minutes, with accent of relieved surprise, having been brought up to Italian concept of poetry: something oppresive and to be revered» («Uno de los más valiosos lectores de los Cantos pareció encontrarlos entretenidos; al menos eso es lo que dijo tras veinte minutos, con acento de agradecida sorpresa, habiendo sido educado en el concepto italiano de la poesía: algo opresivo y que hay que reverenciar». *Selected Letters*, pág, 250). Si no era a Mussolini y a su comentario a lo que Pound aludía aquí, bien podría haber sido: las coincidencias me parecen demasiado precisas como para considerarlas casuales.

[574] Alude de nuevo a la desecación de los pantanos de la llanura Pontina, limitada al sur por el monte Circeo, a que se refiere también la nota 528. Durante dos mil años no se hizo más que hablar de ello, pero fue la llegada del fascismo la que convirtió las palabras en hechos y consiguió que se realizaran esas obras.

El «año XI de nuestra era». El calendario fascista, que Pound adopta a

Story told by the mezzo-yit:
That they were to have a consortium
and one of the potbellies says:
   will come in for 12 million»
And another: three millyum for my cut;
And another: we will take eight;
And the Boss said: but what will you
   DO with that money?»
«But! but! signore, you do not ask a man
what he will *do* with his money.
That is a personal matter.
And the Boss said: but what will you do?
You won't really need all that money
because you are all for the *confine*.»
«Noi ci facciam sgannar per Mussolini»

Historia contada por el mezzo-yit.
Que habían de tener un consorcio
y uno de los barrigones dice:
    me tocarán 12 millones»
Y otro: tres millones de mi parte;
Y otro: tomaremos ocho;
Y el Amo dijo: pero, ¿qué van a
    HACER con ese dinero?»
«¡Pero! ¡pero! signore, no se pregunta a uno
que qué *hará* con su dinero.
Es cuestión personal.
Y el Amo dijo: pero, ¿qué harán?
No necesitarán todo ese dinero en realidad
porque todos ustedes están en favor del *confine*»[575].
«Noi ci facciam sgannar per Mussolini»

---

partir de 1931, se inicia en 1922, con el acceso de Mussolini al poder. Se trata, pues, de 1933 («the modern 1933 world of *anno XI dell'era fascista»* [«el mundo moderno de 1933 del *año XI de la era fascista»*] *Jefferson and / or Mussolini,* pág. 68) cuando esas obras, iniciadas en 1926, empiezan a dar sus primeros frutos económicos importantes y notorios con la construcción de canales de avenamiento con cinco grandes colectores, distribución de aguas potables y edificación de varias ciudades (entre otras, Latina, Sabaudia y Aprilia, importantes por su industria ligera) con viviendas («*vani*») dignas y modernas. El proyecto se concluyó hacia 1939.

[575] «el mezzo-yit»: puede ser «medio judío», utilizando con una variación ortográfica el término yiddish «yid», cuya vocal se debe pronunciar como en «deed» y significa simplemente judío. Si se pronuncia rimando con «did» entonces adquiere un matiz insultante (véase Leo Rosten, *The Joys of Yiddish,* pág. 445). La anécdota parece condenar la práctica de acaparar los productos agrícolas para aumentar artificialmente su precio.

«Todos ustedes están en favor del *confino*»: en *Jefferson and / or Mussolini,* escribe Pound, sobre los derechos de los campesinos italianos en comparación con los ingleses. «Italy was, even in 1900, immeasurably ahead of England in so far as land laws and the rights of the man who works on the soil are concerned. Some of the follies and cruelties of great English owners would not now be permitted in Italy. Certain kinds of domestic enemy would be shipped to the *confino»* («Italia estaba, incluso en 1900, mucho más avanzada que Inglaterra en lo que respecta a las leyes de la tierra y los derechos del hombre que la trabajaba. Algunas de las estupideces y crueldades de los grandes propietarios ingleses no se permitirían ahora en Italia. Ciertas clases de enemigo interior serían desterradas a los confines del país», pág. 70). Pound usa en las ediciones de Faber y

         said the commandante della piazza.
«Popolo» said Cici «ignorante!
»And the worst of 'em all is my "donna"»
         (In the third year of his age)
«Where the Pope goes is lack of money
Because of the mass of clerics
         who bring cheques for the banks to cash,
And for these the banks must pay money.
And you must know how they pay, and
when and on what days there are markets
and in which seasons are the fairs, and
when they need money in which where
and what are the rates of exchange»
         (Messire Uzzano in 1442)
To have shortage neither in time nor in place
but to have money there ready

dijo el comandante della piazza.
«Popolo» dijo Cici «ignorante!
»Y la peor de todos es mi "donna"»
   (En el tercer año de su edad)
«Donde va el Papa hay escasez de moneda
Debido a la masa de clérigos
   que traen cheques a cambiar en los bancos,
Y por éstos el banco ha de pagar dinero.
Y ya sabrán cómo pagan, y
cuándo y qué días hay mercados
y en qué estaciones son las ferias, y
cuándo necesitan dinero en cuál dónde
y cuáles son los tipos de cambio»
   (Messire Uzzano en 1442)[576]
No tener escasez ni en tiempo ni lugar
sino tener dinero allí ya dispuesto

New Directions «confine», que aparece corregido, «confino», en la edición italiana de Mary de Rachewiltz, pág. 392.

[576] «Noi ci facciam sgannar per Mussolini»: repite una frase que pronunció ante Pound su hotelero de Rímini: «NOI CI FACCIAMO SCANNAR PER MUSSOLINI»: «nos dejaríamos matar por Mussolini» (*Jefferson and / or Mussolini*, pág. 26). Pound había ido a esa ciudad a consultar un manuscrito, pero el bibliotecario no le daba facilidades. Por el contrario, «My hotel-keeper was also comandante della Piazza ... and [he] had damn well decided that if I had taken the trouble to come to Romagna to look at a manuscript, the library would cut the red tape» («Mi hotelero era también el Comandante de la Ciudad ... y había decidido que si yo me había tomado la molestia de ir a Romagna a consultar un manuscrito, la biblioteca se saltaría las restricciones burocráticas». *Ibidem*, págs. 26-7).

«Popolo ... ignorante». Recoge una anécdota del mismo libro, en la que tras afirmar que todos y cada uno de los antifascistas que ha conocido han aumentado, por su incoherencia, su respeto por el fascismo, dice que sólo ha conocido a un fascista, en cuyo hogar el hijo pequeño, «Gigi aged two used to stand up on his chair after lunch and say 'Popolo ignorante!' as a sort of benediction, one day he added the personal note "And the worst of all is my *nurse*"» («Gigi, de dos años, solía ponerse en pie en su silla tras la comida y decir 'pueblo ignorante' a modo de bendición, un día añadió el toque personal "Y la peor de todos mi niñera"». *Ibidem*, pág. 53).

Niccolò da Uzzano (1359-1431), estadista y hombre de negocios florentino, que intentó evitar el ascenso de los Médicis. No queda clara la discrepancia de fechas.

for sailing of ships, wangles of merchants
ant for the due pay for soldiers
    both from commune or overlord,
and you must work day and night
to keep up with your letters.

Eleven hours the day, 32 centimes the hour
«And you stole it»
    said the employer at Orbe
After the boss had worn out his best only shoes.
Monday 14th, in the morning.
After six days in the training corps
They sent him back to the front
    (documento)
Geschichte und Lebensbilder
Temperature of enormous importance
Erneuerung des Religiosen Lebens
more especially in mountain warfare
In den Deutschen Befreiungskriegen, by Wilhelm Baur
This remarkable work was presented
    to the young Uhlan officer
by her imperial majesty Augusta Victoria
with a tender and motherly dedication
Renewal of higher life

para el zarpar de barcos, trácalas de mercaderes
y el debido pago de los soldados
    tanto de comuna como de jefe supremo,
y hay que trabajar día y noche
para mantenerse al día con las letras.

Once horas al día, 32 céntimos la hora
«Y tú te lo robaste»
    dijo el patrón en Orbe
Después que el patrón había gastado sus mejores zapatos
    únicos.
Lunes 14, por la mañana.
Después de seis días en el cuerpo de entrenamiento
Le devolvieron al frente
    (documento)
Geschichte und Lebensbilder
La temperatura de importancia enorme
Erneuerung des Religiosen Lebens
más especialmente en la guerra en las montañas
In den Deutschen Befreiungskriegen, por Wilhelm
    Baur[577]
Esta obra notable fue presentada
    al joven oficial de ulanos
por su imperial majestad Augusta Victoria[578]
con tierna y maternal dedicatoria
Renovación de vida superior

---

[577] «Once horas al día»: la jornada laboral en la Italia prefascista.
Orbe es una ciudad suiza en las riberas del río de ese nombre.
«Geschichte und Lebensbilder»: «historia y escenas de la vida».
«Erneuerung des Religiosen Lebens»: «renacimiento de la vida religiosa».
«In den Deutschen Befreiungskriegen»: «en las guerras alemanas de liberación» es parte del título de una obra del escritor alemán Wilhelm Baur (1826-97). Todas las frases anteriores proceden del mismo título, que completo dice: *Geschichte und Lebensbilder aus der Erneuerung des Religiösen Lebens in Deutschen Befreiungskriegen*, («Historia y escenas de la renovación de la vida religiosa en las guerras de liberación de Alemania»), Hamburgo, 1984.
[578] Augusta Victoria von Schleswig-Holstein es la esposa del último emperador alemán, Guillermo II.

in the struggle for German freedom, 19 hundred and 8,
in mountain warfare,
ordine, contrordine e disordine
«una pace qualunque»
    social content to the war.
The young Uhlan was never out of uniform from his
eighth year till the end of the war
    contrordine e disordine
Trees, hedges of white thorn, toward San Casciano
were stiff frosted with silver—
20 metres between the trenches
«was identified as the hospital where Mussolini... from
photo in Corriere di Domenica, and then bombed...

Feldmarschall Hindenburg in the imperial box
Heard for the first time Mozart and asked what the noise
    was
all this god damned cultural nonsense.
But Fritz' father had kept the letter
That he, Herr Nvon so Forth, shd. back up
his, Hindenburg's application
for a seven dollar per year increase in pension—
fees due him for having participated in the
Battle of Waffenschlag, in the seventies or whenever.
Una pace qualunque. Over Udine...
wd. have called that eagle a portent
«Yes, sir, we will file that»
    said the seventh under cat's dogkeeper
when he rec'd the Hun ultimatum,

en la lucha por la libertad alemana, mil novecientos y 8,
en la guerra en las montañas,
ordine, contrordine e disordine
«una pace qualunque»
    contenido social para la guerra[579].
El joven ulano nunca se quitó el uniforme desde su
año octavo hasta el fin de la guerra
    contrordine e disordine
Árboles, setos de espino blanco, hacia San Casciano
estaban helados tiesos de plata—
20 metros entre trincheras
»fue identificado como el hospital donde Mussolini...
  de la
foto en Corriere di Domenica, y luego se bombar-
  deó...[580]

Feldmarschall Hindenburg en la platea imperial
Escuchó a Mozart por primera vez y preguntó qué era ese
  ruido
toda esa condenada tontería cultural.
Pero el padre de Fritz había guardado la carta
Que él, Herr Nvon Tantos, debía apoyar
su, de Hindenburg, solicitud
pidiendo un aumento de siete dólares al año en su pen-
  sión—
sumas a él debidas por haber participado en la
Batalla de Waffenschlag, en los setentas o cuando haya
  sido.
Una pace qualunque. Sobre Udine...
hubiera llamado a aquella águila un portento
«Sí, señor, archivaremos eso»
    dijo el séptimo guardaperros subgato
cuando recibió el ultimátum de los hunos,

---

[579] «ordine, contrordine e disordine»: «orden, contraorden y desorden».

«Una pace qualunque»: «una paz cualquiera».

[580] San Casciano in Val di Pesa es una ciudad cerca de Florencia.

The rest being nacherly on french vacation... 1914
«At any rate, he had the fleet out.»
    remarked Winston's mama.
«Never» said Winston to his cousin
    «waste time making munitions.
Be a GUN, and shoot other's munitions.
Don't waste time having ideas.»
(cousin deeply impressed... but
dit not achieve lasting preeminence)
in that world which M. Crevel has depicted
in the world of Esperanza, Primrose and Augusta;
of fat fussy old women and of fat fussy old men.
«Sure they want war,» said Bill Yeats,
«They want all the young gals fer themselves.»
That llovely unconscious world
    slop over slop, and blue ribbons
«Pig and Piffle» they called it in private
10 pence per copy to make, 6 pence on the stands

Los demás naturalmente andaban de vacaciones francesas... 1914[581]
«De todos modos, él tenía la flota lista.»
    dijo la mamá de Winston.
«Nunca» dijo Winston a su primo
    «pierdas el tiempo fabricando municiones.
Sé ARMA, y dispara con las municiones de los otros.
No pierdas el tiempo teniendo ideas».
(el primo muy impresionado... pero
no alcanzó preeminencia permanente)
en aquel mundo que el Sr. Crevel había pintado
en el mundo de Esperanza, Primavera y Augusta;
de viejas gordas y melindrosas y viejos gordos y melindrosos[582].
«Claro que quieren guerra», dijo Bill Yeats,
«Quieren acaparar a todas las chicas jóvenes.»
Ese hermoso mundo inconsciente
    gacha sobre gacha, y listones azules
«Puerco y Disparate» lo llamaban en privado
10 peniques por ejemplar costo de fabricación, 6 peniques en los expendios

---

[581] El mariscal de campo Paul von Hindenburg (1847-1934) fue un general al mando de las tropas alemanas en el frente oriental durante la Primera Guerra Mundial. Luego sería Presidente de la República de Weimar (1925-34). Tuvo mucha influencia en la decisión del gobierno alemán para firmar el armisticio que acabó con las hostilidades y aconsejó la abdicación del emperador. Al final de su vida intentó oponerse tímidamente al ascenso del nazismo. A su muerte, los poderes de la jefatura del estado fueron asumidos por Hitler.

«Vacaciones francesas»: la persona que se ausenta sin permiso o sin despedirse, «takes a French leave», o «se despide a la francesa».

[582] Winston Churchill (1874-1965), hijo de Jennie Jerome y de su esposo Lord Randolph Henry Spencer Churchill.

Su «primo» es Shane Leslie (1885-1971). En esta anécdota Winston Churchill aconseja a su primo «be a GUN and shoot off other peoples's munitions» («Sé tú el arma y dispara con las municiones de los otros». *Jefferson and / or Mussolini*, pág. 64).

El Sr. Crevel es el poeta francés que participó en la creación del movimiento surrealista y que se suicidó en 1935. Esperanza (Duquesa de Monte Putina), Primavera (Marquesa de Sussex) y Augusta (Archiduquesa de Austria) son los tres personajes principales de su obra *Les Pieds dans le Plat* (1933).

and each year 20 thousand in profits
Pays to control the Times, for its effect on the market
«where there is no censorship by the state
there is a great deal of manipulation...»
  and news sense?
Cosimo First guaranteed it.
To pay 5% on its stock, Monte dei Paschi
and to lend at 5 and 1/2
Overplus of all profit, to relief works
and the administration on moderate pay..
  that stood even after Napoleon.
Said C. H. «To strangle the bankers...?»
Ant Woergl in our time?

y cada año 20 mil en ganancias
Es provechoso controlar el Times, por su efecto sobre el mercado
«donde no hay censura por el estado
hay mucha manipulación...»
    ¿y sentido de las noticias?[583]
Cosimo Primero la garantizó.
Para pagar 5 % sobre sus acciones, Monte dei Paschi
y para prestar a 5 y 1/2
Plusvalía de toda ganancia, a las obras de caridad
y la administración ganando modestamente...
    eso siguió aun después de Napoleón.
Dijo C. H. «¿Estrangular a los banqueros...?»
¿Y Woergl en nuestros días?[584]

---

[583] Bill Yeats es el gran poeta irlandés William Butler Yeats (1865-1939), al que Pound hizo de secretario durante algún tiempo en sus primeros años en Londres y con el que mantuvo una intensa amistad durante toda su vida.
«Puerco y Disparate» es probablemente la revista inglesa *Sport and Country* (Terrell, vol. I, pág. 168).
«Where the press is *"free"* it merely serves special interests» («Donde la prensa es "libre", simplemente es que sirve a intereses especiales»), es una frase que Pound atribuye a Mussolini en *Jefferson and / or Mussolini,* pág. 41.
[584] Cosimo Primero es Cosme I de Médicis (1519-74 y Gran Duque de Toscana desde 1569 hasta su muerte) que defendió su poder por medio del terror e intentó convertir a Florencia en el centro comercial de la península. Fue el fundador de la Academia, hizo construir el palacio de los Uffizzi y convirtió su palacio Pitti en una importante pinacoteca.
C. H. es Clifford Hugh Douglas (véase nota 278).
Woergl (o Wörgl) es una ciudad austriaca donde se aplicó en los primeros años 30, «At about the beginning of the second decade of the Fascist Era» («hacia el comienzo de la segunda década de la Era Fascista». *Selected Prose,* pág. 284), un sistema impositivo que gravaba no la producción, sino el mismo dinero: se emitieron unos billetes cuyo valor nominal sólo se mantenía por medio de la compra de un sello mensual que se pegaba al billete, con el efecto inmediato de que se estimulaba su circulación. El sistema, que Pound describe y llama «counter-usury» («antiusura», *Selected Prose,* pág. 246), fue diseñado y expuesto en *El orden económico natural* (1916) por el economista y político alemán Silvio Gesell (1862-1930) y se llamó «teoría del dinero sellado», que pretendía encarcerlo y así evitar el atesoramiento. El proceso creó una auténtica ola de prosperidad local en medio de la depresión general: «The demonstration

To the Count de Vergennes. Paris, August. 1785
Consumption tobacco, esteemed in francs
15 to 30 million pounds, let us say it may be 24
delivered in ports of France @ 8 sous
                                 9 million 600 thousand
at the rate 6 sous to manufacture
                                 7 million and some-
                                   thing
revenue to the King   30 million
to the consumer   72
expense of the tax in collection is therefore
                                 say 25 million
presumptuous to assume

Twenty million frenchmen, 19 millions accursed, Mrs.
   Trist,
In every material circumstance...
Public debt increasing at about one million a year
You will see by Gallatin's speeches...
Saddled by bank, led by a bridle
National property being increased...
must furnish adequate representation...
all imported commodities are raised about 50 percent
Vol. IX. 337, Lands rose in a vortex of paper,
   not here where the banks do not reach
Mechanics get 1.50 a day
But are worse off than with the old wages...

Al conde de Vergennes. París, agosto 1785
Consumo de tabaco, calculado en francos
15 a 30 millones de libras, digamos que puedan ser 24
entregadas en puertos franceses @ 8 sous
                              9 millones 600 mil
al tipo de cambio 6 sous para manufacturar
                              7 millones y algo más
renta para el rey   30 millones
para el consumidor   72
el gasto del impuesto en su cobro es por tanto
                        digamos 25 millones

presuntuoso asumir[585]

Veinte millones de franceses, 19 millones malditos, Sra.
  Trist,
En toda circunstancia material...
La deuda pública aumentando a razón de un millón por
  año
Veréis por los discursos de Gallatin...
Ensillado por el banco, llevado de las riendas
la propiedad nacional aumentándose...
debe proporcionar representación adecuada...
todos los efectos importantes se aumentan en un 50 por
  ciento
Vol. IX. 337, las tierras aumentaron en un vórtice de
  papel
    no aquí donde no llegan los bancos
Los mecánicos ganan 1.50 al día
Pero están peor que con los salarios antiguos...

(you can't call it an experiment) in Woergl should satisfy any sane man about Gesell's workability» («La demostración [no se le puede llamar experimento] en Wörgl convencería a cualquier persona cuerda respecto a la viabilidad de la teoría de Gesell». *Selected Prose,* pág. 250). Pero ante el éxito de la operación, las fuerzas económicas y políticas, «The judaic-plutocratic monopoly» («El monopolio judeo-plutocrático», *Selected Prose,* pág. 284), intervinieron para cortar de raíz el experimento.

[585] Es la misma serie de observaciones que hacía Jefferson al Conde de Vergennes en el Cantar XXXI (véase nota 413), con respecto a los beneficios mutuos que se derivarían de una auténtica libertad de comercio.

Independet use of our money... toward holding our
   bank.
      Mr Jefferson to Colonel Monroe
120 million german fuses used by the allies to kill Germans
British gunsights from Jena
Schneider Creusot armed Turkey
Copper from England thru Sweden... Mr Hatfield
Patented his new shell in eight countries.

   ad interim 1933

Uso independiente de nuestro dinero... encaminado a sostener nuestro banco.
El Sr. Jefferson al coronel Monroe[586]
120 millones de mechas alemanas usadas por los aliados para matar alemanes
Miras británicas de Jena
Schneider Creusot armó a Turquía
Cobre de Inglaterra por vía de Suecia... el Sr. Hatfield Patentó su nuevo obús en ocho países.

ad interim 1933[587]

---

[586] La Sra. Trist es una amiga de los Jefferson que cuidó de la hija mayor, Martha, durante su estancia en Philadelphia, mientras su padre estaba en Europa. Uno de sus nietos, Nicholas P. Trist, se casó con una de las nietas de Jefferson, Virginia Jefferson Randolph. A esta dama escribe el Presidente el 15 de agosto de 1785 y le dice, entre otras cosas, que «Of twenty millions of people supposed to be in France, I am of the opinion there are nineteen millions more wretched, more accursed in every circumstance of human existence than the most conspicuouly wretched individual of the whole United States» («De veinte millones de personas que se supone hay en Francia, soy de la opinión que hay diecinueve millones más desgraciados, más infelices en cualquiera de las circunstancias de la vida humana que el individuo más conspicuamente desgraciado de todos los Estados Unidos». *The Life and Selected Writings of Thomas Jefferson*, pág. 372).
El resto del texto, a partir de «La deuda pública ...», procede de una carta de Jefferson a Monroe, siendo éste embajador de su país en Francia, de 12 de junio de 1796, y se refiere al ritmo de aumento de la deuda pública: «You will see by Gallatin's speeches that the thing is proved» («Verá por los discursos de Gallatin, que la cuestión está probada», *The Writings of Thomas Jefferson*, vol. VII, pág. 80) y como consecuencia la economía de la nación se está convirtiendo en el rehén de los bancos. Gallatin era, a la sazón, miembro de la Cámara de Representantes (véase notas 419 y 455).
[587] Las grandes compañías europeas de armamento (Krupp en Alemania, Vickers en Inglaterra o Schneider-Creusot en Francia) vendían sus productos a cualquier país que los pagase durante los años de rearme masivo que precedieron a la Primera Guerra Mundial. Así resultaría que, por ejemplo, las granadas alemanas compradas por Inglaterra serían las encargadas de matar soldados alemanes una vez comenzadas las hostilidades.
«Ad interim»: «mientras tanto».

THE FIFTH DECAD OF CANTOS
XLII-LI

QUINTA DÉCADA DE CANTARES
XLII-LI
[Siena: Las reformas leopoldinas]

Cantar XLII

El Monte dei Paschi (literalmente «monte de pastos») de Siena y su historia desde el comienzo del siglo XVII, ocupan las reflexiones de Pound en este Canto y en el siguiente. Esta institución de crédito, «Monte de Piedad» o «de empeño» o «Montepío», fundada originalmente en 1472, se extinguió en 1519. Las presiones populares consiguieron reabrirlo en 1569 y ya en los comienzos del siglo XVII adquirió su mayor peso, con el decidido apoyo del Gran Duque Fernando II, o de su consejo de regencia, pues Fernando nació en 1610 y accedió al ducado en 1620. Pound lo describe como ejemplo digno de imitación en contraste con los bancos habituales: «Two kinds of banks have existed: The MONTE DEI PASCHI and the devils. Banks built for beneficence, for reconstruction; and banks created to prey on the people» («Han existido dos clases de bancos: el MONTE DEI PASCHI y los diablos. Bancos creados para la beneficencia, para la reconstrucción; y bancos creados para explotar al pueblo», *Selected Prose*, pág. 240). Tres siglos «of Medici wisdom went into the Monte dei Paschi» («de sabiduría de los Médicis se aprovecharon para el Monte dei Paschi», *ibidem*). Se fijó como garantía para iniciar la operación la renta anual producida por las tierras de pastos comunales, así que «The credit rests *in ultimate* on the ABUNDANCE OF NATURE, on the growing grass that can nourish the living sheep» («El crédito se basa, *en última instancia*, en la ABUNDANCIA DE LA NATURALEZA, en el fértil pasto que puede alimentar a las ovejas», *ibidem*). Lejos de buscar el lucro personal y el enriquecimiento del banquero, este sistema trata de hacer posible la recuperación de los desfavorecidos: contra la usura, contra la explotación. Y no necesariamente, o exclusivamente, practicada por los judíos. A este respecto, es útil recordar lo que escribía en 1935: «Usurers have no race. How long the Jewish people is to be sacrificial goat for the usurer I know not» («Los usureros no tienen raza. Hasta cuándo el pueblo judío va a seguir siendo el chivo expiatorio del usurero no lo sé», *Selected Prose*, pág. 270, nota a pie de página, en la que el editor cita un texto de Pound de 1935). Esto no cancela, es verdad, otras frases de Pound en sentido contrario, pero sugiere que las cosas no son tan nítidas como a veces se presentan.

Para concluir con su visión de la fundación de este banco considera, en una paráfrasis de lo que decía más arriba, que ahí encontramos «the establishment of the true basis of credit, to wit the abundance of nature and the responsibility of the whole people» («el establecimiento de la auténtica base del crédito, a saber, la abundancia de la naturaleza y la responsabilidad de todo el pueblo», *Guide to Kulchur,* pág. 194).

XLII

«We ought, I think, to say in civil terms: You be damned»
(Palmerston, to Russell *re/* Chas. H. Adams)
«And how this people CAN in this the fifth
et cetera year of the war, leave that old etcetera up
there on that monument!» H. G. to E. P. 1918
    Lex salica! lex Germanica, Antoninus
said law rules at sea

XLII

«Debemos, creo, decir en términos corteses: Idos al carajo»
(Palmerston, A Russell re/Carlos F. Adams)[588]
«¡Y cómo esta gente PUEDE en este el quinto
et cetera año de la guerra, dejar a ese viejo etcétera
allá arriba en ese monumento! H.G. a E.P. 1918[589]
¡Lex salica! lex germánica. Antonino
dijo que la ley impera en el mar[590]

---

[588] La frase entrecomillada en la primera línea se atribuye a Lord Palmerston, que durante los años de la Guerra de Secesión (1861-1865) era el Primer Ministro británico y que reacciona irritado ante las presiones de Charles Francis Adams, embajador de la Unión en Londres, que presionaba para que Inglaterra no suministrase a la Confederación los barcos que el gobierno de Jefferson Davis (Presidente de la Confederación, 1861-1865) había pedido para su marina de guerra. El gobierno británico no suministró tales barcos. Véase Terrell, vol. I, pág. 170 y Mary de Rachewiltz, pág. 1535.

[589] H. G., el escritor inglés H. G. Wells (1866-1946), que manifestaba en cierta ocasión a Pound su indignación por el hecho de que todavía se mantuviese la estatua a la Reina Victoria frente al palacio de Buckingham.

[590] La Ley Sálica niega a las mujeres el derecho a la sucesión en las casas reales o nobiliarias en que se aplica (la de Borbón, por ejemplo), al contrario de lo que ocurre con las que utilizan la Ley Germánica. Cosme III de Médicis (nacido en 1639 y Gran Duque, 1670-1723) intentó aplicar la Ley Germánica para asegurar la sucesión a su hija, pero se invocó la Ley Sálica y la sucesión recayó sobre su hijo Juan Gastón, que fue el último de los Médicis en ostentar el Gran Ducado. Éste murió sin sucesión y los derechos pasaron a la casa de Lorena (y a la influencia austriaca), lo que abrió el camino posteriormente al Gran Duque de Toscana, Pedro Leopoldo (véase nota 438 y el resumen del Cantar XLIV) como Leopoldo I, hasta su elección como emperador del Sacro Imperio Romano Germánico, reinando con el nombre de Leopoldo II (1790-1792).

El emperador romano del siglo II Antonino Pío se inclinó por las leyes de Rodas relativas al comercio marítimo, frente a las de Roma. «The

FIXED in the soul, nell' anima, of the Illustrious College
They had been ten years proposing such a Monte,
That is a species of bank—damn good bank, in Siena

A mount, a bank, a fund a bottom an
institution of credit
a place to send cheques in and out of
and yet not yet a banco di giro, and the Bailey
sought views from the Senate «With paternal affection
justice convenience of city what college had with such
foresight wherefore S. A. (Your Highness) as in register
Nov. 1624
following details: as third, a Yearly balance
as 5th that any citizen shall have right to deposit
and to fruits therefrom resultant at five percent annual
    interest
and that borrowers pay a bit over that
for services (dei ministri) that is for running expenses
and book keeping which shall be counted a half scudo
per hundred per year
(All of this is important)

FIJO en el alma, nell' anima, del Ilustre Colegio
Diez años llevaban proponiendo tal Monte,
Es decir una clase de banco —excelente, en Siena[591]

Un monte, un banco, un fondo una
institución de crédito
un lugar a donde enviar cheques y girar
y sin embargo de ningún modo un banco de giro, y la
  Bailía
pidió opiniones del Senado «Con afecto paternal
justicia y conveniencia de la ciudad lo que el
colegio tenía con tal previsión por lo cual
S.A. (Su Alteza) como consta en el registro
Nov. 1624
siguientes detalles: como tercero, un balance anual
como quinto que cualquier cuidadano tiene derecho a
  depositar
y a los frutos derivados dello a razón del cinco por ciento
  de interés anual
y que los que pidan prestado paguen un poco más de eso
por concepto de servicios (dei ministri) es decir por la
  administración
y teneduría de libros que se contará a medio escudo
por ciento al año
(Todo esto es importante)

---

lawcourts of Rhodes and of Ahtens had of course thought about equity and about justice. They had questioned whether the capitalists shd. be allowed to seize ships for debt» («Los tribunales de Rodas y de Atenas habían pensado desde luego sobre la equidad y la justicia. Se habían cuestionado si se debería permitir a los capitalistas cobrar sus deudas apoderándose de los barcos». *Guide to Kulchur*, pág. 40). En el Canto LXXXVIII Pound expresa con más claridad su admiración por Antonino Pío, en dos pasajes en los que considera que el reinado de este emperador es el «summit of Empire (Roman)» y su «apex» («la cumbre del Imperio [Romano]» y su «cénit»).

[591] A partir de aquí, la fundación del Monte dei Paschi de Siena ocupa el primer plano del Canto, en el que Pound parafrasea extensamente de sus fuentes sobre la historia de esa institución ejemplar, en su opinión. Los textos se explican por sí mismos, sin necesidad de muchas glosas. El Ilustre Colegio es la Bailía, o consejo asesor de gobierno.

and 6thly that the Magistrate
give his chief care that the specie
be lent to whomso can best use it USET IT
(id est, piú utilmente)
to the good of their houses, to benefit of their business
as of weaving, the wool trade, the silk trade
And that (7thly) the overabundance every five years shall the Bailey
distribute to workers of the contrade (the wards) holding in
reserve a prudent proportion as against unforeseen losses
though there shd. be NO such losses
and 9th that the borrowers can pay up before the end of their
term whenso it be to their interest. No debt to run more than
five years.
July 1623
Loco Signi
✠   [a cross in the margin]
That profit on deposits should be used to cover all losses
and the distributions on the fifth year be made from remaining
profits, after restoration of losses no *(benché)* matter how small
with sane small reserve against future idem
I, Livio Pasquini, notary, citizen of Siena, most faithfully copied
July 18th. 1623

y sexto que el Magistrado
ponga su mayor empeño en que la especie
se preste a quien mejor pueda USARLA
(*id est, più útilmente*)[592]
para provecho de sus casas, de sus negocios
como de hilados, comercio en lana, comercio en seda
Y que (séptimo) la sobreabundancia cada cinco años la Bailía ha de
distribuir a los trabajadores del contrade (los custodios) teniendo en[593]
reserva una proporción prudente para hacer frente a las pérdidas inesperadas
aunque no DEBE haber tales pérdidas
y noveno que los que pidan prestado puedan pagar antes del
fin de su
término cuando les convenga. Y ninguna deuda ha de correr
por más de
cinco años
Julio 1623
Loco Signi
✠   [una cruz al margen][594]
Las ganancias sobre los depósitos se deben usar para hacer buenas cualesquiera pérdidas
y las distribuciones en el quinto año han de hacerse de las
ganancias restantes, después de subsanar las pérdidas no
(*benché*) importando cuán[595]
pequeñas
con cuerda reserva pequeña contra futuras ídem
Yo, Livio Pasquini, notario, ciudadano de Siena,
 fidelísimamente copiado
Julio 18, 1623

---

[592] («*id est, più útilmente*)»: «es decir, del modo más útil».
[593] «contrade»: distrito, barrio. Divisiones administrativas de la ciudad.
[594] «Loco Signi»: «en el lugar en que se firma». La cruz es parte del sello en el original.
[595] («*benché*)»: «(sin embargo)».

Consules, Iudices, and notary public pro serenissimo
attest Livio's superscript next date being November.
    wave falls and the hand falls
Thou shalt not always walk in the sun
  or see weed sprout over cornice
Thy work in set space of years, not over an hundred.

That the Mount of Pity (or Hock Shop)
municipal of Siena has lent only on pledges
that is on stuff actually hocked... wd be we believe useful
and beneficent that there be place to lend licitly
MONEY to receive licitly money
at moderate and legitimate interest
was sent months ago to YYour HHighness AA VV a memorial
to erect a New Mountain
could accept specie from Universities (id est congregations)
and individuals and from Luoghi
ie. companies and persons both public and private
                        WHOMSOEVER
not requiring that they have special privilege
because of their state or conditions but to folk of
ANY CONDITION
    that the same Mount cd/lend on good Mallevadoria
(that is security) at the same rate plus a little over

Cónsules, Iudices, y notario público pro serenissimo[596]
atestigua el sobreescrito de Livio la próxima fecha siendo
 en noviembre
  cae la ola y la mano cae
Vos no habréis de caminar siempre en el sol
 para ver la hierba brotar en las cornisas
Vuestra obra en determinado espacio de años, no más de
 un centenar.

Que el Monte de Piedad (o de empeño)
municipal de Siena ha prestado sólo sobre objetos
es decir sobre efectos de hecho empeñados... sería útil
 creemos
que hubiera donde se prestara legalmente
DINERO para recibir lícitamente dinero
a un interés moderado y legítimo
se envió hace meses a Vuestras Altezas un memorial
para levantar un Nuevo Monte
que podría aceptar especie de universidades (id est con-
 gregaciones)
e individuos y de Luoghi
p. ej. compañías y personas tanto públicas como privadas
          QUIENQUIERA
que no requiera tener privilegio especial
debido a su estado o condición sino a gente de
CUALQUIER CONDICIÓN
  que el mismo Monte pueda prestar sobre buena
 Mallevadoria[597]
(es decir prenda) al mismo interés más un poco adicional

---

[596] La refundación del Banco de Siena (el Monte dei Paschi) se produce en documentos que llevan fechas de 1622, 1623 y 1624, durante el mandato del Gran Duque de Toscana Fernando II (1620-1670), al que se refiere la expresión «pro serenissimo», o «por el serenísimo». En su nombre dan testimonio de la firma los «Cónsules, Jueces y notario público».

«Cae la ola...»: ésta y las tres líneas siguientes recuperan el intenso tono lírico en una excelente imagen que recuerda la mortalidad del hombre, su transitoriedad y vida efímera.

[597] «Mallevadoria»: Garantías, pruebas.

to cover current expenses of supervisors and employees
& being sent to YY. HHighnesses (AA. VV. = YY HH)
that you might understand it
that it be brought to consideration with certain details
discussed first orally and then put into writing
(in what wd. seem to have been 1622)
Stating that Siena had no income and Their Highnesses
had provided credit from customs
and from miscellaneous taxes
and that the Grand Duke hadn't lost anything by it
Plus a list of Sienese assets (coolish)
Plus a lien on «The Abundance»
And knowing that all this is but a little
Pledge the persons and goods of the laity
And leave open door to other towns in the state
who care to give similar pledges
And that whoso puts in money shall have lots in the Monte
that yield 5% interest
and that these shareholders shall receive their due fruit
And that the Gd Duke make known at Siena
to the same deputies of the Bailey...
but that it be separate from the Pawn Shop
and have its own magistrates and employees
and that YYour HHighnesses send approbation
commanding their will, we humbly with reverence
...the 29th day of Xember 1622...
    servants of YYour HHighnesses
                              Nicolo de Antille
                              Horatio Gionfiglioli
                              Sebastiano Cellesi

para sufragar gastos corrientes de supervisores y empleados
y envíase a Vuestras Altezas (AA.VV. = VV AA)
para que lo entendáis
y que se ponga a consideración con ciertos detalles
discutidos primero oralmente y luego puestos en escritura
(en lo que parece fue en 1622)
Diciendo que Siena no tenía rentas y que Sus Altezas
habían dado crédito de la aduana
y de impuestos misceláneos
y que el Gran Duque nada había perdido con ello
Más una lista de activos Sieneses (friíllos)
Más un gravamen sobre «La Abundancia»
Y sabiendo que todo esto no es más que muy poco
Empeñan las personas y efectos de los legos
Y dejan la puerta abierta para que otras poblaciones en el estado
que quieran dar prendas iguales
Y que quienquiera que entregue dinero tendrá lotes en el Monte
que rindan interés del 5 %
y que estos accionistas han de recibir su ganancia debida
Y que el Gran Duque haga saber en Siena
a los mismos diputados de la Bailía...
pero que sea distinto a la Casa de Empeño
y tenga sus propios magistrados y empleados
y que Vuestras Altezas envíen aprobación
diciendo su voluntad, nosotros humildemente y con reverencia
...el día 29 de diciembre de 1622...
    criados de Vuestras Altezas

                Nicolo de Antille
                Horacio Gionfiglioli
                Sebastiano Cellesi[598]

---

[598] Todos estos nombres los corrige Mary de Rachewiltz en su edición bilingüe, según las fuentes originales: Niccolò dell'Antella, Horatio Gianfigliazzi y Sebastiano Cellesi.

TTheir HHighnesses gratified
the city of this demand to
erect a New Monte
for good public and private and to facilitate...
...agreed to accommodate
...and to lend the fund against the Gd Duke's
public entries to the sum of
200,000 scudi
capital for fruit at 5% annual
which is 10,000 a year
assigned on the office of grazing
on caution of said security offered
leaving ground for other towns that
wish to participate
     with TTheir HHighnesses
     approbations as follows:
Maria Maddalena Tutrice
  Hor° della Rena 30 Xembre 1622
Needs a stamp
refer to
the Governor
Fabbizio bollo
 vedo
Governatore   the illustrious Bailey
executed in toto & as per true rescript of
      TTheir HHighnesses
 2 Jan 1622
   Cenzio Grcolini
which date goes in the Sienese calendar
whereof December was the x th month and
   March was the New Year

[786]

Sus Altezas concedieron
a la ciudad esta demanda de
levantar un Nuevo Monte
para bien público y privado y para facilitar...
...acuerdan acomodar
...y prestar el fondo correspondiente al del Gran
Duque
y sus entradas públicas hasta la cantidad de
200,000 escudos
capital para ganar el 5 % anual
que monta a 10,000 al año
destinado al despacho de los pastizales
bajo caución de la dicha garantía ofrecida
dejando el terreno para otros pueblos que
deseen participar
     con aprobación de Sus Altezas
     como sigue:
María Maddalena Tutrice
   Hor° della Rena 30 Xembre 1622[599]
Requiere sello
refiérase al
Gobernador
Fabbizio bollo
 vedo
Governatore   la ilustre Bailía
ejecutado in toto & de acuerdo con el verdadero texto de
     Sus Altezas
 enero 2, 1622
    Cenzio Grcolini[600]
la cual fecha entra en el calendario de Siena
del cual diciembre era el décimo mes y
   marzo el Año Nuevo

---

[599] Orazzio Della Rena, funcionario del gobierno del Gran Ducado en la época de Cosme I.
[600] Fabbizio: Fabrizio Collaredo, uno de los miembros del consejo de regencia durante la minoría de edad del Gran Duque.
Cenzio Grcolini: Orazio Ercolani, según, de nuevo, Mary de Rachewiltz.

ACTUM SENIS, the
Parish of San Joannij in the Gd Ducal Palace
present the Marquis Joanne Christophoro the
illustrious Marquis Antony Mary of Malaspina
and the most renowned Johnny something or other de Binis
Florentine Senator, witness and I notary undersigned
Ego Livius Pasquinus of Marius
(deceased) filius Apostolic Imperial and Pontifical notary
public Judge Ordinary, Citizen of Siena
WHEREFORE
    let all sundry and whoever be
satisfied that the said MOUNT may be created.
so that the echo turned back in my mind: Pavia:
Saw cities move in one figure, Vicenza, as depicted
San Zeno by Adige...
                    I Nicolaus Ulivis
de Cagnascis citizen of Pistoja Florentine notary public
countersigning
                Senatus Populusque Senensis
OB PECUMIAE SCARCITATEM
          borrowing, rigging exchanges,
licit consumption impeded
          and it is getting steadily WORSE
others with specie abundant do not use it in business
(to be young is to suffer.
      Be old, and be past that)
do not use it in business and everyone remains here
without work

ACTUM SENIS, la
Parroquia de San Joannij en el Palacio del Gran Duque
presentes el Marqués Joanne Christophoro el
ilustre Marqués Antonio María de Malaspina
y el famosísimo Juanito de quién sabe cuántos de Binis
Senador Florentino, testigo y yo notario firmante
Ego Livius Pasquinis de Marius
(finado) filius Apostólico Imperial y Pontificio notario[601]
público Juez Ordinario, Ciudadano de Siena
POR CUANTO
    que quienquiera que seáis
sabed que el dicho MONTE puede crearse,
de modo que el eco dio vueltas en mi cabeza: Pavía:
Vi ciudades moverse en una cifra, Vicenza, como se pintó
San Zeno por Adige...
                  Yo Nicolaus Ulivis
de Cagnascis ciudadano de Pistoia notario público florentino
contrafirmando
           Senatus Populusque Senensis
OB PECUNIAE SCARCITATEM[602]
          pidiendo prestado, arreglando cambios,
impedido el consumo lícito
      EMPEORANDO todo sin remedio
otros con especie abundante no la usan en negocios
(ser joven es sufrir.
    Sé viejo y has pasado eso)
no la usan en negocios y todos permanecen aquí
sin trabajo

---

[601] «ACTUM SENIS»: «NEGOCIADO EN SIENA». La parroquia es la de S. Joannis o San Giovanni y los marqueses son Giovanni Christoforo (hijo de Antonio María de Malaspina) y Giovanni de Binis (hijo de Andrea de Binis).
«Ego Livius Paquinis...»: «Yo, Livius Pasquinius, hijo del difunto Marius...»
[602] «Senatus Populusque Senensis»: Senado del pueblo de Siena.
«Ob pecuniae scarcitatem»: a causa de la escasez de dinero.

few come to buy in the market
        fewer still work the fields
Monte non vacabilis publico
shares not to expire with death... will TTheir HHighnesses
against public entries
get that straight—capital two hundred thousand
which wd. correspond to 10,000 income
on the entries of the office of grazing
with precautions (cauteles)
to guarantee their same Highnesses against any possible loss
Which idea dates at least to July 1623
die decima ottava
and other copies 1624, 1622
which seems to have been approved «last October»
by Della Rena and M. Magdalene the She Guardian,
tutrice, more or less regent
Don Ferdinandus Secundus Dux Magnus
and his Serenest she tutrices
with public documentation
for public and private utility
foreseeing erection
legitimate and just, such a MOUNTAIN

Chigi, Soffici, Marcellus de? Illuri,
no, Marcellus Austini, Caloanes Marescotti and
Lord Mt Alban effected
that the officers of this Mountain
and in time to come all their successors
shares that shall be called Loca Montis—

pocos llegan a comprar en el mercado
      menos aún cultivan los campos
Monte non vacabilis publico[603]
las acciones no expirarán por muerte... Sus Altezas
en contra de anotaciones públicas
entiéndanlo —doscientos mil de capital
que corresponderían a una renta de 10,000
en las entradas del despacho de los pastizales
con precauciones (cauteles)
para garantizar a las mismas Altezas contra cualquier posible pérdida
La cual idea data cuando menos de julio de 1623
die decima ottava
y otras copias de 1624, 1622
que parece haberse aprobado en «octubre pasado»
por Della Rena y M. Magdalena la Guardiana,
tutrice, más o menos regente
Don Ferdinandus Secundus Dux Magnus
y sus serenísimas tutrices
con documentación pública
para la utilidad pública y privada
previendo la edificación
legítima y justa, tal MONTE

Chigi, Soffici, Marcellus de? Illuri,
no, Marcellus, Austini, Caloanes Marescotti y
Lord Monte Albano efectuaron
que los oficiales de este Monte
y andando el tiempo todos sus sucesores
acciones que han de llamarse Loca Montis—

---

[603] «Monte non vacabilis publico»: «Los fondos públicos del Monte no expirarán».

Have you a place on the Hill, sir?
    out of sure knowledge and
ex certe scientia et in plenitude of their powers
inviolable for observance, so to be comprehended
10 thousand scudi
de libris septeno
? one scudo worth 7 lire
in respect to 200,000 (two hundred thousand).

¿Tiene usted un lugar en la Colina, señor?
   del seguro conocimiento y
ex certe scientia et in plenitude de sus poderes
inviolable en la observación, así ha de comprenderse
10 mil escudos
de libris septeno[604]
? un escudo vale 7 liras
con respecto a 200.000 (doscientos mil).

---

[604] Chigi, Sozzini, Augustini (señor de Caldana) y Marescotti (señor de Mont'Albano) son los cuatro miembros de la Bailía o Consejo, firmantes del acuerdo.
«Loca Montis»: participaciones o acciones del Monte.
«ex certe...»: «con cierto conocimiento y en plenitud de sus facultades».
«de libris septeno»: «de siete libras».

Cantar XLIII

Continúa la historia iniciada en el Canto anterior con abundantes, algo reiterativos detalles que a pesar de todo refuerzan los principios económicos que se desprenden más o menos explícitamente de esta larga exposición. Su esencia se podría resumir por medio de las líneas en que se manifiesta que «ya llevamos diez años proyectando este MONTE / *para el gran beneficio futuro de la ciudad*» (el énfasis es mío).

Las fuentes siguen siendo fundamentalmente las mismas: Terrell, que cita el texto histórico que parafrasea Pound (*Il Monte dei Paschi di Siena e le Aziende in Esso Riunite*, 9 volúmenes, editados por Narciso Mengozzi, Siena 1891-1925) y diversos estudios aparecidos en la revista dedicada a los estudios poundianos, *Paideuma*, especialmente los de Ben Kimpel y T. C. Duncan Eaves, cuyas glosas reproduce en general; más Cookson, y Edwards y Vasse.

XLIII

To the serenissimo D^no (pronounced Domino)
and his most serene aftercomers
things, persons et omnia alia juva
                    whatever
and the cash in the Pawn Shop
                (Mount of Pity)
                    eiusdem civitatis Senén.
there being in the third place
2 thousand 310 there to the credit of
The Magnificent Magistrates and Lords Officers
and 3756 in the same Mount
described as to credit of citizens
and in common called money of Genova
md Most Serene M Dux
and serenest (feminine) tutrices
by the said Masters Deputies of the Bailey
as to the best mode and obligations and cautions
most ample dee-liberation
prayer, supplication as herewith and herefollowing
                videlicet alligati
In the Name of Omnipotent God
and the Glorious Virgin our Advocate
to the Gd Duke's honour and exaltation
the Most Serene, Tuscanissimo Nostro Signore

XLIII

Al serenissimo D^{no} (pronúnciase Domino)
y sus serenísimos sucesores
cosas, personas et omnia alia juva
                       cualesquiera
y el efectivo en la Casa de Empeño
             (Montepío)
             eiusdem civitatis Senén[605].
habiendo en tercer lugar
2 mil 310 allí acreditados a
Los Magníficos Magistrados y Señores Oficiales
y 3,756 en el mismo Monte
descrito como acreditados a los ciudadanos
y en común llamado dinero de Génova
y el Serenísimo M. Dux
y serenísimas tutrices (femeninas)
por los antedichos Maestros Diputados de la Bailía
en cuanto a la mejor manera, obligaciones y cauciones
la más amplia de-liberación
oración, súplica como ésta y la que sigue
                 videlicet alligati[606]
En nombre de Dios Omnipotente
y la Gloriosa Virgen nuestra Abogada
para honor y exaltación del Gran Duque
el Serenísimo, Toscanísimo Nuestro Señor

---

[605] «et omnia alia juva»: «y todos los demás derechos».
«eiusdem civitatis Senén»: de la misma ciudad de Siena.
[606] El Gran Duque de Toscana Fernando II (1610-1670 y Gran Duque desde 1620) tuvo dos tutoras durante su minoría, su madre y su abuela, las Grandes Duquesas María Magdalena y Cristina, respectivamente.
«videlecit alligati»: evidentemente obligadas.

    in the Lord's year 1622
Saturday fourth day of March
at? VIth (hour? after sunrise or whatever)
called together assembled in general
council of the People of the City of Siena magnificent
Symbolic good of the Commune
  and fatherland dilettissimo
having chief place and desire that the
citizens get satisfaction (siano soddisfatti) contentment
and be fully persuaded of
what for the common good is here being dealt with
as we have already been for ten years projecting this
  MONTE
for gt. future benefit to the city
  Worthy will to the chosen end.
Ob pecuniae scarsitatem
         S. P. SENEN[sis] ac pro eo amplissime
Balia Collegium civices vigilantiae
totius civitatis
Urban VIIIth of Siena, Ferd. I mag duce d⁰ n⁰
felicitatem dominante et Ferd. I
Roman Emperor as elected.
1251 of the Protocols marked also
X, I, I, F, and four arabic
OB PECUNIAE SCARSITATEM
because there was shortage of coin, in November

en el año de Ntro. Señor 1622
Sábado cuarto día de marzo
¿a? la sexta (¿hora? después de la salida del sol o como sea)
reunidos en asamblea general
concejo del Pueblo de la ciudad de Siena la magnífica
Bien simbólico de la Comuna
　　y patria dilettissima
teniendo lugar principal y deseo que los
ciudadanos tengan satisfacción (siano soddisfatti) contento[607]
y estén bien persuadidos de
lo que en bien público aquí se trata
como ya llevamos diez años proyectando este MONTE
para el gran beneficio futuro de la ciudad
　　Digamos procederán al fin antedicho.
Ob pecuniae scarsitatem
　　　　　　　S.P. SENEN{sis} ac pro eo amplissime
Balia Collegium civices vigilantiae
totius civitatis
Urbano VIII de Siena, Ferd. I mag duce d⁰ n⁰
felicitatem dominante et Ferd. I[608]
Emperador Romano elegido.
1251 de los Protocolos marcados también
X, I, I, F, y cuatro arábigos
OB PECUNIAE SCARSITATEM
porque había escasez de moneda acuñada, en noviembre

---

[607] «[el] Gran Duque / el Serenísimo, Toscanísimo Nuestro Señor», es Fernando II.
«dilettisimo»: muy amado.
«siano soddisfatti»: «para que se sientan satisfechos».

[608] «S[enatus]. P[opulusque]. Senensis...»: «El Senado del Pueblo de Siena y en su nombre el Muy Ilustre Consejo de la Bailía a cuya vigilancia sobre todo la ciudad».
Urbano VIII, papa de 1623 a 1644.
El Fernando I de las dos menciones siguientes debe ser II (Fernando I fue Duque de Toscana de 1587 a 1609, por lo que las fechas no coinciden).
«mag[nus] duce d[omino]⁰ n[ostro]⁰ felicitatem dominante»: «gran duque señor nuestro gobernando felicidad».

because of taxes, exchanges, tax layings and usuries
legitimate consumption impeded
ten thousand on the office of pasturage

to the end:
        four fat oxen
having their arses wiped
and in general being tidied up to serve god under my
    window
with stoles of Imperial purple
with tassels, and grooms before the carroccio
on which carroch six lion heads
    to receive the wax offering
Thus arrive the gold eagles, the banners of the contrade,
and boxes of candles
                  «Mn-YAWWH!!!»
Said the left front ox, suddenly,
«pnAWH!» as they tied on his red front band,
St George, two hokey-pokey stands and the unicorn
        «Nicchio! Nicch-iO-né!!!»
The kallipygous Sienese females
get that way from the *salite*
    that is from continual plugging up hill
One box marked «200 LIRE»
                        «laudate pueri»
alias serve God with candles
with the palio and 17 banners
ant when six men had hoisted up the big candle
a bit askew in the carroch and the fore ox had

a causa de los impuestos, cambios, imposiciones tributarias y usuras
impedido el legítimo consumo
diez mil sobre el despacho de pastizales

con tal fin[609]:
        cuatro bueyes gordos
a los que les limpian el culo
y en general se les aliña para servir a dios bajo mi ventana
con estolas de púrpura imperial
con borlas, y mozos ante el carroccio
sobre el cual seis cabezas de león
    para recibir la ofrenda de cera
Así llegan las águilas doradas, las banderolas de la contrade,
y cajas de velas
        «¡¡Mn-YAWWH!!!»
Dijo el buey izquierdo de adelante, súbitamente,
«¡pnAWH!» cuando le ataban su banda roja del frente,
S. Jorge, dos puestos de pega y el unicornio
    «¡Nicchio! ¡¡Nich-iO-né!!»
Las calipigias hembras sienesas
se ponen así debido al continuo *salite*
   es decir el continuo ascender la colina
Una caja marcada «200 LIRAS»
               «laudate pueri»
alias servir a Dios con velas
con el palio y 17 banderolas
y cuando seis hombres habían izado la gran vela
un poco chueca en la carrera y el buey delantero había

---

[609] Se describe en esta larga sección el abigarrado desfile o cabalgata, con «carroccio» (carroza), las banderolas de los «contrade» (barrios o distritos de la ciudad), etc., con que el pueblo jubiloso celebra el establecimiento del banco, recorriendo la ciudad entre ruidos y voces de todo tipo, incluidos los producidos por los bueyes, por las llamadas a voces («Nicchio»), con las hembras sienesas de hermosas nalgas («The kalypygous Sienese females», que el traductor castellano convierte en «las calipigias hembras sienesas») trepando por los «salite» (senderos escarpados), estimulando a los muchachos a la voz de «laudate pueri» («cantad alabanzas, muchachos»), dirigiéndose al Duomo, o catedral, etc.

been finally arse-wiped
they set off toward the Duomo, time
consumed 1 hour and 17 minutes.
                              on the security
mobile and immobile
of individual citizens
in the city or wheresoever REE-
sponsibility quocunque aliunde
and this *obligatio*, obligation shd/be divided
by portion of immobile goods
     thus deliberated in full meeting
in the name of the OMNIPOTENT, and of the glorious
   Virgin
M^a (meaning Maria) our Advocate
year of salvation 1622 on a Saturday
as was the 4th day of March
having already ten years ago started proposing
representatives of the whole people
and below written notaries public
two hundred thousand
                       (scudi)
Maister Augustino Chisio equites
anointed of the order of Stephen (pope, holy)
ducatorum? no. ducentorum
a return of 10,000 scudi
in the parish of San Giovanni (Joannis)
To be or not to be tied up with the Pawn Shop
and his successors in the Great Duchy
   guarantee of the income from grazing
up to (illegible) said to mean, no...
libris septem, the sum of, summam, scutorum
ten thousand
On security mobile and immobile

por fin sido limpiado del culo
salieron rumbo al Duomo, tiempo
consumido 1 hora con 17 minutos.
                    sobre garantía
mueble e inmueble
de ciudadanos individuales
en la ciudad o dondequiera que la REES-
ponsabilidad quocunque aliunde[610]
y esta *obligatio,* obligación debe dividirse
por parte de bienes inmuebles
     así deliberando en junta plenaria
en el nombre del OMNIPOTENTE, y de la gloriosa Virgen
Ma. nuestra Abogada
año de salvación 1622 un sábado
como era el cuarto día de marzo
habiendo desde hacía diez años empezado el proponer
representantes de todo el pueblo
y los abajo anotados notarios públicos
*dos*cientos mil
          (escudos)
Maister Augustino Chisio equites[611]
ungido de la orden de Esteban (papa, santo)
ducatorum? no. ducentorum
una ganancia de 10,000 escudos
en la parroquia de San Giovanni (Joannis)
Para estar o no atado a la Casa de Empeño
y sus sucesores en el Gran Ducado
   garantía de la renta del pastizal
hasta (ilegible) dicho significa, no...
libris septem, la suma de, summam, scutorum
diez mil
Sobre garantías muebles e inmuebles[612]

---

[610] «quocunque aliunde»: desde cualquier otro sitio.
[611] Chisio: Chigi (nota 604), Caballero de la Orden de San Esteban, papa y mártir.
«ducatorum?...»: «¿de ducados?, no doscientos mil». Esa suma al 5 % anual produce una renta de diez mil escudos.
[612] «libris septem...»: «siete libras, la suma de, la suma de escudos / diez mil».

REE-
sponsibility

 Out of Syracuse
not having money aboard
to Athens at creditors' risk
cut the sails, dumped oil at an island
 but the S.O. man
wouldnt swallow it.
Up to the quantity of 200,000
on the whole people's credit
for public and private utility
 shares to be called Loca Montis
which is to say sites on the Mountain
@ 100 scudi to give 5 scudi a year
as long as the MOUNT endure
 there first was the fruit of nature
there was the whole will of the people
serene M. Dux and His tutrices
and lords deputies of the Bailey, in name of Omnipotent God
 best mode etcetera, and the Glorious Virgin
convoked and gathered together 1622
general council there were 117 councillors
in the hall of World Map, with bells and with
voice of the Cryer (Il Banditore)
shares of Mount to yield five scudi on each hundred

ponsabilidad

De Siracusa
no teniendo dinero a bordo
rumbo a Atenas a cuenta del acreedor
cortáronse las velas, descargóse el aceite en una isla
　　pero el oficial del seguro [Standard Oil]
no lo tragó[613].
Hasta la cantidad de 200,000
sobre el crédito de toda la gente
para pública y privada utilidad
　　las acciones llamáronse Loca Montis[614]
que quiere decir sitios en el Monte
@ 100 escudos para rendir 5 escudos al año
mientras exista el MONTE
　　primero hubo los frutos naturales
y la voluntad entera del pueblo
sereno M. Dux y Sus tutrices
y señores diputados de la Bailía, en nombre de Dios
　　Omnipotente
　　a mejor modo etcétera, y la Gloriosa Virgen
convocado y reunido en 1622
en concejo general había 117 concejales
en la sala del Mapamundi, con campanas y con
la voz del pregonero (Il Banditore)[615]
acciones del Monte producirán cinco escudos en cada
　　cien

---

[613] «De Siracusa»: alude a un discurso de Demóstenes en que atacaba un intento de fraude, por medio del hundimiento de un barco que dejaría sin cobrar a los acreedores del propietario. La edición bilingüe de Mary de Rachewiltz, siguiendo a la de Faber, añade aquí entre paréntesis tras la abreviatura S.O. (que el traductor castellano vierte, en lo que creo es un error, como «el oficial del seguro») las palabras «Standard Oil», que parece relacionar aquel intento de fraude con las prácticas también a veces fraudulentas de esa empresa petrolífera.

[614] «Loca Montis»: literalmente, «sitios en el Monte»; en lenguaje financiero contemporáneo, «participaciones» o «acciones».

[615] «Il Banditore»: como dice el propio texto, «el pregonero».

per annum, and to be separate from the PITY
with its own magistrates, its own ministers
Ill^us Balia eseguisca in tutto
                    Rescript of TTheir HHighnesses

ACTUM SENIS in Parochia S. Giovannis
blank leaves at end up to the index
hoc die decim' octavo, from the Incarnation
year 1623. Celso had a wheat scheme
July to December, July to November
Grass nowhere out of place.
                    Pine cuts the sky into three
Thus BANK of the grassland was raised into Seignory
stati fatti Signoria, being present Paris Bolgarini
credit of the Commune of Siena
12 of the Bailey present...went into committee
I cancellarius wrote to His Highness
A New Mount that shall receive from all sorts of persons
from Luoghi public and private, privileged and non-
    privileged
a base, a fondo, a deep, a sure and a certain
the City having *«entrate»*
                    the customs and public income
         M
150 to ── scudi
        200
to guarantee which
    wd/suffice 8 to 10 thousand yearly
on the *gabelle* and/or on the dogana
Tuesday 3 Jan to Wed. 6 Epifany 1622

per annum, y será aparte del PÍO
con sus propios magistrados, sus ministros
Ill^us Balia eseguisca in tuto[616]
                    Copia de S. S. Altezas

ACTUM SENIS in Parochia S. Giovannis
hojas en blanco al final hasta el índice
hoc die decim' octavo, del año de la Encarnación
1623. Celso tenía un plan sobre el trigo[617]
julio a diciembre, julio a noviembre
La hierba nunca está fuera de lugar.
                    Pino cortando el cielo en tres partes
Así fue como el BANCO del pastoreo fue elevado a una Se-
    ñoría
stati fatti Signoria, estando presente Paris Bolgarini[618]
crédito de la Comuna de Siena
12 de la Bailía presentes... entraron en comité
Yo cancellarius escribí a S. Alteza
Un Nuevo Monte que aceptará de toda clase de personas
de Luoghi públicas y privadas, con o sin privilegios
una base, un fondo, hondo, seguro y cierto
teniendo la Ciudad *«entrate»*
                        las aduanas y rentas públicas

$$150 \text{ a } \frac{M}{200} \text{ escudos}$$

para garantizar los cuales
    bastaría entre 8 y 10 mil anuales
sobre la *gabelle* y/o sobre la dogana
Martes 3 de enero a miércoles 6 Epifanía 1622

---

[616] «Illus Balia eseguisca in tutto»: «La Ilustre Bailía lo ejecuta en todo».

[617] «ACTUM SENIS in Parochia S. Giovannis»: «hecho en Siena en la parroquia de San Juan».

Celso es un ciudadano de Siena que, antes de la fundación del banco, había propuesto incrementar las tierras cultivadas.

[618] Siendo Paris Bolgarini el primer supervisor del Monte dei Paschi, fue elevado a la categoría de Señoría: «stati fatti Signoria».

a New Monte requested to bear @ 5% annual

1622 January, assigned on the Paschi
   Off⁰ de Paschi
March 1622 Donna Orsola of wherever removed from
   the book
of the Sienese public women (motion approved by the
   Bailey)
March 24 again appeared black money from Florence
Monte de Firenze, vacabile, 1591,
payable every two months had been 8 and 1/2
gangsters admitted.

1621 to provide WORK for the populace.
register, rescript
             O—
razio della Rena to be recognized
as illegitimate father of the bastards of Pietro de Medici
at 100 scudi per annum
   if you follow me, not as the
legitimate father of Pietro's illegitimate offspring

Orbem bellis, urbem gabellis, Urbanus octavus
implevit.

Un Nuevo Monte que se requiere rinda @ 5 % anual[619]

1622 enero, asignado sobre el Paschi
　Off⁰ de Paschi
Marzo 1622 Donna Orsola de donde sea　　　retirada del libro
de las mujeres públicas de Siena (moción aprobada por la Bailía)
Marzo 24 de nuevo apareció moneda negra de Florencia
Monte de Firenze, vacabile, 1591,
pagaderos cada dos meses había sido a 8 y 1/2
se admitió a malhechores[620].

1621 para proveer TRABAJO para el populacho.
registro, copia
　　　　　O—
es de reconocerse a della Rena
como padre ilegítimo de los bastardos de Pietro de Medici
a razón de 100 escudos per annum
　si me explico, no como el
padre legítimo de los hijos ilegítimos de Pietro

Orbem bellis, urbem gabellis, Urbanus octavus implevit[621].

---

[619] «Yo cancellarius»: «Yo, canciller».
«luoghi»: instancias, lugares.
«entrate»: entradas, rentas.
«gabelle»: gabelas, impuestos.
«dogana»: aduana.
[620] «Off⁰ de Paschi»: Oficina de Pastos.
«Donna Orsola»: una prostituta, condenada a ser excluida de la legalidad de su profesión por un crimen aquí no especificado. Terrell identifica a esta Donna Orsola con la Sra. Margurita de Pecora Gallo, de unas líneas más abajo, condenada por robo (Terrell, vol. I, pág. 174). Cita como fuente un artículo de Kimpel (*Paideuma*, 8-3, 515), mencionado en el resumen introductorio.
«moneda negra»: con la misma fuente, se refiere a la introducción en la ciudad de dinero extranjero, que perjudica a la economía local.
[621] Pedro de Médicis (1554-1604) es el hijo menor de Cosme I. Al pa-

June 21st Friday or thereabouts 1624
agreed to magistrate's order that
Mrs Margurita de Pecora Gallo
be removed from the register of the town whores
of Siena, on charge of thievery
Friday the first day of July
Merchants spoke to the Bailey, action on Monte Nuovo delayed
Jan. 1622 the Duke answered, and already spoke of the grass land
16 July, Monte Nuovo, committee to arrange it.
New Mount approved by their Highnesses
Xbre Monte Paschale, fatto Signoria notice served to the
Magistrates for Conservations and to the Magistracy of
the Grazing
May 1626 more stew about the black money (lead money)
rescript:
    that in the said place
be not put for the Lord Count nor his successors
any surety for bandits and criminals
but only for civil debts, that it serve not as safe cache for criminals
as did the Florentine Loan Office
anno domini 15 hundred an' whatever
remain obliged to take salt from Grosseto
at the same price as now ruling

Viernes junio 21 o más o menos de 1624
se estuvo de acuerdo con orden del magistrado
que la señora Margurita de Pecora Gallo
sea eliminada del registro de putas del pueblo
de Siena, acusada de robo
Viernes el primer día de julio
Mercaderes hablaron a la Bailía, acción sobre Monte Nuovo
retrasada
Enero 1622 el Duque contestó, y ya habló de
tierra de pastoreo
julio 16, Monte Nuovo, comité ha de entenderse con ello.
Nuevo Monte aprobóse por sus Altezas
Xbre Monte Paschale, fatto Signoria   noticia dada a los
Magistrados de las Conservaciones y a la Magistratura del
Pastoreo
Mayo 1626 más líos sobre la moneda negra (moneda de plomo)
copia:
    que en el dicho lugar
no se ponga por el Señor Conde ni sucesores
ninguna garantía por bandidos y criminales
sino sólo por deudas civiles, que no sirva como lugar seguro para criminales
como lo fue la oficina de Préstamos Florentina
anno domini mil quinientos y tantos
quédase obligado a comprar sal de Grosseto
al precio corriente[622]

---

recer tuvo numerosos descendientes ilegítimos, que se le prohibió reconocer legalmente, optándose por que fuese Orazzio della Rena (véase nota 599) el que les reconociese, pero tampoco como legítimos, sino como bastardos.

«Orbem bellis, urbem gabellis, Urbanus octavus implevit»: «Urbano VIII llenó el mundo de guerras y la ciudad de impuestos».

[622] «Xbre Monte Paschale, fatto Signoria»: «diciembre Monte de los Pastos, elevado a Señoría».

Grosseto: es una ciudad de Toscana, principal centro de la Maremma al sur de Siena. Las tierras de su entorno, convenientemente avenadas, se convirtieron en fértiles productoras de cereales.

1676 ambassadors to Firenze
when the Grand Duke said he did not understand economics
non intendeva di quella materia
being obliged to trust in his ministers
1679 for two years no one gaoled
for debts under 14 lire, those in for 30 or under
cd be released on order of the Buonuomini
who shd/fix terms for arbitration
Monte to lend 4736 scudi
to the Tolomei foundation, and to take no interest on this sum
spent for the college
1680 to debtors 4% and one third
to creditors be paid 2/3rds of 1% under that, frozen assets

Dixbre '22 make responsible
all persons, and all goods of the laity
that the Mount have its fund secure
that whoso puts his coin in it shall hold his luoghi
bearing 5% fruitage per annum
Signet Nicolo de Antille
Horatio Gianfiglioli
Seb. Cellesi LL AA (Their Highnesses)
gratify this demand to set up a Monte
to Public Good and to private
to empower, facilitate, and be licit
were pleased to accommodate, and prestare
the fund on the Grand Duke's public income
to the sum as of capital 200,000
for 5% fruitage that wd. be ten thousand the year

1676 embajadores a Florencia
cuando el Gran Duque dijo no entender de economía
non intendeva di quella materia[623]
viéndose obligado a fiarse de sus ministros
1679 nadie encarcelado durante dos años
por deudas menores de 14 liras, los presos por 30 o menos
podían quedar libres por orden de Buonuomini
quien debía fijar las condiciones del arbitraje
El Monte prestaría 4,736 escudos
a la fundación Tolomei, sin interés sobre esta cantidad
gastada en el colegio
1680 a los deudores 4 % y un tercio
a los acreedores ha de pagarse dos terceras partes de 1 %
bajo esto, bienes congelados

Dixbre '22 hacer responsable
a toda persona, y todos los bienes de los legos
para que el Monte tenga su fondo seguro
que los que depositen su dinero en él deberían tener su luoghi
produciendo 5 % en fruto per annum
Firmado Nicolo de Antille
Horatio Gianfiglioli
Seb. Cellesi LL AA (Sus Altezas)
gratifican esta solicitud de establecer un Monte
para el Bien Público y privado
para facultar, facilitar y ser lícito
tuvieron a bien complacer, y prestar
el fondo sobre la renta pública del Gran Duque
hasta la suma como capital de 200,000
para un fruto del 5 % que monta a diez mil al año

---

[623] Una embajada de Siena a Florencia en 1676 protesta por la devaluación de las piezas de a ocho, una moneda española.
«non intendeva di quella materia»: «no entendía de aquel asunto».
El resto de este largo fragmento se ocupa de diversos incidentes relacionados con el banco y su interés del 5 %, que reitera todo lo anterior.

which attain to the Office of Grasslands
Paschi di detta Città
the said sum with cautele
that no one shd/suffer
                     Maria Maddalena, tutrice
                     Hor° della Rena
                           (whose bastards)
1622 thirtieth of Xembre were not his natural bastards
that the Illustrious Bailey shall execute this order in all points
  (but only his bastards officially)
    faithful rescript of their Highnesses
2 Jan. 1622, Orazio Grcolini
Stile senese or the year beginning in March
Enacted Siena, in the Parish of S. Gionni, in palatio,
with witnesses above mentioned, apostolic, imperial, citizen
of Siena

Firenze 1749, 1,000 scudi
    for draining the low land
2,000 to fix Roman Road advance authorized up to 12,000

Public debt at the end of the Medici
scudi 14 million
or 80 million lira pre-war.

que pertenece al Despacho de Pastizales
Paschi di detta Città
la dicha suma con cautela
para que nadie sufra
María Maddalena, tutrice
Hor° della Rena
(cuyos bastardos)
1622 treinta de Xembre no eran sus bastardos naturales
que la Ilustre Bailía ejecutará esta orden en todas sus partes
(sino sólo sus bastardos oficialmente)
fiel transcripción de sus altezas
enero 2, 1622, Orazio Grcolini
Stile senese o el año que empieza en marzo
Promulgado en Siena, en la Parroquia de S. Gionni, in palatio,
con los testigos antedichos, apostólico, imperial, ciudadano de Siena

Firenze 1749, 1,000 escudos[624]
para avenar la tierra baja
2,000 para arreglar Camino Romano anticipo autorizado hasta 12,000

Deuda pública al fin de los Medici
escudos 14 millones
u 80 millones de la lira de la preguerra.

---

[624] Diversos ejemplos de la utilidad pública del banco, o Monte dei Paschi: la financiación de obras de interés general, como desecación de tierras pantanosas o construcción de carreteras.

Cantar XLIV

Este nuevo salto al siglo XVIII continúa la historia de Siena, con las referencias al gobierno del Gran Duque de Toscana, [Pedro] Leopoldo I (1765-90), notable por las numerosas reformas que introdujo de índole económica, judicial y administrativa, que convirtieron al ducado en un modelo de despotismo ilustrado. Siena, como parte de ese ducado, se benefició de las llamadas «reformas leopoldinas», que tocaron a su fin con el nombramiento de Pedro Leopoldo como emperador del Sacro Imperio con el nombre de Leopoldo II (1790-92) y su entrega del ducado a su hijo Fernando III: éste tuvo que hacer frente, entre otros conflictos, a los derivados de las guerras napoleónicas. En *Guide to Kulchur* Pound describe cómo las mejoras introducidas por los buenos gobernantes de Toscana serían «Wiped out by the Napoleonic flurry» («barridas por la agitación napoleónica», pág. 263).

La lista de esas reformas que enumera en este Canto constituye un resumen del gobierno ejemplar, una especie de decálogo de la buena actuación política, muy en la línea de los principios de Jefferson y Adams ya tratados en Cantos anteriores, y su cimiento se encuentra en la capacidad que tuvo Siena para mantener a la usura a raya: «The foundation, Siena, has been to keep the bridle on usury» (que el traductor, por cierto, deja en su frase castellana, «La base, Siena, ha sido mantener las riendas de la usura», algo más tibia de lo que la rotundidad de la frase de Pound parecía pedir).

XLIV

And thou shalt not, Firenze 1766, and thou shalt not
sequestrate for debt any farm implement
nor any yoke ox nor
any peasant while he works with the same.
   Pietro Leopoldo
Heavy grain crop unsold
never had the Mount lacked for specie, cut rate to four
 and 1/3rd

creditors had always been paid,
that trade inside the Grand Duchy be free of impediments
shut down on grain imports
'83, four percent legal maximum interest
'85, three on church investments, motu proprio
Pietro Leopoldo
Ferdinando EVVIVA!!
   declared against exportation
thought grain was to eat

XLIV

Y no podrás, Firenze 1766, no podrás[625]
secuestrar por deuda ningún apero de labranza
ni ningún buey de yugo ni
a ningún campesino mientras con tales trabaje.
      Pietro Leopoldo
Gran cosecha de grano sin vender
nunca había dejado de tener especie el Monte, redujo la
   tasa a cuatro y un tercio

siempre se había pagado a los acreedores,
que el comercio dentro del Gran Ducado quede libre de
   trabas
cesen las importaciones de grano
'83, cuatro por ciento de interés máximo legal
'85, tres sobre inversiones de la iglesia, motu proprio
Pietro Leopoldo
Ferdinando EVVIVA!![626]
         declaróse en contra de la exportación
creía que los granos eran para comer

---

[625] Desde el comienzo de su gobierno, Leopoldo emprende las reformas que habrán de aliviar y proteger las condiciones de vida de sus súbditos, campesinos o habitantes de las ciudades, como el decreto firmado en Florencia, capital de la Toscana, en 1766, justo el año siguiente de su acceso al poder. Leopoldo y sus sucesores de la casa Habsburgo-Lorena favorecieron el libre comercio que los Médicis habían dificultado, llegando incluso a prohibir la importación de grano («cesen las importaciones de granos») con ocasión de cosechas especialmente abundantes, como las producidas en 1721 y 1723, todavía en época de Cosme III.
[626] Fernando III sucedió a su padre en 1790 y gobernó hasta 1799, cuando Toscana pasó a formar parte del reino de Etruria. Después fue anexionada a Francia por Napoleón de 1807 a 1814. En 1814 Fernando retomó el poder hasta su muerte en 1824.

Flags trumpets horns drums
and a placard
VIVA FERDINANDO
and were sounded all carillons
with bombs and with bonfires and was sung TE DEUM
in thanks to the Highest for this so
provident law
and were lights lit in the chapel of Alexander
   and the image of the Madonna unveiled
and sung litanies and then went to St Catherine's chapel
in S. Domenico and by the reliquary
of the Saint's head sang prayers and
went to the Company Fonte Giusta
also singing the litanies
and when was this thanksgiving ended the cortege
and the contrade with horns drums
trumpets and banners went to the
houses of the various ambulant vendors, then were the
   sticks of the
flags set in the stanchions on the Palace of the Seignors
and the gilded placard between them
(thus ended the morning)
   meaning to start in the afternoon
and the big bell and all bells of the tower in the piazzà
sounded from 8 a.m. until seven o'clock in the evening
without intermission and next day was procession
coaches and masks in great number

Banderas trompetas cornos tambores
y un cartelón
VIVA FERDINANDO
y se tocaron todos los carillones
con bombas y hogueras y cantóse un TE DEUM
de gracias al Altísimo por esta tan
providente ley
y se encendieron luces en la capilla de Alejandro[627]
 y se reveló la imagen de la Madonna
y cantáronse letanías y luego se procedió a la capilla de Sta. Catarina
en Sto. Domenico y por el relicario
de la testa del Santo cantáronse alabanzas y
fuese a la Compañía Fonte Giusta
y también cantando letanías
y cuando se terminó esta acción de gracias el cortejo
y la cofradía con cornos tambores
trompetas y banderolas fueron a las
casas de los diversos vendedores ambulantes, entonces las astas de las
banderas se colocaron en los montantes del Palacio de los Señores
y el cartel dorado entre ellas
(así terminó la mañana)
 con intención de empezar por la tarde
y la gran campana y todas las campanas de la torre en la piazza
tocaron desde las 8 a.m. hasta las siete de la noche
sin cesar y al día siguiente hubo procesión
coches y máscaras en gran cantidad

---

[627] El pueblo de Siena sigue celebrando los decretos económicos que van cancelando gradualmente las dificultades comerciales impuestas por los Médicis que al fijar los precios artificialmente arruinaban a los campesinos. La procesión se detiene en diversas iglesias de la ciudad de Siena: en la catedral visita la capilla del papa Alejandro VII (nacido en esa ciudad en 1599 y papa 1655-1667); en la Iglesia de Santo Domingo, la capilla de Santa Catalina (patrona de Italia); la Iglesia de Fontegiusta, también en Siena; etc.

«[y de toda descripción] e di tutte le qualità»: «y de todas clases».

and of every description e di tutte le qualità
    to the sound always of drums and trumpets
crying VIVA FERDINANDO and in all parts of the piazza
were flames in great number and grenades burning
to sound of bombs and of mortaretti and the shooting of
guns and of pistols and in chapel of the Piazza
a great number of candles for the publication of this so
provident law and at sundown were dances
    and the masks went into their houses
and the captains of the ward companies,
the contrade, took their banners to the Piazza Chapel
where once more they sang litanies
and cried again Ferdinando EVVIVA
Evviva Ferdinado il Terzo
and from the contrade continued the drumming
and blowing of trumpets and hunting horns,
torch flares, grenades and they went to the Piazza del
    Duomo
with a new hullabaloo gun shots mortaretti and pistols
there were no streets not ablaze with the torches
or with wood fires and straw flares
and the vendors had been warned not to show goods for
    fear of disorder and stayed all that day within doors
or else outside Siena. This was a law called
Dovizia annonaria
        to be freed from the Yoke of Licence
From October 9th until the 3rd of November
was unforeseen jubilation, four lines of tablet in marble:
        Frumentorum licentia
    coercita de annonaria laxata Pauperum aeque
        divitium bono conservit
    FERDINANDI 1792

y de toda descripción e di tutte le qualità
   al sonido siempre de tambores y trompetas
gritando VIVA FERDINANDO y en todas partes de la piazza
había flámulas en gran cantidad y granadas ardiendo
al sonido de bombas y de mortaretti y el disparo de
cañones y pistolas y en la capilla de la Piazza
gran número de velas para publicar esta tan
providente ley y a la caída del sol hubo danzas
   y las máscaras entraron en sus casas
   y los capitanes de las compañías de guardia,
la cofradía, llevó sus banderas a la capilla de la Piazza
donde una vez más cantaron letanías
y gritaron de nuevo Ferdinando EVVIVA
Evviva Ferdinando il Terzo
y de la cofradía continuó el tamborileo
y el soplar de trompetas y cuernos de caza,
llamas de antorchas, granadas y fueron a la Piazza del
   Duomo
con un nuevo barullo disparos mortaretti y pistolas
no había calles que no fulgurasen con las antorchas
o con fuegos de leños o llamaradas de paja
y se había prevenido a los vendedores que no mostrasen
   mercancía por temor de desorden y se quedaran ence-
   rrados todo el día
o fuera de Siena. Ésta era una ley llamada
Dovizia annonaria[628]
                 que ha de librarse del Yugo de la Licencia
Desde octubre 9 hasta el 3 de noviembre
hubo júbilo nunca visto, cuatro líneas de una placa de
   mármol:
             Frumentorum licentia
         coercita de annonaria laxata Pauperum aeque
             divitium bono conservit
         FERDINANDI 1792

---

[628] «Dovizia annonaria»: «abundancia de provisiones». Alude a las normas restrictivas del libre comercio que se controlaban desde una llamada «oficina de la abundancia» que concedía las licencias, fijaba los precios, prohibía las importaciones o exportaciones de alimentos, etc. Los infractores eran considerados vulgares malhechores.

refused to take with him objects of small bulk which he
held to be the property of the nation. Ferd III. 1796
that the sovereign be il più galantuomo del paese

the citizen priest Fr Lenzini mounted the tribune
to join the citizen Abrâm
and in admiring calm sat there with them the citizen
the Archbishop
        from 7,50 a bushel to 12
  by the 26th April

and on June 28th came men of Arezzo
past the Porta Romana and went into the ghetto
there to sack and burn hebrews
part were burned with the liberty tree in the piazza
and for the rest of that day and night
1799 anno domini
Pillage stopped by superior order 3rd July was discovered
  a treason
in the cartridges given the troops
that is were full of semolina, not powder
  and cherry stone where shd/have been ball
and in others too little powder
Respectons les prêtres, remarked Talleyrand

negóse a llevar consigo objetos de poco bulto que él
creyó ser propiedad de la nación. Ferd. III. 1796
que el soberano sea il più galantuomo del paese[629]

el ciudadano sacerdote Fr. Lenzini subió a la tribuna
para unirse al ciudadano Abrâm
y en serenidad admirativa estuvo sentado allí el ciuda-
 dano
el Arzobispo
         de 7,50 el celemín a 12
    para el 26 de abril

y en junio 28 llegaron hombres de Arezzo
más allá de Porta Romana y entraron al ghetto
saqueando allí y quemando hebreos
algunos fueron quemados con el árbol de la libertad en la
  piazza
y durante el resto de ese día y noche
1799 anno domini
El pillaje cesó por orden superior el 3 de julio descubrióse
  una traición
en los cartuchos que se dieron a la tropa
es decir estaban rellenados con sémola, no pólvora
 y huesos de cereza donde debió estar la bala
y en otros muy poca pólvora[630]
Respectons les prêtres, dijo Talleyrand

---

[629] «Frumentorum licentia...»: «Grano gratis / las restricciones en los subsidios suavizadas para el bien de los pobres / y de los ricos».
La ocupación de Siena por las tropas napoleónicas y la expulsión de Fernando III se produjeron en 1799, no en 1796. El Gran Duque se negó a llevarse los tesoros del ducado, por lo que se le consideró «il più galantuomo del paese»: «el más honrado del país».

[630] Francesco Lenzini es un clérigo de Siena que erigió un árbol de la libertad durante la conquista napoleónica. El propio arzobispo, con el lenguaje de la Francia revolucionaria, «el ciudadano», asistió a la ceremonia en presencia del representante de Napoleón, «ciudadano Abrâm». La resistencia contra los franceses se inició con una sublevación en Arezzo y entre los incidentes y desmanes de un lado y otro, los sublevados, tras expulsar a los franceses, atacaron el barrio de los judíos,

1800 a good grain and wine year
    if you wd/get on well with the peasantry
of the peninsula.
            Premier Brumaire:
Vous voudrez citoyen
turn over all sums in yr/ cash box
to the community, fraternité, greetings.
                                    Delort
acting for Dupont Lieutenant General
Louis King of Etruria, Primus, absolute, without consti-
    tution.
taxes so heavy that are thought to be more than
paid by subjects of Britain.
            Gen. Clarke to the Ministro degli Esteri
Whereas the fruits of the Mount were the 2/3rds of the
    one percent
wherewith to pay all current expenses. Madame ma soeur
et cousine
I have received Your Majesty's letter of
November twenty-fourth I
suppose that in the actual circumstances
She will be in a hurry to get to Spain or at least to
leave a country where she can no longer
stay with the dignity befitting her rank.
I have given orders that she be
received in my kingdom of Italy
and in my French States with honours that are due her.

1800 buen año en granos y vino
    si se quiere estar bien con los campesinos
de la península.
                Premier Brumaire:
Vous voudrez citoyen
entregar todas las cantidades en vuestra caja
a la comunidad, fraternité, saludos[631].
                    Delort
en representación de Dupont Teniente General
Luis Rey de Etruria, Primus, absoluto, sin constitución.
impuestos tan pesados que se cree sean mayores que
los pagados por súbditos de Inglaterra.
           El Gral. Clarke al Ministro degli Esteri
Mientras que los frutos del Monte fueron las dos terceras
    partes del uno por ciento[632]
con lo cual se pagarán todos los gastos actuales. Madame
    ma soeur et cousine
En mis manos carta de Vuestra Majestad de
noviembre veinticuatro yo
supongo que en las actuales circunstancias
Ella tendrá prisa por llegar a España o cuando menos por
abandonar un país en donde no puede ya
permanecer con la dignidad correspondiente a su rango.
He dado órdenes de que sea
recibida en mi reino de Italia
y en mis Estados franceses con los honores que merece.

---

quemando a algunos de ellos; traidores de entre sus filas, intentaron destruir las municiones de los aretinos.

[631] Fue Napoleón el que dijo que si se quería dominar a los campesinos italianos habría que respetar a los curas.

Brumario, en el calendario de la Revolución Francesa, corresponde al mes que va del 22 de octubre al 20 de noviembre.

«Vous voudrez citoyen»: «lo haréis ciudadano». La orden dada por los ocupantes franceses al Monte dei Paschi.

[632] Tanto Delort como Dupont son oficiales de Napoleón. El general Clarke (Henri Jacques Guillaume Clarke, 1765-1818) fue general de Napoleón también y luego su embajador en Etruria, donde realiza esa observación sobre los impuestos de Luis I a sus súbditos, dirigida al Ministro «degli Esteri», o «de Exteriores».

If your Majesty should be in Milan or Turin
before the 18th of december I should have the
advantage of seeing her. I am sending an officer my
aide de camp, General Reile who will deliver this letter.
He will be charged at the same time to take measures
for the security of the country and
to remove men who could trouble its quiet,
    since I learn that Your Majesty has already thought necessary
to import troops from Lisbon.
My troops shd have by now entered that capital
and taken possession of Portugal
Wherewith I pray God, Madam my sister and cousin,
he be pleased to have you in holy and worthy keeping

At Venice, december fifth 1807
    Your Majesty's kind brother and cousin
        NAPOLEON
(his secretary mixing the pronouns
You, She, she all to Majesty)
And those men who «with bestial enthusiasm» took horse place
were, says the much lesser Bandini, paid by the prefect
and beforehand prepared.

«Artists high rank, in fact sole social summits

Si vuestra Majestad se encuentra en Milán o Turín
antes del 18 de diciembre yo tendría la
ventaja de verla. Envío un oficial mi
edecán, el General Reile, que entregará esta carta.
Tendrá encargo también de tomar medidas
en pro de la seguridad del país y
de despedir a los que puedan romper su tranquilidad,
  puesto que sé que Vuestra Majestad ya ha creído del caso
importar tropas de Lisboa.
Mis tropas ya para ahora deben haber entrado en esa capital
tomando posesión de Portugal
Donde ruego a Dios, Madama mi hermana y prima,
que él sea servido teneros en santa y debida seguridad

En Venecia, diciembre cinco de 1807
   el benévolo hermano y primo de Vuestra Majestad
NAPOLEÓN[633]
(su secretario mezcló los pronombres
Ud., Ella, ella todo con Majestad)
Y aquellos hombres que «con bestial entusiasmo» tomaron la caballeriza
fueron, dice el mucho menor Bandini, pagados por el prefecto
y preparados de antemano

«alta categoría del artista, de hecho las únicas cimas sociales

---

[633] Esta carta, desde «Madame ma soeur et cousine», «Señora hermana y prima», la dirige Napoleón a María Luisa, duquesa de Lucca (1782-1824, hija del rey de España Carlos IV y su esposa María Luisa de Parma), que fue la esposa de Luis, duque de Parma. Cuando Napoleón creó el reino de Etruria, que incluía la Toscana, Luis fue su rey (1801-1803), con el nombre de Luis I y a su muerte, María Luisa fue la regente, pues su hijo Luis II era un niño. Cuando el reino fue anexionado a Francia en 1807, María Luisa se dirigió a Napoleón: esta carta fue la respuesta del Emperador.

which the tempest of politics can not reach,»
 which remark appears to have been made by
   Napoleon
And «Semiramis» 1814 departed from Lucca
 but her brother's law code remains.
monumento di civile sapienza
dried swamps, grew cotton, brought in merinos
mortgage system improved
 «Thank god such men be but few»
though they build up human courage
And before him had been Pietro Leopoldo
that wished state debt brought to an end;
that put the guilds under common tribunal;
that left names only as vestige of feudal chain;
that lightened mortmain that princes and church be under tax
as were others; that ended the gaolings for debt;
that said thou shalt not sell public offices;
that suppressed so many *gabelle;*
that freed the printers of surveillance
 and wiped out the crime of lèse majesty;
that abolished death as a penalty and all tortures in prisons

que la tempestad de la política no toca»
  lo cual parece haber sido dicho por
                        Napoleón
Y «Semíramis» 1814 partió de Lucca
pero el código legal de su hermano permanece.
monumento di civile sapienza
secó pantanos, sembró algodón, introdujo merinos
mejoró el sistema de hipotecas
  «Gracias a Dios que tales hombres escasean»[634]
aunque levanten el valor humano
Y antes de él había sido Pietro Leopoldo
quien quiso que la deuda pública terminase;
  quien puso a las cofradías bajo los tribunales comunes;
quien dejó nombres sólo como vestigio de cadenas feudales;
quien aligeró las manos muertas para que príncipes e iglesia pagasen impuestos
como los demás; quien acabó con los encarcelamientos por deudas;
quien dijo no venderéis los puestos públicos;
quien suprimió tantas gabelas;
quien liberó a los impresores de la vigilancia
  y acabó con el crimen de lesa majestad;
quien abolió la pena de muerte y todas las torturas en las cárceles

---

[634] En 1807 el reino de Etruria fue cedido por Napoleón a su hermana María Ana Elisa Bonaparte, que sería expulsada en 1814. Recibió el apodo de Semíramis (el personaje mítico, hija de una diosa y de un mortal, que reinó en Asiria y Babilonia, cuya construcción con sus famosos jardines colgantes incluidos, le atribuye la leyenda). El cronista Carlo Bandini cuenta la entrada triunfal de la nueva reina, pero añade que la multitud que la recibe con aparente entusiasmo había sido comprada por las autoridades (Mary de Rachewiltz, pág. 1533). Además de la introducción del Código Napoleónico («monumento de sabiduría civil») en Toscana, la influencia bonapartista se observó también en la protección a las artes y en las obras públicas. El resto del Canto enumera explícitamente las reformas leopoldinas, continuadas por Fernando III tras su restauración en 1814, destacando su mejoría de las tierras cultivables del valle del río Chiana (un paralelo con las obras del fascismo en las llanuras pontinas, notas 528 y 574).

which he held were for segregation;
that split common property among tillers;
roads, trees, and the wool trade,
the silk trade, and a set price, lower, for salt;
plus another full page of such actions Habsburg Lorraine
His son the Third Ferdinando, cut taxes by half,
improved tillage in Val di Chiana, Livorno porto franco.

and this day came Madame Letizia,
the ex-emperor's mother, and on the 13th departed.

«The foundation, Siena, has been to keep bridle on usury.»
    Nicolò Piccolomini, Provveditore.

que dijo eran para el aislamiento;
quien repartió la propiedad comunal entre los labradores;
caminos, árboles, y el comercio de la lana,
el comercio de la seda, y un precio fijo, más bajo, para la sal,
más otra página llena de tales acciones Habsburgo Lorena
Su hijo el Tercer Ferdinando, redujo los impuestos a la mitad,
mejoró el cultivo en Val di Chiana, Livorno porto franco.

    y ese día vino Madama Letizia[635],
la madre del ex emperador, y partió el día trece.

«La base, Siena, ha sido mantener las riendas de la usura.»
    Niccolò Piccolomini, Provveditore[636]

---

[635] «Madama Letizia»: Maria Letizia Ramolino Bonaparte (1750-1836), madre de Napoleón.
[636] Niccolò Piccolomini, supervisor («provveditore») del Monte dei Paschi.

Cantar XLV

Es una de las invectivas más explícitas de Pound contra la usura, «pecado contra natura», un cáncer social contra el que se estrellan los deseos del hombre por una vida mejor y más justa. Es tema subyacente, casi un leitmotiv, a lo largo de toda la obra y explícitamente central en la serie que titula «Quinta Década, XLII-LI», con este XLV figurando como auténtico clímax intelectual y emocional.

La primera línea, *«With Usura»,* bien diferenciada por el énfasis que indica la cursiva, funciona como un auténtico título (sería el único Canto que lo lleva) en el que Pound hace un agudo juego de palabras que explica en una carta de 1938 a uno de sus primeros traductores al italiano, Carlo Rizzo: «"With" in English derives from Ang-Saxon and has oppositive aroma. As in "withstand" meaning "stand against".» («"Con" en inglés deriva del Anglosajón y tiene un aroma de oposición. Como en "withstand" que significa "resistir", "estar en contra".») Pero añade a continuación: «I don't mean that it means "against", but "Tollerando" has a sonorous body that helps the line ... You could leave the *"con* usura" in various places, but I think "tollerando" better in opening line and in line 2 for the repeat» («No quiero decir que signifique "contra", pero "Tollerando" tiene un cuerpo sonoro que ayuda a la línea ... Podría usted mantener el *"con* usura" en varios sitios, pero "tollerando" me parece mejor en la primera línea y en la línea 2 por aquello de la repetición», *Selected Letters,* pág. 303). William Cookson, en *A Guide to the Cantos of Ezra Pound,* pág. 49, sólo reproduce la primera parte de este fragmento y al sacarlo de contexto hace decir a Pound lo que éste no pretende. De la misma manera, la traducción italiana de Mary de Rachewiltz, *Contro l'Usura,* parece ignorar la advertencia de su padre: la traducción de Vázquez Amaral, pues, sería la correcta de acuerdo con el pensamiento de Pound, frente a la sugerencia de Cookson y a la solución adoptada por De Rachewiltz; y su paráfrasis prosificada castellana usando el verbo tolerar, nos daría ese pensamiento con la máxima precisión: «tolerando la usura...», o: «si se tolera la usura...».

XLV

With Usura

With usura hath no man a house of good stone
each block cut smooth and well fitting
that design might cover their face,
with usura
hath no man a painted paradise on his church wall
harpes et luz
or where virgin receiveth message
and halo projects from incision,
with usura
seeth no man Gonzaga his heirs and his concubines
no picture is made to endure nor to live with
but it is made to sell and sell quickly
with usura, sin against nature,
is thy bread ever more of stale rags
is thy bread dry as paper,
with no mountain wheat, no strong flour
with usura the line grows thick

XLV

Con Usura

Con usura el hombre no puede tener casa de buena piedra
con cada canto de liso corte y acomodo
para que el dibujo les cubra la cara,
con usura
no hay para el hombre paraísos pintados en los muros de
   su iglesia
harpes et luz[637]
o donde las vírgenes reciban anuncios
y resplandores broten de los tajos,
con usura
no puede ver el hombre Gonzaga a sus herederos y sus
   concubinas[638]
no se pinta cuadro para que dure y para la vida
sino para venderse y pronto
con usura, pecado contra natura,
es tu pan siempre de harapos viejos
es tu pan seco como el papel,
sin trigo de montaña, harina fuerte
con usura la línea se hincha[639]

---

[637] *«harpes et luz»:* «harpas y laúdes», en francés medieval.

[638] La familia Gonzaga, o alguno de sus miembros, duques de Mantua, protectores de las artes y mecenas de artistas, entre ellos Leonardo y Tiziano.

[639] Pound asocia en varias ocasiones el grosor de la línea de un pintor con el grado de tolerancia hacia la usura de esa época. Así: «I suggest that finer and future critics of art will be able to tell from the quality of a painting the degree of tolerance or intolerance of usury extant in the age and milieu that produced it» («Sugiero que mejores y futuros críticos de arte podrán deducir de la cualidad de un cuadro el grado de tolerancia o intolerancia respecto a la usura que existía en la época y en el ambiente

with usura is no clear demarcation
and no man can find site for his dwelling.
Stonecutter is kept from his stone
weaver is kept from his loom
WITH USURA
wool comes not to market
sheep bringeth no gain with usura
Usura is a murrain, usura
blunteth the needle in the maid's hand
and stoppeth the spinner's cunning. Pietro Lombardo
came not by usura
Duccio came not by usura
nor Pier della Francesca; Zuan Bellin' not by usura
nor was «La Calunnia» painted.
Came not by usura Angelico; came not Ambrogio Praedis,
Came no church of cut stone signed: *Adamo me fecit*.
Not by usura St Trophime
Not by usura Saint Hilaire,

con usura no hay demarcación clara
y nadie puede hallar sitio para su morada.
El picapedrero se aparta de la piedra
el tejedor de su telar
CON USURA
no llega lana al mercado
la oveja nada vale con usura
Usura es un ántrax, usura
mella la aguja en las manos de la muchacha
y detiene la pericia del que hila. Pietro Lombardo
no vino por usura
Duccio no vino por usura
ni Pier della Francesca; Zuan Bellin' no por usura
ni pintóse «La Calunnia».
Angelico no vino por usura; no vino Ambrogio Praedis[640],
No vino iglesia de piedra cincelada firmada: *Adamo me fecit*
No por usura St. Trophime
No por usura Saint Hilaire[641],

---

que lo produjo». *Guide to Kulchur*, pág. 27). Y de modo más explícito, en la carta a Carlo Izzo citada en el resumen introductorio a este Canto, explica: "With Usura the line grows thick" —means the *line* in painting and design. Quattrocento painters still in a morally clean era when usury and buggary were on a par.» («Con Usura la línea se engrosa" —quiere decir la *línea* en pintura y diseño. Los pintores del Quattrocento, todavía en una época moralmente limpia cuando la usura y la sodomía se consideraban equiparables». *Selected letters,* pág. 303). Los artistas que menciona a continuación son, casi todos, efectivamente del siglo XV, o anteriores.

[640] Ejemplos de artistas en esa época «moralmente limpia»: Pietro Lombardo (1435-1515), arquitecto y escultor, autor de la tumba de Dante en Ravena; Duccio di Buoninsegna (1278-1319), pintor sienés; Piero della Francesca (1420-1492), también pintor; Giovanni Bellini (1430-1516), pintor. *La Calunnia,* obra de Botticelli (1444-1510) en la Galería de los Uffizi en Florencia. Fra Angelico (1387-1455); Ambrogio de Predis (1455-1508), miniaturista y retratista de Milán.

[641] *«Adamo me fecit»:* «Adán me hizo». Hugh Kenner, en *The Pound Era,* localiza una columna de la iglesia de San Zeno en Verona, firmada con la inscripción «Adaminus/Desco/Georg/io. Me/feci» (fotografía en la pág. 324).

Usura rusteth the chisel
It rusteth the craft and the craftsman
It gnaweth the thread in the loom
None learneth to weave gold in her pattern;
Azure hath a canker by usura; cramoisi is unbroidered
Emerald findeth no Memling
Usura slayeth the child in the womb
It stayeth the young man's courting
It hath brought palsey to bed, lyeth
between the young bride and her bridegroom
        CONTRA NATURAM
They have brought whores for Eleusis
Corpses are set to banquet
at behest of usura.

N.B. *Usury:* A charge for the use of purchasing power, levied without regard to production; often without regard to the possibilities of production. (Hence the failure of the Medici bank.)

Usura oxida el cincel
Oxida el oficio y al artesano
Roe los hilos del telar
Nadie aprende a tejer oro en su dibujo;
El azur tiene una llaga por usura; el carmesí sin bordar se
 queda
El esmeralda a ningún Memling tiene
Usura asesina al niño en las entrañas
Impide al joven cortejar a su amada
Ha llevado la perlesía a la cama, yace
entre la joven desposada y su marido
    CONTRA NATURAM
Han traído putas para Eleusis[642]
Se sientan cadáveres al banquete
a petición de usura.

N. B. *Usura:* gravamen por el uso de poder adquisitivo, impuesto sin relación a la producción, a veces sin relación a las posibilidades de la producción. (De ahí la quiebra del banco de los Medici.)

---

[642] Eleusis, el centro de los «misterios eleusinos», ritos de iniciación de la antigua Grecia, sagrados hasta el punto de que cualquier atentado a su santidad se castigaba con la muerte. El degradarlos importando prostitutas para su celebración establece un paralelo con las vulgaridades de la edad contemporánea que ilustra Pound en su «Mauberley» cuando señala que «The pianola "replaces" / Sappho's barbitos» («La pianola "substituye" a la lira de Sappho»); o unas líneas después, «Caliban casts out Ariel» («Calibán expulsa a Ariel»): es decir, la avaricia, el mercantilismo, que corrompen el espíritu y lo degradan, con sucedáneos mecánicos y hueros, apariencias sobre realidades, la luz y la belleza de Ariel, substituidos por la deformidad grotesca de la fealdad y la malicia de Calibán.

Cantar XLVI

Prosigue Pound su diatriba contra la usura elaborando sobre su idea fija, casi una monomanía: el gobierno, o al menos «cualquier gobierno que valga la pena puede / pagar dividendos» a sus ciudadanos, «En vez de recabar impuestos». Es éste un principio que ya ha analizado y desarrollado en su narración de la historia del Monte dei Paschi de Siena en Cantos precedentes y en diversos ensayos (véase su artículo «Social Credit», en *Selected Prose,* págs. 264-5 y las notas 278 y 534 aquí), precisando la diferencia entre una institución como ésta y el Banco de Inglaterra, el cual carece de «[a] true base of credit» («una auténtica base para su crédito») al no estar respaldado por «the abundance of nature» («la abundancia de la naturaleza») como aquélla y así se convierte en un instrumento de explotación (véase el Canto XLII).

La mayor parte del Canto se sitúa en el presente, con referencias a Mussolini y su época y a otros incidentes europeos. La familia Rothschild, como paradigma del banquero especulador, no productivo, que es como una sanguijuela que desangra al pueblo, y que no produce nada sino dinero partiendo del dinero, según la frase lapidaria de uno de los fundadores del Banco de Inglaterra (1694), William Paterson, en el sentido de que el banco «hath benefit of the interest on all moneys which it creates out of nothing» («obtiene beneficios de los intereses sobre todo el dinero que crea de la nada», *Selected Prose,* pág. 308). Se alude a los avatares económicos y políticos por los que atraviesan Inglaterra y los Estados Unidos; al paro masivo, al analfabetismo, la criminalidad rampante...: todo lo que «apesta» en el mundo occidental de los años 30, que se encuentra bajo «un foetor de regentes» («un hedor de regentes»).

Ya previamente ha anunciado que «Este asunto, y con él / la primera parte, toca al fin, / de la primera fase de esta opus», con lo que parece querer convertir a los Cantos sobre la usura en una especie de eje central, alrededor del cual hay que organizar la comprensión de toda la obra. Quizá una visión de esta sección excesivamente transcendente.

XLVI

And if you will say that this tale teaches...
a lesson, or that the Reverend Eliot
has found a more natural language...you who think
   you will
get through hell in a hurry...
   That day there was cloud over Zoagli
And for three days snow cloud over the sea
Banked like a line of mountains.
Snow fell. Or rain fell stolid, a wall of lines
So that you could see where the air stopped open
and where the rain fell beside it
Or the snow fell beside it. Seventeen
Years on this case, nineteen years, ninety years
   on this case
An' the fuzzy bloke sez (legs no pants ever wd. fit) «IF
that is so, any government worth a damn can
pay dividends?»

XLVI

Y vosotros los que pensáis que este cuento es un ejemplo...
un ejemplo, o que el Reverendo Eliot[643]
ha encontrado lenguaje más natural... vosotros los que pensáis que podréis
pasar por el infierno aprisa...
    Aquel día hubo una nube sobre Zoagli[644]
Y durante tres días nube nívea sobre la mar
Apiñada como cordillera.
Cayó la nieve. O la lluvia cayó estólida, un muro de líneas
De modo que se podía ver donde el aire se detenía abierto
y donde caía la lluvia a su lado
O la nieve que caía a su lado. Diecisiete
Años en este asunto, diecinueve años, noventa años
    en este asunto
Y el tío lleno de pelambre dijo (piernas que ningún pantalón cubriría) «si
eso es así, ¿cualquier gobierno que valga la pena puede pagar dividendos?»

---

[643] A T. S. Eliot sus amigos le llamaban con los apodos cariñosos y si se quiere un poco burlones de «Parson» o «Reverend» («Párroco» o «Reverendo») tanto por su sobrio y conservador aspecto externo como por su interés por los temas religiosos. El primero de esos dos términos deriva en el más frecuente de «Possum» y su origen también se ha explicado con referencia a la zarigüeya («opossum» y coloquialmente «possum», con pronunciación bastante cercana a la de «parson»), que se defiende de sus enemigos fingiéndose muerta: de aquí la expresión coloquial norteamericana «to play possum», «hacerse el muerto» o «fingirse dormido», una práctica que Pound también atribuía a Eliot (véase la Introducción y el Cantar LXXIV).

[644] Zoagli es una pequeña ciudad italiana, cercana al lugar de residencia de Pound, Rapallo.

The major chewed it a bit and sez: «Y—es, eh...
You mean instead of collectin' taxes?»
«Instead of collecting taxes.» That office?
Didja see the Decennio?
?
Decennio exposition, reconstructed office of Il Popolo,
Waal, ours waz like that, minus the Mills bomb an' the teapot,
heavy lipped chap at the desk,
One half green eye and one brown one, nineteen
Years on this case, CRIME
Ov two CENturies, 5 millions bein' killed off
to 1919, and before that
Debts of the South to New York, that is to the
banks of the city, two hundred million,
war, I don't think (or have it your own way...)
about slavery?
Five million being killed off..couple of Max's drawings,
one of Balfour and a camel, an'
one w'ich fer oBviOus reasons haz
never been published, ole Johnny Bull with a 'ankerchief.

El mayor pensólo un poco y dijo: «S — í, este...
¿Quieres decir en lugar de impuestos?»
«En vez de recabar impuestos». ¿Ese departamento?[645]
¿Viste lo del Decennio?
¿?
La exposición del Decennio, reconstruyó el departamento de Il Popolo[646],
Pues, lo nuestro fue así, sin la bomba Mills y el escándalo de la tetera
Tío de labios gruesos en el escritorio,
La mitad del ojo verde y la otra carmelita, diecinueve
Años en este asunto, el CRIMEN
De dos SIGLOS, cinco millones de muertos
hasta 1919, y antes de eso
Deudas del Sur con Nueva York, es decir, con los
bancos de la ciudad, doscientos millones,
guerra, no creo (o como gustéis...)
acerca de la esclavitud?[647]
Cinco millones de muertos... dos de los dibujos de Max,
uno de Balfour y camello, y
otro que por razones oBvIas nunca
se ha publicado, el viejo Juanito Bull con un pañuelo.

---

[645] Pound recuerda su encuentro inicial en Londres con Clifford Hugh Douglas, que tuvo lugar entre 1916 y 1919, según las distintas fuentes: si, como dice en la línea antepenúltima de este Canto, está ahora escribiendo en «1935 d.c.», sus preocupaciones con los problemas económicos, que se iniciaron tras su lectura de Douglas, le han mantenido ocupado durante 16 o 19 años.

En su artículo varias veces mencionado ya, «Social Credit», afirma que en estos tiempos «we have at our disposal a large volume of SOCIAL CREDIT, which can be distributed to the people as a bonus over and above their wage packet» («tenemos a nuestra disposición un gran volumen de *crédito social* que puede distribuirse a la gente como un complemento por encima y más allá de su salario». *Selected Prose*, pág. 264).

[646] «el Decennio»: la commemoración del primer decenio de poder fascista en Italia (1922-32).

Popolo d'Italia es el periódico que fundó Mussolini en 1914.

[647] La bomba Mills es una granada de mano que se usó durante la Primera Guerra Mundial.

«El escándalo de la tetera»: «The Teapot Dome Scandal», un escándalo financiero-político relacionado con las grandes empresas del petró-

It has never been published..
 «He ain't got an opinion.»
Sez Orage about G. B. S. sez Orage about Mr Xtertn.
Sez Orage about Mr Wells, «he wont HAVE an opinion trouble iz that you mean it, you never will be a journalist.»

Nunca se ha publicado...
 «No tiene opinión.»
Dice Orage de G. B. S. dice Orage del Sr. Xtertn.
Dice Orage acerca del Sr. Wells, «no TENDRÁ una opinión
lo peor del caso es que lo dices en serio, no serás periodista jamás»⁶⁴⁸

---

leo, durante la presidencia de Warren G. Harding (véase nota 519).

«cinco millones de muertos»: véase en el Canto XVI, nota 206, «liste officielle des morts 5.000.000». Se refiere a las víctimas de la Primera Guerra Mundial.

Antes de la Guerra Civil (1861-1865) el Sur estaba endeudado con los prestamistas y banqueros del Norte hasta una cifra de doscientos millones de dólares (Terrell, vol. I, pág. 180, citando a Christopher Hollis, *The Two Nations,* Londres, 1935), lo que permite a Pound definir la Guerra Civil como aquella «between debtors and creditors, on the moral pretext that the debtors possessed negro slaves» («entre deudores y acreedores, con el pretexto moral de que los deudores poseían esclavos negros». *Selected Prose,* pág. 279).

⁶⁴⁸ Max Beerbohm (1872-1956), conocido ensayista y brillante dibujante y caricaturista inglés. Una de sus obras más conocidas, *A Christmas Garland* (1912), contiene una serie de agudas parodias de la manera de escribir y de comportarse de conocidos escritores de la época, siendo quizá especialmente significativa la de Henry James. Otros escritores conocidos que parodia o comenta, aquí y en otros textos, son George Bernard Shaw, H. G. Wells, Arnold Bennet, Joseph Conrad, Gilbert Keith Chesterton, etc. En 1910, tras su boda, se estableció en Rapallo, donde viviría toda su vida, excepto por los años de las dos guerras mundiales, en una villa en las afueras de la ciudad. Otros residentes distinguidos, si ocasionales, de Rapallo fueron Thomas Mann, el pintor Kokoschka y Gerhart Hauptmann, a todos los cuales cultivaría Pound. Beerbohm, sin embargo, se mantuvo a distancia, pues pensaba que Pound «seems out of place here. I should prefer to watch him in the primeval forests of his native land, wielding an axe against some giant tree» («parece fuera de lugar aquí. Preferiría observarlo en los bosques vírgenes de su tierra natal, esgrimiendo un hacha contra algún árbol gigantesco». Carpenter, pág. 428).

Balfour: Arthur James, conde de Balfour (1948-1930) fue Ministro de Asuntos Exteriores británico con el gobierno de Lloyd George, y autor de la «Declaración de Balfour» (1917) emitida por el gobierno inglés y que manifestaba el apoyo de éste al establecimiento de un estado judío en Palestina.

«Juanito Bull»: John Bull es el nombre popular que se da al Reino Unido, como la Union Jack es su bandera. Max Beerbohm es autor de una obra titulada *The Second Childhood of John Bull* (*La segunda infancia de John*

19 years on this case, suburban garden,
«Greeks!» sez John Marmaduke «a couple of art tricks!
»What else? never could set up a NATION!»
«Wouldn't convert me, dwn't HAVE me converted,
»Said "I know I didn't *ask* you, your father sent you here
»to be trained. I know what I'd feel.
»send my son to England and have him come back a christian!
»what wd. I feel?"» Suburban garden
Said Abdul Baha: «I said "let us speak of religion."
»Camel driver said: I must milk my camel.
»So when he had milked his camel I said "let us speak of religion."
And the camel driver said: It is time to drink milk.
"Will you have some?" For politeness I tried to join him.
Have you ever tasted milk from a camel?
I was unable to drink camel's milk. I have *never* been able.
So he drank all of the milk, and I said: let us speak of religion.

19 años en este asunto, jardín suburbano,
«¡Griegos!» dice John Marmaduke «¡dos trucos de arte!»
«¿Qué más? ¡nunca pudieron establecer una NACIÓN!»
«No me convertirían, no permitáis que ME conviertan,
»Dijo "Ya sé que no te lo *pedí*, tu padre te envió aquí
»para que te entrenaran. Sé lo que yo sentiría.
»¡enviar a mi hijo a Inglaterra para que me lo devuelvan cristiano!
»¿que qué sentiría yo?"» Jardín suburbano
Dijo Abdul Bajá: «Yo dije "hablemos de religión"[649]
»El camellero dijo: debo ordeñar mi camello
»y cuando hubo ordeñado al camello yo dije "hablemos de religión".
Y dijo el arriador de camellos: Es hora de beber leche.
"¿No quieren?" Por cortesía traté de acompañarle.
¿Sabéis cómo es la leche de camello?
Yo no pude beber leche de camello. *Jamás* he podido.
De modo que él se bebió toda la leche, y yo dije: hablemos de religión.

Bull, 1891) en la que ataca con ferocidad al imperialismo británico.

Orage: es el periodista y pensador Alfred Richard Orage (1873-1934), que dirigió la revista de orientación socialista *The New Age* desde 1909. En ella publicaron algunos de sus textos sobre economía tanto Pound como Clifford, cuya teoría del Crédito Social defendió Orage desde después de la Primera Guerra Mundial. En 1935 se publicó su obra *Social Credit and the Fear of Leisure* (*El Crédito Social y el temor al ocio*).

G. B. S. y Xtertn son, respectivamente, George Bernard Shaw, el conocido dramaturgo irlandés, y Gilbert Keith Chesterton, autor más conocido por sus novelas policíacas con su héroe-detective el Padre Brown.

[649] John Marmaduke es Marmaduke William Pickthall (1875-1936), un novelista inglés residente en Oriente Medio y que se convirtió al islamismo. También publicaba en *The New Age,* de Alfred Richard Orage, donde le conoció Pound y donde le narró las anécdotas a que se refiere ahora.

Abdul Bajá: hijo de Bahá Allāh («Esplendor de Dios», 1817-1892) que fundó en Oriente Medio una religión sincrética, el bahaísmo, o behaísmo, que predica la igualdad de todas las religiones, la paz en el mundo y la igualdad entre hombres y mujeres, muy perseguida por los fundamentalistas islámicos. Su hijo, Abbás Efendi Abd al-Bahá, o Abdul Bajá (1844-1921), recibió el encargo de su padre de extender su religión por todo el mundo.

"I have drunk my milk. I must dance." said the driver.
We did not speak of religion.» Thus Abdul Baha
Third vice-gerent of the First Abdul or whatever Baha,
the Sage, the Uniter, the founder of a religion,
in a garden at Uberton, Gubberton, or mebbe it was some
other damned suburb, but at any rate a suburban suburb
amid a flutter of teacups, said Mr Marmaduke:
«Never will understand us. They lie. I mean personally
»They are mendacious, but if the tribe gets together
»the tribal word will be kept, hence perpetual misunderstanding.
»Englishman goes there, lives honest, word is reliable,
»ten years, they believe him, then he signs terms for his
                                                        government.
    »and, naturally, the treaty is broken, Mohammedans,
»Nomads, will never understand how we do this.»
17 years on this case, and we not the first lot!
Said Paterson:
            <u>Hath benefit of interest on all</u>
<u>the moneys which it, the bank, creates out of nothing.</u>

        Semi-private inducement
Said Mr RothSchild, hell knows which Roth-schild

"Me he bebido la leche. Debo danzar" dijo el arriador.
No hablamos de religión.» Así Abdul Bajá
el Tercer vicegerente del Primer Abdul o lo que fuera Bajá,
el Sabio, el Unificador fundador de una religión,
en un jardín en Uberton, Gubberton, o quizás fuese
en algún otro condenado suburbio, pero de todas maneras fue en un suburbio suburbano
entre un aleteo de tazas de té, dijo el Sr. Marmaduke:
«Jamás nos comprenderán. Mienten. Quiero decir en lo personal
»Son mendaces, pero si se reúne la tribu
»se hace honor a la palabra tribal; de aquí la incomprensión perpetua.
»El inglés va allá, vive honradamente, su palabra es de fiar,
»durante diez años le creen y entonces firma por su gobierno.
»y, naturalmente, se quebranta el tratado, los mahometanos,
»Nómadas, jamás comprenderán cómo es que somos así.»
17 años en este asunto, ¡y nosotros no somos el primer grupo!
Dijo Paterson:
<u>Goza de interés sobre todo
el dinero que él, el banco, crea de la nada</u>[650].

Estímulo semi privado
Dijo el Sr. RothSchild, sepa el diablo cuál Roth-Schild[651]

[650] William Paterson (1658-1719) era un comerciante escocés en Londres, que organizó en 1694 el Banco de Inglaterra al que Pound, citando a Christopher Hollis, *The Two Nations* (Londres, 1935), atribuye esa frase, ya citada en el resumen introductorio a este Canto. Paterson fue el principal instigador del fallido intento de Escocia de establecer una colonia en Darién, en el Istmo de Panamá. Su fortuna declinó pronto.
[651] Los Rothschild se convierten en la mente de Pound casi en la personificación del sistema financiero y de la banca internacional, corrompidos, avariciosos y usureros sin límite, absolutamente indiferentes a toda consideración relativa al interés común. En su ensayo «Necessary

1861, '64 or there sometime, «Very few people
»will understand this. Those who do will be occupied
»getting profits. The general public will probably not
»see it's against their interest.»
        Seventeen years on the case; here
Gents, is/are the confession.
    «Can we take this into court?
»Will any jury convict on this evidence?
1694 anno domini, on through the ages of usury
On, right on, into hair-cloth, right on into rotten buil-
  ding,

1861, '64 o por ahí más o menos. «Poca gente
»comprenderá esto. Los que sí, estarán atareados
»recogiendo ganancias. El público en general probablemente
»no se dará cuenta que esto va en contra de su interés.»
      Diecisiete años en el asunto; he aquí
Caballeros, la/las confesiones.
    «¿Se puede presentar demanda?
»¿Habrá jurado que condene con estas pruebas?
1694 anno domini, a través de las edades de usura
Adelante, adelante, hasta los cilicios, hasta los edificios
  podridos,

Safeguards», escribe: «In the 1860's one of the Rothchilds was kind enough to admit that the banking system was contrary to public interest» («En la década de 1860 uno de los Rothschild tuvo la gentileza de reconocer que el sistema bancario era enemigo del interés público». *Selected Prose*, pág. 267). Y más adelante, en «Money», precisa que su frase procede de una carta de junio de 1863 escrita por un Rothschild a una empresa financiera: «Those few who can understand the (usurocratic) system will be... busy getting profits... while the general public... will probably never suspect that the system is absolutely against their interests» («Los pocos que pueden entender el sistema [usurocrático] estarán ocupados obteniendo beneficios mientras el público en general nunca sospechará que el sistema va absolutamente contra sus intereses». *Selected Prose*, pág. 281). En realidad, esa frase no era original de Rothschild, sino que citaba a un tal John Sherman, que la pronunció en 1863 (véase Carpenter, pág. 547).

La familia Rothschild es posiblemente la más famosa entre las dinastías de banqueros europeos y durante doscientos años ejerció una gran influencia en la economía y, a través de ella, en la historia política de Europa. El fundador de la casa fue Mayer Amschel (1744-1812), que tomó el apellido familiar derivado del escudo rojo («rot», «rojo» y «schild», «escudo», en alemán) que adornaba la fachada de la casa del guetto de Francfort, en que habían vivido sus antepasados. Mayer Amschel y sus cinco hijos prosperaron con la Revolución Francesa y con las guerras napoleónicas: mientras el padre y el primogénito supervisaban desde Francfort, los otros hijos abrían sucursales en Londres (1804), París (1811) y Nápoles y Viena (en la década de 1820). Sus numerosos descendientes, repartidos por toda Europa, se convirtieron en dirigentes de sus respectivas comunidades nacionales judías. Un Rothschild fue el primer miembro judío del Parlamento británico (Lionel, miembro de la Cámara de los Comunes desde 1858) y otro fue el primer judío honrado como par del Imperio Británico. Las ramas británica y francesa son las únicas que siguieron en la banca, tras la persecución nazi.

Right on into London houses, ground rents, foetid brick
    work,
Will any jury convict 'um? The Foundation of Regius
    Professors
Was made to spread lies and teach Whiggery, will any
            JURY convict 'um?
The Macmillan Commission about two hundred and
    forty years
                                                    LATE
with great difficulty got back to Paterson's
The bank makes it *ex nihil*
Denied by five thousand professors, will any
Jury convict 'um? This case, and with it
the first part, draws to a conclusion,
of the first phase of this opus, Mr Marx, Karl, dit not
foresee this conclusion, you have seen a good deal of
the evidence, not knowing it evidence, is monumen-
    tum
look about you, look, if you can, at St Peter's
Look at the Manchester slums, look at Brazilian coffee
or Chilean nitrates. This case is the first case
Si requieres monumentum?
This case is not the last case or the whole case, we ask a
REVISION, we ask for enlightenment in a case
moving concurrent, but this case is the first case:
Bank creates it ex nihil. Creates it to meet a need,
Hic est hyper-usura. Mr. Jefferson met it:

Hasta las casas londinenses, alquileres básicos, ladrillería fétida,
¿Habrá jurado que los condene? La fundación de Profesores Regius[652]
Fue obligada a diseminar mentiras y a enseñar doctrinas de los Whig, ¿habrá
    JURADO que los condene?
El Comité Macmillan unos doscientos cuarenta años más
             TARDE[653]
con gran dificultad volvió a Paterson
El banco lo crea *ex nihil*
Negado por cinco mil profesores, ¿habrá
Jurado que los condene? Este asunto, y con él
la primera parte, toca al fin,
de la primera fase de esta opus, el Sr. Marx, Karl, no previó
esta conclusión, habréis visto buena parte de
la evidencia no sabiéndola tal, es monumentum
mirad en vuestro entorno, si podéis, mirad a S. Pedro
Mirad los barrios bajos de Manchester, el café del Brasil
o el nitrato chileno. Este caso es el primero
Si requieres monumentum?
Este asunto no es el último ni está completo, pedimos una
REVISIÓN, pedimos iluminación en un asunto
que se ventila al mismo tiempo, pero éste es el primero:
El banco crea ex nihil. Lo crea para suplir una necesidad,
Hic est hyper-usura. El Sr. Jefferson le hizo frente[654]:

---

[652] El rey Enrique VIII fundó en la Universidad de Cambridge las primeras «Cátedras Regias», o «Regius Professorships» en 1540 y poco más tarde, en 1546, en la Universidad de Oxford. En el siglo XVIII los nombramientos fueron utilizados por los gobiernos para intentar introducir en esos centros del saber a sus partidarios en cuestiones políticas y económicas.

[653] El Comité Macmillan (establecido por el Parlamento británico para supervisar la actuación del mundo de las finanzas y de la industria) propuso en 1929 la supresión del patrón oro, con la convicción de que así se estabilizaría la economía internacional tras el derrumbe de la Bolsa de Nueva York en octubre de ese año.

[654] «El banco crea ex nihil»: «El banco crea de la nada».
«Hic est hyper-usura»: «Aquí está la hiper-usura».

No man hath natural right to exercise profession
of lender, save him who hath it to lend.
Replevin, estopple, what wangle which wangle, VanBuren met it.
Before that was tea dumped into harbour, before that was a
great deal still in the school books, placed there
NOT as evidence. Placed there to distract idle minds,
Murder, starvation and bloodshed, seventy four red revolutions
Ten empires fell on this grease spot.
«I rule the Earth» said Antoninus «but LAW rules the sea»
meaning, we take it, lex Rhodi, the Law Maritime
       of sea lawyers.
usura and sea insurance
wherefrom no State was erected greater than Athens.
Wanting TAXES to build St Peter's, thought Luther beneath civil notice,
1527. Thereafter art thickened. Thereafter design went to hell,
Thereafter barocco, thereafter stone-cutting desisted.

Nadie tiene el derecho natural de ejercer la profesión
de prestamista, salvo el que tiene qué prestar.
Replevin, estraperlo, qué maniobra, qué subterfugio,
 Van Buren le hizo frente.
Antes de eso se echó el té a la bahía, antes de ello había [655]
bastante todavía en los textos escolares, incluido
NO como prueba. Incluido para distraer cabezas ociosas,
Asesinato, hambre y derramamiento de sangre, setenta y
 cuatro sangrientas revoluciones
Diez imperios resbalaron y cayeron en esa mancha de
 grasa.
«Gobierno la tierra» dijo Antonino «mas la LEY rige sobre
 el mar»
significando, creemos, la lex Rhodi, la Ley Marítima
 de los abogados del mar.
usura y el seguro marítimo
con lo cual no se levantó Estado superior al de Atenas.
Deseando IMPUESTOS para levantar San Pedro, creyóse a
 Lutero bajo la vigilancia civil,
1527. En adelante el arte engrosó. En adelante el diseño
 se fue al diablo,
En adelante el barroco, en adelante la picapedrería se
 desistió.

---

[655] Martin Van Buren (véase el Canto XXXVII) luchó junto a Jackson contra la idea de un banco nacional, para evitar que intereses privados pudiesen llegar a controlar el tesoro nacional.
 «se echó el té a la bahía»: en diciembre de 1773 un grupo de patriotas llamados los «Boston's Sons of Liberty» («Hijos de la Libertad, de Boston») abordaron barcos británicos fondeados en la bahía de Boston y arrojaron al agua todo el cargamento de té que encontraron. Protestaban así contra un impuesto sobre el té que el Parlamento británico aprobó para las colonias americanas, en virtud de la llamada «Tea Act», o «Ley del Té», de ese mismo año. Basándose en el principio ya citado de «no taxation without representation» («sin representación, no impuestos», véase nota 503) los ciudadanos de las colonias rechazaron ese impuesto y el acto de los Hijos de la Libertad, conocido en la historia de Estados Unidos como la «Boston Tea Party», fue uno de los desencadenantes de la unión entre las colonias y de la subsiguiente guerra revolucionaria o de independencia.

«Hic nefas» (narrator) «commune sepulchrum.»

19 years on this case/first case. I have set down part of
The Evidence. Part/commune sepulchrum
Aurum est commune sepulchrum. Usura, commune sepulchrum.
helandros   kai heleptolis   kai helarxe.
Hic Geryon est. Hic hyperusura.

FIVE million youths without jobs
FOUR million adult illiterates
15 million «vocational misfits», that is with small chance for jobs

«Hic nefas» (el narrador) «commūne sepulcrum»[656].

19 años en este asunto/el primero. He asentado parte de
Las Pruebas. Parte del/commune sepulchrum
Aurum est commune sepulchrum. Usura, commune
  sepulchrum.
helandros   kai heleptolis   kai helarxe.
Hic Geryon est. Hic hyperusura[657].

CINCO millones de mozos sin trabajo
CUATRO millones de analfabetos adultos
15 millones de «desacomodados vocacionales», es decir,
  con pocas posibilidades de encontrar trabajo

[656] Martín Lutero (1483-1546) ya había roto con Roma en 1527 y se hallaba protegido por sus nobles simpatizantes, algunos príncipes imperiales, entre ellos Federico de Sajonia. Comenta Pound que la Iglesia de Roma en esa época no estaba interesada en teología ni creía en ella. El mismo papa León X «was interested in administration, in culture, in building St. Peter's» y añade: «Coincidence of a banker Pope with the more virulent heretical breakaway. Leo X too "civilised" to imagine that anyone would take Luther seriously. Luther clever enough to hitch his crude theology on to an economic grievance» («se interesaba por cuestiones administrativas, por la cultura, por construir la basílica de San Pedro». «La coincidencia de un Papa banquero con la más virulenta ruptura herética. León X demasiado "civilizado" para imaginar que nadie pudiese tomar en serio a Lutero. Lutero lo suficientemente listo como para unir su burda teología con reclamaciones económicas». *Selected Prose*, pág. 57 y pág. 62, respectivamente). Pound encuentra 1527 una fecha significativa porque, en su opinión, por entonces ya se han perdido los auténticos valores, que han cedido el paso a la vulgaridad: «Certainly the metamorphosis into carnal tissue becomes frenquent and general somewhere about 1527» («Ciertamente la metamorfosis hacia el tejido carnal se hace frecuente y se generaliza hacia 1527 más o menos». *Literary Essays*, pág. 153).

«"hic nefas" (el narrador) "commune sepulchrum"»: «"aquí [está] la infamia" (el narrador) "la fosa común"».

[657] «Aurum est commune sepulchrum. Usura, commune/sepulchrum»: «el oro es una fosa común. La usura, una fosa común».

«helandros...»: «destructor de hombres y destructor de ciudades y destructor de gobiernos».

«Hic Geryon est. Hic hyperusura»: «Aquí está Gerión. Aquí la hiperusura».

Gerión es el monstruo con cuerpo de serpiente y rostro humano en el canto XVII del «Infierno» de Dante (véase también el resumen al Cantar XIV).

NINE million persons annual, injured in preventable industrial accidents
One huntred thousand violent crimes. The Eunited States ov America
3rd year of the reign of F. Roosevelt, signed F. Delano, his uncle.
CASE for the prosecution. That is one case, minor case in the series/Eunited States of America, a.d. 1935
England a worse case, France under a foetor of regents.
«Mr Cummings wants Farley's job» headline in current paper.

NUEVE millones de personas al año lesionadas en accidentes industriales evitables
Cien mil crímenes violentos. Los Estados Unidos de América
3er. año del reinado de F. Roosevelt, firmado F. Delano, su tío.
CASO para la fiscalía. Éste es un asunto, menor
en la serie/Estados Unidos de América, 1935 d. de C.
Inglaterra un caso peor. Francia bajo un foetor de regentes.
«El Sr. Cummings quiere el empleo de Farley» titulares de un periódico actual[658].

---

[658] Todos estos datos, básicamente fidedignos, proceden de informaciones de la prensa de la época. Antes de la quiebra de la Bolsa de Nueva York en 1929, ya se había producido una primera depresión industrial en 1921, que produjo seis millones de parados (en una población total de 105 millones de habitantes), hasta su relativamente rápida solución. La depresión que siguió al *crack* del 29 tuvo efectos mucho mayores y mucho más perniciosos y duraderos. En abril de 1930 (con una población de 123 millones) los parados son cuatro millones. En octubre de 1931, la cifra de paro llega a los siete millones y se dispara hasta alcanzar los 15 millones en julio de 1932, una cuarta parte de la población activa. En el aspecto policial y judicial, en 1932 se producen 45.000 delitos relacionados con la llamada «Ley Seca» (la Enmienda 18 a la Constitución, que prohibía la fabricación, distribución y consumo de bebidas alcohólicas, entró en vigor en 1920 y se revocó por la enmienda 21 en 1933). En 1929 en la ciudad de Nueva York se contabilizan 32.000 locales de venta clandestina de bebidas alcohólicas, el doble de los bares legales que existían en esa ciudad antes de la Prohibición. En conjunto, la población reclusa durante los años 30 aumenta en un 40 % y los vagabundos, o «hoboes» en el lenguaje de la época, se cifran en cinco millones en su momento culminante (Maldwyn A. Jones, *The Limits of Liberty: American History, 1607-1980*, Oxford/Nueva York, Oxford University Press, 1983; especialmente el capítulo 23, «The Great Depression, 1929-39», págs. 453-476).

Cantar XLVII

«Conocimiento sombra de una sombra» puede ser la esencia de este nuevo excurso lírico, o nuevo comienzo de los Cantos, con un retorno (que se demuestra recurrente a través de toda la obra) al viaje de Odiseo en busca de ese conocimiento, iniciado en el Canto I, con un Odiseo revestido de la carne del propio Pound. Bella reflexión sobre la futilidad última de la búsqueda de ese algo inefable e inasible, pero que es real y que se expresa con referencias al crecimiento de los frutos de la tierra («brotes de trigo crecen nuevos cerca del altar»), del amor («Dos jemes, dos jemes hasta una mujer») como último refugio, símbolo de vitalidad y poder («¿Habéis encontrado nido más suave que cunnus?», «¿Habéis penetrado más hondo en la montaña?», «A pica he penetrado estos cerros»). Poderosos símbolos sexuales, en estrecha relación con los utilizados en el Canto XXXIX, que abren la puerta a la eterna renovación de la vida, de la que es también imagen el mito de Adonis, nacido del árbol y que pasa un tercio del año bajo tierra, para remontarse en primavera a la luz y unirse a Afrodita, diosa del amor y de la belleza.

De este modo, en armonía con las variadas fuerzas de la naturaleza, el hombre adquiere «el don de curar» y «el dominio sobre las fieras»: su última plenitud, facultades que algunas variantes del mito clásico atribuyen también a Adonis. En resumen, todos los elementos bellos y nobles que la avaricia y la usura corrompen con su ciego poder destructor.

XLVII

Who even dead, yet hath his mind entire!
This sound came in the dark
First must thou go the road
                            to hell
And to the bower of Ceres' daughter Proserpine,
Through overhanging dark, to see Tiresias,
Eyeless that was, a shade, that is in hell
So full of knowing that the beefy men know less than he,
Ere thou come to thy road's end.
            Knowledge the shade of a shade,
Yet must thou sail after knowledge
Knowing less than drugged beasts. *phtheggometha
  thasson*
φθεγγώμεθα θᾶσσον
    The small lamps drift in the bay
And the sea's claw gathers them.
Neptunus drinks after neap-tide.
Tamuz! Tamuz!!

XLVII

¡Él que aun después de muerto conserva todas sus facultades!
Estas palabras surgieron de las tinieblas
Primero tendréis que ir por el camino
                              del infierno
Y hasta la glorieta de Proserpina, hija de Ceres,
En medio de la oscuridad sobrecogedora, hasta donde Tiresias[659],
Sin ojos él, sombra en el infierno
Tan pleno de saber que los de carnes firmes saben menos que él,
Antes de que lleguéis al cabo del camino.
      Conocimiento sombra de una sombra,
Y, no obstante, navegaréis en su busca
Sabiendo aun menos que las bestias narcotizadas.
   phtheggometha thasson
φθεγγώμεθα θάσσον[660]
   Las lamparillas a la deriva en la bahía
Y la garra del mar las recoge.
Neptunus bebe después de la marea muerta.
¡Tamuz! ¡¡Tamuz!![661]

---

[659] Tiresias, el adivino ciego, el único que después de muerto conserva sus facultades, de modo que sabe más incluso que «los de carnes firmes», es decir, los aún vivos. Por ello, en el Canto X de la *Odisea*, Circe envía a Odiseo a su encuentro para que le consulte y reciba sus consejos. Véase también el resumen introductorio al Cantar I y la nota 546 en el Canto XXXIX.

[660] «phtheggometha thasson»: «conque hablémosle enseguida». También del Canto X de la *Odisea*, como en la nota 543.

[661] «Las lamparillas a la deriva en la bahía»: en las fiestas de la Virgen en Monte Allegro, cerca de Rapallo, Pound pudo contemplar a la gente poniendo lamparillas a la deriva en las aguas de la bahía, como ofrenda a

The red flame going seaward.
    By this gate art thou measured.
From the long boats they have set lights in the water,
The sea's claw gathers them outward.
Scilla's dogs snarl at the cliff's base,
The white teeth gnaw in under the crag,
But in the pale night the small lamps float seaward
                    Τυ Διώνα
                    TU DIONA
Και Μοῖραι' ῎Αδονιν
KAI MOIRAI' ADONIN
The sea is streaked red with Adonis,

La llama roja metiéndose en el mar.
    Por esta puerta se os mide.
Se encienden luces sobre el agua desde los botes largos,
La garra del mar los echa hacia afuera.
Los canes de Escila gruñen a los pies del desfiladero,
Los dientes blancos roen la base del acantilado,
Mas en la pálida noche las lamparillas derivan hacia
    el mar

                                Τυ Διώνα
                                TU DIONA
Και Μοῖραι᾽ Ἄδονιν
KAI MOIRAI' ADONIN[662]
El mar está manchado del rojo de Adonis,

---

la patrona de la ciudad. Alude a ello en «Statues of Gods»: «the people rushing down into the sea in Rapallo on Easter morning» («la gente apresurándose a bajar al mar en Rapallo en la mañana de Pascua». *Selected Prose*, pág. 71).

Tamuz: en los cultos mesopotámicos, símbolo de la fertilidad, equivalente al griego Adonis.

[662] En el Canto XII de la *Odisea*, Escila es un monstruo, una mujer de cuyas ingles nacían seis medios perros que emitían un gruñido como el de un cachorro. Su caverna se encontraba frente a Caribdis, a quien Zeus había castigado convirtiéndola en roca: son las dos puntas de tierra que definen el estrecho de Mesina y ambas persiguen e intentan devorar todo lo que pasa por esas aguas. Odiseo logró salvarse las dos veces que pasó por este estrecho, la primera del ataque de Escila y la segunda del de Caribdis.

«TU DIONA»: Dione suele considerarse como la más antigua de las esposas de Zeus, con quien engendró a Afrodita. Ésta se disputaba con Perséfone a Adonis y Zeus (o Calíope, en su nombre, según variantes de la leyenda) decidió que el hermoso joven permaneciese en los Hades con Perséfone durante cuatro meses del año (los meses de invierno, en que la naturaleza parece muerta) y regresase con Afrodita en la primavera. De ahí que se le considere símbolo del eterno renacer de la naturaleza y unido a los ritos de fertilidad.

«KAI MOIRAI' ADONIN»: «Y LOS HADOS ADONIS».

«El mar está manchado del rojo de Adonis»: en Biblos, o Biblo, hay un río que se colorea de rojo todos los años, por lo que los habitantes de la región lo consideraban ligado a Adonis, cuya muerte anual teñía con su sangre las aguas, hasta que renacía de nuevo al llegar la primavera. Biblos es una ciudad cananea y fenicia, denominada en la Biblia Gebal, donde se originó el mito, cuyos orígenes semíticos se aprecian incluso en el nombre del dios, que podría proceder del término hebreo «Adon», que significa «señor».

The lights flicker red in small jars.
Wheat shoots rise new by the altar,
    flower from the swift seed.
Two span, two span to a woman,
Beyond that she believes not. Nothing is of any importance.
To that is she bent, her intention
To that art thou called ever turning intention,
Whether by night the owl-call, whether by sap in shoot,
Never idle, by no means by no wiles intermittent
Moth is called over mountain
The bull runs blind on the sword, *naturans*
To the cave art thou called, Odysseus,
By Molü hast thou respite for a little,
By Molü art thou freed from the one bed
    that thou may'st return to another
The stars are not in her counting,
    To her they are but wandering holes.
Begin thy plowing
When the Pleiades go down to their rest,
Begin thy plowing
40 days are they under seabord,
Thus do in fields by seabord
And in valleys winding down toward the sea.
When the cranes fly high
    think of plowing.

Las luces parpadean rojas en pequeños frascos.
Brotes de trigo crecen nuevos cerca del altar,
  florecimiento de la semilla rápida.
Dos jemes, dos jemes hasta una mujer,
No cree en nada más remoto. Nada tiene importancia
  alguna.
Hacia eso tiende, es su intención
Hacia eso sois llamada, intención siempre recurrente,
Ya sea por la noche el canto del búho o por la savia en el
  brote,
Nunca ociosa, intermitente en los medios, las artimañas,
  nunca
La polilla recibe el llamado desde el otro lado del monte
Y el toro se lanza ciego sobre el estoque, *naturans*
Sois llamado a la caverna, Odiseo,
Por Molü tenéis descanso breve,
Por Molü os libráis de un lecho[663]
  para poder tornar al otro
Las estrellas nada le importan,
  Considéralas agujeros errantes.
Empezad a clavar el arado
Cuando las Pléyades van a su descanso[664],
Empezad a clavar el arado
40 días pasan litoral adentro,
Hacedlo así en los campos próximos al litoral
Y en los valles serpentinos hacia el mar.
Cuando la grulla vuele alto
  pensad en el arado.

---

[663] «Dos jemes»: el jeme es la distancia entre la punta del dedo índice y la del pulgar, extendidos ambos todo lo posible. Sirve de medida (*DRAE*).

«naturans»: en la filosofía escolástica, «natura naturans», o la «naturaleza creadora».

«Molü»: o *moly*, una hierba de propiedades mágicas que evita que Odiseo, a quien se la entrega Hermes, resulte hechizado como sus compañeros con la poción de Circe (*Odisea*, Canto X, 301 y siguientes. En Ovidio, *Las metamorfosis*, libro XIV).

[664] Las Pléyades son siete hermanas divinizadas y convertidas en estrellas, hijas del gigante Atlante y de Pléyone. Todo este pasaje procede de Hesíodo, *Los trabajos y los días*.

By this gate art thou measured
Thy day is between a door and a door
Two oxen are yoked for plowing
Or six in the hill field
White bulk under olives, a score for drawing down stone,
Here the mules are gabled with slate on the hill road.
Thus was it in time.
And the small stars now fall from the olive branch,
Forked shadow falls dark on the terrace
More black than the floating martin
    that has no care for your presence,
His wing-print is black on the roof tiles
And the print is gone with his cry.
So light is thy weight on Tellus
Thy notch no deeper indented
Thy weight less than the shadow
Yet hast thou gnawed through the mountain,
    Scylla's white teeth less sharp.
Hast thou found a nest softer than cunnus
Or hast thou found better rest
Hast'ou a deeper planting, doth thy death year
Bring swifter shoot?
Hast thou entered more deeply the mountain?

The light has entered the cave. Io! Io!
The light has gone down into the cave,
Splendour on splendour!
By prong have I entered these hills:
That the grass grow from my body,
That I hear the roots speaking together,
The air is new on my leaf,
The forked boughs shake with the wind.

Por esta puerta se os mide
Vuestro día pasa entre puerta y puerta
Dos bueyes están uncidos al arado
O seis en el campo del alcor
Bulto blanco bajo los olivos, una veintena para arrastrar
    piedras al llano,
Aquí las mulas están techadas con pizarra por el camino
    del cerro.
Así sucedió en el tiempo.
Y las estrellitas caen ahora de las ramas de los olivos,
Y la sombra bifurcada cae sobre la terraza
Más negra que la del vencejo flotante
    que no se cura de vuestra presencia,
Su huella alada es negra en el tejado
Y se desvanece con su grito.
Tan ligero tu peso sobre Tellus[665]
Sin querer más honda tu muesca
Tu peso más alado que la sombra
No obstante habéis roído a través de la montaña,
    Los dientes de Escila menos cortantes.
¿Habéis encontrado nido más suave que cunnus[666]
O mejor descanso?
¿Tenéis siembra más honda o vuestro año de muerte
Brota más prontos renuevos?
¿Habéis penetrado más hondo en la montaña?

La luz ha entrado en la caverna. ¡Io! ¡Io![667]
La luz ha bajado a la caverna,
¡Esplendor sobre esplendor!
A pica he penetrado estos cerros:
Que la hierba crezca de mi cuerpo,
Que yo oiga que las raíces conversan en corro,
El aire es nuevo en mis hojas,
Las ramas bifurcadas tiemblan con el viento.

---

[665] Tellus es la tierra madre, en Roma, identificada con la diosa griega Gea. A veces se la identifica con Ceres (en griego, Deméter).
[666] «cunnus»: «coño».
[667] «¡Io! ¡Io!»: «¡Salve! ¡Salve!», en griego.

Is Zephyrus more light on the bough, Apeliota
more light on the almond branch?
By this door have I entered the hill.
Falleth,
Adonis falleth.
Fruit cometh after. The small lights drift out with the tide,
sea's claw has gathered them outward,
Four banners to every flower
The sea's claw draws the lamps outward.
Think thus of thy plowing
When the seven stars go down to their rest
Forty days for their rest, by seabord
And in valleys that wind down toward the sea
   Και Μοῖραι' Ἄδονιν
   KAI MOIRAI' ADONIN
When the almond bough puts forth its flame,
When the new shoots are brought to the altar,
   Τυ Διώνα, Και Μοῖραι
   TU DIONA, KAI MOIRAI
Και Μοῖραι' Ἄδονιν
KAI MOIRAI' ADONIN
 that hath the gift of healing,
that hath the power over wild beasts.

¿Es Céfiro más ligero en la rama, Apeliota
más luz en la rama de almendro?[668]
Por esta puerta entré en el cerro.
Cae,
Adonis cae.
El fruto viene después. Las lucecillas se deslizan hacia
 afuera con la marea,
la garra del mar las echa hacia afuera,
Cuatro pendones para cada flor
La garra del mar echa las lamparillas hacia afuera.
Medita así sobre tu cultivo
Cuando las siete estrellas bajan a su descanso
Cuarenta días para su descanso, en el litoral
Y en valles serpentinos hacia el mar
      Και Μοῖραι' Ἄδονιν
      KAI MOIRAI' ADONIN
Cuando la rama del almendro proyecta su llama,
cuando los nuevos brotes son llevados al altar,
      Τυ Διώνα, Και Μοῖραι
      TU DIONA, KAI MOIRAI
Και Μοῖραι' Ἄδονιν
KAI MOIRAI ADONIN[669]
   que posee el don de curar,
que tiene dominio sobre las fieras

---

[668] Céfiro y Apeliota son, respectivamente, el viento del oeste y el viento del este.
[669] Véase nota 662. Algunas variantes de la leyenda atribuyen a Adonis «el don de curar» y «el dominio sobre las fieras».

Cantar XLVIII

Tras la intensidad lírica, emocional e intelectual del Canto anterior, Pound se permite aquí una especie de batiburrillo a modo de las escenas de «comic relief» (es la analogía que viene a la mente), con que las grandes tragedias interrumpen la violenta tensión para relajar brevemente la atención del espectador y proporcionar un breve descanso a las emociones exacerbadas. En dicho batiburrillo mezcla fuentes, hace hablar a un personaje con textos procedentes de cartas de corresponsales diferentes como si fuesen uno solo, o atribuye a una figura histórica manifestaciones que no le corresponden (por ejemplo, cuando pone en boca de Bismarck, conocido pro-judío, alguna afirmación antisemita, procedente en realidad de un periódico norteamericano).

Puede tratarse de confusiones de su memoria, o puede ser también la consecuencia del ejercicio de la libertad del creador para sublimar y universalizar sus experiencias, que no haría sino confirmar el derecho que asiste al poeta, o al creador en general, a manipular sus materiales, como en una formulación afortunada resumía Faulkner cuando afirmaba: «I am interested in truth, not in facts.» («Me interesa la verdad, no los hechos»). Sin embargo, esta reflexión no sería aplicable al caso del escritor que pretendiese fidelidad y rigor históricos, como señala Carpenter al comentar los ideogramas con que finaliza Pound esta «Quinta Década» (véase resumen al Cantar LI): «The volume ends with two Chinese ideograms quoted from Confucius, meaning literally "right name" or, as Ezra puts it, "precise definition". Yet imprecision and inaccuracy haunt *The Fifth Decad of Cantos*» («El volumen acaba con dos ideogramas chinos citando a Confucio, que significan literalmente "nombre correcto" o, como dice Ezra, "definición precisa". Sin embargo, la imprecisión y la falta de rigor impregnan toda la *Quinta Década de los Cantos*», Carpenter, pág. 547). Todo esto se pone de relieve, como ya he señalado en el párrafo precedente, a lo largo de este Cantar (véase, especialmente, notas 679 y 688).

XLVIII

And if the money be rented
Who shd pay rent on that money?
Some fellow who has it on rent day,
　or some bloke who has not?
Died Mahomet VIth Yahid Eddin Han
　«by profession ex-sultan»
65 years of age in San Remo (1926)

XLVIII

Y si el dinero fuese alquilado
¿Quién debe pagar ese alquiler?
¿El que tenga con qué el día del vencimiento,
　　o quien no lo tenga?[670]
Murió Mahoma VI Yahid Eddin Han
　　«ex sultán de profesión»
a los 65 años de su edad en San Remo (1926)

---

[670] Las cuatro primeras líneas reflejan las ideas de Jackson y Van Buren en su lucha contra el establecimiento de un Banco Nacional, y las teorías de Gesell sobre el «dinero sellado» (véase nota 584). En *Guide to Kulchur* habla de diversos personajes históricos que se distinguieron por rebajar drásticamente los impuestos (entre ellos, Leopoldo y su hijo Fernando III, autores de las «reformas leopoldinas» en Toscana, como se describe en el Canto XLIV, resumen y notas 625, 626, 629 y 634) y luego comenta: «The present tax system can be continued only by ignorant men or by scoundrels. Taxes were lowered before Gesell saw how to focus all or a reasonable part of them on the medium of exchange. ... A tax that can never fall on any man save one who has a hundred times the amount of the tax in his pocket AT THE MOMENT the tax falls due, is the least nocive of taxes. It must ultimately supersede taxes designed merely to opress the people and to sabotage all sorts of effort which conduce to the general good or well-being» («El actual sistema impositivo sólo puede continuarse por ignorantes o sinvergüenzas. Los impuestos se habían rebajado ya antes de que Gesell viese cómo centrarlos todos o una parte razonable de ellos, en el sistema de cambio. ... Un impuesto que no pueda recaer nunca sobre una persona, salvo la que tiene en su bolsillo cien veces la cantidad del impuesto EN EL MOMENTO en que hay que satisfacerlo, es el menos nocivo de los impuestos. Debe en último término acabar con los impuestos pensados simplemente para oprimir al pueblo y sabotear toda clase de esfuerzos que conduzcan al beneficio o el bienestar general». *Guide to Kulchur,* pág. 277). Es, esta última, otra de esas afirmaciones generales y absolutas que abundan en los escritos más o menos teóricos de Pound y que no pueden por menos que provocar estupor, como mínimo, entre los lectores.

begotten of Abdul Mejid. At beatification
80 loud speakers were used. Subsequent to the
Turkish war Mr Kolschitzky
received for his services as a spy
five score sacks of coffee (de Banchiis cambi tenendi)
thus initiating the coffee-house facts of Vienna
sixteen hundred, I think, and whenever; Von Unruh
is rather good at imitating the sergeant
who jammed down the cadavers; there were cadavers
and the pit was not large enough to hold all the kadavers
so the sergeant jammed 'em down with his boots
to get the place smooth for the Kaiser.
Herr Von Unruh is rather good at miming that sergeant
vide Verdun; and what he wrote down; at Verdun.

engendrado por Abdul Mejid. En la beatificación[671]
se usaron 80 altavoces. Después de la[672]
guerra turca el señor Kolschitzky
por sus servicios de espía recibió
cien sacos de café (de Banchiis cambi tenendi)
iniciándose de este modo los hechos de los cafés de
    Viena[673]
en mil seiscientos, creo, o cuando haya sido; Von Unruh
hace una imitación bastante buena del sargento
que apisonaba los cadáveres; había cadáveres
y el hoyo no era suficientemente grande para contener
    todos los cadáveres
siendo necesario que el sargento los forzara con sus botas
para que aquello quedara raso para el Káiser.
Herr Von Unruh imita al sargento bastante bien
vide Verdún; y lo que escribió; en Verdún[674].

---

[671] Mahoma VI Yahid Eddin Han: Mehmet VI Vahdettin, último sultán (de 1918 a 1922) del Imperio Otomano. Fue depuesto por Mustafá Kemal, creador de la Turquía moderna, que abolió el califato en 1924. Mehmet VI murió en 1926, en San Remo. Su hermano, Mehmet V, había reinado desde 1909 a 1918. El padre de ambos es Abdülmecit I (1823-1861)

[672] «80 altavoces»: la ceremonia de beatificación en la que se usaron 80 altavoces la describe el *Herald Tribune* del 12 de junio de 1930, en su edición de París, según recoge Terrell, vol. I, págs. 186-7.

[673] Se refiere al asedio de Viena por el Imperio Otomano en 1683. Kolschitzky fue un espía de los austriacos en el campo turco que, al terminar el conflicto, recibió como recompensa unos sacos de café que se encontraron en el campamento de los turcos y a la vez la patente para establecer el primer café público de Viena. La identificación procede de Edwards y Vasse (pág. 114), que Terrell reproduce literalmente (vol. I, pág. 187).

«de Banchiis cambi tenendi»: «desde la casa de cambios». Véase nota 559.

[674] Fritz von Unruh (1885-1970), dramaturgo y poeta alemán, autor de obras antimilitaristas y pacifistas, participó en la Primera Guerra Mundial y escribió un poema sobre Verdún, *Marcha al sacrificio* (1916): la batalla de Verdún, una de las más sangrientas de la historia, se inició en febrero de 1916 y para junio de ese año se habían registrado ya más de 600.000 bajas entre los dos bandos. Tras la guerra, su actitud pacifista e internacionalista se vio reforzada en obras dramáticas como *Plaza* (1920) y *Tempestades* (1922). A la llegada de Hitler al poder se exilió en los Estados Unidos y regresó a su país en 1945.

Said Mr Charles Francis Adams
there was no good conversation. At no single entertainment
in London did I find any good conversation
They take Browning for an American,
he is unenglish in his opinions and carriage.
    Was put in the cellarage
Van Buren having written it down
«deface and obliterate» wrote J. Adams
«become fathers of the next generation» wrote Marx
...tuberculosis... Bismarck

Dijo el señor Charles Francis Adams
que no había buena conversación. En fiesta alguna
londinense pude encontrar una buena conversación[675]
Y ellos creen que Browning es norteamericano,
porque no es inglés en sus opiniones y en su porte[676].
  Y se le envió al sótano
Y Van Buren lo anotó
«desfigúrese y bórrese» escribió J. Adams[677]
«sed los padres de la próxima generación» escribió
  Marx[678]
...tuberculosis... Bismarck

---

[675] Charles Francis Adams, editor de los escritos de su abuelo John Adams, parece estar parafraseando las palabras de su padre, John Quincy Adams en *The Diary*, sobre los únicos miembros del cuerpo diplomático en San Petersburgo que tenían una buena conversación (véase nota 450).

[676] Robert Browning (1812-89), es el poeta victoriano autor de *Sordello* ya mencionado (véase nota 9, resumen del Cantar II y nota 393). Tiene un estilo de versificación y un lenguaje que al principio le hacían parecer poco inglés a sus compatriotas.

[677] Pound parece tener la convicción de que las memorias de Van Buren (*The Autobiography of Martin Van Buren*) fueron voluntariamente retenidas sin publicar («put in the cellarage» o «enviadas al sótano»), por las maniobras de los enemigos de su pensamiento político y económico: es decir, los banqueros. En su ensayo de 1935, «In the Wounds», se maravilla de que «Van Buren's memoirs were written in 1861 and published in 1920» («Las memorias de Van Buren se escribieron en 1861 y se publicaron en 1920». *Selected Prose*, pág. 419). En otro texto de ese mismo año es todavía más explícito, al asegurar tajantemente que «Van Buren [was] simply kept under cover» («Van Buren [fue] sencillamente suprimido de la circulación». *Selected Prose*, pág. 238). Todavía repetirá años más tarde, en *Guide to Kulchur* (publicado en 1938) que «Van Buren's autobiography was written en 1861, and unpublished till 1920» («La autobiografía de Van Buren se escribió en 1861 y permaneció sin publicar hasta 1920», pág. 214). Y finalmente (aunque hay otros textos con contenido similar desde 1933) en su «The Jefferson-Adams Letters as a Shrine and a Monument», publicado en 1938 también, se lamenta de que «Van Buren's memoir stays six decades in manuscript» («Las memorias de Van Buren permanecen en manuscrito durante seis décadas». *Selected Prose*, página 125).

[678] Marx lamentaba y condenaba el trabajo de los niños no sólo por la crueldad de las condiciones en sí mismas, sino también por las secuelas físicas y morales que se podían producir a largo plazo en sus organismos.

blamed american civil war on the jews;
particularly on the Rothschild
one of whom remarked to Disraeli
that nations were fools to pay rent for their credit
Δίγονος
DIGONOS; lost in the forest; but are then known as leopards
after three years in the forest; they are known as «twice-born».
I am sorry, Your Highness   Cawdor, Sept 23
To have been so long in returning the
pedigree of yr cairn puppy
but when I wrote to the man you bought him from
I received a reply from his wife (or daughter)
saying he had just gone on a holiday
that he wd write me when he returned.

culpaba a los judíos por la guerra civil norteamericana;
especialmente los Rothschild[679]
uno de los cuales dijo a Disraeli[680]
que las naciones eran bobas ya que pagan alquiler por su crédito
Δίγονος
DIGONOS; perdidos en el bosque; mas luego se les conoce por leopardos
después de tres años en el bosque; se les conoce con el nombre de «los nacidos dos veces»[681].
Lo siento, Vuestra Alteza   Cawdor, Sept. 23
Por haberme tomado tanto tiempo para encontrar el linaje de su cachorro terrier cairn
pero cuando escribí al sujeto de quien Ud. lo compró
recibí contestación de su esposa (o hija)
informándome que estaba de paseo
y que me escribiría cuando regresara.

---

[679] Sobre esta observación que Pound pone en boca de Bismarck, que «culpaba a los judíos por la guerra civil norteamericana», Carpenter comenta: «He did not; Ezra took the remark from *The Liberator*, an antisemitic periodical in North Carolina, and admitted that he had not verified the truth of it. (Bismarck was, in fact, pointedly pro-Jewish)» («No es verdad; Ezra tomó la observación de *The Liberator*, una publicación anti-semita de North Carolina, y admitió que no había comprobado su exactitud. [Bismarck era, de hecho, señaladamente pro-judío]». Carpenter, pág. 547).

[680] Benjamin Disraeli (1804-81), novelista británico de origen judío, estadista durante la época victoriana. Se inició como radical en la política, para pasar poco después a las filas del Partido Conservador, al revés que su rival Gladstone, que de un conservadurismo a ultranza se pasó al Partido Liberal. Ambos se alternaron como primeros ministros de la Reina Victoria.

[681] «DIGONOS»: «el nacido dos veces». Es Dioniso, hijo de Zeus y de Sémele. Ésta pidió una vez a su amante que se le mostrase en todo su poder. El dios lo hizo así, pero Sémele, incapaz de resistir el espectáculo de su amante rodeado de relámpagos, cayó fulminada. Zeus se apresuró a sacarle de su vientre al hijo que se encontraba en su sexto mes de gestación y lo cosió en su muslo. Al noveno mes el niño salió a la luz por segunda vez, perfectamente formado: era Dioniso, «el nacido dos veces». Se le llama también Baco y es el dios de la viña, del vino y del delirio místico.

I find Dhu Achil (sire) has been registered
at the Kennel Club, but the dam is unregistered.
Dhu Achil has won a fair number of prizes at Scottish
   Shows
and there are some other good dogs in the pedigree
      (three senators; four bottles of whiskey)
so the puppy seems quite well bred (and at)
For the sake of convenience I will write particulars
(four o'clock in the morning Mr Rhumby)
on a separate sheet of paper
      (waz Sekkertary) The little dog is doing
(Ov State) very well at Mr McLocherty's and is quite
   happy.
They are very fond of him and he is a most affectionate
   dog
            Yours respectfully
Galileo; pronounced «Garry Yeo»
err' un' imbecille; ed ha imbecillito
(voice under my window) il mondo
No trustee of the Salem Museum, who had not doubled
both Good Hope and The Horn.

Encuentro que Dhu Achil (padre) ha sido registrado
en el Kennel Club pero que la perra no.
Dhu Achil ha ganado bastantes premios en justas escocesas
y hay otros perros buenos en el linaje
    (tres senadores; cuatro botellas de whiskey)
de modo que el cachorro parece de bastante buena raza
    (y a las)
Por conveniencia asentaré los datos
(cuatro de la mañana el señor Rhumby)
en hoja aparte
    (era Secretario) El perrito está
(De Estado) muy bien en casa de McLocherty y está bastante contento.
Le tienen cariño mucho cariño y se trata de un perro muy cariñoso
      Respetuosamente suyo
Galileo; pronunciado «Garry Yeo»
err' un' imbecille; ed ha imbecillito[682]
(voz bajo mi ventana) il mondo
No había síndico del Museo de Salem, que no hubiera doblado
el de la Buena Esperanza y el de Hornos[683].

---

[682] La fuente de esta supuesta carta, sobre el laborioso y delicado proceso de escoger un perro para la reina Victoria, no se conoce. El señor Rhumby, cuya elección al cargo de Secretario de Estado entre «tres senadores; cuatro botellas de whiskey», se apone al proceso de elección de un perro, es el seudónimo del que fue, en efecto, Secretario de Estado durante 1920 y 1921, con Woodrow Wilson, Bainbridge Colby (1869-1950), que había sido uno de los fundadores del Progressive Party (o Partido Progresista) en 1912.

Galileo Galilei (1564-1642), cuyas teorías el mundo tuvo por imbéciles, dejaría al mundo por imbécil al final («err' u' nimbecille; ed ha imbecillito ... il mondo»).

[683] Salem es una ciudad portuaria de la costa de Massachussetts, que fue a lo largo del siglo XVII importante centro pesquero y naviero, además de notoria cuando a finales de ese siglo se desató la histeria de caza de brujas que dio lugar a los procesos por brujería más importantes de la época, en uno de los últimos intentos de la teocracia puritana por mantener su poder. El procedimiento de selección de los administradores

     Sea as if risen over the headland
and there are twin seas in the cloud
12% interest in Bithynia;
for home Romans interest 6. No man theign
said Athelstan who has not made three voyages
going hence off this land into other lands as a merchant
«A little more stock» said the president over the telephone
To the printer «we sold all that what you printed us»
     So the bond salesman went abroad.
They say, that is the Norse engineer told me, that out past Hawaii
they spread threads from gun'ale to gun'ale
in a certain fashion
and plot a course of 3,000 sea miles
lying under the web, watching the stars
«while she bought 2 prs of shoes
2 veils; 2 parasols; an orchid (artificial)

El mar como levantado sobre el litoral
y hay mares gemelos en la nube
12 % de interés en Bitinia[684];
para los romanos de Roma interés al 6 %. Ningún hidalgo
dijo Athelstan que no haya realizado tres viajes[685]
saliendo de esta tierra, hacia otras como comerciante
«Algo más de acciones» dijo el presidente por teléfono
Al impresor «hemos vendido todas las que nos imprimió»
    Así fue que el agente de acciones viajó al extranjero[686].
Dicen, es decir, que el ingeniero escandinavo me dijo,
   que más allá de las Hawaii
atan hilos de regala a regala
de cierta manera
y proyectan una navegación de 3,000 millas náuticas
tiradas bajo aquella maraña, observando las estrellas[687]
«mientras ella compró dos pares de zapatos
dos velos; dos quitasoles; una orquídea (artificial)

---

del museo de la ciudad era muy exigente: según dice Pound, tenían que tener un buen historial como navegantes, lo que implicaba que hubiesen al menos doblado los cabos de Hornos y Buena Esperanza en algunos de sus viajes.

[684] Bitinia es un antiguo reino del Asia Menor que resistió durante siglos el acoso de griegos, asirios, etc. hasta que su último rey, Nicomedes IV, legó el reino a Roma en el siglo I a. de C. Se convirtió en provincia romana en la época de Augusto.

[685] Athelstan, o Ethelstan, fue el primer rey anglosajón (924-939), tras la unificación de Gran Bretaña por su padre (que acabó con los siete reinos llamados «la Heptarquía Anglosajona»), en llamarse rey de Inglaterra. Sus sucesores tuvieron que hacer frente a las invasiones danesas, ante las que acabaron perdiendo el reino con Canuto (Knut) y este período se cerraría definitivamente con la invasión normanda de Guillermo el Conquistador en 1066. Se expresa la estricta condición de tener experiencia de viajes como condición para poder convertirse en «hidalgo».

[686] Alude a una práctica de las primitivas empresas capitalistas (la época del llamado «capitalismo salvaje») de imprimir acciones sin relación con los activos de las compañías.

[687] Otro caso de navegación en condiciones tan difíciles que sólo un navegante muy experto podría superar.

for which I was presented with a new kind of net gloves
made like fishnet; so the day was not wholly wasted
The priest here
had una nuova messa
 (dodicesimo anno E. F.)
bella festa, because there was a priest here to say his
first mass
and all the mountains were full of fires, and
we went around through the village
 in giro per il paese
2 men and 2 horses
and then the music and on the sides
children carrying torches and the
carrozze with the priests, and the one that had to say
the new mass, and the carrozze were full of fine flowers
and there were a lot of people. I liked it,
all the houses were full of lights and
tree branches in the windows
covered with hand-made flowers and
the next day they had mass and a procession
Please may I go back there
and have a new pair of Sunday shoes?»
Velvet, yellow, unwinged
clambers, a ball, into its orchis
ant the stair there still broken
the flat stones of the road, Mt Segur.
From Val Cabrere, were two miles of roofs to San Bertrand

por lo cual me dieron una nueva clase de guantes como
   redes
hechos como redes de pescar; de modo que el día no se
   malogró del todo
El sacerdote allí
tenía una nuova messa
   (dodicesimo anno E. F.)
bella fiesta, porque estaba allí un sacerdote para decir su
primera misa
y todos los cerros estaban cubiertos de fuegos, y
rodeamos pasando por la aldea
   in giro per il paese
2 hombres y 2 caballos
y luego la música al lado
y los niños llevando antorchas y la
carrozze con los sacerdotes y el que iba a decir
la primera misa, y la carrozze estaba colmada de flores
   hermosas
y había mucha gente. Me gustó,
todas las casas estaban llenas de luces
y había ramas de árboles en las ventanas
cubiertas con flores hechas a mano y
al día siguiente hubo misa y una procesión
Por favor, ¿puedo regresar allá
con un par de zapatos dominicales?»[688]
Terciopelo, amarillo, sin alas
se encarama, un ovillo, hasta su órquide
y la escalera todavía rota allí
las piedras planas del camino, Monte Segur.
De Val Cabrere, había dos millas de techos hasta San
   Bertrand

---

[688] Se funden aquí dos cartas, entre el mismo juego de comillas, como si se tratara de una sola corresponsal: una es de Olga Rudge, la amante de Pound y madre de Mary, que es la que escribe la otra. Se alude en la primera a una salida de compras en París y en la segunda a determinadas festividades para conmemorar el duodécimo año de la Era Fascista («dodicesimo anno E.F.»), que incluye la celebración por un sacerdote de su primera misa y otros festejos.

«in giro por il paese»: «de paseo por el campo».

so that a cat need not set foot in the road
where now is an inn, and bare rafters,
where they scratch six feet deep to reach pavement
where now is wheat field, and a milestone
an altar to Terminus, with arms crossed
back of the stone
Where sun cuts light against evening;
where light shaves grass into emerald
Savairic; hither Gaubertz;

                Said they wd. not be under Paris

Falling Mars in the air
bough to bough, to the stone bench
where was an ox in smith's sling hoisted for shoeing
where was spire-top a-level the grass yard
Then the towers, high over chateau—
Fell with stroke after stroke, jet avenger
bent, rolled, severed and then swallowed limb after limb
Hauled off the butt of that carcass, 20 feet up a tree trunk,
Here three ants have killed a great worm. There
Mars in the air, fell, flew.
Employed, past tense; at the Lido, Venezia
an old man with a basket of stones,
that was, said the elderly lady, when the beach costumes were longer,
and if the wind was, the old man placed a stone.

de modo que un gato no tenía que pisar el camino
donde ahora está una venta y la techumbre desnuda,
donde escarban seis pies para llegar al pavimento
donde ahora es un trigal, y una piedra miliar
y un altar a Término, con los brazos cruzados
por detrás de la piedra
Donde el sol corta la luz contra la tarde;
donde la luz corta la hierba haciéndola esmeralda
Savairic; hasta aquí Gaubertz;
            Dijeron que no estarían bajo París[689]

Marte cayendo en el aire
de rama en rama, a la banca de piedra
donde había un buey en el cabestrillo del herrero levantado para herrarle
donde había una torre cuyo remate estaba a la altura del patio herboso
Luego las torres, muy por encima del chateau—
Cayó con golpe tras golpe, vengador negro
se empinó, giró, arrancó y luego se tragó rama tras rama
Arrastró el cabo de aquel cadáver, 20 pies tronco arriba,
Aquí tres hormigas han matado un enorme gusano. Allá
Marte en el aire, cayó, voló.
Usé el pretérito; en el Lido, Venecia
un viejo con una cesta de piedras
aquello fue, decía la dama añosa, cuando los trajes de playa
eran más largos,
y si soplaba el viento, el viejo les colocaba una piedra encima[690].

---

[689] Montségur es una ciudadela de los albigenses que fue destruida (1244) en la «cruzada contra los albigenses» predicada por el papa Inocencio III (véase el resumen del Canto XXXIII y la nota 302). Tanto Val Cabrere como San Bertrand son localidades en el sur de Francia, cercanas a Montségur.
  Savairic: Savaric de Mauleon, un trovador que nació cerca de Montségur y protegió a otro trovador llamado Gaubertz, o Gausbert de Poicibot (véase nota 55).
[690] Esta metáfora, elaborada a partir de Remy de Gourmont (1858-1915) al que Pound admira sin reservas (véase «Remy de Gourmont»,

Selected Prose, págs. 383-93), fue en su tiempo el crítico más autorizado del grupo simbolista. De él dice Pound: «Remy de Gourmont ... might get to the point of thinking an idea is spoiled by being brought into action ... He then got round to defining intellect as the fumbling attempt to create instinct ... And his word instinct came to mean merely PERFECT and complete intelligence ... The flying ant or wasp or whatever it was that I saw cut up a spider ... may have been acting by instinct, but it was not acting by reason of the stupidity of instinct. It was acting with remarkably full and perfect knowledge ... When a human being has an analogous completeness of knowledge, or intelligence carried into a third or fourth dimension, capable of dealing with NEW circumstances, we call it genius» («Remy de Gourmont podría llegar a pensar que una idea se corrompe al transformarla en acción. De ahí, llegó a definir el intelecto como el desmañado intento de crear el instinto. Y su palabra instinto llegó a significar simplemente inteligencia PERFECTA y completa. La hormiga voladora o la avispa o lo que quiera que sea que yo vi destrozar a una araña podía estar actuando por instinto, pero no actuaba en función de la estupidez del instinto. Actuaba con un conocimiento notablemente pleno y perfecto. Cuando un ser humano alcanza una análoga plenitud de conocimiento, o de inteligencia llevada a una tercera o cuarta dimensión, capaz de lidiar con circunstancias NUEVAS, lo llamamos genio». *Jefferson and/or Mussolini*, págs. 18-19). La alusión a la «tercera o cuarta dimensión» enlazará este Canto con el final del siguiente, «la cuarta dimensión de la quietud./Y el poder sobre las bestias feroces», a que ya se ha referido antes también varias veces (véase, por ejemplo, el resumen del Canto XLVII y nota 669).

Cantar XLIX

La melancolía como noble emoción que conduce a la paz ocupa la atención del poeta en este Canto que, a causa de su primera línea, se ha dado en llamar «El Canto de los siete lagos». Está basado en textos de poemas chinos y japoneses, algunos de los cuales le llegaron a través de su padre, Homer Pound. Es la prueba de su poder de alcanzar, en las propias palabras del Canto, «La cuarta; la dimensión de la quietud» y por ende, como ya decía en el final del Canto XLVII y repite aquí, «el poder sobre las bestias feroces».

Esta «dimension of stillness», o «dimensión de la quietud», recuerda con intensidad a Eliot y su búsqueda obstinada y casi frenética, pocos años más tarde, del «still point of the turning world» («el punto inmóvil del mundo que gira») donde piensa que se encuentra la clave de ese conocimiento que él también persigue, aunque sea un conocimiento de diferente naturaleza y con objetivos y medios diferentes: «at the still point, there the dance is» («en el punto inmóvil, allí está el baile», *Four Quartets*, «Burnt Norton», líneas 62 y 63).

Las dos últimas estrofas insisten en el recurso a la comunión con la naturaleza como fuente de toda auténtica paz interior y de toda plenitud humana y vital.

XLIX

For the seven lakes, and by no man these verses:
Rain; empty river; a voyage,
Fire from frozen cloud, heavy rain in the twilight
Under the cabin roof was one lantern.
The reeds are heavy; bent;
and the bamboos speak as if weeping.

Autumn moon; hills rise about lakes
against sunset
Evening is like a curtain of cloud,
a blurr above ripples; and through it
sharp long spikes of the cinnamon,
a cold tune amid reeds.
Behind hill the monk's bell
borne on the wind
Sail passed here in April; may return in October
Boat fades in silver; slowly;
Sun blaze alone on the river.

Where wine flag catches the sunset
Sparse chimneys srnoke in the cross light

Comes then snow scur on the river
And a world is covered with jade
Small boat floats like a lanthorn,
The flowing water clots as with cold. And at San Yin
they are a people of leisure.

XLIX

Para las siete lagunas, y por hombre alguno, estos versos:
Lluvía; río vacío; un viaje,
Fuego de una nube helada, lluvia fuerte en el crepúsculo
Bajo el techo de la cabaña una lámpara.
Las cañas pesan; están dobladas;
y el carrizal habla como llorando.

Luna otoñal; las colinas se alzan a la orilla de los lagos
contra el sol poniente
La tarde es como una cortina de nubes,
una mancha sobre ondas; y a través de ella
largas picas agudas del canelo,
tonada fría entre cañas.
Detrás de la colina la campana del monje
llevada por el viento.
La vela pasó por aquí en abril; quizá vuelva en octubre
El barco se desvanece en plata; lentamente;
Fulgor solar solo sobre el río.

Donde banderola de color vino recoge el sol poniente
Chimeneas ralas humean en la luz perpendicular

Viene entonces la costra nevada sobre el río
Y un mundo se cubre de jade
Un barco pequeño se desliza como una linterna,
El agua corriente se coagula de frío. Y en San Yin[691]
son gente de ocio.

---

[691] «San Yin»: estos dos caracteres chinos significan «el lado norte de la montaña», pero Pound los convierte en un topónimo (Terrell, vol I., pág. 191).

Wild geese swoop to the sand-bar,
Clouds gather about the hole of the window
Broad water; geese line out with the autumn
Rooks clatter over the fishermen's lanthorns,
A light moves on the north sky line;
where the young boys prod stones for shrimp.
In seventeen hundred came Tsing to these hill lakes.
A light moves on the south sky line.

State by creating riches shd. thereby get into debt?
This is infamy; this is Geryon.
This canal goes still to TenShi
Though the old king built it for pleasure

K E I	M E N	R A N	K E I
K I U	M A N	M A N	K E I
J I T S U	G E T S U	K O	K W A
T A N	F U K U	T A N	K A I

Sun up; work
sundown; to rest
dig well and drink of the water

Las ocas salvajes se lanzan sobre la barra de arena,
Las nubes se juntan alrededor del agujero de la ventana
Aguas amplias; las ocas se enfilan con el otoño
Los grajos arman algazara sobre las linternas de los pescadores,
Una luz se desplaza sobre el horizonte norteño;
donde los rapaces levantan piedras buscando camarones.
En mil setecientos vino Tsing a estos lagos de las colinas [692]

Una luz se desplaza a lo largo del horizonte del sur.
¿Al crear riquezas debe el Estado contraer deudas?
Esto es infamia; esto es Geryon [693]
Este canal todavía lleva a TenShi [694]
aunque el anciano rey lo construyó para su placer

K E I	M E N	R A N	K E I
K I U	M A N	M A N	K E I
J I T S U	G E T S U	K O	K W A
T A N	F U K U	T A N	K A I [695]

Orto; trabajo
poniente; para el descanso
cavar pozo y beber el agua

---

[692] Tsing: un emperador chino que, a finales del siglo XVII, visitó la región de los siete lagos (Terrell, *ibidem*). Su reinado es el tema de los Cantos LVIII al LXI.

[693] «¿Al crear riquezas...?»: el pensamiento político-económico de Jefferson (véase nota 420) que también siguieron Jackson y Van Buren.
Geryon: Gerión, referido de nuevo en el resumen del Canto LI, ya se ha mencionado antes en el resumen del Canto XIV y en la nota 657.

[694] TenShi: un pueblo cruzado por el canal Yodai.

[695] Estas cuatro líneas son una transliteración de la pronunciación japonesa de un poema clásico chino que Pound encontró en los Cuadernos de Fenollosa. Las traducciones son muchas y variadas. Kodama dice: «Las benévolas nubes brillantes y llenas de color/Se retuercen y desparraman./El sol y la luna derraman sus rayos/Mañana tras mañana» (Terrell, *ibidem*).

dig field; eat of the grain
Imperial power is? and to us what is it?

The fourth; the dimension of stillness.
And the power over wild beasts.

cavar el campo; comer el grano
¿Poder imperial? ¿y a nosotros qué?

La cuarta; la dimensión de la quietud.
Y el poder sobre las bestias feroces[696].

---

[696] «La cuarta; la dimensión de la quietud./ Y el poder sobre las bestias feroces»: véase el resumen introductorio.

Cantar L

Vuelve Pound brevemente sobre temas ya explorados, relativos al «buen gobierno» de John Adams, para pasar rápidamente a su analogía europea, las «reformas leopoldinas» en la Toscana del siglo XVIII, de que se había ocupado especialmente en el Canto XLIV y que amplía aquí basándose en la *Storia civile della Toscana* de Antonio Zobi (1850-52, 5 volúmenes), que parafrasea extensamente.

Como contraste, el grueso del Canto se ocupa fundamentalmente del elogio de Napoleón y del ataque a las fuerzas del mundo financiero, que considera causas primordiales determinantes de la caída del Emperador: «Inglaterra y Austria eran para déspotas con comercio» y su triunfo abriría las puertas, en su opinión, al dominio en Europa de «los pueblos de tenderos», como se dice que caracterizaba a Inglaterra el emperador Napoleón («L'Angleterre est une nation de boutiquiers»), con una frase que, con alguna alteración, procede de Adam Smith en *La riqueza de las naciones:* «To found a great empire for the sole purpose of raising up a people of customers, may at first sight appear a project fit only for a nation of shopkeepers. It is, however, a project altogether unfit for a nation of shopkeepers; but extremely fit for a nation that is governed by shopkeepers» («Fundar un gran imperio con el único propósito de construir un pueblo de clientes puede, a primera vista, parecer un proyecto adecuado solamente para una nación de tenderos. Es, sin embargo, un proyecto totalmente inadecuado para una nación de tenderos; pero extremadamente adecuado para una nación gobernada por tenderos», *The Wealth of Nations* [1776], volumen II, libro IV, capítulo 7). Es un Canto político en el que se expresa el imperio de la libertad y la justicia como consecuencia de una economía bien regulada.

En alguna de sus ideas coincide Pound con las expuestas, en la obra *The Law of Civilization and Decay* (Nueva York, Knopf, 1943), por el historiador estadounidense Brooks Adams, «son of C. F. Adams, grandson of J. Q. Adams, and great-grandson of J. Adams, Father of the Nation» («hijo de C. F. Adams, nieto de J. Q. Adams, y biznieto de J. Adams, Padre de la Nación», «Brooks Adams», en *Selected Prose,* págs. 277 y ss.).

Como en el Canto anterior, Pound concluye éste aludiendo de nuevo a «la dimensión de la quietud» («el amanecer está allí fijo e inmóvil») y este final se enlaza con el principio del LI y su alusión a la divinidad creadora que fulge «más que el sol en nuestros ojos».

L

«Revolution» said Mr Adams «took place in the
minds of the people
in the fifteen years before Lexington»,
    That wd have been in Peter Leopold's time
to his Lordship the Count Orso and his descendants
male legitimate and natural the administration of
civil and criminal justice in the said place

debt when the Medici took the throne was 5 million
and when they left was fourteen
and its interest ate up all the best income

the first folly was planting factories for wool spinning
in England and Flanders
    then England kept her raw wool, so that
damped down the exchanging
    the arts gone to hell by 1750
and Leopoldo cut down the taxes
found there was *«Un' abbondanza che affamava»*
says Zobi

L

«La revolución» dijo el señor Adams «se hizo en la mente del pueblo
en los quince años antes de Lexington»[697],
    Aquello sería por la época de Pedro Leopoldo
a su señoría el Conde Orso y sus descendientes
varones legítimos y naturales la administración de
la justicia civil y criminal en tal lugar

la deuda cuando los Medici tomaron el trono era de 5 millones
y cuando se fueron era de catorce
y los intereses consumieron las mejores rentas[698]

la primera locura fue establecer factorías para el hilado de lana
en Inglaterra y Flandes
    luego Inglaterra se guardó su lana cruda, y eso entorpeció el intercambio
    las artes se fueron al diablo para 1750
y Leopoldo redujo los impuestos
encontró que había *«Un' abbondanza che affamava»*
dice Zobi

---

[697] La frase de Adams, en una carta que comenta la historia de la Revolución Americana, ya se citó antes (véase nota 427).

[698] Los Médicis gobernaron como Grandes Duques de Toscana hasta 1737, en que se extinguió la línea. A partir de esa fecha, los Grandes Duques fueron Habsburgo-Lorena: el segundo fue Leopoldo I hasta su acceso al trono imperial como Leopoldo II en 1790 y le sucedió su hijo Fernando III, que gobernó de 1790 a 1824, con los paréntesis impuestos por las guerras napoleónicas (véase resumen del Canto XLIV y notas 438, 590, 625-6, etc.). En estas líneas describe Pound la situación del ducado al final del período Médicis.

     Leopold cut down the debt interest
and put the Jesuits out
                    and put end to the Inquisition
1782
   and they brought in Mr Locke's
essay on interest
              but Genoa took our trade and Livorno
kept treaty with England to the loss of Livorno
that is to say Livorno trade took a loss
Te, admirabile, O VashinnnTTonn!
   Livorno stuff went in Genovese bottoms
because Tuscany kept her word and a treaty
Voi, popoli transatlantici admirabili!
saith Zobi, sixty years later.
   «Pardon our brief digression» saith Zobi:
America is our daughter and VashiNNtonn had civic
   virtues.
and Leopoldo meant to cut off two thirds of state debt,
to abolish it
      and then they sent him off to be Emperor
in hell's bog, in the slough of Vienna, in
   the midden of Europe in the black hole of all
mental vileness, in the privvy that stank Franz Josef,
in Metternich's merdery in the absolute rottenness,
among embastardized cross-breeds,

But Ferdinando staved off an Anschluss and Paris explo-
   ded

«certain practices called religious» said Zobi
«lack of experience in economic affairs»
Pius sixth, vicar of foolishness, no Jew God
wd. have kept THAT in power.

Leopoldo redujo el interés sobre la deuda
y echó a los jesuitas
                y puso fin a la Inquisición
1782
  y trajeron el ensayo de Mr. Locke
sobre el interés
       pero Génova se llevó nuestro comercio y Liorna
firmó tratado con Inglaterra en detrimento de Liorna
es decir, el comercio de Liorna sufrió pérdidas
Te, admirabile, O VashinnnTTonn!
  La mercancía de Liorna iba en fondos genoveses
porque Toscana cumplió su palabra y un tratado
Voi, popoli transatlantici admirabili!
dice Zobi, sesenta años más tarde.
  «Perdonad nuestra breve digresión» dice Zobi:
América es nuestra hija y VashiNNtonn tenía virtudes
   cívicas.
y Leopoldo quería reducir la deuda del estado a una tercera parte,
para abolirla
   y luego le enviaron a ser Emperador
en el pantano del infierno, en la marisma de Viena, en el
   medio de Europa en la poza negra de toda
la vileza mental, en la letrina que apestó a Francisco José,
en la merdería de Metternich en la podre absoluta,
entre las razas revueltas de bastardía,

Pero Fernando evitó un Anschluss y París reventó

«ciertas prácticas llamadas religiosas» dijo Zobi
«falta de pericia en asuntos de economía»
Pío sexto, vicario de la necedad, ningún Dios judío
hubiera mantenido en el poder a ESO[699].

---

[699] Parafraseando a Zobi, se narran diversos aspectos de la historia de Toscana en el siglo XVIII: «la primera locura» alude a que con el desarrollo de la industria textil en Inglaterra, uno de los pilares de la Revolución Industrial en ese país, el gobierno inglés prohibiría la exportación

So that about the time of MARENGO the First Consul
wrote: I left peace. I find war.
    I find enemies inside yr frontier
      Your cannon sold to yr enemies
1791, end of representative government
    18th Brumale, 10th of November
14th. June, 1800 MARENGO
Mars meaning, in that case, order
That day was Right with the victor
   mass weight against wrong
a.d. 1800
     interest at 24 to the hundred
and as they say «commerce languished»
1801 the triumvirs wanted to go Leopoldine as was.

De modo que allí por la época de MARENGO el Primer Cónsul
escribió: Dejé la paz. Encuentro la guerra[700].
    Encuentro enemigos dentro de vuestra frontera
vuestros cañones vendidos al enemigo vuesro
1791, el fin del gobierno representativo
   18 Brumario, 10 de noviembre
14 de junio, 1800 MARENGO
Marte significando, en tal caso, el orden
Aquel día el Derecho estaba con el victorioso
   el peso masivo en contra del mal
1800 d. de C.
   interés al 24 por ciento
y, como dicen, «el comercio languideció»
1801 los triunviros querían hacerse leopoldinos como fuera[701].

---

de lana cruda, ya que los telares ingleses la necesitaban para su pleno funcionamiento.

«un'abbondanza che affamava»: «una abundancia que mataba de hambre». Alude a los efectos perniciosos de la «oficina de la abundancia» (véase nota 628) en Siena, hasta las reformas introducidas por Leopoldo I.

«Te, admirabile, O VashinnnTTonn!»: «¡Oh, Tú, admirable Washington!». Es frase de Zobi, que elogia el sistema democrático del gobierno norteamericano.

En los Cantos dedicados a «Mitteleuropa» (véase Cantos XXXV y XXXVIII y nota 470) ya ha expresado Pound su disgusto y repulsión hacia el Imperio y sus gobernantes, especialmente Francisco José (el «hideputa» del Canto XXXV), y aquí, saltando en el tiempo, vuelve a condenarlo junto al Príncipe de Metternich (1773-1859), figura dominante en el período reaccionario que sucedería a la caída de Napoleón.

«Pero Fernando evitó un Anschluss»: Fernando III impidió la anexión («Anschluss») de Toscana por el Imperio, tras la derrota de Napoleón.

Pío VI fue papa de 1775 a 1799. Su política reaccionaria contribuyó a la decisión de la Asamblea francesa de invadir Italia: las tropas revolucionarias tomaron Roma en 1798, establecieron la República y encarcelaron al Papa, que murió prisionero un año después.

[700] La batalla de Marengo (junio de 1800) fue una de las grandes victorias de Napoleón (todavía Primer Cónsul) sobre Austria, y la puerta que le abrió el dominio de Italia.

[701] En 1801 Toscana estaba gobernada por un triunvirato que intentó restablecer algunas de las reformas leopoldinas: la invasión de un ejército francés al mando de Murat acabó con esas pretensiones de gobierno

A thousand of the old guard at Portoferraio
    and two million a year, one half of it
        reversable to the Empress
from Elba
    for the mildness of the climate
and the suavity of its denizens
            from an English frigate descended
And Ferdinando Habsburg (but of the House of Lorraine)
which is the true name of the clean part of that family
got back a state free of debt
                coffers empty
but the state without debt
England and Austria were for despots with commerce
considered
    put back the Pope but
reset no republics: Venice, Genova, Lucca
and split up Poland in their soul was usura
and in their hand bloody oppression
and that son of a dog, Rospigliosi,
came into Tuscany to make serfs of old Tuscans.
S..t on the throne of England, s..t on the Austrian sofa
In their soul was usura and in their minds darkness

Mil de la vieja guardia en Portoferraio
 y dos millones al año, la mitad
  reembolsable a la Emperatriz
desde Elba
 por la bondad del clima
y la suavidad de sus moradores
   de una fragata inglesa desembarcaron[702]
Y Fernando de Habsburgo (aunque de la Casa de Lorena)
nombre verdadero de la parte limpia de esa familia
recibió de nuevo un estado libre de deuda
   cofres vacíos
pero el estado sin deuda[703]
Inglaterra y Austria eran para déspotas con comercio consideró
 reponer al Papa pero
no reponer repúblicas: Venecia, Génova, Lucca
y dividir a Polonia en su alma estaba la usura
y en sus manos la opresión sangrienta[704]
y aquel hijo de perro, Rospigliosi,
vino a Toscana para hacer siervos de viejos toscanos[705].
Mierda sobre el trono de Inglaterra, mierda sobre el sofá de Austria
En sus almas usura y en sus cerebros la oscuridad

---

representativo, y el Gran Ducado pasó a formar parte del reino de Etruria (véase notas 626 y 633-4).

[702] Portoferraio es la capital de la isla de Elba, en la que se recluyó a Napoleón tras su abdicación en 1814, siendo desembarcado en la isla por una fragata inglesa. Se le concedió el título de rey y se le adjudicó una renta para su mantenimiento.

[703] Es Fernando III, Gran Duque de 1790 a 1799 y restaurado en 1814 hasta su muerte en 1824.

[704] Se resumen algunas de las condiciones impuestas por Inglaterra y Austria en los tratados de paz que surgieron del Congreso de Viena (1814-15), dominado por los dos países mencionados más Prusia y Rusia. El reparto de Europa pretendía estrangular a Francia, y acabar con las pretensiones progresistas en el continente.

[705] El príncipe Rospigliosi administró Toscana temporalmente en 1814, hasta la restauración de Fernando III, con pretensiones totalitarias.

and blankness, greased fat were four Georges
Pus was in Spain, Wellington was a jew's pimp
and lacked mind to know what he effected.
«Leave the Duke, Go for gold!»
In their souls was usura and in their hearts cowardice
In their minds was stink and corruption
Two sores ran together,
and hell pissed up Metternich
Filth stank as in our day
  «From the brigantine Incostante»
for a hundred days against hell belch
Hope spat from March into June
  Ney out of his saddle
Grouchy delayed
  Bentinck's word was, naturally,
not kept by the English. Genova under Sardegna. Hope
spat from Cannes, March, into Flanders.
   «Not»
said Napoleon «because of that league of lice
but for opposing the Zeitgeist! That was my ruin,
That I ran against my own time, turning backward»

y la vaciedad, engordados estaban cuatro Jorges[706]
El pus estaba en España, Wellington era un lenón de judío
y carecía del seso para entender lo que había hecho.
«¡Dejad al Duque, Tomad el oro!»[707]
En sus almas usura y en sus corazones cobardía
En sus cerebros había hedor y corrupción
Dos llagas se ayuntaban,
y el infierno meó a Metternich
La porquería hedía como hoy
    «Del bergantín Inconstante»
durante cien días contra el eructo infernal
La esperanza escupió de marzo a junio
    Ney de su silla de montar
Grouchy tardó
    la palabra de Bentinck, por supuesto,
no la cumplieron los ingleses. Génova bajo Cerdeña. La esperanza
escupió de Cannes, marzo, hasta Flandes[708].
    «No»
dijo Napoleón, «por esa liga de piojos
sino por oponerme al Zeitgeist! Ésa fue mi ruina,
El haber ido en contra de mis tiempos, volviendo hacia atrás.»

[706] Los cuatro Jorges (I, II, III y IV) de la dinastía Hanover ocupan el trono de Inglaterra desde 1714 hasta 1830. Jorge III enloqueció al final de su reinado y fue sustituido como regente por su hijo, Jorge IV.

[707] Alude a los manejos de los especuladores financieros contra el duque de Wellington (el vencedor de Napoleón en Waterloo) y sus intentos de formar un gobierno conservador: al acaparar el oro, los «reformistas» enemigos de Wellington forzaron a éste a desistir y el poder permaneció en manos del partido Whig.

[708] Tras su reclusión en la isla de Elba, Napoleón intentó retomar el poder: huyó de la isla en el bergantín *Inconstante* e inició lo que se conoce como «Los cien días del Emperador», que acabaron el 15 de junio de 1815 en la batalla de Waterloo, en territorio de Flandes, en la que participaron el mariscal Ney y el Marqués de Grouchy al frente de tropas francesas. Este interregno es lo que se describe en estas líneas.
  Tropas inglesas, al mando de Lord William Bentinck, tomaron Génova en 1814 y declararon restaurada la república, pero por el Congreso de Viena la ciudad fue anexionada al reino de Piamonte-Cerdeña.

OBIT, aetatis 57, five hundred years after D. Alighieri.
Not, certainly, for what most embellishes il sesso femminile
and causes us to admire it, they wrote of Marie de Parma
his widow.
Italy ever doomed with abstractions, 1850, wrote Zobi,
By following brilliant abstractions.
Mastai, Pio Nono, D'Azeglio went into exile
and so on the 30th of October Lord Minto
was in Arezzo (I think Bowring had preceded) and the
crowd cried EVVIVA
Evviva the Tariff League
and Minto yelled Evviva Leopoldo
Evviv' INDIPENDENZA, this was the new Leopoldo
though Minto was for slowness and sureness.
Lalage's shadow moves in the fresco's knees
      She is blotted with Dirce's shadow

OBIT, aetatis 57, quinientos años después de D. Alighieri[709].
No, ciertamente, por lo que más adorna il sesso femminile
y nos hace admirarlo, escribieron de María de Parma su viuda[710].
Italia siempre condenada con abstracciones, 1850, escribió Zobi,
Persiguiendo brillantes abstracciones.
Mastai, Pio Nono, D'Azeglio fue al exilio
y así fue que el 30 de octubre lord Minto
estaba en Arezzo (creo que Bowring le había precedido)
y la
muchedumbre gritó EVVIVA
Evviva la Liga Arancelaria
Y Minto gritó Evviva Leopoldo
Evviv' INDIPENDENZA, éste era el nuevo Leopoldo
aunque Minto era partidario de la lentitud y la seguridad[711].
La sombra de Lalage se mueve en la vecindad de las rodillas del mural
        Está desvanecida por la sombra de Dirce

---

[709] La cita procede de Zobi, que atribuye al emperador la frase de que fue derrotado no por la fuerza de las armas enemigas, sino porque se oponía al *Zeitgeist*, «el espíritu de los tiempos».
Napoleón no tenía 57 sino 51 años cuando murió en 1821, cinco siglos tras la muerte en 1321 de Dante, que sí tenía esa edad.
[710] «il sesso femminile»: «el sexo femenino». Alude a María Luisa de Parma, segunda esposa de Napoleón, que murió en 1847.
[711] Zobi describe las esperanzas puestas en el papa Pío IX (Giovanni Maria Mastai-Ferretti, que reinó entre 1846-1878), que frustró luego a sus seguidores por su política cada vez más conservadora.
El marqués D'Azeglio fue uno de los líderes del nacionalismo italiano y luchó contra los austriacos en 1848.
El gobierno británico envió al conde Gilbert Elliot Minto como su representante en Italia, donde fue recibido con entusiasmo por los partidarios de la independencia italiana, que incluía la unión arancelaria entre otros condicionantes.
Leopoldo II de Toscana sucedió a su padre, Fernando III, en 1824.

dawn stands there fixed and unmoving
    only we two have moved.

el amanecer está allí fijo e inmóvil
    sólo nosotros dos nos hemos movido[712].

---

[712] «Lalage» es un nombre propio usado a menudo por las cortesanas y que se puede emplear como término cariñoso, como en las *Odas* de Horacio («Lálage», I, 22, págs. 138-9). «Dirce» es la esposa del rey de Tebas Lico, que sufrió un castigo horrible por haber atormentado a Anfión, de la que se sentía celosa.

Cantar LI

Reitera aquí con vigor el ataque contra la usura como causa última de todos los males sociales, que ya desarrolló casi en los mismos términos en el Canto XLV: con usura («si se tolera la usura») no se puede tener buena casa, ni un trabajo digno, ni se puede amar, ni apreciar la belleza. En definitiva, se prostituye la gloria del universo y se corrompe y se aniquila el espíritu humano. Utiliza la figura dantesca de Geryon (o Gerión, «la bestia de cien patas», personificación de la usura en el séptimo círculo del «Infierno», Canto XVII). Ya aludió a él en los Cantares XIV y XV y de él dice en uno de sus ensayos: «Deep hell is reached via Geryon» («Lo profundo del infierno se alcanza a través de Gerión», *Literary Essays*, pág. 211).

Los dos ideogramas chinos con que se cierra este Canto y toda la *Quinta Década*, sirven a la vez como introducción al bloque de Cantos chinos que van a seguir. Cookson identifica esos ideogramas de la siguiente manera: «They are *Cheng:* "correct" and *Ming:* "name(s)" —i.e. to define the correct terms— the rectification of language.» («Son *Cheng:* correcto, y *Ming:* nombre(s) —es decir, definir los términos correctos— la rectificación del lenguaje», *A Guide to the Cantos of Ezra Pound*, pág. 55). Una cierta especie de colofón que apunta en la dirección de lo que constituye la esencia del arte y de la sabiduría.

LI

Shines
in the mind of heaven God
who made it
more than the sun
in our eye.
Fifth element; mud; said Napoleon
With usury has no man a good house
made of stone, no paradise on his church wall
With usury the stone cutter is kept from his stone
the weaver is kept from his loom by usura
Wool does not come into market
the peasant does not eat his own grain
the girl's needle goes blunt in her hand
The looms are hushed one after another
ten thousand after ten thousand
Duccio was not by usura
Nor was «La Calunnia» painted.
Neither Ambrogio Praedis nor Angelico
had their skill by usura
Nor St Trophime its cloisters;
Nor St Hilaire its proportion.
Usury rusts the man and his chisel
It destroys the craftsman, destroying craft;
Azure is caught with cancer. Emerald comes to no Memling
Usury kills the child in the womb
And breaks short the young man's courting

LI

Fulge
en la mente del cielo Dios
el que la creó
más que el sol
en nuestros ojos.
El quinto elemento; el fango; dijo Napoleón[713]
Con la usura nadie tiene buena casa
hecha de piedra, ningún paraíso en el muro de su iglesia
Con la usura el picapedrero se aparta de su piedra
el tejedor se aparta de su telar por la usura
La lana no llega al mercado
el campesino no consume su propio grano
y la aguja de la moza se le mella en los dedos
Los telares se aquietan uno por uno
diez mil tras diez mil
Duccio no existió por la usura
Ni por ella se pintó «La Calunnia».
Ni Ambrogio Praedis ni Angelico
derivaron su habilidad de la usura
Ni los claustros de St. Trophime;
Ni Saint Hilaire su armonía.
La usura oxida al hombre y su cincel
Destruye al artesano, destruyendo al oficio;
El azur contrae cáncer. El esmeralda no llega con ningún
    Memling
La usura mata al infante en el útero
E interrumpe el noviazgo del mozo

---

[713] Sobre el fango como quinto elemento de la naturaleza, añadido a los cuatro clásicos por Napoleón, véase nota 453.

Usury brings age into youth; it lies between the bride
and the bridegroom
Usury is against Nature's increase.
Whores for Eleusis;
Under usury no stone is cut smooth
Peasant has no gain from his sheep herd
    Blue dun; number 2 in most rivers
for dark days, when it is cold
A starling's wing will give you the colour
or duck wiggeon, if you take feather from under the wing
Let the body be of blue fox fur, or a water rat's
or grey squirrel's. Take this with a portion of mohair
and a cock's hackle for legs.
12th of March to 2nd of April
Hen pheasant's feather does for a fly,
green tail, the wings flat on the body
Dark fur from a hare's ear for a body
a green shaded partridge feather
    grizzled yellow cock's hackle
green wax; harl from a peacock's tail
bright lower body; about the size of pin
the head should be. can be fished from seven a.m.
till eleven; at which time the brown marsh fly comes on.
As long as the brown continues, no fish will take Gran-
ham

That hath the light of the doer, as it were

La usura envejece a la juventud; yace entre la desposada
y su marido
La usura se opone al crecimiento natural.
Putas para Eleusis;
Bajo la usura no se corta piedra alguna pulida
El campesino no tiene ganancia de su grey[714]
    Azul pardo; la número 2 en la mayoría de los ríos
para los días sombríos, cuando hace frío
El ala del turpial os dará el color
o el ánade silbador, si tomáis una pluma de debajo del ala
Que el cuerpo sea del pelo de la zorra azul, o la rata de agua
o la ardilla gris. Tomad esto con una poca de moer
y las plumas del pescuezo de un gallo para las piernas.
Del 12 de marzo al 2 de abril
La pluma de un faisán hembra sirve de cebo,
cola verde, las alas aplanadas sobre el cuerpo
Para éste el pelo oscuro de la oreja de la liebre
una pluma verde sombreada de perdiz
    plumas de pescuezo amarillo gris de un gallo
cera verde; remolino de la cola de un pavo real
cuerpo bajo brillante; del tamaño de un alfiler
debe ser la cabeza, puede pescarse desde las siete de la mañana
hasta las once; cuando aparece la mosca carmelita del pantano.
Mientras que ésta permanece no hay pez que trague el Granham[715]

Eso tiene la luz del hacedor, como si fuese

---

[714] Todo este fragmento funciona con respecto al Cantar XLV al modo de las variaciones sobre un tema dado en música: de nuevo los horrores de la usura.

[715] El contrapunto lo proporciona este fragmento intercalado, procedente de un manual de pesca con caña del siglo XIX, aquí referido a la pesca de la trucha, con indicación del tipo de anzuelo requerido para cada ocasión.

a form cleaving to it.
Deo similis quodam modo
hic intellectus adeptus
Grass; nowhere out of place. Thus speaking in Königs-
   berg
Zwischen die Volkeen erzielt wird
a modus vivendi.
circling in eddying air; in a hurry;
the 12: close eyed in the oily wind
these were the regents; and a sour song from the folds
   of his belly
sang Geryone; I am the help of the aged;
I pay men to talk peace;
Mistress of many tongues; merchant of chalcedony
I am Geryon twin with usura,
You who have lived in a stage set.
A thousand were dead in his folds;
in the eel-fishers basket
Time was of the League of Cambrai:

una forma aceptada.
Deo similis quodam modo
hic intellectus adeptus
La hierba; nunca fuera de lugar. Hablando en esta forma
  en Königsberg
Zwischen die Volkeen erzielt wird
un modus vivendi[716].
circulando en el aire remolino; de prisa;
los 12: ojos cerrados en el viento aceitoso
éstos eran los regentes; y un canto agrio de los dobleces
  de su panza
cantaba Geryone; yo soy el socorro de los viejos;
Yo pago a los que hablan de la paz;
Señora de muchas lenguas; mercader de calcedonia
Yo soy Geryon gemelo de usura,
Vosotros que habéis vivido en un escenario de teatro.
Había mil muertos en sus dobleces;
en la canasta de los pescadores de anguilas
Era en el tiempo de la Liga de Cambray[717]:

[718]

---

[716] «Deo similis...»: «como Dios en una forma aceptada por esta inteligencia». Es una paráfrasis de un texto de San Alberto Magno que cita en su ensayo «Cavalcanti» (*Literary Essays,* pág. 186).
«Zwischen...»: «Entre los pueblos se desarrolla un modus vivendi».
[717] La Liga de Cambray, o Cambrai, fue una coalición contra Venecia, organizada en los tratados firmados en 1508 por Luis XII de Francia, el papa Julio II, el emperador Maximiliano y Fernando el Católico, que despojaron a Venecia de sus posesiones en tierra firme. Las discordias entre los coligados, atizadas por la diplomacia veneciana, llevaron a la rápida disolución de la Liga en 1510.
[718] El ideograma «Cheng» («correct») y «Ming» («name»), significa «right name», «nombre correcto», o como Pound parafrasea, «precise definition», «definición precisa» (véase resumen del Cantar XLVIII).

ÍNDICE

INTRODUCCIÓN	7
1. Notas para una descripción de la poética modernista	9
2. Bio-bibliografía y primera época lírica	22
3. *The Cantos/Los Cantares*	41
ESTA EDICIÓN	51
BIBLIOGRAFÍA	55
APÉNDICE BIBLIOGRÁFICO. TRADUCCIONES AL ESPAÑOL DE LAS OBRAS DE EZRA POUND 1920-1991 POR ARCHIE HENDERSON	61
INTRODUCCIÓN, CRONOLOGÍA Y ANECDOTARIO SOBRE EZRA POUND, POR JOSÉ VÁZQUEZ AMARAL	93
THE CANTOS/CANTARES COMPLETOS	115
A draft of XXX Cantos/Esquema de XXX Cantares	117
Cantar I	118
Cantar II	129
Cantar III	143
Cantar IV	151
Cantar V	166
Cantar VI	183
Cantar VII	193
Cantar VIII	209
Cantar IX	225
Cantar X	247

Cantar XI	265
Cantar XII	279
Cantar XIII	291
Cantar XIV	299
Cantar XV	309
Cantar XVI	319
Cantar XVII	343
Cantar XVIII	353
Cantar XIX	365
Cantar XX	379
Cantar XXI	399
Cantar XXII	415
Cantar XXIII	431
Cantar XXIV	443
Cantar XXV	459
Cantar XXVI	475
Cantar XXVII	495
Cantar XXVIII	509
Cantar XXIX	531
Cantar XXX	545

Eleven new Cantos XXXI-XLI/Once nuevos Cantares XXXI-XLI 553

Cantar XXXI	555
Cantar XXXII	578
Cantar XXXIII	591
Cantar XXXIV	611
Cantar XXXV	643
Cantar XXXVI	661
Cantar XXXVII	673
Cantar XXXVIII	695
Cantar XXXIX	721
Cantar XL	734
Cantar XLI	752

The Fifth Decad of Cantos XLII-LI/Quinta Década de Cantares. Siena: Las reformas leopoldinas. XLII-LI 773

| Cantar XLII | 774 |

Cantar XLIII	795
Cantar XLIV	817
Cantar XLV	835
Cantar XLVI	843
Cantar XLVII	865
Cantar XLVIII	877
Cantar XLIX	895
Cantar L	902
Cantar LI	919

Colección Letras Universales

ÚLTIMOS TÍTULOS PUBLICADOS

549 *Belleza Negra, sus caballerizos y sus compañeros (La autobiografía de un caballo)*, ANNA SEWELL.
    Edición de Carme Manuel.
550 *Poemas*, CASIA DE CONSTANTINOPLA.
    Edición bilingüe de Óscar Prieto Domínguez.
551 *Beowulf*, ANÓNIMO.
    Edición de Bernardo Santano Moreno.
552 *El Egoísta (Una comedia narrativa)*, GEORGE MEREDITH.
    Edición de Antonio Lastra.
553 *La Escuela de los Dictadores*, ERICH KÄSTNER.
    Edición de Pilar Martino Alba.
554 *Cuentos*, ANTÓN CHÉJOV.
    Edición de Jesús García Gabaldón.
555 *El zoo de cristal. Un tranvía llamado Deseo*, TENNESSEE WILLIAMS.
    Edición de Ramón Espejo.
556 *Un asunto tenebroso*, HONORÉ DE BALZAC.
    Edición de Mauro Armiño.
557 *Los días felices*, SAMUEL BECKETT.
    Edición bilingüe de Antonia Rodríguez Gago.
558 *Enūma elish (El poema babilonio de la creación)*.
    Edición de Rafael Jiménez Zamudio.
559 *¡Absalón, Absalón!*, WILLIAM FAULKNER.
    Edición de Bernardo Santano Moreno.
560 *Nube en pantalones. Flauta vertebral*, VLADIMIR MAIAKOVSKI.
    Edición bilingüe de Jesús García Gabaldón.
561 *Augurios de inocencia*, WILLIAM BLAKE.
    Edición bilingüe de Fernando Castanedo.
562 *Tristezas de un exiliado*, OVIDIO.
    Edición bilingüe de Antonio Ramírez de Verger.
563 *Adam Bede*, GEORGE ELIOT.
    Edición de Lucy Leite y Javier Alcoriza.
564 *Obra poética*, KATHERINE PHILIPS.
    Edición bilingüe de Ángeles García Calderón y Juan de Dios Torralbo Caballero.
565 *La madona del futuro y otros relatos sobre artistas*, HENRY JAMES.
    Edición de Juan Antonio Molina Foix.
566 *El gran Gatsby*, FRANCIS SCOTT FITZGERALD.
    Edición de Juan Ignacio Guijarro González.

567 *89 poemas (Antología poética 1883-1939)*, WILLIAM BUTLER YEATS.
Edición bilingüe de José Francisco Ruiz Casanova.
568 *Monarchia [Sobre la monarquía universal]*, DANTE ALIGHIERI.
Edición bilingüe de Raffaele Pinto.
569 *Una ondina moderna (Narraciones y poemas)*, ALICE DUNBAR-NELSON.
Edición de Bernardo Santano Moreno.
570 *Aurora Leigh*, ELIZABETH BARRETT BROWNING.
Edición de Carme Manuel y José Manuel Benítez Ariza.
571 *Poesía completa*, GUIDO CAVALCANTI.
Edición bilingüe de Rossend Arqués Corominas.
572 *Amorgós y otros poemas*, NIKOS GATSOS.
Edición bilingüe de Vicente Fernández González.
573 *Antología poética*, WILLIAM WORDSWORTH.
Edición bilingüe de Antonio Ballesteros González.
574 *Quinientos epigramas griegos*.
Edición de Luis Arturo Guichard.
575 *La tarde de un escritor y otros relatos*, FRANCIS SCOTT FITZGERALD.
Edición de Damià Alou.
576 *Michael Kohlhaas. Sobre el teatro de marionetas*, HEINRICH VON KLEIST.
Edición de Miguel Ángel Vega Cernuda.
577 *Juliette o Las prosperidades del vicio*, D. A. F. DE SADE.
Edición de Lydia Vázquez.
578 *Retrato del joven artista*, JAMES JOYCE.
Edición de Damià Alou.
579 *Doña Preocupación*, HERMANN SUDERMANN.
Edición de Javier García Albero.
581 *Memorias de mi vida*, EDWARD GIBBON.
Edición y traducción de Antonio Lastra.
582 *París. Un poema*, HOPE MIRRLEES.
Edición bilingüe de María Isabel Porcel García.
583 *Historia Augusta*.
Edición de Javier Velaza.
584 *«In memoriam» y otros poemas*, ALFRED LORD TENNYSON.
Edición bilingüe de José Luis Rey.
585 *Monasterio de Sendomir. El pobre músico. Escritos sobre Beethoven*,
FRANZ GRILLPANZER.
Edición de Juan Antonio Albaladejo Martínez.
586 *Dublineses*, JAMES JOYCE.
Edición de Damià Alou.
587 *La tierra baldía*, T. S. ELIOT.
Edición bilingüe de Viorica Patea.

588 *Poemas*, MARINA TSVIETÁIEVA.
   Edición bilingüe de Jesús García Gabaldón.
589 *Antología poética*, LI BAI.
   Edición bilingüe de Guojian Chen.
590 *Las tetas de Tiresias*, GUILLAUME APOLLINAIRE.
   Edición bilingüe de Juan Bravo Castillo.
591 *¿Por qué has dejado solo al caballo? Estado de sitio*, MAHMUD DARWISH.
   Edición bilingüe de Luz Gómez.
592 *Poesía experimental*, E. E. CUMMINGS.
   Edición bilingüe de Eva M. Gómez Jiménez.
593 *Poesía polaca del Modernismo (La Joven Polonia)*, JAN KASPROWICZ, KAZIMIERZ PRZERWA-TETMAJER, TADEUSZ MICIŃSKI Y BOLESŁAW LEŚMIAN.
   Edición bilingüe de Fernando Presa González.
594 *Gockel, Hinkel y Gackeleia*, CLEMENS BRENTANO.
   Edición de Rosa María Gil Sangrador.
595 *Veinticuatro horas en la vida de una mujer y otros relatos*, STEFAN ZWEIG.
   Edición de Miguel Ángel Vega Cernuda.
596 *Cuentos fantásticos chinos*.
   Edición de Gabriel García-Noblejas Sánchez-Cendal.
597 *Watt*, SAMUEL BECKETT.
   Edición de José Francisco Fernández.
598 *El pícaro inglés*, RICHARD HEAD.
   Edición de María José Coperías.
599 *Cartas sociables*, MARGARET CAVENDISH.
   Edición de Sonia Villegas López.
600 *La señora Dalloway recibe*, VIRGINIA WOOLF.
   Edición de Itziar Hernández Rodilla.
601 *Personajes de Shakespeare*, WILLIAM HAZLITT.
   Edición de Javier Alcoriza.
602 *Colección de relatos de Uji (Antología del Uji shūi monogatari)*.
   Edición de Efraín Villamor Herrero.
603 *Poesía completa*, S. T. COLERIDGE.
   Edición de José Luis Rey.
604 *Trenos*, JAN KOCHANOWSKI.
   Edición bilingüe de Fernando Presa González.

DE PRÓXIMA APARICIÓN

Ecos de la Era del Jazz y otros ensayos, FRANCIS SCOTT FITZGERALD.
   Edición de Juan Ignacio Guijarro González.